1969 1970 1971 1972
1973 1974 1975 1976
1977 1978 1979 1980
1981 1982 1983 1984
1985 1986 1987 1988
1989 1990 1991 1992
1993 1994 1995 1996
1997 1998 1999 2000

Das Jahrhundert des Sports

Wolf-Dieter Poschmann

Andreas Renner

Das Jahrhundert des Sports

Sportverlag Berlin

Bildnachweis

Associated Press, London Seite 46/47
C.DocSportiva – La Gazzetta dello Sport Seite 107
DaimlerChrysler Seite 79
Deutscher Fußball-Bund Seite 14, 103, 138
Deutsche Presse-Agentur Seite 18/19, 27, 34/35, 42, 54, 58,70/71, 99, 111, 123, 130, 142/43, 147, 151, 158, 162/63, 166/67, 170/71, 174/75, 178/79, 182, 187, 190/91, 195, 199, 202/203, 206/07, 210/211, 223, 227, 230/31, 234/35, 238, 243, 246, 251, 254/255, 258/59, 263, 266/67, 270/71, 274/75, 279, 282, 286, 290/91, 294/95, 298, 302, 306/07, 310/11, 314/15, 318/19, 322/23, 326, 331, 334, 338/339, 342/343, 346, 354, 358, 362/63, 366/367, 371, 374, 378/79, 382, 386/87, 391, 395, 399, 402/03, 406/07, 410/11
Ullstein Bild Seite 22, 30, 38/39, 50/51, 63, 66, 74, 83, 86, 90/91, 95, 115, 119,127, 135, 147, 155, 214, 218/19
Werek Pressebildagentur Seite 350

Textnachweis

Klaus Weise, Berlin 1952: Der Weiße von ganz unten, 1970: Aufstieg und Fall eines Riesen, 1972: »Mark the Shark«, 1976: Die perfekte 10, 1980: Fünf auf einen Streich, 1984: »Lady Langbein«, 1994: Talwärts auf den Gipfel

Alle übrigen Texte: Andreas Renner, Los Angeles

© 2001 by Sportverlag Berlin
in der Econ Ullstein List Verlag GmbH & Co KG, München
Alle Rechte vorbehalten

Textredaktion, Bildredaktion und Register: Freia Beisser, Harro Schweizer
Umschlaggestaltung: Volkmar Schwengle, Buch und Werbung, Berlin
Layout und Herstellung: Prill Partners | producing, Berlin
Lithographie: LVD GmbH, Berlin
Druck und Bindung: Mohndruck, Graphische Betriebe GmbH, Gütersloh

ISBN 3-328-00885-3

Inhaltsverzeichnis

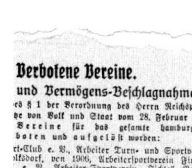

1952|Der Weiße von
ganz unten
USA
Philadelphia
Municipal Stadium
166

1958|Die »Perle«
Brasiliens
Schweden
Stockholm
Rasunda-Stadion
194

1964|Das Traumpaar
auf Kufen
Deutschland
Dortmund
Westfalenhalle
222

1953|Geadelter
Fußball
England
London
Wembley-Stadion
170

1959|Die Mannheimer
Kampfmaschine
Niederlande
Amsterdam
Olympiastadion
198

1966|Ein Postbote
auf Skiern
Norwegen
Oslo
Holmenkollen
226

1954|Das Wunder
von Bern
Schweiz
Bern
Wankdorf-Stadion
174

1960|Der Schnellste
mit der magischen
Zeit
Schweiz, Zürich
Letzigrund-Stadion
202

1966|Das Wembley-
Tor
England
London
Wembley-Stadion
230

1955|Die tödliche
Katastrophe
Frankreich
Le Mans
178

1961|Der »Ritter ohne
Furcht und Tadel«
Italien
Monza
Autodromo Nazionale
206

1967|»I am the
greatest«
USA
Houston (Texas)
Bundesgericht
234

1956|Der skifahrende
Schauspieler
Italien
Cortina d'Ampezzo
182

1962|Der mit dem
großen Kämpferherz
Deutschland
Berlin
Olympiastadion
210

1967|Den Dopingtod
vor Augen
Frankreich
Pyrenäen
Tourmalet
238

1957|Schwarz auf
Weiß
England
London
Wimbledon
186

1963|»Golden Bear«
aus Ohio
USA
Augusta (Georgia)
National Golf Club
214

1968|Mit schwarzer
Faust aufs Treppchen
Mexiko
Mexico City
Estadio Olimpico
242

1958|Der Tod der
»Busby Babes«
Deutschland
München
Flughafen Riem
190

1963|1200 Mark
Monatsgehalt
Deutschland
Gelsenkirchen
Glückauf-Kampfbahn
218

1969|Vorteil Grand
Slam
USA
New York
Forest Hills
246

Wolf-Dieter Poschmann

Das Jahrhundert des Sports

Es sind ja nicht einfach nur die letzten 100 Jahre des Sports, die hier noch einmal wachgerufen werden sollen – es sind *die* 100 Jahre des Sports – es ist *das* Sportjahrhundert.

Gewiss hat es bereits im 19. Jahrhundert und auch davor vielfältige sportliche Aktivitäten gegeben, aber erst im Laufe des 20. Jahrhunderts ist der Sport zu einem gesellschaftlichen Phänomen, zu einem bedeutenden und ernst zu nehmenden Bestandteil des gesellschaftlichen wie auch des politischen Lebens geworden.

Das Jahrhundert des Sports ist daher mehr als nur die sportliche Entwicklung eines Weltrekords über 100 Meter, von den 10,8 Sekunden des US-Amerikaners Luther Cary, aufgestellt schon 1891 und 1900 immer noch gültig, bis zu den 9,79 Sekunden von Maurice Greene im Jahre 1999, es ist auch mehr als die technischen Errungenschaften von Aschen- zu Kunststoffbahnen, von Sandkuhlen zu vollelektronischen Startblöcken, von Nagelschuhen zu federleichten Bürsten-Spikes.

Das Jahrhundert des Sports – das sind hundert Geschichten von legendären Athleten und unvergesslichen Ereignissen, von gefeierten Stars und sportlichen Tragödien, von Höchstleistungen und Fairness, von Triumphen und Machtspielen, von Siegen und Niederlagen und von Kämpfen, an deren Ende die persönliche oder gesellschaftliche Anerkennung die sportliche Bestleistung noch übertraf. Hundert Geschichten, eingebettet in die jeweilige Zeit und die Epoche, oft beeinflusst davon und manchmal gar mit Auswirkungen darauf.

Nicht Vollständigkeit ist das Ziel des Buches und auch nicht eine lückenlose Präsentation von Sportgeschichte, sondern Geschichten vom Sport, die freilich mehr sind als nur Episoden oder Meldungen für den Tag. Es sind Sternstunden des Sports, Erinnerungen an Ereignisse, die Menschen bewegt haben, an Sportlerinnen und Sportler, die tiefe Spuren hinterlassen haben, und an Augenblicke, die längst vergessen scheinen und doch aus diesem Jahrhundert nicht wegzudenken sind.

Und mehr noch als Geschichten, als Namen und Leistungen sind es die Bilder, die diese Momente eingefangen und festgehalten haben, mal sind es Schnappschüsse – eher zufällig und doch so typisch, mal Fotodokumente, mitunter symptomatisch für den jeweiligen Zeitgeist. Fotos, die um die Welt gingen und heute wie Ikonen betrachtet werden: der »Becker-Hecht« zum Beispiel, Novum in der Tenniswelt, einzigartig in der Bewegung und zugleich Bildbeleg für einen Teenager, der bereit war, alles zu geben für den Erfolg, für den Sprung an die Spitze der Weltstars, dem aber bei allem Einsatz die Freude an seinem Sport noch aus den Augen strahlt.

Oder Ben Johnson, abgeführt zum Rückflug aus der Olympiastadt Seoul in sein Heimatland Kanada, die Augen schamhaft gesenkt – erwischt! Der vermeintlich größte Doping-Skandal in diesem Jahrhundert des Sports, nur Stunden nach dem Triumph über Carl Lewis, den Erzrivalen aus den USA, nach dem Olympiasieg in Weltrekordzeit, nach den eiligst übermittelten Glückwünschen des kanadischen Ministerpräsidenten. Gerade zum Helden erhoben, platzte das Ergebnis der Urin-Probe mitten hinein in die Jubelfeiern – nicht einmal heimlich davonstehlen konnte er sich. Schamhaft gesenkter Blick auch bei Georg Thoma – freilich aus ganz anderem Grund: Der große Bahnhof, der Star-Kult waren seine Sache nicht.

Auf der anderen Seite die Bewunderer, die Anhänger, die Schlachtenbummler, die gekommen waren, um ihre Stars mitzuerleben. Und dafür ihr Leben geben mußten – die Katastrophe von Sheffield - das Entsetzten in den Gesichtern, die Verzweiflung, das Ringen um Platz, Luft und Überleben, und dort die leuchtenden Augen jener Kinder, denen ein US-amerikanischer Offizier im zerbombten Berlin eine Turnhalle »schenkt«.

Kein Text, keine noch so packende Erzählung kann Eindrücke so anschaulich vermitteln und Erinnerungen wachrufen wie der festgehaltene, eingefrorene Augenblick, die Gesten, die Mimik, die Jubelposen, aber auch die kleinen Details neben oder hinter den Akteuren.

Das Jahrhundert des Sports ist nicht einfach nur die Geschichte von der Gründung des Deutschen Fußball-Bundes im Jahre 1900 bis zum Spektakel der Olympischen Spiele 2000 in Sydney, ist nicht nur die Geschichte und Entwicklung einzelner Sportarten von Suzanne Lenglen zu Steffi Graf, vom Sechstage-Helden Walter Rütt zu Jan Ullrich, von Max Schmeling zu Muhammad Ali, von Johnny Weissmuller zu Mark Spitz, von Fritz Walter zu Oliver Kahn, von Rudolf Caracciola zu Michael Schumacher. Die Geschichte verläuft nicht linear in ihrer Entwicklung, vielmehr ist sie begleitet von Einschnitten und auch von Brüchen.

Die beiden Weltkriege haben Gräben auch in der Fortentwicklung des Sports hinterlassen, besonders in Deutschland. Der Ausschluss von den Olympischen Spielen, die internationale Ächtung, die Streichung der Olympischen Spiele 1940 und 1944, und nicht nur Fritz Walter wurden die besten sportlichen Jahre geraubt durch die menschenverachtende Kriegstreiberei. In dem Maße, in dem der Sport seine gesellschaftliche Anerkennung fand, wurde er auch vereinnahmt, von Wirtschaft und Politik nicht selten gebraucht und auch missbraucht. Sportliche Ereignisse verkamen zur Selbstdarstellung von Regimen und Staatssystemen, Sportler und ihre Leistungen gerieten zu Vehikeln für politische Botschaften. Mit dem Boykott Olympischer Spiele sollten politische Ziele durchgesetzt werden, sollte Stärke demonstriert werden – wie wir heute wissen, erfolglos und nutzlos. Die Leidtragenden waren immer die Sportlerinnen und Sportler, die man um ihre Erfolge und Erlebnisse gebracht hat.

Der Überfall auf das olympische Dorf 1972, der Mord an israelischen Sportlern, steht heute für die Sinnlosigkeit vergleichbarer Gewaltaktionen. Hier wurde Entsetzen verbreitet, Verunsicherung auf die Zukunft ausgelöst und eine zunächst wundervolle und heitere Stimmung mit einem Schlag zunichte gemacht.

Wo der Sport zur Weltgeltung kam, wo er eine große Öffentlichkeit erwarten ließ, wurde er immer wieder benutzt für politische und unpolitische Zwischenfälle. Unvergesslich die Black-Power-Demonstration von Tommie Smith und John Carlos bei der Siegerehrung der Spiele von Mexico City 1968 – eine stumme, friedliche, kleine Geste mit ungeheurer Wirkung. Unfassbar hingegen die gewalttätigen Ausbrüche sogenannter Hooligans, denen der Fußball selbst gänzlich einerlei ist, die lediglich die Objektive der Foto- und Fernsehkameras suchen.

Das Jahrhundert des Sports hat eindrücklich und nachdrücklich auch die Emanzipation der Frauen im Sport gebracht. 1928 erstmals zugelassen zu Olympischen Spielen in einigen ausgesuchten Disziplinen, nahm die Entwicklung einen rasanten Verlauf und machte vor so gut wie keiner ehemaligen Männer-Domäne halt. Ob nun Frauen auch in den Box-Ring steigen müssen – ein Urteil darüber mag jeder für sich selbst fällen. Noch in den sechziger Jahren jedoch mussten sich Frauen als Männer verkleiden, um die Marathondistanz offiziell bewältigen zu können, einer gewissen Roberta Gibb gelang dies 1967 bis ins Ziel des berühmten Boston-Marathons, das sie nach 3 Stunden und 27 Minuten erreichte. Allerdings wird die erste verlässliche Leistung einer Frau bei einem Marathonlauf auf den 3. Oktober 1926 datiert. Violet Percy brauchte für die 42,195 Kilometer von Windsor nach London 3 Stunden, 40 Minuten und 22 Sekunden. Dass schon 1896 beim olympischen Marathon in Athen ein junges Mädchen namens Melopene teilgenommen haben soll – als Junge verkleidet –, gilt gemeinhin als gut erfundene Legende.

In der zweiten Hälfte des Jahrhunderts – die Verbreitung der elektronischen Massenmedien haben hieran einen wesentlichen Anteil – hat der Sport Veränderungen erfahren, die nicht bei allen Beteiligten und Beobachtern ungeteilten Beifall finden. Streiten kann man sich darüber, ob diese Veränderungen als stürmisch oder gar als revolutionär zu bezeichnen sind. Nicht der Wandel vom Amateur zum Berufssportler, zum Profi an sich, vielmehr die Erhöhung der jeweiligen Leistungen zu Superlativen, die Heroisierung der Protagonisten, die damit verbundene Steigerung von der Freude und Begeisterung zur Hysterie bei Anhängern und Zuschauern – besonders in den massenattraktiven Sportarten – und schließlich die inflationäre Entlohnung der Stars haben nicht immer zum Wohle und zum Aufschwung des Sports beigetragen.

Sport ist heute vielfach ein beachtlicher Wirtschaftszweig, und wo viel Geld zu verdienen ist, wo der Unterschied zwischen Gold und Silber, zwischen Medaille und viertem Platz von so großer finanzieller und materieller Tragweite ist, da ist die Verlockung zum Betrug, zur Manipulation enorm. Nicht, daß es Dopingfälle, Fouls, Schwindeleien und Manipulationen nicht schon früher gegeben hätte; es ist das Ausmaß, es sind die Verbreitung über eine Vielzahl von Sportarten und die Hilflosigkeit in der Bekämpfung, die Sorgen machen. Regelsysteme sind gefragt und Menschen, die sie durchsetzen, damit Todesfälle wie die des Radfahrers Tom Simpson bei der Tour de France 1967 und der Siebenkämpferin Birgit Dressel zu betrauernde Einzelfälle bleiben.

Dass aus den früher betriebenen »Leibesübungen« am Ende des 20. Jahrhunderts eine »Fitness«-Welle geworden ist, von der sich immer mehr Menschen haben mitreißen lassen, für die Sport nicht mehr nur in Vereinen, sondern auch in Fitness-Studios, zu Hause unter Anleitung von Videos, alleine oder gemeinsam auf Wald- und Parkwegen und auch auf öffentlichen Straßen betrieben wird, gehört zu den positiven Tendenzen dieses Jahrhunderts des Sports. Sport ist Teil des öffentlichen Alltags geworden.

Mitte der fünfziger Jahre ermunterte mich mein Vater zu einer Form des Frühsports, der ich nur unwillig folgte. Ein gemeinsamer Waldlauf, unterbrochen von einer Gymnastikpause vor dem Frühstück in jenen Trainingsklamotten, an die ich ebenso unangenehme Erinnerungen habe, wie an die Leibesertüchtigung als solche. Dunkelblaue, aufgeraute Baumwollanzüge, im Bund wie an den Beinen von schlichten Gummizügen zusammen gehalten, ziemlich unschnittig, eher unförmigen Säcken gleich. Ich schämte mich für den Dauerlauf vor den Augen der Nachbarschaft, die jene Aktivität ganz sicher als Straftraining deuten würden. Fünfzehn Jahre später – Anfang der Siebziger – war ich ein begeisterter Langstreckenläufer, der bei seinen täglichen Trainingseinheiten von hämischen Zurufen verfolgt wurde, von denen »links zwo, drei« noch der harmloseste war. Angriffe von Hunden wurden damals gewöhnlich mit dem Kommentar »selber schuld« abge-

tan. Wenn ich heute dieselben Wald- und Parkwege ablaufe, bin ich – je nach Tageszeit – umzingelt von zahlreichen Weggefährten, ausgestattet mit allerlei raffinierten und hochmodischen Accessoires. Und wurde man früher in Hotels naserümpfend betrachtet, wenn man von einer Laufeinheit schwitzend die Empfangshalle erreichte, so ist heute jedes Top-Hotel gerne behilflich, wenn es um die Suche nach Lauf-Routen geht.

Nicht alle Entwicklungen im und um den Sport herum finden ungeteilte Zustimmung. Die Kommerzialisierung des Hochleistungssports, die Reduzierung des Sports auf eine Ware, vermarktet von Agenturen, Medien und Wirtschaftspartnern, gereichen nicht allenthalben zum Wohle und zur Zierde des Sports. Die Kluft zwischen den »kleinen« und »großen« Sportarten, den bedeutenden und weniger bedeutenden, den massenattraktiven und den Randsportarten ist mit zunehmender Ökonomisierung und auch Boulevardisierung immer größer geworden. Hinzu kommen ständig neue Trendsport- und Funsportarten, was unvermeidbar zur Verarmung und Gefährdung traditioneller Sportarten führen wird.

Manche mögen argumentieren: zurück zu den Wurzeln, zu des Wortes wahrer Bedeutung – disportare, zerstreuen – Unterhaltung und Spaß eben.

Eins ist geblieben: das faszinierende an Sportereignissen, ob Mannschafts- oder Einzelkämpfen, der nicht planbare und kalkulierbare Ausgang eines Wettkampfes – allen unterschiedlichen finanziellen Grundvoraussetzungen zum Trotz. Sportliche Ergebnisse lassen sich zuverlässig nicht vorhersagen, das »Wunder von Bern« ist hundertfach in anderen Konstellationen wieder geschehen.

Zugleich bietet der Sport für die Akteure wie den Zuschauer die ganze Palette klassischer Dramen: die Charaktere und Typen in ihren unterschiedlichen Rollen und Funktionen, die Facetten wie Glück und Pech, Erfolg und Niederlage, Aufstieg und Untergang, Freundschaft und Feindschaft und ein Anfang und ein Ende einer Geschichte – oder wie Sepp Herberger zu sagen pflegte: »Ein Spiel dauert 90 Minuten.«

Hundert Geschichten aus hundert Jahren – jede für sich ein Zeitdokument, Zeit für einen Moment der Erinnerung, vielleicht auch der Besinnung …

Festmahl
Restaurant zum Mariengarten
1900

Russischer Stör in Gemüsesulz
aufgetragen
mit Kalbsbriesterrine in Port

❧

Sauerampfersuppe

❧

Leipziger Allerlei in Originalfassung
pochierter Rheinsalm

❧

Rehbock garniert auf reiche Art
Welschkraut

❧

Mokka-Nougateisbombe auf Leipziger Art
Früchte & Backwerk

1900

Deutschland
Leipzig
Karlstraße 10
28. Januar 1900

»Meine Herren! Die Zeit ist gekommen, die Notwendigkeit liegt vor, einen wohlorganisierten und Achtung gebietenden ›Deutschen Fußball-Bund‹ ins Leben zu rufen. Überall empfindet man das Fehlen eines solchen.«
E.J. KIRMSE AM 28. JANUAR 1900 UM 10.40 UHR IM MARIENGARTEN ZU LEIPZIG

Erster Allgemeiner Deutscher Fußballtag

1900 | Erster Allgemeiner Deutscher Fußballtag

Da mussten sie ziemlich früh raus aus den Federn, die sechsunddreißig Delegierten aus sechsundachtzig deutschen Fußballvereinen, an jenem Sonntag, dem 28. Januar 1900. Denn laut Programmplan wurden sie bereits um 8.30 Uhr morgens zur Eröffnung des 1. Allgemeinen Deutschen Fußballtages in den Leipziger Gasthof Mariengarten in der Karlstraße 10 gebeten. So mancher mag da nach durchzechter Nacht noch mit ziemlich kleinen Augen den Grußworten von E. J. Kirmse, dem Vorsitzenden des Leipziger Verbandes für Ballspielvereine, gelauscht haben, der die Sitzung nach einigen Verzögerungen doch erst um 10.40 Uhr eröffnete. Und dennoch: Nach stundenlangem Sitzungsmarathon mit teils lebhaften, fast gereizten Diskussionen war es endlich vollbracht. Die Delegierten hatten sich auf eine vorläufige Gründungssatzung für den neuen Deutschen Fußball-Bund (DFB) geeinigt. Anschließend saß man dann, wie es sich unter Fußballern gehört, wieder einträchtig gemeinsam am Tisch im Restaurant Mariengarten und schlemmte, was das Zeug hielt. Sauerampfersuppe, russischen Stör in Gemüsesulz oder wahlweise auch Rehbock, reichlich garniert. Und zum guten Abschluss noch ein leckeres Mokka-Nougateisbömbchen auf Leipziger Art. Das hatten sich die Herrschaften auch redlich verdient. Denn, auch wenn sie das seinerzeit

»Dieses Spiel ist nichts als ein Aftersport.«
LEHRER PLANCK AUS STUTTGART

noch nicht erahnen konnten, sie schufen an jenem kalten Winter-Sonntag den Grundstock für den mittlerweile größten Sportverband der Welt mit weit über sechs Millionen Mitgliedern.

Zu jener Zeit war allerdings noch England der allmächtige Nabel der Fußballwelt, das gemeinhin auch als das Mutterland des Fußballspiels gilt. Auf der britischen Insel wurde bereits um 1820 gekickt, wenn auch in etwas eigenartigen Varianten. So wird etwa von einem Volksfest berichtet, bei dem ein Fußballspiel zwischen zwei Dörfern ausgetragen wurde, an dem bis zu fünfhundert Personen gleichzeitig dem Ball nachrannten. Ansonsten waren es eher die so genannten niederen Schichten der Bevölkerung, die sich am Football-Spiel, wie es damals noch hieß, erfreuten. Und auch einige Studenten an Colleges in abgelegenen Gebieten des Landes hatten Freude daran, während Football an den Grundschulen verboten war. Die Upper Class hingegen fand sich ohnehin lieber beim Kricketspiel wieder, das im Gegensatz zum Football als gesittet galt. Dennoch: Die Beliebtheit des Football-Spiels wuchs im Lauf der Jahre schleichend, aber unaufhaltsam. Aufgrund fehlenden Regelwerks kreierten die Akteure selbst allerdings immer wieder neue Formen des Spielablaufs. So wie William Webb Ellis etwa, als er sich 1823 während einer wilden Footballpartie im britischen Rugby plötzlich den Ball schnappte, an die Brust drückte und zum gegnerischen Tor lief. Zwar wurde diese eigenwillige Goal-Variante von Ellis damals nicht gewertet, doch mit seinem Geistesblitz hatte der Student von einer Minute auf die andere das Rugby-Spiel erfunden. Und damit eine neue zusätzliche Konfusion darüber entfacht, wie Football, Rugby, Rugby-Football, oder wie immer man das Spiel um den Ball nun nennen sollte, eigentlich gespielt wird. Um diesem Dilemma ein Ende zu setzen, trafen sich am 26. Oktober 1863 sieben Enthusiasten aus verschiedenen Colleges in der Londoner Freemason's Tavern, um nach all den Jahren des willkürlichen Football-Spiels im Lande eine einheitliche Struktur zu schaffen. Sie gründeten die Football Association (FA) und legten einheitliche Regeln fest. Etwa die, dass der Ball keinesfalls getragen oder mit der Hand geschlagen werden durfte. Somit hatte sich Football endgültig vom Rugby-Sport abgespalten. Daher gilt jener 26. Oktober 1863 auch als die offizielle Geburtsstunde des Fußballspiels.

Nachdem Soccer, wie der Football seit Ende des 19. Jahrhunderts auf der Insel genannt wird, in ganz England mehr und mehr salonfähig wurde, schwappte die Welle der Begeisterung für diesen Sport bald auch ins restliche Europa über. Als 1874 die beiden Turnführer Konrad Koch und August Hermann während einer Großbritannien-Reise erstmals ein Soccerspiel beobachteten, beschlossen sie spontan, diese neue Sportart in

»Fußballfelder müssen frei von Sträuchern und Bäumen sein.«
FUSSBALLVERORDNUNG AUS DEM JAHR 1896

Deutschland publik zu machen. Sie übersetzten die Regeln ins Deutsche, und Konrad Koch war schließlich der erste, der seinen Schülern am Martino-Katharineum-Gymnasium in Braunschweig das Spiel mit dem Ball beibrachte. Bereits im Jahr 1878 wurde in Hannover der erste Schüler-Football-Verein gegründet. Fortan nahm der Siegeszug des Fußballspiels auch in Deutschland seinen Lauf. Zunächst vor allem an den Schulen des Landes. Der Engländer F. W. Moormann setzte einen weiteren Meilenstein, indem er 1880 das erste deutsche Regelbuch für das Fußballspiel in Schulen verfasste, wo er etwa das Mindestalter für einen Spieler auf zehn Jahre festlegte. Dem Kapitän einer Mannschaft, der die Aufgabe hatte, seine eigenen Mitspieler bei Regelverstößen zu verwarnen oder bei wiederholtem Foulspiel sogar vom Platz zu stellen, gab Moormann den verheißungsvollen Namen »Spielkaiser«. Was in England als Mittel zur Selbsterziehung prima funktionierte, setzte sich in Deutschland nicht durch. Daraufhin wurde 1889 der Schiedsrichter als neutrale Entscheidungsgewalt eingeführt, der durch zwei Seitenrichter unterstützt wird. Ein Spiel dauerte, nach englischem Vorbild, damals nur sechzig Minuten.

Das »Rasenspiel mit Ball« wurde bald zum Selbstläufer. Allerdings nicht in allen Bevölkerungskreisen. Wie schon zuvor in England musste sich der Fußball auch in Deutschland seinen Weg vom reinen Schulsport hin zum akzeptierten Volkssport erst mühsam bahnen. Neben der Kirche monierten auch Schulen und Behörden, dass die nicht immer lautarmen Fußballspiele vermehrt an Sonntagen ausgetragen wurden. Doch trotz aller Widerstände und Beschimpfungen wie »Aftersport« und »Fußlümmelei« richteten vor allem in den großen Metropolen die bestehenden Sportvereine Fußball-Abteilungen ein. Die gesellschaftliche Stellung des importierten Sportgutes war dennoch über Jahre hinweg alles andere als hoch geschätzt. Der Versuch von Konrad Koch, 1886 einen Fußball-Bund in Deutschland zu gründen, um die einzelnen Verbände und Vereine zur Imageaufbesserung unter einen Hut zu bringen, blieb zunächst ohne großes Echo. Bei den feineren Leuten galt Fußball lange Zeit gar als Rüpelsport, als Bewegungstherapie für das niedere Volk. Dieses Gekicke mit einem Lederflickenball ließ in den Augen der Kritiker absolut jede Ordnung und Diziplin, im Kaiserreich ein gesellschaftliches Muss, vermissen. Vom Volkssport Fußball konnte also noch längst keine Rede sein. Es waren zumeist gesetztere Männer mit Zwirbelbärten, die den Fußballsport damals noch in einer etwas eigenwilligen Form zelebrierten. Auf holprigen Wiesen dienten Konstruktionen aus Besenstielen und Schnüren als Tore. Nur die größeren Vereine hatten das Privileg, auf Radrennbahnen spielen zu dürfen. Die Spieler selbst liefen mit hoch gekrempelten Arbeitshemden und abgeschnittenen Zivilhosen auf, die allerdings laut Regelwerk bis über das Knie reichen mussten. Und auch bei den Spielschuhen wurde fleißig improvisiert, da es eine Sport-

artikelindustrie im heutigen Sinne noch nicht gab. Erst Jahre später wurden die ersten handgenähten und sechshundert Gramm schweren »Fußball-Stiefel für Stürmer mit Gummi-Auflage« in Berlin angeboten – für 8,50 Mark pro Paar.

Trotz aller Hürden wuchs die Beliebtheit des Fußballspiels beim einfachen Mann aus dem Volk zu Beginn des 20. Jahrhunderts rasant. Nachdem sich bereits im April 1888 mit dem Berliner FC Germania 1888 der bis heute älteste noch bestehende Fußballverein gründete, der 1890 auch die »1. Deutsche Meisterschaft« gewann, setzte kurz vor dem Ende des 19. Jahrhunderts

»Mannschaften, die sich hauptsächlich aus niederen Kreisen zusammensetzen, haben einen gewissen Vorteil gegenüber Mannschaften, welche sich aus so genannten besseren Kreisen rekrutieren. Eine gewisse urwüchsige Kraft, nicht geschwächt durch die verfeinerten Genüsse, ist meistenteils ein Geheimnis des Erfolges.«

DFB-FESTSTELLUNG ANFANG DES JAHRHUNDERTS

ein regelrechter Gründungsboom ein. Zunächst formierten sich in den Ländern Organisationen wie 1897 der Süddeutsche Fußball-Verband und 1898 der Rheinische Spielverband. Unter dem Dach jener Verbände entstanden schließlich mehr und mehr reine Fußballvereine, damals auch gern noch als Ballsportvereine bezeichnet. Diesem Beispiel sollten bald weitere folgen. Und mit dem wachsenden Wunschdenken nach erweiterten Wettkampfaktivitäten kam bald erneut die Idee auf, einen übergeordneten Verband für die Vereine zu schaffen. Dafür trafen sich am 28. Januar 1900 im Leipziger Gasthaus Mariengarten jene sechsunddreißig Delegierte, um nach mehreren vergeblichen Anläufen endlich den Deutschen Fußball-Bund (DFB) zu gründen. Den ersten Vorsitz übernahm damals Professor Dr. Ferdinand Hueppe. Noch im gleichen Jahr einigte man sich bei zwei weiteren Bundestagen in Erfurt und Frankfurt auf eine Satzung, einheitliche Spielregeln und die Teilnahme an den Olympischen Spielen. Ermutigt durch die neu geschaffenen Strukturen formierten sich nur wenige Wochen und Monate später auch die heutigen Kultvereine FC Bayern München (27. Februar), 1. FC Nürnberg (4. Mai), 1. FC Kaiserslautern (2. Juli) und Borussia Mönchengladbach (1. August). Dutzende andere folgten im Lauf des noch jungen Jahrhunderts.

1902

Deutschland
Berlin
Mai 1902

»Ich bezweifle, dass sich Tennis jemals zum
populären Sport entwickeln wird.«
SPENCER W. GORE, ERSTER WIMBLEDONSIEGER

Der weiße Riese

1902 | Der weiße Riese

Als am 19. Mai 1902 in Berlin acht Herrschaften zusammentrafen, um den Deutschen Lawn Tennis Bund (DLTB) zu gründen, da lagen selbst die Großeltern von Boris Becker und Steffi Graf noch in den Windeln oder waren noch gar nicht geboren. Und deren Eltern wiederum hatten sicherlich noch nicht einmal gehört von einem Spiel namens Lawn Tennis, das zu jener Zeit nur einer äußerst elitären Bevölkerungsschicht vorbehalten war.

Dennoch: Immerhin 23 Klubs fanden sich 1902 bereits in Deutschland, um unter dem Dach des neuen Verbandes künftig ihre Meisterschaften auszutragen. Den ersten Vorsitz des DLTB übernahm ein allseits hoch geschätzter Geschäftsmann namens Carl August von der Meden, der bereits 1892 in Hamburg das erste große Meisterschaftsturnier veranstaltet hatte. Wenn man so will, ist er quasi der Vater der heutigen German Open, die jährlich in Hamburg im Stadion am Rothenbaum stattfinden. Von der Medens großes Engagement im ganzen Land führte bald dazu, dass mehr und mehr Vereine gegründet wurden und der Tennissport sich nach und nach zum Volkssport mauserte. Wenn auch sehr schleichend. Denn zu kompliziert war zu Beginn des Jahrhunderts noch der Prozess, bis man tatsächlich auf einem der wenigen vorhandenen Tennisplätze einmal den Holzschläger schwingen konnte. Wer Mitglied in einem Verein werden wollte, musste zwei Bürgen vorweisen können. Zudem war die Ausstattung – die Männer hatten lange weiße Hosen, die Damen knöchellange weiße Kleider und weiße Leinenschuhe zu tragen – alles andere als billig. Dennoch: Tennis setzte sich durch und gehört heute zu den beliebtesten Freizeitvergnügen.

Als der Deutsche Lawn Tennis Bund gegründet wurde, lag die eigentliche Geburtsstunde des Tennisspiels schon mehr als dreißig Jahre zurück. Ein gewisser Walter Clopton Wingfield war es, der am 23. Februar 1874

beim Patentamt die Erfindung eines Spieles einreichte, das er seinerzeit als »Sphairistike« oder auch »Lawn Tennis« bezeichnete. Der ehemalige Major der Montgomery-Kavallerie widmete sich nach seinem Abschied vom Militär mehr den gemütlichen Seiten des Lebens. Geerbte Güter verhalfen ihm zum Status eines Landedelmannes, der sich seine Zeit vor allem mit Jagen, dem gesellschaftlich hoch geschätzten Kricketspiel und »Shuttlecock«, das seit 1873 Badminton genannt wird, vertrieb. Besonders das Spiel mit Schläger und Ball begeisterte Wingfield. Wohl mehr aus Improvisation heraus erfand der Ex-Major schließlich während eines Festes auf dem Landgut eines Freundes das Tennisspiel, indem er eine Schnur mit zwei Pflöcken, an dem Bänder herunter hingen, direkt über den Rasen spannte. Mit seinem Gegenüber spielte er mit dem Badmintonschläger einen Ball hin und her. Diese Varinate gefiel ihm derart gut, dass Wingfield begann, neue Spielregeln zu entwerfen. Als sich das Spiel auch im Bekanntenkreis zunehmend größerer Beliebtheit erfreute, beschloss Clopton, seine Erfindung patentieren zu lassen. Er verfasste eine Informationsbroschüre, die er an Interessierte gegen Einsendung von Briefmarken verschickte. Und bald darauf begannen die ersten Zeitschriften, wie etwa das beliebte Ballsportorgan *The Field*, ausführlich über das »Lawn Tennis« zu berichten.

>»Ich habe ein neues Spiel erfunden,
> das ich Sphairistike nennen will.«
> WALTER CLOPTON WINGFIELD IM PATENTAMT 1874

Der Siegeszug des neuen Ballspiels nahm seinen Lauf. Bereits drei Jahre nach Wingfields Patentgang veranstaltete der All England Croquet Club 1877 in Wimbledon die ersten »All England Championships im Lawn Tennis« – und rief damit einen ungeahnten neuen Mythos ins Leben. Immerhin zweihundert zahlende Zuschauer gaben je einen Schilling aus, um die Spiele im einzigen Wettbewerb der Turnieres, dem Herreneinzel, zu verfolgen. Gerade mal zweiundzwanzig Teilnehmer kämpften dabei um den von der Zeitschrift *The Field* gestifteten Pokal. Trotz der im Großen und Ganzen recht bekannten Spielweise, einer Mixtur aus Racket und Federball, waren die Zaungäste etwas befremdet über das teils ungewöhnliche Regelwerk und die Zählweise. Statt wie beim Racketspiel 15, 30, 45 zu zählen, beschränkte sich Wingfield auf 15, 30, 40. Und aus »à deux« für die benötigten zwei Gewinnpunkte bei einem 40:40-Gleichstand machte er »deuce«. Doch trotz aller Kritik seiner Zeitgenossen: Wingfields Regeln haben bis heute, mit kleinen Änderungen, Bestand.

Als erster Wimbledonsieger ging am Ende des Turniers der damalige Racketstar Spencer W. Gore in die Geschichtsbücher ein, der im Finale C. G. Heathcote klar mit 6:1, 6:2 und 6:4 bezwang. Und das, obwohl Gore eigentlich kein großer Freund des Tennisspiels war. Im Anschluss an seinen Sieg zweifelte Gore noch daran, dass sich das Tennisspiel überhaupt durchsetzen könne. Doch auch im zweiten Wimbledon-Jahr erreichte Gore das Finale, verlor dort allerdings gegen Frank Hadow. In den folgenden beiden Turnieren dominierte der Priester John Hartley das Geschehen in Wimbledon, der jeweils kurz vor dem Finale noch die Sonntagspredigt in

»Die Monotonie des Spiels, die unübersichtliche Zählweise und auch die Schwierigkeit, es zu erlernen, werden sportinteressierten Menschen die Lust daran vertreiben.«

SPENCER W. GORE

seiner Heimatgemeinde abhielt. Als erste internationale Tennisstars der Geschichte gingen die Brüder William und Ernest Renshaw in die Annalen ein. Sie beherrschten die Szenerie in Wimbledon zwischen 1881 und 1889.

Entgegen aller anfänglichen Skepsis setzte sich das Tennisspiel bald endgültig durch. Im Jahr 1882 änderte der All England Croquet Club in Wimbledon seinen Namen in »All England Lawn Tennis and Croquet Club« um und schuf damit die Voraussetzungen für die weitere Entwicklung des wichtigsten Tennisturniers der Welt. Nachdem bereits 1879 in Irland das erste Tennisturnier für Frauen ausgetragen wurde, öffneten sich 1884 auch erstmals die Tore in Wimbledon für das Frauentennis. Das Auftaktturnier gewann seiner Zeit Maud Watson, die den Titel auch im Folgejahr erfolgreich verteidigen konnte.

Mittlerweile wuchs in anderen Ländern der Erde die Neugier auf das Ballspiel. In den USA und in Australien wurden bereits 1880 die ersten Meisterschaften ausgetragen. Auch in Deutschland fand das Spiel mit dem Tennisschläger bald Liebhaber. Das erste große Turnier fand hier zu Lande im Jahr 1884 in Baden-Baden statt. Und bei den ersten Olympischen Spielen der Neuzeit 1896 gehörte gar der deutsche Spieler Friedrich Traun zu den Goldmedaillenträgern, als er mit dem Iren John Pius Boland das Doppel gewann. Vier Jahre später, anno 1900, setzte ein junger amerikanischer Tennisenthusi-ast namens Dwight Filley Davis einen neuen Meilenstein in der Tennishistorie, als er einen internationalen Tenniswettbewerb ins Leben rief, der unter der Bezeichnung »Davis Cup« noch heute zum offiziellen Turnierkalender im Männertennis gehört.

1902 formierte sich schließlich auch in Deutschland ein nationaler Tennis-Verband, der Deutsche Lawn Tennis Bund. Auf internationaler Ebene waren dessen Akteure zu Beginn des Jahrhunderts noch wenig vertreten, dort dominierten zunächst die Engländer, Amerikaner und ab 1907 auch die Australier. Erst 1913 kämpften sich auch deutsche Spieler bis in die Weltspitze vor, nachdem Heinrich Kleinschroth und Frederick W. Rahne das Wimbledon-Finale im Doppel erreichten, dort jedoch gegen das Duo Charles Dixon/Roper Barrett den Kürzeren zogen. Ein Jahr später gelang Otto Froitzheim als erstem deutschen Einzelspieler der Einzug ins Endspiel von Wimbledon, wo er sich dem Australier Norman Brookes geschlagen geben musste. Das Jahr 1931 brachte den endgültigen Durchbruch im internationalen Wettbewerb. In Wimbledon kam es zum ersten deutsch-deutschen Finale im Dameneinzel zwischen Cilly Aussem und Hilde Krahwinkel. Am Ende siegte Cilly Aussem, die zuvor schon die French Open in Paris gewonnen hatte. Nun hatte auch Deutschland seinen ersten großen Tennisstar. Die neue »Tennis-Prinzessin« erspielte sich bereits im Alter von vierzehn Jahren ihre ersten Erfolge, wurde mit sechzehn erstmals Deutsche Juniorenmeisterin und zwei Jahre später Deutsche Meisterin. Doch die zierliche Spielerin war dem Leistungsdruck zunächst nicht gewachsen und litt zunehmend unter körperlichen und seelischen Problemen. In ihrer Verzweiflung bat Cillys Mutter die amerikanische Tennislegende William »Big Bill« Tilden um Hilfe, der das Talent schließlich unter seine Fittiche nahm. Der zunehmende Erfolg stärkte Cilly Aussems Entschlossenheit im Spiel, was sie bald zu einem der besten Tennisakteure ihrer Zeit formte. Und ihr Mythos blieb lange Zeit unangetastet. Erst 1988 konnte eine weitere deutsche Spielerin ähnliche Maßstäbe setzen, als eine gewisse Steffi Graf in Wimbledon siegte. Als zweite deutsche Frau seit Bestehen des Traditionsturniers.

Frankreich
Paris
Villeneuve-St.Georges
1. Juli 1903

»Die Konkurrenten der Tour de France können versichert sein,
dass sie unterwegs nicht mehr Geld brauchen werden, als wenn
sie zu Hause blieben. Die Hoteliers bieten Sonderpreise an,
und die Zuschüsse der Organisation sind großzügig. Und ver-
gesst nicht, dass jeder, der etwas leistet, für seine 10 Francs
Startgeld hohe Preise gewinnen kann. Zauderer, gebt eure
Meldungen ab!«

AUFRUF VON HENRI DESGRANGE IN *L'AUTO*, 1902

Mit Rotwein im Gepäck

1903 | Mit Rotwein im Gepäck

Geo Lefèvre saß tagelang an seinem Schreibtisch, das Gesicht immer wieder tief in den Händen vergraben, und grübelte unermüdlich. Selbst nachts rasten seine Gedanken gelegentlich wild im Kopf umher. Es musste doch etwas geben, irgend etwas, dass das populäre Radrennen Bordeaux – Paris in den Schatten stellen konnte. Lefèvre war nicht etwa ein Sportler, der nach einer neuen Herausforderung im Radsport suchte. Er war seinerzeit ein junger, engagierter Redakteur der französischen Zeitschrift *L´Auto*, der dem Wunsch seines Chefredakteurs Henri Desgrange nach einer genialen Werbeidee zur Auflagensteigerung nachkommen wollte. Er war regelrecht besessen von dem Gedanken, mehr als nur ein Radrennen zwischen zwei Städten zu veranstalten, wie dies die Konkurrenz von *L´Auto-Velo* das seit 1891 tat.

An einem kühlen Spätherbstabend 1902 schoss ihm endlich der erwünschte Geistesblitz durch den Kopf. Aufgeregt und völlig überdreht stürmte er am nächsten Morgen in das Büro seines Chefs und offerierte ihm überschwenglich seine Idee einer Radrundfahrt durch ganz Frankreich. Henri Desgrange, früher selbst einmal Stundenweltrekordler, blickte ihn anfangs nur fragend und mit großen Augen an. Denn der Chefredakteur wusste

> »Pardon, Lefèvre, haben Sie womöglich Alkohol getrunken?«
> CHEFREDAKTEUR DESGRANGE ZU GEO LEFÈVRE, NACHDEM
> DER IHM DIE IDEE EINER »TOUR DE FRANCE« OFFERIERTE

als ehemaliger Aktiver selbst nur zu gut, was auf die Teilnehmer bei einem solchen Rennen zukommen würde. Ob er getrunken habe am Vorabend, hatte Desgrange seinen eifrigen Angestellten daraufhin gefragt. Doch Geo Lefèvre ließ nicht locker und penetrierte seinen Chef tagelang mit der Idee einer Tour de France. So lange, bis

der irgendwann tatsächlich entnervt dem Experiment zustimmte.

Am 20. Mai 1903 hat die Zeitschrift *L´Auto* erstmals ihren Aufruf für die »Tour de France« ausgeschrieben, die über satte 2428 Kilometer angelegt war. Der gewünschte Effekt blieb allerdings zunächst aus. Es meldeten sich gerade mal siebenundzwanzig Interessenten, hauptsächlich angelockt durch 20 000 Francs Preisgeld, wovon 3000 Francs dem Sieger zustanden. Chefredakteur Desgrange fühlte sich bestätigt in seinen Zweifeln und wollte die Aktion schon abblasen. Doch nach einem erneuten Aufruf meldeten sich weitere fünfzig Fahrer, von denen letztlich siebenundzwanzig sogar abgelehnt werden mussten, da das Teilnehmerfeld auf sechzig beschränkt war. So konnte am 1. Juli 1903 schließlich der historische Startschuss zur ersten Tour de France im Pariser Vorort Villeneuve-St.Georges fallen.

Dieses Radrennen sollte das längste werden, das bis dahin jemals ausgetragen wurde. Die Strecke führte die Teilnehmer in sechs Etappen von Paris über Lyon (467 km), Lyon – Marseille (374 km), Marseille – Toulouse (434 km), Toulouse – Bordeaux (268 km), Bordeaux – Nantes (425 km) und von Nantes zurück nach Paris (460 km). Und das in neunzehn Tagen. Ein Kraftakt besonderer Art, dessen Strapazen auch damals längst nicht alle Teilnehmer Stand halten konnten. Am Ende der ersten Tour de France kamen lediglich einundzwanzig der sechzig gestarteten Fahrer am Ziel an. Als erster Tour-Sieger wurde der zweiunddreißigjährige Maurice Garin gekrönt, der sich gegen den haushohen Favoriten und Sieger von Bordeaux – Paris, Hippolyte Aucouturier, durchsetzte. Allerdings dank kräftiger Mithilfe seines Konkurrenten. Denn Aucouturier konnte nach einem Sturz auf der ersten Etappe, bei dem er sich am Knie verletzt hatte, nicht mehr mithalten und bediente sich in seiner Not unerlaubter Hilfsmittel. Ein Streckenposten erwischte den Favoriten dabei, wie er sich von einem Begleitfahrzeug ziehen ließ, und übermittelte diese Unsportlichkeit sofort per Telegramm nach Paris. Aucouturier wurde anschließend nach der vierten Etappe disqualifiziert. Daraufhin erhielt Maurice Garin als nun Führender im Gesamtklassement sogar Morddrohungen von Anhängern Aucouturiers, von denen er sich jedoch in keinster Weise beeindrucken ließ. Stattdessen führte er mögliche Attentäter geschickt in die Irre, indem er sein weißes Trikot einfach gegen ein dunkles eintauschte. Als es gegen Ende der Tour tatsächlich zu einem hinterhältigen Zwischenfall einiger Fanatiker kam, konnte Garin dem ihm auflauernden Schlägertrupp dank des dunklen Trikots unbemerkt entkommen. Nach 93,29 Stunden erreichte Garin schließlich unversehrt das Ziel in Ville d'Avray nahe Paris.

Maurice Garin steht mit seiner Persönlichkeit für den Wandel einer Sportveranstaltung, die heute in ihren Ausmaßen, neben den Olympischen Spielen und der Fußball-Weltmeisterschaft, zu den größten der Welt gehört. Garin war bekannter Kettenraucher und hatte, ganz legal, immer einen Rotwein im Gepäck. Er galt als Lebemann, aber ebenso auch als »harter Hund«, der eine besondere Leidensfähigkeit bewies. Doch auch Maurice Garin steuerte, neben seinem historischen Sieg, negative Schlagzeilen bei. Denn das bedeutendste Radsportereignis der Welt hatte schon von Beginn an mit einigen Betrugs- und Manipulationsskandalen zu kämpfen. So mussten Garin, dessen Bruder César und zwei weitere Mitstreiter bei der zweiten Tour nachträglich disqualifiziert werden, weil sie nachts mit Hilfe von detaillierten Landkarten unerlaubt Abkürzungen fuhren oder sich teilweise von Autos ziehen ließen. Der Fahrer René Pottier wurde gar auf Lebenszeit von der Tour ausgeschlossen, nachdem er seinerzeit ein Teilstück per Zug zurückgelegt hatte. Pottiers Kaltschnäuzigkeit hatte es die Tour fortan zu verdanken, dass die Etappen nur noch am Tage gefahren werden durften und die Teilstrecken verkürzt wurden. Die Tour de France entwickelte sich dennoch schnell zu einer festen Einrichtung in der Planung der besten Radfahrer. Doch verging kaum ein Rennen, bei dem nicht wieder ein neuer Skandal die Veranstaltung beutelte. Vergiftete Hähnchenkeulen und Trinkflaschen, Juckpulver in den Rennanzügen, manipulierte Bremszüge, Schuhnägel auf den Straßen oder angesägte Rahmen gehörten bald zum Alltag der Tour de France.

Trotz allem mag man beim Anblick der Fotos aus jenen Tagen den Eindruck gewinnen, dass es in den Gründerjahren noch wesentlich gemütlicher zuging als heutzutage. Ausgetüftelte Rennstrategien, Stallorder und so genannte »Wasserträger« waren den Tour-Startern im frühen 20. Jahrhundert noch völlig fremd. Man fuhr vielmehr als Einzelkämpfer. Im Jahr 1906 etwa hatte René Pottier streckenweise bis zu einer Stunde Vorsprung herausgefahren, was ihn spontan zu einem Zwischenstopp im Gasthaus animierte, wo er genüsslich einen Becher Wein trank. Doch bald schon wurden die Regeln weiter verschärft, was auch die Gelassenheit der Fahrer zunehmend weichen ließ. So wurde etwa festgelegt, dass die gesamte Strecke auf ein und demselben Rad absolviert werden musste. Diese Order wurde 1907 Emil Georget zum Verhängnis: Als er stürzte, lieh er sich das Rad seines Kollegen Gonzague Privat aus. Wegen Regelbruchs erhielt Georget anschließend so viele Strafpunkte, dass er das Rennen schließlich nicht mehr gewinnen konnte. Unter dem sportlichen Aspekt muss man den Akteuren der frühen Jahre durchaus großen Respekt zollen. Da Gangschaltungen noch unbekannt waren, wurden die Gebirgszüge mit der gleichen Übersetzung gemeistert wie Flachstücke. Ein kraftraubender Akt, vor allem während der Hitzeperioden in Südfrankreich. Doch trotz aller Strapazen sah man früher wesentlich öfter einzelne Fahrer pfeifend und lächelnd auf ihren Rädern durch die Lande fahren.

Vom Charme vergangener Tage ist bei der Tour von heute nicht mehr viel übrig geblieben. Mittlerweile ist die Tour de France ein komplett durchorganisiertes Event. Und es ist keine Autozeitung mehr, die das Rennen veranstaltet, sondern die »Société du Tour de

---

»Den Schweinehund Garin bringen wir um!«

ANHÄNGER VON HIPPOLYTE AUCOUTURIER, NACHDEM GARIN 1903 DIE FÜHRUNG IN DER GESAMTWERTUNG ÜBERNOMMEN HATTE

France«, die das Geschehen bestimmt. Einhundertzehn Vollzeitmitarbeiter hat die Société im Jahr 2000 beschäftigt, darunter auch die Ex-Profis und Tour-Legenden Bernard Hinault und Jean-Marie Leblanc. Diese planen jeweils parallel zur aktuellen Tour schon die nächste. Alles wird akribisch geregelt. Bewirbt sich etwa eine Stadt als Etappenort, muss sie strenge Auflagen erfüllen. Die Tour ist ein bedeutender Wirtschaftsfaktor geworden. Sieben Hauptsponsoren liefern rund fünfundfünfzig Prozent des Gesamtetats für eine Tour, der im Jahr 2000 bei vierzig Millionen Mark lag. Für ein gemütliches Glas Rotwein in einer an der Wegstrecke liegenden Gaststätte hat bei diesem Organisationsplan heute niemand mehr Zeit. Der Tross rauscht hektisch vorbei, kaum jemand hat einen Blick für blühende Felder oder festlich geschmückte Innenstädte. Zu groß ist der Druck auf die Fahrer, die Mannschaften und die sportlichen Leitungen geworden. Pfeifen kann man Fahrer und Funktionäre dennoch ab und zu hören – wenn auch nur auf das Dopingverbot.

1904

Frankreich
Paris
Rue Saint Honoré 229
21. Mai 1904

»Gut Ding will Weile haben. Das beste Beispiel dafür ist die FIFA und ihre Weltmeisterschaft. Einer der wenigen Statutenartikel anno 1904 räumte der FIFA das alleinige Recht ein, ein ›Internationales Fußball-Championat‹ durchzuführen. Erst ein Vierteljahrhundert später fand die erste offizielle Weltmeisterschaft statt.«

HANS BANGERTER, EHEMALIGER UEFA-GENERALSEKRETÄR

Die Geburtsstunde des Weltfußballs

1904 | Die Geburtsstunde des Weltfußballs

Wie meistens an sonnigen Nachmittagen spielten auch am 21. Mai 1904 Kinder vergnügt im Innenhof des Gebäudes Nr. 229 an der Rue Saint Honoré in Paris mit einem Ball. Sie waren es gewohnt, dass sie ihr Spiel immer wieder mal unterbrechen mussten, weil Herren in feinen Anzügen durch den Hof liefen. Diese gingen im obersten Stockwerk des Hauses aus und ein, wo die Geschäftsstelle des französischen Sportbundes seinen Sitz hatte. An diesem Tag kamen jedoch auffallend viele dieser Männer mit Zylinder auf dem Kopf in den Innenhof und suchten nach der Adresse der Union des Sociétés Françaises de Sports. Es waren dies allesamt Abgesandte ihrer nationalen Fußballverbände, die gewillt waren, einen internationalen Fußballbund zu gründen. Sie mussten mehr oder minder lange Anreisen in Kauf nehmen, um nach Paris zu kommen. Louis Muhlinghaus und Max Kahn kamen aus Belgien, Ludvig Sylow aus Dänemark, Carl Anton Wilhelm Hirschmann aus den Niederlanden und Victor Schneider aus der Schweiz. Zudem waren noch je ein Vetreter aus Spanien und Schweden anwesend sowie die beiden französischen Delegierten Robert Guérin und André Espir. Vielleicht auch inspiriert von den Ballspielgeräuschen aus dem Innenhof, legten die Delegierten an diesem Nachmittag den Grundstein für einen Verband, der mittlerweile zu den mächtigsten der Welt gehört: die Fédération Internationale de Football Association, kurz FIFA.

Es war jedoch, ähnlich wie in vielen anderen Sportarten des frühen Jahrhunderts auch, ein langer Weg, bevor die einzelnen Nationen bereit waren, ihre Eigeninteressen hintenanzustellen. Zu groß waren die Befürchtungen, dass man unter dem Dach eines Verbandes seine kulturellen Eigenheiten und die sportliche Immunität aufgeben müsse. Vor allem die Engländer, die als Erfinder des Fußballspiels gelten und bereits 1863 ihre nationale Football Association (FA) gründeten, konnten sich anfangs nicht mit der Idee eines übergeordneten Verbandes anfreunden. Zum einen befürchteten sie, ihre bis dahin unbestrittene Führungsrolle auf dem europäischen Kontinent in Sachen Fußball zu verlieren. Zum anderen fanden auch die einzelnen Associations von England, Wales, Irland und Schottland keinen gemeinsamen Nenner in dieser Frage. Das ständige Hin und Her der Briten nervte vor allem den Franzosen Robert Guérin, den Generalsekretär des französischen Sportbundes. Der hauptberufliche Journalist trieb die intensiven Bemühungen Frankreichs und Belgiens zur Gründung eines internationalen Fußballverbandes

schließlich auch ohne britische Unterstützung weiter voran. Im Rahmen des ersten offiziellen Länderspiels der beiden Nationen am 1. Mai 1904 in Brüssel vereinbarten die beiden Generalsekretäre Guérin und der Belgier Muhlinghaus, Nägel mit Köpfen zu machen. Sie luden die bereits existierenden Fußballverbände Europas am 21. Mai nach Paris ein, um den jahrelangen Wortbekenntnissen Taten folgen zu lassen. So saßen die Herren gemütlich beisammen und tüftelten Grundsatzelemente des neu zu gründenden Verbandes aus. Die wichtigsten Entscheidungen dabei waren die vorläufigen Beschlüsse, dass man einheitlich nach den Regeln des englischen Verbandes spielen wolle, Spieler bei Ländervergleichen nur für eine Nation antreten dürfen

> »Müsste man die Aufgabe der FIFA auf eine ganz kurze Formel reduzieren, blieben die beiden Worte ›Spektakel‹ und ›Erziehung‹. Es ist eine der wichtigsten Aufgaben des Weltverbandes, den Wert des Fußballs als attraktiven Sport zu bewahren.«
>
> JOSEPH S. BLATTER, FIFA-PRÄSIDENT

und nur die FIFA künftig berechtigt sei, internationale Turniere auszutragen. Zudem hob man die Bestimmung auf, dass die Hosen der Spieler die Knie bedecken müssen, und führte den direkten Freistoß ein. Man wollte sich zunächst die Meinungen weiterer nationaler Verbände einholen, bevor der erste FIFA-Kongress am 23. Mai 1904 die Strukturen endgültig festigen sollte. Auf diesem wurde schließlich auch die angedachte Führungsriege im Amt bestätigt. Als erster FIFA-Präsident wurde Robert Guérin ins Amt gewählt, als Vizepräsidenten der Schweizer Victor Schneider und der Niederländer Carl Anton Wilhelm Hirschmann bestimmt. Der Belgier Louis Muhlinghaus übernahm die Funktion des Schatzmeisters und Sekretärs in Personalunion. Wenige Wochen nach dem Kongress trat auch der Deutsche Fußball-Bund (DFB) mittels eines telegrafisch übermittelten Schreibens der FIFA bei.

Die FIFA hatte sich selbst auferlegt, dass alle verabschiedeten Statuten erst ab dem 1. September 1904 in Kraft treten würden. Damit hatte die frisch gewählte Führungsriege einen ziemlich schweren Stand. Schon allein deshalb, weil der mächtige englische Verband noch immer keine Bereitschaft signalisierte, dem Fußballbund beizutreten. Somit wurde zwar europaweit nach einheitlichen Regeln gespielt, doch auf internationaler Ebene noch immer kein Durchbruch für gleichgeschaltete Turnier- oder Länderspielbestimmungen geschaffen. Es war schließlich der Belgier Baron Edouard de Laveleye, der die sturen Briten am 14. April 1905 zum Beitritt bewegen konnte. Damit wurden fortan auch einige neue Regeln gültig: Der Torwart durfte beim Elfmeter die Torlinie nicht mehr verlassen, die Bälle mussten aus Leder gefertigt sein und Metalleinlagen in Fußballschuhen waren künftig verboten. Die letztere Bestimmung war dadurch nötig geworden, weil viele Spieler aus Mangel an echten Fußballschuhen oftmals mit Sicherheitsschuhen antraten, deren eingearbeitete Metallplatten ganz nebenbei einen härteren Schuss ermöglichten.

Die FIFA verzeichnete innerhalb des ersten Gründungsjahres einen enormen Mitgliederzuwachs. Mittlerweile waren auch Österreich, Ungarn und Italien dem Bund beigetreten. Die Stellung des internationalen Fußballverbandes hatte sich damit gegenüber anderen Verbänden wie dem Internationalen Olympischen Komitee weiter gefestigt. Und so konnte man bereits 1908 durchsetzen, dass der Balltretsport bei den Spielen in London erstmals auch olympische Disziplin wurde. Erwartungsgemäß sicherten sich die Engländer dabei die Goldmedaille. Die Olympiapräsenz ermutigte auch Fußballverbände aus anderen Kontinenten, sich der FIFA anzuschließen. So stieß Südafrika 1909 dazu, Argentinien und Chile 1910 und die USA 1913. Gerade als sich die internationalen Aktivitäten der FIFA zu entwickeln begannen, stoppte der Erste Weltkrieg ab 1914 alle Bemühungen.

Nach dem Krieg stand der Verband wieder völlig am Anfang. Die in all den Jahren mühsam vereinten Nationen waren zerstritten, die vereinbarten Regeln hinfällig. Nachdem England mit seinem Antrag, Deutschland, Österreich und Ungarn aus der FIFA auszuschließen, keine Mehrheit fand, traten die Briten aus dem Bündnis aus. Mitten in diesen wirren Zeiten übernahm ein Mann das Kommando, der als Präsident in den folgenden 33 Jahren der FIFA ein völlig neues Gesicht gab: Jules Rimet. Der Franzose war es, der den Mitgliedsbestand des Verbandes von zwanzig im Jahr 1921 auf fünfundachtzig im Jahr 1954 erhöhte. Er bewegte selbst England und die weiteren britischen Verbände dazu, 1924 erneut in die FIFA einzutreten. Und es war auch Rimet, der den Wunschgedanken nach einer Fußball-Weltmeisterschaft zielstrebig vorantrieb. Ihm war es ein Dorn im Auge, dass die Fußballturniere bei den Olympischen Spielen stets ausgelagert wurden. Sie fanden zumeist zwei Monate vor der eigentlichen Eröffnungsfeier statt und dienten vielmehr als werbliche Showeinlage denn als sportliche Attraktion. Und so bemühte

sich Rimet, die nationalen Fußballverbände für eine eigenständige Weltmeisterschaft unabhängig von den Olympischen Spielen zu begeistern.

Das Interesse war durchaus gegeben. Doch scheiterten alle Pläne zunächst an unüberwindbaren Organisationsproblemen. Nach dem Olympiaturnier 1928 in Amsterdam, wo die Fußballspiele erneut acht Wochen vor dem offiziellen Beginn der Spiele stattfanden, war die Geduld der FIFA endgültig am Ende. Das IOC hatte so starke Fußballnationen wie Österreich, Ungarn und die Tschechoslowakei vom Turnier ausgeschlossen, weil diese zuvor den Profifußball einführten. Das gab den Ausschlag, dass die FIFA für 1930 eine eigene Weltmeisterschaft plante. Als Gastgeberland wurde Uruguay gewählt – auch von den europäischen Mitgliedsstaaten. Diese bekundeten zwar zunächst motiviert ihren Willen, nach und nach sprang dann jedoch eine Nation nach der anderen wieder ab. Zu hoch waren die Kosten. Allein die vierwöchige Schiffsreise hätte ein kleines Vermögen gekostet, mal ganz abgesehen von den Verdienstausfällen der Spieler. In Zeiten wirtschaftlicher Rezession war dies kaum zu organisieren. Und so waren es lediglich die Nationalteams aus Frankreich, Belgien, Jugoslawien und Rumänien, die nach Uruguay reisten. Insgesamt dreizehn Teilnehmer spielten um die »Goldene Göttin«, die am Ende der Gastgeber mit einem 4:2 über Argentinien gewann.

Ab der zweiten Weltmeisterschaft in Italien 1934, bei der erstmals auch eine deutsche Mannschaft teilnahm, pendelte sich die Teilnehmerzahl bald bei sechzehn ein und wurde erstmals 1982 bei der Weltmeisterschaft in Spanien auf vierundzwanzig erhöht. Allerdings nur für vier weitere Turniere – in Frankreich 1998 nahmen zweiunddreißig Mannschaften an der Endrunde teil. Daran wird die ständig wachsende Bedeutung der FIFA in den letzten Jahrzehnten deutlich. Mit mehr als zweihundert Mitgliedern weltweit stellt sie heute einen der bedeutendsten Sportverbände dar. Längst geht ihr Engagement über die reine Organisation von Fußballturnieren hinaus. Die alle vier Jahre stattfindende Weltmeisterschaft ist die zweitgrößte Sportveranstaltung nach den Olympischen Spielen und damit längst auch ein enormer Wirtschaftsfaktor. Damit sind die Grenzen zwischen Sport und Politik längst verschwommen.

1907

USA
New York
Madison Square Garden
November 1907

»Rütt muss eine Lunge wie ein Pferd haben, denn seine Ausdauer
ist sagenhaft.«

JACK CLARK ÜBER SEINEN PARTNER WALTER RÜTT

Der Sechstagekönig

Damals wurden Sechstagerennen ihrem Namen noch gerecht, als die Akteure 144 Stunden lang rund um die Uhr im Sattel saßen und nur wenige Pausen gestattet wurden. Selbst in den wenigen Neutralisationsphasen mussten sie sich neben der Bahn aufhalten und durften die Halle unter keinen Umständen verlassen. Das Duo beschloss daraufhin, seine neue Popularität bei den amerikanischen Radsportfans zu nutzen und in den USA zu bleiben. Dort nahmen beide an weiteren Rennen teil und begeisterten das US-Publikum mit glanzvollen Auftritten. Als Rütt gemeinsam mit dem Amerikaner Jack Clark auch 1909 erneut das New Yorker Sechstagerennen für sich entscheiden konnte, galt er endgültig als einer der größten Stars seines Metiers.

Während dessen braute sich in Europa eine stetig wachsende Kriegsgefahr zusammen, wodurch auch Walter Rütt einen Einberufungsbefehl erhielt. Doch der Berliner ignorierte ihn. Stattdessen blieb er in den USA und fuhr viele Rennen. Walter Rütt wusste, dass er mit einer harten Bestrafung rechnen musste, wenn er in seine Heimat zurückkehren würde. Und so blieb ihm im Gegensatz zu seinem ehemaligen niederländischen Partner John Stol ein Start beim ersten Sechstagerennen Europas im März 1909 versagt. Ohne Rütt belegte Stol in der Ausstellungshalle am Zoologischen Garten gemeinsam mit Marcel Berthet Rang zwei. Kronprinz Wilhelm, ein leidenschaftlicher Radsportfan, machte sich schließlich persönlich stark für die Rückkehr des Wehrdienstverweigerers, um die rasch wachsende Popularität des Radsports in Deutschland mit dem vermeintlich besten Fahrer weiter zu fördern. Rütt wurde Straffreiheit in Aussicht gestellt, wenn er in seine Heimat kommen würde. Zu Beginn des Jahres 1910 ging Rütt schließlich in Kiel von Bord und fuhr anschließend weiter in seine Heimatstadt Berlin. Dort hatte sich die Nachricht von der Ankunft des Radstars schnell herumgesprochen, und so bereiteten ihm tausende begeisterte Berliner am Bahnhof Zoo einen rauschenden Empfang.

Sofort bereitete sich Walter Rütt auf einen Start beim zweiten Sechstagerennen in Berlin vor. Er überredete seinen neuen Partner Jack Clark, mit dem er bereits im Vorjahr in New York siegreich gefahren war, auch in Berlin ein Team zu bilden. Das Duo hatte beste Siegchancen, zumal die neu angelegte Radrennbahn am Zoologischen Garten in ihren Ausmaßen sehr der im New Yorker Madison Square Garden ähnelte. Anders als in den USA stand in Berlin nun die gesamte Elite des europäischen Radsports am Start. Der Franzose Poulain etwa oder der Däne Thornvald Ellegaard, Größen wie Edmond Jacquelin. Auch Rütts ehemaliger Kompagnion

1907 | Der Sechstagekönig

Die Lage war völlig aussichtslos, unter den Mitgliedern des einstmals mächtigen Deutschen Rennfahrer-Verbandes (DRV) herrschte 1907 derart große Zwietracht, dass ein Verbandsleben im üblichen Sinne längst nicht mehr gegeben war. Die größten Radstars jener Tage waren die internen Querelen schon lange leid und ohnehin bereits abgewandert. Wie Walter Rütt etwa. Der Berliner hatte genug von der jahrelangen Misswirtschaft im DRV und beschloss, seine Karriereplanung fortan in die eigenen Hände zu nehmen. Gemeinsam mit dem Niederländer John Stol reiste Rütt in die USA, um dort an den überaus beliebten Sechstagerennen teilzunehmen, die in Europa bis zu diesem Zeitpunkt noch nicht bekannt waren. Im New Yorker Madison Square Garden fuhr das Gespann Rütt und Stol im November 1907 prompt alle Konkurrenten in Grund und Boden. Als erste Europäer siegten Walter Rütt und John Stol schließlich.

John Stol meldete seine Teilnahme an. Dennoch: Walter Rütt und Jack Clark setzten sich nach sechs spannenden Renntagen auch in der deutschen Hauptstadt gegen alle Konkurrenten durch. Mit dem überzeugenden Sieg löste Rütt in ganz Deutschland eine wahre Radsporteuphorie aus. Aus allen Teilen der Republik erhielt das Erfolgsgespann Rütt/Clark plötzlich Angebote, jeder wollte die Helden von New York und Berlin fahren sehen. Für fürstliche Antrittsgagen startete das Team selbst auf den Bahnen in kleinen Radfahrerlokalen. Dabei kam es im Januar 1911 zu einem Unfall, als Rütt auf einer zu engen Bahn in Dresden mit John Stol kollidierte und sich dabei das Schlüsselbein brach. Fast hätte

> »Wenn ich an die Sixdays im New Yorker Madison Square Garden zurückdenke, wo man 144 Stunden lang an sein Limit gehen musste, und dann sehe, was heute aus den Sechstagerennen geworden ist, die diesen Namen längst nicht mehr verdienen, könnte ich weinen.«
>
> GUSTAV KILIAN, »SECHSTAGEKAISER« IN DEN DREISSIGER JAHREN

dies den Start beim dritten Berliner Sechstagerennen verhindert. Doch Rütt wurde gerade noch rechtzeitig fit und ging wieder gemeinsam mit Jack Clark an den Start. Und erneut gewann das Paar das Rennen überlegen. Insgesamt gewann Walter Rütt im Lauf seiner Karriere neun Sechstagerennen, unter anderem auch weil er vom Kriegsdienst befreit worden war. Der Kronprinz selbst setzte ihn als Sportlehrer des Deutschen Radfahrer-Verbandes ein.

Nachdem er auch 1912 wieder sowohl in New York als auch in Berlin trumphiert hatte, krönte Rütt 1913 seine sagenhafte Siegesserie mit einem weiteren Erfolg. In Leipzig entthronte der Deutsche den sechsmaligen Flieger-Weltmeister Thornvald Ellegaard aus Dänemark in dessen Paradedisziplin und wurde erstmals selbst zum besten Flieger der Welt gekürt. Die Fliegerrennen sind der Klassiker im Bahnradsport. Zwei bis drei Fahrer treten dabei gegeneinander an. Wer nach zwei Runden als erster das Ziel erreicht, hat gewonnen. Doch im Allgemeinen starten die Konkurrenten dabei zunächst sehr langsam, jeder vermeidet, in Führung zu gehen. Erst rund zweihundert Meter vor dem Ziel versucht einer der beiden Akteure mit einem Blitzstart und einem schnellen Sprint den entscheidenden Vorsprung zu erzielen. Dem Deutschen kam dabei seine außergewöhnliche Ausdauer zugute.

Mit Ausbruch des Krieges kamen die internationalen Rennen zum Erliegen. Lediglich auf kleineren Bahnen, wie etwa auf der Radrennbahn in Berlin-Treptow, wurde der Radsport auch während der Kriegsjahre weiter gepflegt. Anschließend lebte vor allem die Begeisterung für Sechstagerennen schnell wieder auf. Nach der Dominanz des Berliners Karl Saldow in den Jahren 1919, 1922 und 1924 feierte auch Walter Rütt mit seinem Sieg im neuen Sportpalast 1925 sein kurzes Comeback im Sechstagezirkus. Wesentlich erfolgreicher war er inzwischen in der Flieger-Disziplin, in der er auch 1919, 1920 und 1923 die Weltmeisterschaft erringen konnte. Im Jahr 1926 beendete der »Sechstagekönig« Walter Rütt seine Karriere und eröffnete in Berlin-Hasenheide eine Radrennbahn. Am 24. Juni 1964 starb er im Alter von einundachtzig Jahren.

Die Tradition starker deutscher Radrennfahrer setzte sich auch in der Zeit nach Rütt weiter fort. Vor allem Gustav Kilian trat die Nachfolge Rütts an und agierte im Lauf der Jahre sogar noch erfolgreicher als sein Vorgänger. Stolze vierunddreißig Sechstagerennen hat der Dortmunder gemeinsam mit seinem Standardpartner Heinz Vopel in seiner Karriere gewonnen, zwanzig davon allein in den USA, nachdem diese Art Radrennen ab 1933 in Deutschland verboten war. Der »Sechstagekaiser« beendete seine Laufbahn erst 1954 im Alter von sechsundvierzig Jahren und trat anschließend einen sehr erfolgreichen Job als Trainer des deutschen Radnachwuchses an. Bis 1977 gewannen seine Schützlinge bei Olympischen Spielen und Weltmeisterschaften zusammen sechzehn Goldmedaillen, dreizehn Silber- und sieben Bronzemedaillen. Gustav Kilian starb 1999 im Alter von zweiundneunzig Jahren.

1908

England
London
Shepherd's Bush Stadium
24. Juli 1908

»Der arme Kerl hat einen Trostpreis verdient. Er ist ein großer
Sportsmann, der bis zur völligen Erschöpfung kämpfen kann.«
SIR ARTHUR CONAN DOYLE NACH PIETRIS DISQUALIFIKATION

Das Drama um

den Pizzabäcker

rappelte sich langsam wieder auf und lief ein paar Meter weiter. Dann stürzte er wieder. Und wieder. Einmal sogar direkt vor der königlichen Loge. Meter um Meter quälte er sich so, am ganzen Körper vor Erschöpfung zitternd, der Ziellinie entgegen. Nachdem bereits etliche Minuten vergangen waren und jeder im Stadion seinen Blick starr auf den kleinen Italiener gebannt hatte, lief, zunächst kaum bemerkt, der Amerikaner Johnny Hayes ein. Pietri lag wieder einmal auf dem Boden, seine Augen halb geschlossen. Doch am plötzlich aufbrausenden Jubel hatte er erkannt, dass ihm ein Verfolger auf den Fersen war. Auf allen Vieren krabbelte er nun weiter Richtung Zielband, von dem ihn nur noch wenige Meter trennten. Hayes hingegen lief völlig

> »Ich habe weder ein Diplom für Sie noch eine Medaille oder einen Eichenzweig. Aber ich habe einen Goldpokal für Sie und hoffe, dass Sie keine schlechten Erinnerungen an unser Land mitnehmen.«
>
> KÖNIGIN ALEXANDRA BEI DER ÜBERGABE
> DES »QUEENS CUP« AN PIETRI

locker in die Zielgerade ein. Die Anfeuerungsrufe für Pietri wurden daraufhin immer lauter, die Masse versuchte, den armen Kerl zum Sieg zu brüllen. Da sprangen plötzlich Cheforganisator Jack Andrew und Turnierarzt Dr. Michael J. Bulger auf die Bahn, halfen Dorando Pietri auf die Beine und zerrten ihn schließlich über die Ziellinie. Die Jubelstürme der Zuschauer bekam der Italiener gar nicht mehr mit, er verfiel sofort in eine tiefe Ohnmacht. Als er erwachte, fragte Pietri aufgeregt nach seiner Goldmedaille. Sie wurde ihm im Nachhinein verweigert, nachdem das Team der USA wegen der fremden Hilfeleistung der Funktionäre bei der Jury protestierte – und Recht bekam.

Der Italiener seinerseits protestierte zwar noch gegen diese Entscheidung, da er zu schwach gewesen sei, um die Hilfe der beiden Funktionäre überhaupt abwehren zu können. Doch es nützte nichts. Er wurde disqualifiziert und aus der Wertung des Marathons gestrichen. Tagelang noch war das »Drama des Dorando Pietri« überall in London ein Gesprächsthema. Alle Zeitungen griffen die Tragik des bis dato unbekannten Italieners auf und schufen damit bald eine Welle rührenden Mitleids für Pietri. Der Kriminalautor Sir Arthur Conan Doyle war es schließlich, der in einem Artikel der *Times* dazu aufrief, dem tapferen Sportsmann nach dem Vorfall wenigstens einen Trostpreis zu verleihen. Am letz-

1908 | Das Drama um den Pizzabäcker

Der auffallend kleine Läufer mit der Startnummer 19 war völlig am Ende mit seinen Kräften. Zwar lief er als erster der 56 gestarteten Marathonteilnehmer in das White-City-Stadion in London ein. Doch der Italiener war derart schwach, dass er nicht einmal mehr den richtigen Weg in die Zielgerade fand. Ordnungshelfer mussten den völlig orientierungslosen Läufer auf der Aschenbahn einweisen, damit er überhaupt noch in der Lage war, die letzten knapp dreihundert Meter dieses olympischen Marathons am 24. Juli 1908 zu absolvieren. Die Zuschauer im Stadium Shepherd's Bush waren äußerst irritiert ob der Szenen, die sich da in der Arena abspielten. Wie jemand, der ordentlich einen über den Durst getrunken hat, torkelte dieser schmächtige Athlet namens Dorando Pietri auf der Laufbahn umher. Plötzlich knickten ihm die Knie ein und er stürzte. Ein Schrei des Entsetzens ging durch das Stadionrund. Doch Pietri

ten Tag der olympischen Wettkämpfe bat die britische Königin Alexandra den Unglücksraben dann persönlich in ihre Loge und tröstete ihn mit den Worten: »Ich habe weder ein Diplom für Sie noch eine Medaille oder einen Eichenzweig. Aber ich habe einen Goldpokal für Sie und hoffe, dass Sie keine schlechten Erinnerungen an unser Land mitnehmen.« Dorando Pietri bedankte sich höflich und verneigte sich vor der Monarchenfamilie. Im Stadion erhob sich erneut ein ohrenbetäubender Jubel. Zwar hatte Pietri keine olympischen Ehren errungen, zumindest nicht offiziell, dafür aber die Sympathien der Menschen in aller Welt.

Doch nicht nur wegen des Dramas um Dorando Pietri bleibt jener olympische Marathonlauf bei den fünften Spielen der Neuzeit, der im Schlosspark von Windsor gestartet wurde, in historischer Erinnerung. Der Prinzessin von Wales ist es zu verdanken, dass die Distanz eines Marathonlaufes bis heute exakt 42,195 Kilometer beträgt. Da die Königliche Hoheit mit ihrer Familie den Start des Marathons von der Ostterrasse des Schlosses aus verfolgen wollte, wurde die eigentlich 26 Meilen lange Streckenführung, vom Schloss Windsor bis in das White-City-Stadion in London, kurzerhand um 385 Yards verlängert. Diese Entfernung von 42,195 Kilometern ist seitdem die offizielle Laufstrecke für einen Marathon. Nachdem Lord Desborough of Taplow den Startschuss abfeuerte und die sechsundfünfzig Läufer sich auf den Weg Richtung London machten, wurden sie entlang dem Parcours von begeisterten Zuschauern jubelnd empfangen. Vor allem auch, weil deren Landsmann Thomas Jack während der ersten Kilometer in Führung ging, gefolgt vom Südafrikaner Charles Hefferon. Eher unscheinbar schlich sich auch Dorando Pietri langsam an die Spitzengruppe heran und wurde dabei zunächst noch kaum richtig wahrgenommen. Er fiel eher wegen seiner ulkigen Erscheinung –

»For P. Dorando. In Remembrance of the Marathon Race From Windsor to the Stadium. From Queen Alexandra«

TEXT AUF DEM KÄRTCHEN, DAS KÖNIGIN ALEXANDRA IHREM GESTIFTETEN TROSTPREIS BEIFÜGTE

klein gewachsen, buschiger Schnäuzer und weiße Mütze – als aufgrund seiner Laufleistung auf. Als er jedoch ab Kilometer 37 mit einem kräftigen Spurt den Abstand zum führenden Charles Hefferon Meter um Meter verringern konnte, wurde es unruhig in den Zuschauertrauben. Niemand kannte Pietri als Läuferpersönlich-

keit, doch die Art, wie der drahtige Italiener nun plötzlich den Favoriten Hefferon und den Amerikaner John Hayes hinter sich ließ, gefiel dem britischen Publikum. Bis kurz vor dem Stadion konnte sich Pietri fast einen ganzen Kilometer Vorsprung erlaufen. Dabei hatte er sich jedoch dermaßen verausgabt, dass er nun, auf den letzten Metern, einen völligen körperlichen Einbruch erlitt. Am Ende hatte er mehr als 42 Kilometer absolviert, ohne dafür den verdienten Lohn bekommen zu haben. Olympiasieger wurde nach Pietris Disqualifikation John Hayes mit einer Zeit von 2:55:18,4 Stunden. Doch während Hayes heute kaum noch jemandem ein Begriff ist, hat Dorando Pietri mit seinem tragischen Lauf Sportgeschichte geschrieben.

1911

Österreich/Deutschland
Simmering/Riesengebirge
Januar 1911

»Eine solche Sportart schickt sich nicht für einen angehenden
deutschen Kaiser.«

BEGRÜNDUNG DES KAISERHAUSES ZUM STARTVERBOT
DES KRONPRINZEN WILHELM BEI BOBRENNEN

Eine Leiter, zwei Rodelschlitten

und ein Gartenrechen

1911 | Eine Leiter, zwei Rodelschlitten und ein Gartenrechen

Wie in fast jeder Woche saßen Dachdeckermeister Ernst Reimann und seine Kumpane Karl Krebs, Fritz Franke, Franz Adolph und Ernst Liebig auch am 23. Januar 1911 in der Gaststube des Hotels »Lindenhof« bei einem Glas Bier zusammen und tüftelten an neuen Ideen für ihre Bobkonstruktionen. Die Enthusiasten aus Schreiberhau im Riesengebirge zählten zu den Pionieren des Bobsports in Deutschlands, als sie bereits 1906 die ersten Gefährte aus zwei Schlitten und einer Leiter als Verbindungsstück zimmerten. Was einst aus Spaß an der Freude begann, entwickelte sich im Laufe der Jahre zum festen Hobby der fünf Freunde. Und aus anfangs noch äußerst windigen Gefährten schufen die Freunde bald schon stabilere Schlitten, mit denen sich immer höhere Geschwindigkeiten erreichen ließen. Bei so manchem Glas Gerstensaft entwickelten sie schließlich die ersten zumindest Bob-ähnlichen Schlitten. Weil die Crew mittlerweile längst auch die abschüssige Dorfstraße für Testfahrten mit ihren selbstgebauten Vehikeln nutzte, blieb den restlichen Dorfbewohnern das Treiben der »Verrückten« nicht verborgen. Und bald schon wurden deren rasante Auftritte von zahlreichen Mitbürgern vom Straßenrand aus verfolgt. Da sich daraufhin immer mehr Interessenten fanden, die ebenfalls Gefallen am damals so genannten »Bobsleigh« hatten, beschloss man im März 1911 schließlich, einen eigenen Verein zu gründen. Zumal die Beliebtheit des neuartigen Sports in ganz Deutschland bereits derart gewachsen war, dass sogar der Sohn des Kaisers, Kronprinz Wilhelm von Preußen, den Bobsport zum Hobby kürte. In anderen deutschen Schneeregionen wie Garmisch-Partenkirchen, Winterberg und Oberhof in Thüringen hatten sich bereits in den Jahren zuvor Vereine gegründet, und so begann sich langsam, aber stetig eine eigene Bobsport-Kultur zu entwickeln. Den endgültigen Durchbruch erreichte diese Wintersportart – die in der Schweiz

schon seit 1898 betrieben wurde – schließlich, als sich am 5. November 1911 drei Vereine aus Schierke, Friedrichsroda und Frankfurt am Main zum Deutschen Bobsleigh-Verband (DBV) zusammenschlossen. Bald sollten weitere Mitglieder folgen. Und dank der Schirmherrschaft von Kronprinz Wilhelm war nicht nur die finanzielle Unterstützung gesichert, sondern auch die verstärkte Aufmerksamkeit in der Bevölkerung.

Die eigentliche Geburtsstunde des Bobsports geht bis in das Jahr 1879 zurück, als sich britische und amerikanische Kurgäste im schweizerischen Davos mit einfachen »Holzschlitteln«, wie sie damals noch genannt wurden, die ersten privaten Rennen lieferten. Auf Wunsch der zahlungskräftigen Gäste legte die Kurverwaltung bald eine eigene »Schlittelbahn« an. Diese wurde derart rege genutzt, dass 1881 der Brite Hornblower die Idee entwickelte, ein offizielles Rennen zu organisieren. Immer mehr Teilnehmer, darunter auch viele Frauen und gemischte Schlittenteams, meldeten sich im Laufe der Jahre an, was die Veranstalter dazu veranlasste, den »Davos Toboggan Club« zu gründen. Toboggan wurde aus dem indianischen Sprachgebrauch abgeleitet, wo »tobaaken« soviel bedeutet wie »flacher Schlitten«, auf dem man bäuchlings ins Tal rauscht. Bald schon verbreitete sich die Schlittel-Gaudi auch in anderen Winterkurorten wie etwa in Sankt Moritz. Dort entstand 1884 der Cresta Run, eine 1231 Meter lange Bahn mit einem Gefälle von 167 Metern. Sie entwickelte sich bald zum Mekka der Schlittensportler. Immer waghalsigere Gefährte sah man dort in den folgenden Jahren hinabschlittern. 1887 entwickelte Dorfschmiedemeister Christian Matthys aus Sankt Moritz schließlich den ersten stählernen Skeleton, mit dem auf dem Cresta Run Geschwindigkeiten von bis zu hundert Kilometer pro Stunde erreicht wurden. Wohl eher aus einer Schnapslaune heraus kam eines Tages der Amerikaner Townsend auf die Idee, zwei normale Rodelschlitten mit einer Leiter so miteinander zu verbinden, dass drei, vier oder gar fünf Personen gleichzeitig darauf Platz fanden. Mit Stricken versuchte der vordere Steuermann das Gefährt zu lenken, während der Bremser mit Hilfe eines Gartenrechens das Tempo drosseln musste. Er nannte diese Konstruktion »Bob«, nachdem er die »Hopp-Hopp«-Anfeuerungsrufe der Zuschauer als »Bob, Bob« wahrgenommen hatte.

Diese waghalsige Eigenkonstruktion aus Holzschlitten brachte den Schmied Christian Matthys erneut auf eine Idee, und so bastelte er 1888 in seiner Werkstatt an einer robusteren Variante des »Bobsleigh« aus Holz und Stahl. Fortan konnte sich Matthys kaum noch retten vor

Anfragen der reichen Bobfans aus England und den USA, die in Scharen seine neuen Modelle orderten. Die normalen Schlittelbahnen wurden den Bobteams – die zumeist aus fünf Fahrern bestanden, von denen gemäß der ersten Bobregeln mindestens zwei Frauen sein mussten – allerdings bald zu klein. Zumal die darauf zu erreichenden Geschwindigkeiten als nicht schnell genug empfunden wurden. Und so kam es, dass am 5. Januar 1898 in Sankt Moritz, ein Jahr nachdem hier der erste eigenständige Bobsleigh-Klub gegründet worden war, auch die erste Bobbahn der Welt eröffnet wurde. Im Wettbewerb um die zahlungskräftigen Touristen ließen sich auch andere Schweizer Wintersportorte wie Davos und Pontresina nicht lange bitten und gestalteten ihre eigenen Bobbahnen.

Die verschiedensten Bob-Meisterschaften gehörten bald zum Alltag in den Touristenhochburgen. Und so begann sich der Siegeszug des Bobsports langsam in ganz Europa bemerkbar zu machen. Vor allem in jenen Regionen, die als schneesicher galten. Die Welle der Begeisterung schwappte somit bald auch nach Deutschland über. Vor allem in Alpennähe, im Thüringer Wald, in der Hochsauerland-Region und im Riesengebirge formierten sich die ersten Interessengruppen. Der erste Bobverein wurde bereits 1906 in Oberhof gegründet, wo auch die erste spezielle Bobbahn entstand. Schon ein Jahr später, 1907, fanden hier Deutsche Meisterschaften statt, bei denen sich der Lokalmatador Ludwig Hofmann und sein Bremser Dr. Guisti in ihrem Bob »Deutscher Michl« gegen neun andere Teams durchsetzten. Dem Vorbild Oberhofs als Bobzentrum folgten bald weitere in Schierke 1909, in Winterberg 1910 sowie in Schreiberhau und Garmisch-Partenkirchen 1911. Oberhof blieb bis zum Ausbruch des Ersten Weltkrieges 1914 Austragungsort der Deutschen Meisterschaften, bei denen die Bobs laut Ausschreibung mit drei bis sechs Personen zu besetzen waren. Gemischte Teams aus Frauen und Männern waren dabei die Regel.

In der Vorkriegsstimmung gründete sich 1913 in Dresden der Internationale Schlittensportverband, ein Zusammenschluss des Deutschen Rodelbundes, des Deutschen Bobsleigh-Verbandes, des Verbandes Deutscher Schlittensportvereine in Österreich sowie des Internationalen Schlittensport-Klubs Davos. Eine der ersten Amtshandlungen des neu gegründeten Verbandes war die Organisation der ersten Bob-Europameisterschaft 1914 in Winterberg. Nach dem Ende des Krieges erstarkte der Bobsport an sich schnell wieder zu alter Präsenz. Die Verbandsarbeit hingegen fiel nun verstärkt in die Hände von Nationen wie England, Frankreich und der Schweiz. Das gipfelte darin, dass deren Delegierte, gemeinsam mit jenen aus Kanada und den USA, am 23. November 1923 in Paris die Fédération Internationale de Bobsleigh de Tobogganing (FIBT) als neuen Dachverband gründeten, quasi als Nachfolgeorganisation des Internationalen Schlittensportverbandes. Die FIBT setzte durch, dass Frauen künftig nicht mehr bei Bobwettbewerben teilnehmen durften und dass der Bobsport bei den ersten Olympischen Winterspielen 1924 im französischen Chamonix als Sportart vertreten war. Die erste Goldmedaille ging dabei wenig überraschend an die Schweiz, Silber an England und Bronze an Belgien. Der Deutsche Bobsleigh-Verband trat 1927 der FIBT bei, und konnte somit bei den zweiten Olympischen Spielen 1928 in Sankt Moritz erstmals an den Start gehen. Dabei errang der Viererbob von Steuer-

mann Hanns Kilian auf Anhieb die Bronzemedaille. Kilian war es auch, der gemeinsam mit seinem Partner Sebastian Huber 1931 die erste Weltmeisterschaft im Zweierbob gewann. Ab 1932 war diese Disziplin dann auch bei den Olympischen Spielen startberechtigt.

Im Lauf der Jahrzehnte entwickelte sich der Bobsport stetig weiter. Vor allem ab den fünfziger Jahren begannen sich die Strukturen zu bilden, die bis heute bekannt sind. Nachdem vermehrt Athleten aus anderen Sportarten für den Bobsport angeworben wurden – da man für den Start kräftige Anschieber benötigte, um noch schnellere Zeiten zu erreichen –, wurde 1952 ein Gewichtslimit für Bob und Fahrer eingeführt. Fortan wurden die Materialien für die Rahmen immer leichter, bis sich Fiberglas als Hauptbestandteil des Bobmantels durchsetzte. Und die Fahrer fuhren bald längst nicht mehr nur zum Spaß an der Freude, sondern trainierten Sommer wie Winter, um Start und Kurvenlage zu perfektionieren. Dominierten zwischen 1928 und 1956 noch die US-Teams den Sport, so waren es später vor allem die Europäer, die die Oberhand gewannen. Zunächst die Italiener und Österreicher von Mitte der fünfziger bis Ende der sechziger Jahre, anschließend vor allem die Teams aus der ehemaligen DDR, der Schweiz und auch der Bundesrepublik.

1912

Schweden
Stockholm
Olympiastadion
15. Juli 1912

König Gustav V.:»Sir, you are the greatest
athlet in the world!«
Jim Thorpe: »Thanks, King!«
DIALOG ANLÄSSLICH DER GOLDMEDAILLEN-
VERLEIHUNG AN JIM THORPE, 1912

Der strahlende Pfad

Wie ein kleiner Junge, der den Weihnachtsmann persönlich trifft, um sich sein Geschenk abzuholen – so stand am 15. Juli 1912 der Amerikaner Jim Thorpe dem schwedischen König Gustav V. im Stockholmer Olympiastadion von Angesicht zu Angesicht gegenüber. Für den schüchternen Indianerabkömmling mit dem verheißungsvollen Namen Wa-Tho-Huk, was in seiner Sprache »Strahlender Pfad« bedeutet, war dies eher eine leidige Pflicht des Protokolls. Dabei hätte er durchaus Grund gehabt, sich dieser Ehre zu erfreuen. Denn der Monarch überreichte als Gastgeber der Spiele nur den Olympiasiegern persönlich die Goldmedaille. Doch davon zeigte sich Thorpe herzlich wenig beeindruckt. Bei der Siegerehrung sprach König Gustav V. dem Athleten aus Oklahoma, der zuvor im Zehnkampf und Fünfkampf seine Konkurrenten eindrucksvoll in den Schatten gestellt hatte, offen seine große Bewunderung aus. Er setzte ihm einen Eichenkranz auf den Kopf, schüttelte ihm fest die Hand und sagte: »Sir, you are the greatest athlet in the world!« In indianischer Einfachheit und fernab von jeglicher Etikette antwortete Jim Thorpe grinsend: »Thanks, King!« Er konnte sich einen solchen verbalen Fehlgriff durchaus leisten, nachdem er mit seinen sportlichen Leistungen den Spielen einen besonderen Glanz verliehen hatte. Und nur das zählte für Thorpe. Er machte sich nun mal nichts aus Klassenunterschieden. Seine Passion war der Sport an sich. Seine Leistungen waren ihm wichtig, der Spaß am Sport. Mehr nicht.

Ob der deutsche Kaiser auf Thorpes Etikettenbruch ähnlich gelassen reagiert hätte wie der schwedische König, wenn die Olympischen Spiele 1912 planmäßig in

»Kein anderer hätte den Sieg verdient gehabt als Jim Thorpe. Er stand so überlegen über uns Mitkonkurrenten, dass wir es bedauert hätten, wenn ihm irgendeine Übungsart misslungen wäre.«

KARL HALT, ATHLET (8. PLATZ)

Deutschland stattgefunden hätten, bleibt offen. Als die Organisatoren 1909 ihren Antrag auf Ausrichtung des Spektakels zurückzogen, da ihnen die Vorbereitungszeit als zu knapp erschien, sprang Schweden kurzerhand als Gastgeber ein. Und schuf mustergültige Voraussetzungen für großartige Wettkämpfe der 2547 Teilnehmer aus achtundzwanzig Ländern. Aus politischer Sicht stan-

den die sechsten Olympischen Spiele der Neuzeit an der Schwelle zu einer neuen weltweiten Bedeutung. Erstmals marschierten 1912 in Stockholm die Ländermannschaften bei der Eröffnungsfeier mit Fahnen und Namensschildern der jeweiligen Nationen ein, was aufgrund der verworrenen politischen Verhältnisse in Europa schon im Vorfeld der Spiele für reichlich Diskussionen unter den Diplomaten sorgte. Die fortan, bis zum heutigen Tage, weiter wachsende Verschmelzung von Sport und Politik wurde damit erstmals auch öffentlich deutlich. Sportliche Veranstaltungen dienten schon zu jener Zeit mehr und mehr als beliebtes Mittel zur politischen Außendarstellung eines Landes. Die Sportler

»Jim war schon als Kind das, was man gemeinhin als sportliches Naturtalent bezeichnet. Es war bereits in frühen Jahren für ihn stets selbstverständlich, regelmäßig die mehr als vierzig Kilometer lange Strecke von seinem Elternhaus bis zur Schule zu rennen.«

BRAD SMITH, SCHULFREUND

selbst gerieten daher während der Wettkämpfe zunehmend in den Strudel nationalistischer Interessen. Um dem entgegen zu treten und um Regeln und Rekorde besser überwachen zu können, einigten sich noch während der Spiele siebzehn Nationen, zu denen auch Deutschland zählte, am 17. Juli im Reichstag von Stockholm auf eine Gründungssatzung für den Internationalen Leichtathletik-Verband (IAAF).

Geprägt waren die Olympischen Spiele zudem von einigen sportlichen und technischen Neuerungen. In Stockholm wurden erstmals Reitwettbewerbe durchgeführt, Frauen bei den Schwimmwettbewerben zugelassen, und die moderne Technik hielt Einzug an den Wettkampfstätten. So wurde die Laufbahn für die Leichtathleten erstmals auf einer dreifachen Schlackenschicht angelegt, wodurch sie elastischer wurde und den Regen besser absorbieren konnte. Die bis dato üblichen drei Stoppuhren, aus deren Mittelwert die Rennzeit jedes Läufers ermittelt wurde, erhielten Unterstützung durch ein elektronisches Zeitmessgerät, das bis auf Zehntelsekunden genau stoppte. Und schließlich: Die Zielfotografie als neues Kontrollelement wurde eingeführt.

Der sportliche Höhepunkt dieser festlichen Spiele waren zweifelsfrei die Auftritte des Jim Thorpe. Nach Stockholm reiste der damals Vierundzwanzigjährige, vor allem für das europäische Publikum, als Nobody an. Er hatte keine Paradedisziplinen und war selbst im Training alles andere als fleißig. Doch das schwedische Klima und die Atmosphäre im nagelneuen Olympiastadion schienen ihm zu liegen, denn Thorpe lieferte gleich reihenweise sportliche Höchstleistungen ab. Im ersten Fünfkampf bei den Olympischen Spielen überhaupt dominierte der Indianerabkömmling über die Konkurrenten mit einem 35,75-Meter-Diskuswurf, einem 7,07-Meter-Weitsprung, dem schnellsten 200-Meter-Lauf des Tages in 22,9 Sekunden sowie dem besten Ergebnis im 1500-Meter-Lauf mit einer Zeit von 4:44,8 Minuten. Lediglich im Speerwurf musste sich Thorpe geschlagen geben. Was ihm aber, angesichts der klaren Führung im Gesamtklassement, die Goldmedaille nicht mehr streitig machen konnte. Anstatt seine Kräfte für den bevorstehenden Zehnkampf zu schonen, zog es Thorpe vor, auch noch an den Einzelwettkämpfen im Hochsprung und Weitsprung teilzunehmen, die er mit einem vierten und siebten Platz abschloss. Diese eingeschobenen »Trainingseinheiten« schienen dem Amerikaner weiteren Aufwind gegeben zu haben. Denn den über drei Tage angelegten Zehnkampf eröffnete er gleich mit neuen Bestmarken im 100-Meter-Lauf (11,2 Sekunden) und im Kugelstoßen (12,89 Meter). Am Ende siegte Jim Thorpe schließlich auch in dieser Disziplin überlegen mit 8412,955 Punkten vor den beiden Schweden Hugo

> »Wir bewunderten ihn, wir verehrten ihn wegen seiner erstaunlichen Vielseitigkeit.«
>
> HUGO WIESLANDER, ATHLET (2. PLATZ)

Wieslander (7724,495 Punkte) und Charles Lomberg (7413,517 Punkte). Er schaffte eine Bestmarke, die über Jahre hinweg von keinem anderen Athleten erreicht werden konnte. Mit seinen außergewöhnlichen sportlichen Leistungen beeindruckte Thorpe nicht nur den schwedischen König Gustav V. schwer, sondern erntete selbst von seinen Mitstreitern höchsten Respekt.

Nach den glanzvollen Spielen in Stockholm kehrte Thorpe als Volksheld nach Amerika zurück und wurde dort mit einer Konfettiparade in New York begeistert empfangen. Doch auch Thorpe musste bald erkennen: Ruhm kommt und vergeht. Nur ein Jahr nach Beendigung der Spiele war er seine beiden Goldmedaillen auch schon wieder los. Amerikanische Sportfunktionäre hatten herausgefunden, dass er als Teenager in der Baseballmannschaft von Fayetteville in der Eastern Carolina League zwei Dollar pro Spiel erhalten hatte. Damit, so

die starre Ansicht der Funktionäre, habe Thorpe den Amateurstatus verloren und sei demnach bei den Olympischen Spielen in Stockholm nicht startberechtigt gewesen. Das sah auch das Internationale Olympische Komitee (IOC) so und erkannte dem gedemütigten Sportler seine Medaillen kurzerhand wieder ab. Thorpes frustrierte Reaktion: »Ich war damals nur ein kleiner Indianerjunge, der froh war um jeden Dollar. Was wusste ich denn von den Bestimmungen der großen Sportwelt?« Auch wenn er seine Medaillen zu Lebzeiten nicht zurück bekam, so blieb Thorpe am Ende doch wenigstens moralischer Sieger. Denn Hugo Wieslander, 1912 der Zweitplatzierte im Zehnkampf hinter Thorpe, verweigerte die Annahme der Goldmedaille. Nach der Schmach durch das IOC wechselte Thorpe das Fach und fungierte zwischen 1913 und 1919 als Attraktion in den Baseballteams der New York Giants, Cincinnati Reds und den Boston Braves. Wenn auch ohne großen sportlichen Glanz. Nebenbei wandte er sich auch dem Football zu. Er spielte einige Saisons für die Canton Bulldogs und wurde 1920 schließlich sogar der erste Präsident der American Professional Football Association. Seine letzte Saison spielte Thorpe 1928 für die Chicago Cardinals, wo er am 30. November mit vierzig Jahren seine aktive sportliche Karriere beendete.

Ohne den Glanz der großen Sportwelt verlor Jim Thorpe allerdings schnell den Boden unter den Füßen. Er begann zu trinken und fiel von einer Lebenskrise in die nächste. Nachdem er sein Vermögen durchgebracht hatte, nahm er unter falschem Namen Gelegenheitsjobs als Maler, Barmixer und Baggerführer an. In den fünfziger Jahren begann der Stern des Jim Thorpe nochmal kurz aufzuflackern, als er zum Sportler des ersten halben Jahrhunderts erkoren wurde – von Hollywood-Star Burt Lancaster 1951 in dem Film »Jim Thorpe – an All-American« als einstige Ikone verkörpert. Zwei Jahre später, am 29. März 1953, starb Jim Thorpe an einem Herzinfarkt. Er lebte zuletzt in eher ärmlichen Verhältnissen in einem Wohnwagen in Lomita, Kalifornien. Seine Geburtsstadt Mauch Chunk in Pennsylvania ehrte den berühmten Sohn posthum und benannte sich in »Jim-Thorpe-Town« um. Und 1982 – spät, aber immerhin – entschloss sich auch das IOC endlich, Thorpe die beiden Goldmedaillen wieder zuzuerkennen. Im Januar 1983 wurden sie von IOC-Präsident Juan Antonio Samaranch an Thorpes Familie übergeben.

1913

USA
Brookline, Mass.
Country Club
20. September 1913

»Sieh zu, dass Dein Blick immer auf den Ball gerichtet bleibt.«
DER ZEHNJÄHRIGE CADDIE EDDIE LOWERY ZU FRANCIS OUIMET

Underdog schlägt Weltelite

gesprochen, was dem bislang unscheinbaren Mitbürger in den Tagen zuvor in den Vorrundenspielen der US Open gelungen war. Ouimet hatte sich als blutiger Amateur gegen ein Feld von 165 Teilnehmern durchgesetzt. Und ehe er sich versah, stand sein Name auf der Liste der drei Finalisten. Direkt neben denen der beiden legendären Engländer Harry Vardon und Edward Ray, den haushohen Favoriten. Es war zu Beginn des Turniers glasklar, dass die beiden Briten den Titel unter sich ausmachen würden. Doch da war plötzlich dieser schmächtige Youngster, der Golf spielte, als hätte er in seinem Leben noch nie etwas anderes getan. Und er setzte sich, trotz starker Nebelschwaden und triefend nassem Gras, Schlag für Schlag an die Spitze. Den 18-Loch-Parcours beendete Ouimet schließlich mit Zwei unter Par 72. Fünf Schläge besser als Harry Vardon und sechs besser als Edward Ray. Damit war die Sensation perfekt. Nie zuvor hatte ein Amateur die US Open der Golfer gewonnen.

Die Begeisterung nach dem fulminanten Sieg Ouimets war riesig. Der Underdog putzte die gestandenen Profis einfach vom Green. Das wäre in etwa so, als wenn der Bezirksligist TSV Dörfles-Esbach die deutsche Fußball-Nationalelf besiegen würde. Oder ein schmächtiger Schuljunge aus Marktl am Inn den muskelbepackten Mike Tyson aus dem Boxring prügelte. Dabei hatte Francis Ouimet anfangs gar keine Ambitionen, an diesem Turnier teilzunehmen. Zwar war ihm der Parcours im Country Club seit Kindestagen an vertraut, da er bereits mit elf Jahren begonnen hatte, dort als Caddy zu jobben. Er kannte quasi fast jeden Grashalm. Doch als die Wahl auf Brookline als Veranstaltungsort der US Open gefallen war, da wurde ein Beobachter von der United States Golf Association (USGA) vor Ort auf den Hobbygolfer aufmerksam. Da die USGA auf ein großes Teilnehmerfeld hoffte, überredete der Funktionär des

1913 | Underdog schlägt Weltelite

Spätestens als sich der zwanzigjährige Francis Ouimet am 20. September 1913 bei der Morgenrasur leicht in das Kinn schnitt, wusste er, dass er nicht träumte. Obwohl es eigentlich ein Traum sein musste, den er gerade durchlebte. Denn wie sonst sollte er, der Sportartikelverkäufer aus Brookline im amerikanischen Bundesstaat Massachusetts, sich erklären, dass er gleich die Straße vor seinem Wohnhaus überqueren sollte, um auf dem gegenüber liegenden Golfplatz in den Playoffs der US Open zu spielen und dabei gegen zwei der weltbesten Golfer der Welt anzutreten hatte. Aber so war es nun mal. Und so zupfte sich Ouimet ein letztes Mal die Krawatte zurecht, spuckte nochmal auf seine Schuhe, um sie blank zu reiben, und ging anschließend pfeifend hinüber zum Country Club. Dort wurde der neue Held von einer großen Menschentraube bereits begeistert empfangen. Denn längst hatte sich in Brookline herum-

> »Ouimets Spiel ist derart perfekt, dass man fast glauben könnte, er sei ein mechanisches Wesen.«
>
> *NEW YORK TIMES* 1913

Verbandes schließlich auch Ouimet, seine Anmeldung für das offene Feld abzugeben. Zwar hatte der zuvor bereits einmal die Massachusetts-Amateur-Meisterschaften gewonnen, doch war dies seinerzeit keine besonders große Herausforderung. Denn der Golfsport war in den Vereinigten Staaten zu Beginn des Jahrhunderts noch kaum verbreitet. Er galt allgemein als das Spiel der Briten, die es im 14. Jahrhundert erfunden hatten. Daran änderten auch die überraschenden US-Open-Siege des Amerikaners John McDermott in den Jahren 1911 und 1912 nichts.

Doch nachdem Francis Ouimet 1913 triumphierte, wurde alles anders. Dieser historische Sieg veränderte quasi über Nacht den gesamten Golfsport in den USA. Überall im Lande verbreiteten die Zeitungen flugs die Wundertat des Jungen von der Ostküste. Da war wieder einer, der den amerikanischen Traum verwirklichte. Ganz nach dem Motto: Im Land der unbegrenzten Möglichkeiten kann man alles schaffen, wenn man nur will. Die Amerikaner sahen in Ouimets unbekümmertem Auftreten zum einen die Botschaft, dass die als un-

»Der Country Club in Brookline ist ein heiliger Ort für mich. Hier ist das Gras grüner, die Bäume blühen schöner, die Felsen geben Wärme ab, und sogar die Sonne scheint hier heller, als an jedem anderen Platz dieser Erde, den ich gesehen habe.«

FRANCIS OUIMET 1932

schlagbar geltende englische Golfherrschaft also doch zu knacken sei. Zum anderen brach mit dem Sieger Ouimet, dem Sohn eines Gewerkschafters aus einfachem Hause, endgültig der Glaube daran, dass Golf lediglich ein Sport für die Upper Class sei. Zudem auch noch ein zehnjähriger Knabe namens Eddie Lowery dem Überraschungssieger als Caddy diente und ihn dabei mit Anweisungen wie »Sieh zu, dass Dein Blick immer auf den Ball gerichtet bleibt« anleitete. Die Einfachheit, mit der das junge Team den ausgefuchsten Profis die Show stahl, und vor allem die ehrliche Freude am Spiel, machte vielen Amerikanern Mut, es selbst einmal mit dem Golfspiel zu versuchen. Waren es 1913, vor Ouimets Sieg bei den US Open, gerade mal 350 000 Amerikaner, die regelmäßig Golf spielten, so zählte man zehn Jahre später bereits rund zwei Millionen Aktive. Mittlerweile existieren in den USA mehr als 12 500 Golfplätze, auf denen jährlich rund zwanzig Millionen Menschen putten und einlochen. Zu Recht wurde Francis Ouimet daher immer wieder als der Vater des Amateur-Golf in den USA bezeichnet. Sicherlich auch aufgrund des einsetzenden Golf-Booms, dank Ouimets Popularität, wurde 1916 die Professional Golfers Association of America (PGA) gegründet, die fortan regelmäßig Turniere im ganzen Land veranstaltete. Die PGA Championships gehören neben den US Open und den British Open heute zu den wichtigsten Golfturnieren der Welt.

Francis Ouimet selbst entschied sich nie für eine Profikarriere. Er eröffnete stattdessen seinen eigenen Laden für Sportartikel und nahm gelegentlich als Amateur an Wettkämpfen teil. 1914 siegte er bei den US-Amateur-Meisterschaften, anschließend wurde ihm aufgrund seiner Geschäftstätigkeit von der USGA der Amateurstatus allerdings entzogen. Ein Missstand, mit dem auch Sportler aus anderen Bereichen immer wieder zu kämpfen hatten in jenen Tagen. Ouimet stand fortan nur noch aus Spaß am Spiel auf dem Golfplatz, bis er 1922 in das amerikanische Walker-Cup-Team berufen wurde, dass alle zwei Jahre gegen britische Amateure spielte. Dort war er bis 1934 aktives Mitglied und leitete das Team anschließend zwischen 1936 und 1949 als Kapitän. In der Zwischenzeit konnte sich auch die USGA durchringen, ihren Amateurparagraphen zu lockern, so dass Ouimet die Teilnahme an den US-Amateurmeisterschaften wieder ermöglicht wurde. Der mittlerweile achtunddreißigjährige Hobbygolfer machte auch vierundzwanzig Jahre nach seinem ersten Sieg in diesem Wettbewerb deutlich, dass er nichts verlernt hatte, und ging 1931 erneut als Sieger vom Platz.

Francis Ouimet hätte als Profi sicher zu noch mehr Reichtum kommen können, als er es in seinem späteren Beruf als Aktienbroker ohnehin erreicht hatte. Doch das stand nie in seinem Sinn. Er wollte Golf immer als Passion sehen und nicht als Geschäft. Und mit dieser Einstellung hatte er vielleicht sogar mehr erreicht als manche professionellen Spieler. Für seine Verdienste um den Golfsport wurde Ouimet 1944 in die Golfers Hall of Fame aufgenommen. Und 1951 wurde er als erster Nicht-Brite zum Kapitän des altehrwürdigen Royal & Ancient Golf Clubs of St. Andrews berufen. Zu seinen Ehren wurden 1963 die US Open erneut im Country Club in Brookline ausgetragen, zur Erinnerung an den fünfzigsten Jahrestag seines historischen Sieges von 1913.

Francis Ouimet starb 1967 im Alter von vierundsiebzig Jahren an einem Herzinfarkt. Eine Statue vor dem Country Club in seinem Heimatort Brookline, die ihn mit seinem ehemaligen Caddie Eddie Lowery zeigt, lässt die Legende des einstigen Underdogs, der die Weltelite des Golfsports geschlagen hatte, weiterleben.

Vaterländische Kampfspiele

1916

Deutschland
Berlin
Grunewald
Sommer 1916

»Jeder Schuss ein Russ',
jeder Tritt ein Brit',
jeder Stoß ein Franzos'!«

PAROLE IM ERSTEN WELTKRIEG

1916 | Vaterländische Kampfspiele

Sie kämpften zuvor in Sportarenen, Boxringen oder Schwimmbecken gegeneinander. Rannten, sprangen und schwammen um die Wette. Und bei den Siegerehrungen fielen sie sich sogar gegenseitig um den Hals und gratulierten sich sportlich fair zu Rekorden und Medaillen. So sollte es auch bei den geplanten und später abgesagten Olympischen Spielen 1916 in Berlin wieder sein. Doch nun standen sich die Sportler Europas plötzlich auf dem Schlachtfeld gegenüber, mit Gewehr und Bajonett. Dabei ging es nicht mehr um einen sportlichen Sieg, sondern um den des jeweiligen Vaterlandes. Und um das eigene nackte Überleben. Dass es soweit kommen würde, damit hatte beim Ausbruch des Ersten Weltkriegs 1914 auch in den deutschen Sportverbänden kaum jemand gerechnet. Doch allein im Kriegsjahr 1916 kamen bei Verdun auf beiden Seiten mehr als 300 000 Soldaten ums Leben. Rund 700 000 wurden zum Teil schwer verwundet, viele erlagen später ihren Verletzungen. Der Krieg forderte alsbald auch vom organisierten Sport seinen Tribut. Auf staatliche Anweisung hin entwickelte die Deutsche Turnerschaft 1916, gemeinsam mit dem preußischen Kriegsministerium, Wettbewerbe für ein Wehrturnen. Dabei handelte es sich zunächst um einen Dreikampf mit Weitsprung,

> »Unser Spiel ist Dienst für das Vaterland.«
>
> PAROLE DER KAMPFSPIELE 1916

Hindernislauf und Handgranaten-Weitwurf. Später entwickelte man weitere Varianten des Wehrturnens. In immer skurileren Formen, mit immer absurderen Namen. Bei den so genannten »Vaterländischen Kampfspielen« etwa wurde das Handgranaten-Zielwerfen auf Personenscheiben eingeführt. Ebenso wie der Stabhochsprung mit Sturmgepäck oder der bald sehr belieb-

te Schützenlauf, ein Schnelligkeitswettkampf in einem Schützengraben. Die Schwimmer hingegen sprangen in voller Militäruniform ins Wasser, um für das Durchqueren von Flüssen vorbereitet zu sein. Und da sich Radfahrer im Feld als schnelle Boten erwiesen, wurde ihre Querfeldein-Ausbildung besonders gefördert.

Obwohl die politische Anspannung in Europa vor Ausbruch des Ersten Weltkriegs immer dramatischere Ausmaße zeigte, nahmen die Sportverbände in Deutschland die nahende Kriegsgefahr noch wenig ernst. Anders hingegen die späteren Kriegstreiber selbst, die schon lange zuvor ein Auge auf die mitgliederstarken Verbände geworfen hatten. Wohl wissend, dass sich dort reichlich durchtrainiertes Potential für den möglichen Einsatz an der Front bot. Allein die Deutsche Turnerschaft zählte 1 413 558 Mitglieder, als 1914 der Krieg über Europa hereinbrach. Da man aber allgemein annahm, dass der Konflikt nur wenige Monate dauern würde, ging der Sportbetrieb zunächst unverändert weiter. Wer zum Militär eingezogen wurde, der sah seinen Dienst eher als eine Art Training oder Wettkampf an, den man gegen den Feind aus Frankreich oder Russland führen sollte. Als sportliche Vorgaben dafür wurden Parolen wie »Jeder Schuss ein Russ', jeder Tritt ein Brit', jeder Stoß ein Franzos'!« ausgegeben. Und zur »moralischen Unterstützung« würdigten die heimischen Gazetten die Sportler im Feld als mutig und entschlossen. Wohl auch deshalb, um deren Sportkameraden ebenfalls für den Kriegsdienst zu ermutigen. Als die Kämpfe jedoch ihren weiteren Lauf nahmen und in ihrem Ausmaß immer gewaltiger wurden, setzte auch in den Sportverbänden bald ein Prozess der Ernüchterung ein. Man musste sich zwar weiterhin zwangsläufig den Anforderungen des Vaterlandes beugen, doch der einstige ungehemmte Enthusiasmus wich mit jedem gefallenen Sportkameraden. Zu den ersten Opfern des Krieges zählte Richard Graf, der gemeinsam mit seinem Bruder Paul kurz zuvor noch als Meister im Kunstradfahren gefeiert wurde.

Der Konflikt in Europa nahm kein Ende. Gewalt, Zerstörung und Leid beherrschten nun den Alltag. Nichts war mehr wie zuvor. Selbst aus bislang normalen sportlichen Veranstaltungen wurden plötzlich vormilitärische Wettkämpfe, bei denen die Sportler unter anderem Gepäckmärsche über fünfundzwanzig Kilometer zu absolvieren hatten. Und bei den Straßenrennen der Radfahrer wurde kurzerhand eine neue Kategorie eingerichtet, speziell für Militärradfahrer. Was vormals als Deutsche Meisterschaft in einer Sportart galt, hieß fortan Kriegsmeisterschaft – wenn es überhaupt noch Wettkämpfe gab. Denn schon 1915 kam in Deutschland etwa der Fußballsport endgültig zum Erliegen, Meisterschaften konnten aufgrund fehlender Spieler nicht mehr ausgetragen werden. Hoffnungsvolle Teams wurden ungehemmt auseinander gerissen. Die meisten Akteure waren ins Feld gezogen, im Dienst für das Vaterland. Und viele kamen nicht mehr heim. Die Liste der Gefallenen wurde mit jedem Kriegsmonat länger und länger. Zunehmend fanden sich auch prominentere Sportlernamen darauf. Am 9. Mai 1915 etwa fiel der viermalige Wimbledonsieger Tiny Wilding aus Neuseeland in Flandern. Der französische Silbermedaillengewinner von 1912 über 5000 Meter, Jean Bouin, kam in der Marne-Schlacht ums Leben. Und der Tour-de-France-Sieger von 1909, der Luxemburger François Faber, fiel in der Fremdenlegion.

Als auch dem letzten naiven Patrioten klar war, dass dieser Krieg die Substanz des Landes gefährdete, wurden die politischen Ziele jener »Vaterländischen Kampfspiele« und Kriegsmeisterschaften nicht mehr mit trügerischen Parolen umschrieben, sondern hemmungslos offen formuliert. Wie etwa bei den Kampfspielen 1916, die unter der Parole »Unser Spiel ist Dienst für das Vaterland« standen. In der heißen Phase des Krieges wurden die ranghöchsten Offiziere an der Front angewiesen, Wehrturnfeste für die Soldaten zu veranstalten. Als Preise, so die Order des Ministeriums, seien Sachgeschenke und Urkunden zu vergeben. Damit sollte nach Ansicht der Kriegsführer erreicht werden, dass das Heer seine militärische Tüchtigkeit behält und Langeweile vertrieben wird. Besonders beliebt waren dabei Pferderennen über einen Hindernisparcours, Staffelläufe und Mannschaftswettkämpfe in Schützengräben, bei denen die Akteure Gasmasken tragen mussten.

Die Auswirkungen des Krieges auf das sportliche Geschehen in Deutschland und Europa erreichten 1917 ihren Höhepunkt. Die Deutsche Turnerschaft berichtete zu Beginn des Jahres, dass 800 000 ihrer 1,4 Millionen Mitglieder im Feld stehen. Und auch im Radsport ging mittlerweile nichts mehr, da wegen fehlender Rohstoffe selbst Gummireifen zur Mangelware wurden. Wegen der knappen Haferbestände wurden schließlich auch Trab- und Hindernisrennen mit Pferden verboten. Da allein an der Front in Russland 237 000 Pferde ums Leben gekommen waren, musste man fortan jeden noch so schwachen Gaul für die Truppenunterstützung einsetzen. Um die Versorgung der Bevölkerung zu sichern, gab ein Erlass des Gesundheitsministeriums vor, Fußballplätze umzupflügen, um darauf Kartoffeln und Rüben für das hungernde Volk anzubauen. Als sich die Kriegsjahre langsam ihrem Ende neigten, wurden weitere pro-

minente Opfer der Schlachten bekannt. Im Oktober 1918 fiel einer der bekanntesten französischen Sportflieger an der Westfront: Roland Garros. Seine Nation hat ihn posthum als Namenspatron für jenes Stadion in Paris gewürdigt, in dem jährlich die French Open im Tennis ausgetragen werden. Nur wenige Tage nach Garros verunglückte auch der Deutsche Hanns Braun als Kampfflieger an der Westfront. Braun hatte bei den Olympischen Spielen 1908 in London Bronze über 800 Meter und die Silbermedaille über 400 Meter bei Olympia 1912 in Stockholm gewonnen.

Der Neuaufbau sportlicher Strukturen nach dem Krieg gestaltete sich, vor allem im ersten Jahr, sehr schleppend. Bei der Tour de France 1919 etwa erreichten lediglich elf Fahrer das Ziel. Die meisten der neunundsech-

»Ich habe einen Russen von 142 Pfund mit meinem kleinen Finger hoch gehoben. Wie da die Russen über uns Deutsche staunten!«

PAUL TRAPPEN, WELTMEISTER IM GEWICHTHEBEN,
1915 IN EINEM FELDBRIEF

zig gestarteten Akteure mussten frühzeitig aufgeben, da sie aufgrund des Krieges kaum trainieren konnten und den hohen Anforderungen der Tour nicht gewachsen waren. Sportstätten wie Laufbahnen, Fußballfelder oder Pferderennbahnen mussten neu angelegt werden. Und die Verbände litten noch Jahre darunter, dass viele ihrer besten Trainer und Akteure im Feld gefallen waren. Der Sport in Europa war wieder bei Null angelangt.

1919

England
London
Wimbledon
Juli 1919

»Sie müssen sich kleiden, als würden sie auf eine Gartenparty gehen.«
OFFIZIELLE ANWEISUNG FÜR DAMEN DURCH DIE TURNIER-
LEITUNG IN WIMBLEDON UM DIE JAHRHUNDERTWENDE

Die »Göttliche«
auf dem heiligen Rasen

1914, bis zum Ausbruch des Ersten Weltkriegs, siebenmal in Wimbledon dominiert und peilte nun ihren achten Erfolg an. Ihre forsche Herausforderin, die Newcomerin Suzanne Lenglen aus Frankreich, war allerdings fest entschlossen, dies zu verhindern. Die gerade mal Zwanzigjährige hatte sich mit viel Spielwitz und Können ins Finale gekämpft, wo sie die »Wachablösung« im Damen-

> »Suzanne hat mir eine regelrechte Tennislehrstunde verpasst.«
> JOAN FREY NACH IHRER WIMBLEDON-NIEDERLAGE 1925

tennis einleiten wollte. Zumal bei der Ikone Dorothea Lambert-Chambers in den Vorrundenspielen bereits deutlich wurde, dass sie an Schnelligkeit verloren hatte. So kam es, dass die quirlige Französin Lenglen im ersten Satz prompt mit 4:1 in Führung ging. Doch die burschikose Dorothea Lambert-Chambers gab nicht auf und kämpfte sich noch zu einem 6:6 und 8:8 heran. Am Ende aber gewann Lenglen den ersten Satz doch noch knapp mit 10:8. Im zweiten allerdings spielte die siebenfache Wimbledonsiegerin Dorothea Lambert-Chambers ihre ganze Erfahrung aus und schlug schließlich sogar zum Satzball auf. Lenglen wehrte diesen mit viel Glück ab, brachte ihre Aufschläge durch und siegte am Ende mit 9:7. Die große Ära der Dorothea Lambert-Chambers hatte sich mit dieser Niederlage endgültig ihrem Ende zugeneigt. Die von Suzanne Lenglen hingegen begann an jenem Tag kometenhaft.

Suzanne Lenglen dominierte auch in den fünf Folgejahren bis 1923 auf dem heiligen Rasen von Wimbledon und gewann dabei jeweils sowohl die Einzel- als auch die Doppelfinale. Doch nicht nur mit ihrer kraftvollen Spielweise setzte die Französin schnell Maßstäbe. Große Beachtung fand auch ihr persönlicher Kleidungsstil auf und außerhalb der Tenniscourts. Sie trug gerne Halstücher, die farblich auf den jeweiligen Belag des Platzes abgestimmt waren. Ein Novum in jenen Jahren. Auch deshalb huldigte die Sportwelt Suzanne Lenglen bald als ihren unangefochtenen weiblichen Weltstar. Im Jahre 1924 musste das erfolgsverwöhnte Tenniswunder allerdings erstmals einen herben Rückschlag in ihrer Karriere hinnehmen. Sie erkrankte schwer und musste in Wimbledon ihr Match gegen Doppelpartnerin Elizabeth Bunny Ryan abbrechen. Und auch beim olympischen Turnier in Paris blieb ihr somit ein Start verwehrt. Vier Jahre zuvor in Antwerpen hatte sie noch Gold geholt, diesmal jedoch konnte die »Göttliche« nicht in das Geschehen eingreifen. Nach monatelanger Rehabilitation

1919 | Die »Göttliche« auf dem heiligen Rasen

Der Center Court des All England Lawn and Tennis Club im Londoner Stadtteil Wimbledon platzte am Finaltag der Damen am 7. Juli 1919 aus allen Nähten. Nach fünf Jahren kriegsbedingter Spielpause war die Nachfrage nach hochklassigem Tennis sehr groß. Es regnete ausnahmsweise einmal nicht an diesem Nachmittag. Der »Wettergott« hatte ein Einsehen und ließ stattdessen die Sonne grell über dem Court scheinen. Darüber freute sich womöglich der Rasenwart der Anlage am meisten, erschien doch die Spielfläche nach den vielen Niederschlägen der vergangenen Tage schon reichlich ramponiert. Gute Voraussetzungen also für ein Wimbledon-Endspiel der zwei besten Tennisdamen dieses Turniers. Als erste betrat die große britische Favoritin Dorothea Lambert-Chambers den Rasen, die erfolgreichste Spielerin zu Beginn des Jahrhunderts. Die bereits Vierzigjährige hatte zwischen 1903 und

von ihrer Viruserkrankung konzentrierte sich die Lenglen wieder auf ein Comeback, das sie 1925 mit ihrem sechsten Wimbledonsieg sowohl im Einzel als auch im Doppel erfolgreich feiern konnte. Sie war zudem gemeinsam mit Jacques Toto Brugnon im gemischten Doppel erfolgreich und heimste somit alle drei möglichen Titel ein, die in den Damenwettbewerben zu vergeben waren. Suzanne Lenglen war damit an der »französischen Invasion« beteiligt, die Wimbledon in diesem Jahr auf sportlicher Ebene heimsuchte. Denn neben Suzanne Lenglens Triumphen bei den Frauen feierten auch die französischen Wimbledonteilnehmer in den Wettbewerben der Herren Erfolge in allen Disziplinen. Überhaupt stand das Jahr 1925 für eine französische Übermacht im internationalen Tennissport. Wenige Wochen vor dem Traditionsturnier in England dominierten die Franzosen auch das Geschehen bei den ersten French Open in Saint-Cloud bei Paris. Suzanne Lenglen und René Lacoste gewannen dort jeweils die Einzel- und Doppelwettbewerbe. Gemeinsam mit Jacques Toto Brugnon sicherte sich Suzanne Lenglen zudem auch den Pokal im gemischten Doppel.

Suzanne Lenglen hatte 1925 ihren absoluten Leistungshöhepunkt erreicht. Fortan begann ihr sportlicher Stern langsam zu sinken. Doch sie hatte innerhalb von neun Profijahren bereits derart viel erreicht – so war sie bereits mit fünfzehn Jahren erstmals Weltmeisterin –, dass sie sich längst nichts mehr beweisen musste. 1926, im Alter von erst 27 Jahren, ging die »Göttliche« schließlich zum letzten Mal als Siegerin vom Platz. Bei den French Open wiederholte sie ihren Dreifachsieg aus dem Vorjahr im Einzel, Doppel sowie im gemischten Doppel – und beendete anschließend ihre einzigartige Karriere. Rechtzeitig, bevor der neue Star im weiblichen Tennisgeschehen, die Amerikanerin Helen Wills, sie spielerisch demütigen konnte. So wollte es Lenglen. Wills begann, wo Suzanne Lenglen aufgehört hatte.

»Suzanne Lenglen ist die Göttliche.«

CLAUDE ANET, FRANZÖSISCHER DICHTER

»Miss Pokerface«, wie sie bald wegen ihrer unnahbaren Art genannt wurde, siegte 1927 erstmals in Wimbledon im Einzel. Und gemeinsam mit Suzanne Lenglens langjähriger Partnerin Elizabeth Ryan auch im Doppel. Was zu diesem Zeitpunkt noch niemand ahnen konnte: Helen Wills stellte mit acht Wimbledonsiegen bis 1938 einen einmaligen Rekord auf. Es hätten womöglich so-gar neun werden können, wenn die begabte Hobbymalerin 1931 nicht ihre künstlerischen Aktivitäten der Reise nach Wimbledon vorgezogen hätte. Durch ihre Nichtteilnahme ermöglichte sie in jenem Jahr das erste deutsch-deutsche Finale zwischen Hilde Krahwinkel und der späteren Siegerin Cilly Aussem, die zuvor auch schon im neuen Roland-Garros-Stadion in Paris die French Open gewinnen konnte.

Beim letzten Triumph von Helen Wills auf dem heiligen Rasen, am 2. Juli 1938, verfolgte die einstmalige Rivalin Suzanne Lenglen das Spielgeschehen über das Radio mit. Es war ihr letzter Wunsch. Zwei Tage später starb sie in einem Pariser Krankenhaus im Alter von neununddreißig Jahren. Doch der Ruhm der Suzanne Lenglen, dem großen Tennisstar der frühen zwanziger Jahre, lebt bis heute weiter.

1920

Belgien
Antwerpen
Stade Olympique
August 1920

Guillemot: »Wie heißt Du eigentlich?«
Nurmi: »Paavo Nurmi.«
DIALOG ZWISCHEN DEM ERST- UND DEM ZWEITPLATZIERTEN
NACH DEM 5000-METER-LAUF VON ANTWERPEN 1920

Mit der Stoppuhr
auf und davon

1920 | Mit der Stoppuhr auf und davon

Der französische Meister im 5000-Meter-Lauf, Joseph Guillemot, zog verdutzt die Augenbrauen nach oben, als er den Läufer mit der Startnummer 275 in der Bahn neben sich mit einer Stoppuhr in der Hand hantieren sah. Der zierliche Typ, der aufgrund einer aufgenähten Flagge auf seinem Laufhemd als Finne zu identifizieren war, sprach kaum ein Wort. Und immer wieder blickte er auf die kleine Stoppuhr, so als schien er deren Funktion ein letztes Mal überprüfen zu wollen. Dann umschloss er den Zeitmesser mit der ganzen rechten Hand und stellte sich zum Start für den olympischen Endlauf über 5000 Meter auf. Gleich zu Beginn des Rennens am 17. August 1920 im Olympiastadion in Antwerpen brachte sich der mysteriöse Mr. Nobody

---

»Ich bin eben von Natur aus ein schweigsamer Mensch.«

PAAVO NURMI 1921

---

forsch in Führung und ließ den eigentlichen Favoriten Guillemot knapp hinter sich. In der letzten Runde allerdings nutzte der Franzose die scheinbare Unerfahrenheit des jungen Finnen, zog kurz vor dem Ziel den Spurt an und siegte schließlich doch knapp vor dem völlig überraschten Konkurrenten. Dennoch gratulierte der unterlegene Finne fair, worauf Guillemot antwortete: »Danke, aber wie heißt Du eigentlich?« Mit leiser Stimme erwiderte der äußerst schüchterne Athlet: »Paavo Nurmi.« Diesen Namen sollte Joseph Guillemot so schnell nicht mehr vergessen. Kurz darauf kam es beim 10 000-Meter-Rennen zum erneuten Duell der beiden Langstreckenläufer. Diesmal geriet Nurmi gleich zu Beginn mehr als zwanzig Meter in Rückstand und schien hoffnungslos abgeschlagen. Doch dann nahm Guillemot plötzlich das Tempo aus dem Rennen, und Nurmi nutzte seine Chance, um zur Führungsgruppe aufzuschließen.

In der letzten Runde lieferten sich Guillemot und Nurmi einen erbitterten Zweikampf, bei dem beide immer wieder abwechselnd in Führung kamen. Am Ende erreichte der Finne mit zwei Sekunden Vorsprung die Ziellinie und gewann die erste Goldmedaille seiner noch jungen Karriere.

Womöglich wäre es schon bei den ursprünglich geplanten Olympischen Spielen 1916 in Berlin zu packenden Duellen zwischen dem schnellen Finnen Paavo Nurmi und dem Franzosen Joseph Guillemot gekommen, wenn diese stattgefunden hätten. Doch mit dem Ausbruch des Ersten Weltkriegs musste so mancher junge Sportler seine Hoffnungen auf olympische Medaillen schnell begraben. Nach dem Ende des Krieges bemühte sich der engagierte Präsident des Internationalen Olympischen Komitees (IOC), Pierre Baron de Coubertin, schnell um eine Wiederaufnahme der olympischen Idee und unterstützte die Vergabe der Spiele 1920 an Antwerpen. Der Vorzug Belgiens vor den Mitbewerbern USA und Frankreich wurde als Ehrerbietung gegenüber dem im Krieg niedergewalzten Kleinstaat empfunden. Da das IOC dem Veranstalterland auch noch das Recht auf Einladung einzelner Nationen überließ, war schnell klar, dass dies den Ausschluss des ehemaligen Kriegsgegners Deutschland bedeuten würde. Doch auch Österreich und Ungarn sowie die im Kriegszustand befindlichen Völker Polens und der Sowjetunion erhielten von den Belgiern keine Einladung. Somit wurde das sportliche Niveau der achten Olympischen Spiele der Neuzeit schon vor Beginn stark angezweifelt, zudem einige Nationen, wie etwa die USA und Großbritannien, im Krieg zahlreiche Sportgrößen verloren hatten und daher nur Rumpfteams nach Belgien schickten.

Doch entgegen allen Unkenrufen hatten die Olympischen Spiele 1920 doch einige sportliche Höhepunkte zu bieten. Die größte Entdeckung für den Sport der Nachkriegszeit war dabei zweifelsfrei der Auftritt des dreiundzwanzigjährigen Paavo Nurmi. Nach seinem Sieg im 10 000-Meter-Lauf lief er auch beim acht Kilometer langen Querfeldeinlauf sowohl im Einzel- als auch im Mannschaftswettbewerb als Erster ins Ziel. Der Laufsport hatte quasi über Nacht einen neuen Star. Zurück in der Heimat feilte Nurmi neben seiner Ausbildung zum Technischen Leiter an einer Industrieschule weiter an seiner Lauftechnik. Mit Erfolg: Am 22. Juni 1921 lief er in Stockholm einen neuen Weltrekord über 10 000 Meter in 30:40,2 Minuten. Fast apathisch spulte er dabei sein Rennen ab, unbeeindruckt von den Tempoattacken seiner Mitstarter. Er gestaltete seinen Lauf nach eigenen Gesetzen. Wieder mit einer Stoppuhr in der rechten Hand teilte er sich das Rennen selbst in Etappen ein, verschleppte oder verschärfte das Tempo nach dem eigenen Rhythmus. Und am Ende siegte er überlegen. Paavo Nurmi zog mit seinem eigenwilligen Laufstil schnell die Aufmerksamkeit von Gegnern, Medien und Zuschauern auf sich. Doch der stille Finne verzog nie eine Miene nach seinen Siegen. Die wartenden Reporter, die das Erfolgsgeheimnis des Weltrekordlers erfragen wollten, trieb er mit seinen kurzen leeren Sätzen fast in den Wahnsinn. Am Ende entschuldigte er sich einmal schlicht: »Ich bin eben von Natur aus ein schweigsamer Mensch.« Er ließ lieber Taten für sich sprechen.

So wie am 27. August 1922 in Stockholm, als er erneut einen Weltrekord, diesmal über 3000 Meter, aufstellte. Und nur eine Woche später folgte schon der nächste: Am 4. September rannte er die 2000-Meter-Strecke schneller als je ein Mensch zuvor. In 5:26,3 Minuten. Und weil die Laufmaschine des »fliegenden Finnen« nun so richtig in Gang gekommen war, legte er am 12. September 1922 gleich noch einen dritten Weltrekord nach. Dabei absolvierte Nurmi die 5000-Meter-Strecke in 14:35,4 Minuten, und das wie gewohnt ohne den Anschein der kleinsten Gefühlsregung. Nurmi setzte mit seinen Erfolgen Maßstäbe und galt schnell als absolutes Lauf-Phänomen in ganz Europa. Die größte sportliche Stunde des Paavo Nurmi schlug bei den Olympischen Spielen 1924 in Paris. Innerhalb von sechs Tagen ging der Finne dort gleich siebenmal an den Start – und siegte. Dabei stellte er zwei olympische Rekorde auf. Diese sportliche Leistung ist bis heute unübertroffen, zumal Nurmi streckenweise, etwa beim Querfeldeinlauf in Colombes am 12. Juli, bei Temperaturen um die 36 Grad Celsius locker weiter lief, während seine Weltklasserivalen reihenweise mit Hitzschlägen in die umliegenden Krankenhäuser eingeliefert werden mussten. Während einer sich anschließenden einundsechzigtägigen USA-Tournee im Jahr 1925 begeisterte der Finne auch die sonst eher patriotischen Amerikaner auf ganzer Länge. Insgesamt fünfundfünfzig Rennen bestritt er innerhalb von zwei Monaten und konnte davon immerhin dreiundfünfzig gewinnen.

Nach der ruhmreichen US-Tournee setzte Nurmi im Mai 1926 in Berlin eine weitere Weltrekordmarke über 3000 Meter in 8:25,4 Minuten. Doch schon vier Monate später musste sich Paavo Nurmi erstmals geschlagen geben. In Berlin unterlag er im 1500-Meter-Lauf dem Deutschen Otto Pelzer, der für den Sieg gegen den Favoriten aus dem hohen Norden einen neuen Weltrekord in 3:51,0 Minuten laufen musste. Doch Nurmi wollte die

Zeichen der Zeit noch nicht erkennen. Er lief zwar 1927, im Alter von nunmehr dreißig Jahren, noch einmal Weltrekord über 2000 Meter und stellte 1928 auch den Stundenweltrekord mit 19 210 Metern ein. Doch bei den Olympischen Spielen 1928 in Amsterdam konnte Paavo Nurmi dem internationalen Standard nur noch streckenweise gerecht werden. Er stürzte bei dem für ihn ungewohnten 3000-Meter-Hindernislauf in den Wassergraben und musste beim 5000-Meter-Rennen seinem Landsmann Vilho Ritola die Goldmedaille überlassen. Lediglich auf der 10 000-Meter-Distanz konnte Nurmi seine Ausnahmestellung noch einmal behaupten. Er gewann dabei seine neunte und letzte olympische Goldmedaille. Den neunundzwanzigsten und letzten Weltrekord seiner außergewöhnlichen Karriere lief Nurmi am 24. Juli 1931 in Helsinki. Es war zugleich der

»Gegner scheinen für Paavo gar nicht zu existieren während des Rennens.«

VILHO RITOLA, WELTREKORDHALTER ÜBER 10 000 METER, 1924

letzte große sportliche Auftritt des legendären Langstreckenläufers. Wenn auch ungewollt. Sein großes Ziel, eine Medaille beim olympischen Marathon zu gewinnen, blieb Paavo Nurmi versagt. Zu verdanken hatte er das engstirnigen Funktionären, die den Finnen 1932 zwar zu den Olympischen Spielen nach Los Angeles einreisen ließen, ihn dann vor Ort aber auf Lebenszeit disqualifizierten mit der fadenscheinigen Begründung, Nurmi habe gegen den Amateurparagraphen verstoßen, weil er zuvor in seiner Karriere Geld für Rennen verlangt habe.

Der Finne zog sich nach diesem verschwörerischen Akt im Alter von fünfunddreißig Jahren endgültig aus dem Sport zurück. In seiner Heimat ist Paavo Nurmi bis heute ein Volksheld. Vor dem Stadion in Helsinki erinnert eine Statue an den »König der Aschenbahn«. Nurmis Ehe hingegen ging unter dem Frust des Stars über die Olympiaabfuhr in die Brüche. Er zog sich daraufhin über Jahrzehnte völlig in die Abgeschiedenheit der finnischen Wälder zurück. Erst 1952 tauchte Paavo Nurmi nochmal kurz auf der großen sportlichen Bühne auf, als er bei den Olympischen Spielen in Helsinki die Flamme entzündete. Nach einem Schlaganfall 1973 blieb Paavo Nurmi halbseitig gelähmt und starb kurz darauf fast erblindet und völlig vereinsamt.

1921

Monaco
Monte Carlo
August 1921

Erste Weltspiele für Frauen

Wütend waren sie, die Damen der Sportwelt. Richtig wütend sogar. Mehrmals bereits hatten Delegierte der Frauen-Leichtathletik bei den zumeist älteren Herren des Internationalen Olympischen Komitees (IOC) vorgesprochen, um diese von der Teilnahme weiblicher Athleten bei Olympia zu überzeugen. Doch die äußerst konservative Führungsgarde des IOC mit ihrem Vorsitzenden Pierre Baron de Coubertin lehnte dies immer wieder ab. In den Augen Coubertins, einem der größten »Chauvis« in der Sportwelt jener Tage, seien die Olympischen Spiele ausschließlich als das »feierliche und periodische Auftreten der männlichen Athletik« anzusehen, »mit dem Beifall der Frauen als Belohnung«. Als »unästhetisch« oder gar »unpraktisch« wurde der Gedanke, Frauen an den Wettkämpfen teilnehmen zu lassen, immer wieder verworfen. Es reichte scheinbar schon, dass man bei Olympia 1912 den Frauen erstmals die Teilnahme an den Schwimmwettbewerben gestattet hatte. Verständlich, dass die Athletinnen jener Zeit bei solchen Äußerungen »in die Luft gingen«. Genervt von den ewigen Blockaden durch das IOC, gründeten verschiedene Frauenorganisationen im Frühjahr 1921, unter Federführung einer gewissen Madame Milliat, einen eigenen Weltverband, den sie Fédération Sportive Féminine Internationale (FSFI) nannten. Mit voller Frauenpower beschlossen sie zugleich, im August 1921 die ersten Weltspiele für Frauen zu veranstalten.

Zu der sportlichen Protestveranstaltung in Monte Carlo trafen sich schließlich zahlreiche Teilnehmerinnen aus Frankreich, den USA, England und der Schweiz. Das Team des Alpenstaates allerdings setzte sich lediglich aus Mitgliedern der Genfer Sportakademie zusammen. Denn gerade die Schweiz gehörte zu jenen Nationen, die Coubertin bei seiner ablehnenden Haltung gegenüber dem Frauensport volle Rückendeckung gewährte. Sport sei »unfraulich« und sogar »schädlich«, so lautete die grundsätzliche Auffassung der Regierung. Überhaupt gewährte die schweizerische Exekutive seinen Einwohnerinnen damals wenig Freiheiten, schon gar nicht das Wahlrecht. Doch Sportlerinnen wie die Schweizerin Pianzola, die bei den Weltspielen sowohl im Kugelstoßen als auch im Speerwerfen den zweiten Rang belegen konnte, brachten einen langsamen Umdenkungsprozess in Gang. Und das längst nicht nur im eigenen Land. Mit außergewöhnlichen Leistungen machten die sportlichen Frauen schnell in ganz Europa auf sich aufmerksam. Was sie da in Monte Carlo ablieferten, ließ selbst den größten Gegner weiblicher Körperertüchtigung stau-

nen. Wenn auch nur insgeheim. Vor allem in den Disziplinen der Leichtathletik, in der Gymnastik, im Fechten und im Radsport wurden Weltklasseleistungen erreicht. So gewann etwa die Französin Lucie Bréard den 800-Meter-Lauf in beachtenswerten 2:30,2 Minuten. Nach dem Ende der Weltspiele verzeichnete der neue Weltverband des Frauensports massiven Zulauf. Fünfundzwanzig Nationen traten der FSFI bei und verschafften der Organisation somit ein größeres Gehör in der Öffentlichkeit und beim IOC.

Die Stellung der Frauen im Sport hatte sich in den letzten Jahrhunderten immer wieder mal verändert. In der Antike war es noch völlig normal, dass sich leicht bekleidete Damen beim Trigon, einem Spiel, bei dem man sich gegenseitig einen kleinen Ball zuwarf, amüsierten. Ebenso gibt es aus der Zeit um 27 vor Christi überlieferte Zeichnungen, auf denen Frauen bei Wettläufen und bei Gymnastikübungen mit Hanteln und einer Art Medizinball zu sehen sind. Darauf folgte eine lange Periode der männlichen Dominanz. Doch besonders gegen Ende des 19. Jahrhunderts waren Frauen im Sport wieder sehr gefragt. Im Jahr 1879 fand in Irland das erste Tennisturnier der Welt für Damen statt, fünf Jahre später, 1884, wurde Maud Watson als erste Wimbledonsiegerin gefeiert. Und im Bobsport war es um 1890 sogar vorgeschrieben, dass mindestens zwei Frauen ein Team verstärken mussten. In Wien wurden um 1886 junge Mädchen im Fechtsport ausgebildet. Und in den USA waren vor allem Damen-Radrennen sehr beliebt; Frankee Nelson gewann 1895 sogar ein spezielles Sechstagerennen für Frauen. Überhaupt gab es kaum eine Sportart, in der das so genannte schwache Geschlecht um die Jahrhundertwende nicht seinen Mann stand. In Frankreich stellten Schützinnen so manchen männlichen Konkurrenten in den Schatten, in England

> »Olympische Spiele sind ausschließlich als das feierliche und periodische Auftreten der männlichen Athletik anzusehen, mit dem Beifall der Frauen als Belohnung.«
>
> PIERRE BARON DE COUBERTIN, PRÄSIDENT DES IOC

gründete sich der British Lady Football Club und in Berlin der Damen-Ruderclub Wannsee. Doch nicht überall stieß die sportliche Betätigung auf Gegenliebe. In der Schweiz schrieb eine Zeitung als Reaktion auf ein Damenturnfest, dies sei lediglich eine »Eselei städtischer Weibervölker«. Noch offener dokumentierte ein anderer Journalist seine Abneigung, indem er die Frauen aufforderte, »... in Zukunft lieber wieder die Böden aufzuwischen und Strümpfe zu stopfen«. Doch davon ließ sich die Damenwelt wenig beeindrucken, auch wenn sie kaum Gelegenheit hatte, ihr Können in Wettkämpfen zu demonstrieren. Außer im gesellschaftlich hoch angesehenen Tennisspiel und im Eiskunstlaufen gab es so gut wie keine offiziellen Wettbewerbe.

Mit Beginn des neuen Jahrhunderts veränderte sich die Stimmung gegenüber dem Frauensport erneut negativ. Wenn überhaupt, dann wurden sportliche Leistungen von Frauen eher verhöhnend dargestellt. Etwa, als 1904 in den USA die ersten Boxkämpfe zwischen Frauen stattfanden. Oder als Käthchen Paulus 1911 aus einem Heißluftballon sprang und an einem Fallschirm zu Boden schwebte. Ganz zu schweigen von Käthchen Brumbach, die als Zirkusnummer auftreten musste, um überhaupt ein Publikum zu finden. Sie warf aber

> »Bleibt lieber daheim, wischt die Böden und stopft die Strümpfe.«
> SCHWEIZER JOURNALIST IN EINEM KOMMENTAR 1921

immerhin dreißig Pfund schwere Eisenkugeln in die Luft und fing diese anschließend mit dem Nacken auf. Als 1912 erstmals Frauen-Schwimmwettbewerbe bei den Olympischen Spielen in Stockholm zugelassen wurden, wenn auch fernab der eigentlichen Wettkampfstätten, kamen sportliche Glanztaten von Weltklasse-Schwimmerinnen wie Erna Murray zu Tage. Murray wurde 1919 Deutsche Meisterin und hielt Weltrekorde im Brust- und Rückenschwimmen. Mit den Weltspielen in Monte Carlo rückte auch die Leichtathletik wieder mehr und mehr in die öffentliche Wahrnehmung. Etwa als Maria Kießling am 21. August 1921 in Hamburg Weltrekord über 100 Meter in 12,8 Sekunden lief. Das hatte zur Folge, dass auch die IOC-Obersten ihre antiquierte Haltung langsam aufgeben mussten. Die Konsequenz daraus: Bei den Olympischen Spielen 1924 in Paris waren erstmals Fechterinnen zugelassen. Dennoch: Noch immer war der Frauenanteil bei Olympia verschwindend gering. Von 3092 Athleten waren 1924 gerade mal 136 weiblichen Geschlechts. Das veranlasste die FSFI dazu, im Anschluss an die offiziellen Spiele im August 1924 ihre eigenen Olympischen Spiele für Frauen an gleicher Stätte zu veranstalten. Mit durchschlagendem Erfolg. Die Leichtathletik-Wettbewerbe lieferten vor den Augen eines unerwartet großen Publikums gleich reihenweise neue Rekorde, die allerdings

in den offiziellen Statistiken noch keine Beachtung fanden. Doch der Vormarsch der neuen Frauenpower war zweifelsfrei wieder einen Schritt weiter gekommen.

Nachdem Pierre Baron de Coubertin im Mai 1925 seinen Abschied als IOC-Präsident nahm, war der Weg für eine bessere Integration des Frauensports frei. So schien es zunächst. Unter dem neuen Präsidenten Henry Graf de Baillet-Latour wurde beschlossen, dass ab den Spielen 1928 in Amsterdam Frauen in leichtathletischen Disziplinen teilnehmen durften. Wenn diese Entscheidung auch eher widerwillig gefallen war, wohl eher aufgrund des öffentlichen Drucks, war der Durchbruch für den Frauensport damit doch errungen und die Motivation bei den Athletinnen dementsprechend groß. Schon in der Vorbereitungszeit, etwa bei den Deutschen Leichtathletikmeisterschaften 1927, knackten die Damen dann auch prompt einen Weltrekord nach dem anderen. So wie Anneliese Hargus, die ihren Speer 37,57 Meter weit schleuderte. Oder Lina Radke-Batschauer, die über 800 Meter einen neuen Weltrekord in 2:23,8 Minuten aufstellte. Und Gertrud Gladisch sprang mit 5,62 Metern weiter als je eine Frau vor ihr. Bei den Spielen selbst konnte zumindest Lina Radke-Batschauer ihr Ziel einer olympischen Goldmedaille im 800-Meter-Lauf verwirklichen, und das sogar mit einem neuen Weltrekord in 2:16,8 Minuten. Ebenso wie die

> »Seit Oktober trainierte sie für London, ohne ihre Hausfrauenpflichten zu vernachlässigen.«
> SPORT-MAGAZIN VOM 11. AUGUST 1948 ÜBER DIE VIERFACHE OLYMPIASIEGERIN UND WELTREKORDLERIN FANNY BLANKERS-KOEN

siebzehnjährige Fechterin Helene Mayer, die im Florett-Einzel dominierte. Nach den Spielen wollte Henry Graf de Baillet-Latour die Frauenwettbewerbe wieder abschaffen, da sich einige Teilnehmerinnen nach den Wettkämpfen erschöpft von Ärzten behandeln lassen mussten. Damit sah sich das IOC in seiner Skepsis gegenüber dem Frauensport bestätigt. Doch ein entsprechender Antrag des IOC-Präsidenten bei einem Kongress in Berlin fand keine Mehrheit. Und so gehörten Frauen fortan zum festen Bestandteil des olympischen Programms. Was hätten wir für wunderbare Leistungen und Rekorde verpasst, hätte sich Henry Graf de Baillet-Latour damals durchgesetzt. Ein Zeichen dafür, dass es sich durchaus lohnt, wenn man für seine Ideale kämpft. Den Frauen sei Dank.

1922

USA
Alameda
Schwimmstadion
9. Juli 1922

»Ich habe Ihre Tarzanfilme in meiner
Jugend sehr genossen.«
KÖNIGIN ELIZABETH II. VON ENGLAND
1970 ZU JOHNNY WEISSMULLER

Herr über Wasser,
Affen und Lianen

1922 | Herr über Wasser, Affen und Lianen

Die Zeitstopper an der Schwimmbahn in Alameda trauten ihren Augen nicht. Hatten sie vielleicht ihre Uhren zu spät gestartet? Oder waren sie womöglich defekt? Als jedoch alle drei Zeitmesser ihre Stoppuhren verglichen und bei diesen übereinstimmend die Zeiger nach 58,6 Sekunden stehen geblieben waren, wussten sie, dass Peter Johnny Weissmuller tatsächlich soeben einen neuen Weltrekord aufgestellt hatte. Noch nie vor jenem 9. Juli 1922 war ein Mensch 100 Meter unter der magischen Grenze von einer Minute geschwommen. Die Nachricht vom »Schwimmwunder« verbreitete sich wie ein Lauffeuer. Der 17-jährige Weissmuller war bereits im September 1921 erstmals international aufgefallen, als er den Weltrekord über 150 Yards mit einer Zeit von 1:27,4 Minuten knackte. Im Mai 1922 sorgte er erneut für Schlagzeilen, als er in Honolulu den 200-Meter-Weltrekord des legendären US-Schwimmers Norman Ross um ganze sechs Sekunden auf 2:15,6 Minuten verbesserte. Nur vier Wochen später übertraf er auch noch dessen Bestzeit über 400 Meter um satte 9,6 Sekunden und schlug nach sagenhaften 5:06,6 Minuten am Beckenrand an. Und nun dieser neuerliche Rekord, der einen Meilenstein im Schwimmsport setzte. Über Nacht hatte sich der mittlerweile Achtzehnjährige damit als neuer Superstar der US-Schwimmszene entpuppt.

Der Weltrekordler wurde am 2. Juni 1904 in Freidorf im ungarischen Banat als János Weismueller geboren. Im Alter von knapp drei Jahren wanderte er mit seinen Eltern und seinem jüngeren Bruder Peter in die Vereinigten Staaten von Amerika aus, wo man als Geburtsort des ältesten Sohnes fälschlich Windber in Pennsylvania angab und in den Pass den Namen Peter John Weissmuller eintragen ließ. Die Eltern verschafften ihrem »Johnny« somit illegal die amerikanische Staatsbürgerschaft. Johnny wuchs fortan in der Nähe von Chicago auf. Zur Körperfestigung des sehr schmächtigen Kindes verordnete der Hausarzt Schwimmen. Doch der Junge hatte Angst vor dem nassen Element und verweigerte sich zunächst, auch nur einen Fuß ins Wasser zu setzen. Die Begeisterung für den Schwimmsport entwickelte Weissmuller erst mit Beginn der Pubertät, nachdem er mit seinem Bruder den Großteil der Freizeit am Fullerton Beach verbrachte und sich dort mit anderen die ersten Wettschwimmen lieferte. Im Jahr 1916 trat er dem Schwimmverein des YMCA bei, nachdem der gerade mal Zwölfjährige dort behauptete, er sei bereits vierzehn Jahre alt. Doch auch den Trainern dort erschien Johnny bald als zu schmächtig für den Schwimmsport. Der Teenager ließ sich allerdings nicht abwimmeln und überredete den Coach, weiterhin am Training teilnehmen zu dürfen.

Nach dem Ende des Ersten Weltkriegs 1918 starb Johnnys Vater, ein Grubenarbeiter, an Tuberkulose. Der älteste Sohn der Familie brach daraufhin die Schule ab und verdiente zunächst als Kofferträger in einem Hotel und später als Fahrstuhlführer ein paar Dollars zusätzlich für den Lebensunterhalt. Während seiner Tätigkeit im Hotel hörte der sechzehnjährige Johnny bei Gesprächen unter den Gästen immer wieder von den großen Schwimmerfolgen des berühmten Illinois Athletic Clubs in Chicago. Dessen Trainer William Bachrach formte seit Jahren die besten Schwimmer des Landes. Als Weissmuller eines Tages in der Hotellobby zufällig ein Mitglied des Athletic Clubs kennen lernte, bat er den Sportskollegen forsch, ihm Trainer Bachrach vorzustellen. Und so kam es, dass Johnny wenig später tatsächlich am Beckenrand des berühmten Clubs stand, Auge in Auge mit William Bachrach. Der Meistertrainer schickte Johnny sofort ins Wasser, damit der sein lauthals verkündetes Talent beweisen könne. Und bereits nach den ersten Bahnen erkannte Bachrach, dass dieser Junge einen ungewöhnlich kräftigen Zug hatte. Er war beeindruckt und nahm den Teenager ab Oktober 1920

> »Johnny ist ein absoluter Ausnahmeschwimmer. So was begegnet einem nur einmal im Leben.«
>
> TRAINER WILLIAM BACHRACH

fest unter seine Fittiche. Nachdem Weissmuller nun mit den Großen jener Zeit in einem Becken trainierte, guckte er sich von jedem Einzelnen einen Teil ab. Von Harry Hebner etwa kopierte er die Wende. Von Weltrekordhalter und Olympiasieger Norman Ross den Startsprung und dessen lockeren Armschwung. Und Duke Kahanamoku stand schließlich Pate für einen noch festeren Zug beim Brustschwimmen. Nach nur einem Jahr als Mitglied in der Schwimmgilde von Trainer Bachrach errang Johnny Weissmuller seinen ersten offiziellen Titel. Am 6. August 1921 wurde er US-Meister über die 50-Yard-Distanz. Gerade mal sieben Wochen später folgte bereits der erste Weltrekord – und das gleich in einer absoluten Fabelzeit von 1:27,4 Minuten über 150 Yards. Es war der erste von insgesamt siebenundsechzig Weltrekorden, die Weissmuller im Laufe seiner Karriere aufstellte.

Nachdem Johnny Weissmuller am 6. März 1923 seinen eigenen Rekord über 400 Meter um weitere rund neun Sekunden unterboten hatte, war klar, dass er als der alleinige Rekordhalter über 100 Meter, 200 Meter und 400 Meter auch bei Olympia 1924 in Paris als größter Favorit an den Start gehen würde. Im nagelneuen Schwimmstadion von Tourelles, wo die Bahnen erstmals mit roten Korkschnüren getrennt wurden, kam es im Juli 1924 schließlich zum Showdown mit den Konkurrenten. Dabei stellten die so genannten »großen Drei« fast alle anderen Schwimmer regelrecht in den Schatten. Das Trio Johnny Weissmuller, der siebzehnjährige Australier Andrew »Boy« Charlton und der Schwede Arne Borg machten die Wettkämpfe weitestgehend unter sich aus. Am 18. Juli waren es zunächst Weissmuller und Borg, die sich über 400 Meter bis kurz vor Schluss ein packendes Kopf-an-Kopf-Rennen lieferten, das der Amerikaner schließlich auf den letzten Zügen für sich entscheiden konnte. Charlton wurde am Ende Dritter. Zwei Tage später war es wieder Weissmuller, der seine Konkurrenten hinter sich lassen konnte, diesmal über 100 Meter in 59,0 Sekunden. Dabei gelang es ihm, als erstem Schwimmer überhaupt bei Olympischen Spielen, diese Distanz unter einer Minute zu schwimmen. Und mit einem fulminanten Durchgang in der 4x200-Meter-Staffel sicherte Johnny Weissmuller sich und seinem Team eine weitere Goldmedaille. Insgesamt drei Goldene nahm der Amerikaner am Ende der Spiele mit nach Hause. Der Fernkampf der »großen Drei« dauerte auch in den folgenden Jahren an. 1925 dominierte hauptsächlich Arne Borg das Geschehen, indem er allein neun Weltrekorde schwamm. Weissmuller hingegen war vor allem in den Kurzdistanzen über 100 Yard, 150 Yard und 220 Yard der schnellste Schwimmer jener Tage. Borg steigerte sich weiter und gewann bei den Europameisterschaften 1927 in Bologna alle Freistilwettbewerbe mit einem Europa- und zwei Weltrekorden. Bei Olympia 1928 in Amsterdam konnte Weissmuller jedoch seine Vormachtstellung über 100 Meter erneut unter Beweis stellen, und er gewann auch mit der 4x200-Meter-Staffel Gold.

Die Spiele 1928 bildeten zugleich den Rahmen für den letzten großen Auftritt Johnny Weissmullers als Athlet. Nach einer anschließenden Japan-Tour beendete der Ausnahmeschwimmer 1929 seine aktive Karriere. Zunächst verbrachte er seine Zeit damit, einfach nur das Leben zu genießen. Er gab hier und da in luxuriösen Hotels Schwimmunterricht oder eröffnete gelegentlich mal eine Ausstellung. Sein ehemaliger Trainer Bachrach beschaffte Weissmuller einen lukrativen Wer-bevertrag für Schwimmkleidung, der ihm fünfhundert Dollar pro Woche für insgesamt fünf Jahre einbrachte. Und so tingelte Weissmuller durch die Lande, warb für Bademoden und schwamm dabei Runde um Runde in angemieteten Pools. Dabei traf er auf Cyril Hume, einen Drehbuchautoren aus Hollywood. Der suchte einen Darsteller für eine Filmidee, die Edgar Rice Burroughs Buch *Tarzan, Lord of the Jungle* auf die Filmleinwand bringen sollte. Und nur wenig später stand Johnny Weissmuller erstmals als Tarzan vor der Kamera. Der Film *Tarzan, der Affenmann* wurde 1932 ein voller Erfolg an den Kinokassen und machte aus dem Sportler Weissmuller über Nacht einen gefragten Schauspieler.

Bis 1948 spielte Weissmuller in insgesamt zwölf weiteren Tarzanfilmen den Lendenschurzträger, der sich

»Als ich sechs Jahre alt war, habe ich Johnny persönlich bei einer Schwimmbad-Einweihung in Österreich getroffen. Danach wusste ich, dass Tarzan tatsächlich lebt.«

ARNOLD SCHWARZENEGGER

im Urwald von Liane zu Liane schwang. Blieb er als Tarzan im Kino seiner Jane stets treu, so brachte es Weissmuller im richtigen Leben immerhin auf fünf Scheidungen und sechs Eheschließungen. Lediglich aus seiner achtjährigen Ehe mit Beryl Scott gingen zwischen 1940 und 1948 drei Kinder hervor. Nach weiteren kurzen Gastspielen im Fernsehen beendete Weissmuller seine Schauspielkarriere schließlich 1956. Mit einem ansehnlichen Vermögen, wie er glaubte. Doch sein Finanzmanager hatte fast alles durchgebracht. So versuchte sich Weissmuller zunächst als Schwimmlehrer in einer eigenen Fernsehreihe und später als Gründer einer Restaurantkette namens »Jungle Hut«. Doch beide Projekte waren wenig erfolgreich. Und so fand sich Johnny Weissmuller 1973 als prominenter Händeschüttler in der Lobby des Hotels Caesar´s Palace in Las Vegas wieder, wo es seine Aufgabe war, die Gäste zu begrüßen. Vier Jahre später, 1977, erlitt Weissmuller einen Schlaganfall. Nach einem Aufenthalt in einem Sanatorium zog Weissmuller mit seiner Frau Maria Block nach Acapulco in Mexiko. Dort starb der legendäre Schwimmstar der zwanziger Jahre am 20. Januar 1984.

1924

Tibet
Mount Everest
Basislager
Juni 1924

Der Traum der Bergsteiger

Immer wieder griff sich Noel Odell sein Fernglas und blickte hinauf zum mächtigen Gipfel des Mount Everest. Dieses Monstrum an Berg hatte für Odell schon aus der Ferne eine unheimliche Ausstrahlung. Er fragte sich, wie es wohl erst sein würde, wenn man festgeklammert an ihm hängt in rund 8500 Metern Höhe. Seine Expeditionskollegen George Mallory und Andrew Irvine wussten die Antwort, denn sie hingen am 8. Juni 1924 mitten drin an der Nordwand des höchsten Berges der Welt. Doch Odell hatte schon seit Stunden keinen Kontakt mehr zu ihnen. In den Morgenstunden waren die beiden Bergsteiger vom Basislager aufgebrochen, um den Gipfel des Mount Everest zu erklimmen. Als erste Menschen der Welt. Der Geologe Odell wusste genau um die Gefährlichkeit dieses Abenteuers, hatte dieses gewaltige Massiv doch schon mehr als hundertfünfzig Menschen das Leben gekostet. Und so fürchtete er sich auch um Mallory und Irvine, die er das letzte Mal gegen 12.50 Uhr mittags vom Basislager aus als kleine schwarze Punkte etwa vierhundert Meter unterhalb des Gipfels durch sein Fernglas erkennen konnte. Dann schoben sich dicke Wolken vor den Gipfel und versperrten jede Sicht. Was sich anschließend auf dem Mount Everest ereignete, lässt Wissenschaftler, Geologen und Bergsteiger noch heute grübeln. Damals hakte man das Verschwinden von Mallory und Irvine als einen weiteren Unglücksfall ab, von dem es bereits so viele zuvor gegeben hatte. Für die Experten war klar, dass die beiden Engländer den Gipfel nicht erreicht hatten und einem Schlechtwettereinbruch zum Opfer gefallen waren. Und so dauerte es fast dreißig weitere Jahre, bis 1953 die Erstbesteigung des Mount Everest für Schlagzeilen sorgte. Demnach galten Edmund Percival Hillary und Sherpa Tenzing Norgay als die ersten Menschen auf dem Gipfel des höchsten Berges der Erde. Doch dann fand ein Suchtrupp des deutschen Alpinisten Conrad Anker 1999 die mumifizierte Leiche von George Mallory in 8300 Meter Höhe. Seitdem gibt es immer wieder Spekulationen darüber, ob womöglich doch Mallory und Irvine die ersten Bezwinger des Mount Everest gewesen sind und erst bei ihrem Abstieg vom Gipfel ums Leben kamen.

Die Leiche Mallorys war durch die besonderen klimatischen Bedingungen in über 8000 Meter Höhe vom Dauereis konserviert worden. Selbst einzelne Teile der Kleidung, die vor allem aus Tweed, Wolle und Baumwolle bestand, hatten die frostigen fünfundsiebzig Jahre überstanden. Mallory lag auf dem Bauch, Arme und Hände ausgestreckt. Als die Expediteure den Leichnam vorsichtig untersuchten, bekamen sie zumindest teilweise Aufschluss über die Todesursache des Briten. Das Schien- und Wadenbein des rechten Beines waren gebrochen, ein um den Bauch gewickeltes Seil gerissen. Mallory muss demnach abgestürzt sein und hatte sich dabei wohl die verhängnisvollen Brüche zugezogen. Er konnte sich somit nicht mehr fortbewegen und war seinem Schicksal in der eisigen Kälte ausgeliefert. Von seinem Kollegen Andrew Irvine fand man bislang lediglich einen Eispickel. Man vermutet, dass er in eine Gletscherschlucht gestürzt ist, wo keine Bergung möglich ist. Sicher ist man sich allerdings nicht, und so geht die Suche weiter. Denn Irvine könnte womöglich das begehrteste Utensil der Forscher bei sich tragen: eine Kodak-Kamera. Wenn Mallory und Irvine tatsächlich auf dem Gipfel waren, bevor sie star-

»Weil er da ist.«

GEORGE MALLORY 1924 AUF DIE FRAGE,
WARUM ER DEN MOUNT EVEREST BESTEIGEN WOLLE

ben, dann haben sie sicher Fotos gemacht. Diese wären, so bestätigen Fotoexperten, selbst nach fast acht Jahrzehnten mit großer Wahrscheinlichkeit noch zu entwickeln. Damit wären die Theorien der Mallory-Entdecker endgültig zu belegen. Die Bergsteigerexperten haben nämlich einige Anhaltspunkte dafür entdeckt, dass sich Mallory und Irvine bereits auf dem Rückweg vom Gipfel befanden. Sie entdeckten in Mallorys Brusttasche dessen Schneebrille, was sie als Indiz dafür sehen, dass der Brite erst nach Sonnenuntergang abgestürzt sein konnte. Denn kein erfahrener Bergsteiger, wie Mallory ohne Zweifel einer war, würde sich ohne Augenschutz dem grellen Höhenlicht am Tage aussetzen. Doch noch fehlen die endgültigen Beweise für die Gipfelbesteigung Mallorys. Bis dahin werden in den Geschichtsbüchern weiterhin Edmund Percival Hillary und Sherpa Tenzing Norgay als Erstbesteiger genannt werden, auch wenn sie den Berg über die als leichter geltende Südroute erklommen haben. Wie auch immer: Der Mythos um den todbringenden Mount Everest wird so oder so weiterleben.

Fest steht in jedem Fall, dass George Mallory einer der ersten Pioniere der Mount-Everest-Expeditionen war. Während man zu Beginn des Jahrhunderts noch nicht einmal genaue Angaben über die Existenz des Bergmassivs hatte, weil Tibet Ausländern keinen Zutritt gewährte, wurden erst 1920 Details über die eigentliche Größe des Mount Everest bekannt. Im Jahr darauf erlaubte der Dalai Lama einer britischen Expeditionsgruppe, unter ihnen war auch George Mallory, erstmals den Zugang von tibetischer Seite. Die Bergsteiger scheiterten jedoch schon nach wenigen Tagen, da sie keine begehbare Route finden konnten. Im Jahr 1922 wagten sie einen zweiten Versuch – doch erneut blieb der Berg Sieger im ungleichen Duell. Ausgerechnet Mallory löste mit einem Fehltritt eine Lawine aus, von der sieben Sherpas in den Tod gerissen wurden. Er hatte große Schuldgefühle und schwor sich, zu Ehren der toten Kameraden den Berg als erster Mensch zu bezwingen. Diesem ehrgeizigen Ziel wäre Ende Mai 1924 fast Edward Felix Norton zuvor gekommen, als er ohne Sauerstoffflasche auf 8580 der insgesamt 8848 Höhenmeter des Mount Everest kam. So hoch, wie noch nie ein Mensch zuvor. Dann gab er auf. Nur wenige Tage später wollte es Mallory besser machen und begann seinen Aufstieg mit Andrew Irvine, Noel Odell und mehreren Trägern, die man damals noch abfällig »Kulis« nannte. Die Expedition stand von Beginn an unter keinem guten Stern. Zwei Träger starben noch vor Erreichen des Basislagers, zwei

> »In der hellen Nacht schauten wir lange nach Zeichen aus. Später schimmerte schwaches, von den Firngipfeln zurückgeworfenes Mondlicht auf der Flanke des großen Berges. Vielleicht beleuchtete es die heimwärts gewanderten Schritte der beiden Einsamen da droben.«
>
> N.E. ODELL IN SEINEM EXPEDITIONSBERICHT 1924

weitere brachen vorzeitig ab. Doch Mallory ließ sich von nichts und niemandem aufhalten. Er war besessen von dem Willen, diesen Koloss endlich zu bezwingen. Mit für heutige Verhältnisse hochgebirgsuntauglicher Ausrüstung schleppte sich die Gruppe Meter um Meter dem ersten Zwischenlager entgegen. Dort füllte Irvine die schweren und unförmigen Sauerstoffflaschen auf und startete mit Mallory und Odell zur nächsten Etappe ins Lager II. Von hier aus gingen Mallory und Irvine allein weiter. Es war das letzte Mal, dass sie lebend gesehen wurden. »Wir erwarten keine Hilfeleistungen des Berges«, hatte Mallory kurz zuvor noch in sein Logbuch geschrieben. Er ahnte womöglich, dass dieser Berg sein Grab werden würde. Nach dem Verschwinden von Mallory und Irvine blieb der Höhenrekord von Edward Felix Norton und seinem Expeditionsteam bestehen. Für ihre Leistungen wurden die vierzehn Expeditionsmitglieder bei den Olympischen Spielen in Paris mit Goldmedaillen ausgezeichnet.

Die Himalaya-Gipfel waren fortan Dauerziel internationaler Expeditionsgruppen. Es begann ein regelrechtes Wettrennen um die Erstbesteigungen der mächtigen Siebentausender. Im Jahr 1930 gelang einem Schweizer Team der Aufstieg auf den Jongsan Peak (7473 Meter), den Nepal Peak Dodang (7153 Meter), den Nyima Peak (7150 Meter) und den Ramtang Peak (7105 Meter.) Drei Jahre später war es die Schweizerin Hettie Dyrenfurth, die als erste Frau der Welt 7775 Meter hoch kletterte, als sie den Gipfel des Bergmassivs »Königin Mary« im Himalaya erreichte. Die erste deutsche Expedition im Himalaya startete 1932 unter der Leitung von Willy Merkl zum Rakhiot Peak. Er war der Bergsteigerpionier schlechthin im Deutschland jener Tage. Doch am Ende

> »Übermorgen steigen wir wieder auf. Von hier aus sechs Tage zum Gipfel!«
>
> MALLORYS LETZTER TAGEBUCHEINTRAG AM 27. MAI 1924

bezahlte auch er seinen Drang nach immer weiteren Höhen mit dem Leben, als er bei seinem zweiten Versuch 1934 in einem Schneesturm starb.

Auch die hohen Massive auf dem europäischen Kontinent wurden in den dreißiger Jahren vermehrt von Bergsteigern heimgesucht, die nach immer neuen Superlativen suchten. Die Brüder Schmid aus München waren 1931 die ersten, die das Matterhorn über die sehr steile Nordwand bestiegen. Kurz darauf verunglückte der zweiundzwanzigjährige Toni Schmid bei einer Bergtour tödlich. Die ihm während der Olympischen Spiele 1932 in Los Angeles posthum verliehene Goldmedaille konnte so nur noch sein Bruder Franz entgegen nehmen. Ab Mitte der dreißiger Jahre war es die Eiger-Nordwand, die die Kletterer in ihren Bann zog. Auch sie wurde zur Todesfalle für Dutzende Bergsteiger. Im Jahr 1935 erfroren Max Sedlmayer und Karl Mehringer sechshundert Meter unter dem Gipfel in ihrem Biwak. Im Jahr darauf kamen vier junge Münchner bei dem Versuch ums Leben, die »Eiger-Mordwand« zu bezwingen.

Deutschland
Hamburg-Horn
Galopp-Rennbahn
27. Juni 1926

»Bilder mit Worten zu schaffen, die Vorstellungskraft der Hörer
so weit anzuregen, dass ihre Phantasie nicht zu weit geht, aber
ausreicht, um sich der Realität anzunähern, die Balance zu
halten in der Interpretation zwischen den Parteien, das ist die
Kunst des Sportreporters im Radio.«

RUDI MICHEL

Sportreportage
ins Wohnzimmer

1926 | Sportreportage ins Wohnzimmer

Auf dem Center Court in Wimbledon vollzog sich im Juli 1927 die sportliche Wachablösung im Damentennis. Die Amerikanerin Helen Wills entthronte nach ihrem 6:2- und 6:4-Finaltriumph über Lili de Alvarez Dauersiegerin Suzanne Lenglen als »Königin von England«. Auf den Tribünen saßen wie in jedem Jahr auch diesmal wieder zahlreiche Journalisten, die vom Geschehen auf dem Rasen von Wimbledon in ihre Heimat berichteten. So wie Jim Smith vom *New York Herald*, der den Spielverlauf auf seinem Block notierte. Das bekamen die Leser seiner Zeitung allerdings erst zwei Tage später zu lesen, da er seinen Report erst telefonisch übermitteln musste. In der Presseloge neben Smith saß ein anderer Reporter, der das Spielgeschehen und die Atmosphäre auf dem Center Court nicht aufschrieb, sondern in eine Art Telefonmuschel kommentierte. Er schien wie zu einer unsichtbaren Gestalt zu sprechen. In Wirklichkeit aber hörten Tausende von Engländern im ganzen Land die Worte von Trevor Harvey während der ersten Radioreportage, die live aus Wimbledon gesendet wurde. Eine Revolution in der Sportberichterstattung begann sich durchzusetzen. Das Printmedium, das bis zum Beginn der zwanziger Jahre der einzige Informationsträger auch im Sportgeschehen war, hatte fortan einen neuen Konkurrenten, der nicht nur emotionaler, sondern auch wesentlich schneller berichten konnte.

Bereits am 11. April 1921 wurde ein Boxkampf aus Pittsburgh zwischen den beiden Amerikanern Johnny Ray und Johnny Dundee im Rundfunk gesendet. Es war die erste Sportübertragung im Äther überhaupt. Als Kommentator fungierte dabei ein gewisser Florent Gibson, ein Journalist des *Pittsburgh Star*. Die ersten Versuche, die Live-Atmosphäre einer Sportveranstaltung im Radio zu übermitteln, litten anfangs noch unter den schlechten technischen Voraussetzungen. Die wenigen privilegierten Zuhörer, die ein eigenes Radiogerät besaßen, empfingen zumeist einen von starken Rauschgeräuschen unterlegten Ton. Die Technik steckte noch in den Kinderschuhen. Gerade mal 15 Jahre war es 1921 her, dass der Kanadier Riginald Aubrey Fessenden am 24. Dezember 1906 das erste Rundfunkprogramm der Welt sendete. Mittels eines Lichtbogensenders und einer Hochfrequenzmaschine gelang es ihm an jenem Weihnachtsabend, Sprache und Musik über einen Antennenmast zu übermitteln. Fortan entwickelte sich diese Variante des Datentransportes immer rasanter. Bereits 1910 organisierte der Amerikaner Lee de Forest die erste Rundfunkübertragung einer Operette aus dem berühm-

ten Metropolitain Opera House in New York, von wo aus er den Auftritt des Starsängers Enrico Caruso sendete. Dieses geglückte Experiment ermutigte Rundfunkpioniere in anderen gesellschaftlichen Sparten, ähnliche Versuche zu starten. Im Sportbereich waren es vor allem Rudern, Tennis und der Motorsport, in denen die ersten Gehversuche der Rundfunkübertragung gemacht wurden. Da der Fußballsport in Europa an immer größerer Bedeutung gewann, wollte man auch die Ereignisse auf den Fußballfeldern bald über den Äther schicken. Doch aufgrund der großen Spieleranzahl und des großflächigen Spielfeldes gab dieses Ansinnen zunächst noch einige Probleme auf. Wie sollte man beschreiben, wo sich der Ball gerade befand? Und wie sollte man die Spieler erkennen, wenn sich diese dem Kommentator mit dem Rücken zuwandten? So kam die Fußballübertragung via Radio nur schleppend in Gang.

In Deutschland wurde erstmals 1925 live von einem Fußballspiel im Radio berichtet. Dr. Bernhard Ernst war am 1. November 1925 der Kommentator der Partie zwischen Preußen Münster und Arminia Bielefeld. Die schwierige Frage der Übermittlung eines Fußballspiels versuchte der Schauspieler und Literat Alfred Braun mit einer pfiffige Idee zu lösen. Er teilte das Spielfeld kurzerhand in einzelne Planquadrate ein, welche er wiederum in verschiedene Zonen gliederte und mit Zahlen und Buchstaben kennzeichnete. Die von ihm während

»… Und ich sprach einfach drauflos. Das wurde ein Erfolg.«

ALFRED BRAUN, HÖRFUNK-PIONIER

der Übertragung genutzte Zeichnung, mit deren Hilfe er den Hörern die Position der Spieler und des Balles präzise angeben konnte, ließ er regelmäßig in der Zeitschrift Funkstunde abdrucken. So konnten die Fußballfans an den Empfängern mit dem Finger auf der Zeichnung der Übertragung Brauns folgen – dachte der Erfinder. Doch schon bald stellte sich diese Variante sowohl für den Kommentator als auch für Zuhörer als äußerst mühsam heraus. Die Menschen an den Radiogeräten verloren bald die Lust, dem Weg des Balls von C3 über H4 nach S8 zu folgen. Und so plauderte Braun eines Tages ohne Angabe von lästigen Zahlen- und Buchstabenkombinationen einfach munter drauf los und beschrieb das Geschehen frei von der Leber weg. Das lockte mehr und mehr Zuschauer vor die Empfänger und zerstreute damit die restlichen Zweifel, dass ein Fußballspiel kaum übers Radio zu transportieren sei.

Als Pionier der Radioreportage begründete Alfred Braun in Deutschland sogleich einen neuen Berufszweig – den des Radio-Sportreporters. Nachdem am 18. April 1926 das erste Fußball-Länderspiel einer deutschen Mannschaft ins Radio übertragen worden war, als die Nationalelf den Nachbarn aus Holland in Düsseldorf mit 4:2 besiegte, fanden immer mehr Journalisten Gefallen daran, sich auf die Radioreportage zu spezialisieren. Im gleichen Jahr gab es eine Radioreportage vom Deutschen Derby in Hamburg-Horn. Der Sportreporter stand dort mit dem Mikrophon (»Marmorblock«) auf erhöhter Plattform gegenüber der Haupttribüne der Rennbahn (siehe Bild). Die Stimmen von Reportern wie Dr. Paul Laven, Rolf Wernicke und später Herbert Zimmermann, Rudi Michel oder Dietmar Schott klangen bald äußerst vertraut. Vor allem der ARD-Reporter Herbert Zimmermann erlangte schnell Ruhm, als er mit markiger Stimme und voller Emotionen von den Sporthöhepunkten berichtete. Er war dabei, als Max Schmeling seinen letzten Kampf in der Berliner Waldbühne gegen Riedel Vogt verlor und noch im Ring seinen endgültigen Abschied vom Boxen verkündete. Und er war auch 1954 in Bern vor Ort, als Deutschland im Weltmeisterschaftsendspiel überraschend die ungarische Startruppe mit 3:2 besiegte. Mit seiner überschwänglichen Livereportage aus dem Wankdorfstadion bannte er Hunderttausende vor die Radiogeräte daheim in Deutschland. Seine ehrliche, emotionale Berichterstattung fernab jeglicher Objektivität vermittelte den Zuhörern das Gefühl, mitten drin zu sein im Geschehen. »Rahn schießt … Tooor, Toor, Tor für Deutschland …« – dieser markige Ruf hat heute längst Kultstatus erlangt. Mit dem Schlusspfiff brachen bei Zimmermann alle Dämme: »Deutschland ist Weltmeister! Schlägt Ungarn 3:2 im Finale von Bern!«, brüllte er ins Mikrofon. Herbert Zimmermann transportierte die Freude der Spieler und den Jubel im Stadion in unvergleichlicher Weise über den Äther. Seine Reportage wurde später sogar auf Schallplatte gebannt, die innerhalb kürzester Zeit ausverkauft war.

Der legendäre Reporter wurde mit seiner Reportage zum zwölften Helden von Bern. Doch sein Medium war mittlerweile längst nicht mehr das alleinige, dass aktuell über ein Sportereignis berichten konnte. Das Fernsehen hatte seinen Siegeszug bereits angetreten, wenn auch noch in eher bescheidenen Ausmaßen. Nach der erfolgreichen Fernsehpremiere der Olympischen Spiele 1936 in Berlin, wo man täglich acht Stunden lang bewegte Bilder von den Wettkämpfen in achtundzwanzig eigens eingerichteten Fernsehstuben in Berlin und Um-

gebung sendete, wurde am 15. November 1936 das erste Fußballländerspiel im TV übertragen. Das Spiel Deutschland gegen Italien fand im Berliner Olympiastadion statt, wo die technischen Ausstattungen von den Spielen im Sommer noch vorhanden waren. Mit der damals maximal möglichen 180-Zeilen-Norm ergab sich für die Zuschauer in den dreizehn TV-Stuben Berlins allerdings ein eher unscharfes und verschwommenes Bild. Erst 1939 traute man sich nach dem technisch wenig ergiebigen Experiment wieder eine Liveübertragung eines Fußballspiels zu. Erneut trat Deutschland gegen Italien an – doch diesmal waren zwei Kameras im Einsatz, und die Bildauflösung bestand mittlerweile

aus vierhundervierzig Zeilen. Dadurch konnten die Zuschauer wesentlich deutlichere Bilder vom 5:2-Sieg der deutschen Nationalelf empfangen. Der technische Fortschritt entwickelte vor allem nach dem Ende des Zweiten Weltkrieges ein rasantes Tempo. Die Sender begannen bereits 1951 damit, einzelne Meisterschaftsspiele zu übertragen, wobei es seinerzeit noch üblich war, dass die Vereine für die Medienpräsenz Geld zahlten. In Zeiten des Wirtschaftswunders wurden Fernsehgeräte bald für viele Familien erschwinglich. Zu Beginn des Weltmeisterschaftsjahres 1954 zählte die Gebührenzentrale in Westdeutschland an die 27 500 TV-Besitzer. Nachdem Deutschland das Finale erreicht hatte, schnellte die Zahl der TV-Teilnehmer auf annähernd 41 000 hoch. Fortan waren Fußball und Fernsehen eine untrennbare Kombination. Zwei Jahre vor dem Bundesligastart am 24. August 1963 sendete die ARD am 4. April 1961 die erste Sportschau, die in Filmbeiträgen von den Spielen der Meisterschaftsrunden berichtete. Moderne Datenübermittlungen waren damals noch längst nicht bekannt, und so wurden Kurierboten eingesetzt, um die Filmrollen in die Sendezentrale zu fahren. Um noch aktueller berichten zu können, ging das ZDF noch am Abend des ersten Bundesligaspieltages erstmals mit dem »Aktuellen Sportstudio« auf Sendung. Die Techniker mussten im Akkord arbeiten, um die Filmbeiträge rechtzeitig bis zum Sendestart fertig geschnitten zu haben.

Schnelligkeit und Präzision

1926

Deutschland
Berlin
Avus
11. Juli 1926

»Der kompletteste Rennfahrer, den ich je gesehen habe.«
ALFRED NEUBAUER, RENNLEITER BEI MERCEDES-BENZ,
ÜBER RUDOLF CARACCIOLA

1926 | Schnelligkeit und Präzision

Tagelang hatte man bereits die gesamte Region rund um die Berliner Automobil Verkehrs- und Übungsstraße, die im Volksmund von Jedermann nur Avus genannt wurde, herausgeputzt. Die schnellste Rennstrecke Europas, die 1921 nach achtjähriger Bauzeit eingeweiht wurde, wollte sich von ihrer besten Seite präsentieren, als dort am 11. Juli 1926 die erste große Automobilsport-Veranstaltung in Deutschland stattfand. Schließlich wurden tausende Besucher aus dem In- und Ausland zur Premiere des deutschen Grand Prix erwartet. Und wie schon bei anderen Rennen zuvor sollten auch diesmal wieder alle Voraussetzungen für eine ausgelassene Volksfeststimmung geschaffen werden. Am frühen Nachmittag war es so weit: Am Start warteten 38 Rennwagen mit dröhnenden Motoren, verdeckt von dicken Abgaswolken. In der ersten Startreihe stand auch der Bolide, ein Mercedes vom Typ »Monza« mit einem 2-Liter-Achtzylinder, von Rudolf Caracciola. Der deutsche Rennheld schob sich kurz vor dem Start noch einmal seine Rennbrille zurecht, zog sich die Mütze mit dem Sonnenschutz tief ins Gesicht und klammerte dann die Hände fest um das Lenkrad. Ungeduldig fuchtelte er mit dem Fuß am Gaspedal herum, während er hochkonzentriert geduckt hinter der Windschutzscheibe darauf wartete, dass der Starter endlich die Flagge fallen ließ. Für Caracciola der wichtigste Moment in einem jedem Rennen. Er wollte stets der erste sein, der losrast. Wenn auch nur den Bruchteil einer Sekunde schneller als die anderen. An diesem verregneten 11. Juli hatte er sich wieder einmal vor den Mitkonkurrenten auf die Bahn gebracht. Doch am Ende dieses Rennens war etwas anders als sonst. Rudolf Caracciola siegte überlegen. Und zum ersten Mal in seiner Karriere bei einem Grand Prix. Stolz präsentierte er demnach bei der Siegerehrung auch den Goldpokal, das Preisgeld in Höhe von 10 000 Reichsmark ließ er dagegen schnell in der Hosentasche verschwinden.

Mit der Avus verband Rudolf Caracciola bereits seit dem Beginn seiner Karriere eine enge Verbindung. Hier hatte er 1922, ein Jahr nach Einweihung der Strecke, sein Debüt als Rennfahrer gefeiert. Damals noch in einem »Fafnir«. Vier Jahre später begann an gleicher Stelle für den damals fünfundzwanzigjährigen Rudolf Caracciola der erfolgreichere Teil seiner Karriere. Sein Sieg wurde allerdings von mehreren schweren Unfällen überschattet. Zunächst schlitterte der Mitfavorit Adolf Rosenberger mit seinem Mercedes gegen die Zeittafel, wobei zwei Streckenposten getötet wurden und Rosenberger selbst schwere Kopfverletzungen davon trug. Wenig später verunglückte auch der Tscheche Urban Emmerich in seinem Talbot, als er aus einer Kurve flog und in eine Zuschauertraube krachte. Die Sicherheits-

---

»Mochte es Leute geben, die darüber lächelten oder die Achseln zuckten, dass man sein Leben daransetzte, ein paar Sekunden schneller zu sein als andere. Für mich war's das Glück!«
RUDOLF CARACCIOLA

---

standards jener Tage waren eben weit von denen heutiger Rennen entfernt. Folgenschwere Unfälle gehörten bei solchen Veranstaltungen zum gewohnten Bild. Trotz aller menschlicher Tragik: Caracciolas Auftritt und sein besonnen herausgefahrener Sieg mit einer Durchschnittsgeschwindigkeit von 135,1 km/h machten deutlich, dass der deutsche Rennsport ein neues Idol hatte. Rudolf Caracciola bestätigte diesen Eindruck in den weiteren sechsundzwanzig Jahren seiner Karriere eindrucksvoll.

Der jüngste Sohn einer sechsköpfigen Hoteliersfamilie aus Remagen kam am 30. Januar 1901 zur Welt und schien dabei schon das Interesse für schnelle Bewegungen in sich zu tragen. Er konnte früher laufen als andere Kinder in der Nachbarschaft, war stets Sieger beim Schubkarren-Rennen und sammelte schon als pubertärer Jüngling erste Fahrerfahrungen am Steuer von Vaters Mercedes 16/45 – wenn auch heimlich und unerlaubt. Alsbald begann er auch seine Leidenschaft für Motorräder zu entdecken und startete seine Rennfahreraktivitäten zunächst auf zwei Rädern. Der zunehmende Aufschwung des Automobilrennsports in Europa zu Beginn der zwanziger Jahre weckte auch bei Caracciola das Interesse für die immer schneller werdenden Wagen. Er wechselte schließlich das Fach und hatte damit zweifelsfrei den richtigen Riecher. Der Bedarf an jungen talentierten Fahrern war groß, da vor allem die deutschen

Fabrikanten wie Mercedes und die Auto-Union ihr Engagement im Rennsport verstärkten. Und so rutschte Caracciola mitten hinein in das boomende Geschäft.

Nach dem Sieg beim Großen Preis von Deutschland musste Rudolf Caracciola seine Klasse erst noch beweisen. Bei Mercedes hingegen war »Caratsch«, wie Caracciola auch genannt wurde, seitdem der Topfahrer. Spätestens am 18. Juni 1927 verstummten die letzten Kritiker endgültig, als er auch das Eröffnungsrennen des nagelneuen Nürburgrings im neuen Mercedes-Benz »680 S« gewann. Der neuartige Kompressor-Sechszylinder des Wagens mit 6,8 Litern Hubraum ließ Caracciola mit bis zu 180 PS über die 28,29 Kilometer lange Strecke rasen. Mit seinen neunundachtzig Links- und fünfundachtzig Rechtskurven galt der Parcours als die schwierigste Strecke Europas. Einen Tag nach der Einweihung fand praktischerweise auch gleich der Große Preis von Deutschland statt, bei dem Caracciola seinen Titel aus dem Vorjahr allerdings nicht verteidigen konnte und diesmal seinem Stallgefährten Otto Merz den Sieg überlassen musste. Seine Enttäuschung war groß.

Doch sowohl im Sport als auch im Leben musste Rudolf Caracciola bald lernen, noch wesentlich herbere Schläge einzustecken als ein verlorenes Rennen. Als

»Du bist der Wille, der dieses Geschöpf aus Stahl beherrscht. Und dein Hirn arbeitet mit der gleichen Schnelligkeit und Präzision wie dieses stählerne Herz. Oder das Untier wird Herr über dich und zermalmt dich.«

RUDOLF CARACCIOLA

sich Mercedes 1932 vorübergehend aus dem Rennsport zurück zog, meldete sich der deutsche PS-Held zum Großen Preis von Monaco 1933 trotzig mit einem privaten Alfa Romeo an. Im ersten Training versagten die Bremsen des Boliden, und Caracciola krachte frontal gegen eine Mauer. Dabei zog er sich viele Knochenbrüche zu, so dass er acht Monate in einem Gips-Streckverband ausharren musste. Beim anschließenden Erholungsurlaub in der Schweiz schlug das Schicksal noch härter zu. Eine Lawine erfasste seine Frau beim Skifahren, sie starb in den Schneemassen. Nach diesem Schock widmete sich Rudolf Caracciola verstärkt seinem Beruf, zumal Mercedes 1934, auch mit Hilfe von Adolf Hitlers finanzieller Unterstützung, in das Renngeschäft zurückkehrte. Im gleichen Jahr trat die neue Gewichtsformel für die Rennwagen in Kraft, nach der die Fahrzeuge nicht mehr als 750 Kilogramm auf die Waage bringen durf-

ten. Mercedes-Konstrukteur Nibel hatte dafür das neue Modell »W 25« entworfen, das später als »Silberpfeil« legendär wurde. Die große Ära des »Mythos Silberpfeil« begann 1935, nachdem Mercedes mit dem neuen Wagen neun von zehn Rennen der 750-Kilogramm-Rennformel gewann und Rudolf Caracciola zudem Europameister und Deutscher Meister am Steuer des »W 25« wurde. Beim Großen Preis von Frankreich bereiteten der Sieger »Caratsch« sowie seine Teamgefährten Manfred von Brauchitsch und Luigi Fagioli auf den Plätzen zwei und vier der Konkurrenz aufgrund der großen Überlegenheit mächtig Kopfschmerzen. Und daran sollte sich in den folgenden Jahren nichts ändern. Rudolf Caracciola wurde mit Mercedes auch 1937 wieder der erfolgreichste Rennfahrer Europas.

Im Kampf um die besten Motoren lieferten sich die konkurrierenden deutschen Autohersteller Mercedes und Auto-Union, die mit dem jungen Bernd Rosemeyer den Europameister 1936 hervorbrachte, ständig neue Wettrennen um den Geschwindigkeitsrekord. Die Rennen mit immer schnelleren Autos kosteten Mitte der dreißiger Jahre dutzend Fahrern das Leben. Rudolf Caracciola hatte stets Glück. Bei seinen siebzehn Weltrekordfahrten – wie die vom 28. Januar 1938, als er auf der Autobahn zwischen Frankfurt und Darmstadt mit seinem Mercedes-Benz eine Geschwindigkeit von 432,692 km/h erreichte – stieg er immer unbeschadet aus. Bernd Rosemeyer hingegen bezahlte seinen Rekordversuch, nur eineinhalb Stunden nach dem von Rudolf Caracciola, mit dem Leben. Eine Windböe hatte ihn gegen eine Autobahnüberführung geschleudert. Rudolf Caracciola hatte damit auf tragische Weise einen seiner größten Konkurrenten verloren. Der Zweite Weltkrieg stoppte ohnehin wenige Monate später alle Motorsportaktivitäten.

Damit war auch die Karriere des mittlerweile neunundreißigjährigen Ausnahmefahrers beendet. Caracciola hat zwar nach dem Kriegsende mehrere Anläufe auf ein Comeback gewagt, die jedoch allesamt durch teils schwere Unfälle gestoppt wurden. 1952 nahm der alternde Rennfahrer endgültig den Fuß vom Gas. Mit 127 Siegen sowie acht deutschen und Europameister-Titeln für Mercedes beendete er seine Karriere im Alter von einundfünfzig Jahren. Nur acht Jahre später, am 28. September 1959, starb Rudolf Caracciola, das Rennfahreridol der dreißiger Jahre, in Kassel.

1928

Schweiz
St. Moritz
Eisstadion Badrutts Park
17. Februar 1928

»Wenn Sie mit Ihrem Geld nicht auskommen, machen
Sie es wie ich. Arbeiten Sie achtzehn Stunden am Tag
und fangen Sie mit sieben Jahren an.«

SONJA HENIE

»Fräulein Hoppla«
auf dem Eis

1928 | »Fräulein Hoppla« auf dem Eis

Die strengen Blicke der Punktrichter verfolgten jeden einzelnen Zentimeter haargenau, den die Kufen von Sonja Henies Schlittschuhen über die Natureisfläche in St. Moritz kratzten. Schickte sich die amtierende Weltmeisterin aus Norwegen doch an, am 17. Februar 1928 als jüngste Sportlerin aller Zeiten eine olympische Goldmedaille im Eiskunstlaufen zu gewinnen. War zu Beginn der Pflicht und der Kür noch große Skepsis in den Augen der Juroren abzulesen, so entspannten sich deren Gesichtszüge schon nach wenigen Minuten deutlich. Was die Fünfzehnjährige mit ihrem scheinbar eingefrorenen Lächeln da auf der vom Tauwetter stark ramponierten Eisfläche präsentierte, ließ alle Zweifel schnell schwinden. Die trotz der widrigen Umstände restlos geglückte Vorstellung entlockte selbst dem hartgesottensten Punktrichter ein entzücktes Lächeln. So etwas Fröhlich-Anmutiges hatten sie zuvor noch nicht gesehen. Mit ihrem unbeschreiblichen Charme verzauberte die Läuferin auch das Publikum dieser zweiten offiziellen Olympischen Winterspiele im Handumdrehen und erntete prompt lautstarke Ovationen. Am Ende siegte die junge Norwegerin wenig überraschend mit 2452,25 Punkten überlegen vor Fritzi Burger aus Österreich. Und wurde somit tatsächlich zur jüngsten Olympiasiegerin aller Zeiten gekürt. Fortan waren Eiskunstläufer aller Nationen bei Wettkämpfen mindestens ebenso konzentriert damit beschäftigt, einen entspannten Gesichtsausdruck zu wahren wie Sprungfehler zu vermeiden. Diese Art des fröhlichen Eiskunstlaufs ist maßgeblich auf Sonja Henie zurückzuführen, die 1928 mit ihrer ersten Goldmedaille einen sagenhaften Siegeszug startete.

Sonja Henie führte mit ihrem Erfolg die Tradition der starken skandinavischen Kufenläufer in ihrer Epoche fort. Dazu zählten unter anderen auch das finnische Ehepaar Ludovika und Walter Jakobsson sowie der Schwede Gillis Grafström. Und natürlich nicht zu vergessen der legendäre Ulrich Salchow, der bei den Olympischen Spielen 1920 selbst im Alter von dreiundvierzig Jahren noch einen beachtlichen vierten Platz belegte. Als dann im Jahr 1924 die ersten Olympischen Winterspiele in Chamonix ausgetragen wurden, begann nicht nur für den Wintersport im Allgemeinen eine neue Zeitrechnung, sondern speziell auch für ein gerade mal elfjähriges Mädchen, Sonja Henie. Die junge Norwegerin belegte in der Endwertung zwar nur den achten und damit letzten Rang. Doch mit ihrem fröhlichen Auftritt schlitterte sie zielstrebig in die Herzen der Zuschauer, Fans und Funktionäre. Als sie bei ihrer Kür patzte und mit dem Hosenboden auf dem blanken Eis landete, lächelte sie verwegen und rief laut »Hoppla«. Mit soviel Unbekümmertheit eroberte sich die junge Läuferin die Sympathien im Sturm. Und fortan betitelte man Sonja Henie, die erstmals im Alter von vier Jahren auf Schlittschuhen gestanden hatte, oft nur noch als »Fräulein Hoppla«.

Die ersten Olympischen Winterspiele, die bei ihrer Premiere noch »Internationale Wintersportwoche« hießen, waren für die junge Henie der erste Meilenstein auf dem Weg ihrer glänzenden Karriere. Sie reiste als Außenseiterin an und nutzte die Nähe zu den Stars jener Tage, wie etwa der Österreicherin Herma Jarosz-Szabó, um sich von ihnen Nützliches abzugucken. Sonjas Vater Wilhelm tat das seine dazu, um das Talent der Tochter weiter zu fördern. Der schwerreiche wie zugleich schwergewichtige Pelzhändler investierte nicht wenig in die Karriere seines Sprösslings. Seine finanziellen Bemühungen zum Wohle der Tochter fruchteten alsbald. Bei den Weltmeisterschaften 1926 in Stockholm brachte sie die große Favoritin Herma Jarosz-Szabó erstmals in große Bedrängnis. Am Ende reichte es zwar »nur« zum zweiten Rang hinter der fünffachen Weltmeisterin aus Österreich. Doch die Eiskunstlaufszene war um eine echte Attraktion reicher. Wurde Sonja Henie in den Jahren zuvor noch als »Eisküken« und »Eisfloh«

> **»Die Henie schielt nur nach Ruhm und Geld.«**
>
> HERMA JAROSZ-SZABÓ

verniedlicht dargestellt, war nach dieser Weltmeisterschaft plötzlich jedermann bewusst, dass man es fortan mit einer neuen Eisprinzessin zu tun haben würde. Auch Sonjas geschäftstüchtiger Papa witterte große Renditen aus der investierten Talentförderung und engagierte fluchs einen cleveren Manager. Nicht irgendeinen, es musste schon der Beste sein. So fiel die Wahl schnell auf Hugo Quist, der auch die Karriere des finnischen Wunderläufers Paavo Nurmi vergoldet hatte.

Dem umtriebigen Quist hatte es Henie wohl auch zu verdanken, dass sie bereits 1927 erstmals als Weltmeisterin vom Eis ging. Im Alter von gerade mal fünfzehn Jahren. Obwohl ihr großes Talent für das Eiskunstlaufen unbestritten war, blieb bei diesem Titelgewinn in Oslo ein bitterer Nachgeschmack zurück. Trotz einer wenig überzeugenden Kür erklärten die Punktrichter Henie mit 369,576 Zählern zur Siegerin vor Herma Jarosz-Szabó. Zahlreiche Kritiker verdächtigten anschließend Henies Manager Hugo Quist, seinen Einfluss bei der Besetzung der siebenköpfigen Jury mit vier Norwegern ausgespielt zu haben. Deren knappe Entscheidung zugunsten der Landsmännin blieb zwar noch lange Gesprächsthema, doch der Karriere der neuen Eiskönigin tat dies keinen Abbruch. Ein Grund dafür war sicherlich auch ihre Suche nach ständig neuen Einflüssen, die sie in die Kür einbrachte. Nach einer Aufführung von Schwanensee etwa war Sonja derart fasziniert, dass sie beschloss, selbst Ballett zu lernen. Sonjas Wunsch war ihrem Vater Wilhelm wieder einmal Befehl, und so engagierte er keinen Geringeren als den Hollywood-Star Fred Astaire als Lehrmeister. Mit bis dato unbekannten Phantasiekostümen und ihrer heiteren Art der Bewegung auf dem Eis schuf Sonja Henie bald einen neuen Stil in ihrer Sportart. Einen äußerst erfolgreichen zugleich. Henie war die erste Eiskunstläuferin, die den anderthalbfachen Axel sprang.

Bei ihrer zweiten Olympia-Teilnahme 1928 im schweizerischen Sankt Moritz und dem überlegenen Gewinn der Goldmedaille rehabilitierte sich Sonja Henie endgültig für die Zweifel, die sie bei manchem Kritiker nach dem knappen Sieg bei der Weltmeisterschaft im Jahr zuvor hinterlassen hatte. Und auch bei den Winterspielen 1932 in Lake Placid überzeugte sie restlos: Alle sieben Punktrichter votierten einstimmig für Henies Kür, die sie, ganz im Sinne der Amerikaner, reichlich mit Showelementen spickte. Spätestens nach ihrem gefeierten Auftritt in den USA galt Sonja Henie als Weltstar. Sie wurde verehrt wie eine Filmdiva. Und sie lebte so. Manager Quist und Vater Wilhelm vermarkteten den Publikumsliebling in jeder erdenklichen Weise. In der heutigen Zeit für einen Sportstar undenkbar, warb Henie in den zwanziger Jahren mit ihrem Konterfei für »Medina«-Zigaretten. Und Unternehmer Wilhelm Henie brachte bald eine exklusive Sonja-Kollektion auf den Markt. Die Konkurrentinnen reagierten dementsprechend gereizt, wenn die Rede auf Sonja Henie kam. Offen betitelte man sie sarkastisch als »Sonja surplus«.

Doch auch Sonja Henie musste erkennen, dass sportlicher Ruhm vergänglich ist. Bei ihrer dritten Olympiateilnahme 1936 in Garmisch-Partenkirchen war die Eisqueen im Alter von gerade mal dreiundzwanzig Jahren am absoluten Leistungslimit angelangt. Zwar konnte sie sich gegen die fünfzehnjährige Engländerin Cecilia Colledge knapp behaupten und ihren dritten Olympiasieg feiern. Doch am Ende gab es nicht wenige Stimmen, die eher der jungen Britin die Goldmedaille zugestanden hätten. Minuspunkte sammelte Henie zudem, indem sie Sympathierklärungen gegenüber Hitlers Nationalsozialisten abgab. Doch wie immer ließ Henie jede Kritik von außen abprallen und beschritt unbeirrt weiter ihren Weg. Kurz nach Olympia 1936 trat sie als erfolgreichste Eiskunstläuferin aller Zeiten vom aktiven Sport zurück. Mit einer Titelsammlung, wie sie zuvor noch keine Athletin dieser Sportart vorweisen konnte: Dreimal wurde sie Olympiasiegerin, zwischen 1927 und 1936 zehnmal nacheinander Weltmeisterin und zwischen 1931 und 1936 sechsmal in Folge Europameisterin.

Sonja Henie hatte alles, was ein Massenpublikum begeistern kann: Sie sah gut aus, hatte ein bezauberndes Lächeln und eine sympathische Ausstrahlung. Insofern lag der Sprung ins Filmgeschäft sehr nahe. In Hollywood öffnete man Tür und Tor für das Goldkind aus der Alten Welt. Filmzar Darryl F. Zanuck kümmerte sich

»Sonja Henie verkörpert den amerikanischen Traum.«

DARRYL F. ZANUCK, US-FILMMOGUL

persönlich um Henies Schauspielkarriere und wies seine Produzenten an, ihr entsprechende Rollen auf den Leib zu schreiben. So wie in ihrem Filmdebüt *Once in a Million* aus dem Jahr 1937 verkörperte Sonja Henie auch in elf weiteren Streifen bis 1958 eine Eiskunstläuferin, die mit der Liebe hadert. Mit tatkräftiger Unterstützung von Komponisten wie Glenn Miller und Irving Berlin, die die jeweiligen Filmmusiken beisteuerten, fuhren fast alle Henie-Filme reichlich Profit ein. Neben dem Filmgeschäft sah Sonja Henie bald weitere Betätigungsfelder. Mit ihrer Idee zur Gründung einer eigenen Eisrevue füllten sich die Bankkonten noch schneller. Als clevere Managerin produzierte Sonja Henie zahlreiche Eisshows und blieb somit ihrem Sport bis zum Lebensende eng verbunden.

Der große Eiskunstlaufstar starb 1969 im Alter von siebenundfünfzig Jahren an Leukämie.

1929

Spanien
Madrid
Metropolitan-Stadion
15. Mai 1929

»Ich glaube, dem Publikum die Ansicht nehmen zu können, dass ich alt und erloschen sei. Das Publikum ist der wirkliche Richter.«

RICARDO ZAMORA 1936

Der rauchende Wundertorwart

1929 | Der rauchende Wundertorwart

Die Zuschauer waren völlig außer sich, kaum jemanden hielt es mehr auf seinem Sitz. Ohrenbetäubende Jubelstürme hallten durch die Arena, nachdem die spanische Fußball-Nationalelf den 3:3-Ausgleich gegen die als unschlagbar geltende Mannschaft aus England erzielt hatte. Die Grundmauern des Metropolitan-Stadions in Madrid schienen reichlich einsturzgefährdet zu sein an jenem 15. Mai 1929. Zuvor hatten die Südländer bereits mit einem kämpferischen Sturmlauf auf das englische Tor einen 1:3-Rückstand aufgeholt und ihre Anhänger mit jedem Treffer in einen regelrechten Begeisterungsrausch versetzt. Die spanischen Fußballer ließen sich schnell infizieren von der einzigartigen Stimmung im Stadion und spielten von Minute zu Minute immer spektakulärer auf. Nur einer aus der Elf der Heimmannschaft wirkte abwesend und leistete sich einen Patzer nach dem anderen. Ausgerechnet Ricardo Zamora, sonst immer einer der Besten, schien einen rabenschwarzen Tag erwischt zu haben. Der »Wundertorwart«, an dem die gegnerischen Stürmer sonst reihenweise verzweifelten, war plötzlich der größte Unsicherheitsfaktor. Und das jetzt, wo man kurz davor stand, den Fußball-Giganten England in die Knie zu zwingen. Die Zuschauer pfiffen ihren einstigen Volkshelden, der zuvor schon so viele Spiele mit seinen Glanzparaden fast im Alleingang gewonnen hatte, plötzlich gnadenlos aus. Als den Spaniern tatsächlich noch der 4:3-Siegtreffer gelang, ebbten die Aggressionen gegen Zamora wieder ab. Hatte man doch als erstes europäisches Team überhaupt den Engländern soeben eine Niederlage zugefügt. Im Freudentaumel darüber waren Zamoras Patzer schnell vergessen. Am nächsten Morgen machte blitzschnell eine Nachricht die Runde, die noch Jahre später Gesprächsstoff in den Tappas-Bars des Landes war: Eine ärztliche Untersuchung hatte ergeben, dass sich Ricardo Zamora während des Spiels gegen England das Brustbein gebrochen hatte. Trotz starker Schmerzen hatte er weiter gespielt. Voller Scham über die Pfiffe gegen ihren Torwart spendeten Fangruppen in ganz Spanien spontan Beifall, als sie davon erfuhren. Der alte Volksheld war der neue und erhielt fortan den respektvollen Beinamen »der Göttliche«. Der auf der Linie äußerst starke Torhüter des FC Barcelona war seitdem unantastbar, wusste man doch, dass er sich für Verein und Fans bis zur Selbstaufgabe zu quälen bereit war.

Die phänomenalen Reflexe trainierte sich Ricardo Zamora bereits in frühester Jugend beim Pelota an. Ein beliebtes Spiel der Basken, bei dem die Akteure einen Hartgummiball, der mit einer Geschwindigkeit von um die zweihundertfünfzig Kilometer pro Stunde von einer Mauer zurückprallt, zu fangen versuchen. Wer dabei nicht konzentriert genug bei der Sache war, konnte sich leicht klaffende Platzwunden oder böse Prellungen einfangen. Ricardo Zamora konnte ein Lied davon singen ob der unzähligen blauen Flecken und Blutergüsse, die er sich beim Pelota zuzog. Dennoch war er stets einer der Besten. Als der Knabe im Alter von dreizehn Jahren erstmals ein Fußballspiel besuchte, war er schnell fasziniert von der Position des Torwarts. Zumal es ihm als leicht erschien, einen großen Lederball zu fangen im Gegensatz zu jenem kleinen Hartgummiball beim Pelota-Spiel. Er beschloss daraufhin, es einmal als Torwart einer Fußballelf zu versuchen. Und wurde prompt vom »Virus Fußball«, wie er es selbst einmal bezeichnete, infiziert. Jede freie Minute verbrachte er fortan auf den Bolzplätzen Andalusiens. Was sein Vater, ein angesehener Arzt, gar nicht gerne sah. Wollte er den Filius doch stattdessen zu mehr Fleiß und Konzentration auf den Schulabschluss und das vorgesehene Medizinstudium anhalten. Doch auch Dr. Zamora konnte gegen den Fußball-Bazillus kein Mittel finden. Zu erfolgreich war dessen Wirken in den einzelnen Jugendmannschaften, als dass er sich für andere Interessen begeistern ließ. Und so fand sich Ricardo Zamora schon im Alter von fünf-

> »Zamora hat einen Pakt mit dem Teufel gemacht. Anders ist es nicht zu erklären, wie er manche Bälle aus der Luft fischt.«
> ZAMORAS ITALIENISCHER TORWARTKOLLEGE GIANPIERO COMBI

zehn Jahren in der ersten Mannschaft von Español Barcelona wieder.

In Barcelona war die faszinierende Geschmeidigkeit des jungen Keepers bald ein öffentliches Gesprächsthema und drang schließlich auch bis an die Ohren der Vereinsbosse des großen Lokalrivalen FC Barcelona vor. Die nahmen den »Wundertorwart« 1918 unter Vertrag und hatten sich damit eine neue Attraktion geangelt. Seine an das Magische grenzenden Reflexe sorgten regelmäßig für Aufsehen. Vor allem Elfmeter gegen Zamora gerieten schnell zur absoluten Attraktion. Wurde ein Strafstoß gegen Barcelona gepfiffen, versammelten sich die Zuschauer sofort hektisch hinter dem Tor Zamoras, um möglichst nah mitzuerleben, wie der den Schützen zu hypnotisieren versuchte. Und wie er mit seinen gewaltigen Sprüngen oft genug den Schuss abwehrte. Die Gegner fürchteten Zamora als »Elfmeter-

Killer« und nannten ihn bald respektvoll auch »Chancen-Tod«. Im Jahr 1920, im Alter von gerade mal neunzehn Jahren, feierte Ricardo Zamora schließlich auch seinen Einstand im Tor der Nationalmannschaft. Seinen ersten großen Auftritt über die Landesgrenzen hinaus hatte er beim olympischen Fußball-Turnier in Antwerpen 1920. Da es damals noch keine offiziellen Weltmeisterschaften für Fußballer gab, kam diesem Ereignis in jenen Tagen in etwa die Bedeutung zu, die heute die Weltmeisterschaft inne hat. Zamoras internationale Premiere wurde allerdings von zahlreichen Skandalen überschattet. Nachdem schon die Dänen in der ersten Runde reihenweise am überragenden spanischen Torwart scheiterten und anschließend hochkantig aus dem Turnier flogen, dachten sich die Italiener eine eigene Taktik gegen den kaum zu überwindenden Keeper aus. Sie traten und foulten solange gegen Zamora, bis der

---

»Uno a zero y Zamora de portero« – »1:0 und Zamora im Tor.«
SPANISCHER FANGESANG

---

sich zu einem Revancheschlag hinreißen ließ und dafür schließlich vorzeitig zum Duschen geschickt wurde. In den restlichen Partien allerdings fischte der Spanier wieder so manchen sicher geglaubten Treffer der Gegner aus den Torwinkeln heraus und brachte seine Mannschaft somit ins Halbfinale. Da es im späteren Endspiel zwischen Belgien und der Tschechoslowakei zum Eklat kam, weil die Tschechen nach der Halbzeitpause aus Protest gegen den Schiedsrichter nicht mehr auf den Platz zurückkehrten, spielten Spanien und Holland in der Partie um Platz drei quasi die Silbermedaille aus. Die Spanier siegten am Ende mit 2:1, und so konnte Ricardo Zamora gleich zu Beginn seiner internationalen Karriere einen der größten Erfolge seiner Laufbahn feiern.

Die Silbermedaille und die anhaltend guten Reflexe und Paraden des spanischen »Wundertorwarts« und Kettenrauchers steigerten seinen Marktwert bald in astronomische Höhen. Nach elf Jahren im Tor des FC Barcelona wechselte Ricardo Zamora am Ende der Saison 1929 für die damalige Rekordsumme von umgerechnet 120 000 Reichsmark zum Rivalen Real Madrid. Rund 60 000 Reichsmark mussten die »Königlichen« zudem an Zamora selbst zahlen. Er war damit der reichste Berufsspieler seiner Zeit. Doch er zahlte jede einzelne Pesete in Form von glanzvollen Paraden zurück. Dabei verstand er es stets auch, die Massen mit seinen Show-auftritten zu begeistern. Zamora betrat den Platz immer betont lässig. Und immer mit einem schwarzen Torwartdress, schneeweißen Knieschonern, gelben Handschuhen und natürlich der obligatorischen Baskenmütze auf dem Kopf. Sein Talent für Selbstdarstellung blieb auch der spanischen Filmindustrie nicht verborgen, und so bot man dem »Caballero« und Strahlemann bald erste Schauspielrollen an.

Im Jahr 1936 beendete Ricardo Zamora seine Karriere. Am 23. Februar bestritt er sein letztes Länderspiel, wenn auch mit einer 1:2-Niederlage gegen Deutschland in Barcelona. Josef »Seppel« Fath, der Linksaußen der legendären Wormatia-Elf, erzielte dabei beide Treffer gegen Zamora. Fath erntete dafür »lediglich« große Wertschätzung. Doch es hat auch Zeiten gegeben, da haben nationale und internationale Trainer ihren Spielern für jedes Tor gegen Zamora sogar Geschenke oder Extraprämien versprochen. Viel mussten sie nicht auszahlen, denn in seinen sechsundvierzig Länderspielen zwischen 1920 und 1936 kassierte der »Hexenmeister« lediglich zweiundvierzig Gegentore. Nach dem Karriereende blieb Ricardo Zamora dem Fußball treu. Zunächst als Trainer von Atletico Madrid, wo er in der Saison 1939/40 sogar spanischer Meister wurde, und Celta de Vigo. Später als Technischer Direktor seines alten Vereins Español Barcelona. Im Jahr 1952 hätte sich das Volksidol fast selbst demontiert, als er das Amt des Nationaltrainers übernahm. Er konnte dabei kaum etwas bewegen und schmiss mit einer wenig erfolgreichen Bilanz schnell wieder das Handtuch. Fortan betrieb er lieber Geschäfte abseits des Fußballs und nährte seinen Ruf als Lebemann.

Am 8. September 1978 starb Ricardo Zamora im Alter von siebenundsiebzig Jahren (an einer Gehirnthrombose und einer Lebererkrankung). Sein Leichnam wurde im Stadion von Español Barcelona aufgebahrt, dort, wo er seine Karriere begonnen hatte. Seit 1959 wird dem Torhüter der ersten spanischen Liga, der während einer Saison die wenigsten Tore kassiert hat, die »Trofeo Ricardo Zamora« verliehen. Im Gedenken an den einstmals besten Torwart der Welt. 1999 wählte ihn der spanische Fußballverband zum »Torhüter des Jahrhunderts«.

1930

USA
New York
Madison Square Garden
12. Juni 1930

»Bis jetzt hast Du Deine Sache gut gemacht. Aber nun kommt
Sharkeys Renommierrunde. Nur die nächsten zwei Runden
noch – dann ist alles nach Plan gelaufen, und wir haben ihn.«

MAX MACHON, MAX SCHMELINGS BETREUER,
ZWISCHEN DER ZWEITEN UND DRITTEN RUNDE

Ein deutsches Schwergewicht

1930 | Ein deutsches Schwergewicht

Der legendäre New Yorker Madison Square Garden war bis auf den letzten Platz gefüllt. Unten, direkt am Ring, war am Abend des 12. Juni 1930 alles versammelt, was Rang und Namen hatte zu jener Zeit in der Big-Apple-Gesellschaft. Die dicken Rauchschwaden der teuren Zigarren vernebelten den Zuschauern in den hinteren Sitzreihen fast die Sicht, als die beiden Hauptdarsteller des Abends in den Ring stiegen. Zuerst der deutsche Herausforderer Max Schmeling. Anschließend Jack Sharkey, ein Einwanderer, der eigentlich Joseph Paul Zukauskas hieß und bei den Amerikanern wenig beliebt war. Schmeling hingegen hatte sich beim US-Publikum bereits 1929 einen guten Namen gemacht, als er für vierundzwanzig Schaukämpfe durch die Vereinigten Staaten getourt war. Zum Auftakt hatte er damals im New Yorker Yankee-Stadion den Spanier Paolino Uzcudun vor 40 000 Zuschauern nach Punkten besiegt und sich dadurch die Anwartschaft auf den Weltmeisterschaftskampf gegen Sharkey gesichert.

Schmeling startete wie immer sehr verhalten in die ersten drei Runden. Sharkey hingegen ging von Beginn an voll in die Offensive, drängte seinen Gegner oft in die Ecken und gewann die ersten Runden klar. Erst von der vierten Runde an witterte Schmeling seine Chance gegen den bereits ermüdeten Sharkey und landete deutliche Wirkungstreffer. Plötzlich jedoch brach Schmeling im Ring zusammen und krümmte sich vor Schmerzen. Sharkey hatte ihm einen Tiefschlag versetzt. Der Ringrichter hatte diese Regelwidrigkeit nicht gesehen, zählte den Deutschen zunächst bis sechs an, bevor der Gong die Runde beendete. Punktrichter Harold Barnes hingegen konnte Sharkeys unerlaubte Attacke bezeugen. Somit wurde der Amerikaner disqualifiziert. Der überraschende Sieger Max Schmeling konnte seinen Triumph nicht auskosten und wurde unter starken Schmerzen und Buh-Rufen der aufgebrachten Zuschauer in die Kabine geführt. Einen Weltmeister, der aus der Halle getragen werden musste, wollte man hier in den USA nicht sehen. Dennoch – Max Schmeling gelang an jenem Abend, was noch keinem Europäer zuvor glückte: Er wurde Box-Weltmeister im Schwergewicht. Dass er ein würdiger Champ war, musste der Deutsche jedoch erst noch beweisen.

Diesen Beweis trat Schmeling, der bereits mit sechzehn Jahren den Boxsport von der Pike auf erlernt hatte, allerdings erst mehr als ein Jahr später an. Am 3. Juli 1931 in Cleveland verteidigte er erstmals erfolgreich seinen Titel gegen William Young Stribbling, indem er seinen Gegner in der fünfzehnten Runde k.o schlug. Schmeling hatte sich mit diesem Sieg rehabilitiert, zumal der geschlagene Amerikaner in seiner Karriere bis dahin dreihundert Kämpfe bestritten hatte und noch niemals zuvor ausgezählt worden war. Nach dieser überzeugenden Leistung wurde der deutsche Champion, der 1924 sein Profidebüt gab, endgültig auch vom bis dahin sehr kritischen US-Publikum gefeiert. Als »echter« Weltmeister konnte sich Schmeling seine nächsten Gegner aussuchen. Er entschied sich, am 21. Juni 1932 erneut gegen Jack Sharkey anzutreten. Doch diese Wahl sollte folgenschwere Konsequenzen nach sich ziehen. Sharkey konnte den Rückkampf zu keinem Zeitpunkt klar beherrschen und zeigte ab der siebten Runde sogar deutliche Ermüdungserscheinungen, als sein linkes Auge bereits völlig geschwollen war. Nachdem er sich über die Runden gerettet hatte, verkündeten die Punktrichter am Ende das äußerst umstrittene Urteil mit 2:1 zugunsten von Sharkey. Max Schmeling war damit seinen Titel wieder los. Und zurück blieb ein Punktrichterurteil, das verdächtig stark nach Schiebung roch. Denn noch nie zuvor war ein Boxer aufgrund reiner Verteidigungstechnik zum Weltmeister gekürt worden. Da sich Max Schmeling zumindest als moralischer Sieger des Kampfes gegen Sharkey betrachtete, wollte er ein möglichst schnelles Comeback antreten, um der

---

»Max Schmelings Sieg über Louis ist ein Beweis für die arische Überlegenheit gegenüber anderen Rassen.«

JOSEPH GOEBBELS 1936

Boxwelt zu beweisen, dass er noch immer ein würdiger Weltmeister war. Nachdem er noch im gleichen Jahr seinen Herausforderer Mickey Walker in der achten Runde kampfunfähig schlagen konnte, stoppte am 8. Juni 1933 der kalifornische Puncher Max Baer jäh Schmelings Ambitionen auf eine schnelle Rückkehr an die Spitze. In der zehnten Runde ging Max Schmeling nach einem Treffer Baers k.o. zu Boden. Die Karriere des Schwergewichtlers schien damit vorerst am Ende zu sein.

Max Schmeling konzentrierte sich daraufhin zunächst auf sein Privatleben und heiratete einen Monat nach der herben Niederlage die tschechische Filmschauspielerin Anny Ondra. Er schmiedete in Ruhe neue Pläne und konnte dabei auf seine anhaltende Popularität in Deutschland bauen. Bei seinem Sieg über Walter Neusel am 26. August 1934 bestätigte sich dies eindrucksvoll:

Mehr als 100 000 Boxfans verfolgten den Kampf und schufen damit die bis heute größte Zuschauer-Kulisse bei einer Boxveranstaltung in Europa. Währenddessen blieben die Machenschaften der Nationalsozialisten auch für die Sportlegende nicht ohne Auswirkungen. Das Hitler-Regime forderte den Boxstar 1935 auf, sich von seiner tschechischen Frau und seinem jüdischen Manager Joe Jacobs zu trennen. Doch Schmeling verweigerte sich dieser Anordnung. Er besänftigte die Nazis allerdings wieder, indem er die Boykottabsichten der Amerikaner für die Olympischen Spiele 1936 aufgrund von Hitlers antisemitischer Politik abwenden konnte. Obwohl sich Schmeling nicht mit den Nationalsozialisten solidarisieren wollte, geriet er mehr und mehr in den Strudel der Machtpropaganda. Als der Vorzeigeathlet am 19. Juni 1936 in New York in einem Qualifikationskampf um die Weltmeisterschaft sensationell den

»Ein glattes Fehlurteil. Für mich sind Sie der wahre Sieger.«

NEW YORKS BÜRGERMEISTER JIMMY WALKER 1932 ZU
MAX SCHMELING, NACH DEM RÜCKKAMPF GEGEN JACK SHARKEY

bis dahin ungeschlagenen Amerikaner Joe »Brauner Bomber« Louis durch K.o. bezwang, wurde der Kampf wenig später in den Kinos mit dem Titel »Max Schmelings Sieg – ein deutscher Sieg« gezeigt. Aus sportlicher Sicht meldete er sich mit diesem Erfolg eindrucksvoll in der Weltspitze des Boxsports zurück. Was ihm zunächst allerdings wenig nützte, da der Weltmeister, James J. Braddock, im Juni 1936 Joe Louis den Vorzug vor Schmeling bei seiner ersten Titelverteidigung gab. Schmelings Enttäuschung war groß, und er wollte fortan nie mehr in den USA boxen. Louis hingegen nutzte die Gunst der Stunde und schlug Braddock in der achten Runde k.o.

Nachdem Louis seinen Titel innerhalb des folgenden Jahres dreimal verteidigen konnte und auch Schmeling drei weitere Siege feierte, kam es am 22. Juni 1938 doch noch zur Neuauflage des Kampfes gegen Joe Louis in New York. Max Schmeling, mittlerweile vierunddreißig Jahre alt, wollte seine letzte Chance auf den Weltmeistertitel nutzen. Doch der einstmals so beliebte Deutsche wurde in den Vereinigten Staaten aufgrund der politischen Vorkommnisse im so genannten »Dritten Reich« diesmal mit Hass- und Schimpfparolen der Zuschauer im Ring empfangen. Möglicherweise auch irritiert durch die angeheizte Stimmung gegen ihn, fand Max Schmeling von Beginn an seinen Rhythmus nicht und musste

sich dem Schlaghagel von Louis beugen. Ohne den Hauch einer Chance ging Schmeling unter dem frenetischen Jubel der Zuschauer k.o. – eine Niederlage mit Symbolwert. Seine sportliche Zeit schien abgelaufen zu sein. Zwar wurde Max Schmeling am 2. Juli 1939 noch Europameister im Schwergewicht gegen Adolf Heusel, doch sollte dieser Kampf auch der vorerst letzte sein. Die kriegerische Wehrmacht benötigte jeden Mann an den Fronten, und so wurde auch Schmeling einberufen. Man setzte ihn als Fallschirmjäger ein, wo er sich bei einem Angriff auf die Insel Kreta verletzte.

Nach dem Ende des Zweiten Weltkriegs zog Max Schmeling nach Hamburg, da er seinen Besitz in Pommern verloren hatte. Auch Großteile seines restlichen Vermögens hatte er verloren. Neben den lukrativen Einnahmen aus dem Boxsport hatte er sich auch als Schauspieler in einigen Filmen mit Titeln wie »Liebe im Ring« immerhin einen ansehnlichen Reichtum erworben. Aufgrund der finanziellen Engpässe beschloss der ehemalige Weltmeister im Alter von zweiundvierzig Jahren, nochmal für einige Kämpfe in den Ring zu steigen. Doch sportlich war der einstmals berüchtigte Taktiker längst am Ende. Am 31. Oktober 1948 bestritt er auf der Berliner Waldbühne schließlich seinen letzten Kampf. Nach der Punktniederlage gegen Richard Vogt erklärte Schmeling noch im Ring seinen endgültigen Rückzug vom aktiven Boxsport, dem er als Ringrichter noch

»Hau ihn um! Mach ihn fertig!«

ANFEUERUNGSRUFE DER ZUSCHAUER AM 22. JUNI 1938
FÜR JOE LOUIS IM KAMPF GEGEN MAX SCHMELING

einige Jahre treu blieb. Als Inhaber einer Coca-Cola-Lizenz konnte sich Schmeling bald auch als erfolgreicher Geschäftsmann etablieren. Er wurde 1991 als erster Deutscher in die Hall of Fame des Sports aufgenommen. Die Max-Schmeling-Halle in Berlin trägt seit 1996 den Namen des bis heute einzigen deutschen Schwergewichtsweltmeisters im Boxsport.

1931

Schweiz
Mürren
Dezember 1931

»Künftig wird die FIS auch Slalom- und Abfahrtsrennen organisieren.«
IVAR HOLMQUIST, FIS-PRÄSIDENT, AM 26. FEBRUAR 1930 IN OSLO

Erste alpine Weltmeisterschaft

1931 | Erste alpine Weltmeisterschaft

Zwar wurde die International Ski Federation (FIS) bereits 1924 im Rahmen der 1. Olympischen Winterspiele gegründet. Doch wie so oft im Verbandsgeschehen des frühen Jahrhunderts konnten sich die einzelnen Mitgliedsnationen zunächst auf keine einheitlichen Wettkampfregularien einigen. Erst 1930 wurde der Durchbruch errungen und damit der Weg für offizielle Weltmeisterschaftsläufe geebnet. Im Februar des Jahres 1931 entsandten die FIS-Mitglieder schließlich ihre besten Skiläufer und Skiläuferinnen nach Mürren in die Schweiz, wo das erste alpine FIS-Rennen stattfinden sollte. Man legte die Organisation in die bewährten Hände des Skigurus Arnold Lunn vom britischen Skiverband, nachdem Oberhof als Veranstalter ausfiel. Lunn hatte sich nicht nur als Gründer des Kandahar Skiclub bereits in ganz Europa einen Namen gemacht, sondern, gemeinsam mit dem Österreicher Hannes Schneider, auch als Veranstalter des seit 1928 ausgetragenen Arlberg-Kandahar-Rennens. Alles war bereits perfekt vorbereitet worden, als in der Nacht vor dem Rennen ein nicht enden wollender Schneesturm über Mürren hinweg fegte. Die geplanten Pistenläufe waren dadurch vom Neuschnee völlig verdeckt worden. Man beschloss, das Rennen trotz der widrigen Umstände stattfinden zu lassen. Ein wesentlich größeres Problem als die Tiefschneepisten bereitete den Akteuren schließlich der Aufstieg zum Startpunkt in über 800 Höhenmetern. Skilifte gab es in jenen Tage noch nicht, und so schulterten die Abfahrtsteilnehmer ihre Skier, um durch den tiefen Schnee auf den Gipfel zu stapfen. Allein diese besondere Anstrengung hätte eine Auszeichnung verdient. Dementsprechend geschafft kamen die meisten Akteure an der Startrampe an. Dort wachsten die Skiläufer nochmals ihre zumeist schlichten Holzskier an den Unterseiten, bevor es nach ausgelosten Startnummern geordnet los ging. Es kam, wie es kommen musste: Die Läufer stürzten reihenweise auf der äußerst schwer befahrbaren Strecke. Zwar gab es kaum ernsthaftere Verletzungen zu beklagen, doch für die Werbung des Rennens war dies wenig attraktiv. Der einzige, der sturzfrei den Abfahrtslauf meisterte, war der Schweizer Walter Prager. Er wurde schließlich zum Sieger des ersten FIS-Rennens gekürt und war damit auch der erste offizielle Abfahrtsweltmeister in der Geschichte des Skisports. Auf den weiteren Plätzen folgten die Schweizer Otto Furrer, Fritz Steuri und Ernst Feuz.

Aufgrund der Witterungsbedingungen wurde der Slalomwettbewerb nur noch außer Konkurrenz durchgeführt. Dabei belegte Walter Prager nur Rang fünf, als Sieger ließ sich das Schweizer Ski-Urgestein David Zogg feiern. Er gilt als einer der ganz großen Pioniere des Skisports in seinem Heimatland. Zweiter im Slalomlauf wurde der Österreicher Toni Seelos, Rang drei ging an den Deutschen Friedl Däuber. Ebenfalls dem schlechten Wetter zum Opfer gefallen war der Abfahrtslauf der Damen. Ihnen war der steile und äußerst mühsame Anstieg durch den Tiefschnee nicht zuzumuten. So blieb den Frauen nur der Slalomwettbewerb, der als eigenständige Disziplin allerdings bis dato noch keine Anerkennung gefunden hatte. Man kannte nur die Kombinationswertung aus Abfahrt und Slalom. Wie schon zuvor bei den Männern wurde der Slalomlauf schließlich außer Konkurrenz gefahren. Als große Favoritin dabei galt die Innsbruckerin Inge Lantschner, die drei Jahre zuvor die erste Österreichische Meisterschaft gewonnen hatte. Doch auf der unebenen Piste setzte sich schließlich die Britin Esme »Muffie« MacKinnon mit der Startnummer 14 (siehe Bild) durch. Zweite wurde Lantschners Schwester Hadi, die zuvor beim Arlberg-Kandahar-Rennen siegreich war.

»In den letzten Jahren hat sich der Skisport in vielen Ländern zur festen Institution entwickelt. Wir glauben daher, dass es an der Zeit ist, einen internationalen Verband zu gründen, der ein einheitliches Regelwerk für sportliche Wettkämpfe zwischen den Nationen festlegt.«

AUS DER EINLADUNG ZUR GRÜNDUNGSVERSAMMLUNG DER INTERNATIONAL SKI COMMISSION (CIS) AM 18. FEBRUAR 1910 IN NORWEGEN

Dass es überhaupt zu diesem ersten offiziellen FIS-Rennen kommen konnte, hatte der Skisport vielen engagierten Enthusiasten zu verdanken, die sich über Jahre hinweg für ein einheitliches Verbandsmodell eingesetzt hatten. Nachdem in Deutschland bereits 1879 die ersten losen Skiwettbewerbe stattfanden, bildeten sich gegen Ende des 19. Jahrhunderts in den alpinen Ländern zunehmend Strukturen für den Skilauf als organisiertem Sport. Ein gewisser Christoph Iselin war es 1893, der in der Schweiz die Initiative für die Gründung eines Verbandes ergriff. In den folgenden Jahren entstanden auch in anderen Nationen vermehrt nationale Skiverbände: 1896 in Russland, 1903 in der Tschechoslowakei, 1904 in den USA, 1905 in Deutschland und Österreich sowie 1908 in Finnland, Norwegen und Schweden. Um auch auf internationaler Ebene Wettkämpfe austragen zu können, bildete man ab 1910 eine Art Ski-Kommission. Diese koordinierte vor allem ein-

---

»Skandinavien sträubt sich aus unerfindlichen Gründen gegen die Einführung Olympischer Winterspiele. Doch die Zeit dafür ist reif, da es im Wintersport viele herausragende Amateure gibt, die sich mit anderen Athleten der Welt sportlich messen wollen.«

PIERRE DE COUBERTIN, IOC-PRÄSIDENT, 1922

---

zelne Wettkampftermine. Federführend dabei war Durban Hansen, ein norwegischer Trainer, der während einer Rennveranstaltung die Aktiven zur Gründung einer Kommission aufforderte, um künftig einheitliche Regeln ausgeben zu können. Der norwegische Skiverband lud daraufhin elf aktive Skinationen für den 18. Februar 1910 nach Christiana ein. Immerhin zweiundzwanzig Delegierte aus zehn Ländern folgten der Einladung. Am Ende einigte man sich auf die Gründung der International Ski Commission (CIS), dem Vorläufer der heutigen FIS. Den ersten Vorsitz übernahm der Schwede Sigfrid Edström. Als eine der ersten Amtshandlungen legte die Kommission – der neben zwei Norwegern, zwei Schweden, einem Österreicher und einem Schweizer auch ein deutsches Mitglied angehörte – die Regelung des Amateurstatus fest. Soweit war man sich noch einig. Bei der Frage nach einer Aufnahme des Skisports als olympische Disziplin hingegen, was von Deutschland 1914 beantragt wurde, wurden erstmals die Meinungsverschiedenheiten unter den Nationen deutlich. Der Ausbruch des Ersten Weltkrieges unterbrach zunächst allerdings alle Handlungen der CIS.

Nach dem Ende des Krieges fanden sich die Skinationen erstmals wieder im Februar 1922 in Stockholm zusammen. Doch aufgrund eines Eisenbahnerstreiks konnten nicht alle Delegierten nach Schweden reisen. Die angepeilte Entscheidung darüber, ob man die Auf-

nahme des alpinen Skisport ins olympische Programm beantragen sollte oder nicht, blieb daher aus. Entsprechende Überlegungen hatte das IOC bereits seit längerem ins Auge gefasst. Allerdings gingen diese zunächst dahin, dass man eine Internationale Wintersportwoche unter dem Patronat des IOC veranstalten wollte, bei der allerdings keine Medaillen zu gewinnen waren. Diese wurde schließlich für 1924 in Chamonix geplant, auch ohne Segen der CIS. Der Verband befand sich gerade in einer entscheidenden Umbruchphase und gründete sich am 2. Februar 1924 während der Wintersportwoche, die im Nachhinein als erste Olympische Winterspiele deklariert wurde, selbst neu. Aus der CIS wurde trotz der norwegischen Gegenstimmen die FIS, die International Ski Federation. Im Folgejahr kam es erwartungsgemäß zum ersten Machtkampf zwischen der FIS und dem IOC um die Kompetenzverteilung im Wintersport. Das IOC votierte 1925, erneut gegen die Stimmen von Finnland, Schweden und Norwegen, für die Aufnahme des Wintersports in das olympische Programm. Die FIS unterstützte zwar diese Entwicklung, wollte die olympischen Wettbewerbe allerdings nicht gleichzeitig als Weltmeisterschaften verstanden wissen. Denn die Pläne für einen eigenen WM-Wettbewerb lagen dort längst in der Schublade. Der Skisport entwickelte sich derart rasant in jenen Tagen, dass der FIS fast monatlich neue Anträge und Vorschläge zur Regelgestaltung und Wettbewerbsdurchführung auf den Tisch flatterten. Der Brite Arnold Lunn war dabei einer fleißigsten Akteure. Er galt als Erfinder des Slaloms oder auch »Artistik-Skilaufs«, wie er damals noch genannt wurde, und plädierte 1928 für die Integrierung dieser Variante und des Abfahrtslaufes in das Wettkampfprogramm. Wieder einmal waren es die Schweden und Norweger, die sich zunächst dagegen aussprachen. Auf dem FIS-Kongress vom 24. bis 26. Februar 1930 in Oslo kam es schließlich zur überraschenden Kehrtwende. FIS-Präsident Ivar Holmquist konnte ein einstimmiges Urteil verkünden: »Künftig wird die FIS auch Slalom- und Abfahrtsrennen organisieren.« Damit gilt der 26. Februar als das offizielle Geburtsdatum des alpinen Skisports.

1932

USA
Los Angeles
Memorial Coliseum
2. August 1932

»Halb Mann, halb Frau, wer weiß das bei der
Walasiewicz schon genau.«
SPÖTTISCHE WETTKAMPFGEGNER 1932

Die schnelle Polin

1932 | Die schnelle Polin

Den Schönheitspreis als attraktivste Sportlerin hätte Stanislawa Walasiewicz ohnehin nie gewonnen. Doch hinter vorgehaltener Hand tuschelten einige Kollegen gar, dass die gebürtige Polin ob ihrer maskulinen Körperformen ohnehin eher bei den Männerwettbewerben bei den Olympischen Spielen 1932 in Los Angeles starten sollte. Eine männlich ausgeprägte Kopfform, die großen Hände sowie die starken und teils behaarten Oberschenkel gaben immer wieder Anlass zu Spekulationen um das Geschlecht der schnellen Läuferin. Dennoch: Als erste Frau, die die 100-Yard-Distanz unter elf Sekunden lief und zudem 1930 Weltmeisterin über 60 Meter, 100 Meter und 200 Meter wurde, war die hoch gewachsene Athletin bald sowohl vom polnischen als auch vom amerikanischen Leichtathletikverband heftig umworben. War ihr zuvor jahrelang die US-Staatsbürgerschaft verweigert worden, so bot man ihr nun neben dem amerikanischen Pass auch gleich eine Stelle im Cleveland Recreation Department an. In Zeiten weltweiter Rezession eigentlich ein äußerst attraktives Angebot. Doch Stella Walsh, wie sich Stanislawa Walasiewicz in Amerika nannte, erteilte dem Verband einen Tag vor Eröffnung der Olympischen Spiele eine Absage und ging in Los Angeles stattdessen für ihr Heimatland Polen an den Start. Als sie sich im Finale des 100-Meter-Laufs neben den anderen Läuferinnen postierte, wirkte sie auf viele Zuschauer wie ein Fremdkörper – wie ein Mann mit Frauendress und Perücke. Und wieder schwappten die Spekulationen hoch, dass irgend etwas nicht stimmen könne mit dieser Polin. Nach dem Startschuss fegte erwartungsgemäß Stella Walsh als Schnellste über die Aschenbahn, ließ ihre Gegnerinnen um Längen zurück und wirkte dabei tatsächlich alles andere als weiblich. Am Ende durchbrach sie als Erste das Zielband und hatte mit ihrer Zeit von 11,9 Sekunden den Weltrekord der Niederländerin Tollina Schuurmann eingestellt. Die Goldmedaille war ihr sicher, die Zweifel um ihre Person hingegen wurden immer lauter.

1911 im polnischen Rypin geboren, wanderte Walasiewicz schon zwei Jahre später mit ihren Eltern in die USA aus, wo sie fortan lebte. Als Sechzehnjährige begann sie mit der Leichtathletik und fand später auch im Basketballspiel ihre Leidenschaft. Erst 1929 kehrte sie in ihre polnische Heimat zurück, um dort bei einem Sportfest zu starten. Hier wurden die Verbandstrainer schließlich auf die schnelle Läuferin aufmerksam und beriefen sie ohne Zögern in die polnische Nationalmannschaft. Doch vorrangig ging Stella Walsh, Stanislawa Walasiewicz weiterhin in den USA an den Start. 1930 wurde sie dort über Nacht bekannt, als sie erstmals die 100 Yards unter elf Sekunden lief. Es folgten die Weltrekorde über 60 Meter in 7,7 Sekunden, 100 Meter in 12,5 Sekunden und 200 Meter in 25,7 Sekunden im gleichen Jahr. Nachdem sie während der Weltwirtschaftskrise ihre Anstellung bei der New Yorker Zentraleisenbahn verloren hatte, dachte sie lange über ein Angebot der US-Behörden auf einen Job in einem staatlichen Department nach. Allerdings wäre ihr dann die Teilnahme an den Olympischen Spielen 1932 versagt geblieben, da die undurchsichtigen Statuten des Amateur-Sportverbandes sie dann als Profi eingestuft hätten. Sie entschied sich daher für Polen als Startnation. Im Anschluss an die Spiele wurde sie zum Dank für die gewonnene Goldmedaille im New Yorker Generalkonsulat Polens angestellt.

Damit lebte ihr Kontakt mit der Heimat wieder auf, und sie nahm im Verlauf der Folgejahre vermehrt an Wettkämpfen in Polen teil. Schon bald kam sie auf sechzehn nationale Meisterschaftstitel in den Disziplinen über 100 Meter, 200 Meter, 80 Meter Hürden, Weitsprung, Fünfkampf und im Speerwerfen. Im Jahr 1934 machte sie erneut auch international auf sich aufmerksam, als sie Weltmeisterin über 60 Meter wurde, mit einer Zeit von 7,7 Sekunden. Belegte sie noch bei den Weltmeisterschaften über 100 Meter und 200 Meter »nur« den zweiten Rang, gelang ihr wenig später in Warschau mit 11,7 Sekunden ein Weltrekord über 100 Meter. Bei den Olympischen Spielen 1936 in Berlin konnte die inzwischen Fünfundzwanzigjährige längst nicht mehr an ihre Leistungen von Los Angeles anschließen und musste im 100-Meter-Finale der überragenden Amerikanerin Helen Stephens den Vorrang lassen. Stephens war bereits in den Vorläufen Zeiten von 11,4 und 11,5 Sekunden gelaufen, doch diese wurden wegen zu starkem Rückenwind nicht als Weltrekorde anerkannt. Im Endlauf jedoch lief Helen Stephens erneut die 100 Meter in 11,5 Sekunden und hatte damit die seit 1934 bestehende Bestzeit von Stella Walsh unterboten. Walsh blieb am Ende lediglich die Silbermedaille – und die Erkenntnis, dass sie ihren sportlichen Zenit erreicht, wenn nicht schon überschritten hatte.

Stella Walsh erkämpfte sich bei der Europameisterschaft 1938 in Wien noch zwei Titel über 100 Meter (11,9 Sekunden) und 200 Meter (23,8 Sekunden) sowie zwei Silbermedaillen im Weitsprung (5,81 Meter) und mit der Sprintstaffel (48,3 Sekunden). Während des Zweiten Weltkrieges blieb Walsh in den USA und nahm dort an mehreren US-Meisterschaften teil, wo sie einige Titel gewinnen konnte. Nach Kriegsende ging Walasiewicz zurück in ihre polnische Heimat, wo sie sich, mittlerweile fünfunddreißig Jahre alt, für die Teilnahme an den Europameisterschaften 1946 in Oslo qualifizierte. Allerdings erreichte sie dort als beste Platzierung einen sechsten Rang mit der 4x100-Meter-Staffel. Nach einem

»Wir haben bei Stella Walsh-Olsen geschlechtliche Anomalien festgestellt.«

AUS DEM OBDUKTIONSBERICHT 1980

Länderkampf gegen die Tschechoslowakei im Jahr 1947 beendete Stella Walsh offiziell ihre Karriere und wanderte endgültig in die USA aus. Hier erhielt sie die amerikanische Staatsbürgerschaft und heiratete noch im gleichen Jahr einen Geschäftsmann namens Olsen.

Danach wurde es ruhig um die oftmals bestaunte, vielfach auch belächelte Athletin, die ihren Ruf als Zwitter niemals richtig los wurde. Und womöglich wäre es auch nie geklärt worden, ob Stella Walsh-Olsen nun mehr Mann oder Frau war. Bei einem Raubüberfall im Dezember 1980 auf einem Supermarktparkplatz in Cleveland, Ohio, wurde die neunundsechzigjährige Stella Walsh-Olsen von unbekannten Tätern ausgeraubt und mit einem Schuss in den Unterleib schwer verletzt. Die Olympiasiegerin starb noch in ihrem Auto an den Folgen der Verletzungen. Bei der anschließenden Obduktion stellten die Mediziner fest, dass Walsh-Olsen tatsächlich ein Hermaphrodit war. Demnach hätte sie eigentlich nie an Frauenwettkämpfen teilnehmen dürfen. Dieses Phänomen der Zweigeschlechtlichkeit war vor allem in den zwanziger und dreißiger Jahren keine Seltenheit im Frauensport. Immer wieder mussten Athletinnen nachträglich disqualifiziert werden, weil sie aufgrund ihres anomalen geschlechtlichen Körperbaus bei Wettkämpfen nicht startberechtigt waren.

1933

Deutschland
Hamburg
11. April 1933

»… dass Angehörige der jüdischen Rasse, ebenso auch Personen, die sich als Mitglieder der marxistischen Bewegung
herausgestellt haben, in führenden Stellungen der Landesverbände und Vereine nicht tragbar sind.«

FUSSBALL-FACHBLATT *KICKER*, 19. APRIL 1933

Gleichschaltung,
Auflösung, Verbote

Verbotene Vereine.
Auflösung und Vermögens-Beschlagnahme.

Auf Grund des § 1 der Verordnung des Herrn Reichspräsidenten zum Schutze von Volk und Staat vom 28. Februar 1933 sind nachstehende Vereine für das gesamte hamburgische Staatsgebiet verboten und aufgelöst worden:

Arbeiter Sport-Club e. V., Arbeiter Turn- und Sportverein „Frisch Auf", Volksdorf, von 1906, Arbeitersportverein Finkenwärder von 1927, e. V., Arbeiter-Sportverein „Fichte", Veddel, Arbeiter-Sportverein „Lorbeer 32", Arbeiter-Turnerschaft Moorburg, Arbeiter-Ruderverein Hamburg e. V., Arbeiter-Schachverein Hamburg von 1911, Arbeiter-Anglerbund, Arbeiter-Schützenbund, Barmbecker Kraftsportverein, Barmbecker Spielvereinigung von 1913, Bille-Wassersport-Verein e. V. Hamburg, Box-Club „Eiche" von 1924, Barmbecker Fußballclub, Deutscher Arbeiter-Keglerbund, Freie Turn- und Sportvereinigung Hamburg von 1893, Freie Turn- und Sportvereinigung Hammerbrook-Rothenburgsort von 1896, Freier Turn- und Sportverein Schiffbek-Horn v. 1891, Freie Turn- und Sportvereinigung Hamburg-Fuhlsbüttel-Langenhorn, Freier Turn- und Sportverein „Fichte" von 1893 Hamburg-St. Pauli, Freie Turn- und Sportvereinigung von 1908, Freier Turn- und Sportverein Eilbeck-Hamm, Freie Turnerschaft Veddel von 1907, Freie Turn- und Sportvereinigung St. Georg, Freier Turn- und Sportverein „Fichte" Hamburg-Eimsbüttel von 1893, Freie Sport- und Gymnastikgruppe von 1930, Freier Sportverein Hammerbrook von 1929, Freie Spielvereinigung Billstedt-Horn von 1891, Freie Spielvereinigung Horn von 1930, Freier Wassersportverein „Vorwärts" e. V. Hamburg, Freier Turn- und Sportverein Farmsen, Freier Turn- und Sportverein Berne e. V., FC. „Sparta" von 1930, Freie Faltboot Wanderer, Freiluftbund Hamburg e. V., Hamburger Sport-Club von 1926, Jüdischer Arbeitersportverein „Hagibar", Kanu-Club Bille von 1927, Minerva Horn, Norddeutsche Spielvereinigung, Sportklub Union 08 e. V., Sportklub Frisch Auf von 1904, Sportklub Fortuna von 1921, Sportklub Cliva von 1929, Sportklub Hansa von 1910, Sportklub Lorbeer von 1906, Sportklub Alster von 1926, Sportklub Adler von 1925, Sportklub Rot-Weiß von 1930, Sportklub von 1913, Sportklub Britania, Sportklub Grün-Weiß, Turnverein Frei-Heil, Tennis-Rot, Gr.-Hamburg e. V., Ungarischer Sportverein Hamburg, Verein für Körperkultur Sparta von 1925, Verein für Leibesübungen 05.

Das Vermögen der genannten Vereine ist beschlagnahmt worden. Den Mitgliedern der vorstehenden Vereine ist es verboten, sich unter anderen Namen wieder zusammenzuschließen.

Wer dieser Anordnung zuwiderhandelt oder zu einer solchen Zuwiderhandlung auffordert oder anreizt, wird auf Grund § 4 der oben angeführten Verordnung mit Gefängnis nicht unter einem Monat oder mit Geldstrafe von 150 RM. bis 15 000 RM. bestraft.

Mitglieder der aufgelösten Vereine, die sich zum neuen Staat bekennen und sich turnerisch oder sportlich betätigen möchten, erhalten Rat und Auskunft im Staatlichen Amt für Leibesübungen, Tesdorpfstraße Nr. 4, Fernruf: 44 58 44. Sprechstunden des Direktors Dienstags und Donnerstags von 10 bis 13 Uhr.

8. April 1933 Sportler jüdischer Abstammung sowie kommunistisch orientierte Mitglieder aus den Vereinen. Auch der Deutsche Fußball-Bund (DFB) und der Vorstand der Deutschen Sportbehörde für Leichtathletik ließen sich nicht zweimal von Hitler bitten. Gemeinsam verfassten sie eine Bekanntmachung, die am 19. April

> »Der Spieler Walter Pahl vom VfB Dobberzin wird wegen Verweigerung des Hitlergrußes aus dem Gau 3 ausgestoßen.«
>
> BEKANNTMACHUNG IM MAGAZIN
> *DIE FUSSBALL-WOCHE* IM SEPTEMBER 1933

im Fußball-Fachblatt *Kicker* abgedruckt wurde. Darin befand man etwa, »… dass Angehörige der jüdischen Rasse, ebenso auch Personen, die sich als Mitglieder der marxistischen Bewegung herausgestellt haben, in führenden Stellungen der Landesverbände und Vereine nicht tragbar sind«. Die »Selbstreinigung«, wie Hitler die Diskriminierungsaktion auch gerne nannte, machte also auch vor dem Sport nicht Halt. Eine Liste der im »hamburgischen Staatsgebiet« verbotenen und aufgelösten Vereine wurde in den *Hamburger Nachrichten* vom 11. April 1933 abgedruckt. Nachdem die Nationalsozialisten den Arbeiter-Turn- und Sportbund bereits im Februar 1933 aufgelöst hatten und dessen Vermögen der Regierung unterstellten, machte sich das Regime sogleich daran, die Strukturen der Verbandsarbeit im Sport neu zu organisieren. Bislang lag dies hauptsächlich in den Händen des Deutschen Reichsausschusses für Leibesübungen (DRA), der damals 6 625 029 Mitglieder zählte, und der rund 1,3 Millionen Mitglieder starken Zentralkommission für Arbeitersport und Körperpflege (ZA). Beiden Verbänden war es allerdings über Jahre hinweg nicht gelungen, wirklich starke Strukturen im deutschen Sportwesen zu schaffen. So wurden sie im Frühjahr 1933 kurzerhand aufgelöst, und alle Befugnisse gingen ab dem 28. April an den neu ernannten Reichssportkommissar Hans von Tschammer und Osten über. Er gründete den Deutschen Reichsbund für Leibesübungen (DRL) und bündelte hierin alle bisherigen Verbandsorgane, unter anderem auch den Deutschen Fußball-Bund, in fünfzehn Fachverbänden unter einem Dach. Von Tschammer und Osten beschlagnahmte deren Vermögen und bestimmte, dass fortan nur noch der DRL berechtigt sei, Meisterschaften abzuhalten.

Wie sehr Politik und Sport seit jeher eng miteinander verbunden waren, wurde an diesem sicherlich bittersten Kapitel der Symbiose sehr deutlich. Da die Machen-

1933 | Gleichschaltung, Auflösung, Verbote

Die Stimmenauszähler im Berliner Reichstag hatten eine relativ leichte Arbeit am 23. März 1933. Bei der Abstimmung über das von der neuen Regierung beantragte »Ermächtigungsgesetz« gab es kein, wie oftmals zuvor im Reichstag, Kopf-an-Kopf-Rennen. Die Befürworter der neuen Gesetzesinitiative waren diesmal mit vierhundertvierundvierzig gegen vierundneunzig Stimmen klar in der Mehrheit. Der am 30. Januar 1933 als Reichskanzler eingesetzte Adolf Hitler hatte damit einen strategisch wichtigen Sieg erreicht. Seinem Ziel, den Nationalsozialisten die uneingeschränkte Macht zu ermöglichen, war mit der Zustimmung des Reichstages zum »Gesetz zur Behebung der Not von Volk und Reich« Tür und Tor geöffnet. Unter anderem sah das neue Ermächtigungsgesetz auch die Gleichschaltung des sportlichen Vereinslebens in Deutschland vor. Zudem nahm Hitlers offen angekündigter Kampf gegen Kommunisten und Juden fortan auch im organisierten Sport seinen schrecklichen Lauf. Ein ungeahnte Welle des Hasses und der Gewaltbereitschaft unter vormals friedfertigen Sportkollegen begann sich in den Alltag einzuschleichen.

Hitlers Regime hatte es nach dem Beschluss zunächst bei »einigen wichtigen Regelungen« belassen. Absoluten Vorrang hatte dabei etwa die Anordnung an die Verbände, Juden und Marxisten sofort vom Sportbetrieb auszuschließen. Die Deutsche Turnerschaft kam dem Wunsch des Führers ohne Verzögerung nach und verbannte am

schaften Hitlers im Ausland zunehmend auf Skepsis stießen, ordnete der Reichskanzler kurzerhand an, den ehemaligen DRA-Präsidenten Theodor Lewald, der aufgrund seiner jüdischen Herkunft eigentlich kein Führungsamt ausführen durfte, zum Präsidenten des Organisationskomitees für die Olympischen Spiele 1936 in Berlin zu bestimmen. Da Adolf Hitler in den Spielen mehr ein geeignetes Mittel zur populistischen Machtdemonstration sah als ein Sportfest für die Jugend der Welt, ließ er weitere Gleichschaltungspläne vorerst ruhen. Der Sportbetrieb lief zunächst im Großen und Ganzen wie gewohnt weiter. Die Aktiven mussten sich allerdings an so manche sprachliche Neuerung gewöhnen. So spielten die Fußballer nun um den »Adolf Hitler Pokal« und mussten, auf Anordnung des »Reichsführerrings«, vor jedem Spiel schweigend den »Deutschen Gruß« ausführen.

Trotz aller Blendungsversuche Hitlers gegenüber dem Ausland und dem Internationalen Olympischen Komitee (IOC) wuchs die Skepsis der europäischen Nachbarn aufgrund des offensichtlichen Machtmissbrauchs des Nazi-Regimes weiter. Unter dem Druck des IOC und aufgrund der ersten Boykottankündigungen einiger

Nationen musste Hitler garantieren, Juden die Teilnahme an den Olympischen Spielen in Berlin nicht zu verwehren. Widerwillig stimmte er schließlich zu, da für die Nazis die prunkvolle Ausrichtung sowohl der Olympischen Winter- als auch der Sommerspiele einen bedeutenden Teil ihrer Propagandapolitik darstellte. Dafür ließ der Reichskanzler sogar so manche Kritik und Anordnung von außen über sich ergehen. Vor der Eröffnung der Winterspiele am 6. Februar 1936 in Garmisch-Partenkirchen wurde Hitler etwa von IOC-Präsident Graf Henry de Baillet-Latour ausdrücklich ermahnt, politische Aussagen strikt zu unterlassen. Selbst als Schirmherr des Spektakels durfte er keine Rede halten, sondern musste sich lediglich auf den Satz »Ich erkläre die IV. Olympischen Spiele für eröffnet« beschränken.

Spätestens mit der Eröffnungsfeier der Spiele in Berlin am 1. August war es den Nationalsozialisten aber doch gelungen, alle Beteiligten geschickt zu blenden. Mit monumentalen Bauten, perfekter Organisation und strategisch geschickten Ehrengaben ließen sich die Kritiker aus dem IOC schnell besänftigen. Rund hundert Millionen Reichsmark investierte die Regierung schätzungsweise in das Spektakel, dem 3,7 Millionen Besucher beiwohnten. Und so wurden die XI. Olympischen Spiele zu einem Triumph für das nationalsozialistische Regime.

Nach dem Ende der Olympischen Spiele in Berlin wurden die wahren, bislang unterdrückten politischen Absichten des »Führers« schlagartig deutlicher, als der

für die Zukunft ein »neues Olympia« ankündigte, das ohne die »Wackelgreise des IOC« stattfinden sollte. Am 1. September 1937 vollzog sich mit der Gründung des »Reichssportamtes« endgültig auch die letzte Stufe der Gleichschaltung des Sports in Deutschland. Erstmals wurde nun offen formuliert, welcher Grundgedanke sich dahinter verbarg: »Der gesamte deutsche Sport ist auf das einheitliche Ziel der körperlichen Ertüchtigung und der Wehrhaftmachung des deutschen Volkes auszurichten.« Die Schonfrist für die Verbände und Sportler war damit beendet. Es galt fortan, die »Züchtung eines neuen Menschen« voranzutreiben, dessen »herrliche[n] Körper« man dann bei Bedarf auch in den Krieg schicken könne. Die Planspiele des Adolf Hitler sollten schon bald bittere Realität werden.

1934

Italien
Rom
Stadio Nazionale
27. Mai 1934

»Wer für unser Land sterben darf, der kann auch für unser Land Fußball spielen.«
VITTORIO POZZO, ITALIENISCHER NATIONALTRAINER, ÜBER DIE EINBÜRGERUNG DES
ARGENTINIERS LUIGI MONTI IN ITALIEN

Der Diener zweier Herren

1934 | Der Diener zweier Herren

Da kamen viele Fußballexperten ins Staunen, als sie die Aufstellungsliste der italienischen Nationalelf für die Weltmeisterschaft 1934 in Italien sahen. Darauf fanden sich einige bekannte Namen wieder, die allerdings bislang nur mit der Spielstärke südamerikanischer Teams in Verbindung standen. Das wurde erst möglich, nachdem der italienische Nationaltrainer Vittorio Pozzo der Order seines Diktators Benito Mussolini nach glanzvolleren Auftritten der »Squadra Azzurra« Abbitte leisten musste und kurzerhand ausländische Spieler einbürgerte.

Schon bei der WM-Premiere 1930 in Uruguay, bei der Italien zwar nicht vertreten war, Pozzo aber als Spion vor Ort weilte, fiel ihm vor allem ein Spieler auf: Luigi Monti aus der argentinischen Elf. Der kräftige Mittelfeldakteur spielte eine blendende Weltmeisterschaft und erreichte mit seinem Team schließlich das Finale gegen Gastgeber Uruguay. Wie schon in den Vorrundenspielen war es auch im Endspiel immer wieder jener Monti, der die gegnerischen Angriffe bereits am Mittelkreis abfing, indem er keinem Zweikampf aus dem Weg ging. Und

> »Der höchste Zweck dieses Fußballturniers war es zu zeigen, dass der faschistische Sport durch das Verantwortungsgefühl seiner Führer und die Reife seiner Zuschauermengen die Ideale in höchster Qualität verkörpert.«
>
> GENERAL VACCARO NACH
DER WELTMEISTERSCHAFT 1934 IN ITALIEN

dabei ging er nicht gerade zimperlich zur Sache. Wer ihn spielen sah, konnte bald verstehen, warum ihn seine Gegner »Killer« nannten. Argentinien musste zwar am Ende, nach einer 2:4-Niederlage, dem Nachbarn Uruguay den Titel überlassen, doch für Monti selbst brach ein neues Zeitalter in seiner Karriere an. Vittorio Pozzo

unterbreitete dem frischgebackenen Vizeweltmeister ein finanziell lukratives Angebot, wenn er bereit sei, künftig in Italien zu spielen. Als Nationaltrainer hatte Pozzo dabei natürlich auch sein eigenes Interesse im Sinn: Er wollte Monti in sein Team holen. Doch dafür musste fluchs noch eine italienische Abstammung im Familienstammbaum gefunden werden. In jenen Jahren war dies allerdings kein großes Problem, da genügte es schon, wenn Monti glaubhaft erzählte, dass seine Eltern eigentlich Italiener seien, die nach Argentinien emigriert sind. Und so wandte der Star der Boca Juniors seinem Team und Buenos Aires bald den Rücken zu. Pozzo verschaffte Monti einen Vertrag bei Juventus Turin, wo er am 20. September 1931 sein Debüt gab. Bald darauf erhielt Luigi Monti seinen italienischen Pass und war damit fortan auch in der »Squadra Azzurra« spielberechtigt. Beim Start der Weltmeisterschaft am 27. Mai 1934 war Monti längst im Team integriert. Ebenso wie seine Landsleute Enrico Guaita und Raimondo Orsi, die sich gleichfalls von Pozzo zur Einbürgerung überreden ließen. Doch Luigi Monti war offiziell der erste Spieler überhaupt, der bei Fußball-Weltmeisterschaften für zwei verschiedene Nationen auflief.

Die Einbürgerungsaktion Pozzos stieß im äußerst nationalistischen Italien jener Tage auf wenig Gegenliebe. Doch ließ sich der Nationaltrainer von den kritischen Stimmen wenig beeindrucken. Da die Neubürger zumindest formal auch wehrpflichtig waren, schnauzte Pozzo seinen Kritikern nur forsch entgegen: »Wer für unser Land sterben darf, kann auch für unser Land Fußball spielen.« Und bei alledem konnte er sich der vollen Rückendeckung Mussolinis sicher sein. Wie für Hitler die Olympischen Spiele 1936 dessen Propaganda dienten, so missbrauchte auch der »Duce« das sportliche Spektakel der Fußball-Weltmeisterschaft für seine Machtspielchen. Er investierte unzählige Millionen in den Bau neuer Stadien und sorgte auch dafür, dass die Schiedsrichtergilde von vorne herein von den Faschisten mächtig eingeschüchtert wurde. Mit ziemlichem Erfolg: Beim Spiel gegen die starken Spanier mit deren Wundertorwart Ricardo Zamora, »übersah« der Unparteiische René Mercet zwei klare Treffer der Gegner. Nur so siegte Italien am Ende knapp mit 1:0. Im folgenden Spiel gegen Österreich hieß der »blinde Glücksbringer« der Italiener dann Ivan Eklind, als der ein offensichtliches Foul von Giuseppe Meazza am gegnerischen Torwart nicht sehen wollte und somit das anschließende Siegtor zum 1:0 erst ermöglichte. Eklind war es auch, der im Finale die Oberschiedsrichter-Pfeife schwang. Als Luigi Monti in seiner typischen »Killermanier« den

Tschechen Nejedly im eigenen Strafraum ruppig von den Beinen holte, forderte Eklind nur zum Weiterspielen auf. Nachdem Italien am Ende tatsächlich mit 2:1 gegen die spielerisch wesentlich stärkeren Tschechen gesiegt hatte, huldigte das Schiedsrichtergespann prompt seinem »Förderer« Mussolini mit einem zackigen Hitlergruß. Zwar wurde Eklind, ebenso wie sein Schweizer Kollege Mercet, nach der Weltmeisterschaft vom eigenen Verband mit einer lebenslangen Sperre belegt. Doch der sportliche Schaden, den die Schiedsrichter bei dieser Weltmeisterschaft hinterlassen haben, ist dauerhaft.

Doch trotz der vom Regime gesteuerten Skandale, die einen fairen sportlichen Vergleich nicht immer zuließen, hatte diese Weltmeisterschaft in Italien eine weitreichende Bedeutung für den Fußballsport an sich. Fanden

mit ihrem dreifachen Torschützen Oldrich Nejedly Endstation. Im Spiel um Platz drei traf die deutsche Elf auf den ungeliebten Nachbarn aus Österreich. Das vermeintliche »Wunderteam« aus dem Alpenstaat galt als Favorit, doch mit zwei schnellen Toren durch Ernst Lehner und Edmund Conen ging Deutschland in Führung und brachte die Österreicher damit aus dem Konzept. Am Ende siegte das Team von Reichstrainer Nerz verdient mit 3:2 und feierte damit einen Einstand nach Maß bei seiner ersten Weltmeisterschaftsendrunde.

»Der Sieg über Österreich ist in erster Linie dem durch den Nationalsozialismus geschaffenen neuen deutschen Lebensgefühl der Bereitschaft und des Kampfes zuzuschreiben.«

VÖLKISCHER BEOBACHTER NACH DEM SIEG DEUTSCHLANDS ÜBER ÖSTERREICH BEI DER WELTMEISTERSCHAFT 1934

sich bei der WM-Premiere vier Jahr zuvor in Uruguay gerade mal dreizehn Nationen ein, so stapelten sich beim Weltverband FIFA diesmal einunddreißig Anmeldungen. Allerdings fehlten die von Titelverteidiger Uruguay, der sich damit für das Fernbleiben der meisten Europäer bei dessen Ausrichtung der Weltmeisterschaft revanchierte, und England, dessen Verband sich mal wieder mit der FIFA überworfen hatte. Da die Endrunde auf sechzehn Teams beschränkt war, wurden erstmals Qualifikationsrunden eingeführt. Auch der Deutsche Reichsbund für Leibesübungen, der sich nach Hitlers Machtübernahme den Deutschen Fußball-Bund einverleibt hatte, entsandte eine Nationalelf. Bei der Weltmeisterschaft 1930 musste man noch auf eine Teilnahme verzichten, da man die hohen Kosten der Überfahrt und der Verdienstausfälle der Spieler in Zeiten schwerer wirtschaftlicher Krisen nicht finanzieren konnte. Diesmal jedoch kam das Nazi-Regime sowohl für die Reisekosten als auch für ein Trainingslager in Duisburg auf. Reichstrainer Dr. Otto Nerz und sein Assistent Sepp Herberger traten in Italien mit einer Mannschaft an, die einen Altersdurchschnitt von gerade mal dreiundzwanzig Jahren hatte. Sie erreichte nach einem 5:2-Sieg gegen Belgien zum Auftakt und einem 2:1 gegen Schweden in der Zwischenrunde schließlich das Halbfinale. Dort war allerdings gegen die starken Tschechen

1935

Deutschland
Düsseldorf
Rheinstadion
8. Dezember 1935

Erstes deutsches Pokalfinale

Die Fußball-Woche

Bild von Schirner, Berlin

Fünfmal eroberte der 1. FC. Nürnberg die Deutsche Meisterschaft, das ist immer noch der Rekord. Und nun hat der „Club" auch den zum ersten Male ausgespielten Pokal des Reichssportführers gewonnen. Nürnbergs Mannschaftsführer trägt den Pokal, auf den Schultern des Vereinssportwartes reitend. Um ihn herum seine frohen Kameraden: Carolin, Friedel, Eiberger, Uebelein, Gußner, Billmann

Nr. 50   Ausgabe B (Amtliche Ausgabe)   /   13. Jahrgang   /   10. Dezember 1935

Ausgabe mit amtlichen Nachrichten

1935 | Erstes deutsches Pokalfinale

Eine packendere Paarung für das allererste Pokalfinale als die zwischen dem 1. FC Nürnberg und dem FC Schalke 04 hätte man sich gar nicht wünschen können. Vor 55 000 Zuschauern trafen damit am 8. Dezember 1935 in Düsseldorf der amtierende Deutsche Meister aus Gelsenkirchen und die erfolgreichste Mannschaft der zwanziger Jahre aufeinander. Eine besondere Brisanz lag zudem über diesem Endspiel, da der »Club« aus Franken die Chance hatte, sich für das mit 1:2 verlorene Finale um die Deutsche Meisterschaft aus dem Jahr zuvor zu revanchieren. Und so ging es nach dem Anpfiff von Schiedsrichter Birlem auch gleich mächtig zur Sache. Die »Knappen« mit ihrem Spielmacher Ernst Kuzorra und dessen Schwager Fritz Szepan setzten gleich von Beginn an ihren berüchtigten »Schalker Kreisel« in Gang. Doch die Nürnberger hielten mit ihrer großen spielerischen Erfahrung bis zur Halbzeit dagegen. Die »Clubberer« waren das bestimmende Team zwischen 1920 und 1927 gewesen, wo man fünf Meisterschaften erringen konnte. Anschließend musste man während des Neuaufbaus der Mannschaft anderen Teams an der Spitze Platz machen. Hertha BSC Berlin, Bayern München und natürlich der FC Schalke 04 dominierten fortan das fußballerische Geschehen in Deutschland. Nun aber hatte Nürnberg wieder eine schlagkräftige Truppe beisammen und wollte den historischen Moment nutzen, um als erster Pokalsieger in die Annalen einzugehen. Dafür mussten sie in der zweiten Spielhälfte allerdings noch eine Schippe zulegen, um die kompakte Schalker Abwehr zu überwinden. Das gelang schließlich Georg Friedel im Alleingang, er schoss die Knappen mit zwei Toren aus dem Reich der Pokalträume. Die Revanche war geglückt, Nürnberg siegte mit 2:0 und nahm als erste Mannschaft den so genannten »Goldfasanen-Pokal« entgegen. Gestiftet vom Deutschen Fußball-Bund (DFB), der mit Hitlers Machtübernahme dem neu gegründeten Deutschen Reichsbund für Leibesübungen (DRL) unterstellt worden war.

Nachdem der Pokalwettbewerb in England zu jener Zeit bereits seit knapp sechzig Jahren eine feste Institution war, die die Zuschauer in Scharen in die Stadien trieb, sahen auch die Herren des DRL darin eine weitere günstige Gelegenheit, ihre Propagandaparolen unters Volk zu bringen. Denn der Fußballsport hatte sich auch in Deutschland mittlerweile zu einem Zuschauermagnet entwickelt. Deutsche Meisterschaften wurden bereits seit 1903 unter den großen Fußballclubs ausgetragen, und so entstand schließlich die Idee, auch kleinere Ama-

teurvereine in einen neu zu schaffenden Wettbewerb einzuschließen. Diesen nannte man nach englischem Vorbild schlicht »Pokal«. Dafür ließ man eigens eine Trophäe anfertigen, die bald den geläufigen Beinamen »Goldfasanen-Pokal« erhielt. Dieser wurde fortan, auch während der ersten Kriegsjahre, jährlich ausgespielt. Selbst nachdem der Deutsche Fußball-Bund am 1. Juli 1940 offiziell aufgelöst wurde und komplett im Reichsbund für Leibesübungen aufging. Demonstrativ wurden die Wettbewerbe weitergeführt, bis im Jahr 1944 schließlich gar nichts mehr ging im deutschen Sportalltag. Die meisten Fußballer waren ins Feld gezogen, Fußballplätze zu Ackern umgepflügt.

Nachdem in England bereits 1946 wieder der erste Nachkriegs-Pokalwettbewerb ausgespielt wurde, den Derby County gewann, kontrollierten im zerbombten Deutschland die Siegermächte das sportliche Geschehen. Erst 1948 gestatteten diese die Gründung eines Deutschen Fußball-Ausschusses. Somit konnte im gleichen Jahr wieder die Deutsche Meisterschaft ausgetragen werden, die der 1. FC Nürnberg gewann. Erst nachdem

> »Das ist ein bisschen Mann gegen Mann, ein Duell, das nur einen Sieger kennt. Und gerade deshalb auch immer einen Verlierer. Da ist das müde Unentschieden eben nicht möglich. Und auch nicht der Versuch, sich lieber auf ein Rückspiel zu besinnen oder eine Pleite in den nächsten Spielen wieder auszugleichen. Kampfkraft, Leidenschaft und Willensstärke sind die gefragten Tugenden.«
>
> GÜNTER NETZER, DEUTSCHES FUSSBALL-IDOL,
> ÜBER DEN DFB-POKAL

am 1. Juli 1949 in Stuttgart der Deutsche Fußball-Bund wiedergegründet worden war und auch die einzelnen Vereine langsam wieder den Spielbetrieb aufnahmen, entwickelte man den Gedanken an eine Fortführung des DFB-Pokals neu. Schließlich, acht Jahre nach dem Kriegsende, fand 1953 das erste Nachkriegs-Pokalfinale statt. In Düsseldorf standen sich dabei Rot-Weiß Essen und Alemannia Aachen gegenüber. Am Ende siegte Essen mit 2:1. Der damalige DFB-Präsident Dr. Peco Bauwens hatte veranlasst, für den Neustart auch einen neuen Pokal zu vergeben, da ihm der alte zu sehr mit dem Nazi-Regime in Verbindung stand.

Für die folgenden elf Jahre blieb die neue Trophäe das Objekt der Begierde im Pokalfinale, bis 1964 auch dieser Bauwens' Ansprüchen nicht mehr genügte. Er gab in der Kölner Kunstschmiede von Wilhelm Nagel erneut einen Pokal in Auftrag. Etwas wirklich Besonderes sollte es sein. Und so schuf Nagel einen überdimensionalen Kelch, zwölfeinhalb Pfund schwer, auf dessen Sockel die Namen der jeweiligen Cupsieger eingraviert werden können. Ein besonders wertvolles Stück wurde es: Neben zwölf Turmalinen, achtzehn Nephriten und zwölf Bergkristallen als Verzierung formte der Künstler zudem aus grünem Nephrit ein DFB-Emblem. Als erster Spieler durfte Aki Schmidt von Borussia Dortmund 1965 den aus vergoldetem Sterlingsilber gefertigten Pokal in die Höhe halten, nachdem er mit seiner Mannschaft Alemannia Aachen in Hannover mit 2:0 besiegt hatte. Da 1991 der Platz für weitere Buchstaben der Siegernamen zu eng wurde, hat man den Sockel kurzerhand erhöhen lassen. Zumindest bis zum Jahr 2020 reicht der Platz nun aus für weitere Siegesmale.

Nachdem 1963 die professionelle Bundesliga ins Leben gerufen worden war, gab es fortan auch keine Endspiele um die Deutsche Meisterschaft mehr. Meister war nun, wer am Ende einer Saison die meisten Punkte auf seinem Konto hatte. In der Folge waren die Finals um den DFB-Pokal der letzte Wettbewerb, bei dem am Ende eine Mannschaft mit einem Pokal geehrt wurde. Der DFB-Pokal gewann dadurch weiter an Ansehen. Und er sorgte für so manche Überraschung durch die Amateure. Immer wieder mutierten Freizeitteams zu echten Stolpersteinen für die bezahlten Profis. Das machte den Reiz dieses Wettbewerbs über Jahre hinweg aus. Viele kleine »Davids« in den Provinzen der Republik träumten davon, den »Goliaths« des Geschäfts ein Bein zu stellen. Und viele dieser Träume wurden Realität. In den Jahren 1955 und 1956 waren es die Akteure des Karlsruher SC, die als überraschende Pokalsieger für Furore sorgten. Bei Schwarz-Weiß Essen denkt man sicher heute noch gerne zurück an jene Tage im Jahr 1959, als man sensationell den Pokal nach Hause brachte. Und die Offenbacher Kickers waren es 1970, die reihenweise Schlagzeilen produzierten, nachdem sie den 1. FC Köln im Finale mit 2:1 abgefertigt hatten. Zu den größten Sensationen allerdings zählten die Endspielsiege von Bayer 05 Uerdingen 1985 gegen den mächtigen FC Bayern München und der Elfmeterkrimi von Hannover 96 gegen Borussia Mönchengladbach 1992, den die Hannoveraner am Ende mit 4:3 gewannen. Eben aufgrund solcher sportlichen Überraschungen festigte sich schon bald die fast abgedroschene, aber doch zutreffende Floskel: »Der Pokal hat seine eigenen Gesetze.« Mit der Neustrukturierung der europäischen Wettbewerbe Ende der neunziger Jahre, in denen die Spitzenvereine mittlerweile zweistellige Millionenbeträge ver-

dienen können, wurde der DFB-Pokal aufgrund des immer enger werdenden Terminplans mehr und mehr zum »Stiefkind«. Während die Pokalspiele gegen Bundesligisten für Amateurvereine noch immer eine lukrative Einnahmequelle und ein sportliches Highlight darstellen, sind vor allem für den Branchenersten solche Partien mittlerweile eher zweitrangig geworden. Zu verlockend sind dagegen die Auftritte auf den großen Fußballbühnen Europas. Neben zahlreichen Reformplänen wurde von manchen Seiten sogar schon die Abschaffung des DFB-Pokals gefordert. Ein Wettbewerb im Wandel, der dennoch seinen ganz besonderen Reiz nicht verloren hat.

Zu den herausragenden Vereinen in der Geschichte des DFB-Pokals gehört, wen mag es wundern, natürlich auch der FC Bayern München. Ebenso wie in der Meisterschaft (17 Titel bis zum Jahr 2001) sind die Münch-

»Der Pokal hat seine eigenen Gesetze.«

ALLGEMEINE FUSSBALL-WEISHEIT

ner auch im Pokal Rekordsieger mit zehn Endspielerfolgen, mit je vier Siegen folgen Eintracht Frankfurt (1974, 1975, 1981, 1988), Werder Bremen (1961, 1991, 1994, 1999) und der 1. FC Köln (1968, 1977, 1978, 1983). Der Hamburger SV war dreimal erfolgreich (1963, 1976, 1987), ebenso Borussia Mönchengladbach (1960, 1973, 1995), der VfB Stuttgart (1954, 1958, 1997) und der 1. FC Nürnberg (1935, 1939, 1962). Der FC Schalke 04 war hingegen die erste Mannschaft, der innerhalb eines Jahres das »Double« aus Meisterschaft und Pokalsieg gelang. Das war im Jahr 1937, in Zeiten des legendären »Schalker Kreisels«. Das gleiche Kunststück gelang später auch noch dem FC Bayern München 1969, 1986 und 2000 sowie dem 1. FC Köln 1978.

Seit 1981 wird auch im Frauenfußball der DFB-Pokalwettbewerb durchgeführt. Sieger in den ersten beiden Jahren war dabei jeweils die SSG 09 Bergisch Gladbach, die 1984 ein drittes Mal gewinnen konnte. Rekordpokalsieger bei den Damen sind hingegen derzeit zwei andere Vereine: Der TSV Siegen und der FSV Frankfurt gingen jeweils fünfmal als Sieger vom Platz.

1936

Deutschland
Berlin
Olympiastadion
11. August 1936

»Die Amerikaner sollten sich schämen, ihre
Medaillen von Negern gewinnen zu lassen.«
ADOLF HITLER

Olympische Spiele unterm Hakenkreuz

1936 | Olympische Spiele unterm Hakenkreuz

Adolf Hitler lehnte sich gemütlich in seinem Stuhl zurück und blickte sichtlich selbstzufrieden von seiner Führerloge im Berliner Olympiastadion aus in das Rund der Arena. Er wartete auf den Endlauf der 4x100-Meter-Staffel der Frauen, einem der Höhepunkte während dieser Olympischen Spiele. So froh gelaunt wie in diesen Minuten zeigte sich der Diktator in der Öffentlichkeit nur, wenn er sich sicher war, dass alles seinen Plänen getreu verlief. Und dass das Finale der Damen-Staffel erneut einen überragenden Sieg aus deutscher Sicht bringen würde, war von vorne herein glasklar, lief das Quartett mit Emmy Albus, Käthe Krauß, Marie Dollinger und Ilse Dörffeldt doch bereits in der Vorausscheidung mit 46,4 Sekunden einen neuen Weltrekord. Die Goldmedaille schien ihnen also sicher zu sein. Gewohnt schnell starteten die Läuferinnen auch in das finale Rennen und führten Runde um Runde das Feld an, bis kurz vor der letzten Übergabe sogar souverän mit einem Vorsprung von acht Metern vor den Amerikanerinnen. Als dann jedoch Marie Dollinger den Staffelstab an Schlussläuferin Ilse Dörffeldt übergeben wollte, kam es zum Drama. Dörffeldt glitt der Stab aus der Hand und fiel fast im Zeitlupentempo auf die Aschenbahn. Der Traum von der Goldmedaille war damit in Sekundenschnelle wie eine Seifenblase zerplatzt. Die mehr als 60 000 Zuschauer im Stadion konnten das Unglück ebenso wenig fassen wie Hitler selbst, der sich in der Führerloge verärgert auf die Knie schlug. Die schnellste Frauenstaffel der Welt hatte sich selbst um den verdienten Lohn gebracht. Den Erfolg der Amerikanerinnen nahm am Ende kaum noch jemand wahr.

Mit dem verschenkten Sieg der Frauenstaffel hätte Hitler sicher gerade noch leben können, wenn da nicht noch Jesse Owens gewesen wäre. Der schwarze Amerikaner entpuppte sich schnell als Superstar dieser Olympischen Spiele, was dem arisch orientierten Regime wie ein dicker Dorn im Auge saß. Ausgerechnet ein Afro-Amerikaner geriet zum Liebling der Massen. Was muss Adolf Hitler gelitten haben bei den grandiosen Auftritten von Owens im 100-Meter-Lauf, 200-Meter-Lauf, in der 4x100-Meter-Staffel sowie im Weitsprung, als dieser alle vier Wettbewerbe gewann und dabei über die 100-Meter-Distanz mit 10,3 Sekunden auch noch einen neuen Weltrekord aufstellte. Jesse Owens, der am 12. September 1913 als James Cleveland Owens in Danville/Alabama geboren wurde, strafte die Hetzkampagnen der Hitler-Regierung Lügen, die dem deutschen Volk die Überlegenheit der arischen Rasse einreden wollte. Mit seinen

vier Goldmedaillen gab der zweiundzwanzigjährige Owens die passende sportliche Antwort auf einen Artikel in der Nazi-Gazette *Völkischer Beobachter*, die zuvor schrieb: »Neger haben auf der Olympiade nichts zu suchen.« Der »Schwarze Panther«, wie Owens wegen seiner Schnelligkeit von der US-Presse genannt wurde, ignorierte solche Hetzparolen und demonstrierte stattdessen gemeinsam mit dem Deutschen Luz Long Arm in Arm Völkerfreundschaft. Auf dem Siegertreppchen salutierte der eine seiner Fahne, der andere erhob den Arm zum Hitler-Gruß.

Doch nicht nur in Deutschland musste sich Owens rassistische Anfeindungen gefallen lassen. Nach seiner Rückkehr in die Heimat wurde er zunächst mit einer Konfettiparade in New York empfangen. Doch im späteren Alltag wurde auch ihm, wie jedem anderen Schwarzen, der Einstieg in die Vordertür der öffentlichen Busse

---

»Neger haben auf der Olympiade nichts zu suchen!«

VÖLKISCHER BEOBACHTER 1936

---

verweigert. Als Sohn eines schwarzen Baumwollpflückers und Enkel eines Sklaven wurden selbst dem viermaligen Olympiasieger keine Privilegien in den rassistischen Südstaaten der USA zugestanden. Das hatte zur Folge, dass Owens im Alter von erst dreiundzwanzig Jahren die hoffnungsvolle Karriere vorzeitig beenden musste, um seine Familie zu ernähren. Dafür trat er unter anderem bei Show-Rennen gegen Pferde oder Motorräder an. Erst im gesetzteren Alter, nach zahlreichen kaufmännischen Jobs, kam Owens zu etwas mehr Vermögen, als er eine erfolgreiche PR-Agentur in Phönix, Arizona, leitete. 1980 starb der Olympiaheld, zeitlebens Kettenraucher, an Lungenkrebs. Die Legende vom verweigerten Handschlag des Reichskanzlers Adolf Hitler bei den Spielen 1936 hingegen machte Owens schon zeitlebens unsterblich. Auch wenn sich diese Geschichte bereits vor Jahrzehnten als »Ente« entpuppte. Dass der selbstherrliche Hitler den schwarzen Sieger Owens nicht in die Führerloge bat, war eher darauf zurück zu führen, dass IOC-Präsident Baillet-Latour den Schirmherrn der Spiele bat, auf Siegerempfänge dieser Art zu verzichten. Das IOC wollte damit den Propaganda-Absichten Hitlers einen weiteren Riegel vorschieben. Der amerikanische Journalist Bob Lochner hingegen berichtete seine Variante des verweigerten Handschlags und schuf damit schnell einen Mythos.

Neben Owens liefen insgesamt 4065 weitere Sportler

aus 49 Nationen bei der Eröffnungsfeier der Spiele in das Berliner Olympiastadion ein. Damit war 1936 ein neuer Teilnehmerrekord in der olympischen Historie erreicht. Das war allerdings nicht das einzige Novum, das diese Olympischen Spiele hervorgebracht hatten. Die Wettkämpfe wurde per Rundfunk in einundvierzig Länder übertragen, und eine eigene Olympia-Zeitung lieferte täglich die aktuellsten Ereignisse. Mit Einführung automatischer Messgeräte und verbesserten Zielfotografien wurden weitere Maßstäbe gesetzt. Eine echte Sensation war zudem die Staffel, die erstmals in der Geschichte das symbolische Feuer aus dem antiken Olympia in den Veranstaltungsort trug. Die Idee dazu hatte Carl Diem, der Generalsekretär des Organisationskomitees der Spiele. Exakt 3075 Läufer trugen die Flamme, die mit Hilfe eines Parabolspiegels entzündet wurde, auf der 3075 Kilometer langen Strecke von Griechenland in die deutsche Hauptstadt. Jeder Läufer musste jedoch den strengen Vorstellungen des Regimes entsprechen. Keiner von ihnen durfte vorbestraft sein, jeder musste bereits sportliche Verdienste vorweisen können und sollte zudem Mitglied in der NSDAP, der Partei Hitlers, sein. Die Ehre des letzten Fackelläufers wurde Fritz Schilgen zuteil, der das olympische Feuer am 1. August 1936 in einem schlichten Dreibein im Stadion entzündete. Er war

»Das Laub von den stämmigen Eichen der Mark wird die Sieger im Jahre 1936 nicht weniger schmücken als die Blätter des griechischen Ölbaumes.«

CARL DIEM, GENERALSEKRETÄR DES ORGANISATIONSKOMITEES
DER OLYMPISCHEN SPIELE 1936

allerdings nie selbst aktiver Olympiateilnehmer und auch kein NSDAP-Mitglied. Allein der locker wirkende Laufstil des 1500-Meter-Läufers überzeugte die drei verschiedenen Auswahlkomitees.

Nachdem die Rahmenbedingungen äußerst perfekt gestaltet waren, stand dem sportlichen Wettkampf auf hohem Niveau nichts im Wege. Und ganz im Sinne Hitlers begannen die Spiele gleich mit deutschen Erfolgen: dem Doppelsieg im Frauen-Speerwurf und zwei weiteren Medaillen im Kugelstoßen. Unangefochten dominierten später auch die deutschen Reiter die Konkurrenz und sicherten sich gleich sieben der zwölf Medaillen. Ebenso wie die Ruderer, die fünf Siege feierten. Und auch die Turner erfreuten mit starken Leistungen in der Mannschaftswertung im Zwölfkampf der Herren und im Achtkampf der Damen. Beim ersten olympischen Hand-

ballturnier überhaupt, das ebenso wie Basketball und die Kanuwettbewerbe Premiere bei Olympia feierte, waren es ebenfalls die deutschen Akteure, die sich die Goldmedaillen umhängen durften. Eher enttäuschend hingegen schnitten die Fußballer ab, die überraschend gegen Norwegen verloren. Diese Niederlage kostete Reichstrainer Otto Nerz den Job, Sepp Herberger wurde sein Nachfolger. Insgesamt 147 Wettbewerbe in zwanzig Sportarten wurden entschieden mit vielen hochklassigen Leistungen der Aktiven. Im neuen Schwimmstadion kam es zu den erwarteten spannenden Duellen zwischen den USA und Japan, die am Ende aufgrund der Siege von Noboru Terada über 1500 Meter Kraul, Tetsuo Hamuro über 200 Meter Brust und der 4x200-Meter-Staffel zugunsten der Japaner ausfielen. Im Zehnkampf hingegen bewiesen die Amerikaner ihre

»Wir gestalten bald ein neues Olympia. Ohne die Wackelgreise vom Internationalen Olympischen Komitee.«

ADOLF HITLER 1936 NACH DEM ENDE DER SPIELE

Stärke und stellten mit Glenn Morris (Gold), Robert Clark (Silber) und Jack Parker (Bronze) gleich alle drei Medaillenträger. Der deutsche Erwin Huber, nach den verletzungsbedingten Absagen der besten deutschen Zehnkämpfer Hans-Heinrich Sievert und Gerhard Stöck eigentlich nur dritte Wahl, kämpfte sich immerhin auf einen viel beachteten vierten Rang vor.

Trotz des faden Beigeschmacks der NSDAP-Hetze stehen die Spiele in Berlin aus sportlicher Sicht bis heute für eine der besseren Olympiaden in der Historie. Die Wettkämpfe und das Geschehen rund um das Spektakel hat die Filmregisseurin Leni Riefenstahl in einer eindrucksvollen Sportdokumentation im Auftrag Hitlers festgehalten. Mit einem bis dahin ungesehenen Aufwand. Bereits beim Bau der Sportstätten wurden spezielle Schienenstränge für die Kamerawagen berücksichtigt und Arbeitsräume für die Techniker geschaffen. Über 400 000 Filmmeter drehten Riefenstahl und ihre Kameraleute ab. Allein zwei Monate dauerte die Sichtung des Materials. Am Ende präsentierte Leni Riefenstahl zwei Filme, die bis heute, aufgrund der künstlerischen Gestaltung, große Anerkennung genießen.

1937

England
London
Wimbledon
20. Juli 1937

»Gottfried von Cramm hat für Deutschland die Freundschaft Englands erkämpft.«
LONDONER ZEITUNG NACH DEM MATCH VON CRAMM – BUDGE

Der Kronprinz
von Wimbledon

1937 | Der Kronprinz von Wimbledon

Einige hochklassige Matches hatte die altehrwürdige Tennisanlage in Wimbledon in den sechzig Jahren ihres Bestehens bereits gesehen. Doch das, was sich der Deutsche Gottfried von Cramm und der Amerikaner Donald Budge am 20. Juli 1937 auf dem Center Court lieferten, war zweifelsfrei das »Spiel der Spiele«. Zwei Wochen vor dieser alles entscheidenden Partie im Davis-Cup-Finale hatte Budge an gleicher Stelle von Cramm im Endspiel der Internationalen Tennismeisterschaften von England bereits glatt mit 6:3, 6:4 und 6:2 besiegt. Keine Frage also, dass er auch diesmal wieder als großer Favorit in die Begegnung ging. Doch zur Überraschung aller trumpfte Gottfried von Cramm gleich zu Beginn der Partie auf und schmetterte jeden noch so harten Aufschlag und Volley von Budge präzise zurück. Gleich das erste Aufschlagspiel gewann von Cramm zu Null und machte damit deutlich, dass sich sein Gegner diesmal auf eine härtere Gangart einstellen musste. Auch Budge brachte anschließend sein Spiel durch und so gestaltete sich das Match bis zum Stand von 6:6 völlig ausgeglichen. Alles Aufbäumen von Budge half nichts mehr, von Cramm nahm dem Amerikaner den Aufschlag ab, brachte seinen eigenen durch und gewann den ersten Satz schließlich mit 8:6. Wie der erste Satz geendet hatte, so begann der zweite. Erbittert kämpften die beiden Topspieler ihres Landes um jeden Ball, keiner von beiden gab auch nur die kleinste Chance aus der Hand. Wie schon zuvor stand es bald 5:5. Und wieder war es Gottfried von Cramm, der im entscheidenden Moment die Nerven behielt und die beiden letzten Spiele für sich entscheiden konnte. Mit 7:5 ging auch der zweite Satz an den Deutschen. Im dritten Satz wendete sich plötzlich das Blatt: Budge schlug ein Ass nach dem anderen und brachte von Cramm mit Longline-Passierbällen mehr und mehr aus dem Konzept. Mit 6:4 setzte sich diesmal der Amerikaner durch, es stand nur noch 2:1 nach Sätzen. Von Cramm schien nun sehr ver-

unsicher zu sein ob der neu gewonnenen Stärke seines Gegners und verlor den vierten Satz prompt mit 2:6. Nun galt es: der entscheidende Satz. Gottfried von Cramm fand rechtzeitig zurück ins Spiel. Wie zu Beginn des Matches spielte er sich in einen regelrechten Rausch, nahm Budge beim Stand von 2:1 den Aufschlag ab und gewann seinen eigenen. Innerhalb nur weniger Minuten führte von Cramm mit 4:1. Nur zwei weitere Spiele, dann hätte Deutschland den Davis Cup gewonnen. Doch dann wendete sich erneut das spielerische Blatt. Donald Budge nahm nun von Cramm zwei Aufschläge ab und stürmte fortan mehr ans Netz. Plötzlich stand es 4:4. Die Zuschauer hielt es längst nicht mehr auf den Sitzen, sie bejubelten jeden einzelnen der dramatischen Ballwechsel. Offener Schlagabtausch auf dem Center Court: 5:5 … 6:6 … Aufschlag von Cramm. Der kleinste Fehler konnte nun entscheiden. Und den machte von Cramm beim Stand von 40:40. Budge ging mit 7:6 in Führung. Nun musste er nur noch sein Aufschlagspiel durchbringen. Doch von Cramm wehrte sich mit letztem Einsatz, beide spielten noch ein sagenhaftes 16-Punkte-Spiel, bis Budge mit der Vorhand einen unerreichbaren Ball platzierte. Mit 8:6 gewann der Amerikaner am Ende und die USA zugleich den Davis-Cup.

Wieder einmal musste sich Gottfried von Cramm auf dem Rasen von Wimbledon mit dem zweiten Platz be-

> »Don, das war absolut das beste Spiel, das ich jemals in meinem ganzen Leben gespielt habe.«
>
> BARON GOTTFRIED VON CRAMM
> NACH DEM FINALE IM DAVIS CUP ZU DONALD BUDGE

gnügen. Und wieder erntete er dafür lange anhaltenden Beifall der Zuschauer im Center Court. Der Deutsche war äußerst beliebt in Wimbledon und hatte sich bereits in den Jahren zuvor großen Respekt erspielt. Eine Londoner Zeitung huldigte ihn nach der »Schlacht« gegen Budge mit der Schlagzeile, »… von Cramm hat für Deutschland die Freundschaft Englands erkämpft«. Doch was ihm fehlte, war ein Sieg im Tennis-Mekka. Der Weltranglistenspieler hatte bereits drei Anläufe unternommen, die wichtigste Tennistrophäe der Welt zu gewinnen. In den Jahren 1935 und 1936 kämpfte er sich jeweils bis ins Finale vor, musste sich dort allerdings beide Male dem britischen Starspieler Fred Perry geschlagen geben. Als Perry anschließend ins Profilager wechselte, sollte es 1937 endlich klappen. Doch da hatte er es eben mit jenem Donald Budge zu tun, der sich erst wenige Wochen zuvor auf die Nummer eins der amerikanischen Rangliste gespielt hatte. Und auch der Amerikaner ließ von Cramm keine Chance. Fortan erhielt der Deutsche den leicht sarkastischen Beinamen »Kronprinz von Wimbledon«. Doch gerade seine starke Leistung gegen Donald Budge im Davis-Cup-Finale festigte zugleich seinen Ruf als einer der besten Spieler jener Tage. Zumal kaum jemand nach ihm dem Amerikaner derart viel Paroli bieten konnte. Budge gewann noch im gleichen Jahr die US Open souverän und schaffte 1938 das einmalige Kunststück, alle vier internationalen Grand-Slam-Turniere zu gewinnen – als erster Tennisspieler der Welt überhaupt.

Gottfried Freiherr von Cramm, geboren am 7. Juli 1909 in der Nähe von Hannover, war schon als Jugendlicher begeistert vom Spiel mit Ball und Schläger. Bereits auf dem Gut seiner Eltern widmete er sich in jeder freien Minute seiner Leidenschaft. Auch während des Studiums der Rechtswissenschaften engagierte er sich intensiv in der Tennisgruppe seines Lehrers Roman Najuch und gewann 1929 die Hochschulmeisterschaften. Najuch übernahm fortan das Training des hoffnungsvollen Talents. Bereits ein Jahr später führte von Cramm die deutsche Rangliste des Tennissports an. Und auch auf internationaler Ebene folgten bald die ersten Erfolge. Gemeinsam mit der deutschen Topspielerin Hilde Krahwinkel siegte von Cramm 1933 im gemischten Doppel in Wimbledon. Und schon im nächsten Jahr feierte der Fünfundzwanzigjährige seinen ersten großen Einzelsieg, als er die French Open im Stade Roland Garros in Paris gewinnen konnte. Diesen Erfolg konnte er 1936 wiederholen, scheiterte allerdings 1935 und 1936 im Wimbledonfinale. Im Jahr 1937 startete Gottfried von Cramm, gemeinsam mit seinem Doppelpartner Heinrich Henkel, der damaligen Nummer drei der Weltrangliste, zu einer Weltreise. Bei den US-Meisterschaften in New York holte sich das Duo gleich den ersten Siegerscheck ab und

Kurz vor Ausbruch des Krieges fiel Gottfried von Cramm beim Hitler-Regime in Ungnade, nachdem er sich geweigert hatte, die Nazi-Politik bei seinen Auslandsreisen zu propagieren. Daraufhin wurde er vom deutschen Verband nicht mehr für Wimbledon gemeldet. Im Zweiten Weltkrieg zog von Cramm schließlich doch für das Vaterland ins Feld und wurde beim Angriff auf Russland verwundet. Obwohl er mit dem Eisernen Kreuz ausgezeichnet wurde, hatte die Gestapo ein Auge auf den Tennis-Baron geworfen. Man vermutete, dass von Cramm in das Attentat auf Hitler am 20. Juli 1944 verwickelt gewesen sei. Nach dem Ende des Krieges begann er alsbald wieder mit dem Tennisspiel. Er siegte 1948 bei den deutschen Tennismeisterschaften in Hamburg und konnte auch international schnell wieder an alte Stärken anschließen. Trotz seiner vierzig Jahre erspielte er sich einen Meistertitel nach dem anderen. Und selbst 1953, als das deutsche Tennisteam in Berlin Südafrika im Finale des Davis Cups besiegte, war von Cramm noch maßgeblich am Erfolg beteiligt.

Erst 1957, im Alter von achtundvierzig Jahren, beendete er seine aktive Laufbahn nach zweiundachtzig Siegen in allein einhundertzwei Davis-Cup-Spielen. Im gleichen Jahr heiratete der ehemalige Tennis-Baron die amerikanische Millionärs-Tochter Barbara Hutton, von der er sich schon 1961 wieder scheiden ließ. Beruflich ging von Cramm neue Wege und führte zunächst einen Import- und Exporthandel für Baumwolle in Hamburg. 1959 eröffnete er dann im ägyptischen Khartum einen Großhandel für Eisen- und Stahlwaren. Bei einem Autounfall am 2. November 1976 in der Nähe von Kairo kam Gottfried von Cramm nach einem Frontalzusammenstoß mit einem Lastwagen ums Leben. Er wurde siebenundsechzig Jahre alt.

»Gottfried ist unnachahmlich.«

wurde dabei von den Amerikanern gefeiert, nachdem seit 1919 kein ausländisches Doppel mehr diesen Titel gewonnen hatte. In Japan siegte von Cramm noch in den Einzelwettbewerben der Landesmeisterschaften und schlug zudem in Australien den frisch gekürten Weltmeister Donald Budge. Der revanchierte sich wenig später in Wimbledon gleich zweimal.

1939

Deutschland
Berlin
Olympiastadion
15. Juli 1939

»Die Uhr muss kaputt sein.«
RUDOLF HARBIG NACH SEINEM WELTREKORDLAUF

Der Mann der Endspurts

1939 | Der Mann der Endspurts

Gerade mal ein paar hundert Zuschauer hatten sich am Nachmittag des 15. Juli 1939 im Mailänder Stadion eingefunden, um die Wettkämpfe des groß angekündigten Leichtathletik-Länderkampfes zwischen Gastgeber Italien und Deutschland zu verfolgen. Es herrschte eine seltsame Stimmung in der fast leeren Arena, als sich die vier Läufer des 800-Meter-Rennens auf der Aschenbahn einfanden. Kein Beifall, keine Anfeuerungsrufe von der Tribüne, lediglich die durch die Lautsprecher stark verzerrte Stimme des Stadionsprechers sorgte für eine geisterhafte Geräuschkulisse. Dabei versprach das sportliche Duell zwischen den Weltklasseläufern Rudolf Harbig aus Dresden und dem Italiener Mario Lanzi einer der Höhepunkte des Länderkampfes zu werden. Hatten sich die Beiden doch bereits im Vorjahr bei den Europameisterschaften 1938 in Paris ein spannendes Kopf-an-Kopf-Rennen geliefert, das Rudolf Harbig am Ende mit einer Zeit von 1:50,6 Minuten für sich entscheiden konnte. Und in der Zwischenzeit konnten beide Athleten bereits Zeiten unter der magischen Grenze von 1:50,0 Minuten vorlegen. Dementsprechend motiviert gingen die Mittelstreckenläufer dann auch an den Start. Lanzi wollte die Revanche für Paris, Harbig hingegen hatte sich vorgenommen, seine Position als schnellster 800-Meter-Läufer Europas zu festigen. Doch danach sah es zunächst nicht aus, nachdem der Italiener gleich zu Beginn des Rennens ein hohes Tempo vorlegte und in Führung ging. Er passierte schließlich als Erster die 400-Meter-Markierung mit einer Zeit von sagenhaften 52,5 Sekunden. Während Rudolf Harbig seinem Konkurrenten regelrecht an den Fersen klebte, waren die beiden anderen Läufer, der Deutsche Brandscheidt und der Italiener Bellini, nach der Hälfte der Strecke schon weit abgeschlagen. Lanzi bog als Erster in die Zielgerade ein, alles lief auf einen Sieg des Italieners hinaus. Doch plötzlich startete Harbig den »Turbo« und rannte mit einem fulminanten Tempolauf am verdutzten und entkräfteten Italiener vorbei. Er erreichte schließlich mit respektablem Vor-

sprung das Ziel. Als Rudolf Harbig seine gestoppte Zeit sah, blickte er äußerst ungläubig drein: 1:46,6 Minuten! Das war nicht nur Weltrekord. Das war ein Fabelrekord.

Der erneut unterlegene Italiener Mario Lanzi konnte es nicht fassen. Mit seiner Zeit von 1:49,0 Minute hatte er eine phantastische Leistung abgeliefert, die bei anderen Wettkämpfen sicher zum Sieg gereicht hätte. Und nun legte dieser Deutsche Harbig noch einen drauf. Doch es sollte noch dicker kommen für den ohnehin bereits reichlich frustrierten Italiener. Zwei Wochen nach der Weltrekord-Sensation von Harbig in Mailand trafen sich die beiden Konkurrenten erneut auf der Aschenbahn wieder. Und erneut legte Lanzi hohes Tempo vor, führte knapp 700 Meter lang und musste sich am Ende abermals von Harbig »überrollen« lassen. Diesmal blieb die Uhr für den Deutschen bei 1:48,7 Minute stehen, Lanzi lief eine Zeit von 1:49,2 Minute. Es schien so, als müsste sich Mario Lanzi mit dem Image des ewigen Zweiten abfinden. Am 12. August 1939 startete er einen neuerlichen Anlauf, um den »Wunderläufer aus Deutschland« endlich zu stoppen. Nun allerdings im 400-Meter-Lauf, bei einem Sportfest in Frankfurt am Main. Nach dem Start gab es das gewohnte Bild: Lanzi gab wie immer das Tempo vor und konnte sich bis in die Zielgerade gar einen Vorsprung von fünf Metern erlaufen. Diesmal schien die Entthronung Harbigs sicher, bis der auf den

> »Rudolf ist ein unglaublich großes Lauftalent, ein echter Rohdiamant. Und ich werde ihn schleifen.«
> HARBIGS TRAINER WOLDEMAR GERSCHLER 1934

letzten Metern wieder zu seinem gefürchteten Endspurt ansetzte und an Lanzi vorbei als Erster die Ziellinie passierte. Und das in einer neuen Weltrekordzeit von 46,0 Sekunden. Als ihm schließlich auch noch eine neue Bestzeit über 500 Meter in 1:01,7 Minuten gelang, durfte sich Rudolf Harbig gleich als dreifacher Weltrekordhalter feiern lassen.

Dabei hatte der gebürtige Dresdner eigentlich nie eine Sportlerkarriere im Sinn. In einfachen Verhältnissen aufgewachsen, erlernte er im Anschluss an die Schulzeit den Beruf des Stellmachers. In der Freizeit spielte er gerne Handball und Wasserball und kam dann zur Leichtathletik. Mehr aus Spaß nahm er 1934 am »Tag des unbekannten Sportsmannes« in Dresden teil, wo er dem Sportlehrer Woldemar Gerschler aufgrund seines lockeren Laufstils sofort auffiel. Gerschler nahm Harbig fortan unter seine Fittiche, entwickelte ein spezielles

Intervall-Training für seinen Schützling und formte das große Lauftalent bald zum erfolgreichsten Mittelstreckenläufer Europas. Die erste seiner insgesamt sechs Deutschen Meisterschaften über 800 Meter erlief sich Rudolf Harbig im Jahr 1936 in 1:54,1 Minuten. Von da an gewann er bis 1941 regelmäßig den Titel. Harbig war damit auch der große Hoffnungsträger für die Olympischen Spiele in Berlin. Nach einer äußerst intensiven Vorbereitung auf das Ereignis im eigenen Land ereilte Harbig kurz vor der Eröffnungsfeier eine Darmgrippe. Geschwächt durch die Krankheit schied er schon im Vorlauf des 800-Meter-Rennens als Sechster aus. Aufgrund der herben Enttäuschung sollte der amtierende Deutsche Meister eigentlich für die 4x400-Meter-Staffel gar nicht erst nominiert werden. In einem Ausscheidungsrennen unter den deutschen Akteuren erkämpfte er sich schließlich doch noch einen Startplatz. Nachdem seine Staffelkollegen Helmut Hamann (49,3 Sekunden), Friedrich von Stülpnagel (48,3 Sekunden) und Harry Voigt (46,6 Sekunden) das deutsche Team nach den ersten drei Runden auf dem vierten Rang platziert hatten, gab Rudolf Harbig auf den letzten vierhundert Metern nochmal alles. Mit letzter Kraft und einem 47,6-Sekunden-Lauf rettete der grippegeschwächte Schlussläufer seiner Mannschaft mit knappem Vorsprung am Ende noch die Bronzemedaille.

Bei den Europameisterschaften 1938 in Paris vollendete Harbig schließlich das, was ihm in Berlin noch versagt geblieben war. Er siegte souverän über 800 Meter und sicherte später, wieder als Schlussläufer, der 4x400-Meter-Staffel die Goldmedaille. Nach seinen Weltrekorden über 400 Meter, 500 Meter und 800 Meter aus dem Jahr 1939 lief Rudolf Harbig am 24. Mai 1941 auch noch die schnellste Zeit, die je ein Mensch zuvor über 1000 Meter gelaufen war. Ausgerechnet in seiner Heimatstadt Dresden schaffte er die Distanz in 2:21,5 Minuten. Drei Monate später, am 23. August 1941, komplettierte er in Bielefeld seine Weltrekordsammlung noch mit einer neuen Bestzeit der 4x800-Meter-Staffel in 7:30,4 Minuten. Verbissen trainierte das Laufphänomen fortan noch intensiver nach den von seinem Trainer ausgearbeiteten Trainingsplänen. Denn vor allem die Amerikaner machten nun reihenweise Jagd auf Harbigs Rekorde. Im Juni 1941 hatte bereits der Kalifornier Grover Klemmer in Philadelphia den 400-Meter-Weltrekord Harbigs mit 46,0 Sekunden eingestellt. Neben seinem Job als Zählerableser bei den Stadtwerken in Dresden und seinen ausgiebigen Trainingseinheiten heiratete Rudolf Harbig 1941, Tochter Ulrike kam 1943 zur Welt. Sie sollte ihren Vater allerdings niemals richtig kennen lernen.

Nachdem Hitlers Propagandaminister Joseph Goebbels am 18. Februar 1943 im Berliner Sportpalast den »totalen Krieg« ankündigte, verschonte das Regime für die Wiederaufrüstung der deutschen Truppen selbst die Sportidole jener Tage nicht mehr. Auch Rudolf Harbig wurde zum Militärdienst eingezogen und an die Ostfront beordert. Am 5. März 1944 starb der erfolgreiche Leichtathlet in Olchowetz bei Kiew im Kugelhagel. Doch das Andenken an Rudolf Harbig lebte nach Kriegsende auf beiden Seiten des geteilten Deutschlands weiter. In seiner Heimatstadt Dresden wurde zwischen 1951 und 1966 jährlich das Rudolf-Harbig-Sportfest veranstaltet. Im Westteil verlieh der Deutsche Leichtathletikverband ab 1950 jährlich den Rudolf-Harbig-Preis an verdiente Sportler. Zwar wurde sein sagenhafter Weltrekord von

> »Rudi hat sich als Läufer in der Weltbestenliste ebenso ein Denkmal gesetzt wie in den Herzen jener Menschen, die ihn kannten.«
>
> RUDOLF HARBIGS EHEFRAU GERDA 1955

1:46,6 Minuten über 800 Meter vom Belgier Roger Moens 1955 verbessert. Doch unter Experten gilt jener Lauf vom 15. Juli 1939 noch immer als eines der herausragenden Sportereignisse dieses Jahrhunderts.

1940

Deutschland
Berlin
Olympiastadion
21. Juli 1940

»Harte Maloche, oftmals mächtig Kohldampf
und das Fußballspiel – das waren meine
Begleiter in der Jugend.«

ERNST KUZORRA

Schöpfer des
»Schalker Kreisels«

1940 | Schöpfer des »Schalker Kreisels«

Das weit ausgeschnittene Baumwoll-Trikot hatte sich vom Schweiße Ernst Kuzorras längst dunkel verfärbt. Und auch die Spuren des erbitterten Kampfes gegen den Dresdner SC waren deutlich sichtbar. Eigentlich hätte der Schalker Mannschaftskapitän an jenem 21. Juli 1940 durchaus Grund zur Freude haben können, hatte er doch mit seinem Team mit einem, wenn auch knappen, 1:0-Sieg gegen die Sachsen die fünfte Meisterschaft seit 1934 eingefahren. Doch irgendwie wirkte das Lächeln Kuzorras an diesem Tage gekünstelt, fast gequält. Mit einem übergroßen Lorbeerkranz auf den Schultern wankte der Fußballstar aus dem Ruhrpott über den Rasen des Berliner Olympiastadions und grüßte winkend in die Menge. Tief im Inneren sah es allerdings anders aus in diesem Moment. Ernst Kuzorra konnte den Triumph nicht wirklich genießen, fühlte er sich in jenen Augenblicken doch wieder missbraucht für eine große politische Propaganda. Auf der Schleife des Siegerkranzes stand in dicken Lettern »Deutscher Kriegs-Fußballmeister 1940«. Erstmals in der Geschichte musste sich ein Team so betiteln lassen, weil es das Nazi-Regime so wollte. Doch Kuzorra und die meisten seiner Mannschaftskollegen jener Tage wollten nichts mit der NS-Regierung zu tun haben. Deren führende Persönlichkeiten hingegen ließen sich äußerst gerne mit den Spielern des FC Schalke 04 ablichten. Zählten die »Knappen« in den dreißiger Jahren doch zu den beliebtesten Mannschaften im Deutschen Reich. Kuzorra – bei Schalke der uneingeschränkte Macher, sowohl was die Mannschaft als auch das Vereinsgeschehen betraf – ließ sich nicht gerne vorschreiben, was er zu tun hatte. Er war es von Schalke gewohnt, selbst die Zügel in der Hand zu halten. Doch nun, im krisengebeutelten und kriegslüsternen NS-Reich, wo auch der Sport vermehrt der Gleichschaltung und Kriegspropaganda zum Opfer fiel, hatte sich Ernst Kuzorra unterzuordnen. Ein Zu-stand, der ihm wenig schmeckte. Diese Stimmung spiegelte sich ausdrucksvoll auf den Fotos von der Siegerehrung wieder.

Womöglich war es aber auch Kuzorras Erkenntnis, dass er mit seiner Wunderelf den Zenit überschritten hatte, die ihm dieses gequälte Grinsen ins Gesicht trieb. Zwar ging man als Sieger vom Platz beim Endspiel um die Deutsche Kriegsmeisterschaft. Diesmal jedoch nur mit einem 1:0-Sieg. Im Jahr zuvor hatte man Admira Wien im Finale noch mit 9:0 abgefertigt, dem höchsten Endspielsieg der deutschen Fußballgeschichte. Und auch 1935 und 1937 war man zu deutlichen Erfolgen

mit dem 6:4-Sieg gegen den VfB Stuttgart und dem 2:0 gegen Nürnberg gekommen. Der so genannte »Schalker Kreisel« war in all den Jahren fast jedem Gegner haushoch überlegen. Doch diesmal traf man auf eine Mannschaft, die sich verwegen gegen den Sturmlauf der Schalker stemmte und sich damit als neue starke Fußballmacht erstmals ins Gespräch brachte. Der Dresdner SC mit seinem torgefährlichen Stürmer Richard Hofmann und dem Spielgestalter Helmut Schön, dem späteren Bundestrainer und Weltmeistermacher von 1974, hatte sich 1940 bereits den Vereinspokal gesichert und konnte diesen auch im folgenden Jahr verteidigen. Quasi als Einstimmung auf die ganz großen Triumphe, als man 1943 und 1944 die Deutsche Meisterschaft gewann und damit auch das endgültige Ende des legendären »Schalker Kreisels« besiegelte.

Die Geburtsstunde der Schalker Traumelf Anfang der dreißiger Jahre muss für Kicker der heutigen Generation wie ein Ammenmärchen aus einer fernen Welt klingen. Denn es war kein gewiefter Manager, kein reicher Vereinsboß oder ausgefuchster Startrainer, der das Team formte. Es war Ernst Kuzorra, der als Spielführer ganz nebenbei auch für die Verpflichtung neuer Akteure, die Berufung oder Entlassung eines Trainers, die Mannschaftsaufstellung und sogar für die Spesenabrechnung

> »Wenn ich ein paar Jahrzehnte später geboren worden wäre, würden mir jetzt in Schalke nicht nur ein Haus gehören, sondern ganze Straßenzüge.«
>
> ERNST KUZORRA IN DEN ACHTZIGER JAHREN

nach einem Spiel verantwortlich zeichnete. Er war damit quasi Spielerpersönlichkeit und Manager in einer Person. Diese einzigartige Autorität im Verein hatte sich Kuzorra über Jahre hinweg hart erspielt. Schon im Alter von vierzehn Jahren lief er erstmals für seinen FC Schalke 04 auf und erzielte gleich beim Debüt vier Tore. Fortan zählte er in allen Jugendmannschaften zu den Führungsspielern der jeweiligen Teams, bis er siebzehnjährig seinen Einstand in der Ersten Mannschaft feierte. Und schon ein Jahr später, als achtzehnjähriger Neuling, war er auch im ersten Kader wieder eine der herausragenden Persönlichkeiten. Kuzorra war auf der halblinken Position beheimatet, von wo aus er das Spiel seiner Mannschaft oft strategisch dirigierte. Spielerisch zeichnete er sich vor allem wegen seiner eleganten Dribblings und seiner gezielten Torschüsse aus. Das ausgesprochene Energiebündel war sowohl auf- als auch abseits des Spielfeldes stets vom Ehrgeiz getrieben. Seine Liebe zum Fußballspiel und dem Verein sowie sein energisches aber natürliches Durchsetzungsvermögen bugsierten Kuzorra bald in die Position des uneingeschränkten Machers bei Schalke.

Ernst Kuzorra wollte Erfolg haben und begann ein Team nach seinen Vorstellungen aufzubauen. Er holte unter anderem seinen späteren Schwager Fritz Szepan ins Team, nachdem er diesen in den Straßen von Gelsenkirchen kicken gesehen hatte. Mit weiteren Spielerpersönlichkeiten wie Ernst Klodt, Ernst Bornemann, Otto Schweißfurth, Adolf Urban, Walter Berg, Rudi Gellesch, Ernst Kalwitzki oder Ernst Pörtgen entwickelte Kuzorra bald ein schlagkräftiges Team, das der bis dahin bayerischen Übermacht im Fußball den Kampf ansagen wollte. Denn seit 1914 spielten fast nur süddeutsche Teams wie die SpVgg Fürth, der 1. FC Nürnberg und später

»Er war unheimlich hart gegen sich selbst.«
KUZORRAS TEAMKOLLEGE OTTO TIBULSKI

auch der FC Bayern München die Meisterschaften unter sich aus. Kuzorra und seine Mannen wagten den »Großangriff« und entwickelten dafür ein neuartiges Spielsystem, das unter der Bezeichnung »Schalker Kreisel« bald zum Angstbegriff der Gegner wurde. Es handelte sich dabei um eine spezielle Spielkultur. Die Schalker beherrschten das Kurzpassspiel perfekt und verwirrten die Gegenspieler vor allem mit ihrem schnellen Zuspiel kreuz und quer über den Platz. Ex-Bundestrainer Helmut Schön, der selbst als Spieler mehrmals gegen die Knappen aus Gelsenkirchen antrat, formulierte es einmal so: »Ich dachte zunächst, dass die Schalker Spieler auf dem Platz herumkreiseln würden oder sowas. Doch das Gegenteil war der Fall, denn mit ihrem direkten Zuspiel brachten die Schalker ihre Gegner reihenweise zum Kreiseln, weil man oft gar nicht wusste, wo der Ball gerade war.«

Nachdem die Generalprobe 1933 noch nicht klappte und man im Finale um die Meisterschaft Fortuna Düsseldorf nach einem 0:3 den Vorzug lassen musste, schlug 1934 erstmals die große Stunde der Schalker. Die Knappen erreichten erneut das Finale, »kreiselten« dort den Rekordmeister und hohen Favoriten aus Nürnberg ordentlich ein und siegten am Ende mit 2:1. Bezeichnend dabei ist, dass die Tore von den beiden größten Spielerpersönlichkeiten jener Tage erzielt wurden: Ernst Kuzorra und Fritz Szepan. Kuzorra spielte trotz eines

äußerst schmerzhaften Leistenbruchs die 90 Minuten durch und erzielte in der Schlussminute sogar den Siegtreffer. Anschließend brach er allerdings bewusstlos zusammen. Beim Empfang in Gelsenkirchen, wo die Meisterelf von rund 150 000 begeisterten Anhängern gefeiert wurde, war der Kapitän längst wieder fit. Und er versprach den Fans nicht zuviel, als er noch weitere Meisterfeiern ankündigte. Neunmal erreichte der FC Schalke 04, mit Ausnahme von 1936, fortan bis 1942 das Finale um die Deutsche Meisterschaft. Und dabei ging das Team sechsmal als Sieger vom Platz: 1934, 1935, 1937, 1939, 1940 und 1942. Im Jahr 1937 hatte man an der Glückauf-Kampfbahn in Gelsenkirchen-Schalke gleich doppelt Grund zur Freude: Nachdem man in der Meisterschaft erneut Nürnberg mit 2:0 besiegen konnte, schickten die Knappen im Pokalfinale auch Fortuna Düsseldorf mit 2:1 als Verlierer vom Platz. Als erster Mannschaft überhaupt gelang den Schalkern damit das »Double«.

Die Siegesserie der Knappen endete 1942. Die Karriere des Ernst Kuzorra, des Sohnes eines Bergmanns, allerdings hielt weitere acht Jahre an. Erst 1950 zog der legendäre Spielmacher seine Fußballschuhe endgültig aus, im Alter von fünfundvierzig Jahren. Der Mann mit dem unglaublichen Ballgefühl konnte auf eine außergewöhnliche Karriere zurückblicken. Auch wenn er lediglich zwölf Länderspiele, in denen er sieben Tore erzielte, auf

»Kuzorra ist und bleibt das Herz von Schalke.«
HERBERT BURDENSKI, ALT-NATIONALSPIELER

seinem Konto verzeichnen konnte. Der Grund dafür war wieder einmal seine ausgeprägte Konsequenz. Er hatte sich mit dem damaligen Reichstrainer Dr. Otto Nerz überworfen, da er andere Auffassungen hatte, was die Aufstellung und das Spielsystem betrafen. Und so lief er 1938 gegen Luxemburg letztmals für die Nationalelf auf. Nach dem Abschied von Schalke blieb Kuzorra seinem Verein als Trainer, Präsidiumsmitglied und Berater treu. Das Motto des passionierten Zigarrenrauchers, der viele Jahre lang ein Tabakwarengeschäft am Schalker Markt führte, lautete: »Ich bin in Schalke geboren, habe nur für Schalke gespielt, nur in Schalke gewohnt, in Schalke untertage gearbeitet, und ich werde auch in Schalke sterben.«

Am 1. Januar 1990 starb Ernst Kuzorra, nachdem er sich im Alter von vierundachtzig Jahren von den Folgen einer Oberschenkelhals-Operation nicht mehr erholte.

1941

USA
New York
Yankee Stadium
Sommer 1941

»Es könnte ja sein, dass jemand im Stadion sitzt, der mich noch
nie hat spielen sehen. Den möchte ich nicht enttäuschen.«
JOE DIMAGGIO 1949 AUF DIE FRAGE,
WARUM ER SICH IN DEN SPIELEN STETS SO VERAUSGABT

Liebling der Massen

1941 | Liebling der Massen

An Rekorde hatten sich die Zuschauer im New Yorker Yankee Stadium in den Jahren vor 1941 schon längst gewöhnt. Immerhin hatten die Yankees seit 1936 fünfmal die World Series im Baseball gewonnen. Und auch von deren Superstar Joe DiMaggio war man mittlerweile einiges gewohnt, hatte der doch als Batting Champion der American League in den Jahren 1939 (.381) und 1940 (.353), sowie als Homerun-Champion 1937 (46) so manchen Gegner fast im Alleingang demontiert. Doch was der Centerfielder der New York Yankees in der Saison 1941 ablieferte, verblüffte selbst die erfolgsverwöhnten Fans des Serienmeisters noch nachhaltig. In sechsundfünfzig Spielen in Folge gelang ihm jeweils ein erfolgreicher Hit. Als Schlagmann seines Teams hämmerte er den vom Gegner zugeworfenen Ball so gekonnt ins Feld, dass er mindestens die erste Base erreichen konnte. DiMaggio knackte damit nicht nur den vierundvierzig Jahre alten Rekord von Willie Keeler, sondern übertraf diesen sogar noch um sensationelle zwölf Schläge. Bis heute ist es keinem anderen Spieler gelungen, diese Bestmarke zu erreichen. Joe DiMaggio hat damit vermutlich einen Rekord für die Ewigkeit geschaffen. Überhaupt war das Jahr 1941 eines der geschichtsträchtigsten in der Baseball-Historie. Neben Joe DiMaggios einzigartiger Serie stellte auch Ted Williams von den Boston Red Sox einen neuen Rekord auf, als er einen Batting-Saisondurchschnitt von .406 erreichte. Ein unglaublicher Wert, wenn man bedenkt, dass sich der allgemeingültige Durchschnitt normalerweise irgendwo zwischen .310 und .330 bewegt. Joe DiMaggios Karriere-Höchstmarke lag 1939 bei .381.

New York war nicht nur die sportliche Heimat Joe DiMaggios, es ist zugleich die Geburtsstadt des Baseballspiels in den USA. Nachdem der Begriff bereits Anfang des 18. Jahrhunderts erstmals in amerikanischen Sportbüchern aufgetaucht war, verfasste ein gewisser Alexander Cartwright aus New York 1845 das erste Regelwerk, das sich bis heute nur unwesentlich geändert hat. Er war es auch, der 1846 eine Mannschaft namens »Knickerbockers« gründete und bald darauf erste Turniere ausschrieb. Von New York aus trat das Spiel seinen Siegeszug durch die ganze Nation an. Nach dem Ende des Bürgerkrieges formierte sich in Cincinnati mit den »Red Stockings« der erste professionelle Klub. Weitere folgten, und so konnte schon zwei Jahre später, 1871, die erste Profi-Liga ihren Betrieb aufnehmen. Nach fünf Spielzeiten wurde daraus die bis heute aktive National League, die älteste Sportliga der Welt. Baseball ist in den USA schnell zum Volkssport geworden. Mittlerweile bildet die Major League Baseball das Dach des Baseballsports in Amerika. Sie beheimatet die beiden gleich starken Ligen National League und American League, in denen achtundzwanzig Teams jeweils hundertsechzig Spiele pro Saison austragen. Höhepunkt ist dabei die Endspielserie, etwas hochtrabend auch World Series genannt. Diese hat schon einige Legenden hervorgebracht. Joe DiMaggio ist eine von ihnen.

Joe DiMaggio wurde am 25. November 1914 geboren, zu einer Zeit, als der Baseballsport in den USA seine Boomzeit erlebte. Und so wuchs auch Joseph »Joe« Paul als eines von neun Kindern einer sizilianischen Einwandererfamilie aus der Gegend um San Francisco mit dem Bat in der Hand auf. Gemeinsam mit seinem drei Jahre jüngeren Bruder Dominic entwickelte er schon früh seine Leidenschaft für den Schlagsport. Da sein Vater als Dockarbeiter nur wenig Geld verdiente, konnte es sich die Familie nicht leisten, Joe eine teure Ausrüstung zu kaufen. Dennoch blieb der Junior verbissen seinem Lieblingssport verbunden und bastelte sich notgedrungen eigene Schlagstöcke. Als Teenager besuchte er, so oft es ihm möglich war, die Spiele der San Francisco Seals. Als er später bei einem Probetraining einen Coach mit seinem mächtigen Hit beeindruckte, enga-

> »Die können mir alle nichts vormachen. Die wollen doch nur, dass ich über Marilyn rede. Aber danach ist mir absolut nicht zumute.«
>
> JOE DIMAGGIOS BEGRÜNDUNG, WARUM ER SEINE MEMOIREN NICHT SCHREIBEN WILL

gierte der DiMaggio zunächst für ein Jugendteam. Im Alter von achtzehn Jahren erhielt er schließlich seinen ersten Profivertrag bei den Seals und gab sein Debüt in der Pacific Coast League. Seine außergewöhnlichen Qualitäten als Centerfielder und Schlagmann sprachen sich schnell auch bis zur Ostküste herum. Und so kam es, dass ihm die New York Yankees 1936 einen Vertrag anboten. DiMaggio fackelte nicht lange und zog von Kalifornien in den »Big Apple«. Dies war der endgültige Durchbruch seiner unvergleichlichen Karriere. Gleich im ersten Jahr gelang dem »Rookie« ein Batting Average von .323. Mit den Yankees erreichte er außerdem das Finale der World Series gegen die New York Giants und siegte dort mit 4:2. Mit seinem Batting Average von .346 war Joe DiMaggio maßgeblich an diesem Titelgewinn beteiligt und somit der neue Publikumsliebling der Yankee-Fans. Er wurde prompt in das All-Star-Team berufen, wo er fortan bis 1942 Stammgast war. Mit den Yankees erreichte DiMaggio bis 1939 vier Jahre in Folge das World-Series-Finale, wo sie jeweils überlegen siegten. Auch dank der starken Leistungen Joe DiMaggios, der sich von Saison zu Saison zu steigern wusste. In seinem zweiten Jahr bei den Yankees wurde er mit sechsundvierzig Läufen Homerun-Champion, 1939 Batting Champion der American League mit einem Average von .381, und 1939 ernannte ihn die League erstmals zum besten Spieler der Saison. New York lag DiMaggio zu Füßen, er wurde zum Inbegriff für elegantes Baseballspiel.

Sein sagenhafter Rekord aus dem Jahr 1941, wo er in sechsundfünfzig Spielen in Folge einen Hit landen konnte, und seine zweite Berufung als bester Spieler der Liga sollten vorerst die letzten Höhepunkte der Karriere bleiben. Anschließend gewannen die Yankees zwar noch die World Series, die fünfte mit DiMaggio. Doch nach dem verlorenen Finale 1942 gegen die St. Louis Cardinals musste der Baseballstar seine Laufbahn aufgrund des Zweiten Weltkrieges vorläufig beenden. Joe DiMaggio trat seinen Dienst bei der Luftwaffe an. Nach Kriegsende glaubte kaum jemand mehr an die Wiederkehr des mittlerweile Zweiunddreißigjährigen. Doch DiMaggio kam zurück – und wie. Zum Einstand in der Saison 1946 gelangen ihm fünfundzwanzig Homeruns, wurde er im Jahr darauf zum dritten Mal als bester Spieler der Jahres geehrt und feierte schließlich 1948 gleichzeitig seine Auszeichnungen als Homerun-Champion (39) und Runs-batted-in-Champion (155). Joe DiMaggio war längst zur lebenden Legende geworden. Viele kamen nur ins Stadion, um ihn spielen zu sehen. Tickets für die Heimspiele waren zu jener Zeit nur schwer zu bekommen. Um so größer war dann der Schock unter den Anhängern, als »Joltin´ Joe« 1951 nach dem erneuten Gewinn der World Series, es war sein neunter Titel, den Rücktritt bekannt gab. Im Alter von siebenunddreißig Jahren spürte er, wie sein Körper den großen Belastungen von hundertsechzig Saisonspielen nicht mehr Stand hielt. »Wenn ich nicht meine ganze Leistung geben kann, dann will ich auch nicht mehr spielen«, hatte DiMaggio verkündet. Die Yankees versuchten ihren Star selbst mit dem Rekordgehalt von 100 000 Dollar pro Saison für weitere Spielzeiten zu verpflichten. Doch sein Entschluss stand fest. Die legendäre Nummer »5« lief nie mehr auf.

Abseits der Baseballarenen schuf sich DiMaggio ein kleines Geschäftsimperium und eröffnete unter anderem in San Francisco ein Restaurant. Auf den Titelseiten der Gazetten fand er sich 1954 wieder, als er die berühmte Hollywood-Schauspielerin Marilyn Monroe heiratete. Doch mehr noch als seine erste Ehe mit Dorothy Arnold, die zumindest von 1939 bis 1944 hielt und aus der Sohn Joe III hervorging, erwies sich die Verbindung mit der Sexgöttin der fünfziger Jahre als großer Irrtum. Während sich die Monroe äußerst gerne im Jetset tummelte und das Blitzen der Fotoapparate liebte, konnte sich der eher scheue DiMaggio wenig begeistern für ausgiebige Auftritte in der High Society. Nach nur neun Monaten war die Ehe gescheitert, und DiMaggio zog sich anschließend mehr und mehr aus der Öffentlichkeit zurück. 1969 wurde er zur »größten lebenden Baseball-Legende gewählt« und wagte sich sogar wieder auf das große sportliche Parkett zurück. Er versuchte sich für zwei Spielzeiten als Coach der Oakland Athletics, gab

»Where have you gone, Joe DiMaggio? A nation turns it´s lonely eyes to you …«

TEXTPASSAGE AUS DEM LIED »MRS. ROBINSON«
VON SIMON & GARFUNKEL

danach aber sein wenig erfolgreiches Engagement wieder auf. Fortan lebte er in Florida und sammelte Gelder für Wohltätigkeitsorganisationen. Große öffentliche Auftritte lehnte er hingegen meistens ab. Ebenso das Angebot, seine Memoiren zu veröffentlichen. Erst im fortgeschrittenen Alter gesellte sich Joe DiMaggio gelegentlich zu Sportlerbanketten oder Golfturnieren. Bald schon wurde es auch zur Tradition, dass DiMaggio alljährlich im Yankeestadion zur Saisoneröffnung den ersten Schlag ausführte.

Das hatte er auch am 9. April 1999 wieder vor. Doch vier Wochen vorher, am 8. März 1999, verstarb Joe DiMaggio in Hollywood an Lungenkrebs im Alter von vierundachtzig Jahren. Vor dem Yankeestadion in New York wurde ihm kurz darauf mit einer Bronzestatue ein Denkmal gesetzt. Zur Erinnerung an einen der beliebtesten amerikanischen Sportler des Jahrhunderts.

1942

Schweden
Göteborg
Örgryte-Stadion
1. Juli 1942

»Gunder Hägg hat Großartiges vollbracht. Ich bin
jahrelang an seinen Rekorden gescheitert. Er ist einer
der besten Langstreckenläufer aller Zeiten.«

EMIL ZÁTOPEK

Der fast vergessene
Weltrekordler

Europa zunächst wenig beachtet. Anders hingegen in seiner Heimat Schweden, wo der Läufer wegen seines leichten Laufstils und seiner sympathischen Ausstrahlung fortan zu den Stars der Szene zählte. Wenn er bei Rennen antrat, füllten sich die Arenen schnell, machten die Veranstalter große Kasse. Da war es nur richtig, dass man dem Publikumsmagneten selbst zumindest ein großzügigeres Spesenhonorar zugestand, vielfach auch mehr, als nach den strengen Amateurbestimmungen gestattet war. Dass Hägg bei einem Rennen in Eskilstuna vierhundert Kronen und eine Eisenbahnkarte zugesteckt worden waren, flog im Herbst 1941 schließlich auf. Der schwedische Amateurverband hätte den »Sünder« laut Statuten eigentlich auf Lebenszeit disqualifizieren müssen. Stattdessen schuf man eigens

> »Ich hätte nicht gedacht, dass meine Rekorde so lange Bestand haben würden. So schlecht, wie einige meinten, können sie dann wohl nicht gewesen sein.«
>
> GUNDER HÄGG 1954

für den Fall Hägg eine neue Richtlinie: die befristete Zeitstrafe. Er wurde vom 2. November 1941 bis zum 30. Juni 1942 gesperrt. Eine Farce, denn im Winter fanden ohnehin keine Wettkämpfe statt. Hägg nutzte die Zeit für ausgiebiges Training auf den verschneiten Waldwegen in seinem Heimatdistrikt Jämtland. Nur einen Tag nach Ablauf der Sperre, am 1. Juli 1942, ging der Schwede gleich wieder bei einem Wettkampf an den Start – beim Sportfest des Göteborger Vereins Örgryte, dem Heimatklub von Häggs größtem Widersacher auf sportlicher Ebene: Arne Andersson.

Das Göteborger Stadion war gut gefüllt, als die Akteure des Laufs über eine englische Meile, also 1609 Meter, die Bahn betraten. Die Spannung war groß, wusste man doch nicht, in welcher Verfassung sich Hägg nach der Zwangspause befand. Ob er seinem Konkurrenten Arne Andersson in diesem ersten hochklassigen Wettkampf der Saison das Wasser würde reichen können. Hägg und Andersson waren seinerzeit die besten Langstreckenläufer ihres Landes. Aufgrund fehlender internationaler Gegner forderten sich beide gegenseitig zu immer neuen Höchstleistungen heraus. Im Charakter waren sie grundverschieden: Hägg der ruhige, verschlossene Typ, der stets bis eine Stunde vor den Rennen seelenruhig im Hotel schlief, und Andersson, der Nervöse, der schon in der Umkleidekabine immer aufgeregt auf und ab lief. Beim Rennen am Nachmittag des

1942 | Der fast vergessene Weltrekordler

Während im Sommer 1942 der Zweite Weltkrieg wie ein dunkler Schatten über Europa lag und an den Fronten Soldaten um ihr Leben rannten, lief im neutralen Schweden ein Mann namens Gunder Hägg fast unbemerkt einen Weltrekord nach dem anderen. In anderen Nationen war das sportliche Geschehen längst zum Erliegen gekommen, doch Hägg konnte in der Heimat weiter unbehelligt seiner Leidenschaft des Langstreckenlaufs nachgehen. In dem nordischen Wald- und Seenstaat bekam man nur wenig mit von den mörderischen Schlachten in Europa, und so konnten die Sportler des Landes weiterhin trainieren und gegeneinander in Wettkämpfen antreten. Hägg hielt bereits seit dem 10. August 1941 den Weltrekord über 1500 Meter, die er in 3:47,6 Minuten gelaufen war. Doch schon damals überschatteten die Kriegsmeldungen jedes andere Tagesgeschehen, und so blieb Gunder Häggs Leistung in

1. Juli hatte Andersson auch allen Grund, nervös zu sein, denn Gunder Hägg präsentierte sich in glänzender Verfassung. Mit einem Schritt Vorsprung erreichte er die Ziellinie vor Andersson in 4:06,02 Minuten. In neuer Weltrekordzeit. Er hatte damit den seit 1937 bestehenden Rekord des Engländers Sidney Wooderson um zwei Zehntelsekunden unterboten. Mit reichlich Nachholbedarf in den Beinen reiste Hägg weiter nach Stockholm, wo nur zwei Tage später das nächste Rennen auf dem Programm stand. Diesmal über zwei englische Meilen, 3218 Meter. Am Ende das gewohnte Bild: Hägg vor Andersson im Ziel, mit einer Zeit von 8:47,8 Minuten – Weltrekord. Selbst Andersson blieb mit seinem Lauf in 8:51,4 Minuten noch unter der bisherigen Bestzeit von 8:53,2 Minuten des Finnen Täisto Mäki. Doch Hägg war erneut den entscheidenden Schritt schneller. Für den dritten Rekord ließ sich der Schwede zwei Wochen Zeit. Am 17. Juli trat er erneut in Stockholm an, um seine Weltbestzeit über 1500 Meter mit 3:47,6 Minuten aus dem Vorjahr wenigstens zu bestätigen. Stattdessen unterbot er kurzerhand erneut die Bestzeit mit 3:45,8 Minuten.

Die Schweden waren vollends begeistert über den Triumphzug des Gunder Hägg. Sie sollten noch mehr Grund zum Jubeln bekommen. Sieben weitere Weltre-

»Ich bin um das Erlebnis meines Lebens gebracht worden, als ich bei den Olympischen Spielen 1948 nicht teilnehmen durfte. Da war ich das erste Mal richtig traurig.«

GUNDER HÄGG

korde stellte der beste Langstreckenläufer jener Tage bis zum 20. September 1942 noch auf: am 21. Juni in Malmö über 2000 Meter in 5:16,4 Minuten, am 23. August in Österreich über 2000 Meter in 5:11,8 Minuten, am 28. August in Stockholm über 3000 Meter in 8:01,2 Minuten, am 4. September über eine Meile in 4:04,6 Minuten, am 11. September in Stockholm über drei Meilen in 13:35,4 Minuten. Am 20. September krönte Gunder Hägg seinen achtzigtägigen Erfolgsmarathon mit gleich zwei Rekorden. Zunächst knackte er mit einer Zeit von 13:32,4 Minuten den eigenen Weltrekord über drei Meilen. Anschließend reichte die Kraft sogar für eine weitere Bestzeit über 5000 Meter in 13:58,2 Minuten. Er war damit der erste Mensch, der diese Distanz schneller als vierzehn Minuten lief. Gunder Hägg war das Laufwunder der Kriegsjahre. Im Ausland registrierte man seine einmaligen Leistungen allerdings kaum. Und wenn,

dann belächelte man sie nur, da man die Rekordserie aufgrund des fehlenden internationalen Vergleichs wenig ernst nahm. Auch Gunder Hägg selbst glaubte nicht daran, dass seine Bestzeiten lange Bestand haben würden, wenn der Krieg erstmal beendet sei. Dann, so vermutete er, würden die Rekorde reihenweise purzeln. Doch er irrte. Bis ins Jahr 1954 hielten sie. Ein Beweis dafür, dass seine Leistungen alles andere als Siege bei Provinzrennen waren. Keiner der großen Läufer, zu denen auch der schnelle Tscheche Emil Zátopek gehörte, vermochte in zwölf Jahren die Zeiten auch nur einzustellen. Auch Gunder Hägg selbst nicht. Nicht etwa aufgrund mangelnder Fitness, sondern weil das Aushängeschild der schwedischen Leichtathletik von seinem Verband am 17. März 1946 auf Lebenszeit gesperrt wurde – wegen eines Verstoßes gegen die Amateurregeln.

Wieder einmal war damit ein großer Athlet jener Tage Opfer einer scheinheiligen Sportpolitik geworden. Während sich Veranstalter und Verbände die Taschen vollstopfen durften, nachdem sie mit ausverkauften Stadien ein Vermögen verdient hatten, sollten die Sportler gemäß den Amateurregeln nur ein lächerliches Honorar kassieren. Dabei waren sie es, die mit ihren Auftritten die Massen erst in die Arenen lockten. Das wussten viele Veranstalter zu schätzen und zahlten den »Zugpferden« zumeist unter der Hand ein besseres Honorar als Antrittsprämie. Neid und Missgunst unter den Athleten brachten diese durchaus verständlichen Praktiken immer wieder an die Öffentlichkeit. Und so wurden auch die Topstars der schwedischen Leichtathletik Opfer der undurchsichtigen Verbandspolitik. Sowohl Gunder Hägg als auch Arne Andersson entzog man 1946 kurzerhand den Amateurstatus, weil sie in einem Jahr jeweils mehr als 72 000 Mark verdient hatten. Wie schon zuvor bei der finnischen Lauflegende Paavo Nurmi und dem Amerikaner Jim Thorpe, die beide aus den gleichen fadenscheinigen Gründen auf Lebenszeit disqualifiziert worden waren, endeten auch die Karrieren von Hägg und Andersson abrupt. Gunder Hägg blieb nach den kriegsbedingten Olympiaabsagen 1940 und 1944 auch 1948 in London ein Start verwehrt. Womöglich hätte er selbst 1952 noch in das Geschehen eingreifen können, doch engstirnige Funktionäre wussten dies zu verhindern. Und so werden die großartigen Weltrekorde des Schweden in den Geschichtsbüchern des Sports immer wieder vergessen.

Gemeinsame Kriegsausgabe

Nr. 20

Der Kicker Fußball

DEUTSCHE FUSSBALL-ILLUSTRIERTE * **Illustrierte Sportzeitung**

Amtliches Organ des Reichsfachamtes Fußball im NS-Reichsbund für Leibesübungen

An allen Fronten Nationalspieler vornean!

Eine umfassende Umschau mit Hilfe von Reichstrainer Herbergers Listen beweist, daß der deutsche Fußballsport gerade durch seine Besten schon schwere Opfer brachte

Die Fußball-Nationalspieler sind auch als Soldaten die Ersten! Sie stehen an allen Fronten. Wir verdanken die so viesagende, wertvolle Liste am Schluß unserer Betrachtung Reichstrainer Herberger, der mit fast allen derzeit noch aktiven Nationalspielern persönlich in brieflichem Gedankenaustausch steht. Die Liste macht durchaus keinen Anspruch auf Vollständigkeit. Sie erfaßt aber im wesentlichen jene Nationalspieler, die zur Zeit noch spielen und ferner die Aussichtsreichsten aus Herbergers reicher Schau an Nachwuchstalenten. Den Wunsch, eine vollständige Umschau zu geben, können wir im Rahmen dieser unserer letzten Nummer begreiflicherweise nicht mehr erfüllen.

Nationalspieler zu sein, ist der Inbegriff des schönsten Erfolges für einen jungen Deutschen auf dem Sportfelde. Welches Hochgefühl für ihn, als er in den Hauptstädten Europas für den Triumph der deutschen Farben kämpfte; welche Freude auch, aller Herren Länder zu durchreisen und die bevorzugten Plätze dieser Welt zu schauen. Von der Volkstümlichkeit des Spiels hochgetragen und unter hunderttausend Spielern zur Paradeelf des Reiches berufen, empfindet der Nationalspieler die hohe Ehre zugleich als vaterländische Verpflichtung. Unter der Fahne des Reichs ist er groß geworden; ihr schuldet er in besonderer Weise Dankbarkeit.

Im Zuge der durch den totalen Krieg bedingten Konzentrationsmaßnahmen auf dem Gebiete der Presse stellt unsere Zeitschrift mit dem 30. September 1944 das Erscheinen für die Dauer des Krieges ein. Es werden dabei weitere Kräfte für die Wehrmacht und für die Rüstung frei.

Wir danken unseren Lesern und Freunden für die uns erwiesene langjährige Treue. Mit unserem zuversichtlichen Glauben an den Sieg verbinden wir die Hoffnung, unsere Zeitschrift nach dem Siege allen Beziehern wieder in gewohnter Weise liefern zu können.

Aus arbeitstechnischen Gründen hat die Reichspressekammer die Anweisung erteilt, daß die Rückzahlung von zuviel gezahlten Bezugsgeldern möglichst unterbleiben soll. Der Verlag wird deshalb verpflichtet, diese Beträge an das Winterhilfswerk abzuführen. Bezieher, die mit dieser Regelung nicht einverstanden sind, müssen sich unter Vorlage der Zahlungsbelege bis zum 31. Oktober 1944 wegen Rückvergütung an den Verlag wenden.

Die Zeit ist eine andere geworden. Das Vaterland ringt in einem zweiten Weltkrieg um seinen Bestand, ruft alle Männer und Söhne, Frauen und Mädchen gegen den Ansturm dreier Erdteile auf das Schlachtfeld und in die Schmiede. Im sechsten Jahre schon. Aus dem Verteidiger auf dem Fußballfeld ist längst ein Verteidiger an den Fronten, aus dem Stern unter Elfen ein Soldat unter Millionen geworden. Aus der Schar der Nationalspieler, wie sie der Reichstrainer noch um sich versammelt hatte, starben zwölf den Heldentod: zwei Torwächter, drei Verteidiger, zwei Läufer und fünf Stürmer. Von Köhl bis Urban trägt jeder Mannschaftsposten den welken Lorbeer eines tapferen Helden und beliebten Spielers.

In unserer Liste der Nationalspieler finden wir 26 als verwundet bezeichnet, einige mehrmals. Andreas Kupfer trägt das silberne Verwundetenabzeichen. Pohl verlor einen Arm, doch spielte er weiter in der Elf der Deutschen Meister. Schlimmer traf es Hans Fiederer, der seiner Liebe zum Spiel schreibender Weise treu geblieben ist. 77 Namen umfaßt die Liste der Nachwuchsspieler, von welchen 33 den Heldentod gestorben sind. Von den Torwächtern Abromeit und Ittel bis zu den Flügelstürmern Erich Meng und Reinhardt. 30 Prozent aus der Reichsauswahl sind also vor dem Feind gefallen. Eine umflorte aber stolze Rechenschaft des deutschen Fußballsports.

Diese Ehrentafel beschränkt sich auf die Nationalspieler und den Nachwuchs des letzten Jahrzehnts. Sie wird, weiter rückschauend, noch um manchen bekannten Namen ergänzt. So sind aus der 30er Mannschaft Bergmaier und Krumm zur gleichen Zeit im Osten gefallen, und der Kieler Widmaier und Hugo Mantel und

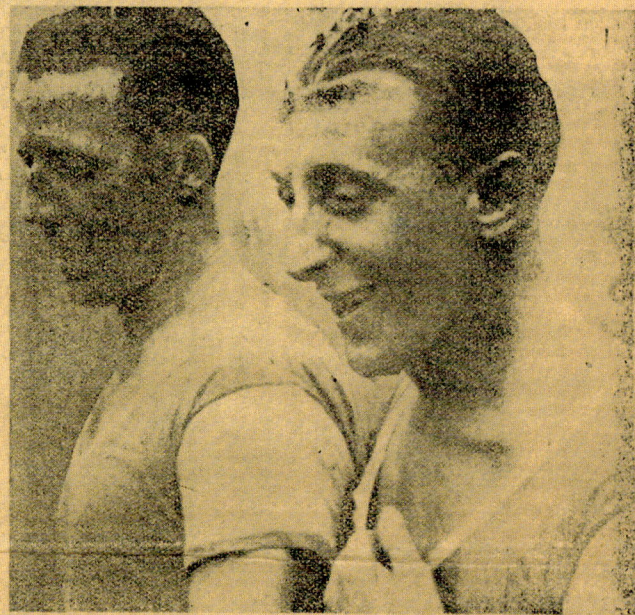

Unter den gefallenen Nationalspielern ist Urban (rechts) der erfolgreichste Stürmer gewesen. 21mal stand er in unserer Nationalelf, meist am linken Flügel, oft in der Verbindung. Mit seinem Vereinskameraden Szepan bildete er die berühmte linke Flanke der so erfolgreichen „Breslauer Elf". In seinem Meisterklub Schalke 04 machte er seit dem ersten siegreichen Endspiel 1934 über Nürnberg alle Triumphe mit. Neben ihm einer seiner tüchtigsten Mitarbeiter in Schalkes Reihen, Ernst Kalwitzki (Bild Schirner)

Ludwig Leinberger starben wie ihr Vorgänger Hans Lang nach Fronteinsatz in einem Heimatlazarett. Die Torwächter haben einen besonders hohen Anteil an den Verlusten und zu ihnen gehört auch Dr. Carl Zörner, der stellvertretende Reichsfachamtsleiter vor Wolz.

Zahlreich sind die Auszeichnungen unserer Nationalspieler. Ltn. Pliska trägt das Ritterkreuz, Ltn. Picard das Deutsche Kreuz in Gold, oft auch ziert das EK. 1 die Brust unserer tapferen Männer.

Man ist leicht geneigt, den Erfolgen einer Kriegsmeisterschaft besonders günstige Verhältnisse zuzuschreiben; und wird ihr nicht gerecht damit. Kriegsversehrte kehrten z. B. auch in die Schalker Mannschaft zurück, die in Urban und Füller zwei ihrer stärksten Spieler verlor und noch manches Talent dazu. Auf einige Spieler des Nachwuchses hatte Herberger mit besonderer Freude gewartet. Er wird sie nicht mehr wiedersehen. Sie besiegelten ihr junges Leben mit der Erfüllung einer ernsteren Pflicht. 33 aus Herbergers Liste von 77 fielen. Auch für den Nationalspieler zählen die Jahre doppelt. Verdiente Kämpen mit seltenen Länderspiel-Jubiläen werden nach dieser Pause kaum mehr zur ersten Garde gehören.

Drei Jahre noch spielte unsere Nationalmannschaft im Kriege weiter, trug eine stattliche Serie von Länderspielen aus, mit großartigen Erfolgen, wie den beiden 5:3 in Bern und Budapest, dem 7:0 gegen die Ungarn in Köln, zu Beginn das 5:2 über den Weltmeister und die knappe Niederlage in Mailand, das Wiedersehen mit Spanien, freilich auch die herkömmliche Niederlage in Stockholm und die mißlungene Revanche in Berlin, dazwischen die vielen Begegnungen mit den befreundeten kleinen Ländern. Das Treffen in Preßburg beendete für die Dauer des Krieges den Reigen der Länderspiele mit dem Kalenderjahr 1942.

e. m.

A. Nationalspieler

Torhüter

Klodt Hans, 1914, Feldw., Ost verw.
Flotho Heinz, 1914, Ogfr., We, Bal. Ost verw.
Jahn Helmut, 1917, We
Buchloh Fritz, 1909, Oblt. (EK. 1) We, Ost, Kreta, St.A.
† Sonnrein Willi, 1913, Lt., It. gef.
Deyhle Erwin, 1914, Ogfr., We, Ost
† Köhl Georg, 1910, Ost gef.
Jakob Hans, 1908, uk-St.
Fütti Franz, 1911, Funker, Ost, verw.
Martinek Alex, 1920, Uffz. (EK. 2), Ost, verw.

Verteidiger

Welsch Kurt, 1915, Uffz., Po, We, Ost
Miller Karl, 1913, Wchtm. (EK. 2), Ost, Flak
† Gramlich Hermann, 1913, Ogfr., Ost, gef.
† Stürkh Erwin, 1910, Ost, gef.
† Tiefel Willi, 1919, Ost, gef.
Billmann Willi, 1911, uk-Stellung
Moog Alfons, 1915, Uffz., We
Dittgens Heinz, 1915, Feldw., We, Ost verw.
Streitle Jakob, 1916, Wchtm. (EK. 2), We, Ost, verw.
Immig Franz, 1918, Gefr., Ost
Janes Paul, 1912, Ogfr., Flak

Läufer

Schmaus Willi, 1911, Uffz., Sanitäter
Kubus Richard, 1914, Uffz., Po, We, Ost
Dzur Walter, 1919, Ogfr., Ost, verw.
Schubert Helmut, 1916, Gefr., Ost, verw.
Kupfer Andreas, 1914, Uffz., (EK. 2), Ost, 3mal verw.
Männer Willi, 1912, Uffz., Ost
Schädler Erwin, 1917, Oblt. (EK. 1), We, Ost, verw.
Bernard Robert, 1913, Gefr., Flak Wa
Rohde Hans, 1914, Feldw., We, Ost
† Mengel Hans, 1917, Uffz. (EK. 1), We, Ost, gef.
† Jakobs Johann, 1916, Feldw., We, Ost

Postort: Nürnberg, den 26. September 1944

(Ins Haus 2 Pfg. mehr)   Preis: 20 Pfennig

1944

Deutschland
Nürnberg
September 1944

»Auf einige Spieler des Nachwuchses hatte Herberger mit besonderer
Freude gewartet. Er wird sie nicht mehr wiedersehen. Sie besiegelten
ihr junges Leben mit der Erfüllung einer ernsteren Pflicht. 33 aus
Herbergers Liste von 77 fielen.«

DER KICKER/FUSSBALL VOM 26. SEPTEMBER 1944

Sportler an der Front

Er beauftragte seinen Propagandaminister Joseph Goebbels, den »totalen Krieg« zu organisieren, was auch die Aufrüstung der Wehrmacht beinhaltete. Goebbels wurde dazu mit allen nötigen Befugnissen ausgestattet. Und die nutzte der Minister aus. Denn er brauchte jeden verfügbaren Mann, um die Kampfbereitschaft Deutschlands weiter zu gewährleisten. Er stellte daher 1943 fast alle sportlichen Aktivitäten völlig ein. Unabhängig von Rang und Namen wurden nun selbst prominente Sportler wie Ex-Boxweltmeister Max Schmeling und Weltrekordläufer Rudolf Harbig zum Wehrdienst eingezogen. Die Folgen für den deutschen Sport waren verheerend. Während Schmeling als Fallschirmjäger schwer verletzt

»Im Zuge der durch den totalen Krieg bedingten Konzentrationsmaßnahmen auf dem Gebiete der Presse stellt unsere Zeitschrift mit dem 30. September 1944 das Erscheinen für die Dauer des Krieges ein. Es werden dabei weitere Kräfte für die Wehrmacht und für die Rüstung frei.«

DER KICKER/FUSSBALL VOM 26. SEPTEMBER 1944

1944 | Sportler an der Front

Eigentlich war sich Adolf Hitler seiner Sache ganz sicher, als er den Überfall auf die Sowjetunion befahl. Man wollte den Klassenfeind mal eben im Durchmarsch einnehmen. So hatten es sich die Krieg führenden Nazis jedenfalls vorgestellt. Doch dann kam alles ganz anders. Der Wintereinbruch mit Schnee und Kälte überraschte die deutschen Truppen. Und die Russen leisteten zudem erbitterten Widerstand. Hitlers Planspiele waren gescheitert. Spätestens dann, als die blutige Schlacht um Stalingrad tausende Menschenleben forderte. Bis dahin hatte der Führer selbst noch schützend seine Hand über die prominenten Sportler des Deutschen Reiches gehalten, dienten sie doch schon seit Jahren vorzüglich für propagandistische Zwecke. Doch nach den unerwartet großen Verlusten an der Ostfront musste Hitler sein geliebtes Vorzeigekind, die von ihm gerne propagierte sportliche Übermacht der Deutschen, endgültig opfern.

wurde, bezahlte Harbig seinen Einsatz an der Ostfront bei Kiew mit dem Leben. Mit ihm fielen unzählige Prominente, und auch weniger bekannte Sportkollegen, deren Namen heute in keinem Geschichtsbuch mehr erwähnt sind. Doch viele von ihnen haben das Sportgeschehen jener Jahre bereichert. Und nicht wenige galten als hoffnungsvolle Talente für die Zukunft. Mögliche Europa- und Weltmeister, Olympiasieger oder angehende nationale Sportikonen starben im Bomben- und Kugelhagel eines sinnlosen Krieges.

Als 1939 der Krieg über Europa hereinbrach, hatte man insgeheim noch gehofft, dass dieser bald einem schnellen Friedenspakt weichen würde. Einzelne sportliche Wettkämpfe gingen daher zunächst unbeirrt weiter. Die Australian Open im Tennis etwa fanden im Januar 1940 wie gewohnt statt, ebenso wie die Skispiele am Holmenkollen in Norwegen. Doch die Friedenshoffnungen schwanden mit jedem Monat mehr. Schon bald erfuhr der Sport nicht nur in Deutschland starke Einschränkungen. So mussten die Läufer ab April 1940 auf ihre Spikes verzichten, weil deren Produktion als »nicht kriegswichtig« fast vollständig eingestellt wurde. Zu wertvoll war der Rohstoff Stahl für den Kriegsalltag geworden und blieb daher fortan der Herstellung von Waffen und Panzern vorbehalten. Die Tour de France fand 1940 erst gar nicht mehr statt. Und auch Kraftstoffe für die bis dahin äußerst beliebten Autorennen auf der

Berliner Avus oder dem Nürburgring wurden stark rationiert.

Doch Adolf Hitler wollte den Sport aus propagandistischen Gründen auch während des Krieges nicht völlig brachliegen lassen. Man rief daher im März 1940 einen Kriegssportausschuss ins Leben, der folgenden Erlass

»Leibesübungen sind von besonderer Bedeutung während des Krieges, um die Widerstandskraft der Nation zu erhalten.«
ERLASS DES KRIEGSSPORTAUSSCHUSSES 1940

beschloss: »Leibesübungen sind von besonderer Bedeutung während des Krieges, um die Widerstandskraft der Nation zu erhalten.« Vor allem die großdeutsche Fußball-Nationalelf unter der Führung des neuen Reichstrainers Sepp Herberger stand als leuchtendes Beispiel für erfolgreiche sportliche Ertüchtigung jener Tage. Sie machte dem »Führer« viel Freude, gewann sie doch 1941 immerhin sechs von neun Länderspielen. Während die Fußballer ihre Erfolge auf den Spielfeldern feierten, beklagte die deutsche Sportgemeinde bereits die ersten Verluste verdienter Akteure auf den Kampffeldern. Hunderte mussten schon zu Beginn der Aggressionen ihr Leben für das Vaterland lassen. So wie der 400-Meter-Läufer Helmut Hamann, der am 22. Juni 1941, dem Tag des deutschen Überfalls auf die Sowjetunion, an der Front den Tod fand. Er hatte mit der 4x400-Meter-Staffel bei den Olympischen Spielen 1936 in Berlin die Bronzemedaille gewonnen. Wenige Tage später kamen auch der Weitsprung-Europameister Wilhelm Leichum, der 400-Meter-Hürden-Europameister Hans Scheele sowie der Leichtathlet Georg Glaw ums Leben.

Im Jahr 1942 wurde schließlich auch der Skisport eingestellt. Selbst den damaligen Pistenstar Christl Cranz forderte man auf, ihre Skier den Soldaten an der Ostfront zu überlassen. Um die Moral der Sportler im Krieg zu stützen, vergab der nationalsozialistische Reichsbund für Leibesübungen im September 1942 erstmals das Versehrten-Sportabzeichen für Kriegsopfer. Wer es angesteckt bekam, konnte sich, trotz aller Leiden, wenigstens glücklich schätzen, noch am Leben zu sein. Viele Sportler, die als Soldaten in den Krieg zogen, kehrten erst gar nicht mehr zurück. Die Liste der Toten wurde von Jahr zu Jahr länger. Unter ihnen war auch Hans Woellke, der 1936 in Berlin die Goldmedaille im Kugelstoßen gewonnen hatte. Ebenso Luz Long, Europameister und Silbermedaillen-Sieger von 1936 im Weitsprung,

der sich in Berlin mit dem amerikanischen Superstar Jesse Owens spannende Zweikämpfe geliefert hatte. Der Tod des Ringers Werner Seelenbinder hingegen, Olympia-Vierter 1936, wurde zunächst nicht öffentlich bekannt. Als Mitglied einer Widerstandsgruppe richtete man ihn am 24. Oktober 1944 in Brandenburg hin.

Selbst als sich bereits abzeichnete, dass der Krieg womöglich bald beendet sein würde und Deutschland kurz vor der Kapitulation stand, wurden weitere Sportler Opfer eines längst sinnlos gewordenen Kampfes. Heinz Schlauch etwa, Europameister im Schwimmen, der bei Kämpfen am Niederrhein starb. Einige andere wurden von den eigenen Landsleuten getötet, weil sie jüdischer Abstammung waren, zum Beispiel Gustav Felix Flatow, Olympiasieger 1896 am Barren. Er wurde im Januar 1945 im Konzentrationslager Theresienstadt vergast. Waren diese Sportler einst gefeierte Volkshelden

»Wollt Ihr den totalen Krieg?«
PROPAGANDAMINISTER JOSEPH GOEBBELS

und dienten dem Regime zur Selbstdarstellung, wurden sie im Krieg plötzlich zum Störfaktor einer geisteskranken Ideologie. Der Sport hat somit Tausende von aktiven Anhängern verloren, die ihren Mitmenschen durch sportliche Leistungen zuvor viel Freude bereiteten.

1945

Deutschland
Berlin
Allierter Kontrollrat
17. Dezember 1945

»Die körperliche Ertüchtigung wird auf Grundlagen der Heil-
hygiene und des Ausgleichssports erfolgen, unter Ausschluss
solcher Übungen, die militärähnlichen Charakter besitzen.«

Ein zaghafter Neubeginn

1945 | Ein zaghafter Neubeginn

Als im Frühjahr 1945 die letzten Bomben über Deutschland explodiert waren und die Siegermächte einmarschierten, da lag nicht nur ein Großteil der Städte in Schutt und Asche. Auch das gesellschaftliche Alltagsleben war weitestgehend zum Erliegen gekommen. Selbst die sportlichen Strukturen, von Hitlers Regime schon ab 1933 gleichgeschaltet, waren längst nicht mehr präsent. Der von den Nazis gesteuerte Reichsbund für Leibesübungen, der zuletzt vom deutschen IOC-Mitglied Karl Ritter von Halt geführt worden war, war fortan ebenso wie der Krieg selbst nur noch Geschichte. Das ehemalige Deutsche Reich wurde von den Siegermächten in vier Besatzungszonen eingeteilt und der militärischen Verwaltung von Frankreich, Großbritannien, der USA und der Sowjetunion unterstellt. Eine der ersten Amtshandlungen der Alliierten war noch im Mai 1945 das offizielle Turnverbot im ganzen Land. Auch auf internationaler Ebene wurde Deutschland fast komplett isoliert, nachdem es zum Beispiel vom Fußballweltverband FIFA im Juni 1945 als Mitglied ausgeschlossen wurde und allen anderen Mitgliedern jeder sportliche Kontakt verboten wurde. Da jedoch die Menschen in den Kommunen den Sport schnell wieder als eine der wenigen Möglichkeiten zu gesellschaftlichen Zusammenkünften entdeckten und vermehrt den Drang nach sportlichen Wettkämpfen verspürten, sahen sich die Besatzungsmächte bald gezwungen, den sportlichen Alltag zu reglementieren. Denn in keinem Fall sollte der ehemalige Kriegstreiber Deutschland erneut die Möglichkeit erhalten, mit Hilfe von Organisationen und Verbänden womöglich neue militärische Kräfte zu entwickeln. Die ersten zaghaften Bemühungen einzelner Funktionäre und Behörden, sportliche Wettkämpfe durchführen zu dürfen, wurden daher meistens nur schroff abgeschmettert. Eine der wenigen erfolgreichen Anfragen kam im Juni 1945 von Karl Helfmann aus Frankfurt. Seiner Hartnäckigkeit war es zu verdanken, dass die US-

Militärbehörden seinem Gesuch für die Durchführung eines Fußballspiels am 8. Juli zustimmten. Allerdings pochten die Amerikaner darauf, dass für die beiden Teams von Union Niederrad und dem Sportverein Frankfurt nur Spieler ohne NS-Vergangenheit auflaufen durften. Keine leichte Aufgabe, die Helfmann da zu erfüllen hatte. Er fand schließlich zweiundzwanzig »reine Jungs«, und so erlebten 5000 Besucher den 7:1-Sieg der Frankfurter beim ersten offiziellen Fußballspiel nach dem Krieg. Der Sport erwachte langsam zu neuem Leben – zwischen den Trümmern einer zerstörten Nation.

Am 17. Dezember 1945 gaben die vier Besatzer eine gemeinsame Order darüber aus, wie der Sportbetrieb in Deutschland zu regeln sei. Die so genannte Direktive Nr. 23 des Alliierten-Kontrollrats bestimmte fortan die »Limitation of Sport in Germany«. In dem ausführlichen Papier ging es vor allem darum, dass die einzelnen Kreise ihr sportliches Geschehen künftig allein organisieren durften, allerdings war die Gründung jeglicher Sportorganisationen weiterhin verboten. Und schon gar nicht durften solche Sportarten betrieben werden, die einstmals der militärischen Körperertüchtigung dienten. Dazu zählten das Fallschirmspringen, Fechten, Schießen und der Segelflug. Es war aber innerhalb der Gemeindegrenzen erlaubt, Vereine zu gründen – mit vorheriger Sondergenehmigung. Diese durften allerdings, so die Anweisung, keinerlei weitere finanzielle Unterstützung außer vom jeweiligen Zonenkommandeur erhalten. Dies war quasi die Stunde Null des deutschen Sports. Und so machten sich fortan viele eifrige Sportsleute im ganzen Land daran, die ersten Vereine neu- oder wiederzugründen. Mit viel Improvisation und Idealismus schuf man neue Sportstätten. Fußballfelder, Laufbahnen, und selbst ganze Stadien entstanden aus Ruinen. Und engagierte Trainer in den verschiedensten Sportarten formten alsbald aus Talenten neue Leistungsträger.

In Berlin etwa übergab Captain Howard L. Howell, Kommandant der hier stationierten US-amerikanischen Fernmeldekompanie 7773 am 13. Juni 1949 offiziell eine neue Turnhalle an Kinder und Jugendliche der Stadt. Die Sportstätte war in nur vier Monaten durch den finanziellen und persönlichen Einsatz von Mitgliedern der 7773 Signal Service Company errichtet worden.

Wie zarte Setzlinge wucherten die Vereine im Laufe der Jahre zu immer größeren »Gewächsen«, bis sich nach und nach wieder ein neues sportliches Geflecht in Deutschland entwickelt hatte. Mit der Schaffung der ersten Landessportbünde Ende 1946 wurde dieser Prozess weiter beschleunigt. Und langsam begannen auch die Siegermächte ihre strengen Auflagen zu lockern.

Der Boxer Max Schmeling etwa war einer der ersten prominenten Sportler, der von den Militärbehörden wieder eine Lizenz für öffentliche Auftritte bekam. Und dem »Tennisbaron« Gottfried von Cramm gestattete man gar als erstem deutschen Sportler überhaupt, das Land zu verlassen. Am 12. April 1948 durfte sich schließlich in Frankfurt am Main auch ein Deutscher Fußball-Ausschuss gründen, dessen Vorsitz Peco Bauwens übernahm. Dies war auch der Grundstein für Überlegungen, ein zentrales Organ für den gesamten deutschen Sport zu schaffen. Nachdem am 8. August die erste Nachkriegsmeisterschaft im Fußball ausgespielt wurde, die der 1. FC Nürnberg nach einem 2:1 über Kaiserslautern in Köln gewann, regte sich auch in anderen Sportberei-

> »Die organisatorische Aufsplitterung der Alliierten schränkt den innerdeutschen Sportbetrieb stark ein. Wir brauchen daher Fachverbände mit Zuständigkeiten über die Ländergrenzen hinaus.«
>
> HEINRICH SORG, BEFÜRWORTER EINES
> DEUTSCHEN SPORTBUNDES, 1948

chen der Wunsch nach erweiterten Wettkampfmöglichkeiten. Zumal Deutschland nach wie vor isoliert war im internationalen Sportgeschehen. So fanden auch die V. Olympischen Winterspiele in Sankt Moritz und die Sommerspiele 1948 in London ohne deutsche Athleten statt.

Die Vorhut des Fußballsports bewirkte eine verstärkte Aufbruchstimmung im Sportbereich. Nachdem sich, trotz starker Proteste der Besatzungsmächte, am 1. Juli 1949 der Deutsche Fußball-Bund (DFB) in Stuttgart wiedergründete, beschlossen zwei Wochen später auch die Vereine in den westlichen Besatzungszonen, die »Arbeitsgemeinschaft deutscher Sport« ins Leben zu rufen. Die Alliierten erklärten diese Organisationen ebenso wie später auch den Deutschen Turnerbund (DTB) und den Deutschen Schützen-Bund (DSB) aufgrund der Direktive aus dem Jahr 1945 zwar für ungesetzlich. Doch die sportlichen Strukturen waren in Deutschland mittlerweile längst wieder derart gewachsen, dass auch die Besatzungsmächte bald einsehen mussten, dass diese Entwicklung nicht mehr zu stoppen war. Mit der Gründung des Nationalen Olympischen Komitees (NOK) am 24. September 1949, nur wenige Tage nach der Amtsübernahme der ersten Regierung unter Konrad Adenauer, war der Damm endgültig gebrochen. Nachdem die FIFA ihren Boykott gegen deutsche Mannschaften 1949

aufgehoben hatte, auf starkes Betreiben der Schweiz und Großbritanniens hin, durften deutsche Athleten auch bei den Olympischen Spielen 1952 in Helsinki erstmals wieder an den Start gehen. Um die Reisekosten für die Sportler in Höhe von 1,25 Millionen Mark überhaupt zahlen zu können, gründete sich zuvor die Deutsche Olympische Gesellschaft (DOG), die Gelder für die leere Kasse des NOK sammelte. Deren erster Vorsitzender wurde Georg von Opel. Das Ziel, eine gesamtdeutsche Mannschaft nach Helsinki zu schicken, erfüllte sich allerdings nicht, nachdem sich am 22. April in Ost-Berlin ein eigenes NOK der DDR formierte. Dieses lehnte die Bildung einer gesamtdeutschen Olympiamannschaft rigoros ab. Und so liefen am 19. Juli 1952 lediglich die 173 Athleten aus dem westlichen Teil Deutschlands ins Olympiastadion ein. Die Sportler der DDR wurden vom Internationalen Olympischen Komitee ausgeschlossen.

Am 22. November 1950 fand schließlich auch das erste Länderspiel nach dem Zweiten Weltkrieg statt, bei dem die Elf von Bundestrainer Sepp Herberger die Schweiz mit 1:0 besiegte. Die Nachbarn aus dem Alpenstaat hatten sich zuvor wieder einmal als äußerst loyal erwiesen, nachdem sie sogar Geldbußen der FIFA in Kauf nahmen, als sie verbotenerweise Freundschaftsspiele gegen deutsche Städtemannschaften austrugen. Die enge sportliche Beziehung des deutschen Fußballsports zur Schweiz hatte seinen Ursprung schon Jahrzehnte zuvor gefunden, als der DFB bereits 1908 das erste Länderspiel überhaupt gegen die Schweizer Nationalelf bestritt und mit 3:5 verlor. Und auch nach dem Ende des Ersten Weltkrieges waren es wieder die Schweizer, die Deutschland 1920 zum Länderspiel nach Zürich einluden, wo man erneut mit 1:4 unter die Räder kam. 1950 war es ein gewisser Ernst Thommen, der sich für eine Wiederaufname der Deutschen in die FIFA besonders stark machte. Ein rühmliches Zeichen dafür, dass es der Sport im Lauf der Jahrhunderte immer wieder geschafft hat, politische Grenzen zu überwinden.

1946

USA
New York
Yankee Stadium
19. Juni 1946

»Joe Louis ist der Größte.«
MUHAMMAD ALI

Der »Braune Bomber«

1946 | Der »Braune Bomber«

Irgendwie hatte der Schwergewichtsboxer Joe Louis in Bezug auf seine Karriere stets ein äußerst gespaltenes Verhältnis zu Deutschland. Was wenig verwunderlich erschien, nachdem ihm zunächst der Deutsche Max Schmeling am 19. Juni 1936 eine bittere K.o.-Niederlage zugefügt hatte und er später, aufgrund der Kriegsaggressionen des Dritten Reiches, seine Boxhandschuhe während des Zweiten Weltkrieges für annähernd fünf Jahre an den Nagel hängen musste. Doch beide Ereignisse stärkten in dem Amerikaner höchstens das Verlangen nach mehr, als dass er eine Abneigung gegen Deutschland entwickelt hätte. Nach dem Ende des Krieges meldete sich der »Braune Bomber«, der bereits in den Jahren zwischen 1937 und 1941 das Schwergewichts-Geschehen dominiert hatte, am 19. Juni 1946 im New Yorker Yankee Stadium als noch immer amtierender Weltmeister zurück. Es galt, seinen Ruf als bis dato bester Schwergewichtler aller Zeiten zu untermauern. Mittlerweile bereits 32 Jahre alt, schien Louis´ Körper nach dem freiwilligen Militärdienst bei der US Army, wo er etliche Schaukämpfe vor Soldaten bestritten hatte, in besserer Kondition zu sein als jemals zuvor. Die

> »Wir tasteten uns ab. Aber plötzlich spürte ich seine Faust direkt unter meinem linken Auge. Ich hatte den schmerzhaften Jab nicht einmal im Ansatz gesehen. Ich antwortete mit meiner Rechten, aber sie kam zu kurz.«
>
> MAX SCHMELING IN SEINEN *ERINNERUNGEN* ÜBER DEN ERSTEN SCHLAG VON JOE LOUIS IM KAMPF 1936

45 000 Besucher am Ring realisierten dies ebenso wie die zig Millionen Zuschauer, die in eigens errichteten Fernsehräumen die erste Liveübertragung eines Boxkampfes verfolgten. Ein historischer Moment für den Boxsport. Denn mit den TV-Kameras und den millionenschweren Übertragungsrechten zog vermehrt auch die Manipulation in die Boxarenen ein. Nicht wenige Kämpfe stehen bis heute im Verdacht, von zwielichtigen Promotern mit der Aussicht auf lukrative Rückkämpfe und hohe Einschaltquoten »gekauft« worden zu sein.

Dazu zählte jedoch keinesfalls jener von Joe Louis am 19. Juni 1946, als er erstmals nach über vier Jahren den WM-Titel gegen seinen Landsmann Billy Conn verteidigte. Nachdem sich die Beiden in den ersten Runden noch vorsichtig »abgetastet« hatten, wollte es Louis ab Runde fünf genau wissen. Wie in alten Zeiten ergriff er

plötzlich die Initiative und hämmerte mit einem regelrechten Schlaghagel auf den fast wehrlosen Conn ein. Mit dem Gong rettete der sich schließlich in die nächste Runde, die Louis allerdings noch aggressiver eröffnete. Billy Conn ging wenig später erstmals zu Boden, rappelte sich aber wieder hoch. In Runde acht waren es schließlich zwei harte Kopftreffer von Louis, die Conn endgültig fällten. Das »Stehaufmännchen« Joe Louis meldete sich eindrucksvoll zurück. Wie damals, nachdem er seinen Peiniger Max Schmeling im Revanchekampf 1938 gleich in der ersten Runde »zertrümmert« hatte.

Fast zehn Jahre lang war Joe Louis zu diesem Zeitpunkt bereits Weltmeister aller Klassen, und er hatte vor, es noch einige Jahre zu bleiben. Im September 1946 verteidigte er seine WM-Krone gleich nochmal gegen Tami Mauriello, den er bereits in der ersten Runde auf die Bretter schickte. Louis war dafür bekannt, dass er keiner Titelverteidigung aus dem Weg ging. In den Jahren 1939 und 1940 brachte er es auf jeweils vier Kämpfe, von denen er insgesamt sieben durch K.o. gewann. Den absoluten Rekord erreichte er 1941, als er gleich sieben Gegner als Verlierer aus dem Ring schickte. Derart viele Kämpfe waren in der damaligen Zeit durchaus etwas Außergewöhnliches. Normalerweise verteidigte ein Champion seinen Titel einmal pro Jahr, höchstens zweimal. Doch Louis wollte mehr. Er wusste nicht viel anzufangen mit der Zeit zwischen den Kämpfen, und so trainierte er quasi pausenlos für den jeweils nächsten Fight. Mit dieser Intensität verschaffte sich der Boxer aus Lexington in Alabama schnell großen Respekt bei Gegnern und Experten weltweit. Louis war gegen Ende der dreißiger Jahre der Inbegriff des perfekten Boxchampions. Für seine Titelverteidigung gegen den ehemaligen Sparringspartner Joe Walcott am 5. Dezember 1947 in New York hätte Louis allerdings besser ein wenig intensiver trainiert. Denn nicht mal 118 Sekunden standen sich die beiden Kämpfer im Madison Square Garden gegenüber, da landete der krasse Außenseiter Walcott den ersten satten Treffer am Kinn des Weltmeisters. Der 12:1-Favorit Louis taumelte benommen und ging schließlich zu Boden. Den »Braunen Bomber« zu Fall zu bringen, hatte bislang nur einer geschafft: Max Schmeling 1936. Nun, elf Jahre später, fand sich der Champion erneut dort wieder. Zwar rappelte er sich wieder auf, doch Walcott witterte seine Chance und setzte erbarmungslos nach. In der vierten Runde erwischte er Louis erneut am Kinn, woraufhin der Champ wieder zusammensackte. Der Gong rettete ihn über die Zeit. Auch in den folgenden Runden dominierte der Herausforderer klar. Louis wehrte sich vereinzelt mit wütenden Schlagattacken, doch nach fünfzehn Runden sah jeder Walcott als Sieger. Nicht so allerdings das Kampfgericht. Dieses errechnete einen zweifelhaften Punktsieg für Louis.

Nach nunmehr fast vierzehn Jahren als Profiboxer schien Louis nach diesem Debakel gewarnt zu sein, dass seine Zeit langsam ablaufen würde. Doch Louis wollte mehr, zumindest noch den alleinigen Rekord von fünfundzwanzig Titelverteidigungen. Und die dazu fehlende wollte er wieder gegen Joe Walcott bestreiten, nachdem er massive Kritik aus der Öffentlichkeit wegen des zweifelhaften Punktsieges im Jahr zuvor einstecken musste. Dafür traten beide Kämpfer am 25. Juni 1948 im Yankee Stadium in New York erneut gegenander an. Und wie schon im ersten Kampf war es wieder Walcott, der das Geschehen bestimmte und Louis in der dritten Runde voll am Kinn traf. Louis landete erneut am Boden. Walcott führte bis zur zehnten Runde klar nach Punkten. Dann nahm Louis plötzlich alle Kräfte zusammen, stürmte entschlossen auf Walcott zu und versetzte seinem Widersacher einige schwere Treffer gegen den Kopf. Joe »The Old Nigger« Walcott ging schließlich k.o., und Louis war am Ziel seiner Träume. Er hatte mit dem Sieg über Walcott seinen Titel seit 1937 ganze fünfundzwanzigmal verteidigt und damit einen alleinigen neuen Rekord aufgestellt. Im Alter von fast 34 Jahren wäre dies ein guter Anlass für einen Rücktritt vom aktiven Sport gewesen. Sein ehemaliger Gegner Max Schmeling jedenfalls vollzog diesen Schritt am 31. Oktober 1948. Louis hingegen dachte zunächst nicht daran, ließ sich dann aber von seinen Betreuern doch dazu überreden, die Karriere zu beenden. Am 1. März 1949 gab er seinen Weltmeistertitel offiziell und kampflos zurück.

Nach einundsiebzig Kämpfen mit sechsundsechzig Siegen und vierundfünfzig Knockouts hätte sich Joe Louis mit dem Preisgeld von insgesamt fünf Millionen

Dollar einen schönen Lebensabend machen können. Doch als Privatier kam der »Größte«, wie ihn auch Max Schmeling einmal bezeichnet hatte, gar nicht zurecht. Seine Ehe ging in die Brüche, sein Sohn wandte sich von »dem Geisteskranken« ab, und auch das angesammelte Vermögen zerrann ihm bald unter den Fingern. Ebenso wie zuvor Schmeling war auch Louis bald aus finanzieller Not heraus gezwungen, wieder in den Ring zu steigen. Dafür trat er am 27. September 1950 in New York gegen seinen Nachfolger Ezzard Charles an. Am Ende blieb ihm allerdings statt des erhofften WM-Titels lediglich eine Punktniederlage nach fünfzehn Runden.

Zu gering war seine Schlagkraft mittlerweile, zu schwach seine Kondition. Doch Louis wollte nicht aufgeben, wollte noch einmal das »Stehaufmännchen« des Boxsports sein. Innerhalb von nur neun Monaten bestritt er anschließend acht Kämpfe, allesamt gegen »Fallobst«, wie man eher schwache Gegner im Boxslang bezeichnet. Louis konnte zwar alle Fights gewinnen und dabei auch den einen und anderen Knockout landen. Doch der Siebenunddreißigjährige war von einem glanzvollen Comeback meilenweit entfernt. Dennoch trat der physisch ausgebrannte »braune« Joe Louis am 26. Oktober 1951 gegen den »weißen« Rocky Marciano an. Und dieser Kampf wurde endgültig zur Demontage des einstigen Idols. Der achtundzwanzigjährige Marciano zertrümmerte die Legende Joe Louis regelrecht, hetzte ihn nach Belieben durch den Ring, bis ein krachender Haken in der achten Runde Louis endgültig von den Beinen holte. Rocky Marcianos Stern ging strahlend auf, der von Louis war längst verglüht. Und es kam noch schlimmer: Der Fiskus verlangte eine Steuernachzahlung von einer Million Dollar, sein Sohn ließ ihn für kurze Zeit ins Irrenhaus einweisen, und am Ende jobbte der größte Boxer, den die Welt bisher gesehen hatte, als Portier im Hotel Cesars Palace in Las Vegas.

In Las Vegas starb Joe Louis schließlich auch – am 12. April 1981 nach einer Herzoperation. Auf persönliche Weisung des damaligen Präsidenten Ronald Reagan wurde Joe Louis auf dem Heldenfriedhof in Arlington bei Washington beigesetzt. Der Weltboxrat wählte ihn 1981 zum »Boxer des Jahrhunderts«.

1948

England
London
Empire Stadium
4. August 1948

Die »fliegende Hausfrau«

1948 | Die »fliegende Hausfrau«

Sehr graziös sah sie aus und äußerst sportlich zugleich, wie Francine Elsje Blankers-Koen da in ihrem weißen Wettkampfshirt mit der angehängten Startnummer 692 stand und Dehnübungen praktizierte. Gespannt richteten sich die Blicke der Zuschauer auf die Aschenbahn der Londoner Empire-Arena, wo sich der große Leichtathletikstar aus den Niederlanden am 2. August 1948 auf seinen olympischen 100-Meter-Lauf vorbereitete. Vielleicht mochte der Schein ja auch trügen. Denn eigentlich wollte keiner der viel beschworenen Experten der damals Dreißigjährigen noch große Sprünge während dieser Olympischen Spiele zutrauen. Sie habe ihren sportlichen Zenit längst überschritten, hieß es vielfach in den Gazetten. Zumal Blankers-Koen bereits zwei Kinder zur Welt gebracht hatte und als Hausfrau und Mutter das Training zunehmends vernachlässigen musste. Doch Fanny, wie die erfolgreiche Leichtathletin von ihren Landsleuten liebevoll genannt wurde, strafte alle Kritiker Lügen. Sie gewann die 100 Meter mit drei Zehntelsekunden Vorsprung vor der Britin Dorothy Manley in einer Zeit von 11,9 Sekunden. Mehr noch: Die »fliegende Hausfrau« setzte während der gesamten Olympischen Spiele in London einen Maßstab, der bis heute von keiner anderen Sportlerin übertroffen werden konnte. Fanny Blankers-Koen gewann gleich vier Goldmedaillen. Neben dem Sieg über 100 Meter distanzierte sie auch im 200-Meter-Rennen die Konkurrenz gleich um sieben Zehntel und lief nach 24,4 Sekunden als Erste ins Ziel. Die 80 Meter Hürden gewann sie knapp vor der Britin Gardner in 11,2 Sekunden, und in der 4x100-Meter-Staffel ermöglichte sie dem niederländischen Team, trotz eines 5-Meter-Rückstands vor der letzten Runde, mit einem fulminanten Lauf doch noch den Sieg. Das Phänomen Fanny Blankers-Koen faszinierte die Massen in den vierziger Jahren wie keine andere Leichtathletin zuvor. Denn zwischen all ihren sportlichen Auftritten versäumte es die sportliche Hausfrau nicht, stets ihren Mutterpflichten nachzukommen. Seelenruhig stillte sie häufig ihre Kinder Jan und Fanny am Rande der Wettkampfstätten. Moderner Spitzensport mit ausgeklügelten Trainingseinheiten war ihr fremd, sie errang ihre Rekorde gleichsam nebenbei. Angetrieben vom Spaß am Sport.

Eigentlich hatte die groß gewachsene Sportlerin, die bereits mit vierzehn Jahren ihre ersten Wettkämpfe bestritt, im Schwimmbecken Karriere machen wollen. Da die Niederlande zu jener Zeit allerdings bereits über ein großes Potenzial an exzellenten Schwimmerinnen ver-

fügten, riet ihr ein Trainer, es stattdessen lieber in der Leichtathletik zu versuchen. Fanny fasste tatsächlich schnell Fuß im vielfältigen Bereich der Leichtathletik. Als sportliches Multitalent machte sie erstmals international auf sich aufmerksam, als sie im Alter von achtzehn Jahren in Amsterdam 1,605 Meter hoch sprang und sich damit prompt auf Position 3 der Weltrangliste katapultierte. Bei den nationalen Ausscheidungen für die Olympischen Spiele 1936 siegte sie schließlich sowohl im 100-Meter-Lauf als auch im Hochsprung. Der niederländische Verband nominierte sie jedoch nur für den Hochsprung. Bei den Spielen in Berlin belegte sie dann allerdings »nur« Rang sechs mit einem 1,55-Meter-Sprung. Nachträglich wurde sie auf den fünften Platz gesetzt, nachdem die deutsche Europameisterin Dora Ratjen als Hermaphroditin entlarvt wurde. Ebenfalls einen fünften Rang erreichte Fanny Blankers-Koen in Berlin zudem mit der Sprintstaffel der Niederlande. Die Erinnerungen an die Spiele im Nazideutschland blieben für die junge Sportlerin zeitlebens sehr zwiespältig. Aus sportlicher Sicht verdiente sie sich hier ihre ersten Sporen. Doch aus menschlicher Sicht, so beschrieb es Blankers-Koen noch Jahre später, habe sie sich von Hitlers Regime missbraucht gefühlt.

Vielleicht auch gerade deshalb wurde die junge Niederländerin nach den Olympischen Spielen 1936 noch erfolgshungriger. Sie wollte endlich einmal selbst auf das Siegertreppchen steigen. Es gelang ihr auf internationaler Ebene 1938 bei den ersten Leichtathletik-Europameisterschaften der Frauen überhaupt. Sowohl auf der 100-Meter- als auch auf der 200-Meter-Distanz wurde sie jeweils Dritte und machte damit erstmals auch als Sprinterin auf sich aufmerksam. Doch es blieben ihr gerade mal drei weitere Jahre, in denen sie zur internationale Spitze aufschließen konnte, bevor der Krieg das

> »So wie Owens 1936 in Berlin unter den Athleten alle überragte, so überstrahlte der Ruhm der fliegenden Holländerin alle weiblichen Rivalen von London 1948.«
>
> AUS EINEM BERICHT IM *SPORT-MAGAZIN* VOM 11. AUGUST 1948

sportliche Treiben in Europa beendete. Bis ins hohe Alter schmerzte es die Holländerin, dass ihr die Nazis mit ihrem politischen Treiben und dem daraus resultierenden Zweiten Weltkrieg die besten sportlichen Jahre geraubt hatten.

Die wirren Kriegsjahre, die dafür auch verantwortlich zeichneten, dass die Olympischen Spiele 1940 und

1944 ausfielen, nutzte die Sportlerin für die Familienplanung. 1940 heiratete sie den Sportlehrer und Journalisten Jan Blankers, der als Zehnkämpfer bei den Spielen 1936 in Berlin angetreten war. Nebenbei übernahm er fortan auch das Traineramt für seine Frau. Doch mit der sportlichen Betreuung seiner Gattin hatte Jan Blankers zunächst noch wenig Arbeit, da 1941 Sohn Jan zur Welt kam. Viele sahen damit das Karriereende von Fanny Blankers-Koen besiegelt. Doch stattdessen trumpfte die junge Mutter anschließend erst richtig auf. Gerade mal ein Jahr nach der Geburt gelang ihr bereits der erste Weltrekord über 80 Meter Hürden in 11,3 Sekunden. Sie wurde kurz darauf niederländische Meisterin über 100 Meter, 200 Meter, 80 Meter Hürden sowie im Hoch- und im Weitsprung. Blankers-Koen war fortan die sportliche Macht in ihrer Heimat. Und bald auch weltweit. Sie

»Ich bin eben ein zäher Typ, der Sport und die Hausarbeit haben mich rüstig gehalten.«

FANNY BLANKERS-KOEN 1999

sprang 1,67 Meter hoch, dann 1,69 Meter und schließlich 1,71 Meter. So hoch wie noch keine Frau zuvor. Und am 19. September 1943 überbot sie mit einem 6,25-Meter-Satz im Weitsprung den Rekord der Deutschen Christel Schulz. Drei weitere Weltrekorde sollten im Jahr 1944 folgen.

Auf dem sportlichen Höhepunkt, im Alter von siebenundzwanzig Jahren, gebar die Athletin Tochter Fanny. Abermals schrieb man die »Unvergleichbare« ab. Und abermals erwies sich die zweifache Mutter als »Stehaufmännchen«. Fanny Blankers-Koen selbst beschrieb es einmal so: »Wenn man schwanger ist, muss man sich rund neun Monate lang um zwei Körper kümmern. Das ist wie eine Art Doping.« Unbeirrt von den zusätzlichen Pflichten als Mutter und Hausfrau feilte die Niederländerin weiter an ihrer sportlichen Karriere. Und das, obwohl sie im Sommer lediglich dreimal pro Woche trainieren konnte, und im Winter gar nur einmal. Mehr Zeit blieb ihr nicht. Dennoch: Sechs Wochen vor den Olympischen Spielen 1948 in London legte sie weitere Weltrekorde vor. Fortan trug sie den Beinamen »fliegende Hausfrau«.

Trotz der Rekorde vor den ersten Nachkriegsspielen 1948 in London zweifelte die Fachwelt daran, dass das niederländische Leichtathletikwunder gegen die neue starke Konkurrenz aus den USA und Jamaika sowie gegen die jungen und pfeilschnellen Läuferinnen aus

Australien und Großbritannien bestehen könne. Fanny Blankers-Koen konnte es und machte sich mit ihren vier Goldmedaillen gar unsterblich. Ihr Mann Jan hatte großen Anteil daran, da er sie zum Start im 200-Meter-Finale und in der 4x100-Meter-Staffel erst überreden musste. Denn nach dem Gewinn der zweiten Goldmedaille wollte sie bereits die Heimreise antreten, zu groß war die Sehnsucht nach ihren Kindern. Doch sie blieb und ergatterte schließlich zwei weitere Goldmedaillen. Zurück in Holland, wurde Blankers-Koen mit einer Ehrenparade empfangen, wie sie die Holländer zuvor noch nicht erlebt hatten. Und Königin Juliana schlug Gold-Fanny als Heldin der Nation zur Ritterin. Zwei Jahre später konnte die »fliegende Hausfrau« bei den Europameisterschaften in Brüssel noch drei weitere Europameisterschaftstitel über 100 Meter, 200 Meter und 80 Meter Hürden erringen. Im neuen Frauenfünfkampf erreicht sie 1951 in Bern den ersten offiziellen Weltrekord mit 4692 Punkten. Ihre persönlichen Bestleistungen über 100 und 200 Meter, und damit neue Weltrekorde, lief sie gar erst 1952 im Alter von vierunddreißig Jahren. Das waren zugleich auch die letzten internationalen Erfolge der einzigartigen Athletin, »der ersten großen Figur der Frauen-Leichtathletik«, wie der Internationale Leichtathletik-Verband (IAAF) Blankers-Koen in seiner Festschrift zum hundertjährigen Bestehen würdigte. Zwar trat sie noch bei den Olympischen Spielen 1952 in Helsinki an, musste dort aber wegen einer Leistenverletzung schon nach dem Hürdenzwischenlauf aufgeben. Am Ende zierten dreiunddreißig Landesrekorde, achtundfünfzig Landesmeistertitel, fünf Europameisterschaftstitel, zwölf Weltrekorde und natürlich ihre unvergesslichen vier Goldmedaillen aus dem Olympia-Jahr 1948 die Erfolgsliste der Sportlerin.

Nach Abschluss der aktiven Sportlerlaufbahn engagierte sich die bis ins hohe Alter rüstige Niederländerin mehrere Jahre lang als Frauenwartin im niederländischen Leichtathletikverband. Die Sportwelt hat den Leichtathletikstar des frühen Jahrhunderts bis heute nicht vergessen. Von der International Athletic Foundation wurde die 81-jährige Niederländerin 1999 zur Athletin des Jahrhunderts gewählt.

1949

Frankreich
Paris
Prinzenparkstadion
24. Juli 1949

»Aufgeben willst Du? Kein Hund in ganz Italien wird
dann noch ein Stück Brot von Dir nehmen.«
TEAMLEITER ALFREDO BINDA ZU FAUSTO COPPI
WÄHREND DER TOUR DE FRANCE 1949

Die schnellen Beine

1949 | Die schnellen Beine

Im Vorfeld der Tour de France 1949 war eigentlich allen Experten klar, dass Vorjahressieger Gino Bartali wieder als großer Favorit ins Rennen starten würde. Der Italiener gehörte mit seinen vierunddreißig Jahren zwar zu den ältesten Toursiegern aller Zeiten, doch vor allem aufgrund seines kraftvollen Antritts auf den Bergetappen ließ er seine Konkurrenten noch immer reihenweise hinter sich. Und so startete der Kapitän des italienischen Bianchi-Teams zuversichtlich in die 4808 Kilometer lange 36. Tour de France mit einundzwanzig Etappen. Doch schon nach den ersten Tagen zeichnete sich ab, dass die größte Konkurrenz nicht etwa von anderen Teams kam, sondern vielmehr vom eigenen. Ausgerechnet jener Fausto Coppi, der im Frühjahr bereits zum dritten Mal den Giro d´Italia mit einem Vorsprung von 23:47 Minuten auf Bartali gewonnen hatte, entpuppte sich plötzlich als Störenfried. Der dreißigjährige Tour-Debütant scherte sich wenig darum, dass Bartali als Kapitän des Teams zum Sieg geführt werden sollte. »Wer mich schlagen will, muss schneller fahren als ich«, machte Coppi seinen Ambitionen Luft. Als Coppi während der fünften Etappe stürzte und dabei die Gabel seines Rades brach, schien der forsche Auftritt des Italieners bereits beendet zu sein. Quälend lange zwölf Minuten musste er auf den Materialwagen warten und kam daraufhin am Ende der Etappe mit dreiundvierzig Minuten Rückstand auf den Gesamtführenden im Ziel an. Coppi wollte nach diesem Debakel aussteigen. Doch nachdem Teamleiter Alfredo Binda und Coppis Trainer Biagio Cavanna beschwörend auf den frustrierten Fahrer eingeredet hatten, ließ er sich doch noch überzeugen, die Tour im Sinne der Mannschaft zu beenden. Am Anstieg zum Kleinen St. Bernhard, während der siebzehnten Etappe, verließen Gino Bartali dann unerwartet die Kräfte, und Coppi nutzte ohne Zögern seine Chance. Er riskierte vor allem bei den Abfahrten Kopf und Kragen und kam am Zielort in Paris schließlich doch noch als Tour-Sieger an. Mit einem kaum mehr für möglich gehaltenen Vorsprung von 10:55 Minuten vor Bartali. Coppi war damit der erste Radprofi in der Geschichte überhaupt, der innerhalb eines Jahres sowohl beim Giro d´Italia als auch bei der Tour de France siegte.

Fausto Coppi war bereits in jungen Jahren das, was man ein Naturtalent nennt. Schon im Jugendalter zeichnete sich seine Begeisterung für den Radsport ab. Nachdem er die Volksschule beendet hatte, nahm er eine Lehrstelle in einer Metzgerei im Piemont an, 25 Kilometer von seinem Heimatort Castelliania entfernt. Diese Strecke fuhr er täglich auf dem Rad seines Bruders Serse. Schon bald begann er, sich die tröge Zeit des Strampelns damit zu versüßen, indem er fortan täglich die Zeit stoppte, die er für die Strecke benötigte. Das weckte seinen Ehrgeiz für den sportlichen Vergleich mit anderen. Obwohl der junge Fausto einen Großteil seines Verdienstes im Elternhaus abliefern musste, um zum Lebensunterhalt der einfachen Bauernfamilie beizutragen, legte er sich regelmäßig ein paar Lire zur Seite, um sich bald ein eigenes Rennrad leisten zu können. In Novi Ligure traf der Siebzehnjährige eines Tages auf Biagio Cavanna, ein ehemaliger Radrennfahrer, der nach einem Unfall fast völlig erblindet war. Der hatte sich in der Zwischenzeit einen guten Namen als Masseur gemacht und bot auch Coppi eine Lektion in richtiger Muskelpflege an. Als er den Teenager auf der Massagebank unter seine Finger bekam, erkannte Cavanna sofort den außerge-

»Wer mich schlagen will, muss schneller fahren als ich.«
FAUSTO COPPI 1949

wöhnlichen Körperbau Coppis. Eine leichte Rückenwölbung sowie extrem lange Arme und Beine verliehen Coppi die besten Voraussetzungen für die Karriere als Radprofi. Cavanna nahm sich fortan dem gezielten Training Coppis an und schickte ihn zunächst zu einigen Freizeitrennen. Nachdem Fausto selbst bei anspruchsvollen Rennen vermehrt siegte, intensivierte Biagio Cavanna seine Bemühungen, Coppi zum endgültigen Schritt ins Profilager zu bewegen. Als ihm zum Jahresende 1939 schließlich ein Vertragsangebot vom Team Legnano ins Haus flatterte, überlegte Coppi nicht lange und unterzeichnete.

Sein Debüt als Profi gab Fausto Coppi 1940 beim Rennen Mailand – San Remo, als Wasserträger des größten italienischen Radstars jener Zeit: Gino Bartali. Der zwanzigjährige Neuling schlug sich grandios und machte prompt von sich Reden, nachdem er zeitgleich mit seinem Kapitän Bartali das Rennen als Achter beendete. Dies war zugleich der Beginn einer Rivalität zwischen Coppi und Bartali, die zwischenzeitlich gar in Hassekapaden ausuferte. Das bereits angespannte Verhältnis zwischen dem Jung- und dem Altfuchs wurde weiter verschärft, als sich Coppi im Frühjahr 1940 für den Giro d´Italia qualifizierte. Nach einem Sturz Bartalis übernahm Coppi forsch die Führungsrolle im Team und konnte am Ende das Rennen sensationell gewinnen. Damit war nur wenige Monate nach seinem Einstand als Profifahrer ein neuer Radstar in Italien geboren. Voller Ehrgeiz plante der junge Italiener nun den Angriff auf die Weltspitze des Radsports und begann sogleich mit dem Versuch, den Stundenweltrekord des Franzosen Maurice Archambaud zu brechen. Auf der Vigorelli-Bahn in Mailand trat Coppi dafür im Frühjahr 1942 wie besessen in die Pedale und hatte nach sechzig Minuten ganze 45,848 Kilometer auf dem Tacho. Das waren einunddreißig Meter mehr, als Archambaud fünf Jahre zuvor herausgefahren hatte. Doch sollte sich Coppi seiner wachsenden Beliebtheit bei den eigenen Landsleuten nicht lange erfreuen können, da der Zweite Weltkrieg das sportliche Leben in ganz Europa lahm legte. Coppi geriet in Afrika in britische Gefangenschaft und wurde erst 1945 befreit. Im Anschluss heiratete er seine Sandkastenliebe Bruna Ciampolini.

Sofort begann Coppi auch wieder, an seiner Radsportkarriere zu feilen. Das Schicksal wollte es, dass es ihn 1945 erneut mit seinem alten Rivalen Gino Bartali in das gleiche Team verschlug. In den folgenden Jahren lieferten sich die beiden Radstars in der Mannschaft von Bianchi erbitterte Zweikämpfe. Während Bartali den ersten Nachkriegs-Giro d´Italia 1946 mit knapp siebenundvierzig Sekunden Vorsprung vor Coppi für sich entscheiden konnte, ließ ein Jahr später Coppi seinen Konkurrenten hinter sich. Immer wieder kam es anschließend zu diversen Skandalen im Bianchi-Team, meistens ausgelöst durch deren Vorzeigefahrer Bartali und Coppi. So wie 1948, als beide bei den Weltmeisterschaften in den Niederlanden vorzeitig vom Rad stiegen, nachdem sie keine Chancen mehr auf den Titelgewinn hatten. Der italienische Verband belegte die unsportlichen »Kampfhähne« anschließend mit einem zweimonatigen Startverbot. Mit entsprechend großer Wut im Bauch startete Fausto Coppi in die Saison 1949 – eine seiner erfolgreichsten überhaupt. Er siegte mit jeweils drei Etappenerfolgen sowohl beim Giro d´Italia als auch bei der Tour de France.

Fortan haderte Fausto Coppi allerdings zunehmend mit seinem Schicksal. Nach zwei Siegen bei Frühjahrsklassikern 1950 stürzte der Campionissimo während der neunten Etappe des Giro derart unglücklich, dass er sich einen komplizierten Beckenbruch zuzog. Damit war die Saison bereits beendet, bevor sie richtig begonnen hatte. Kaum hatte sich Coppi physisch wieder aufgerappelt, da folgte 1951 der nächste Tiefschlag. Sein jüngerer Bruder Serse, der seit 1948 ebenfalls im Bianchi-Team fuhr, stürzte auf der Schlussetappe der Piemont-Rundfahrt und starb wenig später an einer Gehirnblutung. Coppi war psychisch am Ende und wollte seine Karriere beenden. Doch sein alter Weggefährte, Trainer und Masseur Biagio Cavanna überredete ihn wieder einmal dazu, das Richtige zu tun. Nachdem er im Frühjahr 1952 zum vierten Mal beim Giro d´Italia gewinnen konnte, reizte Coppi in jenem Jahr die Tour de France ganz besonders. Denn ihm als Bergspezialisten kam es äußerst gelegen, dass es bei dieser Tour erstmals echte Bergankünfte gab.

»Die Flügel des großen Reihers sind zur Ruhe gekommen.«
SCHLAGZEILE DES *CORRIERE DELLA SERA* NACH COPPIS TOD 1960

Und so distanzierte er seine Verfolger, darunter durchaus erfahrene Kletterspezialisten wie Stan Ockers, Jean Robic und auch Gino Bartali, in den Pyrenäen und in den Alpen um Längen. Mit einem sagenhaften Vorsprung von achtundfünfzig Minuten erreichte Fausto Coppi am Ende als Sieger Paris. Als er im Herbst auch noch die Straßenweltmeisterschaft in Lugano gewann, wurde Coppi zum Volkshelden in Italien und zum verehrten Radstar im restlichen Europa.

Allein der Liebe zu einer Frau hatte es Fausto Coppi zu »verdanken«, dass seinem Mythos in der Heimat bald tiefe Schrammen zugefügt wurden. Er hatte sich bereits 1948 in die verheiratete Schönheit Giulia Locatelli verliebt. Im erzkatholischen Italien jener Zeit ein unverzeihliches »Verbrechen«. Coppi verließ schließlich seine Ehefrau Bruna, lebte mit Locatelli ohne Trauschein zusammen und zeugte mit ihr den gemeinsamen Sohn Faustino, der 1955 geboren wurde. Fortan wurde Coppi von den Medien und den eigenen Landsleuten als Ehebrecher verhöhnt und verachtet. Ungeachtet dessen setzte er seine Karriere fort, wenngleich er längst zu großen Taten nicht mehr fähig war. Als der alternde Radstar 1959 an einem Einladungsrennen in Westafrika teilnahm, kehrte er mit starkem Fieber zurück. Er hatte sich mit einer bis dahin unbekannten Malariakrankheit infiziert. Die behandelnden Ärzte waren hilflos und ergriffen die falschen Maßnahmen. Fausto Coppi starb am 2. Januar 1960 im Alter von nur vierzig Jahren an den Folgen der Krankheit.

1951

Deutschland
Berlin
Olympiastadion
30. Juni 1951

»Hin und wieder stimmt es mich traurig,
dass mir der Zweite Weltkrieg meine
besten Fußballerjahre nahm.«
FRITZ WALTER

Der »Große Fritz«

Längst nicht alle Fußballfans wussten zu Beginn des Jahrhunderts, in welchen Teil Deutschlands sie eine Stadt namens Kaiserslautern einzuordnen hatten. Der dort ansässige Fußballklub 1. FCK war zwar bereits 1900 gegründet worden, doch auf nationalem Parkett hatte man von diesem Provinzverein kaum etwas gehört. Erst als dort im Jahr 1938 ein schmächtiger siebzehnjähriger Teenager mit Sondergenehmigung sein Debüt in der ersten Mannschaft gab, kam langsam Bewegung in das sportliche Geschehen der Kleinstadt. Er reifte innerhalb kürzester Zeit zum Kopf des Teams. Und er war es auch, der nach dem Ende des Zweiten Weltkrieges, als auch Kaiserslautern in Schutt und Asche lag, eine neue Mannschaft aufbaute. Diese erreichte bereits 1948 das erste Nachkriegsendspiel um die Deutsche Meisterschaft, das jedoch mit 1:2 gegen den 1. FC Nürnberg verloren wurde. Doch plötzlich war die Pfälzer Kleinstadt eine der großen Adressen im deutschen Fußball. Dank Fritz Walter, der zuweilen Trainer, Mittelstürmer und Regisseur in einer Person war. Im Jahr 1951 begann der aufgehende Stern des 1. FC Kaiserslautern endgültig hell zu strahlen. Man wurde Meister der Oberliga Südwest und hatte sich damit für die Endrundenspiele zur Deutschen Meisterschaft qualifiziert. In der Gruppe 1 hatte man die vermeintlich stärksten Gegner erwischt. Die SpVgg Fürth etwa, den Süddeutschen Meister des Jahres 1950. Und den FC Schalke 04, den dominierenden Verein der Vorkriegsjahre. Allein der FC St. Pauli erschien als lösbare Aufgabe. Mit vier Siegen, je einer Niederlage und einem Unentschieden wurde Lautern schließlich Gruppensieger und traf im Endspiel auf Preußen Münster. Im Berliner Olympiastadion wollten die »Roten Teufel« am 30. Juni 1951, nach einer Vizemeisterschaft 1948 und einem dritten Platz 1949, endlich den Pokal in die Pfalz holen. Fritz Walter trieb seine Mannschaftskameraden immer wieder nach vorne, »Lautern« veranstaltete einen wahren Sturmlauf auf das Münsteraner Tor. Erfolgreich: Walter traf gleich zweimal ins Tor. Allerdings nicht Fritz, sondern dessen viereinhalb Jahre jüngerer Bruder Ottmar. Mit 2:1 besiegte man Preußen Münster, der 1. FC Kaiserslautern war erstmals Deutscher Meister und fortan eine neue Macht im deutschen Fußball. Fritz Walter wurde nach diesem Triumph endgültig als die uneingeschränkte Leitfigur der Kickerbranche in der Nachkriegsrepublik anerkannt.

Fritz Walter war bei allem Engagement auf dem Fußballplatz alles andere als ein publicitysüchtiger Spieler, der mit aller Gewalt im Rampenlicht stehen wollte. Der eher schüchterne Kapitän der Lauterer hatte das Leitwolfsyndrom vielmehr einfach in sich, er strahlte von Hause aus eine völlig natürliche Autorität aus. Auf dem Spielfeld verstand es der Mittelstürmer, seine Mitspieler sanft und ohne lautes Gehabe in die richtige Position zu dirigieren. Nicht etwa aus persönlicher Eitelkeit heraus – es ging Fritz Walter immer nur um den Erfolg der ganzen Mannschaft. Ihm war es eher peinlich, wenn sich die Zeitungsreporter nach siegreichen Spielen meistens nur auf ihn stürzten, ihn als den Star hochloben wollten. »Ich bin nur einer von elf Spielern, bitte vergessen Sie die anderen nicht«, wurde er bei Interviews nicht müde, seine Mannschaftskameraden in Erfolgsstories einzubinden. Er wollte nie der Star der Truppe sein, auch wenn er es aufgrund seiner spielerischen Leistung und seines genialen taktischen Verständnisses auf dem Platz zumeist automatisch war. »Ohne die anderen Mitspieler kann auch ich nichts bewegen«, entgegnete Fritz Walter oft in seiner für ihn typisch bescheidenen Art allen Lobgesängen. Damit hatte er zweifelsfrei recht, doch andererseits waren die Mitspieler ohne Fritz Walter oftmals auch nicht in der Lage, etwas bewegen zu können. Der 1. FC Kaiserlautern hätte zwischen 1951 und 1955 womöglich nicht fünfmal in Folge im Endspiel um die Deutsche Meisterschaft gestanden und dieses 1951 und 1953 gewonnen, wenn der Kapitän nicht Fritz Walter

> »Der Fritz hat mehr Ballgefühl im kleinen Zeh als wir alle zusammen in zwei Füßen.«
>
> MAX MORLOCK ÜBER SEINEN NATIONALMANNSCHAFTSKOLLEGEN

gehießen hätte. Und ob die deutsche Auswahlelf 1954 auch ohne Walter so sensationell das Finale der Weltmeisterschaft erreicht hätte, wo man den Übergegner Ungarn mit 3:2 bezwang, bleibt fraglich.

Als gebürtiger »Pfälzer Jung« trat der siebenjährige Fritz Walter 1928 dem 1. FC Kaiserslautern bei, wo er zunächst als Verteidiger auf der rechten Außenposition in der Schülermannschaft spielte. Im Lauf der Jahre formten die jeweiligen Trainer der Jugendteams den Abwehrspieler zu einem effektiven Angreifer um. Sie hatten längst die Qualitäten des Youngsters als Spielmacher und Stürmer mit dem richtigen Riecher für torgefährliche Situationen erkannt. Spieler dieser Güte waren damals wie heute eher eine Seltenheit, und so war es wenig verwunderlich, dass die Vereinsführung dieses Juwel bald in der ersten Mannschaft sehen wollte. Da Fritz Walter zu Beginn der Spielzeit 1937/38 noch keine achtzehn

Jahre alt war, musste man beim DFB eine Sondergenehmigung einholen. Und so begann 1937 eine der größten Karrieren des deutschen Fußballs überhaupt – im gleichen Jahr, in dem Sepp Herberger das Training der deutschen Fußball-Nationalmannschaft von Dr. Otto Nerz übernahm. Nicht nur diese Gemeinsamkeit sollte für eine enge Bindung zwischen Herberger und Walter stehen, die sich im Laufe der Jahre mehr und mehr intensivierte. Reichstrainer Sepp Herberger hatte den agilen Fritz Walter bald im Visier für die Nationalmannschaft, für deren Neuaufbau er junge Talente wie den Lauterer Mittelstürmer dringend benötigte. Doch die politischen Verhältnisse blockierten Herbergers Ideen zunächst. Nach der Annektion Österreichs im April 1938 musste der »Chef« aus zwei Mannschaften eine großdeutsche formen und hatte dadurch einen enormen Spielerüberhang. Walter wäre für die Weltmeisterschaft

»Dehäm is Dehäm.«

FRITZ WALTERS BEGRÜNDUNG, WARUM ER ALLE
ANGEBOTE AUS DEM AUSLAND STETS ABLEHNTE

1938 in Frankreich ansonsten sicher ein Kandidat für das Nationalteam gewesen. So musste er sich zwei weitere Jahre gedulden, bis er am 14. Juli 1940 im Alter von zwanzig Jahren sein Debüt im Trikot der Reichself gab. Das hingegen war ein gelungenes: Beim 9:3-Kantersieg gegen Rumänien erzielte Fritz Walter gleich drei Tore. Bis Ende 1942 bestritt er insgesamt dreiundzwanzig weitere Länderspiele, bis der Zweite Weltkrieg die hoffnungsvolle Karriere stoppte. Walter wurde 1940 Soldat. Als eine Art »Ziehsohn« Sepp Herbergers genoss er zunächst einige Privilegien. So bewahrte ihn Herberger davor, an die Front gehen zu müssen. Doch je größer die Verluste deutscher Truppen wurden, desto weniger nahm das Naziregime Rücksicht auf Namen und Status einzelner Sportler. Schließlich wurde auch Fritz Walter 1942 einberufen und kämpfte in Frankreich, auf Sardinien, Korsika und Elba. Nachdem das Dritte Reich endgültig zerfallen war, geriet Walter in russische Gefangenschaft. In einem rumänischen Zwischenlager auf dem Weg nach Sibirien traf er auf den russischen Major Schukow, dessen Begeisterung für den Fußballsport Fritz Walter womöglich sein Leben zu verdanken hat. Er schickte ihn im Oktober 1945 nach Kaiserslautern zurück.

Deutschland lag in Trümmern, an einen geregelten Spielbetrieb im Fußball war längst noch nicht zu denken.

Auch der 1. FC Kaiserslautern hatte viele seiner Spielergrößen an der Front verloren. So war es ein Glücksfall für den Verein, dass Fritz Walter als einer der wenigen heimkehrte. Er stellte ein neues Team zusammen und leitete auch das Training. Es war ihm bald gelungen, neue Strukturen zu schaffen, was allein durch den Finaleinzug der Lauterer bei den ersten deutschen Nachkriegsmeisterschaften 1948 deutlich wurde. Auf internationaler Ebene jedoch ereilte Fritz Walter das gleiche Schicksal wie viele andere Sportlergrößen auch: Der Krieg hatte ihm die besten Jahre geraubt. Erst im November 1950 fand nach acht Jahren Spielpause das erste Länderspiel nach dem Krieg statt, das mit 1:0 gegen die Schweiz gewonnen wurde. Fritz Walter kam jedoch aufgrund einer Verletzung erst am 15. April 1951 beim 3:2-Sieg erneut gegen die Schweiz zu seinem ersten Nachkriegseinsatz. Als Herbergers verlängerter Arm auf dem Spielfeld führte Fritz Walter die Mannschaft als Kapitän schließlich zur Weltmeisterschaft 1954 in der Schweiz. Der völlig unverhoffte Titelgewinn gegen die als unbesiegbar geltenden Ungarn am 4. Juli 1954 war auch ein großer Verdienst Fritz Walters. Was folgte, waren weniger erfolgreiche Jahre in einer krisengeschüttelten Nationalelf in den Jahren 1955 und 1956 und eine Länderspielpause 1957. Fritz Walter sah seine internationale Karriere längst am Ende, als ihn Sepp Herberger 1958 doch noch zu einer Teilnahme an der

»Fritz, das ist Ihr Wedder.«

BUNDESTRAINER SEPP HERBERGER ZU
SEINEM SPIELFÜHRER AM 4. JULI 1954 IN BERN

Weltmeisterschaft in Schweden überredete. Und allen Kritikern zum Trotz war Walter dort einer der besten Akteure des Turnieres, auch wenn seine Elf im Halbfinale an Gastgeber Schweden scheiterte. Es war zugleich Fritz Walters letztes von einundsechzig Länderspielen (33 Tore). Und im Jahr darauf nahm der mittlerweile Achtunddreißigjährige am 20. Juni 1959 auch Abschied von seinem 1. FC Kaiserslautern. 379 Spiele hatte Fritz Walter für die »Roten Teufel« absolviert und dabei 306 Tore erzielt. Zur Erinnerung an die deutsche Fußballer-Legende ernannte der DFB Fritz Walter zum Ehrenspielführer der Nationalelf. Und sein Heimatverein taufte das Betzenbergstadion 1985 in Fritz-Walter-Stadion um.

Die »tschechische Lokomotive«

1952

Finnland
Helsinki
Marathonstrecke
27. Juni 1952

»Rennen sind einfach: Hier ist der Start, dort das Ziel,
dazwischen muss man laufen.«

EMIL ZÁTOPEK

1952 | Die »tschechische Lokomotive«

Das Olympiastadion in Helsinki war am 27. Juli 1952 mit 70 000 sportbegeisterten Besuchern wie schon so oft zuvor während dieser Olympischen Spiele voll besetzt. Unten in der Arena passierte nicht viel. Stattdessen erwartete man ungeduldig die Ankunft der Marathonläufer, die auf der Aschenbahn die letzten Meter bis ins Ziel zu absolvieren hatten. Die Stimmung im Stadionrund war angespannt und heiter zugleich. Wer würde wohl als Erster durch das Marathontor einlaufen? Würde es einen packenden Endkampf geben? Da torkelte plötzlich ein einsamer Athlet mit einem äußerst seltsamen Laufstil herein. Er grinste gelassen, wackelte während des Laufens mit dem Kopf hin und her und näherte sich in diesem ihm eigenen Laufstil dem Ziel. Nun gab es auf den Rängen kein Halten mehr. Die Zuschauer hatten den Läufer längst erkannt. Denn kein Anderer bewegte sich derart ungestüm wie Emil Zátopek. Mit stehenden Ovationen und Jubelstürmen begleiteten sie ihn auf den letzten Metern bis ins Ziel. So als sei der Tscheche einer der Ihren. Einer wie der legendäre Finne Paavo Nurmi etwa. Doch auf die Nationalität kam es in diesem Moment niemandem an. Man wollte einfach dem überragenden Athleten dieser Spiele auf diesem Wege Respekt zollen. Und für Emil Zátopek war es ein ganz besonderer Triumphzug. Denn er hatte stolze 2,5 Minuten Vorsprung auf seine Mitstreiter herausgelaufen und genoss die sagenhafte Stimmung im Stadion seelenruhig. Noch nie zuvor hatte der Laufstar einen Marathon als Wettkampf bestritten. Und dann gleich dieser historische Erfolg. Tage vorher hatte Zátopek bereits die Goldmedaillen über 10 000 Meter und 5000 Meter ergattert. Er war damit der erste Läufer überhaupt, der alle drei Langstreckendisziplinen während der olympischen Wettbewerbe gewinnen konnte. Sein einziger Kommentar zu seinen Ausnahmeleistungen war anschließend: »Rennen sind einfach: Hier ist der Start, dort das Ziel, dazwischen muss man laufen.«

Bei den Olympischen Spielen 1948 in London ging einer der Nachfolger des legendären Paavo Nurmi an den Start, der Finne Viljo Heino. Als Weltrekordhalter galt er als großer Favorit über 10 000 Meter. In der Bahn neben ihm bereitete sich ein unscheinbar wirkender Läufer aus der Tschechoslowakei auf das Rennen vor, dessen Name zu diesem Zeitpunkt längst nicht allen Beobachtern bekannt war. Es war Emil Zátopek, der mit seinem ungewöhnlichen Laufstil die Zuschauer anfangs sehr erstaunte. Denn so wie sich Zátopek während des Rennens bewegte – die Arme eigentümlich im Kreis

bewegend, den Kopf hin und her wackelnd und das Gesicht wie vom Schmerz verzogen –, konnte man denken, er würde jeden Moment umkippen vor Erschöpfung. Doch stattdessen ließ der schnelle Tscheche alle zweiunddreißig Konkurrenten hinter sich und gewann an jenem 30. Juli 1948 seine erste olympische Goldmedaille. Als einziger blieb er dabei unter dreißig Minuten. Mit diesem Auftritt hatte Emil Zátopek die Herzen der Zuschauer im Sturm erobert. Zwar verlor er den anschließenden 5000-Meter-Lauf auf den letzten Metern überraschend gegen den Belgier Gaston Reiff, doch mit seinen Leistungen machte Zátopek deutlich, dass nicht nur die starken Finnen künftig mit ernsthafter Konkurrenz zu rechnen hätten.

Emil Zátopek, das sechste Kind eines ärmlichen Tischlers aus Mähren, hatte seinen Weg an die Welt-

> »Ich laufe deshalb so komisch, weil ich mich ärgere, nicht schneller zu sein.«
>
> EMIL ZÁTOPEK

spitze dem resoluten Auftreten seines ehemaligen Chefs in einer Schuhfabrik zu verdanken. Dieser meldete seinen Angestellten ohne Absprache für einen Straßenlauf an, den Zátopek zunächst verweigern wollte, dann aber doch lief und am Ende prompt gewann. Dieser Sieg machte Lust auf mehr. So kam es, dass der junge Emil fortan tagtäglich siebenundzwanzig Kilometer lief, später sogar bis zu vierzig. Und das vorzugsweise in schweren Armeestiefeln, was zumindest teilweise den Ursprung seines ulkigen Laufstils erklärt. Und die unausgesprochene und wohl auch ungewollte Botschaft an die Zuschauer im Nachkriegs-Europa: Nur wer bereit ist, sich selbst zu quälen, bekommt seinen Lohn und hat Erfolg.

Diesen Eindruck untermauerte der Tscheche bald mit weiteren sportlichen Glanztaten. Im Juni 1949 stellte er in Ostrau einen neuen Weltrekord über 10 000 Meter in 29:28,2 Minuten auf, den er später auf 29:21,2 Minuten und im Juli 1950 gleich noch einmal auf 29:02,6 Minuten verbesserte. Damit hatte er seine absolute Ausnahmestellung im Laufsport endgültig gefestigt. Als haushoher Favorit reiste Zátopek auch zu den Leichtathletik-Europameisterschaften im August 1950 nach Brüssel. Hier kam es zur Neuauflage des Duells mit Olympiasieger und Lokalmatador Gaston Reiff. Doch diesmal halfen dem Belgier auch alle Anfeuerungsrufe seiner 60 000 Landsleute im Stadion nicht. Die »tschechische Lokomotive«, wie Zátopek wegen seines seltsamen Laufstils auch genannt wurde, überrollte ihre Gegner mit Volldampf. Zátopek galt von nun an als unbesiegbar. Was sein Erfolgsrezept sei, fragte ihn nach dem Goldlauf ein Reporter. Zátopek verriet es ihm in seiner typisch humorigen Art: »Es gibt kein Rezept. Vogel fliegt. Fisch schwimmt. Mensch läuft. Ganz einfach.«

Fleißig nährte das tschechische Laufphänomen seinen Ruf als Ausnahmeathlet. Im Jahr 1951, am 29. September, lief er als erster Mensch überhaupt mehr als zwanzig Kilometer in einer Stunde. Und in St. Boleslav stellte er den Stundenweltrekord mit 20,052 Kilometern ein. Seine größten sportlichen Erfolge aber feierte Emil Zátopek eben bei jenen Olympischen Spielen 1952 in Helsinki. Im 10 000-Meter-Lauf konnte lediglich der kleine Franzose Alain Mimoun annähernd mithalten. Doch nach der achtzehnten Runde macht auch er schlapp, und Zátopek siegte souverän in 29:17,0 Minuten. Auf der 5000-Meter-Distanz kam es zum Duell mit dem Deutschen Herbert Schade, der die Weltbestzeit von 14:06,6 Minuten hielt. In einem packenden Endspurt kämpfte sich Emil Zátopek in seiner unvergleichlichen Art keuchend und mit verzerrtem Gesicht doch noch an Schade und Mimoun vorbei. Als er dann auch noch den Marathonlauf gewann, machte er sich endgültig unsterblich.

Feiern konnte der sympathische Sportler während der Spiele in Helsinki nicht nur seine eigenen Erfolge.

»Es gibt kein Rezept. Vogel fliegt, Fisch schwimmt, Mensch läuft. Ganz einfach.«

EMIL ZÁTOPEK

Eine halbe Stunde nach seinem Sieg im 5000-Meter-Lauf erzielte seine Frau Dana Zátopková im Speerwurf die Sieg bedeutende Weite. Reportern diktierte Zátopek später ins Notizbuch, er sei nur so schnell gelaufen an jenem Tag, weil er nicht vom Speer seiner Frau getroffen werden wollte. Von den Pfeilen des Liebesgottes Amor allerdings war der Spaßvogel schon Jahre vorher frontal getroffen worden. Er hatte Dana, damals tschechische Meisterin im Speerwerfen, auf dem Sportplatz kennen gelernt. Der Zufall wollte es, dass beide am gleichen Tag geboren waren: am 19. September 1922. Bei soviel Gemeinsamkeiten beschloss das sportliche Paar, im Alter von fünfundzwanzig Jahren zu heiraten. Die Liebe zueinander verlieh den Beiden auch sportlich zusätzliche Kräfte, so schien es.

Nach dem Triumph in Helsinki wurde bald ersichtlich, dass der mittlerweile zweiunddreißigjährige Záto-

pek seine besten Jahre hinter sich hatte. Zwar lief er auch 1954 noch zwei weitere Weltrekorde über 5000 Meter und 10 000 Meter. Bei den Europameisterschaften in Bern im gleichen Jahr wurden die Ermüdungserscheinungen dann aber erstmals deutlich. Zátopek siegte noch in der 10 000-Meter-Distanz, doch musste er sich über 5000 Meter mit dem dritten Platz begnügen. Grund zur Freude hatte er dennoch, da er erneut am gleichen Tag mit seiner Frau einen Sieg bei einem Wettkampf feiern konnte. Zátopek wurde Europameister über 10 000 Meter, Dana im Speerwurf. Doch dass die Zeit näher rücken würde, um die Laufschuhe an den Nagel zu hängen, wusste Zátopek zu diesem Zeitpunkt selbst. Er konnte nicht mehr mithalten mit den nachrückenden Weltklasseläufern wie dem Russen Wladimir

»Im Training laufe ich mit schweren Armeestiefeln. Wenn ich dann im Rennen normale Laufschuhe anziehe, ist das ein reines Vergnügen.«

EMIL ZÁTOPEK

Kuz, der reihenweise seine Weltrekorde unterbot. Ein Ziel setzte sich die »Lokomotive von Prag« allerdings noch: Er wollte unbedingt den olympischen Marathon in Melbourne 1956 gewinnen. Doch daraus wurde nichts. Den gewann stattdessen sein langjähriger Rivale der Rennbahn, Alain Mimoun. Zátopek selbst belegte nur den sechsten Rang und beendete nach diesem Lauf seine einzigartige Karriere. Mit vier Olympiasiegen, drei Europameistertiteln und achtzehn Weltrekorden. Nur Paavo Nurmi hatte seinerzeit mehr Titel vorzuweisen.

Nach dem sportlichen Ende lebte Emil Zátopek mit seiner Frau Dana als Volksidol in der tschechischen Heimat, wurde dort 1997 gar zum »Athleten des Jahrhunderts« gewählt. Seine Pokale, Medaillen, Trikots und Laufschuhe hat er zeitlebens verschenkt oder Museen geliehen. Nach einer Oberschenkelhals-Operation im Jahr 2000 verschlechterte sich der Gesundheitszustand der Lauflegende zunehmend.

Am 21. November 2000 starb Emil Zátopek im Alter von achtundsiebzig Jahren nach einem Gehirnschlag in Prag.

1952

USA
Philadelphia
Municipal Stadium
23. September 1952

»Bevor ich Berufsboxer wurde, war das meiste, das ich je
verdiente, 1,25 Dollar die Stunde als Landarbeiter. Ich bin
glücklich, dass ich mir nach meinem Rücktritt nie mehr Sorgen
über Geld werde machen müssen.«

ROCKY MARCIANO, 1955

Der Weiße von ganz unten

1952 | Der Weiße von ganz unten

Es war kein Fight wie jeder andere. Nicht weil sich die Matadoren der Königsklasse des Berufsboxens, die Schwergewichtler, für den Krieg im Ring wappneten. Auch nicht, weil es im Jahre 7 nach dem Zweiten Weltkrieg um eine Menge Geld ging für die beiden Kontrahenten. Die Hautfarbe war es, die am 23. September 1952 im Philadelphia Municipal Stadium die Schlacht im Seilgeviert zu einer besonderen machte: der Champion Jersey Joe Walcott ein Schwarzer, der Herausforderer, der Italo-Amerikaner Rocky Marciano, ein Weißer. Jener aber, durchs Leben »ganz unten« geschult, im Gegensatz zu einem Teil seines Anhangs ohne jeden rassistischen Anflug. Einer, der den »braunen Bomber« Joe Louis verehrte, und sich bei diesem entschuldigte, als er sein Vorbild am 26. Oktober 1951 im New Yorker Madison Square Garden vor 18 000 Zuschauern in der achten Runde ausknockte. Das hatte vor ihm nur der Deutsche Max Schmeling geschafft – allerdings fünfzehn Jahre zuvor, 1936. Ob es Rocco Francis Marchegiano, wie der Sohn eines 1912 aus einem kleinen italienischen Dorf ins Land der »unbegrenzten Möglichkeiten« ausgewanderten Schusters eigentlich hieß, wollte oder nicht: Für das weiße, standesbewusste Amerika war er damit die große Hoffnung, der designierte Nachfolger der ebenfalls hellhäutigen Schwergewichtsweltmeister Jack Dempsey und Gene Tunney.

Marciano wusste es, die 40 379 Zuschauer im Philadelphia Stadium wussten es – und die Medien forcierten es in Zeitungsartikeln, über Mikrofone und Bilder. Die Wetten favorisierten Marciano. Wohl vor allem deshalb, weil die nur 1,80 Meter große »Kampfmaschine« in zuvor zweiundvierzig Profi-Kämpfen mit enormem Dauerschlag und Nehmerqualitäten überzeugt hatte und gegen den neun Jahre älteren, achtunddreißigjährigen Titelverteidiger konditionell klar im Vorteil schien. Doch der Kampf begann ganz anders, als es die aufgeregten Massen in der kochenden Arena geahnt hatten. Schon in der ersten Runde fand sich der Herausforderer im Ringstaub wieder – zum ersten Mal in seiner Karriere. Auch danach dominierte Walcott, der klar nach Punkten führte, als das Gefecht eine späte Wende nahm. Marciano, schwer gezeichnet durch mehrere blutende Cuts über den Augen und einen Riss auf dem Nasenbein, wusste, dass er den Kampf verlieren würde, gelänge ihm nicht der ersehnte Lucky Punch. »Ich musste ihn k.o. schlagen, wollte ich gewinnen«, beschrieb Marciano hinterher, was ihn in schier aussichtsloser Lage noch einmal auferstehen ließ. Als sich Walcott in der dreizehnten Runde in die Seile fallen ließ, um von dort mit Schwung in den Kontrahenten zu sacken, erwartete den Weltmeister ein krachender rechter Haken zum Kinn – Marcianos Spezialwaffe, die er selbst fast liebevoll als »Suzie Q.« bezeichnete. Ein fürchterlicher Schlag, der den Fight beendete. Ein Sportjournalist beschrieb den Moment der Entscheidung so: »Man sah, wie Walcotts Körper mit dem Schock kämpfte. Seine Lippen, die Wangen, die Nase und die Augen schienen aus dem Gesicht losgerüttelt zu sein und wie blubbernde Blasen wieder zusammenzulaufen. Dann sank er nieder – langsam, schmerzvoll, pathetisch. Als er auf dem Boden lag, war nicht mehr Leben in ihm als in einer Stoffpuppe.« Walcott selbst reichten ein paar weniger, gleichwohl beredte Worte für die Momentaufnahme: »In dem Augenblick, als der Schlag ankam, gingen die Lichter aus.« Fair gratulierte der entthronte Champ dem neuen Weltmeister. »Ich liebte diesen Titel und wollte ihn niemals verlieren. Aber wenn ich ihn nun schon mal abgeben muss, dann bin ich froh, das gegen einen wie dich tun zu müssen. Du bist ein guter Kämpfer und auf dem Weg zu einem großen Champion.« Nach fünfzehn Jahren »schwarzer Regentschaft« war wieder ein Weißer der Meister aller Klassen.

»Er hat Schlagvermögen in beiden Fäusten, ... ist ein feiner Kerl, führt ein sauberes Leben, ... hält auf Kondition und ist für jeden Boxer ein gefährlicher Gegner. Es ist aber falsch, ihn einen großen Boxer zu nennen.«

JACK DEMPSEY ÜBER ROCKY MARCIANO

Bis heute scheiden sich die Gemüter der Boxexperten an der Frage, wo das Bild von Rocky Marciano in der Galerie der ganz Großen des Schwergewichts hängen soll. Die einen halten ihn für boxerisch limitiert, die anderen bewundern seinen, von fast jeder Verteidigung freien, Vorwärtsdrang, der später in Sylvester Stallones Rocky-Filmen auf eine Marciano nachempfundene Kunstfigur aufgepfropft und mit US-amerikanischem Hyper-Patriotismus übergossen wurde. Nur sechsmal verteidigte Rocky Marciano seinen Titel, hatte dabei aber jeweils Hochkaräter vor den Fäusten: nochmal Walcott, den er beim Dacapo in der ersten Runde niederstreckte, Supertechniker Roland La Starza, zweimal Ex-Weltmeister Ezzard Charles, Don Cocknell und schließlich Archie Moore. Gegen Letzteren ging Rocky am 21. September 1955 in New York in Runde zwei zum zweiten Mal zu Boden, gewann aber auch hier mit gespaltener Nase durch K.o. in der neunten Runde – Stoff zur Legendenbildung.

Es wurde der letzte Auftritt Marcianos, der überraschend am 27. April 1956 als ungeschlagener Schwergewichts-Champion seinen Rücktritt erklärte. Mehr Zeit mit der Familie, Frust über das Geschäftsgebaren seines Managers Al Weill, der von allen Einkünften Rockys fünfundvierzig Prozent kassierte, keine absehbaren attraktiven Paarungen mit neuen Kontrahenten in näherer Zukunft – das waren die erstaunlich eigenständigen und wenig am Geldverdienen orientierten Gründe Marcianos für seinen Rücktritt. Ein paar Jahre später resümierte er seine Karriere durchweg positiv: »Ich hatte Spaß. Ich

> »Ein Boxer muss daran glauben, dass er den Kampf gewinnen wird. Viele behaupten das zwar, aber oft sind das, was sie sagen und was sie wirklich glauben, verschiedene Dinge. Rocky hat stets gefühlt, dass er jeden, gegen den er antrat, auch schlagen konnte.«
>
> MARCIANOS TRAINER CHARLEY GOLDMAN

hatte niemals wirklich Angst, und ich war nie ernsthaft verletzt. In meiner aktiven Zeit hätte ich gegen jeden Gegner antreten können.«

Bis heute ist Rocky Marciano der Einzige geblieben, der eine makellose Profibilanz mit ausschließlich Siegen (49, davon 43 durch K.o.) vorweisen kann. Das hebt den »Brockton Blockbuster«, wie er nach seiner Geburtsstadt in Massachussets und wegen seines Kampfstils (Blockbuster = Bombe) genannt wurde, sogar gegenüber Schwergewichtshelden wie Muhammad Ali, George Foreman, Joe Frazier oder Mike Tyson heraus. Wie jene kam Marciano von »ganz unten«, aus dem Keller der Gesellschaft, aus Armut und Dreck. Erst wollte er Footballer, dann Baseballer werden. Sein Onkel schenkte ihm Boxhandschuhe und Sandsack und lehrte ihn, beidhändig zu punchen. Doch nach Ende der Schulzeit musste er als Tellerwäscher, Baumwollpflücker oder Landarbei-

ter zum Lebensunterhalt für die siebenköpfige Familie beitragen. Im Zweiten Weltkrieg wurde Marciano nach Europa an die Normandie-Front zu den US-Pionieren geschickt. Nachdem er in einer Kneipe nach einem Streit einen Australier mit einem klassischen Haken gefällt hatte, wurde sein Boxtalent schließlich entdeckt und später – nach einem kurzen Intermezzo als Amateur von Trainer Charley Goldman, der ihm aufgrund seiner mangelnden Körperlänge eine Haltung in Kauerstellung beibrachte – in die richtigen Bahnen gelenkt. 1947 bestritt er seinen ersten Profikampf – für eine Kampfbörse von sechsundzwanzig Dollar.

Anders als mancher seiner boxenden Zeitgenossen und viele seiner Nachfolger verstand es Rocky Marciano, mit seinem Ruhm als Zukunftsgarantie umzugehen. »Bevor ich Berufsboxer wurde, war das meiste, das ich je verdiente, 1,25 Dollar die Stunde als Landarbeiter. Ich bin glücklich, dass ich mir nach meinem Rücktritt nie mehr Sorgen über Geld werde machen müssen«, hatte der Faustkämpfer 1955, ein paar Monate vor dem Karriereende, im Magazin *Collier's* zu Protokoll gegeben. Und nachdenklich verglich er sein Schicksal mit dem seines Vaters, der dreißig Jahre in einer Schuhfabrik in Brockton an einer Maschine gestanden und danach oft zu Hause kein Wort mehr gesprochen hatte. Rocky Marciano, der immer ein Mann ohne Skandale geblieben war, ließ sich – war es Instinkt, Klugheit oder instinktive Klugheit? – auch von in Aussicht gestellten Gagen in Millionenhöhe nie zu einem Comeback bewegen. Statt dessen legte er seine durch den Boxsport verdienten, im Vergleich zu heute bescheidenen 1,5 Millionen US-Dollar Gewinn bringend in verschiedenen Unternehmen an.

In den USA genoß Marciano zeit seines Lebens große Popularität – für viele war er die Verkörperung des amerikanischen Traums von der sozialen Kletterpartie ganz

> »Seht einfach auf Rocky Marcianos Rekord! Keiner hat ihn geschlagen. Das kann ihm niemand weg nehmen.«
>
> GEORGE FOREMAN

nach oben. Was den bulligen Boxer dabei so sympathisch machte, war seine Bodenhaftung, die ihn nie verließ – auch wenn sein Ende dagegen zu sprechen scheint. Am 1. September 1969, einen Tag vor seinem 46. Geburtstag, stürzte der leidenschaftliche Flieger mit einer Privatmaschine auf dem Weg von Chicago nach Des Moines ab und verunglückte tödlich.

1953

England
London
Wembley-Stadion
3. Mai 1953

»Stanley, Sie sind eine Legende.«
PRINZ PHILIP NACH DER ERNENNUNG MATTHEWS' ZUM SIR 1965

Geadelter Fußball

1953 | Geadelter Fußball

Schon zweimal hatte Stanley Matthews mit seinem Verein Blackpool im englischen Pokalfinale um die begehrte Trophäe gespielt. Doch beide Male, sowohl 1948 als auch 1951, blieb ihm nur die Rolle als »zweiter Sieger«. Am 3. Mai 1953 nahm er schließlich den dritten Anlauf. Mit mittlerweile achtunddreißig Jahren wusste auch Matthews, dass dies womöglich die letzte Chance war, wenigstens einmal in seiner Karriere einen wichtigen nationalen Titel zu erringen. Dementsprechend motiviert ging der Rechtsaußen des Blackpool Football Clubs in das Match im Wembley-Stadion. Es sollte eines der packendsten Finals in der bereits über sechzigjährigen Geschichte des englischen Pokalwettbewerbs werden.

Bereits nach knapp neunzig Sekunden versetzten die Bolton Wanderers dem Team aus Blackpool einen herben Dämpfer, als sie zum 1:0 einschossen. Nach fünfunddreißig Minuten konnten diese zwar den Ausgleich erzielen, doch schon kurz nach der Halbzeitpause legten die Wanderers nach und erhöhten flugs auf 2:1, später gar auf 3:1. Damit schienen Matthews´ Träume vom Cupsieg ausgeträumt zu sein, zumal nur noch zwanzig Minuten zu spielen waren. Doch so schnell wollte sich »Stan the Man« nicht geschlagen geben. Der Dribbelkünstler nahm plötzlich nochmal alle Kraft zusammen und spielte die gegnerischen Abwehrrecken reihenweise schwindelig. Gleichzeitig trieb er seine Teamkollegen mit nach vorne. Matthews schlug fast im 30-Sekunden-Takt Flanke um Flanke in den Strafraum der Wanderers. Eine davon verwandelte Stürmer Mortensen direkt – plötzlich stand es nur noch 3:2. Auf den Tribünen saß längst niemand mehr. Noch drei Minuten waren in der offiziellen Spielzeit zu absolvieren, als der Schiedsrichter an der Strafraumgrenze der Bolton Wanderers einen Freistoß für Blackpool pfiff. Wieder war es Mortensen, der den Ball irgendwie an der Mauer vorbeischlenzte und so zum 3:3 ausglich. Was für ein Wahnsinn! In den letzten 60 Sekunden glich das Wembley-Stadion einem

Tollhaus. Blackpool erneut in Ballbesitz, wieder schnappte sich Stanley Matthews die Lederkugel, dribbelte auf und davon und ließ dabei die Abwehrspieler wie Statisten stehen. Nur noch fünf Sekunden: Matthews schlug den Ball zielgenau vor das Tor, wo Perry lauerte und tatsächlich noch das 4:3-Siegtor erzielte. Einen solchen verrückten Spielverlauf hatte man selbst auf der Insel, dem traditionsreichen Mutterland des Fußballspiels, bislang noch nicht gesehen. Vor allem Stanley Matthews erspielte sich mit seinem sagenhaften Auftritt an jenem Tag endgültig den Status einer Legende. Seine Mitspieler trugen ihn auf den Schultern durch das Stadion. Sie wussten nur zu genau, was sie ihm zu verdanken hatten an diesem Nachmittag.

> »Ich liebe dieses Spiel. Jeder Teil dieses Spiels ist auch ein Teil von mir, und jeder Teil von mir ist Teil dieses Spiels. Ich weiß nicht warum, aber diese Leidenschaft für Fußball spiegelt sich in meinem ganzen Leben wider.«
>
> SIR STANLEY MATTHEWS

Am 1. Februar 1915 in Henley, Staffordshire, geboren, wuchs Stanley Matthews wie fast jeder Junge in England mit dem Fußballspiel als Freizeitvertreib Nummer eins auf. Im Alter von vierzehn Jahren heuerte er als Lehrling beim Fußballklub Stoke City an, wo er unter anderem die Stiefel der Spieler polierte und die Umkleidekabinen säuberte. Dort saß er oftmals allein, in Gedanken versunken, und träumte davon, selbst einmal ein Fußballspieler zu werden. Keine fünf Jahre später zog sich der Teenager erstmals das Trikot der englischen Nationalelf über und schoss gleich im ersten Länderspiel gegen Wales ein Tor – im Alter von neunzehn Jahren. Zwischenzeitlich hatte er sich bei Stoke City von der Jugend schnell in die erste Mannschaft gespielt, wo er 1932 sein Debüt gab. Schon ein Jahr später stieg Matthews mit Stoke in die erste Division des englischen Fußballs auf. Sein Markenzeichen waren seine einzigartige Dribbelkunst, äußerst präzise Flanken und seine unvergleichlichen Tricks mit dem Ball. Mit diesen Attributen gehörte Stan Matthews schnell zu den Topspielern des Landes. Der Ausbruch des Zweiten Weltkrieges, in dessen Verlauf Matthews in der Royal Air Force als Konditionstrainer seinen Dienst verrichtete, verhinderte eine ausgiebigere internationale Karriere. Nach Kriegsende sollte der flinke Rechtsaußen bei Stoke nur noch eine Reservistenrolle spielen. Da kam ihm 1947 das Angebot aus Blackpool gerade recht, wo man ihn für die damals vergleichsweise hohe Ablösesumme von 11 500 englischen Pfund verpflichtete. Nachdem er ein Jahr später mit Blackpool erst mal im Pokalfinale den Kürzeren gezogen hatte, blieb Matthews am Ende der

> »Wir alle wissen, was für ein großartiger Fußballer Stan war. Und trotz allen Rummels um seine Person ist er immer bescheiden und liebenswürdig geblieben. Ein stetes Vorbild bis heute.«
>
> GARY LINEKER, ENGLISCHER NATIONALSPIELER

Saison wenigstens ein Trostpflaster: Er wurde als erster Spieler überhaupt zum »Fußballer des Jahres« gewählt, im Alter von dreiunddreißig Jahren.

Stanley Matthews dachte gar nicht daran, seine Karriere zu beenden. »Solange ich Spielern, die gerade mal halb so alt sind wie ich, den Ball vom Fuß nehmen kann, sehe ich dafür keine Veranlassung«, hatte er einmal gesagt. Er sollte Recht behalten, denn den Höhepunkt seiner Karriere hatte er noch vor sich. Nach der zweiten Pokalfinalniederlage 1951 erreichte er im Mai 1953 erneut mit Blackpool das Endspiel. Nach seinem grandiosen Auftritt in der Schlussphase ging dieses Spiel als das »Matthews-Cup-Finale« in die Annalen ein. Doch selbst mit mittlerweile 38 Jahren wollte Matthews die Fußballstiefel nicht an den berühmten Nagel hängen. Im Gegenteil, er spielte weiterhin derart überzeugend, dass er 1956 gar zu Europas Fußballer des Jahres ernannt wurde. Und bis 1957 lief er zudem für die Nationalelf auf. Nach vierundfünfzig Einsätzen, der Krieg verhinderte eine höhere Spielbilanz, zog er zweiundvierzigjährig das Nationaltrikot endgültig aus. Vier weitere Jahre dribbelte er anschließend noch für Blackpool, ehe er 1961, nach 379 Spielen und siebzehn Toren für den Verein, überraschend zu seinem Heimatclub Stoke City zurückkehrte. Doch nicht etwa als Funktionär, sondern als Rechtsaußen der ersten Mannschaft. Die Ablösesumme von 2500 Pfund amortisierte sich schon nach wenigen Tagen. Kamen zu den Spielen des Zweitligisten vorher im Schnitt gerade mal 8000 Zuschauer, so fanden sich zum ersten Spiel mit Matthews im Team 35 288 zahlende Fans im Victoria-Ground-Stadion ein. In der folgenden Saison spielte Stoke mit seinem Regisseur Matthews dann auch prompt wieder um den Aufstieg mit. Aus dem letzten Saisonspiel gegen Luton benötigte Stoke City nur noch einen Punkt, um als Meister der zweiten Liga in die erste Division aufsteigen zu können. Und als hätte es ein Hollywood-Drehbuch so vorgesehen, war

es Stanley Matthews, der kurz vor Schluss das 2:0-Siegtor für seinen Verein erzielte.

Stoke war wieder erstklassig, und Stanley Matthews verabschiedete sich endgültig aus dem aktiven Sport im fast unglaublichen Alter von achtundvierzig Jahren! Zum Abschied wählte man ihn in England 1963 erneut zum Fußballer des Jahres. Und schon bald wurde mehr und mehr deutlich, dass Stanley Matthews auch einer der herausragenden Fußballer des Jahrhunderts war. Ein Vorbild in Bezug auf grenzenlose Spielfreude, hohe Fußballkunst, Bescheidenheit und vor allem auch Fairness. Während seiner einunddreißigjährigen (!) Karriere wurde Matthews in keinem der 710 Spiele von einem Schiedsrichter verwarnt oder gar vom Platz gestellt. Und während all dieser Jahre verdiente Matthews niemals mehr als fünfzig Pfund pro Woche plus fünfundzwanzig Pfund pro Spiel. Selbst nachdem er 1965 von Königin Elizabeth II. für seine Verdienste um den Fußballsport in England zum Sir geadelt worden war, als erster Fußballer überhaupt, bewahrte er sich stets sein Understatement. »Hey, I´m just Stan«, rief er Leuten entgegen, die ihn fortan als Sir Stanley betiteln wollten. Und selbst dann trieb es Matthews immer wieder auf die Fußballfelder. Als Zuschauer und noch einmal sogar als Akteur. Im Spiel seiner Stoke-Elf gegen Fulham ließ er sich 1965

> »Ich habe Stan zwar leider nie leibhaftig spielen sehen, aber allein die Fernsehbilder von damals beweisen eindrucksvoll, was für ein phantastischer Fußballer Stanley Matthews war.«
>
> BERTI VOGTS

ein letztes Mal in den Kader berufen und absolvierte im Alter von genau fünfzig Jahren und fünf Tagen sein endgültig letztes Erstligaspiel. Ein weiterer Rekord für die Ewigkeit.

Nach einem dreijährigen Gastspiel als Manager bei Port Vale zog es ihn nach Malta, wo er die Nationalelf betreute. Nicht nur dort wurde er zum Botschafter einer Sportart, die er zeitlebens als seine »große Liebe« bezeichnete. 1992 ehrte ihn der Fußballweltverband FIFA mit einem Orden für seine Verdienste. Am 23. Februar 2000 starb Sir Stanley Matthews kurz nach seinem fünfundachtzigsten Geburtstag in Stoke. Am Abend des Länderspiels England gegen Argentinien im Wembleystadion.

1954

Schweiz
Bern
Wankdorf-Stadion
4. Juli 1954

»Wir sind wegen des Sportes da. Ich glaube, wir sollten ihn außerhalb der Politik halten. ... Aus Ihrem uns alle so erfreuenden Sieg haben manche Leute draußen und drinnen so etwas wie ein Politikum gemacht. Es ist primitiv und töricht, wenn manche Deutungen und Kommentare den Deutschen es verübeln, dass sie sich freuten. Das wäre nämlich überall so gewesen.«

BUNDESPRÄSIDENT THEODOR HEUSS BEIM EMPFANG
DER DEUTSCHEN FUSSBALL-NATIONALMANNSCHAFT IM
BERLINER OLYMPIASTADION, JULI 1954

Das Wunder von Bern

1954 | Das Wunder von Bern

In der Umkleidekabine des Berner Wankdorf-Stadions, in der sich die Spieler der deutschen Nationalelf auf ihren Einsatz im Spiel gegen das Team aus Ungarn vorbereiteten, herrschte eine seltsam ruhige Stimmung. Fast so, als hätte man bereits das Finale an jenem 4. Juli 1954 verloren. Schweigend schnürten die Akteure ihre Fußballstiefel und rückten die schwarz-weißen Stutzen zurecht. Draußen warteten 60 000 Zuschauer im Nieselregen auf die beiden Finalisten, von denen Ungarn als der haushohe Favorit galt. Zumal die Mannschaft mit ihrem Superstar Ferenc Puskás die Elf von Bundestrainer Sepp Herberger bereits im Gruppenspiel mit einer satten 8:3-Klatsche abgefertigt hatte. Herberger hatte noch einmal den Rasen inspiziert, bevor er in die Kabine zurückkehrte, seinem Kapitän Fritz Walter die Hand auf die Schulter legte und sagte: »... Fritz, das ist Ihr Wedder.« Der vierunddreißigjährige Spielmacher des 1. FC Kaiserslautern mochte es tatsächlich, wenn es während des Spiels regnete. »Wenn der Ball nass ist, dann ist mit ihm einfach wesentlich mehr anzufangen«, hatte er einmal gesagt. Eigentlich aber wollte Sepp Herberger seine Spieler nur ein wenig ermutigen. Denn in den Gesichtern einiger Spieler war durchaus Skepsis abzulesen darüber, was sie gleich erwarten würde gegen diese bärenstarke Mannschaft aus Ungarn. Seit vier Jahren war sie bereits

»Ein Spiel dauert neunzig Minuten.«

SEPP HERBERGER

ungeschlagen, der Gegner strotzte nur so vor Selbstvertrauen im Finale einer Fußballweltmeisterschaft.

Die heimlichen Zweifel der deutschen Spieler sollten nicht unbegründet bleiben. Nachdem Schiedsrichter Ling das Endspiel angepfiffen hatte, waren es zunächst die Ungarn, die das Spiel bestimmten. Gerade mal sechs Minuten waren gespielt, da legte Jószef Bozsik den Ball Sándor Kocsis vor, der aus vollem Lauf abzog. Werner Liebrich konnte den Schuss zwar mit dem Körper abfangen, doch dann fiel der Ball dem Ungarn Ferenc Puskás derart glücklich vor die Füße, dass der keine große Mühe mehr hatte, Torwart Toni Turek zu überwinden und zum 1:0 einzuschieben. Ein Blitzstart für die Ungarn. Und auf den Tribünen wurde bereits gewettet, wie hoch die Niederlage der Deutschen wohl diesmal ausfallen würde. Zumal zwei Minuten nach dem Führungstor Zoltán Czibor einen Rückgabefehler durch

Werner Kohlmeyer nutzte, um auf 2:0 zu erhöhen. Bereits nach acht Minuten schien die Vorentscheidung im Finale dieser fünften Fußballweltmeisterschaft gefallen zu sein. Noch während sich die entsetzten Fans enttäuscht die Hände vor das Gesicht hielten, fiel erneut ein Tor. Diesmal allerdings sah man die deutschen Spieler jubeln. Die Ungarn schienen sich ihrer Sache zu sicher zu sein: Flanke Hans Schäfer von links außen vor das Tor der Ungarn, und Max Morlock ist im richtigen Moment da, um den Ball ins Netz zu grätschen. Es stand nur noch 1:2. Und das nach gerade mal zehn Spielminuten. Weitere sieben Minuten später ein Pfiff des Schiedsrichters: Eckstoß für Deutschland. Ein Fall für Fritz Walter, der den schweren, vom Regen durchnässten Lederball mit viel Gefühl in den Strafraum hob. Torwart Gyula Grosics griff daneben, Helmut Rahn hingegen stand goldrichtig. Er erzielte den 2:2-Ausgleich, nach sieb-

»Der Ball ist rund.«

SEPP HERBERGER

zehn Minuten war alles wieder offen. In der Halbzeitpause ging es wesentlich lebhafter zu in der Kabine der Herberger-Elf als noch vor Spielbeginn. Die Mannschaft wusste, dass man hier und heute gegen diese Ungarn eine reale Chance hatte. Doch noch waren weitere fünfundvierzig Minuten zu absolvieren.

Die zweite Hälfte begann so, wie die erste geendet hatte. Es war ein offener Schlagabtausch. Die Ungarn zeigten Nerven und verzettelten sich immer wieder in Einzelaktionen. Die deutsche Abwehr stand sicher, ließ kaum einen gefährlichen Angriff der Ungarn zu. Doch auch der Gegner hielt seinen Torraum sauber. Bis zur vierundachtzigsten Minute, als Helmut Rahn urplötzlich den Ball auf den Fuß bekam, nach einer Drehung mit links abzog und die viel umjubelte Führung erzielte: 3:2. Rundfunkreporter Herbert Zimmermann konnte es ebenso wenig fassen wie die 60 000 Zuschauer im Stadion. »Tor, Tor, Tor ... Tor für Deutschland«, übermittelte Zimmermann überschwänglich die Kunde von Rahns Führungstreffer über den Äther. Noch sechs Minuten waren zu überstehen, in denen die ganze Konzentration der Abwehr galt. Dann der erlösende Schlusspfiff. Deutschland war Weltmeister! Was niemand für möglich gehalten hatte, war Wirklichkeit geworden: Ungarns Über-Mannschaft geschlagen. Das »Wunder von Bern« war perfekt, als Fritz Walter die Jules-Rimet-Trophäe überreicht bekam. Ganz Deutschland verfiel anschließend in einen regelrechten Fußballrausch. Die Heimreise der »Helden von Bern« in einem Sonderzug gestaltete sich zum wahren Triumphzug. Überall an den Bahnhöfen standen jubelnde Menschenmassen. Vor allem in München versammelten sich Tausende auf den Straßen, um der Weltmeisterelf einen gebührenden Empfang in der Innenstadt zu bereiten. Diese Hysterie wurde in Berlin gar noch übertroffen. Im vollbesetzten Olympiastadion verlieh Bundespräsident Theodor Heuss jedem Spieler das Silberne Lorbeerblatt, die höchste deutsche Sportauszeichnung. Im Ausland registrierte man die teils fanatische Freude bereits mit Warnungen davor, dass der »teutonische Größenwahn« nicht wieder ausbrechen möge. Gerade mal neun Jahre nach Kriegsende waren jubelnde Menschenmassen in den Straßen noch eine äußerst sensible Angelegenheit. Man war wieder wer …

Die Freude über das Ereignis war groß. Die Menschen in allen Teilen des zerbombten Deutschlands hatten nach Jahren völliger sportlicher Isolation endlich wieder einen Grund, ein Gemeinschaftsgefühl zu entwickeln. Zu verdanken war dies, bei allem Respekt gegenüber den Leistungen der Spieler selbst, vor allem einem Mann: Sepp Herberger. Er hatte 1936, inmitten der wirren Regierungszeiten der Nationalsozialisten, das Kommando über die deutsche Fußball-Nationalelf vom glücklosen Otto Nerz übernommen, der die Nationalmannschaft seit 1923 mit eher mäßigem Erfolg geführt hatte.

»Nach dem Spiel ist vor dem Spiel.«

SEPP HERBERGER

Unter Herberger fand das deutsche Team zwar schnell zu neuer Spielfreude. Doch die politischen Umstände in Europa und die ständig wachsenden Aggressionen im Nazideutschland blockierten immer wieder einen kontinuierlichen Aufbau. Aufgrund der Annektion Österreichs im April 1938 musste Herberger über Nacht aus den Teams von Deutschland und Österreich ein gemeinsames bilden. Der Integrationsprozess scheiterte und hatte zur Folge, dass Deutschland bei der Weltmeisterschaft im Sommer 1938 in Frankreich schon in der ersten Runde ausschied. Der Kriegsausbruch brachte schließlich auch den Fußballsport bald endgültig zum Erliegen. Das Länderspiel 1942 gegen die Slowakei (5:2) sollte das vorerst letzte sein vor einer achtjährigen Spielpause. Erst 1950, fünf Jahre nach Kriegsende, betrat eine deutsche Nationalelf wieder das internationale Fußballparkett und meldete sich dabei mit einem 1:0-Sieg über die

Schweiz erfolgreich zurück. Darauf wollte Herberger aufbauen und endlich zu sportlichen Höhenflügen aufbrechen. Nachdem man an der Weltmeisterschaft 1950 in Brasilien nicht teilgenommen hatte, fokusierte Herberger seinen Blick auf die Weltmeisterschaft 1954 in der Schweiz. »Der Chef« baute dafür um Spielmacher und

»Warum die Leut zum Fußball gehe? Weil se net wisse, wie's ausgeht.«

SEPP HERBERGER

Kapitän Fritz Walter vom 1. FC Kaiserslautern ein neues Team auf. Neben Fritz Walter gehörten Spieler wie der Düsseldorfer Toni Turek im Tor, der Nürnberger Max Morlock, Josef Posipal vom Hamburger SV und der Lauterer Ottmar Walter zu den Stützen der neuen Mannschaft. In den Jahren zwischen 1950 bis zur Weltmeisterschaft 1954 erspielte sich das Team mit dreizehn Siegen und zwei Unentschieden in neunzehn Spielen ein großes Selbstvertrauen.

Alles lief ganz nach Herbergers Plänen, bis kurz vor der Weltmeisterschaft der 1. FC Kaiserslautern – der immerhin mit den Walter-Brüdern Fritz und Ottmar, Horst Eckel, Werner Liebrich und Werner Kohlmeyer gleich fünf Nationalspieler stellte – überraschend das Endspiel um die Deutsche Meisterschaft mit 1:5 gegen Hannover 96 verlor. Sepp Herberger nominierte trotz aller Kritik aus der Öffentlichkeit keinen Spieler des neuen Meisters und stattdessen die fünf »Verlierer« von den »Roten Teufeln« aus Lautern. »In langen Einzelgesprächen im Trainingslager baute uns Herberger mit seiner unvergleichlichen Art wieder auf«, erinnerte sich Horst Eckel einmal. Überhaupt hatte der »weise Sepp« während jener legendären Weltmeisterschafts-Endrunde so manches Mal tief in die Trickkiste gegriffen. Noch heute rätselt die Fußballwelt darüber, ob es ein taktischer Geniestreich war, als er im Vorrundenspiel gegen den haushohen Favoriten Ungarn nur die zweite Garde seines Teams auflaufen ließ, die dann auch prompt mit 3:8 unterging. Oder ob er einfach nur seine Stammelf schonen wollte für das nächste Spiel gegen die Türkei.

Nach der Weltmeisterschafts-Endrunde 1962 in Chile übergab Herberger im Alter von fünfundsechzig Jahren das Amt des Bundestrainers an seinen Assistenten Helmut Schön. Die Bilanz des »Chefs« hat noch heute Bestand: Kein Trainer nach ihm erreichte vierundneunzig Siege, siebenundzwanzig Unentschieden und sechsundvierzig Niederlagen in 167 Länderspielen.

Die tödliche Katastrophe

1955

Frankreich
Le Mans
1. Juli 1955, 18.17 Uhr

»Wir mussten das Rennen fortsetzen, damit uns Firmen wie
Ferrari und Jaguar nicht millionenschwere Schadenersatzklagen anhängen.«

RENNLEITER CHARLES FAROUX

thorn scherte plötzlich aus und zog noch vor der Zielgeraden mit rund 230 Stundenkilometern an Macklin vorbei. Kurz darauf hob der Jaguarpilot plötzlich die Hand und zog seinen Wagen ruckartig nach rechts, um die Box anzusteuern. Lance Macklin musste sofort auf die

> »Bevor Pierre Levengh in seinem Wagen zerquetscht wurde, hat er mich mit einem Handzeichen noch rechtzeitig vor dem Unfall gewarnt. Ich verdanke ihm mein Leben.«
>
> WELTMEISTER JUAN MANUEL FANGIO

Bremse treten, um seinen Vordermann nicht zu rammen. Dabei kam sein Bolide ins Schleudern, prallte an den Fahrbahnrand und riss dort zwei Zuschauern die Beine ab, bevor er wieder zurück auf die Fahrbahn geschleudert wurde. In diesem Moment bog Pierre Levengh in seinem Mercedes in die Zielgerade ein, sah den Unfall von Macklin und bremste stark ab. Er konnte mit einem Handzeichen noch seinen Hintermann Fangio warnen, bevor er mit seinem Wagen gegen eine Bande schleuderte, sich anschließend mehrfach überschlug und schließlich mitten in die dicht gedrängte Zuschauermenge knallte. Sofort explodierte der Mercedes. Der durch die Wucht herausgeschleuderte brennende Motor bohrte sich wie eine Feuerbombe in die Besuchermassen. Innerhalb weniger Sekunden glich die Tribüne einem grauenvollen Schlachtfeld. Verstümmelte Tote, vor Schmerz schreiende Verletzte und schockiert umherirrende Helfer bildeten ein schreckliches Szenario. Schnell wurde deutlich, dass dies die bislang furchtbarste Katastrophe der Automobilsportgeschichte war.

Schon Monate vor dem legendären Rennen in Le Mans kündigte sich an, dass das Jahr 1955 kein besonders glückliches für den Rennsport sein sollte. Die WM-Saison begann mit einem ungewöhnlichen Hitzerennen in Buenos Aires, bei dem fast alle Fahrer vor Erschöpfung aufgeben mussten. Nur Lokalmatador Juan Manuel Fangio kam mit den außergewöhnlichen klimatischen Bedingungen klar und siegte am Ende überlegen in seinem neuen Mercedes mit 2,5 Litern Hubraum ohne Kompressor. Beim Grand Prix in Monaco kam es vier Monate später zu einem seltsamen Unfall: Der Italiener Alberto Ascari kam mit seinem Lancia in der Hafenschikane ins Schleudern und stürzte 30 Meter tief ins Meer. Wie durch ein Wunder tauchte der Weltmeister von 1952 und 1953 unverletzt wieder auf. Nur eine Woche nach dem kuriosen Unfall hatte der Sechsunddreißigjährige allerdings weniger Glück, als er bei einer

1955 | Die tödliche Katastrophe

Das 24-Stunden-Rennen von Le Mans wurde auch am 1. Juni 1955 wieder traditionell um sechzehn Uhr am Samstagnachmittag gestartet. Wie immer seit der Premiere im Jahr 1923. Es sollte das ganz große Prestigeduell zwischen den D-Typ-Modellen von Ferrari, Mercedes und Jaguar werden, den drei Gewinnern der letzten Jahre. Besondere Spannung wurde auch deshalb erwartet, weil fast das gesamte Fahrerfeld der Formel 1 am Start war inklusive Weltmeister Juan Manuel Fangio. Mehr als 100 000 Zuschauer drängelten sich auf den Tribünen und an der rund 14,5 Kilometer langen Strecke. Besonders begehrt und dementsprechend restlos überfüllt waren die Stehplätze an der Zielgeraden. Dort rasten die Boliden mit bis zu 250 Stundenkilometern vorbei. Und dort hatte man auch den besten Blick auf die Boxen der einzelnen Teams, die sich direkt an der Fahrbahn befanden – und nicht, wie heute aus dem Motorsport gewohnt, in einer eigenen Boxengasse. Nur hier, lediglich durch einen hüfthohen Holzzaun von der angrenzenden Fahrbahn getrennt, konnte man richtige Rennatmosphäre wittern, meinten viele Fans. Als das Rennen bereits mehr als zwei Stunden in Gang war, legten die ersten Wagen Tankstopps an den Boxen ein. Gegen 18.17 Uhr sah man aus der Ferne einen neuen Pulk an Rennautos heran nahen. In Führung lag der Engländer Lance Macklin in seinem Austin Healey, dicht dahinter folgte sein Landsmann Mike Hawthorn im Jaguar. Haw-

Trainingsfahrt in Monza aus unersichtlichen Gründen gegen einen Baum prallte und auf der Stelle starb. Gianni Lancia löste daraufhin seinen Rennstall auf. Eine weitere Woche später startete schließlich das Rennen in Le Mans, und diesmal schlug das Schicksal noch wesentlich grausamer zu. Gemeinsam mit dem Mercedes-Piloten Pierre Levengh starben an diesem schwarzen Samstag weitere einundachtzig Menschen in der Feuerhölle. Sie wurden von herumfliegenden Metallteilen erschlagen, vom Fahrzeugwrack zerquetscht oder verbrannten, als rund zweihundert Liter Treibstoff explodierten. Doch das Rennen ging weiter. Während Helfer Leichen bargen und identifizierten und die mehr als hundert Verletzten medizinisch betreuten, drehten die Piloten nach einer kurzen Unterbrechung weiter ihre Runden. Immer wieder mussten sie vorbei fahren an den qualmenden Tribünen, wo noch Stunden später Menschen nach Hilfe wimmerten. Später rechtfertigte Rennleiter Charles Faroux diese Ent-

»Wir sprechen Ihnen und dem ganzen französischen Volk unser tief empfundenes Beileid aus. Als Zeichen der Trauer für die Opfer des Unglücks und das tragische Schicksal, das den unserer Rennmannschaft angehörenden französischen Fahrer Pierre Levengh ereilte, haben wir uns entschlossen, unsere beiden noch im Rennen liegenden Wagen zurückzuziehen. Um einen desorganisierten Aufbruch der Zuschauer zu vermeiden und den Abtransport der Verwundeten nicht zu gefährden, haben wir die Ausführung um einige Stunden nach dem Eintritt des Unglücksfalles hinausgeschoben.«

BEILEIDSTELEGRAMM DES VORSTANDS DER DAIMLER-BENZ A.G.

AN DEN RENNVERANSTALTER VON LE MANS

scheidung damit, dass bei einem Abbruch »Firmen wie Ferrari und Jaguar mehrere Millionen Mark an Schadenersatzklagen hätten einreichen können«. Als ihm das Entsetzen einiger Journalisten auffiel, schickte er als Zusatzbegründung schnell noch nach, »dass man nur so die zahlreichen Verletzten in Ruhe abtransportieren konnte«. Doch längst war klar, dass die wirtschaftlichen Interessen bei allen Entscheidungen über den moralischen standen. Nachdem Mercedes seine beiden verbliebenen Fahrzeuge aus dem Rennen genommen hatte, ließ sich am Tag darauf ausgerechnet der Unfallverursacher Mike Hawthorn gemeinsam mit seinem Porsche-Teamkollegen Ian Bueb als Sieger des 24-Stunden-Spektakels von Le Mans feiern.

Der Rennsport erlebte nach dem Katastrophenjahr 1955 einige grundsätzliche Veränderungen. In Le Mans durften 1956 nur noch hubraumreduzierte Autos an den Start gehen. Als Konsequenz aus der Tragödie wurden Boxengassen errichtet und die Sicherheitsmaßnahmen auf den Zuschauertribünen erheblich verbessert. Nach Lancia zog sich schließlich auch Mercedes aus dem

»Ich kann es nicht verstehen, wie die Leute weiter singen, trinken und am Rand der Rennstrecke ihrem Vergnügen nachgehen können.«

STIRLING MOSS

Rennsport zurück. Dabei war die neue Ära der Silberpfeile nach dem Krieg ziemlich erfolgversprechend angelaufen. Erst 1950 war die Formel 1 gestartet worden, bei der in der ersten Saison noch der Italiener Giuseppe Farina auf Alfa Romeo gewann. Doch schon ab 1952 mischte Mercedes mit seinem Modell 300 SL wieder ganz oben mit im Renngeschehen. Im Mai erreichten Karl Kling und Rudolf Caracciola bei der traditionellen Mille Miglia in Brescia die Ränge zwei und vier. Nur einen Monat später gelang den Piloten Hermann Lang und Frank Riess mit dem 300 SL auf Anhieb der erste Sieg eines deutschen Herstellers überhaupt beim 24-Stunden-Rennen von Le Mans. Und in Mexiko feierte Mercedes im November des gleichen Jahres gar einen Dreifachsieg mit Karl Kling, Hermann Lang und Peter Fitch bei der Carrera Panamericana nach 3200 Kilometern Renndistanz. Als dann die argentinische Rennfahrerlegende Juan Manuel Fangio am 4. Juli 1954 im neuen Formel-1-Boliden von Mercedes sein erfolgreiches Debüt gab und am Ende der Saison die Weltmeisterschaft gewann, war der deutsche Autobauer wie schon in den Vorkriegsjahren endgültig wieder an der Spitze im internationalen Motorsport angelangt. Doch sollte diese Erfolgsstory nicht allzu lange währen. Mit der Katastrophe von Le Mans endete das Engagement von Mercedes. Erst dreiunddreißig Jahre später stieg die Daimler-Benz AG wieder in den Rennsport ein.

1956

Italien
Cortina d'Ampezzo
3. Februar 1956

»Zehn Tage vor meinem zweiten Geburtstag
habe ich meine ersten Ski bekommen.
Hinterm Haus am Hahnenkamm habe ich –
gerade mal auf zwei Beinen standfest –
ausprobiert, wie man mit zwei Brettern unter
den Füßen noch viel schneller vorwärtskam.«
TONI SAILER

Der skifahrende Schauspieler

1956 | Der skifahrende Schauspieler

Die Augen der Zuschauer an der Piste verfolgten gebannt jeden einzelnen Schwung des Österreichers Anderl Molterer, der wie vom Teufel gejagt durch die Tore des anspruchsvollen Riesenslalomkurses fegte. Molterer war als der Favorit dieses olympischen Rennens am 3. Februar 1956 in Cortina d'Ampezzo gestartet. Wenn er keine entscheidenden Fehler machen würde bis ins Ziel, dann dürfte ihm die Goldmedaille sicher sein. Die Stoppuhr blieb bei 3:06,3 Minuten stehen, eine überragende Zeit. Nun könnte ihm höchstens noch sein Landsmann Ernst Hinterseer gefährlich werden, wenn der einen Spitzenlauf hinlegen sollte. Dachte man. Doch dann schob sich mit der Startnummer 18 der Frischling im Team der Österreicher in den Parcours: Toni Sailer. Da wegen Schneemangels keiner der Läufer vorher auf der Piste trainieren durfte, hämmerten die Trainer dem Zwanzigjährigen kurz vor dem Start noch ein, er solle unbedingt auf Vorsicht fahren ob der vielen vereisten Passagen. Doch stattdessen raste Sailer voller Risiko und ungeachtet aller Warnungen den überlangen Kurs hinab und stemmte sich dabei fast spielend um die einzelnen Fahnen. Schließlich erreichte er das Ziel ohne einen einzigen Patzer. Anderl Molterer schüttelte nur ungläubig den Kopf, als er zur Anzeigetafel blickte: 3:00,1 Minuten zeigte diese für Sailers Lauf an. Damit hatte er Molterer um ganze sechs Sekunden hinter sich gelassen. Niemand sonst erreichte an diesem Tag eine schnellere Zeit. Damit war Toni Sailer überraschend Olympiasieger im Riesenslalom geworden.

Zwar war Sailer kein Nobody im Skizirkus – er hatte vor den Olympischen Spielen bereits das gefürchtete Lauberhornrennen sowie die Abfahrt und den Slalomlauf auf der »Streif« in Kitzbühel gewonnen – dennoch traute man ihm wegen seiner fehlenden internationalen Erfahrung nur eine Außenseiterrolle zu. Stattdessen aber entwickelte sich der smarte Youngster innerhalb von nur sechs Tagen zum absoluten Superstar dieser Olympischen Spiele. Denn schon achtundvierzig Stunden nach seinem Triumph im Riesenslalom ging Anton »Toni« Sailer auch im Slalom wieder an den Start. Auch die Piste am Col Druscié war alles andere als optimal präpariert. Mit Wasser hatte man zuvor versucht, den Schnee zu festigen. Doch stattdessen gefror es und hinterließ eisige Klumpen auf dem Kurs. Erneut beschlossen die Organisatoren, dass es keine Trainingsläufe geben dürfe, um nicht noch größere Schäden anzurichten. Als dann auch noch dicke Nebelschwaden aufzogen, wurde der Lauf endgültig zum großen Sicherheitsrisiko. Prompt flogen zweiunddreißig der neunundachtzig gestarteten Läufer aus der Bahn. Nicht aber Toni Sailer. Der Tiroler fiel stattdessen erneut mit seinem bis dato ungewöhnlichen Fahrstil auf. Er ließ seine Ski einfach laufen und wand sich tief geduckt durch den Parcours, um so den Luftwiderstand zu verringern. Und selbst auf weniger steilen Passagen beschleunigte er auf Höchsttempo. Damit erreichte er am Ende Bestzeit in beiden Durchgängen trotz der widrigen Umstände. Mit vier Sekunden Vorsprung holte sich Toni Sailer seine zweite Goldmedaille. Den totalen Triumph machte er zwei Tage später perfekt, als er schließlich auch den Abfahrtslauf haushoch überlegen gewann. Am steilen Tofana-Hang raste der neue Publikumsliebling – vor

> »Man kann viele Worte über die besondere Faszination meines Sports verlieren, aber am besten tut man das, was meine Mutter mir einmal sagte, als ich die ganze Sache hinschmeißen wollte: ›Jetzt fahrst!‹«
>
> **TONI SAILER**

allem der der Frauen – die 3462 Meter lange Strecke mit Spitzengeschwindigkeiten von bis zu hundertvierzig Stundenkilometern hinab ins Tal. Diesmal hatte er nicht mit Eis und Nebel zu kämpfen, sondern mit starken Seitenwinden und Temperaturen von minus vierundzwanzig Grad Celsius. Doch wie schon an den Tagen zuvor ließ sich Sailer auch davon nicht beeindrucken und fuhr einfach drauf los. Am Ende war er erneut vier Sekunden schneller als sein Teamkollege Anderl Molterer. Als erstem Skiläufer überhaupt gelang es Sailer somit, alle drei olympischen Wettbewerbe der Alpinen zu gewinnen.

Als echter »Tiroler Bursch« wuchs Toni Sailer, der am 17. November 1935 in Kitzbühel geboren wurde, mit dem Skisport auf. Gleich hinter dem Haus der Eltern erhob sich der mächtige Hahnenkamm, auf dem das dritte von vier Sailer-Kindern schon im Alter von drei Jahren seine ersten Schwünge absolvierte. Nach einem kurzen Intermezzo im Skisprung, wo er Weiten von über vierzig Meter erreichte, zog es ihn bald wieder zurück zum alpinen Sport. Zunächst von seinem Vater trainiert, fuhr er bereits als Vierzehnjähriger der Ski-Elite auf und davon. Wenige Monate später deklassierte er im Riesenslalom. Christian Pravda, der später bei den Olympischen Spielen 1952 die Silbermedaille gewann. So wurde der heimische Skiverband schnell auf den Teenager aufmerksam und hatte ihn bereits für die Winterspiele 1952 auf der Liste. Doch Sailer fiel mit einem Schien- und Wadenbeinbruch für Monate aus und wollte sich ohnehin zunächst auf seinen schulischen Abschluss konzentrieren. Anschließend absolvierte er eine Lehre als Spengler. Ganz nebenbei wurde er 1953 noch Tiroler Landesmeister in der Abfahrt, im Slalom und im Riesenslalom. Fortan widmete sich Toni Sailer ganz seiner Gesellenprüfung. Erst als er diese mit Auszeichnung hinter sich gebracht hatte, bereitete er sich intensiv auf die Olympischen Spiele 1956 vor. Doch selbst die kurze Vorbereitungszeit genügte, um einen historischen Dreifachsieg zu feiern. Und da die Winterspiele vom Skiweltverband FIS gleichzeitig als Weltmeisterschaft anerkannt wurden, durfte sich Sailer zusätzlich noch eine weitere Goldmedaille in der Kombination umhängen lassen. Fortan war die Begeisterung für den gut aussehenden Tiroler Jüngling grenzenlos. Vor allem für das weibliche Geschlecht war er der Ladykiller schlechthin.

Schon wenige Tage nach dem Ende der Spiele stapelten sich in seinem Postkasten die Angebote von Filmproduzenten aus dem In- und Ausland. Aufgrund der äußerst strengen und im Nachhinein wenig sinnvollen Amateurstatuten der damaligen Zeit konnte Sailer kaum eine der Offerten annehmen, wollte er nicht seine Startberechtigung bei weiteren Skirennen verlieren. Denn es

»Für mich ist der Skisport eine Love-Story geworden, deren Ende ich mir nicht vorstellen kann.«

TONI SAILER

war ihm verboten, mit seinem Sport Geld zu verdienen. Und so entschied sich Sailer zunächst für die Fortführung seiner noch jungen Karriere. Er startete bei Rennen in den USA, wo er bei dreizehn von fünfzehn Starts als Sieger ins Ziel fuhr. In Aspen wurde er 1957 sogar US-Meister. Anschließend ließ er sich von der Bavaria-Filmproduktion doch noch überreden, die unverfängliche Rolle eines tollkühnen Wasserskiläufers in dem Streifen *Ein Stück vom Himmel* an der Seite von Georg Thomalla anzunehmen. Bei den Weltmeisterschaften 1958 in Badgastein war es erneut Sailer, der die Konkurrenz um Längen hinter sich ließ. Und erneut holte er drei Goldmedaillen – diesmal in der Abfahrt, im Riesenslalom und in der Kombination – sowie eine Silbermedaille im Slalom. Dies waren zugleich die letzten großen Erfolge des Skiläufers Toni Sailer. Er hatte im Alter von vierundzwanzig Jahren sicher noch längst nicht den Höhepunkt

seiner Laufbahn erreicht. Doch Sailer hatte das Versteckspiel um seinen Amateurstatus satt. Nachdem er 1958 in dem Film *Der schwarze Blitz von Kitz* einen Skifahrer spielte, rief er damit prompt die Kontrollinstanz des Amateurverbandes auf den Plan. Doch Sailer kam den Herren des IOC, die ihn wegen eines Verstoßes gegen die Amateurbestimmungen ebenfalls mit einer Sperre belegen wollten, 1959 mit seiner Entscheidung zurückzutreten zuvor.

Fortan widmete sich Toni Sailer ganz seiner Karriere als Schauspieler. In insgesamt fünfzehn Filmen agierte er, wobei der *Herr der weißen Berge* aus dem Jahr 1960 noch zu den erfolgreichsten gehörte. Zeitweise spielte Sailer sogar Theater und nahm außerdem 18 Schallplatten auf. Als sein Stern als Filmheld zu sinken begann, eröffnete er eine Kinder-Skischule in Kitzbühel und ein

»Je besser Du Ski läufst, um so besser müssen auch Deine Schulnoten sein.«

SAILER SENIOR ZUM FILIUS TONI

Sommer-Skicamp in Kanada. Zudem beteiligte er sich an einer Skifabrik. Im Vorfeld der Olympischen Spiele 1964 in Innsbruck bat ihn der Österreichische Skiverband das Herrenteam zu betreuen. Auch anschließend blieb er dem Verband als Technischer Direktor treu und kümmerte sich nebenbei auch um das Training seines »Nachfolgers« Franz Klammer. Im Jahr 1976 heiratete Toni Sailer die Deutsche Gaby Rummeny, der gemeinsame Sohn Florian war zu diesem Zeitpunkt bereits ein Jahr alt. Als Rennleiter des alljährlichen Hahnenkammrennens auf seinem Hausberg blieb Toni Sailer ebenso in der Öffentlichkeit präsent wie als Präsident des Golfclubs von Kitzbühel. Im November 1999 wurde er gemeinsam mit Annemarie Moser-Pröll zu Österreichs Sportlern des Jahrhunderts gewählt. Fast genau ein Jahr später, im November 2000, starb seine Frau Gaby nach schwerer Krankheit. Ein herber Schlag für den einstigen High-Society-König von Kitzbühel.

1957

England
London
Wimbledon
5. Juli 1957

»Es ist ein langer Weg zwischen einem Handshake mit der
Queen von England und der Bowling-Bahn von Jefferson City
in Missouri, wo man wegen seiner Hautfarbe vor die Tür
gewiesen wird.«

ALTHEA GIBSON 1957

Schwarz auf Weiß

1957 | Schwarz auf Weiß

Schon bevor im Wimbledonfinale der Frauen am 5. Juli 1957 zwischen den beiden Amerikanerinnen Darlene Hard und Althea Gibson der erste Ballwechsel stattfand, hatte der Center Court sein Highlight. Erstmals seit ihrer Krönung besuchte Königin Elizabeth II. das Endspiel und nahm in der Königsloge Platz. Alle Augen richteten sich zunächst auf die junge Monarchin, die im bunt geblümten Sommerkleid interessiert das Geschehen auf dem Rasen verfolgte. Dort spielte sich etwas ab, was es selbst im traditionsreichen Wimbledon-Turnier vorher noch nicht gegeben hatte und der Queen vollends die Show stahl. Erstmals dominierte eine schwarze Spielerin das Finale des bedeutendsten Tennisturniers der Welt. Mit knallharten Aufschlägen und präzisen Returnbällen konnte Althea Gibson den ersten Satz mit 6:3 für sich entscheiden. Die Zuschauer auf den Rängen wussten nicht so recht, wie sie mit dieser völlig ungewohnten Situation umgehen sollten. Sie spendeten in britischer Höflichkeit zunächst verhaltenen Applaus. Als Gibson im zweiten Satz noch deutlicher führte und am Ende mit 6:2 gewann, war die Verwirrung komplett. Noch nie zuvor hatte eine Schwarze in Wimbledon gesiegt. Erst als Königin Elizabeth II. applaudierte, folgten auch die »Untertanen« und beklatschten die Überraschungssiegerin respektvoll. Althea Gibson hatte mit ihrem Sieg endgültig eine Barriere durchbrochen, die über Jahrzehnte hinweg den Tennissport eingeschränkt hatte. Endlich waren auch schwarze Spielerinnen und Spieler auf internationalem Parkett als vollwertige Sportler anerkannt. Die lange Zeit der Isolation war vorüber, die Zweifel blieben dennoch.

Während Althea Gibson zu Beginn der dreißiger Jahre im New Yorker Vorort Harlem aufwuchs, war an einen solchen Erfolg einer schwarzen Athletin bei einem derart bedeutenden Turnier wie in Wimbledon noch nicht einmal annähernd zu denken. In jener Zeit war es Menschen mit dunkler Hautfarbe oft noch nicht einmal gestattet,

die Sportanlagen eines öffentlichen Parks zu nutzen. Nur in ausgewiesenen Zonen durften sich Schwarze seinerzeit sportlich betätigen. In normalen Tennis Clubs war es ihnen ohnehin nicht möglich, als Mitglied aufgenommen zu werden. Rassendiskriminierung dieser Art war an der Tagesordnung im Amerika des frühen 20. Jahrhunderts. Um so erstaunlicher ist im Nachhinein der Werdegang Althea Gibsons, die am 25. August 1927 in Silver im Bundesstaat South Carolina geboren wurde. Ihre Familie zog kurz darauf nach New York und lebte dort von Sozialhilfe. Im Armenviertel von Harlem entwickelte sich Althea schon in jungen Jahren zu dem, was man gemeinhin ein Problemkind nennt. Sie hatte regelmäßig Schwierigkeiten in der Schule und schwänzte oft den Unterricht. Nach permanentem Ärger mit den Eltern und den Schulbehörden büchste Althea mehrfach aus. Es schien so, als würde ihr Leben den oftmals üblichen Verlauf eines Harlemzöglings nehmen, das nicht selten in kriminellen Gangs oder in der Prostitution endete. Nachdem Althea Gibson bei der Polizei keine Unbekannte mehr war, wurde sie für das neu geschaffene »Schutzprogramm für gefährdete Kinder« ausgewählt. In eigens angelegten Zentren wurden die Kids unter anderem in diversen Sportgruppen intensiv betreut. Die Intention »Weg von der Straße, hin zum Sport« fruchtete auch bei Althea bald, und sie entdeckte ihre Leidenschaft für das Tischtennis. Der Musiker Buddy Walker, ein Förderer des Präventiv-Programms und begeisterter Hobby-Tennisspieler, beobachtete Gibson während eines Besuch im Kinderzentrum beim Tischtennisspiel. Ihm fiel der hoch gewachsene Teenager vor allem wegen der aggressiven Schlagtechnik auf. Er glaubte, dass Althea daher auch im Tennissport eine gute Figur abgeben würde. So lud er sie in den Harlem River Tennis Club ein, wo er eigens Tennisstunden organisierte. In erstaunlich

> »Im Sport ist man kein echter Champion, wenn man einen gewonnenen Titel nicht mindestens einmal verteidigen kann. Siegt man nur einmal, nimmt einen keiner richtig ernst.«
>
> ALTHEA GIBSON 1958

kurzer Zeit verfügte Gibson über eine Routine, die sich schnell herumsprach. Im Jahr 1942 wurde die mittlerweile fünfzehnjährige Mitglied im Harlem Cosmopolitain Tennis Club – einem Club, dem ausschließlich Afro-Amerikaner angehörten. Zahlreiche Gönner, die Geld für die Aufnahmegebühr und die Tennisstunden spendeten, unterstützten das sichtbare Talent Altheas.

Schon im Folgejahr nahm Gibson an den ersten lokalen Turnieren für Schwarze teil. Im Sommer 1942 ermöglichte ihr die American Tennis Association (ATA) – der offizielle Tennisverband ausschließlich für Afro-Amerikaner – die Teilnahme am New York State Tournament. Dort siegte sie prompt im Einzelwettbewerb der Mädchen. Und auch in den Jahren 1944 und 1945 setzte sich Althea Gibson durch, diesmal in den Frauenwettbewerben. Dabei machte sie den reichen Geschäftsmann Dr. Hubert Eaton auf sich aufmerksam, der ihr eine kombinierte Ausbildung an einer Industriehochschule und einer Tennisakademie in Wilmington, North Carolina, anbot. Althea Gibson hatte es geschafft. Sie verließ 1946 das Armenviertel Harlems und brach in ein besseres Leben auf. Und zu einer ungeahnt großen Tenniskarriere. 1948 siegte sie erstmals bei den ATA-Landesmeisterschaften der Frauen und blieb dort auch in den folgenden acht Jahren bis 1956 ungeschlagen. Doch trotz ihrer Klasse blieben die Türen anderer Turniere außerhalb der ATA für Althea weiterhin verschlossen – aufgrund ihrer Hautfarbe. Eine gewisse Alice Marble war es schließlich, die 1950 mit einem mutigen Artikel im *American Lawn Tennis Magazin* gegen die Rassendiskriminierung in ihrem Sport wetterte. Sie plädierte auf gemeinsame Wettkämpfe aller Rassen, um den Titel eines US-Meisters der tatsächlich besten Spielerin zuzugestehen. Unabhängig von der Hautfarbe. Marbles Anregung fand tatsächlich Anklang, und so startete Althea Gibson 1950 als erste Schwarze überhaupt bei den nationalen Meisterschaften in Forest Hills, wo sie prompt bis ins Finale vordrang. Ebenfalls als erste Afro-Amerikanerin wurde sie 1951 zum Turnier nach Wimbledon eingeladen, wo sie jedoch schon früh ausschied. Nach ihrem Abschluss an der A&M University in Florida 1953 arbeitete Gibson als Fitnesstrainerin an der Lincoln University in Jefferson City, Missouri. Eine Goodwill-Tennistournee, gesponsert von der US-Regierung, führte Althea Gibson ab 1955 für ein Jahr nach Asien, Europa und Australien. Sie gewann dabei unter anderem auch die French Open und machte sich somit auf dem europäischen Kontinent erstmals einen Namen.

Als sie 1957 sowohl den Einzel- als auch den Doppeltitel in Wimbledon, die French Open und später noch die US-Championships in Forest Hills gewonnen hatte, gehörte Althea Gibson endgültig zur Weltelite des Frauentennis. Sie wiederholte 1958 ihre beiden Wimbledon-Erfolge im Einzel und Doppel und entschloss sich anschließend, ihre Amateurkarriere zu beenden. Mittlerweile war es auch Schwarzen möglich, im Profisport viel Geld zu verdienen, und so tingelte sie fortan für bezahlte Schaukämpfe durchs Land. Später wechselte sie kurzerhand das Fach und wurde Golfprofi. Nebenbei widmete sich Gibson vermehrt auch ihren Hobbys, indem sie als Sängerin und Saxofonistin mehrere Platten aufnahm, 1959 neben John Wayne in dem Film *Der letzte Befehl* eine Schauspielrolle annahm und 1960 als Basketballspielerin mit den Harlem Globetrotters auf Tournee ging. Später engagierte sie sich als Werbeträgerin sowohl für den US-Tennissport als auch für mehrere Kinder- und Jugendheime, die sich speziell um den Nachwuchs kümmerten. Sie machte sich weiterhin stark für mehr Toleranz im Sport und erhielt dafür zahlreiche Ehrungen.

Es ist auch dem Willen und dem Durchsetzungsvermögen Althea Gibsons zu verdanken, dass zumindest auf dem internationalen sportlichen Parkett Rassenun-

> »Ich wollte immer jemand sein. Gut, dass ich letztendlich der Tennischampion Althea Gibson geworden bin und nicht die Königin der Diebe von Harlem.«
>
> ALTHEA GIBSON

terschiede mittlerweile weitgehend außen vor bleiben. Ihr Lebenswerk wird heute von einer jüngeren Generation fortgesetzt. Im Juli 2000, zweiundvierzig Jahre nach dem letzten Wimbledonsieg Gibsons im Jahr 1958, war es wieder eine Afro-Amerikanerin, die im Tennis-Mekka die Siegerschale stemmte: Venus Williams. Und auch sie kam von ganz unten, wenngleich ihr in der Jugend der Zugang zu öffentlichen Tennisplätzen aufgrund ihrer Hautfarbe nicht mehr verwehrt blieb. Dennoch: Auch Williams glaubt, dass es im sportlichen Alltagsleben noch immer nicht überall selbstverständlich ist, dass Schwarze ohne Vorbehalte gleich behandelt werden. »Meine Schwester Serena und ich sind schwarz, und wir haben kämpfen müssen für das, was wir erreicht haben«, sagte sie nach ihrem Wimbledonsieg. Das lässt ebenso aufhorchen wie der Kommentar von Althea Gibson dreiundvierzig Jahre zuvor, als diese nach ihrem ersten Wimbledonerfolg zu Protokoll gab: »Es ist ein langer Weg zwischen einem Handshake mit der Queen von England und der Bowling-Bahn von Jefferson City in Missouri, wo man wegen seiner Hautfarbe vor die Tür gewiesen wird.« Bleibt zu hoffen, dass nachfolgende Generationen über Rassenkonflikte jeglicher Art, vor allem auch im Sportgeschehen, bald nur noch in Geschichtsbüchern lesen werden.

Der Tod der »Busby Babes«

1958

Deutschland
München
Flughafen Riem
6. Februar 1958, 15.08 Uhr

»Manchester United war damals so was wie ein Sinfonieorchester, der Rest der Liga musste daneben aussehen wie
eine Horde Straßenmusikanten.«

JIMMY GREAVES, ENGLISCHER STÜRMERSTAR
DER SECHZIGER JAHRE

1958 | Der Tod der »Busby Babes«

Es war kalt an jenem 6. Februar 1958 in der bayerischen Landeshauptstadt München. Am Vormittag hatte es bereits mehrfach geschneit, waren die Straßen und Wiesen schneebedeckt. Ebenso die Startbahn des Flughafens im Stadtteil Riem. Etwas zaghafter als sonst zwar verlief der Flugverkehr an diesem frostigen Wintertag, doch es gab keine Anzeichen dafür, dass die Maschinen nicht wie gewohnt starten oder landen sollten. So war es auch nichts Außergewöhnliches, als am frühen Nachmittag ein zweimotoriges Flugzeug der englischen Chartergesellschaft BEA aus Belgrad kommend zur Zwischenlandung in Riem aufsetzte, um aufzutanken. An Bord der Maschine befand sich das Meisterteam des englischen Fußballklubs Manchester United. Müde lümmelten die Spieler in ihren Sitzen. Am Vorabend hatten sie nach einem 3:3-Unentschieden gegen die Mannschaft von Roter Stern Belgrad das Halbfinale des Landesmeister-Cups erreicht, nachdem sie das Hinspiel im eigenen Stadion Old Trafford mit 2:1 gewonnen hatten. Und diesmal wollten sie mehr erreichen als noch im Jahr zuvor. Da waren sie im Halbfinale knapp an Real Madrid gescheitert. Nun waren sie fest entschlossen, den Cup nach Manchester zu holen. Das forderten auch die Fans in Sprechgesängen lautstark, als sie sich in Scharen am Flughafen in Manchester versammelten, um ihr Team gebührend zu empfangen. Sie wollten gemeinsam mit ihren Helden den Einzug in die Runde der letzten Vier feiern. Doch sie warteten vergebens, das Flugzeug sollte nie ankommen.

Die Piloten der Chartermaschine setzten gegen fünfzehn Uhr erstmals zum Start auf der schneeglatten Startbahn an, brachen diesen allerdings nach wenigen Minuten aus Sicherheitsgründen wieder ab. Zu unruhig raste das Flugzeug über die rutschige Bahn. Sie brachten sich erneut in Position, doch auch der zweite Startversuch misslang. Mittlerweile herrschte wieder dichtes Schneetreiben rund um den Münchner Flughafen, die Temperaturen fielen unter den Gefrierpunkt. Beim dritten Startversuch um 15.30 Uhr sollte es nun endlich klappen. Doch stattdessen schlitterten Mannschaft und Besatzung direkt in die tödliche Katastrophe. Die eisige Kälte hatte die Tragflächen vereist, die Piloten hatten keine Chance, das Flugzeug in die Luft zu bringen. Daraufhin raste die Maschine über die Rollbahn hinaus, bohrte sich in ein Haus und explodierte. Das brennende Frack brach in der Mitte auseinander und wurde zur Todesfalle für einundzwanzig der vierundvierzig Insassen. Den Rettungsmannschaften bot sich ein Bild des Grauens. Acht der jungen, hoffnungsvollen Spieler der Mannschaft von Manchester United starben in den Flammen, gemeinsam mit drei Mitgliedern der Vereinsspitze. Unter den weiteren Todesopfern befanden sich acht Reporter, die vom Spiel der Mannschaft berichtet hatten, zwei Besatzungsmitglieder sowie zwei weitere Passagiere. Trainer Matt Busby wurde schwer verletzt in ein Krankenhaus eingeliefert. Mit dem schrecklichen Ereignis erlebte der englische Fußball die größte menschliche Tragödie seiner Historie. Sie zerstörte zudem jäh die sportliche Legende der vielgerühmten »Busby Babes«, einem der besten, wenn nicht dem besten Team jenes Jahres in Europa.

Der sportliche Aufstieg von Manchester United hatte 1945 mit der Verpflichtung von Matt Busby als Teammanager begonnen. Der ehemalige Spieler des FC Liverpool wollte langfristig ein neues, schlagkräftiges Team aufbauen und bestand daher bei den Verhandlungen auf einem Fünf-Jahres-Vertrag. In der ersten offiziellen Spielzeit der 1. Division nach Kriegsende im Jahr 1947 wurde Manchester auch gleich Vizemeister hinter dem FC Liverpool. Nur ein Jahr später gewann Busbys Team den englischen Pokal nach einem 4:2-Sieg gegen Blackpool im Wembley-Stadion. 1949 wurde Manchester erneut Vizemeister, ebenso 1951. Im gleichen Jahr fand zudem ein Freundschaftsspiel gegen das Team von Roter Stern Belgrad in Manchester statt. Die Jugoslawen waren die erste ausländische Mannschaft überhaupt, die im Stadion Old Trafford antrat. Das Schicksal wollte es, dass sieben Jahre später die Belgrader erneut eine Schlüsselrolle in der Vereinsgeschichte von Manchester United spielen sollten. Als letztes Team nämlich, dass gegen die »Busby Babes« vor dem tragischen Unfall von München antrat. Im Jahr 1952 gelang Matt Busby und seiner Mannschaft schließlich der lang ersehnte erste Meisterschaftsgewinn in der 1. Division, der dritte in der Vereinshistorie. Matt Busby ersetzte in der folgenden Spielzeit einige

> »Oh my God, oh my God …«
> LETZTE FUNKÜBERMITTLUNG DER PILOTEN AN DEN TOWER

ältere Spieler durch jüngere aus den eigenen Jugendmannschaften. Er wollte damit einen zweiten, kontinuierlichen Neuaufbau unter seiner Führung einleiten. Die Legende der »Busby Babes« nahm damit seinen Lauf. Und Busbys Rechnung ging auf, als sein stark verjüngtes Team auch 1956 Meister wurde. Diesmal gar mit einem guten 11-Punkte-Vorsprung vor Blackpool. Im Jahr 1957 bejubelte Manchester United schließlich seine dritte Meisterschaft nacheinander. Als Landesmeister spielte die Mannschaft damit auch in der folgenden Saison wieder im europäischen Wettbewerb mit, im Europacup der Landesmeister. Noch nie zuvor hatte ein englisches Team diesen Pokal gewonnen. Die »Busby Babes« hätten das »Zeug« dazu gehabt. Doch das Schicksal wollte es anders.

Zum Zeitpunkt der Katastrophe von München hatte das Team einen Altersdurchschnitt von gerade mal zweiundzwanzig Jahren, was den Anstoß für den Beinamen »Babes« gab. Die junge Mannschaft war bereits zweimal nacheinander englischer Meister geworden und schaffte 1957 im Europapokal den Vorstoß ins Halbfinale. 1958 schickten die jungen Wilden von Manchester United endgültig ihre Kampfansage an das vermeintlich beste

»Mit den Manchester-Spielern Byrne, Edwards und Taylor wären wir 1958 Weltmeister geworden.«

WALTER WINTERBOTTOM,
EHEMALIGER NATIONALTRAINER ENGLANDS

Team jener Tage, Real Madrid. Sie wollten ganz nach oben, sie wollten erstmals den Landesmeister-Cup nach England holen und Geschichte schreiben. Matt Busby stimmte seine Jungs darauf ein. Er verstand es, die einzelnen Spielercharaktere so perfekt zu kombinieren, dass sie bald begannen, Fußball zu zelebrieren. Die Fachwelt schwärmte bereits von einem »Fußball-Wunder«. Als Kopf der Mannschaft fungierte Kapitän Roger Byrne in der Verteidigung. Er bildete gemeinsam mit Mittelfeldstar Duncan Edwards und Mittelstürmer Tommy Taylor die wichtigste Achse des United-Teams. Die drei Nationalspieler waren zudem die großen Hoffnungsträger für Nationalcoach Walter Winterbottom im Hinblick auf die 1958 anstehende Weltmeisterschaft in Schweden. Denn England galt neben Brasilien als der große Favorit auf den Titelgewinn. Matt Busbys junges Team mit seinem Startrio Byrne – Edwards – Taylor hatte sich also innerhalb von gerade mal zwei Jahren zur uneingeschränkten Macht im englischen Fußball gemausert. Jimmy Greaves, in den sechziger Jahren der beste Stürmer der englischen Liga, brachte es einmal auf den Punkt: »Manchester United war damals so was wie ein Sinfonieorchester, der Rest der Liga musste daneben aussehen wie eine Horde Straßenmusikanten.«

Nach dem Unglück von München verstummte das Orchester. Kapitän Roger Byrne und Tommy Taylor star-

ben noch in den Trümmern der Maschine. Duncan Edwards, das größte englische Fußballtalent jener Tage, erlag am 21. Februar 1958 im Krankenhaus seinen schweren Verletzungen. Mit ihnen starben die Spielerkollegen David Pegg, Bill Whelan, Eddie Colman, Mark Jones und Geoff Bent. Ebenso ums Leben kamen der Vereinssekretär Walter Crickmer sowie die Trainer Tom Curry und Herbert Whaley. Matt Busby rang wochenlang mit dem Tod. Doch der Erfolgstrainer überlebte und übernahm nach einem monatelangen Genesungsprozess schließlich wieder die Teamleitung. Erneut musste er ganz von vorne beginnen. Und wiederum formte er eine schlagkräftige Truppe, die nach dem neunten Platz in der Saison 1959 wieder die Vizemeisterschaft errang. Nach vier weiteren Jahren Aufbauarbeit feierte Manchester United 1963 erstmals wieder einen nationalen Erfolg mit dem englischen Pokalsieg. 1965 und 1967 folgten schließlich die nächsten Titel, bevor Matt Busby mit seiner neuen Mannschaft 1968 das vollenden konnte, was seinen »Busby Babes« 1958 aufgrund der schrecklichen Ereignisse verwehrt geblieben war: Manchester United gewann als erstes englisches Team den europäischen Landesmeister-Cup. Im Jahr darauf trat Matt Busby nach vierundzwanzig Jahren als United-Trainer ab. Danach durchwanderte Manchester United

»Zehn Jahre werde ich brauchen, um wieder eine so großartige Mannschaft aufzubauen, die sich die Krone Europas und den Europapokal holen wird.«

MATT BUSBY, TRAINER VON MANCHESTER UNITED, 1958

ein tiefes sportliches Tal. Drei Jahre nach Busbys Abgang fand man sich gar in der Zweiten Liga wieder. Der Mythos wog schwer und machte seinen Nachfolgern das Arbeiten nicht leicht. Erst sechsundzwanzig Jahre nach Busbys letzter Meisterschaft gelang Alex Ferguson 1993 gleiches. Und wie Busby gewann auch Ferguson mit seiner Mannschaft nach einem dramatischen Finalsieg über den FC Bayern München den Landesmeister-Cup, die heutige Champions League, im Jahr 1999.

Vielleicht setzt man irgendwann auch Alex Ferguson vor dem Old Trafford Stadion in Manchester ein Denkmal. So wie man es für Matt Busby getan hat. Doch ebenso wie die sportlichen Triumphe wird bei Manchester United stets die Katastrophe von München in Erinnerung bleiben. Eine Uhr an der Stadionwand, die stets den genauen Zeitpunkt des Unfalls anzeigt, erinnert an den schwärzesten Tag der Vereinsgeschichte.

1958

Schweden
Stockholm
Rasunda-Stadion
Juni 1958

»Brasilien wird Weltmeister. Der Weltmeister unter den Weltmeistern ist aber Edson Arantes do Nascimento, genannt Pelé,
aus der Urwaldstadt Bauru.«

BILD AM SONNTAG VOM 17. JULI 1958

Die »Perle« Brasiliens

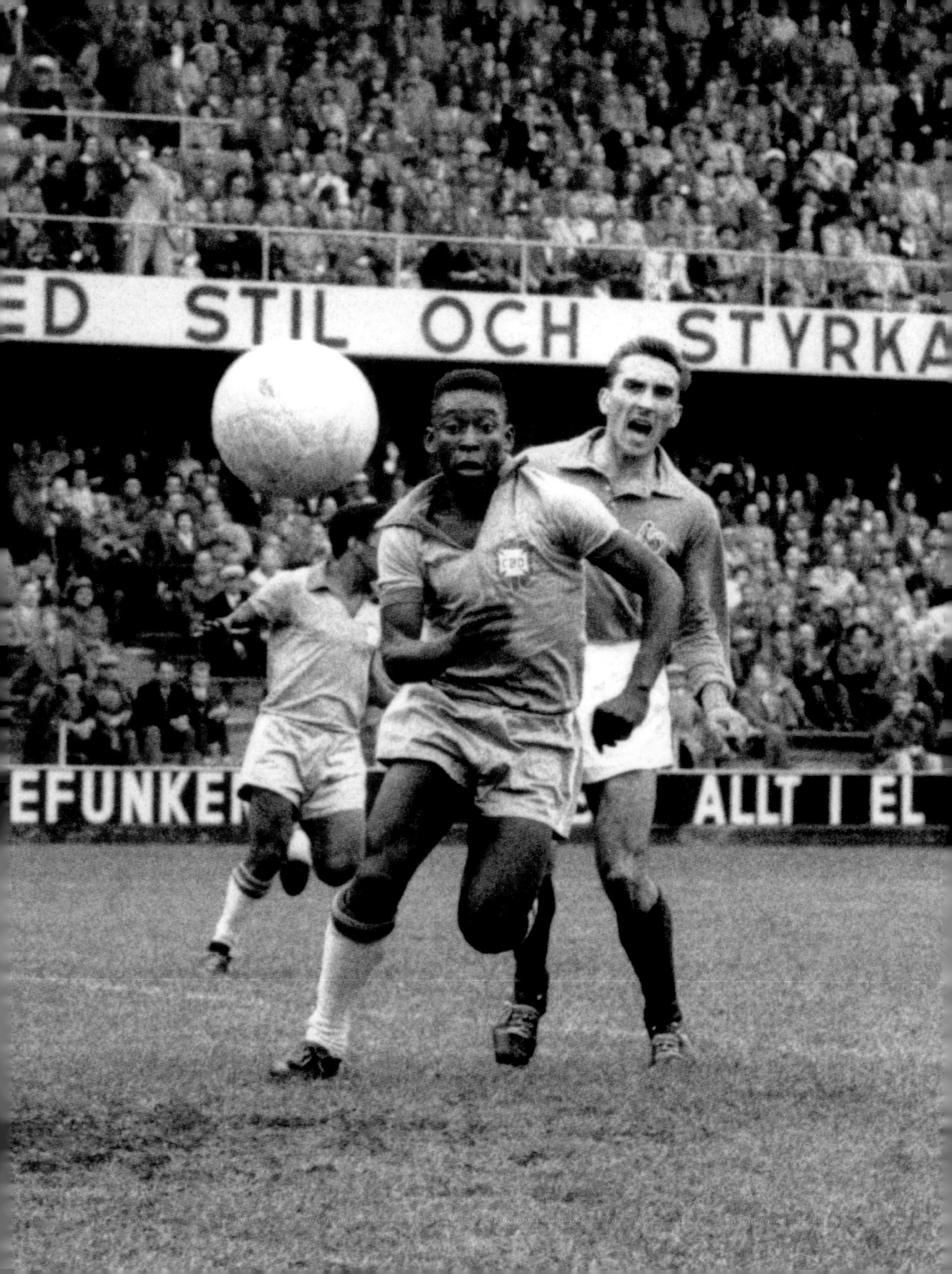
ED STIL OCH STYRKA
EFUNKER
ALLT I EL

Beim Stand von 2:1 im Weltmeisterschafts-Endspiel zwischen Schweden und Brasilien am 29. Juni 1958, kurz nach der Halbzeitpause, passte der Südamerikaner Didi den Ball nach innen, wo ein junger Spieler namens Edson Arantes do Nascimento lauerte. Der nahm die Flanke mit der Brust an, ließ den Ball gekonnt über das Knie abrollen und hob ihn schließlich mit der Fußspitze rotzfrech über den Kopf des verdutzten Gegenspielers Gustafsson hinweg. Noch während der Ball in der Luft war, setzte er aus der Drehung heraus zum Schuss an und traf ihn derart gezielt, dass er zum 3:1 im Netz landete. Eine solche spielerische Finesse hatte die europäische Fußballwelt vorher noch nicht gesehen. Als dem siebzehnjährigen Teenager später auch noch der Treffer zum 5:2-Endstand gelang, ließ er nach dem Schlusspfiff im Stockholmer Rasunda-Stadion seinen Glückstränen freien Lauf. Schluchzend warf er sich an die Brust seines Torwarts Gilmar und heulte hemmungslos. Jener Edson Arantes konnte zwar noch nicht erahnen, in welche Sphären er sich mit seinem Auftritt bei dieser Weltmeisterschaft gespielt hatte. Ihm wurde allerdings nach dem Schlusspfiff schlagartig bewusst, dass er am Ziel war. Er war dort angekommen, wo er schon als Kind unbedingt hin wollte. Wofür er all die Jahre auf den Spielfeldern und Trainingsplätzen in seiner von Armut geprägten Heimat gerackert hatte. Unter dem besser bekannten Künstlernamen Pelé bestieg jener brasilianische Jüngling an diesem Tag den Fußball-Thron. Es war der Beginn einer langen Regentschaft des bis heute als bester Fußballer aller Zeiten verehrten Spielers. Und zugleich die Geburtsstunde der seitdem weltweit bewunderten Fußballmacht Brasilien.

Edson Arantes do Nascimento, der zu Hause nur Dico genannt wurde, erblickte am 23. Oktober 1940 im brasilianischen Tres Coracoes das Licht der Welt und wuchs dort in ärmlichen Verhältnissen auf. Doch schon in frühen Kindesjahren hatte er, wie jeder Junge seines Alters, nur einen Wunsch: Profifußballer zu werden. Was mittlerweile als fast undenkbar unter Balltretern gilt, war für den jungen Pelé noch völlig normaler Alltag. Er brachte sich, wie jeder waschechte Straßenfußballer, das Spiel mit dem Ball selbst bei. In jeder freien Minute dribbelte er mit allen zumindest annähernd balllähnlichen Gegenständen in den Gassen seines Heimatortes herum. Zunächst vorrangig aus Spaß, doch bald schon erkannte Pelé, dass der Fußballsport der Weg aus den Slums sein könnte. Der Teenager war besessen von der Idee, irgendwann einmal ein gefeierter Fußballstar zu

werden, und trainierte, so oft es nur ging. »Beim Spiel auf der Straße nannte mich ein anderer Junge irgendwann plötzlich Pelé. Das Wort hat eigentlich gar keine Bedeutung, und der Name gefiel mir auch nicht«, erinnerte das spätere Idol einmal an die Entstehungsgeschichte seines Künstlernamens. Doch Pelé wurde diesen Beinamen fortan nie mehr los. Er wurde stattdessen zum Inbegriff fußballerischer Spielkultur in Vollendung.

Mit dreizehn Jahren verließ Pelé schließlich die Schule, ohne wirklich richtig schreiben oder lesen zu können. Sein Leben bestimmte fortan nur noch das Fußballspiel. Pelé erspielte sich durch alle Jugendmannschaften hinweg schnell großen Respekt bei Teamkollegen und Trainern, bis ihn ein fachkundiger Talentspäher vom FC Santos im Alter von fünfzehn Jahren auf dem Platz entdeckte. Einen Monat vor seinem sechzehnten Geburtstag gab der junge Ballvirtuose schließlich sein Profidebüt bei seinem neuen Heimatverein, für den er im Laufe seiner einundzwanzigjährigen Karriere insgesamt 1114 Spiele absolvieren sollte. Pelés großer Traum wurde also Wirklichkeit, und der zierliche Junge war entschlossen, die ihm gebotene Chance mit aller Kraft zu nutzen. Er absolvierte nach dem offiziellen Training oft freiwillig Zusatzeinheiten, um seine Spielweise möglichst schnell den Gegebenheiten der Profiliga anpassen zu können. Die Mühen fruchteten schon bald: Noch nicht mal sieb-

> »Bei meinem tausendsten Tor habe ich an alle armen Kinder der Welt, an die Tauben und Blinden gedacht.«
>
> PELÉ 1969

zehn Jahre alt, lief Pelé am 7. Juli 1957 beim Länderspiel gegen Argentinien (1:2) erstmals im Trikot der Nationalelf auf. Wenn anfangs auch nur als Auswechselspieler, so erarbeitete sich der brasilianische Wunderknabe schnell eine derart faszinierende Reife, dass er auch für die ein Jahr später stattfindende Fußball-Weltmeisterschaft in Schweden nominiert wurde. Eigentlich hatte Trainer Feola ihn nur als Ersatzmann auf der Liste. Als sich der gesetzte Mazzola jedoch verletzte, schlug die große Stunde Pelés. Feola warf den Youngster im dritten Spiel der Brasilianer gegen die Sowjetunion ins »kalte Wasser«, was ihm Pelé mit glanzvollen Spielzügen und Treffern dankte. Er schoss in den restlichen vier Spielen bis zum Finale gleich sechs Tore und entwickelte sich damit innerhalb weniger Tage zum neuen Superstar der Weltmeisterschaft. Im Endspiel selbst wuchs der hoch motivierte junge Stürmer regelrecht über sich hinaus.

In seiner Heimat wurde Pelé bald regelrecht vergöttert. Diese Euphorie ereichte ihren absoluten Höhepunkt, als die »schwarze Perle« Brasiliens am 19. November 1969 im Meisterschaftsspiel gegen Vasco in der neunundsiebzigsten Minute sein tausendstes Tor erzielte. Dreizehn Jahre, nachdem ihm sein erster Treffer in einem Profispiel gelungen war. Ein denkwürdiger Moment im Leben eines Fußballers, für den es in unseren Breitengraden höchstens einen Blumenstrauß des Vereinspräsidenten geben würde. Für die Brasilianer jedoch war dieser Treffer im Maracana-Stadion von Rio de Janeiro mehr als ein normales Tor. Eine ganze Nation stand plötzlich Kopf. Der Staatspräsident ordnete spontan einen Feiertag an, im ganzen Land leuteten die Kirchenglocken, und die nationale Post kreierte eiligst eine Sonderbriefmarke. Unzählige Denkmäler erinnern noch heute an dieses Ereignis. Die Schuhe, mit denen Pelé den Treffer erzielte, vermachte der tief gläubige Christ der Kirche. Der Ball hingegen ist bis heute das Heiligtum des Maracana-Stadionmuseums in Rio. Pelé wird in seinem Land wie ein Heiliger verehrt, der seinem Volk neuen Glauben schenkte. Als er am 18. Juli 1971 in Rio de Janeiro gegen Jugoslawien sein 110. und letztes Länderspiel bestritt, verfiel die Nation in große Trauer. Nach nur einer Halbzeit zog Pelé sein Trikot mit der legendären Rückennummer 10 aus und absolvierte eine Ehrenrunde. Dabei brachen Tausende Zuschauer in Tränen aus. Zu groß war der Verlust für den Fußballsport in Brasilien.

Pelé spielte insgesamt vier Weltmeisterschaften und wurde nach 1958 noch zweimal Weltmeister mit Brasilien. 1962 in Chile, wo er aufgrund einer Verletzung im Finale gegen die Tschechoslowakei fehlte, und 1970 in Mexiko, als sein Team im Endspiel den zweifachen Titelträger Italien mit 4:1 schlug. Nach drei Weltmeisterschaftssiegen ging der »Coupe Jules Rimet« damit endgültig in den Besitz Brasiliens über. Pelé selbst blieb trotz zahlreicher Angebote aus dem In- und Ausland seinem Stammverein FC Santos – mit dem er je zweimal den Weltpokal und den Südamerikapokal gewann und elfmal Meister wurde – bis kurz vor dem Karriereende treu. Nachdem er 1977, gemeinsam mit Franz Beckenbauer, Cosmos New York zur US-Meisterschaft geführt hatte und anschließend seine imposante Karriere beendete, versuchte er sich kurzzeitig als Trainer in Saudi-Arabien. Später wurde er als Sportdirektor für den brasilianischen Fußballverband tätig. 1995 wagte das Volksidol den Schritt in die Politik, nachdem er bereits 1989 schon einmal seine Kandidatur für die Präsidentschaftswahlen angekündigt hatte, später aber zurückzog. Als Sportminister Brasiliens zeichnete Pelé unter

anderem für den Bau von mehr als hundert Sportzentren verantwortlich. Sein Ziel, die Kinder in den Armenvierteln weg von der Straße und hin zum Sport zu führen, konnte er somit zumindest teilweise erfüllen. »Die Verringerung der Kriminalität in meinem Land mit Hilfe solcher Sportzentren ist im Gegensatz zu meinen Erfolgen als Fußballer dauerhaft«, beurteilte Pelé sein eigenes Engagement einmal. Diese Bescheidenheit hinsichtlich seiner sportlichen Leistungen ehrt die Fußball-Ikone zwar, doch auch sein sportliches Erbe ist unbestritten sehr hoch. In seiner imposanten Karriere schoss der Brasilianer in 1363 Spielen insgesamt 1283 Tore, eine einmalige Bilanz.

Acht Jahre nach seinem Abschiedsspiel am 1. Oktober 1977, bei dem er je eine Halbzeit für Cosmos New York und den FC Santos auflief, wurde der mittlerweile fünfundvierzigjährige Pelé noch einmal vom Ehrgeiz

---

»Pelé ist und bleibt der beste Fußballer aller Zeiten.«

FRANZ BECKENBAUER

gepackt. Er hatte ernsthaft in Erwägung gezogen, bei der Weltmeisterschaft 1986 in Mexiko sein fünftes großes Turnier zu spielen. Doch der damalige Nationalcoach Santana verweigerte dem Sportidol eine Nominierung. Stattdessen verdiente Pelé sein Geld weiterhin als Rundfunk- und Fernsehkommentator, später als Repräsentant von Sportartikeln. Er gründete zudem eine eigene Sportmarketing-Agentur. Irgendwann einmal möchte er wieder in die Politik zurückkehren, sagte Pelé jüngst einmal, »doch die Zeit dafür ist noch nicht reif«, glaubt er. Bis es soweit ist, nimmt der mittlerweile Sechzigjährige weiterhin fleißig Ehrungen für sein Lebenswerk entgegen. So, wie 1999, als er in Wien zum »Sportler des Jahrhunderts« gekürt wurde. Und auch der Fußballweltverband FIFA würdigte die Legende im Dezember 2000 als »Fußballer der Jahrhunderts«.

1959

Niederlande
Amsterdam
Olympiastadion
11. August 1959

»Zum Radfahren bin ich hergekommen – und nicht zum Feiern. Außerdem habe
ich mir bisher keinen Anzug leisten können, mit dem man auf ein Bankett geht.«
RUDI ALTIG, IM TRAININGSANZUG, BEIM EMPFANG IN EINEM AMSTERDAMER
NOBELHOTEL NACH DEM GEWINN DER WELTMEISTERSCHAFT

Die Mannheimer
Kampfmaschine

1959 | Die Mannheimer Kampfmaschine

Der Radsport im Nachkriegsdeutschland kam, wie so viele andere Sportarten auch, nur schleppend wieder in Gang. Große Idole hatte man daher auch noch nicht vorzuweisen. Vielmehr waren es vermehrt junge Amateure, die sich erstmals wieder bei internationalen Rennen anmeldeten, um dadurch den Sprung in die Weltspitze zu schaffen. Einer von ihnen war Rudi Altig aus Mannheim. Der Pfälzer war bereits seit 1957 ununterbrochen Deutscher Meister im 4000-Meter-Mannschaftswettbewerb, als er am 11. August 1959 bei den Amateur-Weltmeisterschaften in Amsterdam seinen ersten Einzeltitel anpeilte. Doch zunächst beeindruckte der Zweiundzwanzigjährige die Zuschauer und Organisatoren mehr durch seine ungewöhnliche Art der Vorbereitung als durch fahrerisches Können. Vor dem Rennen stellte sich Altig mehrere Minuten lang auf den Kopf und meditierte. Sein Trainer Karl Ziegler hatte ihm dies beigebracht, nachdem der zuvor selbst ein Rheumaleiden mit Hilfe asiatischer Heilkunst überwunden hatte. Seitdem schwor auch Altig auf die heilenden und beruhigenden Kräfte der Meditation. Wirkung zeigte es in jedem Fall, denn Rudi Altig hatte nach dem Viertelfinale im 4000-Meter-Verfolgungsfahren mit 4:53,8 Minuten prompt einen neuen Weltrekord herausgefahren. Mit diesem Leistungsvermögen ausgestattet, erreichte Altig schließlich auch das Finale, wo er gegen den schnellen Italiener Valotto antreten musste. Wieder stellte er sich kurz vor dem Start zunächst einmal auf den Kopf, bevor er anschließend auch den gesamten Rennverlauf auf den Kopf stellte. Runde um Runde nahm er dem Italiener bis zu zehn Meter ab, obwohl der bereits einen schnelleren Gang eingelegt hatte. Dann passierte das Unfassbare: Als Rudi Altig bereits mehr als sechzig Meter Vorsprung herausgefahren hatte, platzte ihm in der letzten Runde der Vorderreifen. Ein Raunen ging durch das Olympiastadion in Amsterdam. Sollte Altig den sicher geglaubten Sieg dadurch doch noch verlieren? Irritiert strampelte Altig zunächst weiter, nachdem ihm niemand ein Zeichen für einen Rennabbruch signalisierte. Der Reifenschaden ereignete sich lediglich fünfhundert Meter vor dem Ziel, daher entschied sich die Rennkommission zur Fortführung, zudem Altig kaum mehr eingeholt werden konnte. Mit vibrierendem Rahmen und unter frenetischem Jubel der Zuschauer rollte der Deutsche mit seinem Rad über die Ziellinie. Er war Weltmeister! Als der Mannheimer im November 1959 auch noch zwei Weltrekorde über 1000 Meter und 5000 Meter nachlegte, hatte Deutschland endgültig wieder einen neuen Radstar.

Auf einen frischen Akteur wie Rudi Altig hatte man in diesen Jahren gewartet. Er hatte das Zeug dazu, an die große Radsporttradition der Vorkriegsjahre anzuschließen, wo Größen wie Walter Rütt, Karl Saldow, Willy Lorenz oder Oskar Tietz für Erfolge gesorgt hatten. Die Kriegswirren und die anschließende sportliche Isolation Deutschlands verhinderten ganze dreizehn Jahre lang, dass sich deutsche Pedalritter auf internationalem Niveau messen konnten. Erst 1952 durften Sportler aus Deutschland erstmals wieder an olympischen Wettkämpfen und Weltmeisterschaften teilnehmen, während die Fußball-Nationalelf 1950 ihr erstes Länderspiel be-

> »Die Siegerfeier fiel aus. Im Wagen waren sie alle zusammen nach Zandvoort gefahren, fanden aber dort die Lokale bereits geschlossen. Denn die Weltmeisterschaftsentscheidung in Amsterdam war erst gegen Mitternacht gefallen. So kaufte sich jeder eine Flasche Bier und an einem Kiosk eine Tüte Pommes frites.«
>
> BERICHT IN DER *BERLINER MORGENPOST* VOM 13. AUGUST 1959

stritt. Der Direktor der Tour de France hingegen, Monsieur Jacques Goddet, ließ sich erst 1955 wieder erweichen, Deutsche zum berühmtesten Radrennen der Welt zuzulassen. Allerdings nur zwei einzelne Fahrer: den Schwenninger Heinz Müller, der 1952 Weltmeister wurde, und Günther Pankoke aus Bielefeld. Beide wurden einer internationalen Mannschaft zugeteilt. Während Müller frühzeitig ausschied, hielt Pankoke bis Paris durch und kam als Siebenunddreißigster im Ziel an. In den folgenden Jahren spielte Deutschland keine große Rolle bei der Tour. Doch dann trat 1960 dieser forsche Rudi Altig in den Profizirkus ein und ließ neue Hoffnungen aufflammen. Er wiederholte 1960 und 1961 seinen WM-Triumph im Verfolgungsfahren über 4000 Meter, diesmal allerdings im Profiklassement. Nachdem er zudem mehrere Rundfahrten und Straßenrennen sowie die Deutsche Mannschaftsmeisterschaft über 100 Kilometer gewonnen hatte, hatte er sich bald seinen Ruf als bester Radsportler der Nation erarbeitet. Lediglich Hans Junkermann aus Köln konnte dem jungen Wilden noch Paroli bieten. Junkermann gewann 1960 die Tour de Suisse und ging anschließend als Mitfavorit bei der Tour de France an den Start. Erstmals war dabei wieder eine deutsche Mannschaft mit neun Fahrern zugelassen. Der Kapitän hatte sogar durchaus Chancen auf das Gelbe Trikot, die er jedoch nicht nutzte, und am Ende als Vierter die Tour beschloss. Im Jahr darauf kam er als Fünf-

ter ins Ziel und wechselte anschließend ins belgische Groene-Luchon-Team. Damit war 1962 der Weg frei für Rudi Altig.

Und der Mannheimer, der im Frühjahr 1962 bereits die Spanien-Rundfahrt gewonnen hatte, startete äußerst forsch in seine Premieren-Tour. Gleich nach der ersten Etappe zog er sich das Gelbe Trikot des Gesamtführenden über, nachdem er in einem dramatischen Sprint die Radsportgrößen Rik van Looy und André Darrigade abhängen konnte. Nach der zweiten Etappe war er es zwar schon wieder los, konnte es sich allerdings nach dem vierten Tag erneut sichern, als er den zweiten Etappensieg einfuhr. Drei weitere Tage blieb Altig das begehrte Trikot erhalten, danach allerdings konnte er es endgültig nicht mehr verteidigen. Dafür konnte er sich fortan als bester Sprinter das Grüne Trikot überstreifen. Wenigstens dieses wollte er um jeden Preis bis nach Paris retten, wofür der Draufgänger sogar mehrere Kilometer mit einer angebrochenen Vorderradgabel weiterfuhr, um keine wertvollen Punkte durch einen Pannenstopp zu verlieren. Im Stadion von Antibes gelang ihm schließlich noch ein dritter Etappensieg, bevor er in Paris als Einunddreißigster das Ziel erreichte, als erster Deutscher überhaupt im Grünen Trikot, das erst 1953 bei der Tour eingeführt worden war. Rudi Altig löste in seiner Heimat anschließend eine regelrechte Radsport-

»Sie beruhigen mich. Außerdem stört mich niemand durch Gespräche, wenn ich auf dem Kopf stehe.«

RUDI ALTIG ÜBER SEINE YOGA-ENTSPANNUNGSÜBUNGEN

Euphorie aus. Der Blondschopf wurde mit Angeboten für Rennen regelrecht überhäuft, und wo er startete, waren die Ränge gefüllt. Rudi Altig siegte reihenweise bei diversen Sechstagerennen, unter anderem 1962, 1965 und 1966 in Berlin, und fuhr insgesamt dreizehn Deutsche Meisterschaften ein. Zudem verbesserte er die Weltrekorde über 1000 Meter (1:09,6 Minuten) und 5000 Meter (6:10,2 Minuten).

Nachdem er 1963 aufgrund einer Verletzung bei der Tour nicht starten konnte, schloss er 1964 da an, wo er bei seinem Debüt aufgehört hatte: Altig fuhr vom Start in Freiburg bis in die Alpen im Gelben Trikot. Den Höhepunkt seiner Karriere erreichte der Mannheimer allerdings im Jahr 1966. Zunächst fuhr er bei der Tour de France erneut vom Start weg im Gelben Trikot und verteidigte es elf Tage lang – so lange, wie noch kein deutscher Radfahrer vor ihm. Gut einen Monat später

startete er dann auch bei den Straßenweltmeisterschaften am 28. August 1966 auf dem Nürburgring gemeinsam mit der besten Radsportgilde der Welt. 120 000 Zuschauer an der Rennstrecke feuerten den deutschen Hoffnungsträger an. Der kämpfte sich mit einem ungeheuren Kraftaufwand an Größen wie Jacques Anquetil,

»Die Radstars von heute glänzen oft durch Bequemlichkeit, fehlenden Biss und mangelnde Härte gegen sich selbst.«

RUDI ALTIG IN DEN NEUNZIGER JAHREN

Raymond Poulidor, Italo Zilioli und auch Gianni Motta vorbei und überfuhr nach 273 Kilometern als Erster die Ziellinie. Nachdem es im Vorjahr »nur« zum zweiten Platz gereicht hatte, hatte sich Rudi Altig nun den Weltmeistertitel erkämpft. Diese außergewöhnliche Leistung ließ ihn endgültig zum absoluten Radsport-Gott in Deutschland aufsteigen, was sich auch in der eindeutigen Wahl zum »Sportler des Jahres« widerspiegelte.

Rudi Altig hatte den sportlichen Zenit annähernd erreicht. 1968 erfüllte er sich mit seinem Sieg beim Rennen Mailand – San Remo noch ein weiteres großes Ziel. Und im Alter von mittlerweile zweiunddreißig Jahren startete Altig 1969 noch einmal bei der Tour de France. Wieder streifte er sich schon nach dem Prolog das Gelbe Trikot über, im Laufe seiner Karriere trug es Altig insgesamt 18 Tage lang. Doch diesmal bekam er es vor allem mit einem jungen Belgier namens Eddy Merckx zu tun. Der Neuling Merckx wies den alternden Radstar schließlich in seine Grenzen, so dass Altig nach großem Kampf in den Alpen die Tour völlig verausgabt abbrechen musste. Die große Radsportkarriere neigte sich 1971 nach fast zwanzig Jahren schließlich endgültig ihrem Ende zu. Nach dem Sechstage-Rennen in Münster am 25. November stieg die Ikone für immer aus dem Sattel. Er war anschließend zunächst als Repräsentant eines Fahrradherstellers tätig, bevor er zum Bundestrainer der Amateure berufen wurde. 1977 holte ihn Eddy Merckx als sportlichen Leiter in sein Team, von wo aus er als Teamchef ins Puch-Team wechselte. Als Betreuer und Organisator von Rundfahrten tauchte Rudi Altig immer wieder mal in der Öffentlichkeit auf. Zuletzt war er als Fernseh-Kommentator für die Übertragungen der Tour de France im Einsatz.

1960

Schweiz
Zürich
Letzigrund-Stadion
21. Juni 1960, 20.15 Uhr

»Wie oft muss ich denn noch beweisen,
dass ich der Schnellste bin?«
ARMIN HARY 1960

Der Schnellste
mit der magischen Zeit

ein, um beiden ihr Einverständnis zu einem erneuten Start abzuringen. Nachdem sie schließlich zugestimmt hatten, wurde das 100-Meter-Rennen um 20.15 Uhr erneut gestartet, nur fünfunddreißig Minuten nach dem ersten Startschuss. Und wieder legte Armin Hary einen Blitzstart hin und rannte wie vom Teufel gejagt über die Aschenbahn. Diesmal stoppten die Uhren bei 10,0 – 10,0 – 10,1 und 10,0. Dennoch beriet sich das Kampfgericht anschließend quälend lange sieben Minuten, bevor es das Ergebnis endgültig bekannt gab. Nun war es amtlich: Armin Hary hat die magische Zeit von 10,0 Sekunden für 100 Meter erreicht. Weltrekord! Fortan war er der schnellste Mensch auf Erden.

Eigentlich hatte der Sprinter bereits zwei Jahre zuvor erstmals diese Fabelzeit erreicht. Am 6. September 1958

»Er hat großes Temperament, ein unerhörtes Reaktionsvermögen, eine unglaubliche Antrittsgeschwindigkeit und zudem die nötige Portion Ehrgeiz, die ein guter Sprinter nunmal braucht.«
BERTL SUMSER, HARYS TRAINER IN LEVERKUSEN

lief er in Friedrichshafen die 100-Meter-Strecke in 10,0 Sekunden. Doch schon damals wurde der Rekord nicht anerkannt, da man beim Ausmessen der Aschenbahn anschließend ein um neun Millimeter zu starkes Gefälle feststellte. Vielmehr, so vermutete man später, war es die Ungläubigkeit der verantwortlichen Schiedsrichter, eine solche Leistung zur damaligen Zeit als menschlich machbar anzuerkennen. Dabei war es gerade mal eine Zehntelsekunde, die den feinen Unterschied machte. Denn den Rekord von 10,1 Sekunden hielten seit 1956 die Amerikaner Roy Norton, Ira Murchison und Willie Williams. Armin Hary selbst kam im Mai 1957 auf eine Bestzeit von 10,4 Sekunden. Bei den Deutschen Meisterschaften im gleichen Jahr belegte er gar mit 10,5 Sekunden den zweiten Platz hinter dem seinerzeit unangefochten schnellsten Deutschen Manfred Germar (10,3 Sekunden). Hary wechselte anschließend von seinem Heimatverein 1. FC Saarbrücken zu Bayer 04 Leverkusen, wo er zugleich im Bayer-Werk seinem erlernten Beruf als Feinmechaniker nachging. Unter dem neuen Betreuer Bertl Sumser, der ihm mit seinen bekannt harten Trainingsmethoden im wahrsten Sinne des Wortes noch schneller auf die Sprünge half, verbesserte Hary seine Laufzeiten kontinuierlich. Im März 1958 kam es zum erneuten Duell mit Manfred Germar, und erstmal lief Hary dabei die 60-Yard-Distanz schneller als sein großer Konkurrent. Bei den Leichtathletik-Europameisterschaften

1960 | Der Schnellste mit der magischen Zeit

Vor Wut schnaubend sprang Armin Hary auf der Aschenbahn im Züricher Letzigrund-Stadion hin und her. Er konnte einfach nicht glauben, was ihm ein Mitglied des Kampfgerichtes soeben mitgeteilt hatte: »Der Lauf wird wegen eines Fehlstarts annulliert.« Das Leichtathletik-Meeting am 21. Juni 1960 hatte seinen handfesten Skandal. Soeben stoppten die vier Zeitnehmer den 100-Meter-Lauf des Deutschen noch mit 10,0 – 10,0 – 9,9 und 9,8 Sekunden. Der Mittelwert daraus bescherte Armin Hary eine neue Weltrekordzeit von 10,0 Sekunden. Doch der unerfahrene Starter will einen Frühstart von Hary gesehen haben, den er wegen seiner angeblich defekten Pistole nicht mehr stoppen konnte. Hary tobte und forderte lautstark einen Wiederholungslauf. Gemäß den Statuten mussten sich dafür mindestens zwei Läufer bereit erklären. Und so redete Armin Hary ununterbrochen auf seinen Landsmann Schüttler und den Schweizer Müller

im August 1958 schlug dann auch auf internationalem Parkett erstmals die große Stunde von Armin Hary. Er gewann die 100 Meter in 10,3 Sekunden vor Manfred Germar und dem Briten Peter Radford. Mit der 4x100-Meter-Staffel, der neben Hary auch Manfred Germar, Martin Lauer und Heinz Fütterer angehörten, sicherte er sich zudem seinen zweiten Europameistertitel. Nur wenige Tage später sorgte er mit seinem ersten 10,0-Sekunden-Lauf für Furore.

Erst als 1960, drei Wochen nach Armin Harys offiziellem Weltrekordlauf von Zürich, auch der Kanadier Harry Jerome mit der gleichen Zeit gestoppt wurde, schwanden die Zweifel der Sportwelt an der Erreichbarkeit der 10,0-Sekunden-Schallmauer im 100-Meter-Lauf langsam. Mit seinem Rekord im Gepäck reiste Armin Hary im September 1960 selbstbewusst und als großer Favorit zu den Olympischen Spielen nach Rom. Seinen Rang als schnellster Sprinter der Welt forderten vor allem die drei Amerikaner Dave Sime, Frank Budd und Ray Norton offen heraus. Und natürlich Harry Jerome, der Harys Rekord zuvor eingestellt hatte. Doch bereits im Viertelfinale war für den übermotivierten Kanadier Schluss. Das anschließende Finale über 100 Meter mit Hary auf der äußersten Bahn, den Amerikanern Sime, Budd und Norton, dem Briten Peter Radford sowie dem Kubaner Figuerola entwickelte sich zum ungeahnten Krimi. Beim ersten Startversuch schossen Armin Hary

> »Wäre ich doch bloß nie Olympiasieger geworden.«
>
> ARMIN HARY NACH DEM MEDIENRUMMEL
> UM SEINE GERICHTSVERHANDLUNG

und der Amerikaner Dave Sime noch vor dem Startschuss aus ihren Blöcken heraus. Verwarnt wurde allerdings keiner der beiden. Beim zweiten Anlauf war es der Deutsche allein, der vorzeitig losrannte. Die Verzögerungen zehrten allmählich an den Nerven der Läufer. Es ging schließlich um olympisches Gold. Der dritte Start wurde vom Kubaner Figuerola unterbrochen, der Probleme mit seinem Startblock signalisierte. Zum vierten Mal hob der Starter Maregatti nun seine Pistole: »... fertig, los!« Jetzt endlich verlief alles Regel gerecht. Und obwohl Armin Hary eher verhalten startete, um keine Disqualifikation wegen zweier Fehlstarts zu kassieren, setzte er sich gleich zu Beginn des Rennens an die Spitze. Den Vorsprung konnte er schließlich bis ins Ziel retten, auch wenn der Amerikaner Sime auf den letzten Metern noch reichlich Boden gut machte und fast zeitgleich mit

Hary das Zielband erreichte. Mit 10,2 Sekunden gewann Armin Hary die Goldmedaille als erster deutscher 100-Meter-Läufer überhaupt. Er war zudem nach vierundzwanzig Jahren der erste deutsche Leichtathlet, der wieder einen Olympiasieg feiern konnte. Mit der 4x100-Meter-Staffel errang er später sogar eine weitere Goldmedaille.

Es sollten allerdings die letzten großen Erfolge in der Karriere des Armin Hary bleiben. Vier Monate nach den Olympischen Spielen wurde dem gebürtigen Saarbrücker eine nicht korrekte Spesenabrechnung zum Verhängnis. Zudem zog er sich durch einen Artikel in der Illustrierten *Quick* den Zorn des Deutschen Leichtathletik-Verbandes (DLV) zu, der ihn aufgrund der beiden Vorkommnisse vor das Sportgericht zerrte. Dort wurde Hary mit einem einjährigen Startverbot belegt, da er nach Ansicht des Verbandes dem Ansehen der deutschen Leichtathletik im In- und Ausland geschadet habe. Es wurde nach einem Revisionsverfahren zwar verkürzt, doch Armin Hary sollte dennoch nie wieder an den Start gehen. Auf dem Berliner Kurfürstendamm wurde der Sprinter in einen Autounfall verwickelt, bei dem er sich am Knie verletzte. Hary bestand aufgrund der Verletzung gegenüber seiner Versicherung auf Erwerbsunfähigkeit und kassierte schließlich 200 000 Mark. Daraufhin beendete der Olympiasieger seine Karriere endgültig. Er heiratete 1966 eine reiche Bauunternehmertochter und zog mit ihr und den beiden Kindern später in ein Schloss am Starnberger See. Als Immobilienmakler verdiente er sich fortan seinen Lebensunterhalt und kam dabei 1980 mit dem Gesetz in Konflikt, als er half, Geld der Katholischen Kirche bei einem Grundstücksverkauf zu veruntreuen. Armin Hary kam nach dem Berufungsverfahren mit achtzehn Monaten Haft auf Bewährung und einer fünfstelligen Geldstrafe davon.

Zu seinem sechzigsten Geburtstag am 22. März 1997 lud Armin Hary seine Staffelkollegen aus dem Jahr 1960 – Bernd Cullmann, Walter Mahlendorf und Martin Lauer – sowie seinen einstigen 100-Meter-Konkurrenten Manfred Germar zu einer Reise nach Rom ein. Gemeinsam besuchten die Olympiasieger von einst erneut die Stätte ihres größten Erfolges.

1961

Italien
Monza
Autodromo Nazionale
10. September 1961

»Ich will einhundertfünf Jahre alt werden, damit ich alle
Musik hören kann, die ich hören will, alle Bücher lesen kann,
die mich interessieren, und alle Frauen haben kann, die
ich mir wünsche.«

GRAF BERGHE VON TRIPS

Der »Ritter ohn

»Furcht und Tadel«

1961 | Der »Ritter ohne Furcht und Tadel«

Es hätte der bis dato größte Triumph eines deutschen Fahrers in der Formel 1 werden sollen. Wolfgang Graf Berghe von Trips nahm am 10. September 1961 gut gelaunt im Cockpit seines Ferrari Platz. Er führte zu diesem Zeitpunkt mit dreiunddreißig Punkten die Fahrerwertung klar an und hätte auf dem Parcours in Monza mit einer Platzierung in der Spitzengruppe vorzeitig die Weltmeisterschaft für sich entscheiden können. Als erster Deutscher überhaupt in dieser Klasse. Und nachdem er sich im Traininig zuvor die Pole Position gesichert hatte, erstmals in seiner bisherigen Karriere, war von Trips mehr als optimistisch in das Rennen gestartet. Doch sein Bolide kam nicht wirklich gut aus den »Startlöchern« und lag nach der ersten Runde nur auf Rang sechs. Von Trips nutzte jede Überholmöglichkeit, um sich weiter nach vorne zu kämpfen. In der zweiten Runde wollte er auf der Geraden kurz vor der Parabolica-Kurve, die damals noch Corvetta hieß, auch am Lotus von Jim Clark vorbei ziehen. Doch Clark versuchte plötzlich, von Trips auszubremsen. Dabei touchierten die beiden Wagen. Sofort verloren die Piloten die Kontrolle über ihre Fahrzeuge, die sich in Sekundenschnelle mehrfach überschlugen. Der Lotus landete nach einigen Drehungen wieder auf den Reifen, und Jim Clark konnte fast unverletzt aus dem Cockpit steigen. Graf Berghe von Trips hingegen wurde beim Überschlag seines Ferrari aus dem Sitz geschleudert und war auf der Stelle tot, als er auf

dem Boden aufschlug. Sein Wrack prallte mit voller Wucht seitlich gegen einen Drahtzaun, hinter dem dicht gedrängt eine Traube von Zuschauern stand. Gemeinsam mit dem WM-Führenden starben an diesem traurigen Tag für den Automobilsport fünfzehn weitere Menschen. Sie wollten sich das Rennen aus nächster Nähe ansehen und wurden dabei vom Rennwagen des Deutschen erschlagen oder zerquetscht. Die Sicherheit im Rennsport war fortan wieder ein heiß diskutiertes Thema – und ist es bis heute.

Nachdem Rudolf Caracciola, das große Rennfahreridol der zwanziger und dreißiger Jahre, 1952 seinen endgültigen Abschied aus der Motorsportszene nahm, entpuppte sich Graf Berghe von Trips bald als dessen Nachfolger in der Weltspitze. Und das, obwohl der Abkömmling einer rheinischen Adelsfamilie zunächst gar keine Ambitionen hatte, sein rasantes Hobby zum Beruf zu machen. Begonnen hatte alles mit von Trips' Leidenschaft für motorisierte Zweiräder. Da diese in Adelskreisen nicht gerne gesehen wurde, praktizierte er es zunächst heimlich. Erst als er sich sein erstes eigenes Motorrad zulegte, eine 125-er Maico, bekamen die Eltern Wind vom Faible des Sohnes. Zwar wetterte Vater von Trips weiterhin energisch dagegen, doch schließlich akzeptierte man im Familienstammsitz auf Burg Hemmersbach bei Horrem die Unternehmungen des zweiundzwanzigjährigen Filius. Der erstand bald noch eine BMW R51 und fuhr bei Provinzrennen prompt erste Erfolge ein. Ab 1951 engagierte ihn die Mannschaft des ADAC Gau Nordrhein als Teammitglied und fuhr mit von Trips unter anderem Siege bei der Schwarzwaldfahrt und der Siebengebirgsfahrt 1952 ein. Zwei Jahre später tauschte Berghe von Trips seine BMW gegen einen nagelneuen Porsche 1300 ein. Erneut legte der Graf sein Veto ein und zwang den Sohnemann somit, unter dem falschen Namen Axel Linther bei Rennen an den Start zu gehen. Unter diesem Pseu-

> »Wenn ich schnell fahre, bin ich nachher so ruhig, frei und klar, alle Verkrampfung ist verflogen.«
>
> WOLFGANG GRAF BERGHE VON TRIPS
> AM ABEND VOR SEINEM TÖDLICHEN RENNEN

donym siegte von Trips auch beim berühmten Rennen Mille Miglia und später bei der Deutschen Meisterschaft in der 1300-ccm- und 1600-ccm-Klasse. Als der PS-verrückte Junggraf 1955 beim Eifelrennen und beim Internationalen Sportwagenrennen auf dem Nürburgring siegte, wurden erstmals auch die großen Rennställe auf ihn aufmerksam. Mercedes bot von Trips einen Platz im Werksteam an, wo er schon kurze Zeit später seine ersten Erfolge feiern konnte. Doch das aufstrebende Talent musste sich bald einen neuen Arbeitgeber suchen. Als sich Mercedes nach der schweren Katastrophe von Le Mans 1955 vorübergehend aus dem Rennsport verabschiedete – der Wagen des Mercedes-Piloten Levengh war dort in die Zuschauermenge gerast, und zweiundachtzig Menschen fanden dabei den Tod – wechselte von Trips kurzerhand in das Porsche-Werksteam. Dort setzte er das fort, was er zuvor bei Mercedes an fahrerischem Können bereits angekündigt hatte. Er fuhr von Sieg zu Sieg. Vor allem die Erfolge beim 24-Stunden-

> »Die Auseinandersetzung Rad an Rad erfordert ein hohes Maß von Verantwortung. Selten sind sich zwei im Wettstreit Kämpfende so nahe wie zwei Rennfahrer, die mit 200 km/h nebeneinander auf eine Kurve zuschießen, fiebernd darauf wartend, dass der Gegner das Gas wegnehmen möge.«
>
> WOLFGANG GRAF BERGHE VON TRIPS

Rennen von Le Mans, dem 1000-Kilometer-Rennen auf dem Nürburgring und auf der Berliner Avus im Jahr 1956 ließen Graf Berghe von Trips sowohl zum nationalen als auch international anerkannten Rennsportstar aufsteigen.

Der schnelle Graf, den seine Anhänger bald nur noch »Taffy« nannten, bekam daraufhin mehrere Angebote von Rennställen der Formel 1 – der Königsklasse des Motorsports. Von Trips entschied sich 1957 für den italienischen Boliden von Ferrari. Doch schon sein Einstand verlief ziemlich ruppig: Bei den ersten Trainingsrunden in Monza fuhr der Rheinländer sein neues Renngefährt bereits nach kurzer Zeit zu Schrott, blieb dabei aber selbst unverletzt. Die Draufgängermarnier des Achtundzwanzigjährigen beeindruckte die Tifosi allerdings, und so nominierte man ihn als Fahrer für die 1957-er Formel-1-Saison. Sein Debüt gab er dabei im Januar in Argentinien. Doch sein Auftritt in der schnellsten Rennklasse blieb nur von kurzer Dauer. Von Trips verletzte sich bei einem Unfall auf dem Nürburgring so schwer, dass er für Monate nicht hinter das Steuer konnte. So beendete er seine erste Saison nach nur drei Rennen auf Rang 14 mit lediglich vier Punkten. Wesentlich erfolgreicher war auch das Jahr 1958 nicht. Zwar beschloss der deutsche Rennpilot die Formel-1-Saison mit dem zehnten Rang. Doch die Ferrari-Bosse waren mit den Resultaten – ein dritter Platz in Frankreich, Rang vier in Deutschland

und Position fünf in Portugal waren die besten Ergebnisse – nicht zufrieden und verbannten von Trips aus dem Kader. Wenigstens konnte der Junggeselle bei seinem Sportwagen-Engagement für Porsche, das der stets äußerst elegant wirkende von Trips neben der Formel 1 weiterführte, 1958 einige Erfolge einfahren. Er wurde Berg-Europameister und Zweiter beim 1000-Kilometer-Rennen von Buenos Aires. Nach der Kündigung von Ferrari konzentrierte sich »Graf Bruch«, wie er aufgrund der zahlreichen Unfälle zu Beginn seiner Formel-1-Karriere oftmals spöttisch genannt wurde, nur noch auf das Porsche-Werksteam. Er fuhr mehrere Rennen in den USA und siegte später auch beim Großen Preis von Berlin. Da Ferrari im Herbst 1959 unter akuter Personalnot litt, holte man von Trips kurzerhand in das Team zurück. In der folgenden Saison holte er einen sechsten Platz für die italienische Traditionsmarke im Gesamtklassement heraus, obwohl er kein einziges Rennen auf dem Siegerpodest beenden konnte. Ein sechster, drei fünfte und ein vierter Rang genügten ihm zur bislang besten Formel-1-Platzierung seiner Karriere.

In der Saison 1961 gestalteten von Trips und Ferrari gemeinsam ihren kometenhaften Aufstieg. Beim zweiten Saisonrennen in Holland fuhr von Trips erstmals bei einem Grand-Prix als Sieger durchs Ziel. Es folgte ein weiterer erster Platz in England sowie zwei zweite in Deutschland und in Belgien. Das bescherte ihm vor dem letzten Saisonrennen in Monza einen beruhigenden Vorsprung in der Gesamtwertung. Hier, in der italienischen Heimat seines Rennstalls, sollte der große Triumph als Formel-1-Weltmeister gefeiert werden. Der schreckliche Unfall in der zweiten Runde beendete auf tragische Weise alle Titelträume – und das Leben des besten deutschen Rennfahrers der Nachkriegszeit im Alter von dreiunddreißig Jahren. Das Rennen wurde nach einer kurzen Unterbrechung fortgesetzt. Am Ende siegte der Amerikaner Phil Hill auf Ferrari – und mit ihm

> »Dieser Titel gehört Dir, Taffy.«
>
> PHIL HILL, FORMEL-1-WELTMEISTER 1961

wurden die Italiener doch noch Weltmeister. Das Jubeln allerdings war ihnen nach der Katastrophe vom 10. September 1961 vergangen. Graf Berghe von Trips wurde noch im gleichen Jahr posthum zum »Sportler des Jahres« gewählt. Nicht zuletzt auch deshalb, weil er den Rennsport in Deutschland durch alle Bevölkerungsschichten hinweg salonfähig gemacht hat.

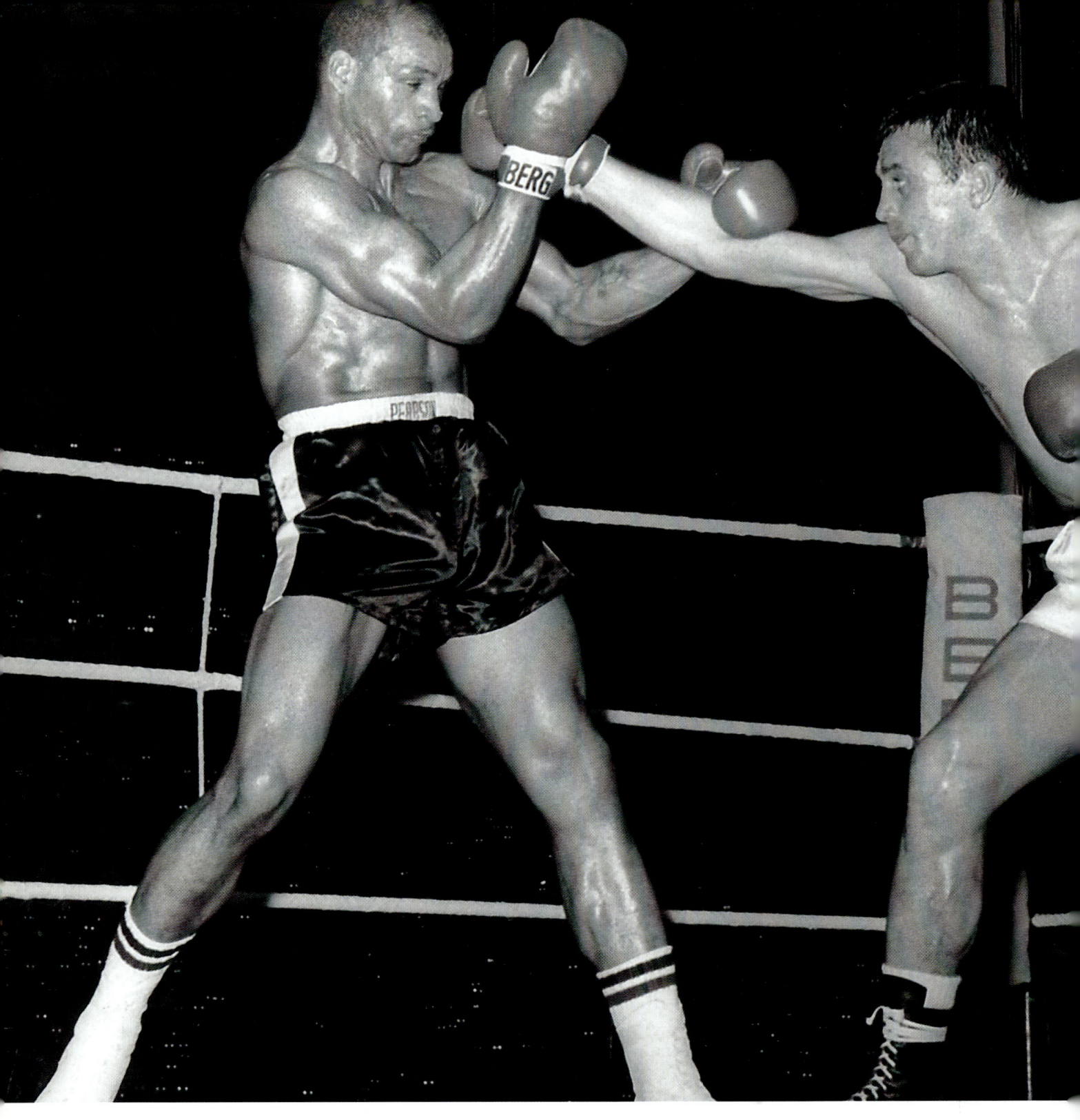

Der mit dem großen Kämpferherz

1962

Deutschland
Berlin
Olympiastadion
23. Juni 1962

»Er war ein begnadeter Boxer mit großer
Schnelligkeit und viel Instinkt.«
ROBERT GAWRON, FREUND UND
SPARRINGSPARTNER, ÜBER BUBI SCHOLZ

1962 | Der mit dem großen Kämpferherz

Fast auf den Tag genau vierundzwanzig Jahre musste man im Nachkriegsdeutschland darauf warten, dass nach Max Schmelings Fight am 22. Juni 1938 gegen Joe Louis wieder ein deutscher Boxer um eine Weltmeisterschaft kämpfen konnte. Doch diesmal brauchten die Fans nicht mitten in der Nacht aufstehen, um am Volksempfänger den Kampfverlauf in New York zu verfolgen. Am 23. Juni 1962 nämlich fand im Berliner Olympiastadion die erste Weltmeisterschafts-Begegnung überhaupt auf deutschem Boden statt. Der Lokalmatador Gustav »Bubi« Scholz forderte dabei den amerikanischen Titelträger im Halbschwergewicht Harold Johnson heraus. Es war Scholz´ erster Titelkampf in dieser Gewichtsklasse, nachdem er erst im Jahr zuvor seinen Europameistergürtel und die Deutsche Meisterschaft im Mittelgewicht kampflos niedergelegt hatte und ins Halbschwergewicht gewechselt war. Zwar war Johnson als haushoher Favorit nach Berlin gereist, nachdem er zuvor bereits Weltmeister wie Archie Moore und Ezzard Charles besiegt hatte. Doch Scholz war der Liebling der Massen. Man traute ihm mit dem Heimvorteil im Rücken durchaus einen Überrraschungserfolg gegen den robusten Amerikaner zu. Und dass er boxerisch dazu in der Lage war, stellte Scholz gleich in den ersten Runden eindrucksvoll unter Beweis. Er trieb Johnson sichtlich motiviert durch den Ring und landete dabei auch einige harte Wirkungstreffer. Die annähernd 60 000 Zuschauer forderten einen K.o., doch Scholz vermochte die Gunst der Stunde nicht zu nutzen, um den angeschlagenen Johnson zu Fall zu bringen. Stattdessen kämpfte er sich über die vollen 15 Runden. Am Ende votierten die Punktrichter, wenn auch äußerst knapp, für einen Punktsieg Johnsons. Der Amerikaner nahm seinen WM-Gürtel wieder mit, und Scholz musste sich bei den Titelkämpfen wieder hinten anstellen. Doch mit seinem großen Kämpferherz hatte Bubi Scholz nach diesem Fight bei Experten und Fans weitere Punkte gesammelt.

Nachdem Max Schmeling, das Boxidol der frühen zwanziger und dreißiger Jahre und bis heute einziger deutscher Schwergewichts-Weltmeister, 1948 endgültig seinen Abschied vom Ringfight nahm, rief die Nation nach einem neuen Helden. Denn Boxen hatte in jenen Jahren eine ungeheure Popularität in Deutschland erreicht. Und so kam ein hart schlagender Rechtsausleger wie Bubi Scholz gerade recht, um diese Lücke auszufüllen. Die Ironie des Schicksals wollte es, dass Scholz seinen ersten Profikampf im Oktober 1948 bestritt – im gleichen Monat, in dem Schmeling seinen Rücktritt be-

kannt gab. Als der achtzehnjährige Scholz in einem Zirkuszelt im Berliner Stadtteil Charlottenburg sein Profidebüt gab und dabei seinen Gegner derart zurichtete, dass dieser seine geplante Hochzeit aufgrund der Verletzungen verschieben musste, sorgte er erstmals für Schlagzeilen. Diese sollten fortan zu seinem Leben gehören wie die Boxhandschuhe zum Faustkampf. Erstaunlich war zudem, dass Gustav Scholz vor seinem Debüt, bei dem er damals noch im Leichtgewicht geboxt hatte, keinen einzigen Amateurkampf bestritt, sondern nach einer Ausbildung zum Koch sofort im Profibusiness anheuerte. Im zerbombten Berlin kam Scholz eher zufällig mit dem Boxsport in Verbindung, nachdem er sich, wie viele andere auch, mit Schwarzmarktgeschäften einen Nebenverdienst geschaffen hatte. Dabei fand er im Boxermilieu reichlich Kundschaft, da fast an jedem Wochenende irgendwo in Berlin ein Kampfabend stattfand. Als der athletische Teenager dabei eines Tages auf Ladislaw Taubeneck und Promoter Erwin Sam traf, war sein Schicksal besiegelt. Der erfolgreiche Trainer Taubeneck überredete Scholz zu einem Probetraining und stellte ihm anschließend eine große Karriere in Aussicht. Scholz, der im Arbeiterviertel am Prenzlauer Berg als Sohn eines Schmieds in sehr einfachen Verhältnissen aufgewachsen war, sah darin seine Chance, im Nachkriegsdeutschland relativ leicht Geld zu verdienen.

Rund fünfzehn Kämpfe bestritt Scholz fortan pro Jahr und wäre schon nach zwölf Monaten reif für einen Titelkampf gewesen. Doch das Leichtgewicht musste sich ganze zwei Jahre gedulden, bis er erstmals um die Deutsche Meisterschaft in seiner Gewichtsklasse antreten durfte. Am 19. Mai 1951 besiegte er in Berlin den amtierenden Meister Walter Schneider nach Punkten. Auch im Rückkampf bezwang er Schneider wieder klar nach Punkten und verteidigte seinen Titel anschließend noch zweimal, bevor er ihn 1952 freiwillig niederlegte, um

> »Als Boxer war er fleißig, ein Supertalent, energiegeladen und voller Ehrgeiz.«
>
> SCHOLZ' ENTDECKER ERWIN SAM

ins Mittelgewicht zu wechseln. Hier fing Scholz wieder ganz von vorne an und musste sich zunächst in der Rangliste nach oben boxen. Da schon damals das ganz große Geld nur in den USA zu verdienen war, wurde Scholz 1954 von seinem Manager auf eine Tournee durch Amerika geschickt. Er konnte dabei auch das US-Publikum überzeugen, indem er alle dreizehn Kämpfe, auch gegen Weltranglistenboxer, klar gewann. Zurück in Berlin, haderte Scholz mit seiner Gesundheit. Er fühlte sich wochenlang sehr unwohl, wollte aber seinen Kampf gegen den Briten Buxton nicht absagen. Da sich sein Gesundheitszustand nicht besserte, begab sich der angeschlagene Boxer in ärztliche Behandlung. Die erschütternde Diagnose: Tuberkulose. Diese durchaus lebensgefährliche Krankheit besiegelte nach Ansicht der Ärzte das Karriereende von Gustav Scholz. Sie erteilten ihm lebenslanges Boxverbot. Scholz jedoch gab sich nicht einfach der Krankheit hin, er kämpfte dagegen an, als handele es sich dabei um seinen bisher schwersten Gegner im Ring. Und wie in seiner bisherigen Karriere üblich, so blieb »Bubi« auch hier am Ende Sieger. Nach eineinhalb Jahren meldete er sich im Boxring zurück und kämpfte, nach nur drei Monaten Training, gleich wieder um die Deutsche Meisterschaft. Schlagkräftiger hätte ein Comeback nicht ausfallen können: In der dritten Runde schickte er den Titelverteidiger und Favoriten Peter »de Aap« Müller k.o. zu Boden.

Mit dem Selbstvertrauen aus diesem Sieg im Rücken, meldete Gustav Scholz auf internationalem Parkett seine Ansprüche an. Er forderte den französischen Europameister im Mittelgewicht, Charles Humez, heraus, der ihm im März 1958 einen Kampf in Paris gewährte. Zwar lieferte der Deutsche dabei eine gute Visitenkarte ab, doch am Ende musste sich Scholz erstmals in seiner Karriere geschlagen geben. Humez brach ihm während des Kampfes zwei Rippen und siegte schließlich knapp nach Punkten. Doch nach der erfolgreichen Titelverteidigung des Meistertitels gegen Max Resch im Mai 1958 trat Scholz am 4. Oktober 1958 erneut gegen Europameister Charles Humez an. Diesmal im heimischen Olympiastadion in Berlin vor 40 000 Zuschauern. Ein Europameisterschaftskampf hatte seinerzeit einen weitaus höheren Stellenwert als ein vergleichbarer Titelkampf heutzutage. Und so lieferten sich beide Boxer gleich von Beginn an einen hochklassigen Schlagabtausch, wobei sich der Deutsche leichte Vorteile aufgrund seiner scheinbar technischen Überlegenheit erarbeitete. Nach der zwölften von fünfzehn angesetzten Runden gab der Franzose schließlich völlig entkräftet auf, und Bubi Scholz wurde zum neuen Europameister im Mittelgewicht gekürt. Der Berliner war damit auf dem Höhepunkt seiner Karriere angelangt. Dreimal noch verteidigte er seinen Titel bis Ende 1959, bevor er 1961 erneut die Gewichtsklasse wechselte und fortan bei den »Halbschweren« antrat. Dort sollte 1962 der Kampf gegen Harold Johnson um den Weltmeistertitel die Krönung einer äußerst erfolgreichen Karriere bilden, doch statt-

dessen musste Scholz seine zweite Niederlage einstecken. Das Ego ließ es nicht zu, ohne einen Titel in seiner mittlerweile dritten Gewichtsklasse abzutreten. Und so boxte sich Scholz zwei weitere Jahre durch, bis er am 4. April 1964 den Italiener Giulio Rinaldi im Kampf um die Europameisterschaft im Halbschwergewicht durch Disqualifikation in der achten Runde bezwang. Anschließend, nach sechsundneunzig Profikämpfen mit nur zwei Niederlagen und sechsundvierzig K.o.-Siegen, beendete der Boxheros im Alter von vierunddreißig Jahren seine aktive Laufbahn. Bubi Scholz ist als der größte deutsche Boxer der Nachkriegsjahre in die Sporthistorie eingegangen.

Wie so viele Sportler vor und nach ihm hatte auch Bubi Scholz seine Probleme, sich im Lebens abseits des Sports zurecht zu finden. Zwar war Scholz ein gesellschaftlich hoch angesehener Mann, nachdem er zwei Parfümerien sowie eine Werbeagentur in Berlin eröffnet hatte, mehrere Schallplatten aufnahm und sogar in einigen Spielfilmen mitspielte. Doch hinter der schillernden Fassade verbarg sich ein oft deprimierter und später auch alkoholkranker Mann. Sein menschlicher Verfall gipfelte 1984 in einer Tragödie, als er nach einer seiner berüchtigten Parties in der Berliner Villa seine Frau Helga mit einem Kleinkalibergewehr erschoss. Er verbrachte dafür drei Jahre im Gefängnis. Als Scholz 1987 aus der

»Bubi Scholz war der Vorzeigeboxer seiner Zeit in Deutschland, weil er den attraktivsten Boxstil demonstrierte.«

BOXPROMOTER KLAUS-PETER KOHL

Haft entlassen wurde, verschlimmerte sich sein Zustand weiter. Depressionen und seine Alkoholabhängigkeit verleiteten ihn zu mehreren Selbstmordversuchen. Seit Beginn der neunziger Jahre erlitt Scholz gleich mehrfach Gehirnschläge und Schlaganfälle und blieb ab 1997 halbseitig gelähmt. Im November 1998 diagnostizierten die Ärzte auch noch das Alzheimer-Syndrom. Zuletzt lebte Gustav »Bubi« Scholz als Pflegefall in einem Berliner Altenheim, wo er am 21. August 2000 im Alter von siebzig Jahren starb.

1963

USA
Augusta (Georgia)
Augusta National Golf Club
7. April 1963

»Ich war immer anders als andere. Ich hatte stets meine Familie,
meine Geschäfte, und ich bin angeln oder zur Jagd gegangen.
Bei anderen drehte sich alles immer nur um das eine: Golf.«

JACK NICKLAUS

»Golden Bear« aus Ohio

1963 | »Golden Bear« aus Ohio

Womöglich hätte man Jack Nicklaus gar nicht richtig wahrgenommen bei seinem ersten Profiturnier in Los Angeles im Frühjahr 1962, wenn der Platzsprecher ihn nicht eigens als hoffnungsvollen Newcomer angekündigt hätte. Dennoch richteten sich alle Augen ohnehin nur auf den Star der damaligen Golfszene: Arnold Palmer. Der sichtbar übergewichtige zweiundzwanzigjährige Neuling Nicklaus spielte bei seinem Debüt auch nicht gerade so, als müsste man sich den Namen für die Zukunft unbedingt einprägen. Vielmehr erregte er mit seinem ulkigen Bürstenhaarschnitt Aufsehen. Und wegen seiner »Wampe«. Einige Zuschauer betitelten den etwas farblos wirkenden Burschen aus Columbus im US-Bundesstaat Ohio hinter vorgehaltener Hand gar als »Ohio Fats«. Kein rühmlicher Einstand also für den jungen Golfprofi. Doch Jack Nicklaus »schlug« eindrucksvoll zurück. Gerade mal fünf Monate nach seinem Profidebüt trat er bei den US Open als Außenseiter an und besiegte am Ende sogar den großen Arnold Palmer. Fortan kannte jedermann im Golfsport den Namen des Überraschungssiegers. Im gleichen Jahr konnte er auch noch die World Series of Golf gewinnen und schloss somit das erste Profijahr sensationell auf Rang drei der Preisgeldrangliste mit 61 869 US-Dollar ab. Der Golfsport hatte mit Jack Nicklaus seinen neuen Star und Arnold Palmer einen äußerst unangenehmen Konkurrenten mehr.

Trotz aller Erfolge, die Nicklaus schon im ersten Jahr als Berufsgolfer verzeichnen konnte, kam er beim Publikum nicht sonderlich gut an. Ihm fehlte etwa das Charisma, das ein Arnold Palmer hatte. Und er präsentierte sich bei Turnieren zunächst sehr unnahbar. Nicklaus spulte auf den Plätzen meistens nur sein Spiel ab und verschwand dann wieder. Dennoch: Gerade auch wegen seiner zunehmenden Erfolge wuchs die Neugier auf diesen neuen Spielertypen. 1963 gewann er als jüngster Sieger aller Zeiten die US Masters und später auch die PGA Championships – zwei der wichtigsten Turniere überhaupt. Mit jedem neuen Erfolg wurde der mittlerweile Dreiundzwanzigjährige langsam lockerer im Umgang mit den Medien und Zuschauern. Lediglich die Rivalität mit Palmer entspannte sich nicht. Im Gegenteil, sie vertiefte sich sogar über die Jahre hinweg. Doch womöglich war dies auch ein entscheidender Antrieb für Nicklaus auf seinem Weg an die Weltspitze. Bereits im dritten Jahr seiner Profikarriere, wo er unter anderem die Australian Open gewann, war der Blondschopf der bestverdienende Golfer der Welt, als er mehr als 113 000 Dollar an Preisgeldern kassierte. In den Jahren 1965 und 1966 setzte er dann erneut Maßstäbe, die es im Golfsport bislang noch nicht gegeben hatte. Als erster Spieler überhaupt gewann er zweimal in Folge die US Masters. Und als er 1966 auch bei den British Open siegte, hatte er damit alle vier wichtigen Golfturniere der Welt mindestens einmal gewonnen. Und das bereits im vierten Jahr seiner noch jungen Karriere.

Nach seinem zweiten Sieg bei den Australian Open 1968 erhielt Jack Nicklaus von den »Aussies« den Beinamen »Golden Bear«, was von seiner goldblonden Haarfarbe und seinem (bären-)starken Abschlag herrührte. Bei seinen Kollegen der PGA-Tour war er auch wegen seiner ungewöhnlich präzisen Abschläge berüchtigt. Ebenso beeindruckte sein sicheres Ballgefühl beim

> »Vor dreißig Jahren waren wir Golfer eine kleine Gesellschaft, in der jeder auf sich selbst gestellt war. Trainer oder Sportpsychologen konnten wir uns damals gar nicht leisten.«
>
> JACK NICKLAUS

Einlochen. Damit beherrschte Nicklaus den Golfsport auch in den siebziger Jahren maßgeblich. Er siegte in dieser Periode unter anderem dreimal bei den PGA Championships (1971, 1973, 1975), zweimal bei den US Masters (1972, 1975), er gewann ebenfalls zweimal die British Open (1970, 1978) und viermal die Australian Open (1971, 1975, 1976, 1978). Seine Mitstreiter wählten

Nicklaus aufgrund seiner Vormachtstellung zwischen 1972 und 1976 gleich viermal zum »Spieler des Jahres«. Weitere Auszeichnungen als »Sportler des Jahrzehnts« und »Golfer des Jahrzehnts« untermauerten die Dominanz des »Golden Bear«. Als sich Jack Nicklaus 1979 erstmals in seiner Karriere keinen Turniersieg erspielen konnte, wollte so mancher bereits das Ende der Ära des damals Neununddreißigjährigen erkannt haben. Doch wie noch so oft in seiner Laufbahn überraschte die Kämpfernatur schon im folgenden Jahr wieder mit einer wahren Leistungsexplosion. Er gewann zum vierten Mal die US Open und seine fünften PGA Championships.

Fortan folgten allerdings fünf magere Jahre, was die sportliche Ausbeute betraf. Zwar bewegte sich Nicklaus

»Ich habe zwar von meinen Eltern das Talent geerbt, mich auf eine Sache voll konzentrieren zu können, aber auch diese Gabe wurde erst durch gezieltes Training zum wirklichen Vorteil in meinem Sport.«

JACK NICKLAUS

bis 1984 regelmäßig in den Top 20 der Preisgeldrangliste, die großen Erfolge blieben aber aus. Doch Jack Nicklaus wäre nicht Jack Nicklaus, wenn er nicht immer wieder für eine Überraschung gut gewesen wäre. Als niemand mehr mit einem Triumph des alternden »goldenen Bären« rechnete, da schlug er wieder zu. 1986 puttete der Sechsundvierzigjährige besser als jeder Konkurrent und siegte zum sechsten Mal in seiner Karriere bei den US Masters. Die Rekordprämie von 144 000 US-Dollar versüßte zusätzlich die erstaunliche Tatsache, dass noch nie zuvor ein Golfer dieses Alters das Turnier gewonnen hatte. Nicklaus hatte wieder einmal Sportgeschichte geschrieben. An das Karriereende dachte er noch immer nicht. Als er mit seinem fünfzigsten Geburtstag im Jahr 1990 die Startberechtigung für die US Tour verlor, trat er fortan nur noch bei einzelnen PGA-Turnieren an. Später wurde er zum Zugpferd der PGA Senior Tour, wo er 1991 und 1993 die US Open gewann. Die Spuren der Zeit gingen allerdings auch an Jack Nicklaus nicht vorbei. Nach allein 154 Starts bei den Major-Turnieren des Golfsports und weit mehr als 70 Siegen auf der PGA Tour seit 1962 musste sich der Altchampion 1998 einer Hüftoperation unterziehen. Der langwierige Heilungsprozess und die anschließenden Rehabilitations-Maßnahmen verwehrten ihm 1999 erstmals in seiner Karriere die Teilnahme an den US Masters in Georgia. Nach achtunddreißig Profijahren und weiteren sechs Jahren Hochleistungssport

im Amateurbereich sah Nicklaus schließlich ein, dass es Zeit sei, von der großen Golfbühne abzutreten. Und so spielte er im Jahr 2000 seine Abschiedstournee.

Jack Nicklaus wurde von Experten des Golfsports im Jahr 1999 erneut zum »Golfer des Jahrhunderts« gekürt. Der Sohn aus reichem Hause, der am 21. Januar 1940 in Ohio geboren wurde, stand bereits im Alter von zehn Jahren erstmals auf dem Golfplatz, wo er einen Neun-Loch-Parcours mit einundfünfzig Schlägen absolvierte. Mit siebzehn Jahren erreichte er erstmals das Hauptfeld der US Open und wurde bald darauf bester Amateur der USA. Bereits nach seinen ersten erfolgreichen Profijahren begann Nicklaus parallel an seiner zweiten Karriere zu basteln. Ab Ende der sechziger Jahre gestaltete er seine ersten eigenen Entwürfe für Golfplätze. Nachdem der Sport in späteren Jahrzehnten vor allem in den USA zu boomen begann, hatte sich Nicklaus damit eine lukrative Nebeneinkunft aufgebaut. Denn pro Platz kassierte der Ideengeber ein Honorar von 1,5 Millionen Dollar. Sein 100. Platz wurde 1993 in Santa Fé eingeweiht, was dem Golfguru bald darauf auch die Auszeichnung als »Golfplatzarchitekt des Jahres« einbrachte. Geschäftstüchtig gründete Nicklaus schon früh seine eigene Firma Nicklaus Enterprises, mit der er unter anderem auch eine eigene Sportbekleidungskollektion vertreibt. Neben seinen Preisgeldern, die sich im Laufe seiner Karriere auf mehr als 100 Millionen Dollar ansammelten, erwirtschaftet Nicklaus heute mit seiner Firma nochmals annähernd die gleiche Summe pro Jahr an Umsatz. Finanziell ist der erfolgreiche Golfstar also für den Rest seines Lebens mehr als gut versorgt. Neben den repräsentativen Aufgaben für seine Firma widmet sich der Familienvater nach seinem Rückzug von den Golfplätzen der Welt fast ausschließlich nur noch den Kindern Jack II, Steven, Nancy, Jean, Gary, Michael und seiner Ehefrau Barbara.

1963

Deutschland
Gelsenkirchen
Glückauf-Kampfbahn
24. August 1963, 15.30 Uhr

»Nur mit einer Bundesliga können wir auch international
mithalten.«

SEPP HERBERGER 1960

1200 Mark Monatsgehalt

1963 | 1200 Mark Monatsgehalt

Schiedsrichter Alfred Ott blickte gebannt auf seine Armbanduhr, die Trillerpfeife dabei fest zwischen seine Lippen gepresst. Am Mittelkreis schob der Dortmunder Aki Schmidt, seinen Fuß lässig auf den Ball gestellt, das Leder nervös hin und her. Seine Borussen hatten Anstoß im Spiel Werder Bremen gegen den amtierenden Deutschen Meister aus Dortmund. Es war eine von acht Partien, die an jenem Samstag, dem 24. August 1963, ausgetragen wurden. Doch dies war kein normaler Spieltag, es war der erste der neu gegründeten Fußball-Bundesliga. Um punkt 15.30 Uhr hallte Otts lauter Pfiff durch das Bremer Weserstadion, das mit 32 000 Zuschauern bis auf den letzten Platz gefüllt war. Aki Schmidt schlug den Ball auf die linke Außenseite zu Lothar »Emma« Emmerich. Der rannte mit dem Ball am Fuß an der Linie entlang, blickte kurz auf und flankte direkt in den Bremer Strafraum. Dort war mittlerweile auch Timo Konietzka angelangt und bekam das Leder direkt vor den Schuh. Mit einem satten Rechtsschuss versenkte er das Spielgerät schließlich ohne große Mühe im Tornetz. Nach gerade mal dreißig Sekunden stand es 1:0 für Dortmund. Es war nicht nur der Führungstreffer des Meisters, es war zugleich das allererste Tor der Bundesligageschichte. Ein historischer Treffer. Das Ganze ging derart schnell, dass nicht mal die Fotografen reagieren konnten. Somit gibt es kein echtes Fotodokument von diesem Ereignis. Am Ende nutzte der Borussia das Blitztor jedoch recht wenig. Zwar erzielte Timo Konietzka in der neunzigsten Minute noch einen zweiten Treffer, doch den Bremern gelangen sogar drei. Insgesamt wurden an diesem ersten Spieltag der Bundesliga zweiundzwanzig Tore geschossen, in jeder Partie fielen mindestens zwei. Als erste Tabellenführer teilten sich der FC Schalke 04 und der Meidericher SV, heute besser bekannt als MSV Duisburg, die Spitze.

Es war ein langer und sehr steiniger Weg, bis die Bundesliga Wirklichkeit wurde. Zu verdanken ist sie unter anderem einem Mann, der sowohl vor als auch nach dem Zweiten Weltkrieg eine der zentralen Figuren im deutschen Fußball darstellte: Sepp Herberger. Der Bundestrainer und Weltmeistermacher von 1954 machte sich jahrelang für eine bundesweite Liga stark. Mitunter auch aus Eigennutz, da er sich dadurch eine Leistungssteigerung der Akteure versprach, die dem deutschen Fußball international weiter auf die Sprünge helfen sollte. Zwar konnte man 1954 erstmals die Weltmeisterschaft gewinnen, doch anschließend folgten lange Jahre der Mittelmäßigkeit. Selbst in den internationalen Pokalwettbewerben gelang den deutschen Klubs kein Stich. Doch Herberger sah sich, ebenso wie seine engagierten Mitstreiter Frank Kremer, Präsident des 1. FC Köln, und Hermann Neuberger, Verbandspräsident des Saarlandes, einer starken Gegenströmung im Deutschen Fußball-Bund (DFB) ausgesetzt. Die konservativen Altfunktionäre des DFB und der Landesverbände hielten wenig von den Plänen, ein Profitum im Fußballsport einzuführen. Sie bevorzugten das bisherige Spielsystem, bei dem seit Beginn der fünfziger Jahre in fünf regionalen Oberligen die jeweiligen Meister ausgespielt wurden, die anschließend in einer Endrunde den Deutschen Meister unter sich ausmachten. Jahrelange Kontroversen zwischen den Erneuerern und den Befürwortern reinen Amateursports ließen bereits ab Ende der fünfziger Jahre jegliche Vorstöße für eine eingleisige Liga immer wieder scheitern. Vor allem in Süddeutschland sträubte man sich mit Händen und Füßen gegen eine Profiliga, die westlichen Verbände hingegen wollten diese um jeden Preis. Auf dem DFB-Bundestag im Jahr 1962 fand die Idee endlich eine Mehrheit, und eine Kommission zur Organisation des neuen Spielsystems wurde einberufen. Diese arbeitete ein schlüssiges Konzept aus, welches der Bundestag am 28. Juli 1962 in Dortmund mit 103:26

»Heute schlägt die ›Stunde X‹! Ein historischer Tag des deutschen Sports ist mit dem 24. August 1963 angebrochen. Erfüllung jahrzehntelanger Wünsche, siegreicher Abschluss harter Kämpfe: Anpfiff zur deutschen Fußball-Bundesliga!«

BILD AM 24. AUGUST 1963

Stimmen schließlich verabschiedete. Dies war die offizielle Geburtsstunde der Fußball-Bundesliga.

Mit Einführung der Bundesliga war der Weg zum bezahlten Fußball geebnet. Wenn auch äußerst limitiert. Der DFB regulierte das Gehaltsgefüge der Profispieler von Anfang an. Demnach musste ein Spieler mindestens 250 Mark verdienen und keinesfalls mehr als 1200 Mark pro Monat, einschließlich aller möglichen Siegprämien. Über derartige Bestimmungen können Spieler der heutigen Generation nur milde lächeln. Die Auswahl jener sechzehn Vereine, die in der Ersten Liga spielberechtigt sein sollten, erwies sich als äußerst schwierig. Wer keine entsprechende sportliche Infrastruktur und solide wirtschaftliche Verhältnisse im Verein vorweisen konnte, wurde von vorn herein ausgesiebt. Am Ende blieben einunddreißig potentielle Kandidaten übrig, aus denen mittels eines komplizierten Punktesystems die erfolgreichsten Teams der vergangenen zwölf Jahre ermittelt wurden. Somit waren der Hamburger SV, Werder Bremen, der 1. FC Köln, Borussia Dortmund, Schalke 04, Eintracht Frankfurt, der 1. FC Nürnberg, der 1. FC Saarbrücken und Hertha BSC schon mal gesetzt. In einem zusätzlichen Auswahlverfahren bestimmte der Ausschuss schließlich noch Eintracht Braunschweig, Preußen Münster, den Meidericher SV, den 1. FC Kaiserslautern, den TSV 1860 München, den VfB Stuttgart sowie den Karlsruher SC für die Erstklassigkeit. Was folgte, waren heftige Proteste einiger nicht berücksichtigter Vereine, darunter auch der FC Bayern München und Borussia Mönchengladbach. Die Kickers aus Offenbach und Alemannia Aachen zogen sogar vor Gericht – allerdings erfolglos. Die Weichen waren endgültig gestellt, der Bundesliga-Express konnte seinen Siegeszug antreten.

Im ersten Jahr strömten knapp sechs Millionen Besucher in die Stadien, was einem Zuschauerschnitt von

> »Die Bundesliga ist mittlerweile eine der besten Ligen der Welt.«
> FRANZ BECKENBAUER

rund 24 700 pro Spiel entsprach. Eine Stehplatzkarte kostete in der Saison 1963/64 um die 1,50 Mark. Durchschnittlich erwirtschafteten die Vereine pro verkaufter Karte einen Umsatz von rund 3,70 Mark und einen Jahresumsatz zwischen 1 und 1,3 Millionen Mark. So viel verdient heute allein ein mittelmäßiger Bundesligaprofi. Erst nach und nach erkannten die Vereine und der DFB, dass sich das jährlich wachsende Zuschauerinteresse wirtschaftlich noch besser vermarkten lässt. In den ersten beiden Spielzeiten gab es Fernsehzeiten für die zwei großen Sender ARD und ZDF noch gratis. Ab der Saison 1965/66 mussten diese erstmals für Aufnahmen in den Stadien bezahlen, wenn auch nur recht bescheidene Summen. Gerade mal 640 000 Mark kosteten 1965 die Senderechte. Fortan jedoch steigerten sich diese von Jahr zu Jahr: 1968 übersprangen sie mit 1,68 Millionen erstmals die Millionengrenze, 1969 kosteten sie bereits 2,6 Millionen Mark. Als Ende der achtziger Jahre die ersten privaten Fernsehsender auf den Markt kamen, erwirkte die wachsende Konkurrenz einen sprunghaften Anstieg der TV-Honorare. Von 1987 auf 1988 hat sich die Summe von 18 Millionen Mark auf satte vierzig Millionen Mark fast verdoppelt. Bis zum Jahr 2000 musste SAT.1 jährlich einhundertachtzig Millionen Mark hinblättern, um bewegte Bilder aus den Stadien zu senden. Die Bundesliga als Wirtschaftsfaktor hat seit Ende

der siebziger Jahre eine immer stärkere Rolle eingenommen. Der DFB als zentrales Organ der Liga erwirtschaftet mittlerweile einen Jahresumsatz von rund einer Milliarde Mark. Und auch die Vereine selbst haben ihre Umsätze dank moderner Schlagwörter wie Marketing und Merchandising bis in dreistellige Millionenhöhe treiben können. Nachdem für die Saison 1974/75 vom DFB erstmals die Trikots für Werbeaufschriften freigegeben wurden, war der Weg gebahnt für zunehmende Vermarktungsmöglichkeiten der Klubs. Waren es in der ersten Saison nur sechs von achtzehn Vereinen, die ihre Spieler mit einem Firmenlogo auf der Brust auflaufen ließen, so war dies ab 1979 endgültig bei allen Klubs Alltagsgeschäft. Anfangs kassierten die Vereine dafür um die 250 000 Mark pro Saison, mittlerweile müssen Sponsoren von Topvereinen bis zu fünfundzwanzig Millionen Mark pro Spielzeit berappen, wenn sie auf den Trikots der Stars werben möchten. Aufgrund vielfältiger Einnahmequellen machen bei vielen Klubs die Umsätze aus dem Verkauf von Eintrittskarten heute höchstens noch ein Viertel des Gesamtumsatzes aus.

Auch aus sportlicher Sicht sorgte die Bundesliga für einige Veränderungen im deutschen Fußball. Sepp Herbergers Theorie hatte sich bestätigt. Die einheitliche Liga steigerte das spielerische Potential der Vereine beachtlich. Nie konnte eine deutsche Mannschaft vor 1963 in einem europäischen Pokalwettbewerb glänzen – von Eintracht Frankfurt 1959/60 einmal abgesehen. Drei Jahre später, im Jahr 1966, gewann Borussia Dortmund den Pokal der Pokalsieger. Im Jahr darauf holte der FC Bayern München den Cup erneut nach Deutschland. Und zu Beginn der siebziger Jahre waren es vor allem Bayern München und Borussia Mönchengladbach, die international für Furore sorgten. Die Bayern sind es auch, die mit siebzehn Meisterschaften bis 2001 als Rekordmeister fungieren und in der ewigen Tabelle ganz oben stehen. Zu den weiteren Rekordhaltern der Bundesliga zählen auch Namen wie Gerd Müller, der mit 365 erzielten Toren in 427 Spielen für den FC Bayern München einsam die Torjägerliste anführt. Als Spieler mit den meisten Bundesligaeinsätzen hat Karl-Heinz Körbel (Eintracht Frankfurt) mit seinen 602 Spielen wohl einen Rekord für die Ewigkeit geschaffen. Im Jahr 2003 wird die Bundesliga vierzig Jahre alt. Neben zahlreichen Skandalen, wie der Schmiergeldaffäre 1971, hat sie auch jede Menge Glanz gesehen. Bleibt zu hoffen, dass die ständig wachsenden wirtschaftlichen Interessen der Vereine den sportlichen Inhalt der Liga nicht erdrücken.

1964

Deutschland
Dortmund
Westfalenhalle
26. Februar 1964

»Wir waren nicht verstritten, wir hatten nur einfach keinen Draht zueinander.«
HANS-JÜRGEN BÄUMLER ÜBER SEIN VERHÄLTNIS ZU MARIKA KILIUS

Das Traumpaar auf Kufen

Protopopow nach neun Niederlagen erstmals gegen Kilius/Bäumler gewinnen konnte. Den deutschen Weltmeistern blieb so am Ende nur die Silbermedaille. Und nun sah es bei der Weltmeisterschaft vor eigenem Publikum erneut so aus, als würden Kilius/Bäumler den Kürzeren ziehen gegen die russischen Olympiasieger.

»Das absolute Traumpaar. Auf dem Eis wie auch im privaten Leben. Läuten bald die Hochzeitsglocken?«

SPEKULATIONEN DER BOULEVARDPRESSE 1964

Nachdem sich Bäumler beruhigt hatte, schmiedete er mit seiner Partnerin einen besonderen Plan. Sie beschlossen, alles auf eine Karte zu setzen, und ließen für die Kür ihre Musik schneller ablaufen. Prompt gelang ihnen eine dynamische und ziemlich perfekte Vorstellung. Diesmal konnten die Punktrichter gar nicht anders, als die Bestnoten für das deutsche Paar zu vergeben. So gelang es ihnen doch noch, an den Russen vorbei zu ziehen und sich somit für die verlorene Goldmedaille zu rächen. Zum zweiten Mal hintereinander also hatten Hans-Jürgen Bäumler und Marika Kilius die Weltmeisterschaft gewonnen. Es war zugleich ihr letzter gemeinsamer Auftritt als Amateure. Fortan kassierten sie im Profibusiness das große Geld.

Mit der Aussicht auf die lukrativen Verträge, die ihnen als zweifache Weltmeister und fünffache Europameister im professionellen Eislaufen angeboten wurden, konnte man auch eine Auseinandersetzung mit dem Internationalen Olympischen Komitee leichter verschmerzen. Das IOC hatte dem Paar die Silbermedaille von Innsbruck nachträglich wieder aberkannt, weil sie schon vor den Spielen einen Vertrag für eine Revue unterschrieben hatten. Die teils wahnwitzigen Amateurbestimmungen jener Tage hatten schon zuvor so manche Karriere hochklassiger Sportler beengt. Und so mussten auch Kilius/Bäumler ihre Medaillen wieder abgeben, die anschließend dem drittplatzierten kanadischen Paar Debbi Wilkes und Guy Revell überreicht wurden. Erst ganze dreiundzwanzig Jahre später, im Jahr 1987, übergab Willy Daume im Namen des IOC dem Eislaufpaar Repliken während der Livesendung des aktuellen Sportstudios im ZDF. Die Originale blieben allerdings im Besitz des Paares Wilkes/Reeves. Ein eindrucksvoller Beweis dafür, wie sich die großen sportlichen Organisationen der Welt im Laufe des Jahrhunderts gewandelt haben. Früher oder später konnten sich selbst die starrsinnigsten Funktionäre nicht mehr den Zeichen der Zeit

1964 | Das Traumpaar auf Kufen

Die Stimmung in den Katakomben der Dortmunder Westfalenhalle war spürbar gereizt an jenem 26. Februar 1964. Ein regelrechtes Stimmenwirrwarr hallte durch die Gänge. Hans-Jürgen Bäumler und seine Eispartnerin Marika Kilius hatten bei dieser Weltmeisterschaft ihre Pflichtvorführung längst beendet und wurden von fünf der neun Punktrichter auf den zweiten Rang hinter den Russen Ludmilla Belousowa und Oleg Protopopow gesetzt. Eben das war der Grund, warum Hans-Jürgen Bäumler verärgert seine Schlittschuhe ausziehen und zur Kür erst gar nicht mehr antreten wollte. Er witterte eine Verschwörung der Punktrichter. Denn es war gerade mal vier Wochen her, dass die kanadische Punktrichterin Suzanne Francis-Morrow bei den Olympischen Spielen in Innsbruck dem deutschen Paar mit äußerst merkwürdigen Bewertungen die Goldmedaille vermasselte. Das führte dazu, dass das russische Duo Belousowa und

verweigern. Schade nur, dass vor allem das »später« oftmals dafür sorgte, dass so manche Sportlerkarriere dafür auf der Strecke blieb.

Es war ein langer Weg für Hans-Jürgen Bäumler und Marika Kilius auf die Siegertreppchen der Welt. Und fast wäre es erst gar nicht zu dieser erfolgreichen Verbindung gekommen. Bäumler, der bereits mit zwölf Jahren seine erste Deutsche Jugendmeisterschaft gewonnen hatte, hatte ursprünglich eine Karriere als Einzelläufer im Auge. Er belegte als Teenager bei den Deutschen Meisterschaften 1957 den zweiten Platz und qualifizierte sich damit auch für die Europameisterschaft. Dort landete der Fünfzehnjährige auf einem guten sechsten Rang. Spätestens damit hatte er auch international auf sich aufmerksam gemacht. Die um ein Jahr jüngere Marika Kilius feierte frühe Erfolge gemeinsam mit ihrem ersten Partner Franz Ningel. Als Marika diesem bald über den Kopf wuchs, erkoren ihre Eltern den jungen Hans-Jürgen Bäumler als neuen Partner für das Eis aus. So trafen sich die Beiden im Herbst 1957 zu einem Probetraining in Zweibrücken – und ergänzten sich auf Anhieb. Allerdings fürchtete Bäumler anfangs noch, dass aufgrund des großen Trainingspensums seine Karriere als Einzelläufer gefährdet sei. Als das Eispaar jedoch schon nach sechs Wochen die erste Deutsche Meisterschaft gewann, konzentrierte sich auch Bäumler bald nur noch auf das Paarlaufen. Die beiden Teenager belegten bei den Europa- und Weltmeisterschaften 1958 jeweils Platz fünf. Mit ihrem Trainer Erich Zeller feilten sie anschließend weiter an einem eigenen Stil, um bei den bevorstehenden Wettkämpfen an die Weltelite anschließen zu können. Im Jahr 1959 gelang schließlich der große internationale Durchbruch: Bäumler/Kilius siegten bei den Europameisterschaften und wurden Vizeweltmeister. Fortan zählte das Paar beständig zu den besten Läufern der Welt. Nachdem sie ihren EM-Titel 1960 erfolgreich verteidigen konnten und bei der Weltmeisterschaft den dritten Platz belegten, ließen sie sich bei den Olympischen Spielen im kalifornischen Squaw Valley zudem die Silbermedaillen umhängen. Bis 1964 hatte das Paar den EM-Titel fest gepachtet und nun auch den ersten WM-Erfolg fest im Auge. Nach der WM-Absage 1961 wegen des Flugzeugabsturzes des kompletten US-Teams und einem verpatzten Auftritt 1962 sollte 1963 endlich »das Eis brechen«. Das brach schließlich nicht nur, es schmolz förmlich dahin bei den überaus grandiosen Auftritten der Beiden. Sie siegten zunächst bei der Deutschen Meisterschaft überlegen, anschließend bei den europäischen Wettkämpfen und brillierten letztendlich auch bei der Weltmeisterschaft in Cortina d´Ampezzo

mit einem Notendurchschnitt von 5,8. Der sportliche Höhepunkt war erreicht.

Privat hingegen ging das vermeintliche Traumpaar, das die Boulevardpresse gerne gemeinsam vor dem Traualtar gesehen hätte, zunehmend getrennte Wege. Nur die Liebe zu ihrem Sport führte sie doch noch weiter zusammen auf das Eis. »Wir waren nicht verstritten, wir hatten nur einfach keinen Draht zueinander«, beschrieb Bäumler später einmal das Verhältnis. Und so konzentrierte man sich auf die Olympischen Spiele 1964 in Innsbruck, wo der letzte fehlende Titel erreicht werden sollte. Dieser blieb dem Duo allerdings versagt. Sie präsentierten zwar einen fehlerfreien Lauf, doch fehlten dabei die künstlerischen Höhepunkte. Dies lag in erster

> »Für das Publikum wurden wir das Traumpaar. Aber wenn zwei junge Menschen täglich vier Stunden gemeinsam trainieren, hört die Romantik schnell auf. Auf dem Eis natürlich passten wir ideal zusammen. Freunde sind wir bis heute.«
>
> HANS-JÜRGEN BÄUMLER

Linie auch daran, dass es damals noch keine Leistungsgruppen gab, sondern die Akteure aus einem Plastikbeutel ihre Startnummern zogen. Bäumler und Kilius mussten gleich als zweites Paar auf das Eis und wirkten daher etwas verunsichert. Ihre großen Konkurrenten Ludmilla Belousowa und Oleg Protopopow aus Russland landeten an neunter Startposition und anschließend auf den Wertungszetteln der noch frisch inspirierten Punktrichter ganz vorne. So blieb für Bäumler und Kilius nach Silber 1960 erneut nur der zweite Rang. Nach der erfolgreichen WM-Teilnahme 1964 wechselte das Paar in den Profizirkus. Neben einem Engagement bei Holiday on Ice drehten die Beiden auch zwei Spielfilme mit den Titeln *Die große Kür* aus dem Jahr 1964 und *Das große Glück* 1967. Später liefen sie noch bei einigen Schlittschuhoperetten auf, bevor sie 1981 ihre gemeinsame Eislaufkarriere beendeten. Mit vier Deutschen Meisterschaften, sechs Europameisterschaften, zwei Weltmeistertiteln und zwei Silbermedaillen bei Olympischen Spielen waren Bäumler und Kilius das erfolgreichste Eislaufpaar der Nachkriegsjahre. Hans-Jürgen Bäumler widmete sich anschließend einer zweiten Karriere im Showbusiness und trat sowohl als Bühnen- und Filmschauspieler, Moderator, Sänger und Quizmaster in Erscheinung. Marika Kilius hingegen verschwand fast völlig aus dem Rampenlicht.

1966

Norwegen
Oslo
Holmenkollen
22. Februar 1966

»Dies ist mein schönster, aber auch mein schwerster Sieg. ... Ich war einfach fertig. Auf den letzten Kilometern, die mir endlos lang erschienen, da reifte in mir der Entschluss aufzuhören. Es ist wunderbar: Ich kann heute als Sieger abtreten.«

GEORG THOMA

Ein Postbote auf Skiern

1966 | Ein Postbote auf Skiern

Eigentlich hatte Georg Thoma so etwas wie ein Heimspiel, als er im Februar 1966 bei den Weltmeisterschaften der Nordischen Kombination in Oslo antrat. Denn hier am legendären Holmenkollen hatte er sich mit drei Siegen in Folge zwischen 1963 und 1965 in die Herzen der Norweger gesprungen und gelaufen, weil dies bislang nur deren Landsmann Thorleif Haug in den Jahren 1919 bis 1921 gelungen war. Und so betrachteten die Zuschauer den Deutschen schon fast als einen der Ihren, woraus sich der große Jubel bei seinen Auftritten ableiten ließ. Doch dann passierte etwas völlig Unerwartetes: Gleich beim ersten Sprung von der Schanze stürzte Thoma. Sofort wurden Erinnerungen wach an den Unfall 1962, als der Hinterzartener bei der Weltmeisterschaft im polnischen Zakopane ebenfalls stürzte und sich dabei mehrere Rippen brach. Doch diesmal hatte Thoma mehr Glück und konnte ohne Verletzungen den zweiten Versuch starten. Dabei ging alles gewohnt glatt, und er landete bei guten 74,50 Metern. Beim dritten Anlauf sprang »Jörgli«, wie Thoma in seiner Heimat oftmals genannt wurde, dann 71,50 Meter und belegte damit trotz des Patzers doch noch Rang zwei in der Gesamtwertung. An die Spitzenposition hatte sich ein anderer Deutscher gesetzt: der zweiundzwanzigjährige Franz Keller. Dieser war demnach auch im anschließenden 15-Kilometer-Langlauf Thomas größter Konkurrent, neben dem eigentlichen Favoriten Alois Kälin. Doch für den Schweizer hatte es zuvor beim Springen lediglich zu Platz 34 gereicht. In der Loipe kam es schließlich zum erbitterten Dreikampf, bei dem jeder bis an sein Kraftlimit ging und um jede Sekunde kämpfte. Alois Kälin legte einen faszinierenden Lauf hin, bei dem er Franz Keller gleich ganze sechs Minuten abnahm. Thoma hingegen verbesserte seine Zeit gegenüber Keller um 2,05 Minuten und verausgabte sich dabei völlig. Doch am Ende reichte es für Georg Thoma zum lang ersehnten Weltmeistertitel in der Nordischen Kombination. Keller belegte Rang zwei, der Schweizer Kälin sicherte sich dank seines grandiosen Spurts doch noch die Bronzemedaille.

Nicht erst nach diesem Triumph stand fest, dass Georg Thoma einer der besten Kombinierer seiner Zeit war. Denn ihm gelang, was zuvor noch keinem Mitteleuropäer geglückt war: Thoma knackte als erster die Vorherrschaft der skandinavischen Nationen in dieser Skisport-Disziplin. Der Grundstock war bereits im Kindesalter gelegt worden. Da Georgs Vater als Skilehrer sein Brot verdiente, war der Weg zum Wintersport für den Junior nicht allzu weit. In Hinterzarten im Schwarzwald begann Georg bereits als Knirps auf einfachen Holzbrettern die Pisten hinab zu rutschen. Unter Vaters Anleitung entfaltete er später schnell das angeborene Talent für den Skisport. Im Alter von vierzehn Jahren nahm er erstmals an gemischten Wettkämpfen teil und entdeckte so auch seine neue Leidenschaft für den Skisprung. Er trainierte den Langlauf parallel zum Skisprung und entwickelte sich somit schnell zum Allrounder. Er wurde 1954 und 1955 Deutscher Jugendmeister in der Nordischen Kombination und deklassierte nur ein Jahr später selbst die Teilnehmer höherer Altersklassen. Gerade mal zwanzig Jahre alt, gehörte Thoma 1957 schon der Nationalmannschaft der Kombinierer an. Er wurde 1958 erstmals Deutscher Meister in der Kombination, konnte allerdings bei der Weltmeisterschaft im finnischen Lahti

> »Der Skisport ist mein Leben.«
>
> GEORG THOMA

im gleichen Jahr noch keine großen Maßstäbe setzen, als er auf Rang 16 im Gesamtklassement landete. Doch Thoma konnte sich in Finnland einiges abgucken bei den Besten seines Sports. Und sein Ziel war es, die Top-Athleten bei künftigen Wettkämpfen mit den eigenen Mitteln zu schlagen. Dafür trainierte der Postbote, der im Winter oftmals seine Briefe auf Skiern auslieferte, verbissen. Auf nationaler Ebene war ihm schon seit 1958 kein Konkurrent mehr gewachsen, als er neunmal in Folge die Deutsche Meisterschaft für sich entschied. Nun wollte es Thoma auch auf internationalem Parkett endlich wissen.

Die nächste Möglichkeit dazu erhielt der Zweiundzwanzigjährige bei den Olympischen Winterspielen 1960 im kalifornischen Squaw Valley. Bei jenen Spielen, bei denen nur ein gesamtdeutsches Team aus Ost- und Westdeutschland an den Start gehen durfte. Im Skigebiet rund um Lake Tahoe wurden dabei erstmals moderne Pisten-Kettenfahrzeuge eingesetzt, um die Hänge zu präparieren. Und Schneemaschinen ließen mit künst-

>Was nutzt es, wenn Springer zum Skifliegen eingeladen werden, und man ihnen acht Mark Tagesspesen in die Hand drückt. Hunderttausend Zuschauer waren anwesend und jeder zahlte acht Mark Eintritt! Das Geld müsste dem Skisport – ich betone: nicht etwa den Läufern persönlich – zugute kommen.<

GEORG THOMA 1966

lichen Flocken die Loipen für die Kombinierer entstehen. Auch Thoma wusste, dass die Skandinavier wieder als haushohe Favoriten an den Start gehen würden. Doch der Deutsche antwortete darauf gleich mal mit einem neuen Schanzenrekord: 69 Meter. Nachdem der zweite Sprung bei 67,5 Meter landete, hatte Thoma als Sprungsieger bereits einen ersten Warnschuss für das bevorstehende Loipenrennen über 15 Kilometer abgefeuert. Dennoch waren sowohl der Russe Dmitri Kotschkin und vor allem die Norweger Tormod Knutsen und Arne Larsen fest davon überzeugt, den Deutschen noch locker abfangen zu können. Tatsächlich sah es nach fünf Kilometern auch so aus, als würde Knutsen genügend Zeit gutmachen können. Doch dann legte Thoma nochmal nach und lief auf den letzten Kilometern wie um sein Leben. Als er im Ziel ankam, musste er zunächst auf das Ergebnis der komplizierten Zeitumrechnungen warten. Doch dann war es amtlich: Georg Thoma hatte als erster Mitteleuropäer eine olympische Goldmedaille in der Nordischen Kombination gewonnen. Silber ging an Tormod Knutsen, Bronze an den Russen Nikolai Gussakow.

Fortan wurde aus dem Jäger der Gejagte. Wie viele Sportler in anderen Disziplinen auch musste Thoma allerdings zunächst noch beweisen, dass er im internationalen Vergleich keine sportliche >Eintagsfliege< war. Diesen Beweis wollte er bei der Weltmeisterschaft 1962 im polnischen Zakopane antreten, wo er allerdings nach

einem Sturz schon frühzeitig verletzt ausschied. So entschied er sich, seine Reputation 1963 ausgerechnet am Holmenkollen in Norwegen abzuliefern – dem Wimbledon des Skisports. Und das gelang ihm tatsächlich äußerst eindrucksvoll: Am 18. März siegte Georg Thoma in der Kombination als erster Mitteleuropäer überhaupt am Holmenkollen – als schnellster Läufer und bester Springer – mit großer Überlegenheit. Das war nur der Anfang einer dreifachen Siegesserie bis 1965. Und bei den Olympischen Spielen 1964 in Innsbruck gewann er noch Bronze in der Kombination. Thoma hatte damit sowohl in seiner Heimat als auch im internationalen Skisportgeschehen ein besonderes Kapitel Geschichte geschrieben. In Deutschland gilt er bis heute als der große Pionier der Nordischen Kombination, schon allein aufgrund seiner insgesamt zwölf Deutschen Meistertitel, die bei den großartigen internationalen Erfolgen oftmals untergehen. Nach dem WM-Sieg 1966 beendete Georg Thoma auf dem Höhepunkte seiner Karriere sein aktive Laufbahn – im Alter von neunundzwanzig Jahren.

Georg Thoma nutzte anschließend seine große Popularität und fungierte sowohl als Fernseh-Kommentator und Repräsentant für Sprudelwasser aus dem Schwarzwald. Gemeinsam mit seinen Geschwistern betrieb er zudem einen Skilift und arbeitete gelegentlich als Skilehrer unter anderem auch für seinen Neffen Dieter, der in den neunziger Jahren die Familientradition als >Adler< fortführte, nachdem er ebenfalls Weltmeister und Olympiasieger im Skisprung wurde. Zu seinem sechzigsten Geburtstag wurde die Ski-Ikone Georg Thoma mit dem Bundesverdienstkreuz ausgezeichnet.

Das Wembley-Tor

1966

England
London
Wembley-Stadion
30. Juli 1966

»Ich habe nicht gesehen, ob der Ball hinter der Linie war.
Aber die Engländer haben gejubelt, und der deutsche Torwart
machte einen untröstlichen Eindruck. Daher muss es ein Tor
gewesen sein.«

TOFIK BACHRAMOW, LINIENRICHTER,
JAHRE NACH DEM WM-FINALE ENGLAND – DEUTSCHLAND

1966 | Das Wembley-Tor

Englands Trainer Alfred »Alf« Ramsey hatte die Stimmung schon vor dem Finale der Weltmeisterschaft am 30. Juli 1966 mächtig angeheizt, indem er selbstbewusst getönt hatte: »Es wird nur eine Mannschaft Weltmeister: England!« Die 96 924 Zuschauer, zumeist Engländer, im restlos ausverkauften Wembley-Stadion in London hätten Ramsey gerne bestätigt gesehen. Nach dem Führungstreffer von Helmut Haller für Deutschland in der zwölften Minute und den anschließenden Toren von Geoffrey Hurst (18. Minute) und Martin Peters (78. Minute) waren die Gastgeber von der Insel bereits auf der Siegerstraße. Doch als wenige Sekunden vor Schluss beim Stand von 2:1 für England Lothar Emmerich den Ball aus vollem Lauf vor das Tor drosch, wo Wolfgang Weber lauerte und ihn direkt ins Tor beförderte, da schien der sicher geglaubte Sieg plötzlich wieder in weite Ferne gerückt zu sein. Es gab Verlängerung nach neunzig Minuten regulärer Spielzeit. Viele der Augenzeugen blickten düster drein und wollten in den dunklen Regenwolken, die tief über dem Stadion hingen, ein schlechtes Omen sehen. Wer hatte die bessere Kondition in diesem Fußball-Thriller? Zehn weitere Minuten Schlagabtausch folgten, dann bekam Englands Stürmer Geoffrey Hurst in der hundertsten Spielminute den Ball vor den Fuß. Er trat mit voller Wucht dagegen und verfolgte gebannt die Flugbahn der Lederkugel. Diese knallte direkt unter die Querlatte des deutschen Torgehäuses und sprang von dort steil nach unten auf den Rasen. Wolfgang Weber eilte herbei und köpfte den Ball ins Aus. Alles ging derart schnell, dass zunächst kaum jemand wusste, was eigentlich geschehen war. Die Engländer rissen die Arme jubelnd in die Höhe und wollten den Ball deutlich hinter der Linie gesehen haben. Die deutschen Spieler hingegen protestierten und plädierten auf Eckstoß. Der Schweizer Schiedsrichter Gottfried Dienst stand zu weit vom Tor entfernt, als dass er hätte erkennen können, wo der Ball tatsächlich aufschlug. Er rannte zur Seitenlinie, um den russischen Linienrichter Tofik Bachramow zu befragen. Der war beim Schuss von Hurst zwar noch weiter entfernt platziert gewesen, dennoch entschied er ohne Zögern auf Tor für England. Das war es. Zwar erzielte Geoffrey Hurst in der letzten Minute auch noch das 4:2, doch das hatte eigentlich keine große Bedeutung mehr. England war Weltmeister. Zum ersten Mal in der Fußballgeschichte. Das Team von Bundestrainer Helmut Schön war geschlagen. Als Trost blieb den Akteuren allein die Tatsache, dass sie Teil eines der packendsten Finals in der Sportgeschichte waren.

Bis heute, weit mehr als dreißig Jahre nach dem ersten weltweit im Fernsehen live übertragenen Endspiel, streiten sich noch immer Beteiligte, Fans und Experten um das Phantomtor im Londoner Wembley-Stadion. War der Ball nun hinter der Linie oder nicht, als

---

»Von den Tribünen erhob sich das tumultöseste und triumphierendste Höllenspektakel, das ich je gehört habe.«

REPORTER IM *SUNDAY EXPRESS* AM TAG NACH DEM FINALE

---

dieser nach dem Gewaltschuss von Geoffrey Hurst von der Querlatte abgeprallt war? Selbst mit neuester Computeranimation hat man bisweilen versucht, den Fall zu lösen. Doch ganz sicher sind sich wohl lediglich die Engländer. Wer kann es ihnen verübeln? Auch Linienrichter Tofik Bachramow, der den Treffer gesehen haben wollte, hatte später einmal zugegeben: »Ich habe nicht gesehen, ob der Ball hinter der Linie war. Aber die Engländer haben gejubelt, und der deutsche Torwart machte einen untröstlichen Eindruck. Daher muss es ein Tor gewesen sein.« Das berühmte »Wembley-Tor« wird wohl für immer ein Mythos bleiben. Die Spekulationen darum, ob der Treffer letztendlich spielentscheidend war oder nicht, ist allerdings überflüssig. Alles Wenn und Aber ändert nämlich nichts an der Tatsache, dass Englands Elf mit ihren Ikonen Bobby Charlton, Bobby Moore und dem neuen Volkshelden Geoffrey Hurst von West Ham United seinerzeit einen mehr als würdigen Fußball-Weltmeister abgab. Dieser sportliche Aspekt wurde bei allem Gerede um das Wembley-Tor all zu oft vernachlässigt. Auch wenn man gerade einem Spieler wie Uwe Seeler, der in England die erfolgreichste seiner insgesamt vier Weltmeisterschaften spielte, sicherlich einen Titel gewünscht hätte.

Uwe Seeler, der Kapitän der deutschen Nationalelf, hatte sich nach einem Achillessehnen-Abriss 1965 mit riesigem Ehrgeiz wieder in die Nationalelf gekämpft.

Während Spieler mit einer solchen Verletzung heute gerade mal vier bis sechs Wochen pausieren müssen – dank modernster medizinischer Technik –, hatte ein solcher Vorfall vor drei Jahrzehnten für so manchen Fußballer bereits das vorzeitige Ende der Karriere bedeutet. Uwe Seeler musste sich mehrere Monate lang durch die Rehabilitation schleppen. Doch rechtzeitig vor der Weltmeisterschaft in England hatte der Spielmacher des Hamburger SV seine Form wiedergefunden und schoss seine Mannschaft mit dem 2:1-Siegtreffer gegen Schweden am 26. September 1965 in der Qualifikation in die Endrunde. Und mit seinen Toren gegen Spanien und Uruguay in den Vorrunden tat er das Seine dazu, dass Deutschland den Weg ins Finale fand. Die charakterliche Größe als Fußballer stellte Seeler vor allem beim Spiel gegen Uruguay eindrucksvoll unter Beweis. Als der südamerikanische Verteidiger Troche nach einem bösartigen Foul gegen Lothar Emmerich vom Platz gestellt wurde und beim Gang in die Kabine den unbeteiligten Seeler ohrfeigte, ließ sich der deutsche Kapitän keine Sekunde provozieren. Er wusste, dass ein Revancheschlag auch für ihn Feldverweis bedeutet hätte. Uwe Seeler gab die passende Antwort stattdessen auf dem Platz, indem er das 3:0 schoss und Uruguay damit aus dem Turnier beförderte. Uwe Seeler nahm bei der Fußball-Weltmeisterschaft 1970 in Mexiko einen neuerlichen Anlauf auf den World-Cup. Auch wenn er im deutschen Mittelfeld unermüdlich rackerte und im Revanchespiel gegen England ein traumhaftes Kopfballtor zum 2:2 erzielte, war im Halbfinale, nach dem Sensationsspiel gegen Italien (3:4), Endstation für das deutsche Team. Seeler beendete anschließend seine internationale Karriere. In 72 Länderspielen zwischen 1954 und 1970 erzielte »Uns Uwe«, der sein Länderspieldebüt nur wenige Wochen nach dem ersten Weltmeisterschaftssieg 1954 im Alter von gerade mal siebzehn Jahren gefeiert hatte, dreiundvierzig Tore. Und mit einundzwanzig Spielen bei Weltmeisterschafts-

endrunden rangiert er noch immer auf dem zweiten Platz hinter Lothar Matthäus (25).

Im Nebel um das mysteriöse Tor im Finale gingen andere Höhepunkte dieser Weltmeisterschaft teilweise völlig unter. So war diese Endrunde nicht nur die erste für eine portugiesische Mannschaft überhaupt, sie war zugleich die Bühne für einen vierundzwanzigjährigen Stürmer namens Eusebio da Silva Ferreira. Er galt schon vor der Weltmeisterschaft als einer der besten Stürmer der Welt. Seinem guten Ruf wurde er gleich in der Vorrunde gerecht, als er Titelverteidiger Brasilien beim 3:1-Sieg der Portugiesen mit zwei Toren fast im Alleingang nach Hause schoss. Doch seine ganz große Stunde schlug im Viertelfinale, beim Spiel gegen die bis dahin erstaunlich starke Truppe aus Nordkorea, die zuvor überraschend Italien aus dem Turnier befördert hatte. Der »Schwarze Panther«, wie Eusebio auch genannt wurde, traf zwischen der siebenundzwanzigsten und achtundfünfzigsten Minute gleich viermal ins Tornetz der Koreaner und leitete damit den fast schon verloren geglaubten 5:3-Sieg seiner Mannschaft ein. Am Ende

belegten die Südländer den dritten Platz bei dieser Weltmeisterschaft. Und der neunfache Torschütze Eusebio nahm wenigstens die Torjägerkanone mit nach Hause, wo er als Held einer ganzen Nation gefeiert wurde.

Zum Helden ganz anderer Art wurde schon Monate vor der Weltmeisterschaft eine Promenadenmischung namens »Pickles«. Der World-Cup, auch die »Goldene Göttin« genannt, wurde am 20. März 1966 von Dieben aus einer Vitrine der Central Hall von Westminster in London gestohlen, wo er eine Briefmarkenausstellung bereichern sollte. Die Täter hatten eine Unachtsamkeit des Wachpersonals genutzt und den wichtigsten Fußballpokal der Welt dreist entwendet. Scotland Yard setzte seine besten Detektive ein, um die Trophäe rechtzeitig zum Turnierstart wieder zu finden. Eine Woche nach dem spektakulären Raub war es aber kein Topagent, der das Prachtstück aufspürte, sondern eben »Pickles«. Der kleine Hund grub beim Gassigang mit Herrchen David Corbett ein Paket aus, in das der Pokal eingewickelt war. Die Weltmeisterschaft war gerettet, und »Pickles« wurde zum Star in ganz England – zumindest bis zum Abpfiff des Endspiels am 30. Juli 1966 im altehrwürdigen Wembley-Stadion. Danach nämlich feierte das englische Volk seine neuen Helden – das Weltmeisterteam um Kapitän Bobby Moore.

»I am the greatest«

1967

USA
Houston (Texas)
Bundesgericht
28. April 1967

»Über den Krieg in Vietnam sing ich diesen
Song: Ich habe keinen Streit mit dem Vietkong.«
CASSIUS CLAY, SPÄTER MUHAMMAD ALI, 1967

1967 | »I am the greatest«

Dass Cassius Clay alles andere als ein bequemer Zeitgenosse war, hatte der Boxer bereits von Beginn an seiner Profikarriere im Jahr 1960 deutlich erkennen lassen. Er beschimpfte regelmäßig seine Gegner auf das Übelste und setzte sich auch lautstark gegen Rassendiskriminierungen in Amerika ein. Doch Clay fiel nicht nur wegen seiner großen Klappe auf, sondern lieferte auch sportlich reihenweise Schlagzeilen. Nachdem er 1964 Weltmeister im Schwergewicht wurde, verkündete er großspurig: »I am the greatest.« Neunmal konnte er seinen Titel anschließend verteidigen, bis ihm im März 1967 der Einberufungsbescheid für die US-Army ins Haus flatterte. Der Vietnam-Krieg war in vollem Gange, und Clay sollte mit Schaukämpfen die US-Truppen an der Front bei Laune halten. Doch dabei hatte man die Rechnung ohne Clay gemacht. Der Afro-Amerikaner war zwar vor der Einberufungskommission in Houston, Texas, erschienen. Dort weigerte er sich allerdings, den Eid auf die US-Flagge abzulegen. Ein Affront erster Klasse im patriotischen Amerika. Um so mehr, weil Clay ein Schwarzer war. Zwar gab es zahlreiche Afro-Amerikaner, die ebenfalls den Wehrdienst verweigerten. Doch da Clay prominent war, statuierte die Exekutive an ihm ein besonderes Exempel, das Nachahmer abschrecken sollte.

> »Cassius Clay ist ein Huhn, das einmal goldene Eier legen wird.«
>
> CLAYS SPONSOREN-GRUPPE 1960

Man beorderte ihn öffentlichkeitswirksam vor Gericht. Cassius Clay hingegen nutzte die große Medienpräsenz, um seine Position deutlich zu machen. Bei einem Fernsehinterview fauchte der temperamentvolle Boxer in die Mikrofone: »Über den Krieg in Vietnam sing ich diesen Song: Ich habe keinen Streit mit dem Vietkong.« Spätestens damit spaltete er die Nation endgültig. Clay war bereits im Jahr zuvor zur Glaubensgemeinschaft des Islam übergetreten und nannte sich fortan nur noch Muhammad Ali. Vor Gericht gab er daher zu Protokoll, dass er als Geistlicher des Islam aus Gewissensgründen keinen Wehrdienst leisten könne. Dabei hielt er den Koran provozierend in die Höhe. Doch damit wollte man den amtierenden Schwergewichtsboxer schon aus politischen Gründen nicht durchkommen lassen, und so verurteilte ihn das Bundesgericht am 28. April 1967 zu fünf Jahren Gefängnis und 10 000 Dollar Geldstrafe.

Gegen Kaution kam Ali zwar frei. Doch auch die Boxverbände erkannten ihm seinen WM-Titel ab und entzogen dem Fünfundzwanzigjährigen die Lizenz für ganze drei Jahre. Seine Karriere schien damit am Ende zu sein.

Als direkter Nachfahre einer Sklavenfamilie hatte Ali schon als Kind schnell gelernt, dass es selbst für schein-

> »Ich bin der größte, kühnste, schnellste und schönste Boxer der Welt.«
>
> MUHAMMAD ALI 1964

bar ausweglose Situationen stets eine Lösung gibt. Aus seiner Heimatstadt Louisville im US-Bundesstaat Kentucky war er es gewohnt, sich im vom Rassenhass bestimmten Alltag durchsetzen zu müssen. Wie viele andere Afro-Amerikaner auch in jenen Tagen suchte Clay im Sport einen Ausweg aus den ärmlichen Verhältnissen. Im Alter von zwölf Jahren begann er schließlich mit dem Boxen und landete bald im Amateurlager. Von seinen hundert Kämpfen bis zum Jahr 1960 konnte Clay zweiundneunzig gewinnen. Damit war er einer der besten Halbschwergewichtler Amerikas und konnte sich beim nationalen Ausscheidungsturnier mühelos für die Olympischen Spiele in Rom qualifizieren. Bei den Spielen fiel Clay einer breiten Boxöffentlichkeit erstmals wegen seiner schnellen Beinarbeit und der großen Beweglichkeit während des Kampfgeschehens auf. Er tänzelte seine Gegner regelrecht aus und boxte auffallend oft ohne echte Deckung. Trotz seiner ungewöhnlichen Technik schlug sich Clay bis in das Finale vor, wo er den Polen Zbigniew Pietrzykowski nach Strich und Faden verprügelte. Der achtzehnjährige Cassius Clay gewann die Goldmedaille und erhielt prompt ein Angebot für eine Profikarriere.

Es war eine Gruppe elf wohlhabender Geschäftsmänner aus Clays Heimatstadt, die unter der Bezeichnung »Louisville Sponsor Group« das Talent des Box-Jünglings in satte Gewinne ummünzen wollte. »Clay ist ein Huhn, das einmal goldene Eier legen wird«, war sich das Sponsorenkonsortium einig. So boten sie dem Teenager eine großzügige finanzielle Unterstützung an und wollten im Gegenzug an den Börsen des Neuprofis beteiligt werden. Dadurch war es Clay möglich, sich gleich von Beginn seiner Karriere an einen der besten Trainer der Welt zu engagieren: Angelo Dundee. Der hatte bereits zuvor drei Weltmeister geformt und sah in Clay seinen nächsten Schützling, der es bis ganz nach oben schaffen könnte. Am 29. Oktober 1960 gab Clay schließlich sein Debüt als Profi im Halbschwergewicht und besiegte dabei seinen Landsmann Tom Hunsaker. Der junge Faustkämpfer war bald Gesprächsthema in Boxkreisen, weil er vor jedem Kampf wegen seines frechen Mundwerks auffiel. Vor dem zehnten Profikampf gegen Archie Moore gipfelte seine Dreistigkeit darin, dass er die exakte Runde angab, in der er den Ex-Weltmeister k.o. schlagen wolle. Zunächst wurde er deshalb vielfach als »Großmaul« bezeichnet, doch als Moore tatsächlich in der vierten Runde zu Boden ging, wurden die Medien plötzlich neugierig auf den forschen Boxer. Nach fünfzehn Kämpfen wechselte Clay 1962 die Klasse und stieg ins Schwergewicht auf. Nachdem er am 25. Januar 1962 in Pittsburgh Charlie Powell wie angekündigt in der dritten Runde k.o. schlug, brüllte Clay überschwenglich ins Mikrofon: »I am the greatest!« Damit hatte er einen Slogan geprägt, der bis heute mit seinem Namen verbunden ist. Im Juni 1963 schickte er im Londoner Wembley-Stadion den Empiremeister Henry Cooper erneut mit Vorankündigung zu Boden und qualifizierte sich damit für einen Weltmeisterschaftskampf gegen Sonny Liston.

Der Showdown zwischen dem starken Youngster und dem als noch stärker eingeschätzten Liston fand schließlich am 25. Februar 1964 in Miami Beach statt. Der sechsundzwanzigjährige Clay sorgte bereits vor dem Kampf erneut für Schlagzeilen, als er den Weltmeister einen »hässlichen Bär« nannte. Er selbst bezeichnete sich hingegen als den »großartigsten, kühnsten, schnellsten und schönsten Boxer der Welt«. Zumindest war er der bessere an jenem Tag, denn er gestaltete den Fight nach seinen ganz persönlichen Regeln. Wie es für seinen Kampfstil typisch war, tänzelte er wieder im Ring umher, als würde er auf heißen Kohlen laufen. Das Kraftpaket Liston hatte große Probleme mit der Wendigkeit Clays, weshalb seine Schläge oft ins Leere gingen. Immer wenn der Champion zum Angriff ansetzte, schlug Clay blitzschnell zu und verpaßte Liston schwere Wirkungstreffer. Nach der sechsten Runde blieb der vom Kampf gezeichnete Weltmeister einfach auf seinem Stuhl sitzen. Eine Schulterverletzung zwang ihn zur Aufgabe. Clay war damit der bislang jüngste Schwergewichtsweltmeister.

Wie von der Tarantel gestochen sprang er im Ring umher, und immer wieder rief er dabei seinen Lieblingsslogan »I´m the greatest«.

Nachdem Clay weltweit keinen Gegner mehr für sich sah, widmete er sich verstärkt überirdischen Dingen. Er wechselte seine Glaubensgemeinschaft und trat zudem der politischen Schwarzenbewegung »Black Muslims« bei. Nach dem Vorbild des Bürgerrechtlers Malcolm X legte auch Clay seinen »Sklavennamen« ab und nannte

sich fortan nur noch Muhammad Ali. Den Höhepunkt erreichte Alis Gesellschaftskritik mit der Wehrdienstverweigerung 1967. Nach seiner Verurteilung und dem Entzug der Lizenz musste er eine dreijährige Zwangspause einlegen. Erst 1970 durfte er in den Ring zurückkehren. Nach nur zwei Aufbaukämpfen trat Ali erneut um den WM-Titel an – diesmal gegen Joe Frazier, dem unangefochtenen Weltmeister aller Verbände. Die Begegnung geriet zum »Kampf des Jahrhunderts«, nachdem sich zum ersten Mal zwei ungeschlagene Weltmeister gegenüber standen und beide Boxer garantierte Börsen von 2,5 Millionen Dollar kassierten. Doch nach drei Jahren Ringabstinenz hatte Ali an Schnelligkeit und Schlagkraft verloren. Zwar setzte er einige klare Treffer gegen Frazier, doch der Champ brachte Ali in der fünfzehnten Runde mit einem Kinnhaken erstmals in dessen Karriere

»Ich mag Leute nicht, die behaupten ›Ich bin der Größte, ich bin der König‹. Niemand hat das Recht, so was zu behaupten.«
GEORGE FOREMAN 1973

zu Boden. Am Ende siegte Frazier knapp nach Punkten. Erneut stand Ali vor den Trümmern seiner Karriere.

Viele sahen ihn endgültig am Ende, doch Ali gab nicht auf. Es war genau diese enorme Leidensfähigkeit, die den Boxer stets auszeichnete. Er kämpfte sich mit zwölf siegreichen Begegnungen und einer Niederlage wieder nach oben und traf im Januar 1974 erneut auf Joe Frazier. Diesmal ging es um die Ausscheidung um einen WM-Kampf gegen den neuen Champ George Foreman. Und Ali siegte nach Punkten. Am 30. Oktober 1974 kam es daraufhin zum legendären »Rumble in the Jungle« in Kinshasa. Völlig überraschend ging dabei der haushohe Favorit Foreman in der achten Runde k.o., und Ali wurde zum zweiten Mal Weltmeister. Er blieb es vier weitere Jahre, bis ihn im Februar 1978 Leon Spinks auspunktete. Wieder gab der mittlerweile Sechsunddreißigjährige nicht auf und eroberte sich im Rückkampf im September des gleichen Jahres seinen WM-Titel zurück. Zum zweiten Mal. Im Oktober 1980 setzte Larry Holmes endgültig den Schlusspunkt hinter die Karriere des Muhammad Ali, als er diesen in Las Vegas in der elften Runde k.o. schlug. Diesen letzten schweren Kampf Alis machen viele Experten mit dafür verantwortlich, dass bei dem großen Boxer wenig später das Parkinson-Syndrom diagnostiziert wurde. Ali hat einundsechzig Profikämpfe bestritten, von denen er sechsundfünfzig gewann – siebenunddreißig davon durch Knockout.

1967

Frankreich
Pyrenäen
Tourmalet
13. Juli 1967

»Der Sport kann einen Mann von 30 Jahren nicht auf diese
Weise umbringen!«
TOUR-ARZT DR. DUMAS NACH DEM TOD VON TOM SIMPSON

Den Dopingtod vor Augen

vor der glühenden Sonnenhitze. Ständig wechselnde Höhenunterschiede zehrten zudem an den Kraftreserven der Pedalritter. Die Anstrengungen des steilen Anstiegs waren den Fahrern regelrecht ins Gesicht gebrannt. Knapp drei Kilometer unter dem Gipfel fuhr der Brite Tom Simpson plötzlich an den Straßenrand und kippte erschöpft vom Rad. Regungslos blieb er liegen. Sofort eilten ihm Helfer zur Seite. Sein Teamleiter hob ihn schließlich wieder aufs Rad und schob den Weltmeister von 1965 ein Stück den Berg hinauf. Man vermutete einen kurzen Schwächeanfall. Nichts Ungewöhnliches bei solchen Temperaturen. Doch schon nach wenigen Metern ohne rechte Kontrolle über sein Gefährt fiel Simpson erneut vom Rad. Die Hände weiter fest an den Lenker gekrallt, lag er im Straßengraben. Seine glasigen Augen waren weit geöffnet und blickten ins Leere. Kurz

»Der ist gleich wieder fit. Das ist ein zäher Bursche, der bleibt nicht einfach liegen, wenn es hart wird.«

SIMPSONS TEAMKOLLEGEN

darauf verlor der schmächtige Brite das Bewusstsein. Im Krankenhaus von Avignon starb Tom Simpson wenig später. An Herzversagen, wie man hörte. Doch schon bald stellte sich heraus, dass der Dreißigjährige in seinem Trikot Amphetamine, also Dopingmittel, bei sich trug. Und bei der anschließenden Autopsie fand man Alkohol im Blut des hoffnungsvollen Rennfahrers – eine tödliche Mischung in Verbindung mit Hitze. Die Tour de France hatte mit Simpson ihren ersten Dopingtoten zu beklagen. Die bereits 1966 entfachten Diskussionen über den Missbrauch von Drogen und Aufputschmitteln im Radsport hatten einen neuen Höhepunkt erreicht.

Der Gebrauch von Dopingmitteln im Radsport war schon seit dem Ende des letzten Jahrhunderts eine allgemein bekannte Praxis. Bereits 1886 fiel während des Rennens Bordeaux – Paris der Engländer Linton tot vom Rad. Er hatte sich mit Aufputschmitteln vollgepumpt. Der Radsport um die Jahrhundertwende hatte eine wesentlich höhere Belastungsintensität für die Fahrer, da damals etwa Sechstagerennen noch ganz ohne Ruhepausen ausgetragen wurden und selbst bei der Tour de France anfangs Etappen von annähernd fünfhundert Kilometern Länge keine Seltenheit waren. Wollte man für solche hohen körperlichen Belastungen gewappnet sein, musste man fast zwangsläufig zu medizinischen Hilfsmitteln greifen. Mit den stetig wachsenden Preisgeldaussichten im Laufe der Jahrzehnte wuchs auch die

1967 | Den Dopingtod vor Augen

Wer anfällig ist für Abergläubisches, für den mag der 13. Juli 1967 ein vom Teufel persönlich organisierter Tag gewesen sein. Es war zudem ein Freitag. Und die Akteure der Tour de France starteten am Morgen von Marseille aus auch noch ausgerechnet zur dreizehnten Etappe. Wer darin noch immer nichts Ungewöhnliches sehen wollte, hatte nach nur wenigen Kilometern erneut Grund zum Grübeln, als ein verirrt umher rennender Hund einen Massensturz im Fahrerfeld verursachte. Trotz aller womöglich mysteriös wirkenden Umstände setzte der Tross seine Fahrt ungehindert fort. Man hatte einen 211,5 Kilometer langen Weg bis nach Carpentras vor sich. Eine relativ kurze Etappe, die es dennoch mächtig in sich hatte. Bei sengender Hitze und Temperaturen von bis zu siebenundvierzig Grad Celsius mussten die Fahrer den fast zweitausend Meter hohen Mont Ventoux überwinden. Dieser kahle Kreidefels bot wenig Schutz

Bereitschaft der Fahrer, ihren Körper mit verschiedensten Substanzen aufzubauen. Selbst der Deutsche Sportärztebund hatte daran zunächst wenig auszusetzen. Bei einem seiner Jahreskongresse 1927 in Berlin kam man zu dem Ergebnis, dass bei Profisportlern »der Schwerpunkt nicht im sportlichen, sondern im sozial-beruflichen Erfolg liege« und sich Doping in deren Fall daher auch rechtfertigen lasse. Lediglich im Amateursportbereich wollte man eine »künstliche Leistungssteigerung in jedem Fall verbieten«. So war es also nicht wirklich ungewöhnlich, dass Radfahrer wie etwa die Brüder Henri und Francis Pélissier öffentlich ihre Trikottaschen leerten und dabei Aufputscher wie Chloroform oder Kokain zum Vorschein kamen. Der Todesfall Tom Simpson allerdings veränderte erstmals kurzfristig die Haltung sowohl der Fahrer selbst als auch der Tourverantwortlichen und der Öffentlichkeit. Denn noch nie zuvor hatte man auf der Tour einen Toten zu beklagen, der durch Aufputschmittel ums Leben gekommen war. 1935 verunglückte der Spanier Francesco Cepeda bei der Abfahrt vom Galibier und starb drei Tage später an einem Schädelbasisbruch. Er war der erste Fahrer, der während des Rennens starb. Aber eben aufgrund eines Unfalls und nicht durch die Einnahme von Dopingpillen.

Gerüchte über Dopingmissbrauch gab es bei der Tour schon lange, bevor Simpson starb. So wurden etwa auch der Deutsche Radstar Hans Junkermann und sein Team 1962 von Tour-Direktor Jacques Goddet persönlich verdächtigt, Morphine zu sich genommen zu haben. Junkermann und seine zwölf Kollegen beendeten vorzeitig die Tour aufgrund einer Fischvergiftung, wie sie angaben. Solche und zahlreiche ähnliche Vorkommnisse veranlassten die französischen Behörden, 1966 während der Tour unangemeldete Dopingkontrollen durchzuführen, nachdem die Einnahme und schon gar

zu diesem Zeitpunkt Träger des Gelben Trikots. Die Akteure begründeten ihren Unmut damit, dass sie keine Veranlassung für solche Kontrollen sähen, weil sie »clean« seien. Die Tourverantwortlichen versprachen daraufhin, auf nächtliche Aktionen dieser Art zu verzichten. Als man vor der dreizehnten Etappe während des Tages Kontrollen durchführte, machte man prompt sechs Dopingsünder ausfindig. Dass dies nur die Spitze des Eisbergs war, konnte man sich denken. Man belegte Dopingsünder zwar fortan mit eher milden Sanktionen wie Zeit- oder Geldbußen und brummte ihnen erst im Wiederholungsfall eher kurzzeitige Sperren auf. Doch zur Einsicht führte dies weder bei Fahrern noch bei Teambetreuern. Stattdessen entwickelten sie immer neue, pfiffige Methoden, wie man die Einnahme von verbotenen Aufputschmitteln vertuschen konnte. Nach dem Tod von Tom Simpson wird so mancher ins Grübeln gekommen sein über Sinn und Unsinn solcher Maßnahmen. Doch geändert hat der Fall Simpson leider nichts. Dreißig Jahre nach seinem tragischen Tod wiederholten sich die Bilder von einst, als das Fahrerfeld der Tour de France 1998 erneut gegen die Maßnahmen der Drogenpolizei in Frankreich mit einem Streik protestierte. Doch wie schon beim ersten Streik dieser Art im Jahr 1966 bestätigte sich auch diesmal wieder der Verdacht des Drogenmissbrauchs bei etlichen Fahrern und Betreuern. Nur heißen heute die Hilfsmittel kaum noch Alkohol, Kokain oder Amphetamine, sondern EPO, anabole Steroide oder künstliches Hämoglobin.

Ein Gedenkstein für den Briten Tom Simpson wurde am Mont Ventoux mit dem Ziel errichtet, künftige Fahrergenerationen an die möglichen Folgen des Dopings zu erinnern. Doch wie viele Fahrer haben für das Mahnmal heute überhaupt noch einen Blick übrig, wenn es um wichtige Punkte und Sekunden für den Sieg geht?

»Derzeit habe ich im Radsport noch genug Spaß. Wenn ich mein Rennrad irgendwann einmal in die Ecke stelle, dann gehe ich womöglich als Clown in den Zirkus.«

TOM SIMPSON NACH EINEM GASTAUFTRITT
ALS CLOWN IM ZIRKUS »BILLY SMART« 1965

der Besitz diverser Mittel in Frankreich gesetzlich verboten wurden. Und so rissen nach der achten Etappe französische Ärzte einzelne Fahrer aus dem Schlaf, um Urinproben einzusammeln. Nach dem Start der neunten Etappe am nächsten Tag trat das Fahrerfeld daraufhin in einen spontanen Streik. Vorne dabei auch Rudi Altig,

1968

Mexiko
Mexico City
Estadio Olimpico
16. Oktober 1968, 18.00 Uhr

»Wir haben mit unserem Protest nichts anderes getan als Martin
Luther King. Wir wollten lediglich in seinem Sinne ankündigen,
dass der Kampf gegen Rassenhass friedlich fortgesetzt wird.«

JOHN CARLOS

Mit schwarzer Faust aufs Treppchen

1968 | Mit schwarzer Faust aufs Treppchen

Die beiden Funktionäre des Internationalen Olympischen Komitees (IOC) standen stramm neben dem Siegertreppchen, den Blick fest auf den Fahnenmast gerichtet, an dem soeben die USA-Flagge zu Ehren von Tommie Smith, dem Olympiasieger über 200 Meter, gehisst wurde. Sie merkten zunächst gar nicht, was sich neben ihnen abspielte, während die amerikanische Hymne durch das Stadion in Mexico City hallte. Goldmedaillengewinner Smith und sein Landsmann John Carlos hatten ihre Schuhe ausgezogen und standen in schwarzen Socken auf dem Podest. Sie verfolgten nicht, wie sonst bei Siegerehrungen üblich, wie das Banner ihres Heimatstaates am Mast hochgezogen wurde. Und sie sangen keine einzige Silbe der Hymne mit. Stattdessen senkten sie demonstrativ ihre Köpfe und streckten ihre in schwarze Handschuhe gehüllten Fäuste in den mexikanischen Abendhimmel. Die Fotografen drängelten sich so weit wie möglich an das Siegertreppchen heran, um dieses Szenario auf ihre Filmrollen zu bannen. Wussten sie doch, dass sich dieses unglaubliche Bild gut verkaufen ließ. Die beiden Afro-Amerikaner vollzogen mit ihrem Auftritt schließlich eine politisch orientierte Protestaktion, die sich »Black Power« nannte. Es war ein direkter Angriff auf das politische System der USA, eine Demonstration gegen Rassendiskriminierung und für die Kultur schwarzer Amerikaner. Und es war das Ende der sportlichen Karriere der beiden Läufer.

Das Ziel ihrer Aktion haben Tommie Smith und John Carlos durchaus erreicht. Sie wollten die Weltöffentlichkeit aufmerksam machen auf die in den USA nach wie vor verbreitete Diskriminierung der schwarzen Bürger des Landes. Allerdings ging der Schuss für die beiden Athleten nach hinten los. Sowohl das olympische Gastgeberland Mexiko als auch die meisten anderen Nationen verurteilten die Initiative von Smith und Carlos. Nicht etwa aufgrund der inhaltlichen Absichten der beiden Läufer. Vielmehr weil sie ein Sportfest wie die Olympischen Spiele zu einer politischen Demonstration genutzt hatten. Tommie Smith und John Carlos hatten mit einer derart kritischen Reaktion nicht gerechnet. Das IOC erteilte ihnen sofort Hausverbot im olympischen Dorf, und auch das Olympiateam der USA verbannte die Beiden auf der Stelle aus ihren Reihen und flog sie umgehend nach Amerika zurück. Dort erwartete die Protestler noch mehr Hass, als sie jemals zuvor erlebt hatten. Eine Konfettiparade hatten sie sich ohnehin nicht gerade erhofft. Doch eine so große Ablehnung, bis hin zu einzelnen Morddrohungen, auch wieder nicht. Smith und

Carlos glaubten sich mit ihrer Aktion lediglich in der langen Tradition von öffentlichen Protesten schwarzer Bürger, die in jenen Monaten des Jahres 1968 einen ihrer Höhepunkte erreichte. Althea Gibson, die erste Afro-Amerikanerin, die Wimbledon gewann, prangerte bereits 1957 nach ihrem Sieg im Tennis-Mekka ebenfalls die Benachteiligung schwarzer Sportler in ihrer Heimat an. Und Muhammad Ali warf seine olympische Goldmedaille aus dem Jahr 1960 sogar demonstrativ in den Ohio River. Doch bislang hatte es eben noch niemand gewagt, eine Sportveranstaltung als Plattform politischer Demonstration zu nutzen.

Martin Luther King hatte in den sechziger Jahren eine neue Welle des Selbstbewusstseins der in den USA lebenden Afro-Amerikaner ausgelöst. Vor allem nachdem auch ein junger Präsident namens John F. Kennedy in der kurzen Amtszeit bis zu seiner Ermordung 1963 damit begonnen hatte, die Stellung der Schwarzen in den Vereinigten Staaten zu stärken. Doch dann wurde auch Martin Luther King ermordet, nur sechs Monate vor den Olympischen Spielen 1968 in Mexiko. Fortan gab es endgültig keine einheitliche Marschrichtung mehr für die diversen Gruppierungen schwarzer Widerstandskämpfer. Die einen unterstützten die mehr militanten Absichten von Harry Edwards, die anderen hingegen folgten Jesse Owens, der mehr im friedlichen Sinne Martin Luther Kings für seine schwarzen Mitmenschen um mehr

---

»Haut ab, ihr blöden Nigger.«

BESCHIMPFUNG VON CARLOS UND SMITH IN DEN USA

Gleichberechtigung kämpfte. Tommie Smith und John Carlos waren alles andere als militant. Sie gehörten zu einer losen Gruppierung von jungen Schwarzen, die eine unterschiedliche Behandlung von Menschen aufgrund der Hautfarbe bekämpfen wollten. Sie stimmten 1967 beim Kongress der »Schwarzen Jugend«, einem losen Verbund von zweihundert afro-amerikanischen Sportlern, zunächst für einen Boykott der Olympischen Spiele 1968 in Mexiko, um ihrem Ansinnen in der Öffentlichkeit Gehör zu verschaffen. Als das IOC darauf kaum reagierte, da man gar nicht wusste, ob sich überhaupt einer der zweihundert Sportler für die Spiele qualifizieren würde, entschied sich die Gruppierung für eine Teilnahme an den Spielen, um schließlich vor Ort zu demonstrieren. »Wir haben mit unserem Protest nichts anderes getan als Martin Luther King. Wir wollten lediglich in seinem Sinne ankündigen, dass der Kampf gegen Rassenhass friedlich fortgesetzt wird«, erklärte John Carlos, nachdem sein Black-Power-Gruß weltweit zum Gesprächsthema geworden war. Doch die anschließende Realität nahm sowohl für Smith als auch für Carlos einen völlig unerwarteten Lauf. »Haut ab, ihr blöden Nigger«, wurden die Beiden in ihrer Heimat immer wieder beschimpft. Es war ihnen kaum mehr möglich, ein normales Leben

> »Ich bereue nichts und würde es wieder so machen.«
>
> TOMMIE SMITH

zu führen. Smith belegte in seinem College nur noch die Abendkurse, um möglichst wenig in Erscheinung zu treten. Unter diesen bedrohlichen Umständen scheiterte schließlich auch sein Ehe. Und selbst die Freundschaft der beiden Aktivisten hielt nicht mehr sehr lange nach ihrem gemeinsamen Protest in Mexiko. Sie waren im Laufe der Zeit derart sensibilisiert worden, dass sie sich von den Anschuldigungen der Umwelt beeindrucken ließen. Tommie Smith, der eigentlich als Außenseiter neben John Carlos in das 200-Meter-Rennen bei den Olympischen Spielen ging, hatte den Lauf am Ende überraschend mit 19,83 Sekunden in (allerdings erst 1977 offiziell anerkannter) Weltrekordzeit gewonnen. Der große Favorit John Carlos, der in der Olympia-Qualifikation mit 19,7 Sekunden noch einen neuen (handgestoppten) Weltrekord aufgestellt hatte, kam nach einem verpatzten Start mit einer Zeit von 20,10 Sekunden »nur« auf den dritten Rang. Er soll später einmal gesagt haben, dass er Smith absichtlich habe gewinnen lassen, weil der die Idee mit den schwarzen Handschuhen hatte, die dessen Frau organisiert habe. Tommie Smith fand das wenig witzig und verweigerte seinem einstigen Mitstreiter anschließend die weitere Freundschaft. Unter dem Strich hatte sich das Black-Power-Engagement der beiden Sportler wenig gelohnt. Während Tommie Smith nach langer Suche eine Anstellung als Leichtathletik-Trainer in Kalifornien fand, musste sich John Carlos in letzter Not seinen Lebensunterhalt als Footballspieler in Kanada verdienen, als ihm sonst niemand eine Arbeit anbot. Mittlerweile lebt auch er in Kalifornien und arbeitet als Sicherheitsbeamter an einer Schule. In einem sind sich die Beiden jedoch auch heute noch einig: Sie bereuen nichts und würden trotz der zuweilen sehr schwierigen Zeiten, die sie durchleben mussten, wieder für ihre Überzeugung eintreten.

Bei allem Trubel um das Black-Power-Paar Smith und Carlos gingen die weiteren sportlichen Leistungen

der Olympischen Spiele in Mexiko teilweise unter. Dabei wurden gerade dort einige Meilensteine in der sportlichen Historie gesetzt. Am 18. Oktober 1968 etwa, als im ersten Durchgang des Weitsprungwettbewerbes der Männer zunächst noch wenig Aufregendes passierte außer ein paar ungültigen Sprüngen. Dann aber rannte der Amerikaner Bob Beamon die Tartanbahn entlang, traf genau den Absprungbalken und flog und flog und flog. Als er mit beiden Beinen im Sand einschlug, guckten sich die Messnehmer verdutzt an. Beamon war weit über die Messleiste hinaus gesprungen, die bei 8,60 Meter endete, immerhin fünfundzwanzig Zentimeter über dem bestehenden Weltrekord. Also musste mit einem Maßband per Hand nachgemessen werden. Und das zeigte schließlich unglaubliche 8,90 Meter für Bob Beamons Sprung an. Fünfundfünfzig Zentimeter mehr,

> »Wir müssen die Kraft haben, der physischen Gewalt mit der Kraft unserer Seelen entgegenzutreten.«
>
> MARTIN LUTHER KING JR.

als bislang jemals ein Mensch gesprungen war. Dieser Fabelrekord hielt zweiundzwanzig Jahre und 316 Tage, bis am 31. August 1991 Mike Powell in Tokio 8,95 Meter weit sprang. Zwei Tage nach dem Jahrhundertsatz von Beamon gab es bereits ein neues Gesprächsthema. Bei den Hochsprungwettbewerben der Herren trug der einundzwanzigjährige Richard »Dick« Douglas Fosbury sehr zur Erheiterung der Zuschauer im Stadion bei, als er versuchte, rücklings die Stange zu überspringen. Man dachte zunächst an eine beabsichtigte Showeinlage des Amerikaners. Doch das Lachen verging vor allem Fosburys Konkurrenten sehr schnell, als der Junge aus Portland, Ohio, mit dieser bis dato völlig unbekannten Sprungtechnik sogar 2,24 Meter hoch flog, ohne die Stange dabei zu berühren. Das war olympischer Rekord und damit auch die Goldmedaille für Fosbury. Fortan versuchten sich mehr und mehr Athleten am so genannten Fosbury-Flop, der im Lauf der Jahre den bis dahin praktizierten Straddle-Stil ablöste. Nicht mehr in Bauchlage übersprangen die Sportler von nun an die Messlatte, sondern nach dem Vorbild Fosburys mit einem schnellen Anlauf und dann in Rückenlage mit gebogenem Oberkörper voraus.

1969

USA
New York
Forest Hills
9. September 1969

»Ein wirklich außergewöhnlicher Typ und ein echter Gentleman, kein Cowboy wie John McEnroe, Pat Cash oder Connors. Und er hätte noch mehr als zwei Grand Slam holen können, wenn es nicht die Spielsperre für Profis gegeben hätte.«

NIKI PILIC, EHEMALS DEUTSCHER DAVIS-CUP-TEAMCHEF, ÜBER ROD LAVER

Vorteil Grand Slam

1969 | Vorteil Grand Slam

Rodney George »Rod« Laver hatte bereits alles erreicht, was ein Tennisspieler erreichen konnte. Der kleinwüchsige, rothaarige Australier war bei allen großen Turnieren mehr als einmal siegreich, hatte 1962 als zweiter Tennisspieler in der Geschichte den Grand Slam gewonnen, bereits viermal den Davis Cup entgegengenommen und führte seit 1961 die inoffizielle Weltrangliste als Nummer eins an. Laver war längst der mit Abstand beste Spieler seiner Zeit. Doch all das hatte seinen sportlichen Ehrgeiz noch immer nicht befriedigt. Er strebte nach mehr, sehnte sich danach, etwas zu erreichen, das noch kein anderer vor ihm erreicht hatte. Und so hatte Rod Laver im Jahr 1969 nur ein Ziel fest im Visier: Er wollte als erster Tennisspieler der Welt zum zweiten Mal den Grand Slam gewinnen, die vier bedeutendsten Turniere der Saison in Australien, Frankreich, England und den USA. Bis 1968 waren Profis bei Grand-Slam-Turnieren nicht zugelassen, und so musste sich Laver bis 1969 gedulden, bevor er seinem Ansinnen nachgehen konnte. Noch verbissener als sonst trainierte der Linkshänder, vor jedem Turnier engagierte er sich stets zusätzliche Trainingspartner, um nichts dem Zufall zu überlassen. Das zahlte sich schon bei seinem heimatlichen Turnier in Melbourne aus, wo er das Finale erreichte und bei sengender Hitze Tony Roche in einem packenden Fünf-Satz-Krimi bezwang. Der erste Teil seiner Mission war damit geschafft. Bei den French Open in Paris sah es schon in der Vorrunde gegen Dick Crealy so aus, als wäre die Operation Grand Slam bereits beendet. Crealy entschied die ersten beiden Sätze für sich, bis ein Regenguss die Partie unterbrach. Als die beiden Akteure auf den Platz zurückkehrten, gelang Laver eine phänomenale Aufholjagd, so dass er das Match am Ende schließlich doch noch gewinnen konnte. Im Finale hatte er mit seinem Gegner Ken Rosewall erneut einen harten Brocken erwischt. Doch Laver setzte sich durch und konnte somit seinen zweiten Sieg nach 1962 im Roland-Garros-Sta-

dion feiern. Wie schon zuvor in Paris schlitterte der ehrgeizige Australier auch in Wimbledon bereits in den Vorrundenspielen knapp an einer Niederlage vorbei. Der unbekannte Inder Premjit Lall legte zwei Satzgewinne vor und nahm Laver auch im dritten Satz sofort den Aufschlag ab. Mit einem 0:3-Rückstand nach Spielen stand der große Favorit mit dem Rücken zur Wand. Genau das waren die Momente, in denen Rod Laver über sich hinauswachsen konnte. Er setzte alles auf eine Karte, gestaltete sein Spiel noch riskanter und erntete am Ende dafür den Lohn. Nach kräftezehrenden fünf Sätzen gewann der Titelverteidiger das Match. Nach weiteren Siegen über die Amerikaner Stan Smith und Arthur Ashe traf Laver im Finale auf seinen Landsmann John Newcombe. Auch der stellte kein Hindernis auf dem Weg zum Grand Slam dar und sicherte mit der eigenen Niederlage den vierten Wimbledonsieg Lavers seit 1961. Überhaupt ging Laver nur ein einziges Mal in den gesamten sechziger Jahren im Tennis-Mekka als Verlierer vom Platz: im Finale 1960 gegen seinen australischen Landsmann Neale Fraser. Nur ein Sieg bei den Internationalen Meisterschaften der USA in Forest Hills fehlte Laver noch zum großen Triumph. Und er ließ sich dort am 9. September 1969 vom Endspielgegner Tony Roche die Butter nicht mehr vom Brot nehmen. Rod Laver war am Ziel, er hatte mit dem zweiten Grand-Slam-Erfolg seiner Karriere Tennisgeschichte geschrieben. Bis heute ist es keinem Spieler gelungen, dieses Kunststück zu wiederholen.

Rod Laver stellte alle bisherigen Ausnahmetennisspieler in den Schatten. Inspiriert durch die Tennisleidenschaft der Eltern, die sich in Australien einen eigenen Platz hinter dem Haus bauen ließen, wurde auch der junge Rod bald mit dem Tennis-Fieber angesteckt. Im Camp des legendären Meistertrainers Harry Hopman bekam Laver den letzten Feinschliff, der ihn für größere

> »Rods Spiel ist ungewöhnlich variantenreich, es gibt keinen Schlag, den er nicht beherrschen würde.«
>
> LAVERS EHEMALIGER TRAINER HARRY HOPMAN

Aufgaben wappnete. Im Alter von zwanzig Jahren griff das Talent erstmals in den Tenniszirkus ein und gewann bereits 1959 die ersten Grand-Slam-Titel. Gemeinsam mit seinem Doppelpartner Bob Market siegte er bei den Australian Open und mit Darlene Hard im Mixed-Wettbewerb in Wimbledon. Auch als Einzelspieler erreichte Laver in Wimbledon bereits das Finale, musste sich dort aber dem Peruaner Alejandro Olmedo geschlagen geben. Mit dem australischen Davis-Cup-Team sicherte er sich im Herbst 1959 den ersten von vier Titeln in Folge. Im zweiten Jahr seiner Präsenz auf der Tour gehörte Laver bereits zu den Topakteuren im Herrentennis. Gleich zu Beginn der Saison siegte er sowohl im Einzel als auch im Doppel bei den Australian Open. In Wimbledon erreichte er erneut das Finale, doch auch diesmal gelang es nicht, den begehrten Pokal zu gewinnen. An seinem Endspielgegner Neale Fraser scheiterte wenige Wochen später im Finale der US-Meisterschaften erneut das Vorhaben. Trotzdem wurde Rod Laver am Ende des Jahres in der inoffiziellen, von Lance Tingay erstellten Weltrangliste, auf Rang zwei geführt. Nach drei mehr oder minder erfolgreichen »Lehrjahren« gelang dem schmäch-

> »Wenn es mir als Profi nicht erst ab 1968 möglich gewesen wäre, bei Grand-Slam-Turnieren anzutreten, dann hätte ich statt elf mehr als dreißig Grand-Slam-Siege erringen können.«
> ROD LAVER

tigen Australier 1962 der endgültige Sprung an die Spitze des Herrentennis. Als erster Spieler nach Donald Budge (1938) gewann Laver im Alter von vierundzwanzig Jahren den Grand Slam. Dabei bezwang er dreimal seinen Landsmann Roy Emerson in den Endspielen in Australien, Frankreich und den USA. Im Wimbledonfinale setzte er sich gegen Martin Mulligan durch. Nach dem dritten Davis-Cup-Sieg nacheinander entschied sich Rod Laver für einen Wechsel ins Profilager. Für seine Unterschrift unter einem Dreijahresvertrag der internationalen Profiorganisation kassierte er die vergleichsweise geringe Summe von 110 000 Dollar. Die höchst komplizierten Amateurbedingungen verwehrten ihm fortan allerdings die Teilnahmen an den Grand-Slam-Turnieren, er blieb sechs Jahre bis 1968 von den Internationalen Meisterschaften ausgeschlossen.

Die sechziger Jahre waren geprägt von den Erfolgen australischer Spieler, die sowohl im Herren- als auch im Damentennis das Geschehen weitestgehend dominierten. Neben Laver spielten seine Landsleute Ken Flatcher, Roy Emerson, Lew Hoad, Martin Mulligan, Fred Stolle, Bob Hewitt und später auch John Newcombe ganz oben mit. Deutlich wurde dies allein dadurch, dass das australische Davis-Cup-Team zwischen 1959 und 1962 viermal in Folge siegte. Zurückzuführen war diese Übermacht vor allem auf den australischen Tennisguru Harry Hopman, der sie alle zu Spitzenspielern formte. Ergänzt

wurde die australische Vormachtstellung durch Spielerinnen wie Darlene Hard oder Margarte Smith – letztere gewann zusammen mit Ken Fletcher 1963 den ersten Grand Slam im gemischten Doppel.

Als sich 1968 die Tore der Grand-Slam-Turniere auch für die Profis öffneten, meldete sich Rod Laver sofort eindrucksvoll zurück. Mittlerweile dreißig Jahre alt, siegte »Rod Rocket« auf Anhieb im Wimbledonfinale gegen Tony Roche. Mit dem erneuten Grand-Slam-Erfolg 1969 ließ Laver keinen Zweifel mehr daran, dass er nicht zu unrecht zwischen 1961 und 1969 neun Jahre lang als Erster der inoffiziellen Weltrangliste geführt worden war. Allerdings war seine große Zeit fast vorbei. Der Sieg bei den US Open 1969 blieb zugleich der letzte Grand-Slam-Sieg von Rod Laver. Weil ihm der Profistatus weitere Starts bei den bedeutendsten Turnieren der Welt versagte, kam der Rotschopf »nur« auf elf Grand-Slam-Erfolge. Lediglich im Doppel gelang Laver 1971 ein weiterer Wimbledonerfolg, die Doppelendspiele bei den US Open 1970 und 1973 musste er hingegen verloren geben. In den siebziger Jahren trat der Ausnahmeathlet zwar weiterhin bei Turnieren der WCT-Serie an, doch zu großen sportlichen Erfolgen reichte es nicht mehr. Einmal noch, 1975 in Orlando, gewann Rod Laver ein Endspiel. Es war der siebenundvierzigste und letzte Turniersieg im Einzel, siebenunddreißig weitere im Doppelwettbewerb hatte er erreicht. Erst 1978, im Alter von vierzig

> »Ich habe keine Lust mehr, gegen Kinder zu spielen.«
> ROD LAVER ÜBER DIE GRÜNDE SEINES RÜCKTRITTS IM JAHR 1978

Jahren, beendete Laver seine Karriere. Er gilt noch heute als einer der besten Tennisspieler in der Geschichte dieses Sports. Laver siedelte anschließend nach Palm Springs in Kalifornien über, wo er sich fortan verstärkt seinem Hobby Golf widmen konnte. 1998 erlitt das ehemalige Tennis-As einen Schlaganfall, von dem er sich nur langsam wieder erholen konnte.

1970

Sowjetunion
Welikije Luki
24. Januar 1970

»Meine Kräfte verdanke ich der guten
russischen Fischsuppe.«
WASSILI ALEXEJEW

Aufstieg und Fall
eines Riesen

1970 | Aufstieg und Fall eines Riesen

Welikije Luki, eine 100 000-Einwohner-Ort mitten in Russland, wird selten aus seiner Ödnis erweckt. Das ist heute so, und das war in den »guten alten« Zeiten der Sowjetunion, als die Tristesse noch keine postsozialistische war, nicht anders. Am 24. Januar 1970 aber, da kam die Stadt sogar in den Nachrichten auf der ganzen Welt vor. Dank Wassili Alexejew, dem Gewichtheber, der das seinem Wettkampf-Limit zugeschriebene Attribut »Superschwer« mit rund drei Zentnern Körpergewicht und massigem Bauch so eindrucksvoll ausfüllte. 28 Jahre alt war der Koloss aus Schachty, der seinen Beruf als Bergbauingenieur längst aufgegeben hatte und statt dessen zum Ruhme des Vaterlandes Eisen stemmte, als er das Podium in der Eisenbahner- und Metallurgen-Stadt betrat. Angesichts berühmter Vorgänger galt der Endzwanziger trotz reifen Athletenalters noch als Hantel-Eleve – was der Lockenkopf freilich ganz anders sah. Zwei Jahre zuvor war er Dritter der UdSSR-Meisterschaften im Schwergewicht geworden – Motivationsschub genug, um Weltrekordler und Olympiasieger Leonid Shabotinski respektlos anzukündigen, dass er ihn alsbald als »stärksten Menschen der Welt« ablösen wird. Die Kampfansage des aufmüpfigen Jünglings beantwor-

> »Jedes Gewicht ist für mich ein Hindernis. Da packt mich der Hass, dass ich die Luft anhalten muss – zupacken und hoch!«
>
> WASSILI ALEXEJEW ÜBER SEINE LUST AN DER LAST

tete der olympische Champion von 1964 und 1968 verärgert: »Alexejew ist ein Angeber!«

Spätestens am 24. Januar des Jahres 1970 aber, im tiefsten russischen Winter, war Wassili Alexejew der Mann mit den, im direkten Wortsinne, stärkeren Argumenten. Drei Weltrekorde heizten den fröstelnden Fans vor der Heber-Bühne ein: erst der im Drücken mit 210,5

Kilogramm, dann der im Stoßen mit 221,5 Kilogramm und schließlich die 595 Kilogramm im Dreikampf, die sich aus der Summe mit der Leistung im Reißen ergaben. Dmitri Iwanow, Weltmeister 1954 im Leichtgewicht, war wie die anderen Augenzeugen schwer beeindruckt von Alexejews Auftritten: »Nie vergesse ich diesen Moment. Auf dem Podium stand ein fast schlanker Athlet. Man sah, dass er keine Angst vor dem Gewicht hatte. Kein Zittern verriet, welch ungewöhnliche Last auf der Hantel lag.« In der Tat wuchtete der mitunter tapsig wie ein Bär wirkende Schwerathlet das Eisen an den Enden der sich biegenden Stange mit einer spielerischen Selbstverständlichkeit in die Höhe, die alle Grenzen menschlicher Muskelkraft zu ignorieren schien.

Die drei ersten Weltrekorde in Welikije Luki, was man mit »große Zwiebeln« übersetzen könnte, waren nur der

> »Ein großer Sportler stirbt zweimal, und der erste Tod beim Abschied vom Sport ist der schmerzvollere.«
>
> WASSILI ALEXEJEW ÜBER DAS KARRIERE-ENDE

Beginn einer frappanten Heberlaufbahn, die Alexejew innerhalb eines Jahrzehnts zum »Weltrekordler der Weltrekordler« machte. Nach der Rekord-Premiere im Januar 1970 setzte er zu einem wahren Stakkato von Bestleistungen an. Schon im Dezember desselben Jahres wurde für den »Kran von Schachty« bei den Pokalwettbewerben der sowjetischen Gewichtheber in Dnepropetrowsk Weltrekord Nummer 25 in den Statistiken vermerkt, und der Moderne Fünfkämpfer Anatoli Korschunow war schier fassungslos: »Als Sportler sah ich schon viele mutige Taten, aber das! Hell glänzte das Nickel an der Stange, auf der 230 Kilogramm lagen. Viele Zuschauer starrten auf sie mit ehrfurchtsvollem Schrecken. Wie dieses Gewicht heben? Noch niemand wagte das. Und Alexejew tat so, als ob er bereit sei, jeden Tag einen solchen Weltrekord zu stürmen. Welche Erregung, als er dieses Gewicht nach oben gestoßen hatte!«

Am 15. April 1972 schaffte Wassili Alexejew in Tallinn den fünfzigsten Weltrekord, am 7. Dezember 1975 in Montreal den fünfundsiebzigsten – dann ging dem mal aufbrausenden, mal sanften Riesen mit dem stets großen Hunger allmählich die Luft aus bei der von ihm selbst erklärten Jagd nach dem Superlativ von hundert Weltrekorden. Am 2. November 1977 stieß er in Moskau 256 Kilogramm Eisen in die Höhe. Die größte Last, die Alexejew je bewältigt hat. Und sein letzter Weltrekord – Nummer 80 in der Liste, die er am 24. Januar 1970 in

Welikije Luki eröffnet hatte. Der »stärkste Mann der Welt«, der er ein Jahrzehnt lang unbestritten war, blieb Wassili Alexejew freilich auch noch über den sportlichen Abschied nach den für ihn missglückten Olympischen Spielen von 1980 in Moskau hinaus. Erst 1988 überbot Landsmann Alexander Kurlowitsch die elf Jahre zuvor von Alexejew gehobenen 445 Kilogramm im Zweikampf aus Reißen und Stoßen.

Keiner seiner Nachfolger hat Alexejew auch nur annähernd an Titeln, Rekorden oder Ausstrahlung erreicht. Olympia-Gold 1972 in München und 1976 in Montreal errang der Kraft- und Erfolgsmensch mit dem Kugelbäuchlein quasi im »Vorbeiheben«, mal mit dreißig Kilogramm Vorsprung vor dem Westdeutschen Rudolf Mang, mal mit fünfunddreißig Kilogramm Differenz auf den Ostdeutschen Gerd Bonk. Sechsmal war der Russe Weltmeister, achtmal Europameister. Sein Spiel ohne Grenzen mit dem Eisen, dem er nie nachgeben wollte, sah ihn am Ende dann aber doch als tragische Figur. Bezwungen von der Hantel, geschlagen vom Gegner, gedemütigt vom Publikum. Olympia 1980 in Moskau, das sollte der krönende Abschluss werden für den schon 38-Jährigen – zum dritten Mal Gold, ein weiterer Superlativ, denn das hatte bis dahin noch keiner der schwitzenden Männer mit den stämmigen Oberschenkeln geschafft. Fast zwei Jahre war Alexejew abgetaucht, verletzt, wie es

»Es ist schlichtweg pervers, ein Verhältnis zu dem Teufelszeug zu entwickeln, das sich negativ auf die Gesundheit auswirkt.«

WASSILI ALEXEJEW ÜBER DOPING IM SPORT

hieß. Nun war er wieder da - ein russischer Titan, ein Held wie Ilja Muromez, der die angreifenden Unholde mit der blanken Faust erschlug. 161,75 Kilogramm schwer, 1,86 Meter groß und mit gewaltigen Körperumfängen – Hals 58 Zentimeter, Oberschenkel 92 Zentimeter, Brust 1,52 Meter, Bizeps 62 Zentimeter –, antrainiert, um der übermächtigen Last zu widerstehen. Der willige Geist war nicht stark genug gegen das schwache Fleisch – dreimal verlor Alexejew den Kampf gegen das 180-Kilogramm-Anfangsgewicht im Reißen. Mit Pfiffen und Spott wurde er von der Bühne, auf der er ein Jahrzehnt Hauptdarsteller war, verabschiedet – nein, eher davongejagt. Das Ende einer großen Karriere, auch wenn später noch mal kurz von einem Comeback die Rede war. Alexejew hatte den richtigen Moment für den Abgang verpasst. Jener Mann, der einst über seine Disziplin so überlegt philosophiert hatte: »Es kommt weniger auf

Kraft oder körperliche Fähigkeiten an, sondern mehr auf das Mitdenken. Ohne Denken kein Schöpfertum, ohne Schöpfertum kein Fortschritt im Sport.« Jetzt, in der Stunde der Niederlage, sprach Trainer Eduard Browko trocken von einem »Wechsel der Generationen«. Alexejew sei sich nicht bewusst gewesen, »dass er seine Grenzen erreicht hatte. Man muss Realist sein.«

Sang- und klanglos verschwand der Herkules in der Anonymität, erst ein Jahrzehnt später, Ende 1989, tauchte er als Cheftrainer der UdSSR-Auswahl wieder auf. Wie gehabt mit markigen Sprüchen (»Man muss nur hart durchgreifen. Wer weg bleibt, fliegt raus, auch wenn es sich um Weltmeister und Olympiasieger handelt.«) und mit großen Erfolgen, aber auch mit einem erneut bitteren Ende. Nach Olympia 1992 in Barcelona wurde die Zusammenarbeit im Streit beendet, seitdem ist Alexejew Rentner und beobachtet das Gewichtheben aus der Ferne. »Langeweile habe ich nicht. Meine beiden Söhne sind oft zu Besuch mit den Enkeln«, gibt er Zufriedenheit vor. Seine Weltrekorde, so sagt er rückblickend fast ein wenig Hilfe suchend zwischen all den gemischten Gefühlen, die habe er allerdings mit seiner Gesundheit bezahlt. Schmerzen im Wirbelsäulenbereich, Lähmungserscheinungen in den Beinen – quasi die normale Quittung fürs Überschreiten der Grenzbereiche im Hochleistungssport.

Doping aber, so versichert Wassili Alexejew, das habe es in seinem Sportlerleben nie gegeben. Sein Gewicht sei »allein mit einer wissenschaftlich erarbeiteten Ernährungsweise gesteigert« worden. »Meine Kräfte verdanke ich der guten russischen Fischsuppe«, hat er mal gesagt. Brummig und grinsend, so dass man nicht recht wusste, ob er damit ernst genommen werden wollte oder ob man lachen sollte. Nur einmal, 1980 in Moskau, als er sich anschickte, zum dritten Mal Olympiasieger zu werden, da hätten ihn die Trainer am Wettkampftag überredet, stimulierende Mittel zu nehmen. »Das hatte ich vorher noch nie getan. Folgerichtig kam der Einbruch.« Der Einbruch, der einen schier unbezwingbaren Riesen zu Fall brachte.

Übrigens: In den Rekordstatistiken ist Alexejews Name längst Geschichte. Bei den Olympischen Spielen 2000 in Sydney siegte der Iraner Rezazadeh im Zweikampf mit 472,5 Kilogramm.

1970

Mexiko
Mexico City
Azteken-Stadion
17. Juni 1970

»Alles, was wir geworden sind, und die ganzen Erfolge haben
wir nur dem Gerd zu verdanken.«

FRANZ BECKENBAUER ÜBER GERD MÜLLER

»Kleines dickes Müller«

1970 | »Kleines dickes Müller«

Zwar blieb der deutschen Nationalelf diesmal die sengende Mittagshitze erspart, die drei Tage zuvor im Viertelfinalspiel gegen England im mexikanischen Leon Temperaturen von annähernd vierzig Grad Celsius verursacht hatte. Doch selbst am späten Nachmittag des 17. Juni 1970, dem Tag der Halbfinalbegegnungen, zeigte das Thermometer im Azteken-Stadion von Mexico City noch dreißig Grad Celsius an. Deutschland traf auf Italien, nachdem man sich zuvor mit einem 3:2-Sieg bei der englischen Elf für das verlorene WM-Finale 1966 revanchiert hatte. Allerdings ließ die Mannschaft von Bundestrainer Helmut Schön dabei viele Kräfte, weil man zunächst einer 2:0-Führung der Engländer nachgerannt war und erst in der 108. Minute der Verlängerung Gerd Müller das Siegtor zum 3:2 gelang. Es war bereits Müllers achter Treffer während dieser Weltmeisterschaft, womit er die Torjägerliste einsam anführte. Und so waren die Augen der 80 000 Zuschauer im Hexenkessel von Mexico City vor allem auf den deutschen Mittelstürmer gerichtet, als das Spiel angepfiffen wurde. Niemand ahnte zu diesem Zeitpunkt, dass diese Partie zwischen Deutschland und Italien zum Jahrhundertspiel werden würde. Schon gar nicht, nachdem die Italiener bereits in der achten Minute durch einen Treffer von Roberto Boninsegna in Führung gingen. Wie so oft zuvor musste die deutsche Elf wieder einem Rückstand nachlaufen. Doch dreiundachtzig Minuten lang blieben alle Bemühungen, die italienische Abwehr zu knacken, erfolglos. Dann, in der 91. Minute, schlug Jürgen Grabowski eine lange Flanke in den Strafraum, wo Italien-Legionär Karl-Heinz Schnellinger dem Ball entgegengrätschte und schließlich zum 1:1-Ausgleich traf. Erneut musste man anschließend in die kräftezehrende Verlängerung.

Diese zusätzlichen dreißig Minuten waren es schließlich, die in die Sportgeschichte eingingen. Und sie ermöglichten erneut einen großen Auftritt des kleinen Gerd Müller. Der Stürmer des FC Bayern München brachte die deutsche Auswahl kurz nach dem Anpfiff zunächst mit 2:1 in Führung. Doch auch die Italiener erwachten zu neuer Stärke und legten schon zwei Minuten später zum 2:2 nach. Die rund 3000 deutschen Schlachtenbummler feuerten ihre Mannschaft lautstark an und wurden dabei schon bald von den heimischen Zuschauern unterstützt, die den »Alemaños« nach dem Thriller gegen England somit ihre Sympathien zollten. Doch es war zunächst die »Squadra Azzurra«, die erneut das Spielgeschehen bestimmte. In der 104. Spielminute überwand

deren Stürmer Luigi Riva den deutschen Schlussmann Sepp Maier zur 3:2-Führung. Ein offener Schlagabtausch folgte. Und trotz der hohen Temperaturen im Stadion sahen die 80 000 ein schnelles und rasantes Spiel. Man spürte regelrecht den ungebrochenen Willen der beiden Teams, das Finale unbedingt erreichen zu wollen. Zehn

---

»Er ist ein Phänomen. Ich sehe auf der ganzen Welt keinen, der in seine Fußstapfen treten könnte.«

FRANZ BECKENBAUER ÜBER GERD MÜLLER, ALS DIESER 1979 IN DIE USA WECHSELTE , UM SEINE KARRIERE ZU BEENDEN

---

weitere Minuten waren zu überstehen, als wieder Gerd Müller an den Ball kam und diesen in seiner unvergleichlichen Art blitzschnell im Torgehäuse der Italiener versenkte. Das Stadion bebte, ein derartiges Drama hatte man hier noch nie gesehen. Es stand 3:3, alles war wieder offen. Doch während sich Müller und seine Kollegen noch immer über den Anschlusstreffer freuten, waren die Italiener in der 112. Minute bereits wieder bis vor das Tor von Sepp Maier gedrungen. Und dort nutzte Gianni Rivera, der aktuelle Fußballer des Jahres in Europa und Teamkollege von Karl-Heinz Schnellinger beim AC Mailand, die Gunst der Stunde und traf zum alles entscheidenden 4:3-Endstand. Deutschland blieb damit nur das Spiel um Platz drei, das man mit 1:0 gegen Uruguay gewann. Die Italiener trafen im Finale auf Brasilien, wo sie allerdings mit 1:4 untergingen. Doch ebenso wie Pelés dritter Weltmeistertitel blieb das Spiel Deutschland – Italien vom 17. Juni 1970 noch Jahrzehnte später Gesprächsthema. Heute erinnert eine Kupfertafel im Aztekenstadion an das 4:3 beim »Juego del Siglo«, dem Spiel des Jahrhunderts.

Der Auftritt des fünfundzwanzigjährigen Gerd Müller bei diesem Turnier sorgte für dessen Durchbruch als Weltstar – nach sechs Jahren im Profifußball. Nachdem Müller als Siebzehnjähriger beim TSV Nördlingen in der zweiten Amateurliga in der Saison 1962/63 allein einhundertachtzig der insgesamt zweihundertvier Tore erzielte, wurde auch der damalige Trainer des FC Bayern München, Zlatko Cajkovski, auf den stämmigen Teenager aufmerksam. Er holte ihn 1964 nach München, wo er beim Zweitligisten FC Bayern aufgrund seiner Torgefährlichkeit schnell den Sprung in die erste Mannschaft schaffte. Auch dank der Müller-Tore stieg der FC Bayern München 1965 in die erste Bundesliga auf. Gleich im Debütjahr kündigte die Mannschaft an, was von ihr in der Zukunft zu erwarten war. Mit Platz drei in der Meisterschaft hinter dem Lokalrivalen 1860 München und Borussia Dortmund sowie dem Gewinn des DFB-Pokals spielten sich die Bayern sofort in die Spitzengruppe der Liga. Und auch auf internationaler Ebene feierte Gerd Müller mit seinem Verein schon 1967 den ersten großen Erfolg, da man den Europapokal der Cupsieger gewinnen konnte. Nur vier Jahre nach dem Aufstieg war das Team 1969 ganz oben angelangt, als man im gleichen Jahr die Meisterschaft und den Pokal holte. Und mit dreißig Toren wurde Superstürmer Gerd Müller zum zweiten Mal nach 1967 Torschützenkönig der Bundesliga. Insgesamt siebenmal bekam er diese Auszeichnung (1967, 1969, 1970, 1972, 1973, 1974, 1978), wobei sein Rekord aus dem Jahr 1972 mit vierzig Treffern bis heute Bestand hat. Auch auf europäischer Ebene erzielte 1970 und 1972 kein anderer Spieler mehr Tore als Müller. So war es fast verwunderlich, dass der Bayern-Stürmer nur einmal, im Jahr 1970 nämlich, zu Europas Fußballer des Jahres gekürt wurde. Neben drei Meisterschaften in Folge zwischen 1972 und 1974 gewannen die Münchner auch den europäischen Landesmeisterpokal zwischen 1974 und 1976 gleich dreimal hintereinander. Und immer wieder war es dabei vor allem Gerd Müller, der mit seinen Toren so manchen Sieg fast im Alleingang sicherte. Und das, obwohl »kleines dickes Müller«, wie der Bayern-Star von seinem aus Jugoslawien stammen-

> »Ich habe mein Leben durch Alkohol zerstört. Ohne die Hilfe meiner Freunde hätte ich es wohl nicht geschafft.«
>
> GERD MÜLLER

den Trainer Zlatko Cajkovski einmal genannt wurde, nicht gerade zu den technisch besten Fußballern seiner Zeit zählte. Es waren vielmehr sein einzigartiger Torriecher und seine Gabe, den Ball auch auf engstem Raum zu kontrollieren, die ihn auszeichneten. Müller erzielte viele seiner Tore nicht nur mit dem Fuß, sondern mit irgend einem anderen Körperteil, das gerade dazu taugte, den Ball über die Linie zu bringen. Ob im Liegen, Sitzen, Stehen oder im Fallen – Gerd Müller erwischte den Ball irgendwie doch immer noch. Aus seiner filigranen Torschusstechnik entwickelte sich bald der allgemein gültige Begriff »Tore der Marke Müller«.

Nachdem Gerd Müller bei den Bayern längst eine feste Größe war, musste er in der Nationalelf, wo er 1966 sein Debüt gab, zunächst noch um einen Stammplatz fürchten. Denn Bundestrainer Schön hatte mit Uwe Seeler 1970 eine prominente Alternative. Doch am Ende

spielten beide gemeinsam, was sich als äußerst effektiv erwies, nachdem Müller zehn Tore in Mexiko gelangen. Fortan gehörte der neue »Bomber der Nation« zum festen Bestandteil der Nationalelf. Hier war er Teil der legendären Achse Sepp Maier – Franz Beckenbauer – Gerd Müller, die schon bei Bayern München für einen äußerst erfolgreichen Spielfluss sorgte. Helmut Schön gelang es, diesen auch auf die Nationalelf zu übertragen. Die nach Expertenmeinung beste deutsche Mannschaft aller Zeiten eroberte sich somit 1972 den Europameistertitel. Zwei Jahre später, im Sommer 1974, erreichte das Ensemble seinen sportlichen Höhepunkt. Bei der Weltmeisterschaft im eigenen Land bezwang das Team im Finale Holland mit 2:1. Den entscheidenden Siegtreffer erzielte wieder einmal Gerd Müller und sorgte damit für den zweiten WM-Sieg einer deutschen Nationalelf. Es

> »Vielleicht wären wir ohne Gerd Müller und seine Tore noch immer in unserer alten Holzhütte an der Säbener Straße.«
>
> FRANZ BECKENBAUER ÜBER
> GERD MÜLLER UND DEN FC BAYERN MÜNCHEN

war Müllers 68. Tor im 62. Länderspiel. Und es blieb das letzte. Der Ausnahmestürmer verkündete noch am Abend des Triumphes seinen Rücktritt. Vor allem auch aus Ärger über die DFB-Funktionäre, die die Spielerfrauen vom Bankett ausschlossen. In der Bundesliga spielte Müller weitere fünf Jahre für den FC Bayern, bevor er 1979 einen Zweieinhalbjahres-Vertrag bei den Fort Lauderdale Strikers in Florida unterzeichnete. Seine Karriere beendete er 1982 bei Smith Brothers Lounge in Ford Lauderdale. In 427 Bundesligaspielen und weiteren achtzig Spielen in der US-Liga erzielte Gerd Müller insgesamt 405 Tore. Seine 365 Treffer in der deutschen Liga sind bis heute einzigartig. Ebenso wie seine vierzehn Tore bei zwei Weltmeisterschaften, an denen er teilnahm.

Gerd Müller blieb mit seiner Frau Uschi und Tochter Nicole auch nach dem Karriereende in Florida, wo er 1981 ein Steakhouse eröffnete. Doch bald schon überkam ihn das Heimweh, und so kehrte er 1984 nach München zurück. Die Leere nach der erfolgreichen Fußballzeit trieb Gerd Müller in die Alkoholsucht, zumal er keine berufliche Perspektive sah. Nach einer Entziehungskur war es sein ehemaliger Teamkollege und Manager des FC Bayern München, Uli Hoeneß, der ihm aus dem Tief heraus half. Hoeneß band den ehemaligen Weltklassespieler zunächst als Sponsorenbetreuer, später als Talentspäher und Jugendtrainer in die Arbeit des Vereins ein.

1971

Deutschland
Offenbach
6. Juni 1971, 12.00 Uhr

»Also, hören Sie, weil Sie es sind, und ohne Kuhhandel hin und
her: Für 140 000 Mark gewinnen wir das Spiel gegen Arminia
Bielefeld, und die Sache ist für Sie in Ordnung.«

TONBAND-MITSCHNITT

Die erkauften Siege

1971 | Die erkauften Siege

Gregorio Canellas rief – und alle kamen. Der Südfrüchte-Großhändler aus Offenbach feierte seinen fünfzigsten Geburtstag am 6. Juni 1971. Und nachdem der Präsident der Offenbacher Kickers mit seinem Verein kurz zuvor aus der Bundesliga abgestiegen war, erschienen die zahlreich geladenen Gäste nochmal so gerne. Galt es doch, die traurige Fußballseele wieder ein wenig aufzumuntern an seinem runden Jahrestag. So schien es eine nette Gartenparty zu werden mit engen Freunden, darunter auch viele hochrangige Funktionäre des Deutschen Fußball-Bundes und einigen einflussreichen Journalisten großer Gazetten. Selbst der damalige Bundestrainer Helmut Schön war der Einladung gefolgt. Die gesellige Männerrunde trank, aß und vergnügte sich bestens im

> »Als ich in die Kabine kam, sah ich, dass einige Spieler zahlreiche braune Geldscheine in der Hand hielten.«
>
> DIETER BURDENSKI VOR DEM DFB-KONTROLLAUSSCHUSS

Garten Canellas. Bei so viel Fachkompetenz auf einem Haufen blieben natürlich auch Gesprächsthemen zum Thema Fußball nicht aus. Die erfolgreiche Titelverteidigung von Borussia Mönchengladbach etwa. Oder auch der bis zum letzten Spieltag dauernde dramatische Kampf gegen den Abstieg, den am Ende eben die Kicker aus Offenbach und Rot-Weiß Essen verloren. Plötzlich rief Gregorio Canellas seine Gäste zu sich und versammelte sie um einen Gartentisch, auf dem ein Tonbandgerät stand. »Ich habe eine Überraschung«, sagte Canellas und ließ die Aufzeichnungen ablaufen. Darauf waren Stimmen von prominenten Fußballprofis zu hören, die etwas von Schmiergeldzahlungen, Schiebung und geheimen Treffen erzählten. Zunächst verstand niemand so richtig, was das Ganze zu bedeuten hatte. Doch dann wurden die Inhalte der Tonbandmitschnitte immer klarer: »Also, hören Sie, weil Sie es sind, und ohne Kuhhandel hin und her: Für 140 000 Mark gewinnen wir das Spiel gegen Arminia Bielefeld, und die Sache ist für Sie in Ordnung.« Es war die Stimme von Tasso Wild, einem Profispieler von Hertha BSC Berlin, der offensichtlich mit Canellas einen Spielausgang verhandelte. Nachdem den Partygästen nacheinander die Farbe aus dem Gesicht wich, klärte Canellas auf: »Bielefeld hatte kurz vor der Begegnung auf 220 000 Mark erhöht, wenn Hertha sie gewinnen ließe.« So kam es dann auch: Der Tabellendritte aus Berlin verlor überraschend gegen den Abstiegs-

kandidaten Bielefeld mit 0:1. Und damit waren es am Ende die Kickers aus Offenbach, die den Gang in die Zweite Liga antreten mussten, und nicht die Bielefelder. Canellas rächte sich dafür auf seine Weise. Das Abspielen der Tonbandaufzeichnungen im Beisein von Journalisten und DFB-Funktionären löste den größten Skandal der noch jungen Bundesligageschichte aus. Ein unglaubliches Geflecht aus Korruption kam zum Vorschein und brachte das Ligageschehen an den Rand des Ruins.

Nach dem Geständnis Canellas musste der DFB handeln. Zwar gab es Funktionäre, die den Skandal gerne unter den Teppich gekehrt hätten, doch nachdem die großen Boulevardzeitungen des Landes bereits in ausführlichen Titelgeschichten über die Geschehnisse berichtet hatten, wurde Hans Kindermann, der Chefankläger des DFB, auf den Plan gerufen. Der hauptberufliche Richter am Stuttgarter Landgericht rief als Vorsitzender des DFB-Sportgerichts eigens einen Kontrollausschuss ins Leben, um den Vorwürfen gegen Spieler und Vorstände detailliert nachzugehen. Viele hofften, dass man die Angelegenheit kurz und schmerzlos abwickeln könne, um größeren Schaden vom Fußballgeschehen in Deutschland abwenden zu können. Doch es dauerte letztendlich drei Jahre, bis »der Sumpf trocken gelegt war«, wie es Hans Kindermann einmal bezeichnete.

> »So ziemlich jedes Spiel der Rückrunde in der Saison 1970/71, das für den Abstieg relevant war, war manipuliert, oder es wurde versucht zu manipulieren.«
>
> CHEFANKLÄGER HANS KINDERMANN

Denn einmal ins Wespennest gestochen, flogen Kindermann die »Nestbeschmutzer« nur so um die Ohren. Der anfangs vermutete Einzelfall entpuppte sich bald schon als ein regelrechtes Netz aus Korruption quer durch die gesamte Liga. Hart und erbarmungslos ging Kindermann jedem einzelnen Verdacht nach und musste bald darauf Lizenzentzüge im Akkord beantragen. »Um die Glaubwürdigkeit des Fußballs zu retten, müssen wir vom Kontrollausschuss eiserne Pfähle einbetonieren, damit am Ende nicht alle Dämme reißen«, erklärte der strenge Chefankläger.

Und so sah sich Kindermann bald einer fast unlösbaren Aufgabe gegenüber. Das Rechtssystem des DFB war äußerst lückenhaft, da man bislang lediglich sportliche Vergehen zu ahnden hatte. Gemeinsam mit seinem Team entwickelte er zunächst eine neue, ausgereifte Rechts- und Verfahrensordnung. Mit dieser als Grundlage ging Kindermann auf Korruptionsjagd in der Bundesliga. Jedem noch so kleinen Hinweis folgte er penibel. Witterte er bei seinen Recherchen einen Verdacht, grub er wie ein Spürhund so lange, bis er etwas fand. Und das war eine ganze Menge, was allein die erschreckende Zwischenbilanz verdeutlichte: »So ziemlich jedes Spiel der Rückrunde in der Saison 1970/71, das für den Abstieg relevant war, war manipuliert, oder es wurde versucht zu manipulieren.« Einzelne Ungereimtheiten hatten viele schon seit Monaten vermutet, doch an eine Verschwörung solchen Ausmaßes dachten selbst die misstrauischen Skeptiker nicht. Nun klärte sich so manches seltsame Ergebnis im Nachhinein auf. Denn auffallend oft hatten Mannschaften aus der oberen Tabellenhälfte in jener besagten Rückrunde gegen die Kellerkinder der Liga verloren. Und das zumeist mit dem Endergebnis 0:1. So besiegte Abstiegskandidat Bielefeld am 17. April überraschend Schalke 04 in Gelsenkirchen mit 1:0. Kann passieren, sagte der gemeine Sportfan. Das war kein Zufall, glaubte Hans Kindermann. Die Schalker Spieler bestritten sogar unter Eid, dass sie jemals an derartigen Manipulationen beteiligt gewesen seien. Und auch Schalkes damaliger Präsident Günter Siebert zeigte sich erbost ob der ungeheuerlichen Anschuldigungen gegen seine Angestellten. Doch Kindermann sollte Recht behalten. Allein die Überführung des »korrupten Schalker Kreisels« kostete ihn ein ganzes Jahr Arbeit. Am 5. August 1972 belegte das Sportgericht die Schalker Spieler Jürgen Sobiray, Manfred Pohlschmidt, Jürgen Galbierz und Hans Pirkner mit Entzug der Spiellizenz, nachdem sie von ihrem ehemaligen Mannschaftskameraden Dieter Burdenski in dessen Funktion als Kronzeuge stark belastet worden waren. Burdenski berichtete, dass besagte Spieler nach der Niederlage gegen Bielefeld rund 30 000 Mark in braunen Tausender-Scheinen untereinander in der Kabine verteilten.

Für Hans Kindermann stand fest, dass die gesamte Mannschaft des FC Schalke 04 in den Skandal verwickelt war: »Es ist ziemlich viel gelogen worden während der Verhandlungen. Doch die Spitze dabei hält eindeutig Schalke. Wir sind allerdings nicht gewillt, dass es zu einem Triumph der Lüge über die Wahrheit kommt.« So, wie er dies schon zuvor im Fall von Hertha BSC und anderen Vereinen unterbunden hatte. Bereits am 1. Oktober 1972 lieferte Kindermann die nächsten Beweise, mit denen er die Profis Reinhard Libuda und Klaus Fischer überführte. Er belegte Libuda mit lebenslanger Sperre und sperrte Fischer für zwei Jahre aus dem Bundesligageschehen aus. Daraufhin begannen sechzehn Vereine der Liga kollektiv gegen das harte Vorgehen Kinder-

manns Sturm zu laufen. Sie drohten dem DFB sogar damit, eine eigene Liga zu gründen und künftig keine Nationalspieler mehr zu entsenden, wenn Kindermann weiterhin reihenweise Spielerlizenzen sperren ließ. Doch weder der DFB noch der oberste Chefankläger ließen sich davon beirren. Das verlangte schon allein Kindermanns Rechtsverständnis, nachdem er bereits zahlreiche

---

»Wir haben den Sumpf trocken gelegt.«

HANS KINDERMANN

Anhaltspunkte gegen die restliche Mannschaft der Schalker in der Hand hatte, die belegen sollten, dass das Team das Spiel an jenem 17. April 1971 gegen Bielefeld für rund 30 000 Mark verkauft hatte. Das waren gerade mal 2300 Mark pro Spieler. Ein schlechter Deal. Da hatten andere Teams wie die von Hertha BSC Berlin, dem VfB Stuttgart oder dem 1. FC Köln schon kräftiger hingelangt, als sie zwischen 50 000 und 220 000 Mark pro bestellter Niederlage kassiert hatten. Doch deren schwarze Schafe waren im Gegensatz zu den Schalkern wenigstens nach und nach geständig. Kindermann setzte alles daran, auch die letzten Sünder zu überführen. Im März 1973 war es soweit: Klaus Fichtel, Herbert Lütkebohmert, Jürgen Wittkamp, Rolf Rüssmann und Heinz van Haaren wurden mit je zwei Jahren Spielverbot belegt. Der FC Schalke 04 hatte damit bis zum Ende der Saison 1972/73 dreizehn Spieler verloren und konnte mit seinem Rumpfteam dem Abstieg nur knapp entgehen.

Im Juni 1973 wurde der Skandal endgültig zu den Akten gelegt. Hans Kindermann zeigte sich überzeugt davon, dass »wir zu hundert Prozent aufgeklärt haben«. Seine Bilanz war erschütternd: Rund 1,3 Millionen Mark an Schmiergeldern wurden in der Rückrunde der Saison 1970/71 für manipulierte Ergebnisse gezahlt. Diese Machenschaften kosteten insgesamt dreiundfünfzig Spielern, zwei Trainern und sechs Funktionären die Lizenz. Die beiden Vereine Arminia Bielefeld und Kickers Offenbach wurden in die Drittklassigkeit zwangsversetzt. Die Arbeit des Kontrollausschusses erregte allerdings noch Monate später die Gemüter, nachdem einige Betroffene vor ordentlichen Gerichten Einstweilige Verfügungen gegen die uneinheitlich festgesetzten Strafmaße des DFB-Sportgerichts erklagen konnten.

1972

Deutschland
München
Olympiapark, Schwimmhalle
4. September 1972, 19.15 Uhr

»Das war ein völlig richtiger Schritt, auf dem Höhepunkt die Badehose an den
Nagel zu hängen – denn ich habe dadurch in kürzester Zeit mehr als drei
Millionen Dollar gemacht!«

MARK SPITZ ZU SEINEM FRÜHEN RÜCKTRITT

»Mark the Shark«

Schlussmann der 4x200-Meter-Freistilstaffel, die den alten Weltrekord um über sieben Sekunden unterbot. 3. September, 18.45 Uhr: Mark Spitz gewann gegen Landsmann Jerry Heidenreich seine »Wackeldisziplin«,

»Mit mir begann die Kommerzialisierung des Sports. Im Vergleich habe ich damals viel Geld verdient. Wenn einer 1972 eine Million Dollar bekam, entspricht das heute einem Einkommen von zwanzig Millionen.«

MARK SPITZ 1999

die 100 Meter Freistil, mit rund einer halben Sekunde Vorsprung und wird »schnellster Schwimmer der Welt«.

Da waren es sechs, und am 4. September sollte Spitz' Finale furioso in der Lagenstaffel folgen. 19.10 Uhr schickte der Starter die acht Teams ins Wasser. Schon da stand fest, dass ein USA-Sieg nur durch einen Wechselfehler der Amerikaner zu verhindern gewesen wäre. Für »Schmetterling« Mark Spitz wurde es ein gefeierter Auftritt, als ob er als Solist angetreten wäre – schließlich wähnten sich die rund 10 000 Zuschauer dank seines siebten Goldgewinnes als Zeugen eines sporthistorischen Augenblicks. Für Spitz waren diese hundert Meter in der Lagenstaffel für fast zwanzig Jahre das letzte Rennen. Der junge Mann entschied sich spornstreichs, die Badehose an den Nagel zu hängen, pro forma Zahnmedizin zu studieren, aber sich sonst vor allem ums Versilbern des Goldsegens von München zu kümmern. Die Badehose zog er für ein Poster noch einmal an, hängte die sieben Siegplaketten auf seine bronzene Haut unters schnauzbärtige Gesicht – und verdiente damit ohne Schweißtropfen Dollars zuhauf. 10 000 Bucks gab es fürs Ablichten bar auf die Hand, fünfzehn Cents Tantiemen für jedes des in Millionenauflage gedruckten Plakates vom personifizierten amerikanischen Traum. Warum Mark Spitz so schnell aufhörte mit dem, was er am besten konnte, beantwortete er nach den Münchner Spielen lapidar: »Weil ich mich zwölf Jahre lang geplagt habe. Nach Olympia musste Schluss sein. Ich will nur noch segeln, baden, skilaufen.«

Spitz, der sich mit seinen neun goldenen und je einer Silber- und Bronzemedaille, die er 1968 in Mexico City und vier Jahre später in München erschwommen hatte, zu Recht als einer der größten Athleten der Neuzeit fühlen durfte, nahm Abschied, weil er das von Vater Arnold vorgegebene Motto »Schwimmen ist nicht alles, aber gewinnen« so verinnerlicht hatte, dass er – einmal dort angekommen – kein wirkliches Ziel mehr hatte.

1972 | »Mark the Shark«

Und der Haifisch, der hat Zähne ... Was Bert Brecht nicht wusste, als er 1928 seine Dreigroschenoper schrieb: Es sollte in späteren Zeiten auch Haie mit Goldzähnen geben. Wie »Mark the Shark«, den turboschnellen US-Schwimmer, der bei den Olympischen Spielen 1972 in München, wann immer er ins fünfzig Meter lange Becken sprang, diesem mit Gold wieder entstieg. Mark Spitz, Stars & Stripes-beseelter Delphin und Krauler jüdischer Abstammung, funktionierte die Schwimmhalle im Olympiapark zur Bühne sportlicher Überlegenheit um: sieben Starts, sieben Siege, sieben Weltrekorde. Der zweiundzwanzigjährige junge Mann aus dem »Land der unbegrenzten Möglichkeiten« hatte natürlich nichts anderes von sich erwartet, wozu sonst war er über den »großen Teich« gekommen und hatte sich der Mühsal wettkämpfenden Dauerstresses unterzogen?

Chronologisch ließe sich das Gold- und Rekord-Stakkato in sieben simple Notizen fassen. 28. August, 18 Uhr: Sieger über 200 Meter Schmetterling, gut zwei Sekunden vor dem Zweiten. Vierzig Minuten später als Schlussschwimmer Gold mit der 4x100-Meter-Freistilstaffel, zweieinhalb Sekunden unter dem bisherigen Weltrekord. 29. August, 18.40 Uhr: Sieg über 200 Meter Freistil, eine Sekunde vor Landsmann Steve Genter. 31. August, 17.40 Uhr: Olympiasieg über 100 Meter Schmetterling, knapp anderthalb Sekunden vor Kanadas Bruce Robertson. Vierzig Minuten später Tageserfolg Nummer 2 als

Schon als Zweijähriger war das Wasser sein Lebenselixier, was in den vier Jahren auf Hawaii danach so blieb. Dann zog die Familie nach Kalifornien, Spitz kam in die Hände ehrgeiziger Trainer – und schwamm und schwamm und schwamm. Schneller, perfekter, zielgerichteter. Als er zehn Jahre alt war, kollidierte das Training immer stärker mit dem Unterricht an seiner Hebräischen Schule. Der Vater ging zum Rabbi, bat um eine Sonderregelung für den Filius: »Sogar Gott liebt Gewinner!« Gegen dieses Argument fand sich nicht mal im Talmud etwas zur Widerrede. Also schwamm Mark, der damals noch kleine »Shark«, weiter – noch intensiver, noch besessener, noch siegeshungriger. Für Gott, für den Vater, für die Trainer – aber vor allem für sich. Schon als Zehnjähriger hielt er 17 nationale Rekorde seiner Altersklasse. 1967 gewann er fünf Titel bei den Panamerikanischen Spielen in Winnipeg, konnte damals als 17-Jähriger bereits zehn Weltrekorde vorweisen. Ein Jahr später bei Olympia in Mexico City sollte die Krönung des »God of Swimming«, wie er später genannt wurde, erfolgen. »Ich werde sechsmal Gold gewinnen«, hatte Spitz für seine sechs Auftritte vollmundig angekündigt, und sich damit im eigenen Team wenig Freunde gemacht, zumal er zuvor einige Arrivierte auf höchst robuste Weise aus den Staffeln geboxt hatte. Der dabei entstandene Ruf, ein arroganter Egomane zu sein, blieb ihm bis zum Karriereende erhalten.

Von Mitleid über seine sportliche Katastrophe in Mexiko – als solche empfand er die Heimkehr ohne Einzelsieg (nur zweimal Staffelgold sprang heraus) durchaus – war deshalb keine Rede. Als er vier Jahre später nach München reiste, machten sich die Mitschwimmer und Journalisten einen Spaß daraus, den 22-Jährigen immer wieder zu fragen: »Na, wieviele Goldene gewinnst du diesmal?« Spitz hatte seine bittere Lektion gelernt,

»Er liegt im oder auf dem Wasser wie eine Feder, der ganze Mensch ist rhythmisch: wie andere leichtfüßig laufen, bewegt er sich spielend durchs Wasser.«

OLAF VON SCHILLING, DEUTSCHER OLYMPIASCHWIMMER

hielt den Mund – und hatte Körper und Geist unter Kontrolle. Was den jungen Mann, der dem aus Ägypten stammenden Hollywood-Star Omar Sharif verblüffend ähnlich sah, von anderen Klasseschwimmern seiner Zeit abhob, war vor allem seine technische Überlegenheit.

Was dem Münchner Gold-Rausch folgte, war für Mark Spitz keineswegs ein »Spiel«. Gegen eine Garantiesumme von zwölf Millionen Mark hatten Werbemanager den Gold-Fisch an Land gezogen. Sie ließen ihn für Rasierklingen, Badehosen oder Milch in TV-Spots posieren, und der von schier grenzenlosem Sendungsbewusstsein erfüllte Star spielte seine Rolle trotz Schauspielunterrichts dabei so schlecht, dass Filmgröße Richard Crenna Alberto witzelte: »Er hat es geschafft, mit einem einzigen Milch-Werbefilm die Kuh zu einer vom Aussterben bedrohten Tierart zu machen.« Die Company, die Spitz verpflichtet hatte, kostete es einige Millionen Dollar, den Ex-Schwimmer vor Ablauf seines Kontraktes wieder loszuwerden. Der investierte die Abfindung in diverse Firmen, gründete eine Immobiliengesellschaft, baute Bürohochhäuser, Supermärkte, Hotels, verzeichnete Ende der achtziger Jahre einen Umsatz von mehreren Millionen Dollar. Clever. In den Neunzigern stieg er auf »Infomercials« um, halbstündige Werbefilme für ein bestimmtes Produkt. Vielleicht hätte er sich dabei auch selbst ins Bild gesetzt, wenn es nicht andere für ihn übernommen hätten.

Wie der bekannte Olympia-Filmer Bud Greenspan, der sich zu Spitz' Freunden zählte und sich quasi die Erstrechte an der Story des späten Comebacks des München-Helden gesichert hatte. Im Herbst 1989 nämlich war Spitz eingefallen, nochmal ins Becken zurückzukehren – mit

»Ich fühle mich wie ein Spielzeug, das irgendwo in einem Schrank vergessen wurde und jetzt herausgeholt und aufgezogen wird. Ein schönes Gefühl, aber komisch.«

MARK SPITZ ZU SEINEM COMEBACK 1989

dem Ziel, bei den Spielen 1992 in Barcelona zu starten und möglichst auch noch zu siegen. Die Publicity war – natürlich! – enorm, das Fernsehen, wann immer Spitz in die Nähe von Wasser kam, live dabei. Er erlitt 1991 Schiffbruch, begleitet von rührender Verbalkomik (»Ich bin begierig, mir und vielleicht einer ganzen Generation zu beweisen, dass man mit vierzig Jahren nicht am Ende ist«), weil schon die Eintrittsnorm für die US-Trials für den 41-Jährigen zu hoch war. »Er scheitert und bleibt, wie ein Spötter notiert, nur knapp unter dem Beckenrekord für Zwölfjährige – aber wenigstens ertrinkt er nicht«, schrieb die *Berliner Zeitung* später ironisch. Mark Spitz, der Hai mit den Goldzähnen, biss nicht mehr.

»The games must go on!«

1972

Deutschland
München
Olympisches Dorf
5. September 1972, 4.30 Uhr

»Der olympischen Idee des friedlichen
sportlichen Wettbewerbs unter den Vökern
ist schwerer Schaden zugefügt worden.«
BUNDESPRÄSIDENT GUSTAV HEINEMANN

1972 | »The games must go on!«

Es war eine friedliche, laue Sommernacht. Zwei Monteure der Deutschen Bundespost nutzten die Ruhe am frühen Morgen des 5. September 1972 dazu, einzelne Telefonleitungen im olympischen Dorf zu reparieren. Dabei beobachteten sie gegen 4.30 Uhr mehrere Gestalten in Trainingsanzügen, die mit Sporttaschen über den Schultern den Zaun des Dorfes überkletterten. Sie dachten dabei an Sportler, die von einer geheimen Zechtour heimkehrten. Ein folgenschwerer Irrtum. Es handelte sich bei den Eindringlingen um eine Gruppierung von schwer bewaffneten Terroristen des arabischen Widerstandskommandos »Schwarzer September«. Ziel der Terroristen war das Gebäude mit der Hausnummer 31 in der Conollystraße. Hier waren die Sportler aus Israel untergebracht. Die militante Gruppe drang in das Gebäude ein und stürmte zunächst in die Wohnung des Ringertrainers Moshe Weinberg. Der war nur wenige Minuten zuvor ins Bett gegangen, nachdem er bis etwa 3.30 Uhr in einer Münchner Diskothek gefeiert hatte. Das Kommando zwang Weinberg mit vorgehaltener Pistole, ihnen die restlichen Wohnungen der israelischen Sportler zu zeigen. Nach und nach wurden die einzelnen Athleten gewaltsam aus dem Schlaf gerissen und in einer Wohnung zusammen getrieben. Dem Gewichtheber Tuvia Sokolovsky gelang noch rechtzeitig die Flucht über den Balkon seines Appartements, der Ringer Gad Zabari entkam unbemerkt durch den Keller. Moshe Weinberg unternahm ebenfalls einen Fluchtversuch – und wurde dabei von einem der Terroristen kaltblütig erschossen. Die Lage eskalierte schnell. Als der Gewichtheber Josef Romano einem der Gewalttäter die Waffe entreißen wollte, schoss man ihn brutal nieder. Er verblutete qualvoll, weil die Terroristen keinem Rettungssanitäter den Zutritt zum Haus gestatteten. Vom Balkon einer Wohnung aus warf ein maskierter Geiselnehmer den mittlerweile längst alamierten Polizeibeamten um kurz vor fünf Uhr morgens einen Zettel mit

den Forderungen des Kommandos »Schwarzer September« hinunter. Sie forderten darauf die Freilassung von zweihundert in Israel inhaftierten Palästinensern und eine ungehinderte Ausreise mit den Geiseln nach Arabien. Würde dies nicht bis neun Uhr morgens geschehen, müssten alle Geiseln sterben. »Heitere Spiele« hatte man in München angekündigt, ein friedliches Sportfest für die Jugend der Welt. Am elften Tag der Olympischen Spiele jedoch krachten Schüsse, starben Menschen. Aus den fröhlichen Spielen wurden über Nacht Trauerspiele.

Niemand im Organisationskomitee hatte mit einem solchen Gewaltakt gerechnet. Niemand außer Georg Sieber. Der Polizeipsychologe hatte schon Monate vor Beginn der Spiele vor möglichen Terrorakten militanter Palästinensergruppen gewarnt. Manfred Schreiber hingegen, damals Münchens Polizeipräsident und Koordinator aller Sicherheitskräfte, bezeichnete Siebers Visionen als unrealistisch. Es gab daher auch keine präventiven Vorkehrungen oder spezielle Ausbildungen von Sicherheitsbeamten, wie man sich im Fall der Fälle zu verhalten habe. Dementsprechend chaotisch gestaltete sich zuweilen der weitere Verlauf des Geiseldramas in olympischen Dorf und auch später in Fürstenfeldbruck. Gegen 6.40 Uhr traten Manfred Schreiber, der bayerische Innenminister Bruno Merk, Walter Tröger als »Bürgermeister« des Olympiadorfes sowie der Präsident des Nationalen Olympischen Komitees Willi Daume vor dem Haus Conollystraße 31 zusammen. Sie verhandelten mit dem deutsch sprechenden Anführer der Terrorgruppe, der sich selbst nur Issa nannte. Die Spitzenfunktionäre boten ihren eigenen Austausch mit den Geiseln an, was Issa jedoch ablehnte. Stattdessen wurde das Ultimatum zunächst auf 12 Uhr, später auf 17 Uhr verlängert. Alle Verhand-

> »Unsere Mannschaft ging nach München unter der Voraussetzung, dass das Gastgeberland für ihre Sicherheit sorgen würde. Diese Erwartung hat sich nicht erfüllt. Die Verantwortung dafür liegt bei den westdeutschen Behörden.«
>
> KOMMENTAR IN DER ISRAELISCHEN ZEITUNG *HAARETZ*

lungen auf höchster politischer Ebene mit Israel und auch Ägypten, wo die Fluchtmaschine landen sollte, schlugen fehl. Bundesinnenminister Genscher gab den Terroristen um 16.55 Uhr schließlich bekannt, dass Israel nicht auf die Forderungen eingehen würde. Die Geiselnehmer forderten daraufhin bis 21 Uhr eine freie Ausreise mit den Gefangenen nach Kairo. Mit zwei Helikoptern starteten die acht Terroristen und die neun in ihrer Gewalt befindlichen Sportler gegen 22.22 Uhr zum Militärflughafen von Fürstenfeldbruck. Zehn Minuten später kam es dort zum blutigen Showdown dieses bizarren Gewaltaktes. Eine Befreiungsaktion der Einsatzleitung schlug fehl. Einem der Terroristen gelang es, trotz des

> »Wenn man das hätte verhindern wollen, hätte man statt eines olympischen Dorfes ein Gefängnis bauen müssen.«
>
> DR. PETER METZGER, JUSTIZSPRECHER MÜNCHENS

Kugelhagels eine Handgranate in einem der Hubschrauber zu zünden, in dem ein Teil der Geiseln hilflos gefesselt saß. Sie hatten keine Überlebenschance. Ein anderer Terrorist erschoss derweil eiskalt alle im zweiten Hubschrauber festgehaltenen Israelis. Drei Geiselnehmer konnten festgenommen werden, die restlichen fünf starben ebenso wie alle neun Geiseln. Das Drama hatte ein grausames Ende gefunden. Sportler, Funktionäre, Politiker und Sportfans in der ganzen Welt diskutierten anschließend, wie es überhaupt zu dieser Katastrophe hatte kommen können. Viele Fragen blieben bis heute unbeantwortet. Eines wurde mit dem hinterhältigen Anschlag jedoch schlagartig deutlich: Der Sport war endgültig auch zur Bühne politischer Auseinandersetzungen zwischen Völkern und Religionen geworden.

Mit dieser bitteren Erkenntnis als Entscheidungskriterium musste das Olympische Komitee einen Entschluss treffen, ob die Spiele fortgesetzt werden sollten oder nicht. Es gab nicht wenige Stimmen, die für ein sofortiges Endes votierten. IOC-Präsident Avery Brundage hingegen verkündete am Tag nach dem Massaker von Fürstenfeldbruck: »The games must go on!« Der Terrorismus sollte nach Ansicht von Brundage keine Chance bekommen, »den Kern internationaler Zusammenarbeit im Sport zu zerstören«. Und so wurden die restlichen Wettkämpfe wie geplant durchgeführt. Die Stimmung der »heiteren Spiele« war allerdings verflogen. Von einem Sportfest konnte keine Rede mehr sein. Die Spiele waren fortan vielmehr nur noch ein nüchterner Leistungsvergleich der Akteure.

Der Eindruck des Massakers lag wie ein Schleier über den Spielen und überschattete damit die teils großartigen sportlichen Leistungen der 7863 Athleten aus 121 Ländern der Erde. Einige Sportler traten nach dem Attentat erst gar nicht mehr zu den Wettkämpfen an und fuhren sofort nach Hause. So wie der deutsche Läufer Manfred Ommer etwa, der auf einen Start mit der 4x100-Meter-

Staffel verzichtete. Mark Spitz, der erfolgreichste Athlet der Münchner Spiele und selbst jüdischen Glaubens, fürchtete weitere Anschläge und verließ gleich am folgenden Tag fluchtartig das Land in Richtung Kalifornien. Er hatte sich seine sieben Goldmedaillen bereits vor dem Attentat erschwommen – vier in Einzelwettbewerben, drei weitere mit der US-Staffel. Das weibliche Gegenstück zu Spitz stellte die fünfzehnjährige Australierin Shane Gould dar. Das Schwimmwunderkind gewann Gold über 200 Meter Lagen, 400 Meter Freistil und 200 Meter Freistil. Zudem sicherte sie sich Silber über 800 Meter Freistil und Bronze im 100-Meter-Freistil-Wettbewerb. Ebenfalls vor jenem traurigen 5. September gaben

> »Diese elf Menschen waren unsere Gäste. Wir hatten sie eingeladen und konnten sie nicht retten. Es waren Israelis, also Juden, die im Lande des Holocaust den Tod erlitten. Zum ersten Mal wurde ein dem friedlichen Wettkampf gewidmetes Weltereignis für eine politische Gewaltaktion missbraucht.«
>
> HANS-JOCHEN VOGEL, SPD-POLITIKER

auch zwei deutsche Damen dem heimischen Publikum Anlass zu Jubelstürmen. Ein sechzehnjähriges Mädchen namens Ulrike Meyfarth siegte am 4. September völlig überraschend im Hochsprung und stellte dabei mit 1,92 Metern auch noch sensationell den Weltrekord der Österreicherin Ilona Gusenbauer ein. In der 4x100-Meter-Staffel der Frauen gelang Schlussläuferin Heide Rosendahl ein fulminanter Endlauf, der dem Team am Ende mit 42,81 Sekunden einen neuen Weltrekord und zugleich die Goldmedaille bescherte. Rosendahl gewann kurz darauf auch noch den Weitsprungwettbewerb und war damit eine der erfolgreichsten Sportlerinnen aus deutscher Sicht. Beim ersten olympischen Hallenhandballturnier überhaupt begeisterten die Jugoslawen und gewannen hochverdient die Goldmedaille vor den Tschechen.

1974

Kanada
Montreal
25. August 1974

»Ich kann mehr leiden als jeder andere.«
EDDY MERCKX

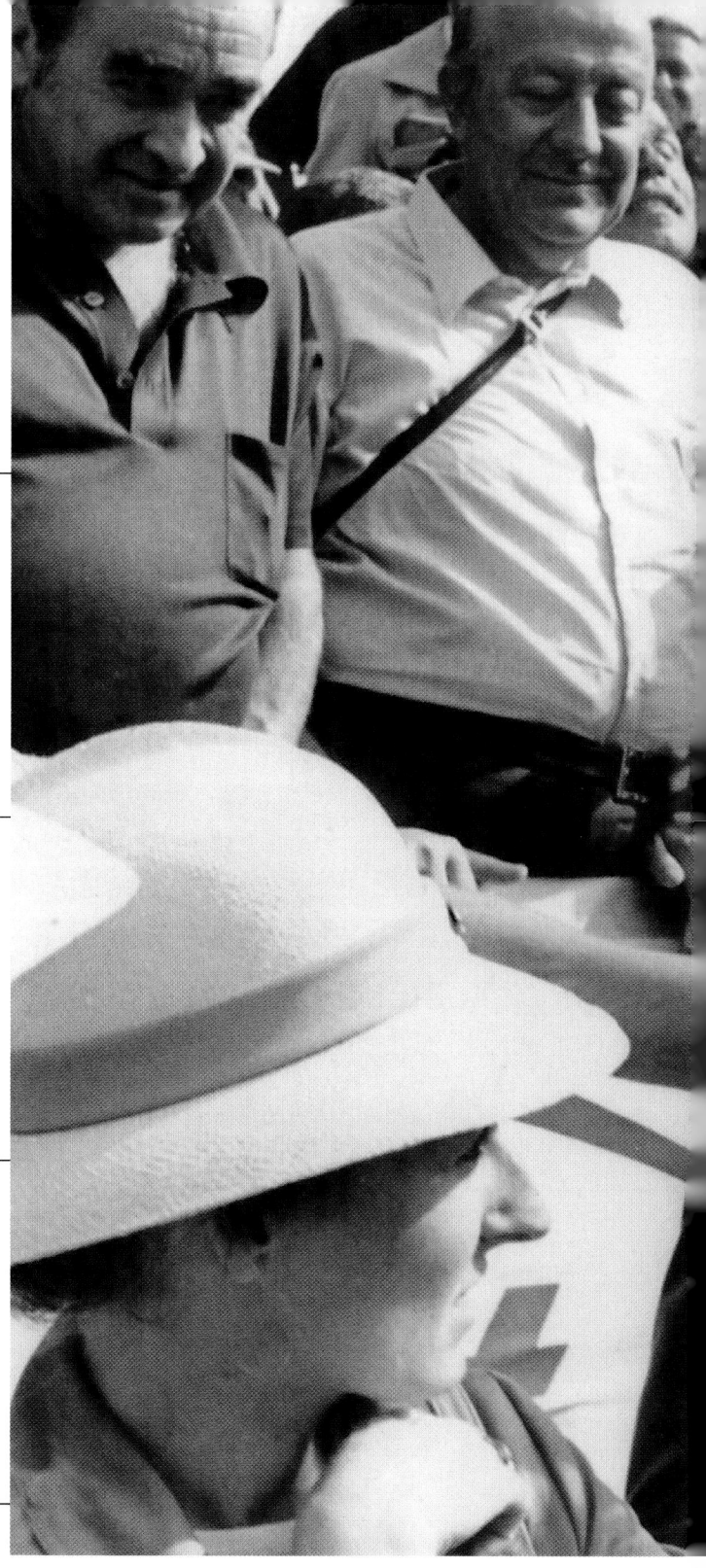

Der »Kannibale

les Radrennsports

1974 | Der »Kannibale« des Radrennsports

Es waren nicht etwa ein plötzlicher Wolkenbruch, eisiger Wind oder allzu fanatische Zuschauer an der Wegstrecke, die den Fahrern der Tour de France im Jahr 1974 das Leben so schwer machten. Es war die rechte Hand von Eddy Merckx, die vor allem der jeweiligen Spitzengruppe reihenweise Sorgenfalten auf die Stirn trieb. Denn immer wenn der Belgier die rechte Hand vom Lenker nahm und kurz in die Luft reckte, wusste das Verfolgerfeld: Es ist wieder soweit, Eddy unternimmt einen Ausreißversuch. Eddy Merckx, der wegen seines ausgeprägten Siegeswillens auch der »Kannibale« genannt wurde, liebte es, während des Rennens seine Gegner zum direkten Vergleich zu fordern. Daher kündigte er seine Attacken stets mit einer kurzen Handbewegung vorher an. Und selbst wenn alle Verfolger, unabhängig vom Rennstall, eine gemeinsame Strategie gegen Merckx entwickelten, sie konnten ihn zumeist nicht stoppen. Sowohl im Gebirge als auch auf den Flachetappen trat der Belgier einfach schneller in die Pedale als seine Mitstreiter. Dank seines ungeheuren Antritts wurde Merckx zum unangefochtenen Radstar der späten sechziger und frühen siebziger Jahre.

Er gewann zwischen 1969 und 1972 viermal in Folge die Tour de France, ebenso oft wie den Giro d´Italia (1968,

---

»Man sollte Merckx dafür bezahlen, dass er nicht mehr bei Rennen antritt.«

FRUSTRIERTER MERCKX-KONKURRENT DANCELLI 1970

1970, 1972, 1973). Und in den Jahren 1967 und 1971 sicherte sich Merckx auch die Weltmeisterschaft in seiner Sportart. Und nun, im Jahr 1974, schickte sich der »Kannibale« nach seinem ersten Sieg bei der Tour de Suisse und dem fünften Giro-d´Italia-Triumph erneut an, auch die Tour de France zu gewinnen. Die Verfolger hofften allerdings auf einen Einbruch des Champions nach den beiden kraftraubenden Frühjahrsrundfahrten in der Schweiz und in Italien. Vor allem die Franzosen erwarteten, dass ihr Landsmann Raymond »Poupou« Poulidor, der sich bei der Tour bereits zweimal Merckx geschlagen geben musste, diesmal an dem Überfahrer vorbei ziehen könne. Poulidor hielt zwar gut mit und konnte Merckx durchaus in Verlegenheit bringen, doch am Ende stand erneut der Belgier auf dem Siegertreppchen. Für den Franzosen reichte es wieder nur zum zweiten Rang. Nun fehlte Eddy Merckx lediglich die Weltmeis-

terschaft, um den totalen Triumph in diesem Jahr zu komplettieren. Dort kam es am 25. August in Montreal, acht Wochen nach der Tour, erneut zum Zweikampf Merckx gegen Poulidor. Und wieder zog der frustrierte Franzose in der Endphase den Kürzeren. Der belgische Kraftkoloss hatte damit im Jahr 1974 alles gewonnen, was es im Radsport an bedeutenden Titeln zu gewinnen gibt. Es war der Höhepunkt einer grandiosen Karriere.

Bis heute gilt Eddy Merckx als der beste Radsportler aller Zeiten. Während seiner »Regentschaft« als König der Pedalritter gab es viele ausgezeichnete Fahrer, die aufgrund ihres Talentes eine bedeutendere Rolle hätten spielen können. Doch es war eben jener Eddy Merckx, der mit seinen Erfolgen auf ganze Radsportgenerationen wie eine Sonnenfinsternis wirkte. Begann ein neuer Radstern zu strahlen, schob sich Merckx wie ein gigantischer Schatten vor ihn und nahm ihm somit jeden Glanz. Nicht etwa, dass der Belgier ein Unmensch oder ein unsympathischer Zeitgenosse gewesen ist. Im Gegenteil. Doch der Radrennfahrer Merckx war eben ein besonderes Exemplar. Ein echtes Jahrhunderttalent. Gut, dass sich der jugendliche Merckx für den Radsport als Beruf entschieden hat und nicht für Fußball oder Basketball, wie er dies ursprünglich geplant hatte. Womöglich war es hauptsächlich der Liebe zu seiner damaligen Freundin und heutigen Ehefrau Claudine Acou zu verdanken, dass er den Sattel als Arbeitsplatz wählte. Acous Vater betreute den Schüler Merckx während seiner Amateurzeit und unterstützte auch dessen Pläne, sich nach der Schule voll dem Radsport zu widmen. Im Gegensatz zu Merckx´ Eltern, die ein Lebensmittelgeschäft im Brüsseler Vorort Woluwé-Pierre führten. Den ersten Sieg bei einem Amateurrennen feierte der siebzehnjährige Teenager 1961 bei Petit–Enghien, schon im Jahr darauf fuhr er die erste Belgische Meisterschaft ein. Insgesamt mehr als achtzig Siege konnte Merckx zwischen 1961 und April 1965 erringen. Der herausragendste dabei war sicherlich der Gewinn der Straßenweltmeisterschaft 1964.

Der Wechsel ins Profilager 1965 begann für Merckx zunächst verhalten erfolgreich, bis er 1966 in das Peugeot-Team wechselte. Dort führte er sich gleich mit einem sportlichen Paukenschlag ein, als er im Frühjahr den Klassiker Mailand – San Remo gewann. Dieser wurde fortan zum absoluten Lieblingsrennen des Belgiers, was auch erklärt, warum er ausgerechnet hier bis 1976 gleich siebenmal gewinnen konnte. Der einundzwanzigjährige Youngster verschaffte sich in seinem Team bald viel Respekt aufgrund seiner hohen Siegesrate. Gerade mal ein gutes Jahr nach seinem Profidebüt gewann

Merckx 1967 erstmals die Weltmeisterschaft. Weitere Siege bei Mailand – San Remo und Fléche Wallone folgten. Der steile sportliche Aufstieg des Eddy Merckx nahm somit seinen Lauf. Mit seinem Wechsel zum Faema-Team und dem anschließenden Sieg beim Giro d'Italia war der große internationale Durchbruch endgültig gelungen. Seine Gier nach weiteren Erfolgen ließ Eddy Merckx bei weitas mehr Rennen starten, als viele seiner Kollegen es taten. Als er dabei auch noch reihenweise Siege einfuhr, wuchs der Neidfaktor bei anderen Fahrern sprunghaft an. Womöglich war dies der Auslöser für ein angebliches Komplott, das Merckx beim Giro d'Italia 1969 traf. Als ihn eine Gruppe von Teilnehmern des Dopings beschuldigte, musste der Titelverteidiger das Rennen abbrechen. »Ich war Opfer einer Verschwörung«, sagte Merckx damals und kam relativ unbescha-

»Es war der schwerste Schritt meines Leben, ohne großen Sieg von der Bühne abtreten zu müssen.«

EDDY MERCKX 1978

det aus der Affäre heraus. Vereinzelte Zweifel blieben jedoch über Jahre hinweg bestehen, da sich selbst Mediziner die hohe Leistungsfähigkeit des Belgiers nicht erklären konnten. Hatte der doch noch nicht einmal besondere körperliche Eigenschaften vorzuweisen, die ihm Vorteile in seinem Sport bescheren würden. Der Welt-Radsportverband UCI nahm seine zunächst verhängte Sperre zurück, und so konnte Merckx bei der Tour de France 1969 doch an den Start gehen. Mit einer großen Portion Wut im Bauch trat er dort vor allem gegen die »Verschwörer« der Doping-Affäre an. Der Deutsche Rudi Altig hatte den Prolog noch mit drei Sekunden Vorsprung auf Merckx gewinnen können und trug zwei Tage lang das Gelbe Trikot. Doch dann nahm Merckx das Heft in die Hand. Wie noch niemand vor ihm kurbelte er derart das Tempo an, dass immer mehr Fahrer deutlich zurück fielen. Am Ballon d'Alsace entschwand der Tour-Neuling schließlich dem gesamten Feld. Seine Führung behielt er bis ins Ziel nach Paris. Eddy Merckx hatte damit erstmals die Tour de France gewonnen. Von nun an folgte für viele andere großartige Fahrer eine lange Leidenszeit, da es fortan nicht mehr viel zu gewinnen gab, was Merckx nicht längst schon eingefahren hätte.

Vier Toursiege in Folge und dazu noch die Korrektur des Stundenweltrekordes auf 49,431 Kilometer 1972 in Mexico City waren bereits schwer zu verkraften für die Konkurrenz. Was zu Beginn der sagenhaften Siegesserie

von Merckx noch als Segen für den gesamten Radsport geduldet wurde, weil sich auch die Medien vermehrt für das Geschehen interessierten, wurde bald schon zum Fluch. Mit jedem Rennen mehr, das Eddy Merckx überlegen gewann, stieg die Langeweile bei den Teams ebenso wie bei den Zuschauern. Wer sollte diesem »Radgott« Paroli bieten? Sponsoren kündigten bereits an, ihr Engagement in anderen Radställen zu überdenken, da sie keinen Gegner sahen, der Merckx das Wasser reichen konnte. Merckx selbst kümmerte das Gerede herzlich wenig. Er fuhr weiterhin von Sieg zu Sieg. Bis 1974 ging nichts ohne Merckx. Als er in jenem Jahr alle großen Rennen und auch die Weltmeisterschaft gewann, befürchteten viele, der Alleingang des Belgiers könne noch Jahre anhalten. Tatsächlich aber war der WM-Erfolg der letzte große Titel, den Merckx erringen konnte. Es wäre eine gute Gelegenheit gewesen, Abschied zu nehmen von der großen Bühne. Doch Merckx wollte noch mehr. Er hatte den Rekord von fünf Tour-de-France-Siegen des Franzosen Jacques Anquetil (1957, 1961, 1962, 1963, 1964) bereits eingestellt. Nun wollte er mit dem sechsten Erfolg die alleinige Führung in der ewigen Bestenliste. Der aber sollte nicht mehr gelingen. Denn 1975 gab es mit Bernard Thevenet aus Frankreich erstmals nach Jahren einen Bezwinger des großen Eddy Merckx bei der Tour. So aber wollte er nicht abtreten. »Ich kann mehr leiden als jeder andere«, diktierte er den Journalisten in die Notizblöcke und startete 1976 einen neuen Versuch. Er scheiterte endgültig. Zu den wenigen Höhepunkten, die noch folgten, zählten Siege bei Klassikern wie Mailand – San Remo 1975 und 1976 oder bei der Flandern-Rundfahrt 1975. Dennoch entschloss sich der einstmals unbesiegbare Radheros erst 1978 zum endgültigen Rücktritt. Im Alter von dreiunddreißig Jahren.

Nach fast siebzehn Profijahren und gut 600 000 Rennkilometern in den Beinen spielte der Körper längst nicht mehr richtig mit. Mehr als zweihundert Rennen pro Saison hatten ihre Spuren hinterlassen. Insgesamt 625 Siege auf Straße und Bahn feierte Eddy Merckx in seiner Profikarriere, darunter vierunddreißig Etappensiege bei der Tour de France, wo er 96 Tage lang im Gelben Trikot fuhr. Kein Radsportler nach ihm konnte eine solche Bilanz vorweisen. Und vermutlich wird es auch keiner in der Zukunft schaffen. Eddy Merckx blieb nach der aktiven Karriere dem Radsport treu. Er gründete eine eigene Velofabrik, die spezielle Eddy-Merckx-Räder herstellt. Er leitete zudem ein eigenes Team und betreute bis 1997 die belgische Radsport-Nationalmannschaft. Der internationale Radsport-Verband kürte den Belgier im April 2000 zum Radrennfahrer des Jahrhunderts.

Finale Schwarz gegen Weiß

1975

England
Wimbledon
5. Juli 1975

»Manche Leute bezeichnen Tennis als ein Spiel nur für Reiche
oder nur für Weiße. Ich finde, es ist ein Spiel, das Spaß macht.«

ARTHUR ASHE

1975 | Finale Schwarz gegen Weiß

Die Luft auf dem Center Court in Wimbledon war zum Schneiden dick an diesem ersten Juli-Sonntag 1975. Doch nicht etwa aufgrund der großen Hitze. Vielmehr, weil man die aufgeheizte Stimmung zwischen den beiden Finalisten regelrecht atmen konnte. Nun ist es nichts Außergewöhnliches, dass Endspielteilnehmer nicht gerade eng befreundet sind. Doch zumindest gebührenden Respekt zollen sie sich in der Regel. Der zweiundzwanzigjährige Titelverteidiger James Scott »Jimmy« Connors und sein zweiunddreißigjähriger Kontrahent Arthur Ashe hingegen verzichteten darauf schon länger. Denn die beiden Amerikaner standen bereits im Rechtsstreit gemeinsam vor Gericht. Der Schwarze Ashe hatte seinen Landsmann Connors zuvor einen »unpatriotischen Schwätzer« genannt, weil der auf eine Mitgliedschaft im Davis-Cup-Team, der inoffiziellen Tennis-Nationalmannschaft, verzichtet hatte. Connors verklagte ihn daraufhin auf fünf Millionen Dollar Schmerzensgeld wegen Rufschädigung. Nun standen sie sich auf dem Rasen von Wimbledon gegenüber, und aus dem eigentlich sportlichen Vergleich wurde somit ungewollt auch die Schlacht um einen persönlichen Konflikt. Mehr noch: Es war ein regelrechtes Hassduell. Vor allem nachdem der hitzköpfige Jimmy

> »Egal, wie es in Dir aussieht oder ob Du im Spiel zurück liegst: Versuche immer, wie ein Sieger zu wirken. Das kann den kleinen Unterschied bedeuten, der Dir den Sieg bringt.«
>
> ARTHUR ASHE

Connors den ersten Satz überraschend klar mit 1:6 verloren hatte. Als er auch den zweiten Durchgang mit 1:6 abgeben musste, schimpfte und fluchte Connors lautstark, ohne den besonnen aufspielenden Ashe dabei auch nur eines einzigen Blickes zu würdigen. Schon im Vorjahr war Jimmy Connors im altehrwürdigen Wimbledon durch seine äußerst aggressiven Reaktionen gegen Schiedsrichter und Gegner aufgefallen. So etwas hatte man hier zuvor noch nicht erlebt. Und nun, nachdem Ashe dem temperamentvollen Connors zwei bittere Lektionen in den ersten Sätzen erteilt hatte, war dessen üble Laune auf dem Höhepunkt. Er steigerte sich nach jedem Ballwechsel in einen regelrechten Rausch und kam so im dritten Satz doch noch zu einem 7:5-Sieg. Doch dann war es wieder Ashe, der seinem Kontrahenten den Aufschlag abnahm und ihn somit endgültig auf die Verliererstraße schickte. Arthur Ashe gewann schließlich auch

den vierten Satz mit 6:4 und war damit der erste Afro-Amerikaner in der Geschichte des Traditionsturnieres, der den begehrten Goldpokal von Wimbledon gewinnen konnte. Ebenso wie Althea Gibson achtzehn Jahre zuvor, die 1957 als erste schwarze Spielerin in Wimbledon gewonnen hatte, hatte Ashe damit eine Welle der Begeisterung in der afro-amerikanischen Bevölkerung der USA ausgelöst. Als eine Art Galionsfigur seines Sports wurde Arthur Ashe anschließend weltberühmt.

Als Schwarzer in seinem Heimatstaat Virginia, wo Arthur Ashe am 10. Juli 1943 in Richmond geboren wurde, hatte er, ebenso wie Althea Gibson Jahre zuvor in New York, aufgrund seiner Hautfarbe keine Möglichkeit, in einen Tennisclub einzutreten. Doch im Gegensatz zu Gibson durfte der äußerst schmächtige Jugendliche, der nach eigenen Angaben als Teenager »dünn wie ein Strohhalm« war, wenigstens in öffentlichen Parks und auf der Straße Tennis spielen. Es dauerte allerdings einige Jahre, bis sich der junge Ashe überhaupt für etwas anderes begeistern konnte als für Bücher. Ashes Mutter Mattie starb unerwartet, als er sechs Jahre alt war. Er wuchs somit allein mit seinem Vater auf, einem Polizisten und Bewährungshelfer. Der frühe Tod der Mutter veränderte den Jungen, und er entwickelte sich mehr und mehr zum Einzelgänger. Er verlies oft tagelang sein Zimmer nicht und las ein Buch nach dem anderen. Ein Freund war es schließlich, der den Zehnjährigen aus seiner Lethargie befreite, indem er ihm einfach ein Racket in die Hand drückte und zum Tennisspiel auf der Straße aufforderte. Dabei machte Ashe gleich eine derart gute Figur, dass Tennis fortan seine neue große Leidenschaft wurde. Ein wohlhabender Arzt namens Wallace Johnson sah den Jungen zufällig spielen und förderte spontan dessen sichtbares Talent. Nachdem er trotz seines großen sportlichen Engagements die High School als Bester seines Jahrganges abschloss, erhielt Ashe ein Tennis-Stipendium an der Universität von Kalifornien in Los Angeles (UCLA). Dort studierte er zudem Politische Wissenschaften und Bürgerrechte. An der UCLA wurde man schnell auf Ashes außergewöhnlich harte Aufschläge und sein dynamisches Grundlinienspiel aufmerksam, mit dem er interne wie externe Gegner reihenweise bezwang. Auf der nationalen Rangliste platzierte sich Ashe bald unter den Top 20. Völlig überraschend wurde der neunzehnjährige Student dann 1962 vom Tennisverband für das Davis-Cup-Team nominiert. Kritiker sahen in dieser ersten Nominierung eines Afro-Amerikaners für den Davis Cup zunächst nur eine politische Zwangshandlung des Verbandes, nachdem sich Präsident John F. Kennedy für eine stärkere Integration schwarzer US-Bürger in die Gesellschaft stark gemacht hatte. Als der »Alibi-Schwarze« Ashe allerdings zuweilen erfolgreicher spielte als die meisten anderen Davis-Cup-Mitglieder, festigte sich bald sein Ruf als äußerst starker Spieler mit einer unglaublichen Reaktionsschnelligkeit.

Nachdem Arthur Ashe bereits 1965 erstmals der Sprung ins Halbfinale der US-Meisterschaften gelungen war, war klar, dass er bald zu den Topspielern des Landes gehören würde. Als er 1966 seinen Universitätsabschluss hinter sich gebracht hatte, galt seine volle Konzentration fortan nur noch dem Tennisspiel. Das sollte sich bald auszahlen, denn sowohl 1966 als auch 1967 erreichte er das Finale der Australian Open in Melbourne. Den ersten großen Höhepunkt der Karriere feierte er 1968, als er nicht nur der erste Sieger der neuen Open-Ära in New York wurde, sondern damit auch der erste

---

»Arthur Ashe ist ein Klassemensch durch und durch.«

JIMMY CONNORS 1992

---

mit afro-amerikanischer Abstammung. Da Ashe als Amateur bei den neu geschaffenen US-Open, wo erstmals sowohl Berufsspieler als auch Nichtprofis teilnehmen durften, angetreten war, konnte er jedoch den Siegerscheck über 14 000 Dollar nicht einlösen. Ansonsten hätte »Mr. Ace« seinen Status als Amateur verloren. Im Jahr 1970 siegte Ashe auch in Melbourne und erreichte mit dem Davis-Cup-Team das Finale gegen Deutschland. Dort bestritt der starke Rechtshänder Ashe gegen Christian Kuhnke das bis dahin längste Einzel der Davis-Cup-Geschichte, welches der Deutsche am Ende mit 8:6, 12:10, 7:9, 11:13 und 4:6 verlor. Es folgten mit dem Sieg 1971 in Melbourne, dem Doppelsieg 1971 in Paris und der Finalteilnahme 1972 bei den US Open weitere Erfolge, bevor Ashe im Sommer 1975 zum ganz großen Wurf ausholte. Mit seinem unerwarteten Sieg gegen Jimmy Connors in Wimbledon, dem anschließenden Weltmeistertitel und der kurzzeitigen Positionierung auf Rang 1 der Weltrangliste hatte er zugleich den sportlichen Zenit erreicht.

Ähnlich große Schlagzeilen wie 1975 produzierte das Tennis-Ass nur noch abseits der Center Courts. Zum einen machte er als Kämpfer für die Rechte seiner afro-amerikanischen Landsleute auf sich aufmerksam. Bereits 1970 provozierte er das Apartheid-Regime in Südafrika mit seinem Antrag, bei den Südafrikanischen Meisterschaften nur antreten zu wollen, wenn er nicht vor nach

Rassen getrennten Tribünen spielen müsse. Drei Jahre lang lehnte die Regierung dies ab, 1973 hatte Ashe sein Ziel schließlich erreicht. Und 1969 war es Ashe, der federführend an der Gründung einer Spielergewerkschaft beteiligt war, um die Rechte der Tennisakteure zu stärken. Ab 1974 stand er jener Association of Tennis Professionals (ATP) auch als Präsident vor. Weniger erfreulich hingegen waren die Nachrichten über Arthur Ashe, die ab 1977 die Runde machten. Nach einer vergleichsweise harmlosen Achillessehnen-Operation 1977 schlug 1979 die Nachricht vom Herzinfarkt des Sechsunddreißigjährigen ein wie eine Bombe. Eine lebensrettende Operation im Anschluss setzte zugleich den endgültigen Schlussstrich unter die Karriere des Tennisspielers. Doch dies war erst der Anfang einer langen und tragischen Leidensgeschichte. Nachdem sich Ashe von der Herzoperation recht schnell wieder erholt hatte, eröffnete er eine Tennisschule, fungierte als Kapitän des Davis-Cup-Teams und verstärkte sein Engagement gegen Rassendiskriminierung. Da traf ihn im Juni 1983 der nächste Schicksalsschlag. Erneut drohte das Herz komplett zu versagen, worauf sich Ashe einer Bypassoperation unterziehen musste. Dabei wurde er durch eine Bluttransfusion mit dem Aids-Erreger infiziert. Dies wurde allerdings erst 1988 während einer Gehirnoperation festgestellt. Ashe wollte seine Krankheit verheimlichen, da »ich nicht bereit war, plötzlich alles aufzugeben, um einer von Amerikas bekanntesten heterosexuellen Aids-Patienten zu werden«. Erst 1991 trat er mit seinem Krankheitsbild an die Öffentlichkeit und hatte damit gleichzeitig seinen Kampf gegen die tückische Immunschwäche angekündigt. Ashe engagierte sich trotz zunehmender körperlicher Einschränkung unermüdlich für Aids-Organisationen und sammelte Gelder für die Forschung und Opfer.

Am 6. Februar 1993 hatte Arthur Ashe seinen persönlichen Kampf verloren, als er in New York starb. Zurück bleibt nicht nur das Andenken an einen erfolgreichen Tennisspieler, sondern vor allem auch das eines humanen Aktivisten, der über die Grenzen des Sports hinaus für seine Umwelt eintrat. Ein Vorbild, dem hoffentlich noch viele folgen werden.

1976

Kanada
Montreal
Forum
18. Juli 1976

»Die 10,0 geriet zu ihrem Markenzeichen. Immer wieder schwärmten
Trainer oder Athletinnen von ihrer Perfektion. Allein, man mochte es
nicht glauben, bis man es selbst gesehen hatte.«

EBERHARD GIENGER, DEUTSCHER WELT- UND EUROPAMEISTER
AM RECK, ÜBER NADIA COMANECI

Die perfekte 10

präsentierte schwierigste Wendungen und Drehungen, setzte den Abgang ohne Wackler in den Stand. Kein Platz für Ausreden und sophistische Kritteleien der gestrengen Juroren – eine 10,0 als Höchstnote belohnte den Vortrag der frenetisch bejubelten Turnerin. Frappant und in Worten schwer zu fassen, was Nadia Comaneci da geboten hatte. »Die 10,0 geriet zu ihrem Markenzeichen. Immer wieder schwärmten Trainer oder Athletinnen von ihrer Perfektion. Allein, man mochte es nicht glauben, bis man es selbst gesehen hatte«, beschrieb Eberhard Gienger, Welt- und Europameister am Reck und selbst einer, der immer wieder nach der ultimativ-makellosen Übung gestrebt hatte, die Auftritte der jungen Rumänin. Die 10,0 am Stufenbarren im Teamwettkampf, so scheinbar leicht erreicht, dass für Normalverbraucher kein Platz blieb auch nur für den Hauch einer Ahnung, welche Qual dem vorausging, war die erste Maximalnote der Turngeschichte. Erturnt mit einer kreativen Erfindung, die später als Comaneci-Salto im Code de Pointage der Turner patentiert wurde: Salto vorwärts gegrätscht aus dem Stütz in den Hang am oberen Holm.

Montreal, das waren von da an die Spiele der Nadia Comaneci. Zwar gewannen andere mehr Medaillen, aber sie hinterließen beim Zuschauer keine offenen Münder,

> »Ihr Vortrag war technisch brillant, ihre hervorragende Haltung nicht mehr zu überbieten – Fußspitzen gestreckt, die Knie durchgedrückt. Ihre Körperhaltung war, biomechanisch betrachtet, optimal.«
>
> EBERHARD GIENGER ÜBER NADIA COMANECI

heruntergeklappte Kinnladen und das infantile Gefühl, soeben Augenzeuge eines zauberhaften Märchens gewesen zu sein. Comaneci gewann ungefährdet den Mehrkampf, holte Gold am Stufenbarren und Balken – und sah insgesamt gleich siebenmal eine »10« (viermal am Stufenbarren, dreimal am Balken) für ihre Auftritte. Oder exakter gesagt: Sie sah eine 1,00, weil der Computerfirma, die die Anzeigetafel installiert hatte, vorgegeben worden war, dass es makelloses Turnen gar nicht geben und man sich ergo mit einer Stelle weniger bescheiden könne. Ein Turnfloh, der den Rahmen menschlicher Grenzen verschob, strafte sie Lügen.

Das *Time Magazine* hatte Nadia Comaneci als »unendlich ernstes, schmächtiges Mädchen« beschrieben, andere sprachen später davon, wenn man sich an die Rumänin erinnere, dann sei diese vor allem eins und das unverrückbar für alle Zeiten: die perfekte 10. Rätselhaft

1976 | Die perfekte 10

Höher, schneller, weiter. Das olympische Motto Baron de Coubertins hatte achtzig Jahre nach den ersten Spielen der Neuzeit längst eine aktuelle Ergänzung durch das Wort »jünger« gefunden. Zum Beispiel bei den Turnerinnen, die Spieldosen-Figuren gleich als elfenhafte Kindfrauen im Montrealer Forum vor 16 700 staunenden Zuschauern Übungen zeigten, die die Schwerkraft aufzuheben schienen und Körper in beliebig formbare Gummipuppen verwandelten. Schon als am 18. Juli 1976 in der riesigen Halle die olympischen Teamwettbewerbe begannen, wurde eine 14-jährige Rumänin im Vorgriff auf die kommenden Tage zur »Königin« von Körperbeherrschung und Bewegungsgefühl gekrönt, obwohl der Teenager bis dahin keine Zeit gehabt hatte, weder Kind noch Prinzessin zu werden. Nadia Comaneci, zierliche Försterstochter von 1,54 Meter Größe und 39 Kilogramm Gewicht, turnte die mit Höchstschwierigkeiten gespickten Übungen an den vier Geräten, als sei ihr mit der Geburt Perfektion als wichtigstes Gen vererbt worden. Schon im Jahr zuvor hatte sie, vom *Montreal Star* als 14-jährige Greta Garbo beschrieben, kühl und unnahbar, bei den EM im norwegischen Skien viermal Gold gewonnen.

Nun trat sie in Montreal auf die ganz große Bühne, setzte die Welt in Entzücken, Erstaunen und zweifelnde Zuneigung zugleich. Schon in ihrer Stufenbarren-Übung im Teamwettkampf flog sie federleicht über die Holme, und wohl auch deshalb so magisch anziehend wirkte der Kinderstar mit den traurigen Augen, bei dem sich nur ab und an die Andeutung eines Lächelns in die Augen stahl. In Interviews mit ihr spürte man verlorene Kindheit wie aufgezwungenes frühes Erwachsen-Sein. Auf die Frage, warum sie so wenig lache, antwortete Nadia Comaneci damals: »Ich bin eben ernst. Ich habe meine Gefühle eben unter Kontrolle. Warum soll ich sie zeigen? Ich bin so erzogen worden.« Weniger von den Eltern, als vielmehr vom gestrengen Trainer Bela Karolyi, der sie Ende der sechziger Jahre entdeckt und danach mit gnadenloser Härte im Turninternat in Gheorge-Gheorgiu-Dej zum Weltstar getrimmt hatte. Nadias Leben war auf eine einzige Bestimmung reduziert: immer perfekter, immer schwieriger zu turnen, die Beste zu sein. Dafür lag ihr 1976 dann die Welt zu Füßen. Konnte sie es genießen, der personifizierte Superlativ an den Geräten zu sein?

Karolyi, zwei Meter groß und einst Handballer von Format, hielt Comaneci auch nach den Spielen 1976 am kurzen Halsband, das der jungen Turnerin mitunter die Luft zum Leben zu nehmen schien. 1979 redete der Trainer ihr einen vorzeitigen Rücktritt aus, die nun frauliche Athletin feierte 1980 bei den Olympischen Spielen in Moskau mit zwei Goldmedaillen am Schwebebalken und am Boden eine großartige sportliche Renaissance. Zwei Jahre zuvor hatte es nicht danach ausgesehen: der Körper der damals 16-Jährigen reagierte auf den veränderten Hormonhaushalt, sie wurde rundlich, hatte Übergewicht. »Ich hatte zehn Kilo zugenommen und fühlte mich auf dem Balken wie ein Elefant. Ich war völlig fertig und wollte aufhören.« Gerüchte und Schlagzeilen gab es, als

»Nachdem sie 1976 im ›Forum‹ (…) als erste Kunstturnerin überhaupt für ihre makellosen Übungen siebenmal die Maximalnote 10 erhalten hatte, war sie gleichzeitig die Titelheldin aller großen Nachrichtenmagazine der Welt. Das hat nach ihr keine Sportlerin mehr geschafft.«

SPORT, ZÜRICH, 1994

sie sich durch die angeblich versehentliche Einnahme eines Waschmittels eine Vergiftung zuzog. Erst in den neunziger Jahren in den USA gestand sie, dass es ein Selbstmordversuch war, mit dem sie sich aus der Fron der täglichen Körperfolter befreien wollte. »Ich lag im Krankenhaus und war froh, dass ich zwei Tage nicht zum Training brauchte.«

Ende 1981 beendete Nadia Comaneci, knapp zwanzig Jahre alt, ihre Karriere. Das Turn-Wunderkind war zu Rumäniens bestem Exportartikel geworden, bekannter als alle anderen historischen und gegenwärtigen Persönlichkeiten des Balkanlandes – den berühmten Grafen Dracula eingeschlossen. Ein Verdienst, das ihr ein Leben im »goldenen Käfig« im sozialistischen Reiche des Despoten Ceaucescu garantierte. Eine Villa für sich, die Eltern und Geschwister, Möbel, Kleider und Auto aus dem Westen – das Arrangement mit den Mächtigen, das die schon 1976 als »Held der sozialistischen Arbeit« Geehrte gewollt oder ungewollt einging, musste sie damit bezahlen, dass auch nach ihrem Abschied vom Sport

»Ich komme aus einem wunderbaren Land mit wunderbaren Menschen. Aber ich habe in einem System gelebt, in dem man uns sagte, wie wir zu leben haben. Trotz aller Privilegien, die ich in Rumänin besaß, hatte ich nie den Frieden, den ich mir gewünscht habe.«

NADIA COMANECI

Lachen und persönliches Glück für sie Fremdworte blieben. Die ihr hartnäckig nachgesagte mehrjährige Liaison mit dem Sohn des 1990 hingerichteten Staatschefs, Nicu Ceaucescu, ist dafür ein beredtes Beispiel. Nadias Bruder Adrian berichtete über den Umgang des Diktatoren-Filius mit seinem »Spielzeug«: »Er behandelte sie wie eine Sklavin, trank bei Partys Unmengen Alkohol. Oft kam Nadia, damals 17, in Tränen aufgelöst nach Hause, mit Zeichen von Gewalttätigkeiten an ihrem Körper.«

Erst spät konnte sich Nadia Comaneci aus der Umklammerung von Anpassung, Hilflosigkeit, Angst, Depression und Unterdrückung befreien. In der Nacht des 27. November 1989 floh sie auf abenteuerliche Weise zu Fuß durch Schlamm, Wasser und Eis über die grüne Grenze nach Ungarn und von dort via Wien in die USA, wo schon 1981 Ex-Trainer Bela Karolyi seine zweite Heimat gefunden hatte. Die Umstände waren dubios, ihr Verhältnis zu Fluchthelfer Constantin Panait (verheiratet, Vater von vier Kindern), kostete ihr viele Sympathien der »moral majority« in den USA. Erst als sie sich von ihm trennte, den Turn-Olympiasieger von 1984, Bart Conner, kennenlernte und ihn 1996 heiratete, fand der lange Weg der Nadia Comaneci, der in Montreal wie ein Märchen begonnen hatte, eine Art Happy-End. Seit Juli 2001 ist die im Vorjahr zur »Turnerin des Jahrhunderts« gewählte Ausnahmesportlerin USA-Bürgerin.

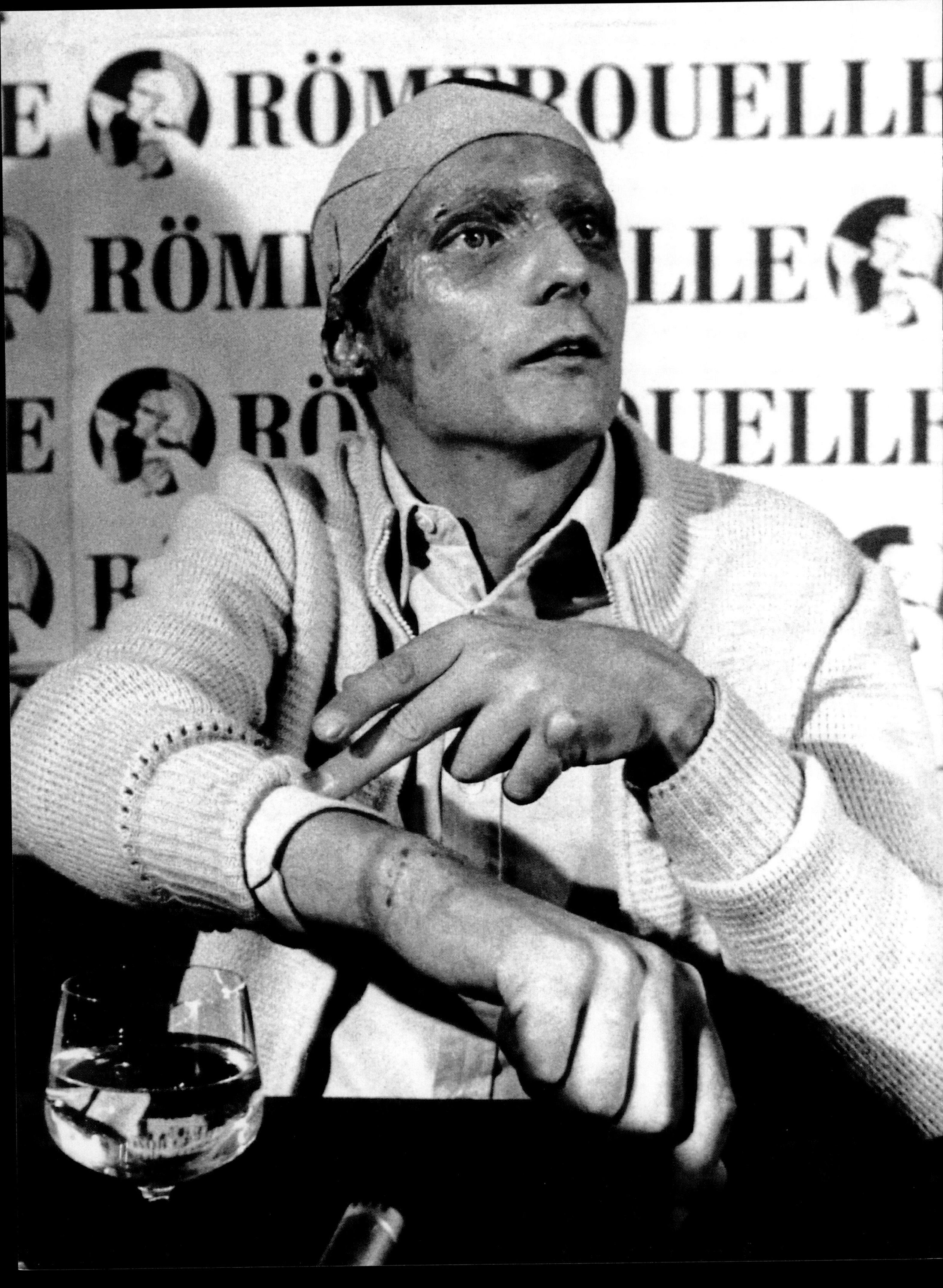
RÖM
QUELLE
RÖM
LLE
QUELLE

1976

Deutschland
Eifel
Nürburgring
1. August 1976

»Wäre ich bei meinem Unfall in einem Wagen der heutigen Sicherheitsklasse
gesessen, dann wäre ich wohl mit ein paar Schrammen davon gekommen.«
NIKI LAUDA IN DEN NEUNZIGER JAHREN

In der Feuerfalle

1976 | In der Feuerfalle

Es gab eigentlich kaum jemanden, der Nikolaus »Niki« Lauda noch hätte stoppen können. Der amtierende Weltmeister der Formel 1 lag zur Halbzeit der Saison 1976 in der Gesamtwertung bereits derart klar in Führung, dass sich die restlichen Piloten längst damit abgefunden hatten, als maximales Ziel die Vizeweltmeisterschaft im Auge zu behalten. Einen »besonders heißen Gegner«, den niemand so wirklich auf der Rechnung hatte, gab es dann allerdings doch. Und der schlug am 1. August 1976 während des Grand Prix von Deutschland am Nürburgring erbarmungslos zu. Das Rennen war gerade erst gestartet worden, als Niki Lauda mit seinem Ferrari in der zweiten Runde plötzlich von der Strecke abkam und frontal gegen einen Felsen prallte. Durch die Wucht des Aufpralls wurde der Bolide auf die Fahrbahn zurück

---

»Ich werde fürs Fahren bezahlt und nicht fürs Parken.«

NIKI LAUDA 1973 AUF DIE KRITIK, WARUM ER BEIM BRANDUNFALL
VON ROGER WILLIAMS NICHT ANGEHALTEN HABE, UM ZU HELFEN

---

geschleudert und dort von zwei nachfolgenden Wagen gerammt. Sofort fing der total ramponierte Ferrari Feuer und brannte innerhalb weniger Sekunden lichterloh. Es gab nur wenige Augenzeugen dieses schrecklichen Unfalls. Doch diejenigen, die an den Hängen standen und schockiert auf das qualmende Wrack starrten, schüttelten nur den Kopf. Sie ahnten, dass dieser Feuerhölle niemand entkommen konnte. Dann aber stoppten zwei Rennwagen, und die Piloten Arturo Merzario und Guy Edwards kämpften sich unter Einsatz ihres eigenen Lebens zum Cockpit vor, in dem Niki Lauda bereits seit mehr als einer Minute mitten in den Flammen saß. Sie zerrten den ohnmächtigen Kollegen aus dem Wrack und brachten ihn in Sicherheit.

Als die Rettungsmannschaften eintrafen, bot sich ihnen ein schreckliches Bild. Laudas Haut war bereits stark versengt, Teile seiner Ohren verbrannt. Als man ihn anschließend in die Mannheimer Universitätsklinik einwies, hatte man wenig Hoffnung, dass der Weltmeister die folgenden Tage überstehen würde. Abgesehen von Verbrennungen höchsten Grades war Laudas Lunge von den giftigen Dämpfen der brennenden Kunststoffkarosserie total verätzt worden. Der Klinikpfarrer erteilte dem Österreicher nach den fast aussichtslosen Diagnosen der Spezialisten bereits die Sterbesakramente. Vier lange Tage und Nächte rang Niki Lauda mit dem

Tod. Sein ungebrochener Lebenswille und die Meisterleistungen der behandelnden Ärzte brachten ihn ins Leben zurück. Und was niemand jemals wieder für möglich gehalten hätte, wurde bereits zweiundvierzig Tage nach dem verhängnisvollen Unfall Realität: Lauda saß beim Großen Preis von Monza wieder im Cockpit seines Ferrari.

Der Erleichterung über die schnelle Genesung Laudas folgte bei seinem ersten öffentlichen Auftritt beim Training in Monza das blanke Entsetzen. Seine Brandwunden auf dem Kopf waren längst noch nicht vernarbt und die verstümmelten Ohren boten ein befremdendes Bild. Doch der Österreicher wollte weder Mitleid noch Bevorzugungen ernten. Er hatte sich seinem Schicksal bereits gestellt. Und er verlangte von seiner Umwelt gleiches. Was die Leute von ihm dachten und über ihn redeten, interessierte den gebürtigen Wiener ohnehin nie. So widmete er sich nach seiner Rückkehr wieder ganz seiner Arbeit. Fortan wurde die rote Schirmmütze zu seinem Markenzeichen, mit der er zumindest die Narben an der Kopfhaut verdecken konnte. Als er in Monza schließlich wieder an den Start ging, führte Lauda noch immer in der Gesamtwertung und hatte somit weiterhin die Chance auf eine erfolgreiche Titelverteidigung. Gleich beim Comeback wurde er Vierter und startete im japanischen Fuji mit drei Punkten Vorsprung auf James Hunt in das letzte Rennen der Saison. Das Unglaubliche war so nah, Lauda hätte mit einer Platzierung vor Hunt den WM-Titel trotz der Katastrophe erneut gewonnen. Doch dann, so vermuten viele Experten, holten den hart gesottenen Lauda doch noch die Erinnerungen an den Unfall ein. Als es schon beim Start in Strömen zu regnen begann, resignierte der Österreicher nach der zweiten Runde und fuhr in die Box. »So ein Rennen ist doch Wahnsinn, mir ist mein Leben wichtiger als der WM-Titel«, kommentierte er seine Arbeitsverweigerung. Sein Boss Enzo Ferrari drohte daraufhin bereits mit Kündi-

---

»Sentimental darfst Du in diesem Geschäft nicht sein.«

NIKI LAUDA 1974

---

gung des Vertrages, weil Lauda mit seiner Handlung leichtfertig die Weltmeisterschaft James Hunt überließ. Schließlich saß er in der folgenden Saison doch wieder hinter dem Steuer des Ferrari-Boliden und strafte dabei alle Kritiker Lügen, indem er seinen zweiten WM-Titel einfuhr.

Anschließend wechselte Lauda das Team und fuhr

fortan für Brabham. Doch damit sollten auch seine besten Rennfahrerjahre vorerst vorüber sein. Trotz zweier Siege und vierundvierzig Punkten reichte es am Ende der Saison 1978 lediglich zu Rang vier in der Gesamtwertung. Im Jahr darauf war der Doppelweltmeister an seinem sportlichen Tiefpunkt angelangt, als er in elf von dreizehn Rennen zumeist wegen technischer Probleme vorzeitig ausscheiden musste. Am 29. September 1979 gab er schließlich seinen Rücktritt bekannt. »Es macht mir keinen Spaß mehr, mit einem Auto ständig im Kreis herumzufahren. Ich habe erkannt, dass es wichtigere Dinge im Leben gibt«, erklärte Lauda damals. Er kaufte sich anschließend ein Fokker-Propellerflugzeug als Basis für die Gründung einer eigenen Fluggesellschaft. Das Unternehmen begann bald zu expandieren, und Lauda wurde stolzer Besitzer seiner ersten DC-10-Maschine. Nach drei Jahren im unternehmerischen Höhenflug zog es den passionierten Flugzeugpiloten schließlich doch wieder zurück auf den Asphalt der Rennpisten. Im Alter von dreiunddreißig Jahren kehrte Niki Lauda in den Formel-1-Zirkus zurück. Als Topfahrer von McLaren-Ford erreichte er in der Saison 1982 zwei Grand-Prix-Siege in

»Wenn ich mich in ein Formel-1-Auto setze, gegen die Leitplanke donnere und sterbe, bin ich selbst Schuld. Ich habe das Risiko ja gewählt. Aber wenn ich ein Flugzeug besteige, wähle ich kein Risiko. Im Gegenteil. Ich will herausfinden, ob ich selbst alles Mögliche getan habe, um diese Katastrophe zu verhindern.«

NIKI LAUDA 1995 NACH DEM ABSTURZ EINER LAUDA-AIR-BOEING ÜBER THAILAND, BEI DEM 223 MENSCHEN STARBEN

Long Beach und Brands Hatch in England und belegte in der Weltmeisterschaft am Ende Platz fünf. Im zweiten Comebackjahr lief es wieder weniger erfolgreich, was sich mit gerade mal zwölf Punkten und dem zehnten Platz in der Gesamtwertung für Lauda äußerst enttäuschend niederschlug.

Der selbstbewusste Österreicher ließ sich während seiner gesamten Karriere von Tiefschlägen, welcher Art auch immer, niemals einschüchtern. Sie trieben ihn vielmehr an, sein Leistungspotenzial weiter zu steigern. Und so kam es in der Saison 1984 folglich zu einer wahren Leistungsexplosion. Auch mit technischer Hilfe des neuen, so genannten TAG-Aggregates raste Lauda zu fünf Saisonsiegen und ließ sich schließlich zum dritten Mal in seiner Laufbahn zum Weltmeister küren. Eigentlich ein guter Zeitpunkt für einen Fünfunddreißigjähri-

gen zum endgültigen Abschied aus dem Renngeschäft. Doch Lauda fuhr weiter, was sich im Nachhinein als wenig sinnvoll entpuppte. In sieben der ersten acht Rennen der Saison 1985 gab sein Bolide vorzeitig den Geist auf, was bei Lauda schließlich die Einsicht wachsen ließ, dass es Zeit war abzutreten. Mit dem Ende der Saison 1985 kehrte der dreimalige Weltmeister der Formel 1 erneut den Rücken zu. Diesmal endgültig.

Neben seinem Engagement für den weiteren Aufbau der eigenen Fluglinie hatte Lauda seine Fühler bei der Formel 1 immer irgendwie noch im Spiel. Ob als Kommentator für diverse Fernsehanstalten oder auch als Berater des Ferrari-Rennstalls, wo er zwischen 1992 und 1995 tätig war. Denn der Automobilsport war seit Kindestagen an sein Lebensziel. Als er sich schon mit fünfzehn Jahren gegen den Willen der Eltern ein VW-Cabrio kaufte und damit regelmäßig das private Grundstück der Großeltern umpflügte, war sein Weg endgültig vorgezeichnet. Fortan kam er vom Motorsport nicht mehr los. Mit achtzehn Jahren fuhr Lauda erstmals Rennen, startete 1970 in der Formel 3, bis er sich 1971 beim Großen Preis von Österreich erstmals einen Startplatz bei einem Formel-2-Rennen erkaufte. Nach wenig erfolgreichen Engagements in den Teams von March und BRM bot ihm Enzo Ferrari 1973 schließlich einen Platz in dessen Team an. Lauda griff zu. So schloss sich der Kreis wieder, als er nach elf Jahren in der Formel 1 mit drei Weltmeisterschaften und fünfundzwanzig Grand-Prix-Siegen 1992 den Beratervertrag bei Ferrari unterzeichnete. Darüber hinaus engagierte sich die Rennfahrerlegende auch für größere Sicherheitsstandards im Motorsport. Nach dem Unfalltod des früheren Weltmeisters Ayrton Senna am 1. Mai 1994 in Imola wurde Lauda zum Sprecher der neu eingerichteten Sicherheits-Kommission. Aufgrund seiner hohen Fachkenntnis und mit dem Hintergrund der eigenen schlimmen Erfahrungen konnte Lauda entscheidend dazu beitragen, dass das Risiko für die Gesundheit der Rennfahrer in den letzten Jahren weitestgehend minimiert werden konnte. »Wäre ich bei meinem Unfall in einem Wagen der heutigen Sicherheitsklasse gesessen, dann wäre ich wohl mit ein paar Schrammen davon gekommen«, beschrieb Lauda die Entwicklungen einmal. Nach seinem Rücktritt als Vorstand der Lauda Air im November 2000 – den Absturz eines seiner Flugzeuge im Jahr 1995 hatte er nie richtig verwunden – trat der begehrte Fachmann im Januar 2001 einen Job als Rennsportleiter bei Jaguar an. Die Formel 1 hat damit eine ihrer schillerndsten Figuren wieder.

Tragödie eines Handballstars

1979

Ungarn
Tatabanya
30. März 1979

»Du kannst nichts dafür, Lajos. Es war ein Unglück, wie es im
Sport immer wieder passieren kann.«

JOACHIM DECKARM BEI EINEM TREFFEN MIT
SEINEM GEGENSPIELER LAJOS PANOVIC

1979 | Tragödie eines Handballstars

Alles lief nach Plan. Das Hinspiel des Viertelfinalspiels im Europapokal der Pokalsieger hatte der VfL Gummersbach klar mit 18:10 zu gewonnen. Und nun, im Rückspiel am 30. März 1979 gegen den ungarischen Spitzenklub Banyasz Tatabanya, führten die Gummersbacher gleich vom Start weg stets mit vier bis fünf Toren. Es sah ganz so aus, als würde der deutsche Topklub auch in diesem Jahr wieder das Finale erreichen, um dort den Europacuptitel aus dem Vorjahr verteidigen zu können. Doch noch war das Spiel nicht gewonnen. Die Uhr zeigte die dreiundzwanzigste Spielminute an, als die Gummersbacher wieder einen ihrer gefürchteten Tempoangriffe starteten. Ein schnell ausgeführter langer Abwurf des Torhüters, ein paar Schritte des Fängers, Wurf. Tausendmal hatte Trainer Eugen Haas diese Spielzüge einstudieren lassen. Und einer der Erfolgsgaranten dieser Variante war immer wieder Joachim Deckarm. Der Kopf der Mannschaft. Der Star. Mit seinen sagenhaft kraftvollen Absprüngen konnte der Fünfundzwanzigjährige oftmals die ganze Abwehr des Gegners übersteigen und dabei auch noch äußerst gezielte Torwürfe abgeben. In jener dreiundzwanzigsten Spielminute sollte es wieder so sein: Langer Abwurf, Deckarm sprang schwungvoll dem Ball entgegen … und prallte dabei im Zweikampf unglücklich mit dem Kopf des Ungarn Lajos Panovic zusammen. Deckarm verlor sofort das Bewusstsein und wurde durch die Wucht des Zusammenpralls durch die Luft geschleudert. Mit dem Kopf voraus stürzte der 90-Kilo-Koloss schließlich wie ein Stein zu Boden und schlug ungeschützt auf dem harten Betonfeld auf, das lediglich mit einer dünnen PVC-Schicht überzogen war. Es wurde totenstill in der Halle. Ein schreckliches Szenario vollzog sich vor den Augen der Zuschauer und Spieler. Deckarm blieb regungslos liegen. Sofort eilte der Vereinsarzt Dr. Peter Penkow herbei und leistete Erste Hilfe. Er wusste beim Anblick des bewusstlosen Deckarms sofort, dass der sich furchtbare Verletzungen zugezogen hatte. Die erschütternde Diagnose bestätigte dies: doppelter Schädelbasisbruch, Hirnhautriss, Quetschungen, schweres Schädel-Hirn-Trauma. Joachim Deckarm fiel in ein langes Koma – und als er erwachte, war nichts mehr wie zuvor. Der Handballstar wurde Opfer eines der folgenschwersten Sportunfälle des Jahrhunderts und ist bis heute ein Pflegefall.

Sport ist auch Risiko. Vor allem in Sportarten, in denen hohe Geschwindigkeiten im Spiel sind, ist nicht selten sogar das eigene Leben bedroht. Dutzende Tote und Verletzte forderte etwa der Automobilsport bislang. Doch auch im alpinen Wintersport waren in den letzten Jahrzehnten mehrere Schwerstverletzte und gar Tote zu beklagen ebenso wie während der Tour de France. Jedes Opfer war eines zuviel. Dank ständig verbesserter Ausrüstung und zusätzlicher Sicherheitsstandards ließ sich die Verletzungsgefahr quer durch alle Sportarten im Laufe des Jahrhunderts mehr und mehr verringern. Für Joachim »Jo« Deckarm kam das allerdings zu spät. Die völlig veraltete Halle Tatabanyas würde heute keine Zulassung für ein Europacupspiel mehr erhalten. Fast blanke Betonböden, die lediglich mit einer PVC-Folie überzogen sind, taugen längst nicht mehr für sportliche Wettkämpfe. Hätte man in Ungarn an jenem verhängnisvollen Märztag 1979 auf einem modernen, nachfedernden Linoliumboden gespielt, würde Joachim Deckarm

---

»Joachim Deckarm ist für mich der kompletteste Spieler aller Zeiten.«

EX-BUNDESTRAINER VLADO STENZEL

---

heute womöglich nicht fast vollständig an den Rollstuhl gefesselt sein. Doch alles Spekulieren, alles Wenn und Aber machten wenig Sinn. Vielmehr ist es die enorme Willenskraft, mit der Deckarm sein Schicksal meisterte, die im Vordergrund dieser Tragödie stehen sollte. Wie schon zuvor als Spitzensportler, so zeichnete sich Joachim Deckarm in den zurückliegenden Jahren als entschlossener Kämpfer aus, der niemals aufgab.

Joachim Deckarm war einer der erfolgreichsten Handballer, die Deutschland je hervorgebracht hat. Schon als Siebenjähriger legte er in der Leichtathletik den Grundstock für seine außergewöhnliche körperliche Robustheit. Im Zehnkampf der Junioren wurde er sogar einmal Deutscher Mannschaftsmeister. Doch seine Leidenschaft galt vielmehr dem Handballspiel. Bei seinem Heimatverein TB St. Johann in Saarbrücken begann er als Freizeitspieler, wechselte später zum 1. FC Saarbrücken.

Sein Trainer dort hieß Werner Hürter. Ein Mann, der nicht nur in diesen wichtigen Anfangsjahren eine wichtige Rolle im Leben des »Jo« Deckarm spielte. Nach dem Unfall war es Hürter, der seinem ehemaligen Schützling wieder zu neuem Lebensmut verhalf. Der Coach erkannte früh das große Talent des jugendlichen Deckarms und förderte ihn unermüdlich. So wurde der Teenager bald einer der begehrtesten Nachwuchsspieler der Republik. Aus den zahlreichen Angeboten der Bundesliga pickte sich Joachim Deckarm schließlich 1973 eine der feinsten Adressen heraus: den VfL Gummersbach. Nur wenige Wochen nach seinem Debüt wurde der Neunzehnjährige bereits erstmals in die Nationalmannschaft berufen, wo er allerdings zunächst noch spärlich zum Einsatz kam. In seinem Verein zählte Deckarm bald zur festen Größe und entwickelte sich zur anerkannten Spie-

»Die Devise in meinem Fall kann nur heißen: Ich kann, ich will, ich muss.«

JOACHIM DECKARM

lerpersönlichkeit. Der Saarländer wurde zu einer Art Fritz Walter des Handballspiels. Mit seiner natürlichen Autorität auf dem Feld war Deckarm quasi der leistungsstarke Motor der Mannschaft. Der VfL Gummersbach wurde mit seinem Regisseur Deckarm zwischen 1974 und 1976 dreimal in Folge Deutscher Meister und gewann zudem 1974 den Europapokal der Landesmeister. In den Jahren 1977 und 1978 sicherte sich der VfL den Deutschen Pokal und wurde 1978 auch Europapokalsieger der Pokalsieger.

Die großen Erfolge mit dem Verein verschafften Joachim Deckarm auch in der Nationalmannschaft bald soviel Respekt, dass er sich unter Bundestrainer Vlado Stenzel zur Führungsfigur des Teams entwickelte. Mit ihm an der Spitze gelang der Mannschaft 1978 in Dänemark völlig überraschend der Einzug in das Finale der Weltmeisterschaft gegen die Sowjetunion. Nachdem die Partie in der Halbzeit beim 11:11 noch völlig offen war, spielten sich Deckarm und sein Team in der zweiten Hälfte in einen regelrechten Rausch. Mit allein sechs Toren von »Jo« Deckarm siegte das deutsche Team am Ende mit 20:15 und war Weltmeister, nachdem man sich 1974 noch mit dem neunten Rang zufrieden geben musste. Dieser unerwartete Erfolg löste einen wahren Handball-Boom in Deutschland aus. Und Joachim Deckarm war im Alter von vierundzwanzig Jahren bereits am absoluten Karrierehöhepunkt angelangt. Er hatte in

seinem Sport fast alles gewonnen, was es zu gewinnen gab. Auch privat lief alles bestens: Der Sonnyboy hatte sich bereits mit seiner Dauerfreundin verlobt und wollte im Sommer 1979 sein Lehramtstudium für Mathematik und Sport abschließen. Doch dann ereilte ihn am 30. März 1979 das tragische Unglück.

Joachim Deckarm fiel nach dem Unfall in ein 131 Tage langes Koma. Niemand wusste, ob er überhaupt jemals wieder erwachen würde. Er wurde zwar von einem Gehirnspezialisten operiert, doch er blieb auch anschließend schwer hirngeschädigt. Seine Verlobte verließ ihn, ohne dass Deckarm dies richtig registrierte. Alle Versuche, seinen Zustand durch Rehabilitationen und Therapien zu stärken, schlugen fehl. Der einstmals so aktive Sportler war ein hilfloser Pflegefall. Nach mehreren Jahren trostlosen Daseins trat erneut der ehemalige Trainer Werner Hürter in Deckarms Leben. Der pensionierte Polizist musste dem Schwerstbehinderten die einfachsten Bewegungsabläufe des täglichen Lebens in geduldiger Kleinstarbeit erneut beibringen. Über Jahre hinweg gelang es Hürter, in Zusammenarbeit mit Deckarms ehemaliger Lehrerin an der Volksschule und dem Gemeindepfarrer, das beschädigte Gehirn Deckarms teilweise zu reaktivieren. Deckarm machte zunehmend größere Fortschritte und bewies dabei eine enorme Willenskraft. Er wird sicher nie ganz gesund werden. Doch mittlerweile ist Joachim Deckarm wieder in der Lage, alleine zu gehen, recht deutlich zu sprechen und sogar Schach zu spielen. Alle geschulten Ärzte und Therapeuten hatten den ehemaligen Weltklassespieler längst aufgegeben und ihm eine bittere Zukunft in Aussicht gestellt. Doch Joachim Deckarm gab sich nicht auf. In bester Sportlermanier kämpfte er gegen diesen übermächtigen Gegner an. Und zumindest moralisch hat er ihn längst besiegt. Joachim Deckarm denkt mittlerweile sogar an eine Berufsausbildung im Handwerk. Und an eine eigene Familie. Eine starke Persönlichkeit ist er geblieben. Und ein fairer Sportsmann zudem: Seinen einstigen Gegenspieler Lajos Panovic, der nach dem Unfall sofort seine Karriere beendete und anschließend lange unter Depressionen litt, tröstete er bei einem Treffen vor einigen Jahren. »Du kannst nichts dafür, Lajos, es war ein Unglück«, sagte Deckarm und versuchte Panovic die drückende Last des Selbstvorwurfs zu nehmen. Ein Vorbild an sportlicher und menschlicher Größe.

Fünf auf einen Streich

1980

USA
Lake Placid
James B. Sheffield Stadium
23. Februar 1980

»Mein Gesicht auf einer Cornflakes-Packung? Nein, danke! Ich
bin nicht Eisschnellläufer geworden, um berühmt zu werden.«

ERIC HEIDEN

Ob Eric Heiden 1980 Jazz-Fan war, ist unbekannt. Aber einer der größten Hits aus diesem Musikgenre, Paul Desmonds 1959 komponiertes Take Five, das durch Stars wie Dave Brubeck und Quincy Jones zu Weltruhm gelangte, hätte am 23. Februar 1980 auf der 400-Meter-Kunsteisbahn des James B. Sheffield Stadiums von Lake Placid die ideale Hymne für den Amerikaner im goldfarbenen Eisschnelllaufanzug sein können. Dabei bedeutet »Take Five« unter Trommlern, Gitarristen oder Trompetern auch schlichtweg »fünf Minuten Pause machen«, doch danach war dem muskulösen, 1,85 Meter großen Einundzwanzigjährigen an diesem Tag auf dem Lake Mirror keineswegs. Zuvor hatte der Kufen-Star aus Madison im US-Bundesstaat Wisconsin bei den Olympischen Winterspielen schon mehrere Sätze seiner persönlichen »Heiden-Sinfonie« geschrieben, aber noch war es eine »Unvollendete«. Denn an eben jenem 23. Februar standen vor 4000 Zuschauern in der prall gefüllten Arena im fünften und letzten Männer-Wettbewerb die 10 000 Meter auf dem Programm. Zehn Tage zuvor hatte der junge Medizinstudent den Athleten-Eid gesprochen.

Vier harte Rennen hatte Eric Heiden, der 1976 in Innsbruck olympisch debütiert, aber noch nichts gewonnen

> »Der Eric hat keinen Ballast mitzuschleppen. Sein Schwerpunkt liegt tief, und er läuft deshalb in jeder Kurve optimal.«
>
> OLYMPIASIEGER ERHARD KELLER ÜBER HEIDEN

hatte, bereits in den Beinen. Mit jeweils dem gleichen Ergebnis: 15. Februar – Gold über 500 Meter, 16. Februar – Gold über 5000 Meter, 19. Februar – Gold über 1000 Meter, 21. Februar – Gold über 1500 Meter. Alle Siege fielen deutlich aus, am Eislauf-Himmel strahlte nur eine Sonne – Eric Heiden! Und nun die Marathon-Distanz von 10 000 Metern. Fünfundzwanzig Runden in unnatürlich gestauchter Bückhaltung, fünfundzwanzig Runden gegen die Fliehkraft, fünfundzwanzig Runden gegen die Übersäuerung der Muskeln, fünfundzwanzig Runden mit der Sinnfrage, warum man sich das antut. Bei Heiden, seit 1977 der dominierende Läufer der Welt von Sprint bis Langstrecke, war davon nichts zu spüren. Am Abend zuvor hatte der Skater-Held den sensationellen 4:3-Finalsieg der USA gegen die Eishockey-Künstler aus der Sowjetunion miterlebt. Er war so aufgewühlt, dass er erst spät Ruhe fand und am anderen Morgen verschlief,

sich ein paar Scheiben Brot schnappte und zum Stadion eilte.

Heiden ging engagiert aufs Eis, als hätte er sich zu rehabilitieren für zuvor schwache Auftritte. Volles Tempo, volles Risiko, voller Krafteinsatz, atemberaubende Kurventechnik, dank derer der Kraftprotz mit den 73 Zentimeter dicken Oberschenkeln (Trainerin Dianne Holum: »Wenn er sitzt, bekommt er die Knie nicht zusammen.«) mit höherem Speed aus dem Bogen wieder heraus- als hineinfuhr – Heiden war mit viermal Gold keineswegs satt. Der US-Trainer Peter Schotting wusste, dass es für den Seriensieger, der allein mehr Gold scheffelte als Finnland, Norwegen, die Niederlande, Schweiz, die BRD, Italien, Kanada, Ungarn, Japan, Bulgarien, die Tschechoslowakei und Frankreich zusammen, ein Kopfrennen war. »Warum soll er nicht gewinnen? Das Rennen wirft für ihn keine konditionelle Frage auf, nur eine psychologische.« Doch auch da zeigte Heiden keine Schwäche. Im direkten Duell mit Weltrekordler Viktor Leskin nahm er dem Russen auf der olympischen Bahn nicht nur eine halbe Minute, sondern auch den Weltrekord ab. Für Eric Heiden hatte sich ein Kunststück vollendet, mit dem er bis heute als »Mark Spitz des Winters« allein auf weiter Flur steht. Fünfmal Olympia-Gold innerhalb von neun Tagen – das hat sommers wie winters niemand vor- noch nachgemacht. Herbert Höfl, Trainer der deutschen Olympiasieger Erhard Keller und Monika Pflug, staunte: »Es hat im gesamten Sport noch keinen Athleten dieser phänomenalen Ausgeglichenheit gegeben.«

Der junge Mann dagegen, der einen Monat später seine sportliche Laufbahn auf Kufen beendete, anstatt den Erfolg zu versilbern, nahm sowohl seine Siege wie auch den Verzicht aufs Superstar-Dasein höchst gelassen. »Vielleicht, wenn die Dinge so bleiben könnten, wie sie mal waren und ich weiter ein Unbekannter in

> »Ich wusste vorher, dass ich alles gewinnen würde. Ich habe härter trainiert als die anderen, und das Training hat mir Freude bereitet.«
>
> ERIC HEIDEN IN LAKE PLACID 1980

einem unbekannten Sport sein würde, dann könnte ich mir vorstellen, noch weiterzulaufen«, begründete er seinen festen Entschluss, als 21-Jähriger aufzuhören. »Am meisten habe ich es geliebt, als ich ein Nobody war.« Und als er gefragt wurde, was ihm seine fünf Goldenen von Lake Placid bedeuten, antwortete Heiden ironisch: »Nicht viel. Mit einem Wärmeanzug hätte ich mehr anfangen können. Wenn ich alt bin und Geld brauche, dann kann ich die Dinger immerhin noch verkaufen.« Für die Werbestrategen in den USA bedeutete der aus einer Arztfamilie stammende Heiden zwar äußerlich mit seiner Erscheinung als »Babyausgabe von John Wayne« (*Die Welt*, 1984) ein lukratives Dollar-Versprechen. Doch dieses einzulösen, dazu war Eric Heiden nicht bereit. Schon in Lake Placid nahm der Ausnahme-Athlet die eh schon geringe und durch den Olympiasieg des US-Eishockeyteams noch verminderte Beachtung für seine Sportart fast dankbar hin. »Das erspart mir eine Menge Rummel. Ich brauche mir keine Sorgen darüber zu machen, dass mich alle Menschen kennen.«

»Wenn ich mir anschaue, was der Zehnkämpfer Bruce Jenner und der Schwimmer Mark Spitz gemacht haben, weiß ich genau, das ist nichts für mich. Ich verkaufe mich nicht an die Öffentlichkeit, ich werde weder in Werbespots noch in Fernsehshows auftreten.«

ERIC HEIDEN NACH DEN SPIELEN VON LAKE PLACID

Angebote, sich vermarkten zu lassen und damit möglicherweise Millionen Dollar zu verdienen, beschied der junge Mann, der den US-Boykott der Sommerspiele 1980 in Moskau als »big shit« titulierte, konsequent mit Ablehnungen. »Mein Gesicht auf einer Cornflakes-Packung? Nein, danke! Ich bin nicht Eisschnellläufer geworden, um berühmt zu werden. Dann hätte ich besser Eishockey spielen müssen.« Bis zum sechzehnten Lebensjahr hatte er das am College getan, später blieb die Puckjagd seine große Leidenschaft. Mehrfach amtierte Heiden, der wie sein Vater Orthopäde wurde, als Teamarzt der Amerikaner bei großen Events. Beim Eishockey hatte sich Heiden auch einen Baustein seiner phänomenalen Universalität als Speedskater erworben – die Sprintfähigkeit. Schon mit drei Jahren hatten die Eltern – Vater Jack war Fechter und Radler, Mutter Nancy eine passable Tennisspielerin – ihm und der ein Jahr jüngeren Schwester Beth Schlittschuhe angezogen. »Was wollte man sonst auch tun im Winter auf den Seen in Wisconsin?«, meinte der Senior lapidar.

1974 sah die Sapporo-Olympiasiegerin Dianne Holum, inzwischen ins Trainerfach gewechselt, die Beiden und versprach bei konsequentem Üben nach ihrer Methode baldigen Erfolg. Bei den Spielen zwei Jahre später in Innsbruck waren die Heidens noch Teilnehmer statt Sieger. Dann aber atomisierte Eric ab 1977 Rekordstatistiken und wurde dreimal Mehrkampf-Weltmeister (das hatte

seit 1891 kein US-Amerikaner mehr geschafft), gar viermal Sprint-Champion in Folge. Spielerisch leicht sah es aus, technisch perfekt, wenn der elegante Gleiter Meter um Meter zwischen sich und die Konkurrenz legte. »Der könnte auch auf Schmirgelpapier Rekorde laufen«, bemerkte der zweimalige Sprint-Olympiasieger Erhard Keller neidvoll. Allerdings war diese Lockerheit von »Flying Eric« hart erarbeitet. Mit vierzehn Jahren hatte er angefangen, gezielt und bewusst zu trainieren – fünf Stunden am Tag, an Land und auf dem Eis. Selbst bei minus zwanzig Grad Celsius trug er nur den dünnen Rennanzug auf nackter Haut. Er lief barfuß in den Schlittschuhen. Absolvierte an einem Tag fünfzehn Läufe über vierhundert Meter auf der Aschenbahn mit jeweils zwei Minuten Pause, dann fünfzehn Radsprints zu je einer Minute, denen »Entengang« auf dem Eis folgte – zweihundert Meter lang, fünfundzwanzigmal in Folge, ohne sich aufzurichten –, und schließlich dreihundert Kniebeugen mit achtzig Kilogramm Eisen auf der Schulter. Der Norweger Frode Rönning, zum gemeinsamen Üben eingeladen, lehnte dankend ab: »Trainiere bitte allein, das hält ja kein Mensch aus.«

Eric Heiden – ein Übermensch? Härter als im Training konnte es für den ehrgeizigen Sportler im Wettkampf nicht kommen. Seine Medaillen, seine Erfolge, die er scheinbar fast emotionslos hinnahm, waren für ihn die logische Konsequenz des »Davor«. Wie es auch das »Danach« war, das dem Sport folgte. Heiden versuchte sich noch als Athlet in seiner zweiten Passion, dem Radsport. 1981 nahm er an der Bahn-Weltmeisterschaft der Profis in Brno teil und belegte im Punktefahren Platz 19. 1985 wurde er US-Straßenmeister, startete beim Giro d'Italia (131. der Gesamtwertung) und im Jahr darauf bei der Tour de France, wo nach einem Sturz auf der achtzehnten Etappe Schluss war. Winter-Olympia hat Eric Heiden nach 1980 noch mehrmals erlebt – regelmäßig war der Doktor, der heute an der Uni von Kalifornien eine Assistenz-Professur für Orthopädie inne hat und unter anderem die Sacramento Kings betreut, als TV-Kommentator dabei. Einen wie den Heiden von 1980 hat er noch nicht wieder gesehen.

1980

Sowjetunion
Moskau
Zentrales Leninstadion
19. Juli 1980

»... keine Mannschaft oder einzelne Sportler zu den
Olympischen Spielen nach Moskau oder Tallinn zu entsenden.«
EMPFEHLUNG DES DEUTSCHEN BUNDESTAGES IM FRÜHJAHR 1980
MIT 446 GEGEN 8 STIMMEN BEI 9 ENTHALTUNGEN

Die Politik und die olympisch

dee

1980 | Die Politik und die olympische Idee

Die Altherrenrunde am Stammtisch im Gasthof »Zum goldenen Schwan« in Berlin-Neukölln sah sich am 19. Juli 1980 die farbenfrohe Eröffnungsfeier der XXII. Olympischen Spiele im Staatsfernsehen der DDR an. Die öffentlich-rechtlichen Sender der Bundesrepublik hatten angekündigt, täglich lediglich eine fünfzehnminütige Zusammenfassung der Ereignisse aus Moskau zu senden. Ursprünglich sollten es 180 Sendestunden sein – doch dann beschloss das Nationale Olympische Komitee (NOK) am 15. Mai den Boykott der Spiele. Der Antrittsverweigerung hatten sich insgesamt siebenundfünfzig Nationen angeschlossen. Und so marschierten statt der mehr als 8000 erwarteten Sportler lediglich 5677 in das Lenin-Stadion der sowjetischen Hauptstadt ein. Die Stammtischbrüder aus Berlin sahen am Bildschirm ein buntes Spektakel während der Feierlichkeiten. Riesige Menschenpyramiden bildeten sich auf dem Rasen, und die Tribüne unter dem olympischen Feuer verwandelte sich in immer andere menschliche Schaubilder, die mit bunten Kartons mal das Maskottchen Mischa, mal die olympischen Ringe darstellten. Als sowjetische Sportler eingeblendet wurden, die Friedenstauben in die Höhe hielten, schüttelten die älteren Herrschaften im Gasthof verwundert die Köpfe: »Das Ganze erinnert mich sehr stark an die Spiele 1936 in Berlin, als man drüben im Olympiastadion auch eine perfekte Friedensshow zur Propaganda abzog und gleichzeitig die Vernichtung von Millionen von Juden plante«, sagte ein Mitglied der geselligen Runde. Er spielte damit auf die sowjetische Invasion in Afghanistan an, die seit dem 26. Dezember 1979 weltweit für Aufsehen sorgte und den Boykott der Olympischen Spiele durch zahlreiche westliche Nationen ausgelöst hatte. »Es scheint so, dass sich außer den Namen der Kriegstreiber in den letzten 64 Jahren nicht viel verändert hat«, erwiderte sein Gegenüber. Sie schalteten das Fernsehgerät erbost ab und widmeten sich lieber wieder ihrem geliebten Schafskopfspiel.

Tatsächlich kamen in jenen Tagen des Sommers 1980 immer wieder Diskussionen auf, die die Absichten der Sowjetunion mit den Machenschaften der Nazis verglichen. Beides waren diktatorische Regimes, die sich gerne der groß angelegten Propaganda bedienten, deren Bürger hingegen vom dargestellten Glanz im Alltag wenig zu sehen bekamen. Dennoch hinkt der Vergleich, zumindest was die Durchführung der Olympischen Spiele betraf, ziemlich. Die Sowjetunion wollte von vorne herein einen herzlichen Gastgeber für die Sportler der Welt abgeben, unabhängig von Rasse oder Religion. Und sie

war es in jedem Fall für jene, die nach Moskau gekommen waren. Mit dem Einmarsch in Afghanistan hatten die Russen allerdings eine kriegerische Aggressivität ausgeübt, die aus politischer Sicht sicherlich zu verurteilen war. In Zeiten des Kalten Krieges kam dieser politische Fehltritt gerade recht, um dem »Russen« eine Lektion erteilen zu können. Ein Wirtschaftsboykott etwa wäre möglich gewesen. Die Sowjetunion war einer der größten Abnehmer von amerikanischem Weizen. Doch kurz vor den Wahlen in den USA konnte es sich Präsident Jimmy Carter nicht auch noch mit dem starken Wählerpotenzial der Landwirte verscherzen. Und so fiel das Augenmerk auf die bevorstehenden Olympischen Spiele. Mit einem Boykott des lange geplanten Sportfestes, so wusste man, würde man den Großmachtgegner treffen.

> »Die Olympischen Spiele in einer Nation abzuhalten, die gegen eine andere Krieg führt, hieße, den olympischen Mantel für die Handlungen dieser Nationen auszuleihen.«
>
> CYRUS VANCE, 1980, DAMALS US-AUSSENMINISTER

Und so ordnete Carter schließlich an, dass die US-Athleten nicht nach Moskau reisen durften. In einem Aufruf an die NATO-Verbündeten und die IOC-Mitglieder weltweit forderte der US-Präsident die nationalen Verbände auf, diesem Schritt zu folgen. Die Politik hatte sich damit den Sport zu eigen gemacht, mehr als jemals zuvor in der olympischen Geschichte. Die Reaktionen der Weltgemeinschaft waren allerdings unterschiedlich. Vor allem in der NATO fand Carter nicht die gewünschte Rückendeckung, die er sich erhofft hatte. Viele Staaten weigerten sich, einen politischen Konflikt auf dem Rücken der Sportler auszutragen. Sie wollten die Athleten nicht ihrer womöglich einzigen oder letzten Chance berauben, an den nur alle vier Jahre stattfindenden Spielen teilzunehmen, dem sportlichen Höhepunkt einer jeder Karriere.

Auch in Deutschland stellte man sich die Frage, ob es Sinn machen würde, die Spiele zu boykottieren. Ein monatelanger Streit zwischen Gegnern und Befürwortern wurde entfacht. Bundeskanzler Helmut Schmidt sprach sich dringend für den Boykott aus, Sportler und viele Verbände dagegen. Sie sahen wenig Sinn darin, den Spielen fern zu bleiben, da ohnehin niemand wirklich erwartete, dass die Sowjets deshalb ihre Truppen zurückziehen würden. Man wollte nicht Opfer eines politischen Machtkampfes werden, sondern sich im sportlichen Wettkampf mit Athleten aus aller Welt messen. Tagespolitik, so die Ansicht der Boykottgegner, habe bei

Olympischen Spielen nichts zu suchen. Doch zumindest in Deutschland verhallten alle noch so sinnigen Argumente der Sportler im Bundeskanzleramt, die Solidarität zum Bündnispartner USA wog stärker. Der Einfluss der Regierung auf die Vertreter des Nationalen Olympischen Komitees (NOK) war schon deshalb so groß, weil dieses finanziell abhängig war vom Staatssäckel. Immerhin 4,1 Millionen Mark hatte das Innenministerium für die Operation Olympia in Moskau bereit gestellt, und die selbe Summe versprach der Kanzler dem NOK auch für den Fall einer Boykotterklärung. Diese wurde schließlich nach langem Hin und Her am 15. Mai 1980 in Düsseldorf offiziell abgegeben. Mit neunundfünfzig zu vierzig Gegenstimmen beschloss das NOK mit ihrem Vorsitzenden Willi Daume, einem Boykottgegner, die Einladung aus Moskau abzusagen – wie sechsundfünfzig weitere Staaten auch. Englands Premierministerin Margaret Thatcher hingegen konnte das NOK ihres Landes nicht davon überzeugen, sich dem Boykott anzuschließen. So nahmen neben England auch andere europäische Nationen wie Italien, Spanien, Frankreich oder Österreich an den Spielen in Moskau teil. Es fehlten hingegen traditionell starke Mannschaften aus den USA, Japan, Südkorea oder Kanada. Somit gerieten einige Disziplinen zur regelrechten Farce. Am meisten betroffen vom Boykott waren die Reitwettbewerbe, wo alle führenden Nationen fehlten. Ebenso Hockey, wo die Favoriten aus Neuseeland, Australien, Pakistan, Holland und Deutschland nicht an den Start gingen. Gleiches galt für die Wettkämpfe im Bogenschießen, Segeln und Schießen.

Am Ende waren es vor allem die Sportler aus dem Ostblock, die als Nutznießer aus dem Boykott hervorgingen. Hatten sie bei den Spielen in Montreal »nur«

rund fünfundfünfzig Prozent der Medaillen gewinnen können, waren es in Moskau mehr als achtzig Prozent. Dominierend dabei waren vor allem die UdSSR und die DDR, die sich allein fünfzig Prozent aller 609 vergebenen Medaillen teilten. Die Sowjets konnten durch das Fehlen starker Leichtathleten aus dem Westen ihren Anteil von vier auf sechzehn Olympiasiege in dieser Disziplin steigern. Schon aufgrund dieser Tatsache wurden die Spiele von Moskau vielfach als IOC-Spartakiade verspottet, was letztendlich allein schon jenen Athleten gegenüber unfair erscheint, die ihre Medaillen sicher auch im direkten Duell mit der fern gebliebenen Konkurrenz errungen hätten. So wie die Schwimmerin Barbara Krause etwa, die dreimal Gold im Freistil gewann. Oder der schnelle Langstreckenläufer Miruts Yifter aus Äthiopien, der sich sowohl über 5000 Meter als auch über 10 000 Meter die Goldmedaille sicherte. Und nicht zuletzt auch die Doppel-Olympiasiegerin im Turnen Nadia Comaneci aus Rumänien. Die Sportler und Berichterstatter aus aller Welt lobten am Ende die perfekte Organisation dieser Olympischen Spiele. Einzig die zumeist unterkühlte Atmosphäre sowohl im Stadion als auch in Moskaus Innenstadt hinterließ vielfach einen

faden Beigeschmack. Die normalen Bürger der Stadt konnten kaum teilhaben am Spektakel – wer ärmlich aussah, wurde gar aus dem Zentrum verwiesen, um den Touristen ein sauberes Bild der Stadt vermitteln zu können. Nur ausgewähltes Publikum bekam Zutritt in die Lenin-Arena, wobei man dieses scheinbar angehalten hatte, nur die eigenen Athleten zu bejubeln. Die angekündigten Protestaktionen der teilnehmenden Athleten aus dem Westen blieben hingegen größtenteils aus. Nur der Österreicher Wolfgang Mayrhofer trug bei der Siegerehrung eine schwarze Armbinde als Zeichen seiner Ablehnung der Afghanistan-Politik des Gastgeberlandes. Und beim Einmarsch ins Stadion während der Eröffnungsfeier trugen sechzehn der einundachtzig teilnehmenden Mannschaften nicht ihre Nationalflagge vor sich her, sondern die der olympischen Gemeinschaft. Ansonsten blieb das Thema Afghanistan während der Spiele außen vor. Vier Jahre später in Los Angeles revanchierte sich der Ostblock und boykottierte seinerseits die Spiele. Erneut hatte die Politik Einzug gehalten in die Sportarenen. Und wieder waren es Sportler, die als Betroffene zu Hause blieben.

1981

England
London
Wimbledon
4. Juli 1981

»Ihr kotzt mich alle an.«
JOHN McENROE ZU DEN ZUSCHAUERN IM WIMBLEDON-FINALE

Der tennisverrückte »Big Mac«

1981 | Der tennisverrückte »Big Mac«

Das Traumfinale war perfekt: Am 4. Juli 1981 standen sich der schwedische Dauersieger Björn Borg und der rüpelhaft wirkende Amerikaner John McEnroe auf dem Center Court in Wimbledon gegenüber. Sehr zur Freude der Tennisfans – und zum Grauen der Schiedsrichter. Vielen Zuschauern vor Ort und an den TV-Bildschirmen weltweit war das Endspiel aus dem Vorjahr noch lebhaft in Erinnerung, als sich die Beiden erstmals in einem Wimbledon-Finale gegenüber standen. Es war eines des besten und spannendsten, das der altehrwürdige All England Lawn and Tennis Club in seiner über hundertjährigen Geschichte gesehen hatte. Der »Bad Boy« John McEnroe fiel dabei nicht nur wegen seiner dynamischen Spielweise auf, sondern vielmehr aufgrund seiner emotionalen Wutausbrüche auf dem Platz, bei

---

»Du blinder Hurensohn!«

JOHN McENROE ZUM SCHIEDSRICHTER

---

denen er nicht nur die Gegner, sondern auch die Zuschauer und vor allem die Schieds- und Linienrichter aufs Übelste beschimpfte. Und das in Wimbledon, wo Tradition und Etikette zur Tagesordnung gehören. Der Amerikaner mit der Wuschelfrisur rastete immer dann aus, wenn er sich ungerecht behandelt fühlte. Sah er einen Ball im Aus, der Linienrichter diesen aber im Spielfeld, dann knallte der Tennisrüpel schon mal sein Racket wütend in die Ecke, beschimpfte den Unparteiischen als »Hurensohn« und verletzte damit immer wieder den strengen Verhaltenskodex der Engländer. Die Schiedsrichter kamen mit dem Verteilen von Geldstrafen gar nicht mehr nach. Völlig anders hingegen präsentierte sich Björn Borg. Der Schwede sprach weder auf dem Center Court noch außerhalb des Platzes viel. Er wirkte eher unterkühlt, was ihm bald den Beinamen »Iceborg« einbrachte. Er brauchte auch nicht viel Aufhebens um seine Person machen, das besorgte ohnehin sein erfolgreiches Tennisspiel. Fünfmal in Folge hatte Björn Borg seit 1976 das wichtigste Tennisturnier der Welt gewonnen und dabei für einen ungewohnt hohen Zulauf weiblicher Fans in Wimbledon gesorgt. Beim Finale 1980 konnte er sich nach einer dramatischen Schlacht gegen McEnroe noch mit einem Fünfsatzsieg durchsetzen. »Bad Boy John« kündigte schnelle Rache an und hielt sein Versprechen. Bei den US Open 1980 fertigte McEnroe den Schweden in fünf Sätzen ab. Sie waren quitt. Nun folgte

in Wimbledon der nächste Showdown. Im ersten Satz sah es noch so aus, als würde Borg seinen sechsten Wimbledon-Erfolg ansteuern. Er siegte 6:4, musste im zweiten Satz dann aber in den Tiebreak. McEnroe nutzte seine Chance und brachte sich mit einem 7:6-Satzsieg ins Spiel zurück. Auch den dritten Satz gewann der Amerikaner im Tiebreak. Die Zuschauer feuerten Borg nochmals lautstark an, doch es half nichts mehr. Der Schwede war ausgelaugt, fand mit seinem Grundlinienspiel kein Rezept gegen die schnellen Netzkonter McEnroes. Mit 6:4 gewann der zweiundzwanzigjährige Amerikaner den entscheidenden vierten Satz – und damit zum ersten Mal das Turnier von Wimbledon.

Die Ära Borg war damit nach einundvierzig Spielen in Folge ohne Niederlage bei den All England Championships beendet. Im besten Tennisalter von gerade mal sechsundzwanzig Jahren hatte Borg 1982 plötzlich genug vom Tenniszirkus. Nachdem er sich »die Sinnfrage gestellt« hatte, stieg der je fünffache French-Open- und Wimbledon-Sieger überraschend aus dem Profigeschäft aus. Mehrere Comebacks des zweiundsechzigfachen Turniersiegers scheiterten kläglich. Sein Bezwinger John McEnroe hingegen komplettierte den Wimbledon-Triumph über Borg noch mit dem Sieg im Doppel, gemeinsam mit seinem Standardpartner Peter Fleming. Ein Wimbledonsieg sowohl im Einzel als auch im Doppel war zuletzt dem Australier John Newcombe 1970 gelungen. Doch John McEnroe sorgte beim englischen Traditionsturnier für ein weiteres Novum. Die Klubfunktionäre verweigerten dem temperamentvollen Amerikaner als erstem Sieger in der Geschichte des Wettbewerbes die Ehrenmitgliedschaft, die jedem Gewinner normalerweise automatisch zugestanden wird. Mit seinem ungebührlichen Verhalten hatte er sich den Zorn der strengen Sittenwächter des Klubs zugezogen, die mit ihrer Entscheidung demonstrieren wollten, dass man über solche Aktionen »not amused« sei. Der Tennisstar spaltete zwar die Nation, doch seinem Erfolg tat dies keinen Abbruch. Mit dem Wimbledonsieg hatte er endgültig das Tor zum Tennisthron aufgestoßen, nachdem er bereits seit 1978 im Profizirkus immer wieder mit spektakulären Aktionen und Siegen auf sich aufmerksam gemacht hatte. Als er 1977 als Amateur den Mixed-Wettbewerb der French Open gemeinsam mit Mary Carillo gewann, brachte er die Fachwelt erstmals ins Staunen. Bei den US Open erreichte er im Einzel das Achtelfinale und wurde in der Weltrangliste plötzlich auf Rang 21 geführt. Erst dieser Erfolg gab den Ausschlag, dass sich der achtzehnjährige John McEnroe für eine Karriere als Profispieler entschied und sein Studium an der berühmten Stanford University aufgab. Gleich in der ersten Saison gewann McEnroe vier Turniere und holte mit dem Davis-Cup-Team seines Landes den ersten Erfolg nach einer sechsjährigen Durststrecke. Ins Jahr 1979 startete er zugleich mit einem Sieg bei den Masters in New York, sowohl im Einzel als auch im Doppel. Das katapultierte das Duo McEnroe/Fleming auf Position eins der Doppel-Weltrangliste, wo sie 257 Wochen in Folge verharrten. Im Einzel-Ranking verbesserte sich McEnroe nach neun Turniersiegen im Jahr 1979 auf Rang drei und überzeugte auch die letzten Zweifler mit dem ersten von insgesamt vier US-Open-Siegen. Seinen kometenhaften Aufstieg untermauerte »Big Mac« im März 1980, als er mit einundzwanzig Jahren kurzzeitig als Erster der Weltrangliste geführt wurde. John McEnroe war damals der jüngste Topspieler auf dieser Position, den es jemals im Profitennis gegeben hatte.

Nach seinem Sieg gegen Björn Borg 1981 in Wimbledon kehrte der in der Branche als »Enfant terrible« verschriene Star auf die Topposition in der Weltrangliste zurück, die er fortan bis 1984 verteidigen konnte. Sein Spiel konnte zwar begeistern, seine Art der Selbstdarstellung jedoch weniger. Erst Jahre später, als der eher glanzlose Tscheche Ivan Lendl das Geschehen dominierte, lernte die Tennisszene die zum Teil skandalträchtigen

»Ich protestierte, weil ich mich nach dem perfekten Match sehnte.«

JOHN McENROE ÜBER SEINE VERBALEN ESKAPADEN

Auftritte McEnroes schätzen. Während seiner aktiven Zeit jedoch zog der »Bad Boy« oftmals den Unmut der Zuschauer auf sich. Vor allem in Wimbledon wollte man John McEnroe nach seinem Erfolg 1981 nicht mehr siegen sehen. Das Publikum stellte sich im Finale 1982 demonstrativ hinter dessen Landsmann Jimmy Connors. Zwar war auch Connors in England bereits als wilder Derwisch auf dem Platz in Erscheinung getreten, doch im Vergleich zu McEnroe waren dessen Wutausbrüche harmlos. Die Abneigung des Publikums zeigte Wirkung: Connors verhinderte McEnroes Titelverteidigung. Mit einem weiteren Sieg bei den US Open im gleichen Jahr behauptete McEnroe jedoch seine Spitzenposition in der Rangliste und schloss das Jahr 1982 als bestverdienender Sportler der Welt mit fünf Millionen Dollar Preisgelder ab. Nach sieben Saisonsiegen 1983 startete John McEnroe 1984 in das erfolgreichste Jahr seiner Karriere. Es

war zugleich das Jahr, in dem er seine spätere Ehefrau Tatum O´Neal, Schauspielerin und Tochter des Hollywood-Beaus Ryan O´Neal, kennen lernte. Womöglich beflügelt durch die neue Beziehung, verbuchte McEnroe stolze zweiundachtzig Siege und ging lediglich dreimal als Verlierer vom Platz – unter anderem im Finale der

»John war der schwarze Engel meines eigenen verklemmten Geistes.«

ARTHUR ASHE ÜBER JOHN McENROE

French Open gegen Ivan Lendl, der ihm damit die letzte Chance nahm, dieses Turnier wenigstens einmal zu gewinnen. In Wimbledon und bei den US Open hingegen zeigte McEnroe nochmals die gewohnte Stärke. Es blieben die letzten Grand-Slam-Erfolge seiner Karriere. Danach begann der stufenweise sportliche Abstieg. Nach hundertsiebzig Wochen an der Spitze der Tennisweltrangliste löste ihn 1985 Dauerrivale Ivan Lendl ab. Verletzungsbedingte Zwangspausen, freiwillige Auszeiten und zunehmende Lustlosigkeit ließen John McEnroe zuweilen aus den Top 10 der Rangliste fallen. In die Schlagzeilen geriet er unter anderem nochmals 1987, als er sich mit Boris Becker das längste Davis-Cup-Match der Geschichte lieferte. Sechs Stunden und neununddreißig Minuten standen die Beiden in Hartford, Connecticut, auf dem Platz, wobei der Deutsche am Ende mit 4:6, 15:13, 8:10, 6:2 und 6:2 gewinnen konnte. Seinem Image als Heißsporn wurde McEnroe einmal mehr 1990 während der Australian Open gerecht, als er im Achtelfinale gegen Mikael Pernfors wieder einmal die Nerven verlor. Nach zwei Verwarnungen und einem weiteren Aussetzer hatte Oberschiedsrichter Armstrong genug und disqualifizierte John McEnroe kurzerhand. Seine sportliche Glanzzeit war vorbei, und so begab sich der mittlerweile Dreiunddreißigjährige 1992 auf seine Abschiedstournee. Und plötzlich jubelten sie ihm alle frenetisch zu, hatte man nun doch realisiert, dass der vermeintliche Rüpel dem Tennissport fehlen würde. Nach seinem Wimbledon-Doppelsieg an der Seite von Michael Stich im Juli 1992 nahm McEnroe seinen Abschied, mit siebzehn Grand-Slam-Titeln und siebenundsiebzig Grand-Prix-Siegen als Erfolgsbilanz. Als Co-Kommentator für das Fernsehen und später auch als Star der ATP-Senior-Tour blieb er seinem Sport weiterhin treu. Nebenbei engagiert sich McEnroe in der Behindertenarbeit und zeigt damit ganz andere Seiten seiner Persönlichkeit.

1983

Finnland
Helsinki
Olympiastadion
9. August 1983

»Was soll ich machen? Es ist einfach so, dass
selbst meine langsamen Läufe immer noch
schneller sind als die besten Läufe meiner
Gegner.«

EDWIN MOSES

Zehn Jahre
ohne Niederlage

dem flinken Olympiasieger von 1976 und dreifachen Weltcupgewinner auch nur annähernd das Wasser reichen. Und so hofften viele insgeheim, dass der fünfundzwanzigjährige Schmid vielleicht diesmal die Siegesserie des Amerikaners brechen könne. Zumal man Moses nach seiner langen Zwangspause wegen einer schweren Lun-

> »Ich habe eben den Killerinstinkt in mir. Wenn ich auf der Bahn bin und laufe, dann will ich sie alle besiegen.«
>
> EDWIN MOSES

1983 | Zehn Jahre ohne Niederlage

Es war das größte Leichtathletikfest, das die Welt je gesehen hatte bis zu diesem Zeitpunkt. 158 Länderteams waren nach Helsinki gereist, um vom 7. bis 14. August 1983 im Olympiastadion bei den ersten Weltmeisterschaften um die begehrten Medaillen zu kämpfen. Noch nicht einmal bei Olympischen Spielen wurde eine derartige Resonanz bislang erzielt. Keiner der Stars wollte fehlen – zahlreiche neue Stars wurden geboren. Carl Lewis etwa. Der Amerikaner und später neunfache Olympiasieger holte gleich drei Titel über 100 Meter, im Weitsprung und mit der 4x100-Meter-Staffel. Mary Decker aus den USA lief im 3000-Meter-Rennen drei Russinnen davon. Und Willi Wülbeck, der zehnmalige Deutsche Meister über 800 Meter, gewann sensationell die Weltmeisterschaft in dieser Disziplin. Auf den Auftritt eines Mannes hatte die Leichtathletikwelt besonders ein Auge geworfen: Edwin Moses. Der Amerikaner war bereits seit sechs Jahren der dominierende Läufer über 400-Meter-Hürden. Seit dem 26. August 1977 hatte er kein Rennen mehr verloren. Er stellte sich in Helsinki erneut dem Duell mit dem Deutschen Harald Schmid, der ihm sechs Jahre zuvor die letzte Niederlage beigebracht hatte. Nicht etwa aus Antipathie wünschten sich viele Zuschauer, dass er endlich wieder einmal Schwäche zeigen würde. Vielmehr des Sports wegen. Denn der 400-Meter-Hürden-Wettbewerb galt aufgrund der Moses-Übermacht bereits als Langweiler. Niemand konnte

genentzündung den Anschluss an alte Leistungsmarken nicht mehr zutraute. Doch der Deutsche fand seinen Rhythmus gleich vom Start weg nicht richtig. Moses hingegen lief gewohnt locker, übersprang ohne große Fehler die Hürden und ließ sich selbst von einem offenen Schnürsenkel nicht aus der Ruhe bringen. Windböen im Stadion ermöglichten Edwin Moses nur eine Zeit von 47,50 Sekunden – ein Stück weit entfernt von seinem eigenen Weltrekord aus dem Jahr 1980 von 47,13 Sekunden. Dennoch: Es reichte für den Amerikaner, um als erster Weltmeister seiner Paradedisziplin in die Sportgeschichte einzugehen.

Edwin Moses erhielt seinen Unschlagbarkeits-Nimbus also aufrecht. Mehr noch, er baute ihn nur zwei Wochen nach den erfolgreichen Weltmeisterschaften von Helsinki sogar noch aus. Beim Leichtathletik-Meeting in Koblenz am 31. August 1983, dem achtundzwanzigsten Geburtstag des Hürdenkönigs, lief Edwin Moses das Rennen seines Lebens. Kurz zuvor hatte er Journalisten noch erzählt, er habe von einem neuen Weltrekord geträumt, den er am 31. August 1983 aufstellen werde. Dabei sei ihm immer wieder die Zeit von 47,03 vor Augen erschienen. Nach dem Rennen blinkte auf der Anzeigetafel die Zeit von 47,02 Sekunden auf. Moses hatte sich verträumt. Er unterbot seine Traumzeit sogar noch um eine Hundertstelsekunde. Damit war er der restlichen Weltelite noch weiter entrückt. Weitere vier Jahre lang dauerte die uneingeschränkte Dominanz des Edwin Moses noch. Was er vor allem seinem außergewöhnlichen 13-Schritt-Rhythmus zwischen den Hürden zu verdanken hatte, meist ein Schritt weniger als die anderen Läufer. Bei den Olympischen Spielen 1984 in Los Angeles wurde ihm die Ehre zuteil, den Eid sprechen zu dürfen. Dabei kam er vor lauter Aufregung ziemlich ins Stocken, was dem sonst so abgeklärten Athleten jedoch eher neue Sympathien einbrachte. Ohne Fehler meisterte er anschließend wieder seinen Lauf in 47,75 Sekunden und wurde somit zum zweiten Mal nach 1976 Olympiasieger über 400 Meter Hürden. Der mögliche Erfolg bei den Spielen 1980 in Moskau war ihm durch den Boykott der Amerikaner versagt geblieben. Im Folgejahr hatte der Sportstar Hürden ganz anderer Art zu meistern: Wegen eines angeblichen Kontaktes zu einer Prostituierten, was in einzelnen Staaten der USA noch immer verboten ist, wurde er vorübergehend verhaftet. Aus Mangel an Beweisen kam er jedoch wieder frei, musste sich anschließend seinen guten Ruf allerdings zurück erobern. Zumal sowohl in Athleten- wie in Verbandskreisen sein öffentliches Engagement gegen Doping und die seiner Ansicht nach zu starren Amateurbestimmungen nicht überall auf Verständnis stieß. Die Rehabilitierung gelang ihm in erster Linie durch neue sportliche Höchstleistungen.

Langsam begann der Mythos Edwin Moses allerdings zu bröckeln. Fast zehn Jahre nach der letzten Niederlage beendete sein Landsmann Danny Harris die imposante Siegesserie. Was der Silbermedaillengewinner von Los Angeles bereits 1984 angekündigt hatte, vollendete er am 4. Juni 1987 in Madrid. Der bisherige Kronprinz bereitete den Sturz des Königs vor. Nach genau neun Jahren, neun Monaten und neun Tagen musste sich der mitterweile fast zweiunddreißigjährige Moses erstmals nach einhundertsieben Siegen in Folge bei einem Rennen wieder mit Platz zwei begnügen. Hinter einem neun Jahre jüngeren Gegner. Für den spirituell anfälligen Moses war die Bündelung der Zahl 9 in diesem Zusammenhang kein Zufall, sondern ein Zeichen. Kein gutes anscheinend: Bei einem weiteren Lauf in Paris kam der Weltrekordhalter nach einem Sturz erst gar nicht im Ziel an. Die Zeit der Erfolge schien abgelaufen zu sein. Bei den Weltmeisterschaften 1987 in Rom nahm Moses doch noch einmal seinen ganzen Mut zusammen und ließ die großen Widersacher Danny Harris und

gegenüber. Seinem Landsmann André Phillips, der zuvor zwanzigmal gegen Moses verloren hatte. Den hatte vor dem Rennen eigentlich niemand auf der Rechnung, da neben Moses höchstens noch dem Amerikaner Kevin Young und eventuell dem Deutschen Harald Schmid Chancen eingeräumt wurden. Doch dann stürmte Phillips blitzschnell aus seinem Startblock und gab die Führung bis zum Zielstrich nicht mehr ab. Auf Rang zwei folgte ebenfalls überraschend der Senegalese El Hadj Amadou Dia Ba, Moses blieb nur noch die Bronzemedaille. Das Ende einer großen Ära war damit besiegelt. Nach zwei Olympiasiegen, zwei WM-Titeln, einhundertzweiundzwanzig Siegen und vier Weltrekorden.

Zwar hatte der dreiunddreißigjährige Edwin Moses nach den Spielen 1988 angekündigt, dass er auch an den Olympischen Spielen 1992 in Barcelona noch teilnehmen wolle. Dazu kam es nicht mehr. Er hätte mit Sicherheit auch nicht verhindern können, dass sein Landsmann Kevin Young am 3. August 1992 den seit 1983 bestehenden Weltrekord von 47,02 Sekunden gleich um 24 Hundertstel unterbot. Young war mit seiner Fabelzeit von 46,78 Sekunden der erste Mensch, der die 400-Meter-Hürden-Distanz in weniger als 47 Sekunden lief. Edwin Moses hatte zu diesem Zeitpunkt seine Laufkarriere bereits seit mehr als zwei Jahren beendet – und zugleich eine neue gestartet. Als Bobfahrer! Gemeinsam mit Brian Shimer nahm der studierte Physiker sogar an Weltcup-Rennen im Zweierschlitten teil und gewann 1990 in Winterberg die Bronzemedaille. Bei den Weltmeisterschaften 1991 kam Moses auf Rang sieben.

»Solange ich mich körperlich fit fühle, will ich laufen. Noch fällt es mir nicht schwer. Man hat ja schon viele Nachfolger für mich aufgezählt, doch bislang habe ich sie alle bezwungen.«
EDWIN MOSES NACH SEINEM OLYMPIASIEG IN LOS ANGELES

Harald Schmid mit 47,46 gegenüber 47,48 Sekunden denkbar knapp hinter sich. Seinen WM-Titel hatte er damit gerade noch verteidigen können. Das Olympiagold bei den Spielen 1988 in Seoul allerdings nicht mehr. Obwohl Harris nicht mit von der Partie war, weil der die nationale Qualifikation nicht überstanden hatte, sah sich Edwin Moses plötzlich einem neuen Konkurrenten

1984

USA
Los Angeles
Memorial Coliseum Stadium
4. August 1984

»Ich bin und bleibe einzigartig.«
CARL LEWIS BEI SEINEM ABSCHIED 1997

Der lange Weg zum Sympathieträger

1984 | Der lange Weg zum Sympathieträger

»Ich gewinne vier Goldmedaillen in Los Angeles, es gibt niemanden, der mich schlagen könnte.« Normalerweise hört das amerikanische Sportpublikum derart selbstbewusste Siegesbekundungen seiner Athleten recht gern. Doch im speziellen Fall von Carl Lewis mochte der Sympathiefunke vor den Olympischen Spielen 1984 nicht so recht überspringen. Zu blasiert erschien der Sprinter und Weitspringer den meisten Zuschauern. Dass Lewis mit seiner gewagten These keinesfalls nur großmäulig war, hatte er mit zahlreichen Rekorden bereits bewiesen. So wurde er 1981 als erster Athlet nach der US-Legende Jesse Owens amerikanischer Meister sowohl über 100 Meter und im Weitsprung. Lewis verbesserte im gleichen Jahr den Hallenrekord im Weitsprung auf 8,49 Meter und 1983 sogar auf 8,79 Meter. Und bei den Weltmeisterschaften 1983 heimste er gleich drei Titel ein: über 100 Meter in 10,07 Sekunden, mit einem 8,55-Meter-Sprung und mit der 4x100-Meter-Staffel. Selbst die Medien prophezeiten schon vor den Spielen von Los Angeles ein regelrechtes »Carl-Lewis-Festival«. Und so kam es schließlich auch. Den 100-Meter-Lauf gewann Lewis am 4. August in 9,99 Sekunden haushoch überlegen mit zwei Zehntelsekunden Vorsprung. Zwei Tage später ging er gleich dreimal an den Start: morgens im Vorlauf über 200 Meter, mittags im Zwischenlauf. Und am frühen Abend ging es im Finale des Weitsprungs um die zweite Goldmedaille. Doch es wurde kein großer Kampf. Lewis sprang im ersten Anlauf 8,54 Meter. Den zweiten Versuch hatte er übergetreten, und er verließ anschließend das Stadion. Er ging einfach davon aus, dass keiner seiner Gegner weiter springen würde, und verzichtete daher auf die restlichen drei Sprünge. Zwar gewann Lewis tatsächlich die Goldmedaille, doch für sein arrogantes Verhalten musste er die Pfiffe des eigenen Publikums über sich ergehen lassen. Die Antipathie zwischen Lewis und den zahlenden Zuschauern entspannte sich selbst nach zwei weiteren Goldmedaillen über 200 Meter und mit der 4x100-Meter-Staffel nicht wirklich. Von einem, der sich mit dem großen Jesse Owens vergleichen wollte, hatte man Weltrekorde erwartet. Oder zumindest den sichtbaren Willen dazu. Und so blieb der große Triumph des Carl Lewis, dem es als erstem Leichtathleten nach Jesse Owens gelungen war, in vier Disziplinen zu siegen, ohne Glanz.

Carl Lewis hatte durchaus das Zeug, als Volksheld zu taugen. Das sportliche Talent wurde ihm schon in die Wiege gelegt, da beide Elternteile ebenfalls als Läufer Erfolge auf nationaler Ebene erzielt hatten. Nachdem er

sich in der Pubertät vom schmächtigen Jüngling zum kräftigen Athleten entwickelt hatte, fand er sich bereits als Achtzehnjähriger in den amerikanischen Bestenlisten wieder. Maximal eine Stunde täglich widme er sich der körperlichen Ertüchtigung, die restliche Zeit benötige er zum Ausruhen, erklärte Lewis offen. Nicht nur mit solchen Äußerungen zog sich der Afro-Amerikaner den Zorn der Kollegen zu. Vielmehr noch war es sein Auftreten außerhalb der Sportarenen, das die Gemüter regelmäßig erhitzte. Nach seinem vierfachen Olympiatriumph von Los Angeles und der anschließenden Wahl zum Weltsportler des Jahres 1984 umgab er sich fortan mit Bodyguards und ließ sich bei internationalen Sportfesten nur noch in dicken Limousinen vorfahren.

Nachdem Lewis auch 1985 noch an seine Leistungen aus dem Olympiajahr anschließen konnte, wurde 1986 zu seinem Schicksalsjahr, das sowohl den Sportler als auch den Menschen Carl Lewis veränderte. Nach einem

---

»Wenn Carl Lewis nicht aufpasst, erreicht er sein Ziel und verfehlt es zugleich. Niemand bezweifelt mehr, dass der schnellkräftige junge Mann sich mit vier Goldmedaillen dekorieren lässt. Doch ist damit längst noch nicht gesagt, dass deshalb ein neuer Jesse Owens auf dem Thron sitzt. Das Idol der Spiele 1936 gewann die Herzen der Sportfreunde nicht nur durch seine Siege, sondern durch die Art und Weise, wie er sie erstritt. Eine strahlende Erscheinung, zu der es nicht gepasst hätte, zu den vier Olympiasiegen zu schleichen wie ein Ladendieb.«

FRANKFURTER ALLGEMEINE ZEITUNG VOM 8. AUGUST 1984

Leben in Saus und Braus musste der Topstar nach einer langwierigen Knieverletzung erst mal zahlreiche Rückschläge verkraften. Bei Leichtathletik-Meetings in Europa erlebte er auch aus diesem Grund ein Fiasko nach dem anderen. Neben den körperlichen Leiden war Lewis auch psychisch blockiert, da sein an Krebs erkrankter Vater Bill im Sterben lag. Dieser Umstand erwirkte einen Umdenkungsprozess im Leben des Carl Lewis. Mitmenschen gegenüber verhielt er sich plötzlich entgegenkommend und freundlich. Den Tod seines Vaters vor Augen, hatte Lewis seine Prioritäten neu geordnet. Als Bill Lewis 1987 starb, legte Carl ihm seine Goldmedaille aus dem 100-Meter-Lauf von Los Angeles mit in den Sarg. Zum Dank dafür, dass dieser ihn 1971 bei einem Sportfest dem großen Vorbild Jesse Owens persönlich vorgestellt und damit seine Leidenschaft für diesen Sport erst geweckt hatte. So wie Owens wollte Lewis künftig zum

Liebling der Massen werden. Der Wille war da, doch im vorolympischen Jahr 1987 sah sich Lewis plötzlich einem Muskelpaket namens Ben Johnson aus Kanada gegenüber. Bei den Weltmeisterschaften in Rom kam es zum ersten großen Duell der beiden Giganten. Im Finale des 100-Meter-Laufs starteten sie Seite an Seite. Johnson schoss derart gewaltig aus dem Startblock, dass weder Lewis noch einer der anderen Läufer überhaupt annähernd eine Chance hatte, ihn noch einzuholen. Lewis hatte mit 9,93 Sekunden zwar den Weltrekord von Calvin Smith eingestellt, den er seit Jahren im Visier hatte. Doch der Kanadier Ben Johnson lief sogar noch eine Zehntelsekunde schneller. Carl Lewis musste sich mit seinen WM-Titeln im Weitsprung mit 8,67 Meter und mit der 4x100-Meter-Staffel trösten.

In Seoul kam es dann am 24. September 1988 zum großen Showdown zwischen den beiden schnellsten Männern der Welt. Am Ende war es erneut der Kanadier, der mit 9,79 Sekunden einen neuen Fabelweltrekord aufstellte. Lewis verbesserte seine Bestzeit zwar auf 9,92 Sekunden, doch es half ihm wenig. Die Goldmedaille ging an Ben Johnson. Drei Tage später wurde der Kanadier des Dopings überführt und Lewis nachträglich zum Olympiasieger und Weltrekordhalter gekürt. Nachdem er auch im Weitsprung wieder dominierte und sich Silber im 200-Meter-Lauf sicherte, war Carl Lewis wie schon 1984 erfolgreichster Leichtathlet der Olympischen Spiele. Doch anders als vier Jahre zuvor hatte der vom arroganten Star zum Sonnyboy gewandelte Lewis diesmal auch das Publikum auf seiner Seite. Nach einer sportlichen Dürreperiode schlug 1991 erneut die große Stunde des Carl Lewis. Mittlerweile bereits dreißig Jahre alt, galt er längst nicht mehr als Favorit auf internationale Titel. Bei den Weltmeisterschaften in Tokio wurde dies bereits im Weitsprung ziemlich deutlich, als Mike Powell seinen Landsmann mit einem sagenhaften 8,95-Meter-

Satz auf den zweiten Platz verwies und den dreiundzwanzig Jahre alten, für unüberwindbar gehaltenen Weltrekord von Bob Beamon um fünf Zentimeter übertraf. Gleiches erwartete man auch im 100-Meter-Rennen, wo man sich vom neuen Weltrekordler Leroy Burrell aus den USA erneut eine Zeit von 9,90 Sekunden erhoffte. Schon nach den ersten Metern sah es so aus, als müsste

Lewis ein regelrechtes Fiasko erleben, da gleich vier der sechs gestarteten Konkurrenten deutlich vor ihm platziert lagen. Doch auf den letzten fünfzig Metern startete Lewis durch und warf sich als Erster durchs Ziel. Nach 9,86 Sekunden – Weltrekord! Auch alle anderen Läufer blieben unter zehn Sekunden, wodurch dieses Rennen als der schnellste 100-Meter-Lauf aller Zeiten in die Annalen einging. Nachdem auch die amerikanische 4x100-Meter-Staffel mit Lewis als Schlussläufer in 37,50 Sekunden einen neuen Weltrekord aufstellte, war der Triumph perfekt. Lewis war wieder oben auf und wurde 1991 zum »Welt-Leichtathleten des Jahres« gekürt.

An das Karriereende wollte Lewis noch immer nicht denken. Er hatte die Olympischen Spiele 1992 in Barcelona fest im Visier. In der Qualifikation über 100 Meter wurde er jedoch überraschend nur Sechster und musste somit auf einen olympischen Start verzichten. Lediglich

für den Weitsprung war Lewis erste Wahl. Obwohl gesundheitlich angeschlagen, hüpfte er mit 8,67 Metern drei Zentimeter weiter als Mike Powell. Damit war Carl Lewis der erste Leichtathlet, der dreimal in Folge in dieser Disziplin olympisches Gold gewann. Fast turnusgemäß gab es doch noch die Goldene mit der US-Staffel in neuer Weltrekordzeit von 37,40 Sekunden. Mit acht olympischen Goldmedaillen war Carl Lewis damit der erfolgreichste Leichtathlet nach Paavo Nurmi, der zwischen 1920 und 1929 auf neun goldene Medaillen kam. Diesen Rekord wollte Lewis zumindest einstellen, wofür er vielerorts nur milde belächelt wurde. Doch tatsächlich qualifizierte sich der Fünfunddreißigjährige auch für die Spiele 1996 in Atlanta – die vierten seiner Karriere. Was niemand für möglich gehalten hatte, geschah am 29. Juli: Mit einem 8,50-Meter-Satz gewann der Amerikaner souverän den Weitsprungwettbewerb zum vierten Mal in Folge und damit seine neunte und letzte Goldmedaille.

Beim Leichathletik-Meeting im Berliner Olympiastadion am 26. August 1997 gab Lewis schließlich seinen Rücktritt bekannt. Nach neun Olympiasiegen, acht Weltmeistertiteln und neun Weltrekorden. An eben jener Stätte, an der sein großes Vorbild Jesse Owens 1936 vier Goldmedaillen gewonnen hatte. Wenig bescheiden, aber dennoch berechtigt, verabschiedete sich Lewis mit den Worten: »Ich bin und bleibe einzigartig, einen Carl Lewis gibt es nur einmal.«

1984

USA
Los Angeles
Memorial Coliseum Stadium
10. August 1984

»In München war das Gefühl tiefer. Heute habe ich das mehr
berechnet. Ich wollte das. Ich war mit dem Kopf dabei.«

ULRIKE MEYFARTH 1984 IN LOS ANGELES

»Lady Langbein«

1984 | »Lady Langbein«

Es war ein sonniger Freitagnachmittag in L. A., einer zum Dahinschmelzen »like ice in the sunshine«. Die Einladung zum Relaxen hatte Ulrike Meyfarth freilich längst abgelehnt, als sie kurz vor sechzehn Uhr mit ihrer Sporttasche ins Memorial Coliseum Stadium von Los Angeles einmarschiert war, wo wenige Minuten später der olympische Hochsprung-Wettbewerb der Frauen beginnen sollte. Fünfzehn Athletinnen hatten tags zuvor die Qualifikationshöhe von 1,90 Meter genommen. Zur Schar der fünfzehn gehörte neben Ulrike Meyfarth, der schon sechzehnjährig in München sensationell Gold-Dekorierten, mit der Italienerin Sara Simeoni immerhin

»Wenn ich etwas hätte denken können, hätte ich wohl gedacht, dass ich jetzt glücklich bin. Aber ich dachte nichts. Ich war es bloß.«

ULRIKE MEYFARTH ÜBER IHREN OLYMPIASIEG 1972

noch eine aus dem Veteranenkorps von 1972. Ansonsten aber viel »junges Gemüse«, darunter die beiden Deutschen Brigitte Holzapfel und Heike Redetzky (später Henkel).

1932 hatten in der vor dem Spektakel von 1984 gelifteten Arena schon einmal Olympische Spiele stattgefunden. Die US-Amerikanerin Jean Shiley war dabei mit 1,65 Meter zu Gold gestraddelt. Bei den Männern ging der Sieg an den Kanadier Duncan McNaughton, der sich über 1,97 Meter schwang. 52 Jahre später war nicht nur von anderen Höhen die Rede, sondern auch von Sprungstilen, von denen die Altvorderen nicht einmal geträumt hätten. Die von Dick Fosbury erfundene und etwas irritierend Flop genannte Rückwärts-Überquerung der Latte, mit der der Amerikaner 1968 in Mexiko Olympiasieger wurde, revolutionierte die Disziplin. Für die schon als Teenager lang aufgeschossene Ulrike Meyfarth wurde

Fosburys Geniestreich zum Glücksfall. Als sie dreizehnjährig bei der LG Rhein-Ville unter Anleitung von Volkshochschullehrer und Trainer aus Passion Günter Janietz ihre ersten Sprünge tat, waren es von Beginn an Flops. Damals schon 1,86 m groß, mit herrlich langen Beinen gesegnet und dazu sehr beweglich, schien ihr die Novität geradezu auf den Leib geschneidert.

Der Olympiasieg von 1972 der mit sechzehn Jahren und 123 Tagen jüngsten Leichtathletik-Goldgewinnerin in einer Einzeldisziplin aller Zeiten war so auch ein Produkt günstiger Umstände – mit der Bulgarin Blagojewa und Österreichs Weltrekordlerin Ilona Gusenbauer kamen zwei aus der alten Schule auf die Ränge hinter der Deutschen. Schon ahnte man, dass Ulrike Meyfarths Überraschungscoup nur der Anfang des Stilwandels ist. »Es braucht nur ein Riesenweib aufzutauchen, ungefähr 1,85 Meter groß, und schon ist es mit der Herrlichkeit der Straddlerinnen vorbei«, hatte Favoritin Gusenbauer orakelt.

Diesmal nun, zwölf Jahre später in Los Angeles, gab es keine, die als Gold-Anwärterin herauszuheben gewesen wäre. Weltmeisterin Tamara Bykowa fehlte boykottbefohlen, ein halbes Dutzend durfte vom Platz auf dem obersten Treppchen träumen. Erst vier Tage vor dem Wettkampf konnte Ulrike Meyfarth beschwerdefrei üben, davor hatte die schmerzende Achillessehne Höhenflüge gebremst. Aber das einstige »Wunderkind«, das 1972 unbeschwert ohne großes Nachdenken jede neue Sprunghöhe genommen und staunend erlebt hatte (»Es war, als ob man einen Film sah, in dem man selber mitspielte.«), was um sie herum geschah, präsentierte sich nun als Meisterin der Konzentration. Bei 1,75 Meter begann der Wettbewerb, führte über drei Höhen in den Achtzigern und drei in den Neunzigern bis zur Grenzmarke von zwei Metern – nach der sie mit Sara Simeoni allein

»Vom Leichtathletik-Verband hörte ich nichts, kein Anruf, wie es mir ginge, wie es weitergehen solle. Es war, als gäbe es mich nicht mehr.«

ULRIKE MEYFARTH ÜBER IHR TIEF MITTE DER SIEBZIGER

war. 2,02 Meter schließlich gelangen Meyfarth im ersten Versuch, die Italienerin scheiterte. Gold in München, gescheitert an der Qualifikationshöhe (1,80 Meter) in Montreal, Boykott der Spiele in Moskau, Gold in Los Angeles – die Karriere-Achterbahn der Ulrike Meyfarth war wieder angekommen.

»Es ist irgendwie ein tolles Gefühl, da durchgegangen zu sein«, resümierte sie ihre anderthalb Jahrzehnte Hochsprung, in denen sie zur Ausnahmeathletin wurde, weil die Täler, durch die sie musste, nicht weniger verschlingend waren als die Gipfel atemberaubend. Der 4. September 1972 von München hatte ihr Leben in der an Sporthelden eher armen Bundesrepublik auf eine Weise verändert, die sie nicht beeinflussen konnte. Sie wurde zum »Objekt der Begierde«, zum »Fall«, wenn etwas schief lief, zur öffentlichen Person, was auch immer mit ihr passierte. Sie mochte es nicht, sie wehrte sich, wütend und hilflos, sie versuchte zu erklären und gab es resignierend auf. Als sie Mitte der siebziger Jahre nur noch unter »ferner sprangen« notiert wurde, aus dem Nationalkader flog, die Sporthilfe gestrichen wurde – sie resümierte »Ich war gerade 21 und schon eine abge-

> »Mit ihr ist es die schönste Zusammenarbeit, die ich je mit einer Athletin hatte. Sie hat erkannt, dass es allein auch nicht geht. Vielleicht deshalb, weil sie schon mal unten war.«
>
> TRAINER GERD OSENBERG

schriebene Athletin« –, da ließ sie *Die Zeit* wissen: »Sie kann mich ja eigentlich am Arsch lecken, die breite Öffentlichkeit.« Was wie die Bankrotterklärung der Meyfarth klang, wurde ein Offenbarungseid, mit dem sich die Athletin am Scheideweg zwischen Aufgeben und Aufbegehren für das Letztere entschied. Sie wechselte nach Leverkusen zu Trainer Gerd Osenberg, der Ulrike Meyfarth beharrlich wieder auf Kurs brachte. 1978 war sie bereits EM-Fünfte, 1981 gewann sie Europa- und Weltcup, 1982 flog sie als Deutsche Meisterin erstmals über zwei Meter und wurde in Athen mit dem Weltrekord von 2,02 Metern Europa-Champion, 1983 steigerte sie diese Bestmarke auf 2,03 Meter und gewann Silber bei den Weltmeisterschaften in Helsinki.

Katharsis nennt man in der griechischen Antike das, was Ulrike Meyfarth am Ende als Bilanz der vielen Akte des langen Stückes, in dem sie Solistin war, erlebt hat – Läuterung. Ein Stück, in dem nichts fehlte zwischen Schwank und Tragödie. »So einen Tag verflucht man nicht«, sagte sie mit Blick auf das Münchner Gold von 1972. »Man muss jedoch auch dafür bezahlen.« Das hat sie reichlich getan, bis an die Schmerzgrenze. Doch es hat sich gelohnt: durchzuhalten und zu ertragen. Ihr erstes Gold bekam sie quasi geschenkt, das zweite hat sie sich hart erarbeitet. Vergleichen wollte sie das »Früher« und »Später« nicht. »Das kann man nicht beschreiben. Gefühle erlebt man. In München war das Gefühl

tiefer. Heute habe ich das mehr berechnet. Ich wollte das«, sagte sie in Los Angeles, »ich war mit dem Kopf dabei.« Beim Olympia-Auftritt 1984 habe sie »etwas über den Dingen gestanden, und es ist reizvoll, es mal unter solchen Voraussetzungen zu versuchen«. München war über sie hereingebrochen, vor Los Angeles meinte sie nachdenklich, sie wolle »das alles noch einmal erleben«. Es war aber alles anders als 1972, und vor allem war sie anders als damals, als sie nach der übersprungenen Sieghöhe von 1,92 Metern auf der grünen Plane des Kunststoffwürfels saß und in die Kameras lachte: »Bloß verwundert war ich, dass alles so leicht war.« Danach war nichts mehr leicht. Deshalb hat Ulrike Meyfarth ihren letzten großen Sieg genossen. Mit »viel tieferer innerer Befriedigung«, als es in München möglich war – »da hatten ja meine Träume noch nicht einmal angefangen«. Ein unmittelbar vor den Spielen in Los Angeles erschienenes Buch trägt denn auch den Titel *Nicht nur die Höhe verändert sich.*

Den im Sport gern strapazierten Grundsatz »They never come back« hat sie ganz nebenbei eindrucksvoll widerlegt. Zwölf Jahre nach dem ersten Olympiasieg wieder auf dem obersten Treppchen zu stehen, dieses Kunststück hat in der Leichtathletik kein anderer vollbracht. Einige Wettkämpfe zum Ausklingen bestritt »Lady Langbein« noch, dann war das Kapitel Spitzensport für sie vorbei. Es begann ihr »zweites Leben«. Sie beendete ihr Sportstudium an der Kölner Sporthochschule (für das sie als Olympiasiegerin 1975 angesichts des Numerus Clausus wegen ihres Notendurchschnitts von 3,2 zunächst nicht zugelassen worden war), arbeitete im Gesundheitszentrum des Bayer-Konzerns, heiratete 1987 den Rechtsanwalt Ronald Nasse, wurde Mutter zweier Töchter und Assistenztrainerin an der Seite ihres alten Coaches Gerd Osenberg. Auch ihre Sehnsucht aus hitzigen Sportlerzeiten, einfach nur »Frau Meyfarth von nebenan« zu sein, hat sie sich mit kleiner Variation erfüllt. Nachdem sie zunächst einen Doppelnamen trug, ist sie seit 1995 nur noch Ulrike Nasse. »Fürs normale Leben reicht das«, sagt sie. Dass einfach nur Frau Nasse sein für eine Athletin wie sie keine Anonymität bedeutet, unterstreicht, dass sie seit 1999 Mitglied der Athletenkommission des Weltverbandes IAAF ist. Eine wie sie, ob sie nun »die Meyfarth« oder »die Nasse« ist, können sie dort in jeder Hinsicht gebrauchen.

Der »rote Baron« und sein Wohnzimmer

1985

England
London
Wimbledon
7. Juli 1985, 17.26 Uhr

»Vielleicht war er zu jung, um zu wissen, dass er zu jung war,
um Wimbledon zu gewinnen.«

WASHINGTON POST VOM 8. JULI 1985

1985 | Der »rote Baron« und sein Wohnzimmer

Zuweilen zeigten sich die mehr als 14 000 Besucher auf dem Centre Court in Wimbledon am 7. Juli 1985 richtig enttäuscht über die Paarung des Finales. Viele von ihnen hatten viel Geld gezahlt, um einmal live dabei zu sein, wenn der wichtigste Tennispokal der Welt ausgespielt wird. Doch im Stillen hatten sie gehofft, dabei einen der Großen der Szene spielen zu sehen. Einen John McEnroe etwa, den pöbelnden Titelverteidiger. Oder dessen Landsmann Jimmy Connors. Aber die Beiden waren bereits ausgeschieden. Sowohl Connors als auch McEnroe hatten ihre Spiele überraschend gegen den Südafrikaner Kevin Curren verloren, den eigentlich kaum jemand richtig kannte. Aber auch dessen Endspielgegner Boris Becker war völlig unbekannt. Der siebzehnjährige Deutsche hatte nur Tage vor dem Wimbledonstart beim Rasenturnier in London-Queens seinen ersten Grand Prix überhaupt gewonnen. Im nahen Tennis-Mekka nahm man das noch gar nicht richtig wahr, der Rotschopf wurde jedenfalls auf keiner Liste geführt. Das Finalpublikum in Wimbledon war verwöhnt aus den letzten Jahren, wo die Auftritte von Björn Borg und John McEnroe zu

»Der Sieg wird ihn bis Weihnachten zum Millionär machen. Um 17.26 Uhr an diesem Sonntag hat Boris Becker seine Arme in die Luft gerissen, den Kopf zurückgeworfen und seinen Schrei ausgestoßen, der die Luft in Wimbldon durchschnitt. Genau zu diesem Zeitpunkt hat sich ein Leben für immer verändert.«

DAILY MAIL VOM 8. JULI 1985

Tennishighlights gerieten. Und nun standen sich diese Nobodys gegenüber. Das Duell sei eher eine Art Unfall, meinten Experten damals, weil die Stars der Szene dummerweise im Kollektiv ein schlechtes Turnier gespielt hatten. Doch schon bald realisierten die Zuschauer im Centre Court und die Millionen an den Fernsehgeräten, dass sie an diesem 7. Juli einem historischen Spiel beiwohnten. Allein elf Millionen Deutsche schalteten zu, als achtzehn Jahre nach Wilhelm Bungert wieder ein Landsmann im Finale von Wimbledon stand. Becker bewies in einem hochklassigen Duell über drei Stunden und achtzehn Minuten die besseren Nerven. Er gewann den ersten Satz locker mit 6:3, verlor jedoch den zweiten mit 6:7. Im dritten setzte er sich wieder knapp mit 7:6 durch, und im vierten Satz schlug er beim Stand von 5:4 um 17.26 Uhr schließlich zum Matchball auf. Und er nutzte seine Chance. Der Youngster war nicht nur

der erste Deutsche, der das Traditionsturnier in London gewinnen konnte, sondern im Alter von siebzehn Jahren und 227 Tagen auch der jüngste Wimbledonsieger aller Zeiten – und zudem der erste ungesetzte. Fortan war vor allem im deutschen Herrentennis nichts mehr wie zuvor. Becker löste mit seinem Überraschungscoup einen bis dahin nicht da gewesenen Boom in seiner Sportart aus.

Boris Becker wurde weltweit mit Lob nur so überschüttet. »Vom Wunderkind des Tennis« war die Rede, vom »History Boy« und dem »größten Talent aller Zeiten«. Der Teenager schoss wie Phönix aus der Asche empor und verzückte die Szene wie kaum jemand zuvor. Doch der Wimbledonsieg lag zugleich wie eine zentnerschwere Last auf den Schultern des Jungstars. Becker wusste: Er musste sich auch weiterhin behaupten, um endgültig als Topspieler anerkannt zu werden. Wer enger mit ihm zu tun hatte, war schnell beeindruckt, wie willensstark sich dieser charismatische Junge trotz seines jungen Alters präsentierte. Dies hatte er sicherlich auch seiner gezielten Talentförderung zu verdanken. Von seinem inzwischen verstorbenen Vater Karl-Heinz Becker guckte sich Boris die Leidenschaft für das Tennisspiel ab. Der Hobbyspieler nahm den Spross regelmäßig mit auf die Anlage des Tennisklubs Blau-Weiß Leimen, wo der Junior zunächst aus Spaß das Racket schwang, später dann seine ersten ernsthaften Unterrichtsstunden nahm. Mit zehn Jahren feierte er erste Siege bei Jugendturnieren und gehörte dank seines stark ausgeprägten Ehrgeizes bald zu den Stammspielern des Heimatvereins. Im Tennis-Leistungszentrum in Leimen erhielt Becker von Trainer Boris Breskvar den nötigen Feinschliff in Spieltechnik, was ab 1982 mit drei Deutschen Juniorenmeisterschaften in Folge belohnt wurde. Als der »Sturkopf«, so Trainer Breskvar, auch bei der Junioren-Weltmeisterschaft 1983 und 1984 jeweils das Finale erreichte, stand endgültig fest, dass sein Weg in das Profilager füh-

»Der Centre Court von Wimbledon ist so was wie mein Wohnzimmer.«

BORIS BECKER

ren würde. Becker brach folglich seine Realschulausbildung im Alter von sechzehn Jahren ab und begab sich in die Obhut von Manager Ion Tiriac, einst selbst erfolgreicher Profi aus Rumänien, und vom ehemaligen Bundesjugendtrainer Günther Bosch. Vor allem Tiriac erwies sich als cleverer Wegbereiter für die Karriere Beckers, indem er den Wohnsitz seines Schützlings kurzerhand nach Monaco verlegte, um ihm dadurch einerseits die Bundeswehrzeit zu ersparen und zum anderen reichlich Steuern. 1984 stieg der »Grünschnabel« auf Position 563 in den professionellen Tenniszirkus ein und sammelte im ersten Jahr zunächst reichlich Erfahrungen. In Wimbledon etwa schied er in Runde drei verletzungsbedingt aus. Bei den Australian Open in Melbourne erreichte Becker das Viertelfinale, was ihn in der Weltrangliste auf Platz 65 katapultierte. Nur ein Jahr nach seinem Profidebüt brachte die Saison 1985 mit dem Wimbledonsieg bereits den ganz großen Durchbruch.

1986 wurde zur harten Bewährungsprobe für den Heißsporn. Er musste der Welt beweisen, dass sein Wimbledontriumph kein Zufall war. Der mittlerweile Achtzehnjährige erfüllte alle Erwartungen. Er erreichte zwölf Turnierfinals und entschied sieben davon zu seinen Gunsten. Vor allem in Wimbledon richteten sich alle Augen auf den Titelverteidiger. Man hatte ihn als Nummer vier gesetzt. Er schloss das Turnier als Nummer eins ab. Was niemand für möglich gehalten hatte, schaffte Becker im Finale gegen den Weltranglistenersten Ivan Lendl in einem klaren Dreisatzsieg mit 6:4, 6:3 und 7:5. Nun war er endgültig ein großer, ein echter Champion. Die geballte »Beckerfaust«, mit der sich der Deutsche während des Spiels immer wieder selbst motivierte, wurde zum Markenzeichen. Aus dem tapsigen Jungen war bis Ende 1986 ein neunzehnjähriger Erwachsener gereift, der mittlerweile als Nummer zwei der Rangliste schon längst Dollarmillionär war und sich mehr und mehr auch persönlich entwickelte. Das wurde auch daran deutlich, dass Becker im Januar 1987 seinen Trainer Günther Bosch, der lange als väterlicher Freund galt, kurzerhand entließ. Er wandelte sich unter dem enormen Druck der Öffentlichkeit zu einer völlig veränderten Persönlichkeit. Dieser Prozess bremste den sportlichen Höhenflug in den Jahren 1987 und 1988 zunächst etwas ab, brachte anschließend allerdings einen noch stärkeren, noch unberechenbareren Tennisspieler Becker hervor. Ende 1988 siegte »Boris Nationale« zunächst eindrucksvoll beim Masters gegen Lendl, anschließend führte er das David-Cup-Team zum Sieg, was man 1989 wiederholen konnte. Mit dem dritten Wimbledonsieg im Juli und seinem ersten und einzigen Erfolg bei den US Open im August schloss Becker die Saison 1989 als Weltmeister und Zweiter der Weltrangliste ab. Das große Ziel, einmal ganz oben zu stehen, erfüllte sich erst 1991. Nach dem ersten Sieg bei den Australian Open, wo er im Finale den großen Konkurrenten Ivan Lendl wieder einmal besiegen konnte, eroberte Becker den Tennisthron – wenn auch zunächst nur für drei Wochen. Das Phäno-

men Boris Becker erklärte sich ohnehin nicht durch die Zahl seiner Siege oder die Anzahl der Wochen als Erster der Weltrangliste. Vielmehr waren es die leidenschaftlichen Auftritte des »Tennisbarons«, der in der Lage war, verloren geglaubte Spiele mit seiner ausgeprägten Willenskraft noch zu kippen. Spiele mit seiner Beteiligung waren oftmals an Dramatik und spielerischer Qualität nicht zu überbieten. Etwa die Partie im Davis-Cup-Abstiegskampf gegen den Amerikaner John McEnroe 1987, als sich beide das längste Spiel in der Geschichte dieses Wettbewerbs lieferten. Ganze sechs Stunden und neununddreißig Minuten kämpften die beiden Akteure verbissen um jeden einzelnen Punkt. Mit dem berühmten »Beckerhechtsprung« machte er so manchen Return möglich, den er nicht mehr erlaufen konnte.

Boris Becker erwies sich in den späteren Jahren seiner

»Tennisjahre sind wie Hundejahre. Manches Mal fühle ich mich, als wäre ich vierzig Jahre alt.«

BORIS BECKER 1990

Karriere immer wieder als Stehaufmännchen. Er wechselte mehrmals die Trainer, wodurch er mal ganz oben mitspielte und dann wieder zurück fiel. Selbst als er 1991 die bitterste Niederlage seine Karriere einstecken musste, als er das Wimbledonfinale gegen den deutschen Erzfeind Michael Stich verlor, konnte dies dem Mythos Becker wenig anhaben. Nur wenige Wochen nach der Schmach gegen Stich gewannen beide beim olympischen Doppel in Barcelona die Goldmedaille. Mit den Jahren hatte Boris Becker vermehrt Probleme, sich immer wieder neu zu motivieren. Er hatte im Lauf seiner Karriere fast alles gewonnen, die Anzahl der Ziele wurde zunehmend kleiner. Er war ATP-Weltmeister 1992 und 1995, Olympiasieger 1992, Davis-Cup-Gewinner 1988 und 1989, Weltranglistenerster, dreifacher Wimbledonsieger. Was fehlte, war ein Sieg auf dem ungeliebten Sandbelag und bei den French Open im Speziellen. Es blieb ihm verwehrt. 1997 kündigte er seinen Teilrücktritt an. Er wollte fortan nicht mehr bei Grand-Slam-Turnieren antreten. Doch der Publikumsliebling, der ab Oktober 1997 nebenbei auch das deutsche Davis-Cup-Team betreute, änderte seine Meinung 1999 noch einmal. Seinen Traum, vierzehn Jahre nach dem ersten Triumph in Wimbledon an gleicher Stelle seine Karriere mit einem Sieg zu beenden, erfüllte sich jedoch nicht. Im Achtelfinale beendete Patrick Rafter die Ära Boris Becker im »Wohnzimmer« des Deutschen.

»Fräulein Vorhand«

1986

Deutschland
Berlin
Eichkamp
19. Mai 1986

»Eine Sportlerin wie Steffi Graf wird nur
einmal im Jahrhundert geboren.«
BORIS BECKER

1986 | »Fräulein Vorhand«

Noch nicht einmal ein Jahr war es her, dass der siebzehnjährige Boris Becker 1985 sensationell das Turnier von Wimbledon gewann. Die Tenniseuphorie in Deutschland war gerade ausgebrochen, als im Frühjahr 1986 ein sechzehnjähriges Mädchen namens Stefanie Maria »Steffi« Graf für die nächsten Schlagzeilen aus deutscher Sicht sorgte. Der aus Brühl stammende Blondschopf besiegte im Finale des Turniers von Hilton Head Island die lebende Tennislegende Chris Evert mit 6:4 und 7:5 – immerhin die Nummer zwei der Tennisweltrangliste der Damen. Der weibliche Gegenpart zu Boris Becker rutschte damit auf Rang drei der Bestenliste vor und heizte die ohnehin große Tennis-Begeisterung in seiner Heimat weiter an. Deutschland hatte sein Traumpaar! So richtig in Fahrt gekommen, fegte Graf im Endspiel von Amelia Island auch ihre deutsche Konkurrentin Claudia Kohde-Kilsch vom Platz. Mit viel Selbstbewusstsein im Rücken, reiste das »Tenniswunderkind« im Mai 1986 zu den Internationalen Deutschen Meisterschaften nach Berlin. Vor heimischem Publikum spielte Graf erst richtig auf. Sie schlug sich erneut bis ins Finale durch, wo ihr die beste Tennisspielerin jener Tage gegenüber stand: Martina Navratilova. Die gebürtige Tschechin mit amerikanischem Pass beherrschte das Damentennis fast nach Belieben. Sie gewann in ihrer Karriere 18 Grand-Slam-Turniere im Einzel und hält bis heute mit neun Wimbledonsiegen zwischen 1978 und 1990 den Rekord. Alle Versuche der Konkurrentinnen, sie vom Thron zu stoßen, scheiterten seit 1982 regelmäßig. Und so fürchtete sich Navratilova auch wenig vor dem »Grünschnabel« Steffi Graf. In einem hochklassigen Match ließ das »Tennisküken« dann aber durchblicken, dass sie längst mehr darstellte als eine talentierte junge Spielerin. Graf deklassierte die Nummer eins der Weltrangliste regelrecht und beendete das Match nach nur 64 Minuten sensationell mit 6:2 und 6:3. Martina Navratilova hatte nicht den Hauch einer Chance. Völlig schockiert von der Abreibung durch die 16-jährige Deutsche begann die »Grande Dame« des Tennis bitterlich zu weinen. Sie wollte ihren eigens angereisten Eltern einen Sieg schenken – stattdessen musste sich Navratilova, ebenso wie die restliche Tenniswelt der Damen, bewusst werden, dass sich mit Steffi Graf eine neue Macht etabliert hatte.

Tennis war in Deutschland dank Graf und Becker plötzlich zu einer der populärsten Sportarten geworden. Die Medien berichteten ausführlich von den Plätzen der Welt, im Fernsehen liefen pausenlos Übertragungen von den großen Turnieren, bei denen die neuen deutschen Stars nun stets zu den großen Favoriten zählten. Als Boris Becker am 6. Juli 1986 seinen Wimbledontitel aus dem Vorjahr mit einem Finalsieg gegen Ivan Lendl verteidigen konnte, brachen endgültig alle Dämme. Die Bundesrepublik war nun eine der führenden Tennisnationen der Welt. Im Sog dieser Begeisterung feierte auch Steffi Graf einen Erfolg nach dem anderen. 1986 gewann sie insgesamt sieben Turniere und setzte sich dadurch an die Spitze der Weltrangliste fest. Sie wurde prompt zur »Sportlerin des Jahres« gewählt, erhielt mit Pavel Slozil einen neuen Trainer und setzte zum ganz großen Sprung an die Spitze an. Was sie vor allem auszeichnete, war ihre ungewöhnlich starke Vorhand. Der hatte sie nicht nur eine beeindruckende Siegesserie mit fünfundvierzig Triumphen in Folge zu verdanken, son-

dern auch ihren ersten Grand-Slam-Sieg bei den Australian Open 1987. Es war das Jahr der Wachablösung im Damentennis. Bei den French Open in Paris vollzog sich der Prozess eindrucksvoll, nachdem Graf im Finale Martina Navratilova mit einem hart erkämpften 6:4, 4:6 und 8:6 bezwang. Die Tschechin konnte sich für die Niederlage im Wimbledon-Finale zwar revanchieren, dennoch hatte Graf genügend Punkte gesammelt, um Navratilova im August 1987 von der Spitzenposition in der Rangliste zu verdrängen. Sie stand bis zum Frühjahr 1991 186 Wochen ununterbrochen an Position eins. Das Blatt hatte sich gewendet, nun war es Steffi Graf, die das Geschehen vollends dominierte. Im Jahr 1988 feierte sie sensationelle einhundertsieben Siege bei Turnieren und gewann zur Krönung dieser erfolgreichsten Saison ihrer Karriere auch noch den Grand Slam, die vier großen Internationalen Meisterschaften von Australien, Frankreich, England und den USA. Sie war damit erst die dritte Spielerin nach der Amerikanerin Maureen Conolly (1953) und der Australierin Margaret Court-Smith (1970), der dies gelang. Im Folgejahr wäre ihr dieses Kunststück fast noch einmal geglückt, als sie bei den Australian Open, in Wimbledon und bei den US Open drei ihrer Grand-Slam-Triumphe aus dem Vorjahr verteidigen konnte und lediglich im Finale der French Open Arantxa Sanchez-Vicario den Sieg überlassen musste. Doch sechsundachtzig Matchsiege und elf Turniererfolge in 1989 unterstrichen die Extraklasse der »Tennis-Gräfin« eindrucksvoll.

Mit zehn Turniersiegen und dreizehn Finalteilnahmen bei Grand-Slam-Turnieren in Folge konnte Graf auch 1990 ihre Spitzenposition behaupten. Doch ein Erpressungsskandal um ihren Vater Peter, der die Karriere seiner Tochter von Kindestagen an vorangetrieben hatte, beeinträchtige Grafs Konzentration auf den Tennisplätzen. Erstmals bekam sie die Folgen eines Lebens im Blickpunkt der Öffentlickeit zu spüren. Sie musste feststellen, wie nah Triumph und Tränen beisammen liegen können in den sportlichen Regionen, in denen sie sich befand. 1991 beeinträchtigten eine Reihe von Verletzungen und diverse Krankheiten Grafs Karriere, was zur Folge hatte, dass im Frühjahr ein neuer junger Wirbelwind namens Monica Seles die Führung in der Weltrangliste übernahm. Das war nicht der letzte Rückschlag, den Graf in ihrer Laufbahn einstecken musste. Egal wie hart die Herausforderungen auch waren – von der Steueraffäre des Vaters bis hin zu langwierigen Fuß- und Rückenverletzungen –, Graf kämpfte sich wie in ihren Spielen auch mit großem Ehrgeiz immer wieder zurück an die Spitze. Von den kurzen Unterbrechungen in den Jahren 1991 und 1992 abgesehen, schloss Steffi Graf auch zwischen 1993 und 1996 die Saison jeweils als Weltranglistenerste ab. Dabei profitierte Graf allerdings von einem Attentat auf Monica Seles, das die Ausnahmespielerin für Jahre außer Gefecht setzte. Bis auf die Australian Open gewann Steffi Graf auch 1995 und 1996 alle Grand-Slam-Turniere. Doch trotz dieser Erfolge – im Jahr 1997 feierte sie ihren hundertsten Turniersieg – wurde bald deutlich, dass Grafs Körper nach den jahrelangen Höchstleistungen erste Abnutzungserscheinungen aufwies. Immer länger wurden die verletzungsbedingten Zwangspausen, bis sich die Ausnahmeathletin 1997 zu einer Operation

»Ich weiß jetzt, dass ich meinen Körper nicht unbegrenzt besiegen kann. Über siebzig Verletzungen sind genug, ich muss mir nichts mehr beweisen, daher ist es Zeit zu gehen.«
STEFFI GRAFS RÜCKTRITTSERKLÄRUNG AM 13. AUGUST 1999

an der Patellasehne des linken Knies entschloss. Viele sahen damit das Ende der Karriere der Achtundzwanzigjährigen voraus. Und auch Graf selbst kam in den Zeiten der langwierigen Reha-Maßnahmen ins Grübeln, ob sie nicht einfach Schluss machen sollte. Dann aber entschloss sich die erfolgreichste Tennisspielerin aller Zeiten doch zum Comeback. Sie wollte ihre große Karriere

nicht im Krankenbett beenden. Mit unglaublichem Willen kämpfte sich die »Gräfin«, die zuweilen gar aus der Weltrangliste gestrichen wurde, im Frühherbst 1998 wieder langsam zurück in die Spitzengruppe. Bald wurde die Deutsche wieder unter den Top 10 geführt und konnte mit den besten Spielerinnen der Welt mithalten. Bei den French Open im Sommer 1999 kam es schließ-

»You are the champion, a real champion.«
MARTINA NAVRATILOVA ZU STEFFI GRAF 1988 IN WIMBLEDON

lich zum großen Finale der Karriere der Steffi Graf. Sie kämpfte sich bin in das Endspiel vor, wo ihre Gegnerin Martina Hingis hieß. Die junge Schweizerin war die aktuelle Weltranglistenerste des Damentennis. Doch Steffi Graf, die zuvor bereits fünfmal in Paris gewinnen konnte, fügte mit einem 4:6-, 7:5- und 6:2-Sieg über Hingis den sechsten Titel im Stadion Roland Garros in Paris hinzu. Es war der zweiundzwanzigste Grand-Slam-Erfolg und der 107. Turniersieg – sie gewann allein in Wimbledon siebenmal – ihrer Karriere. Und es war zugleich der letzte.

Am 13. August 1999, nachdem sie im Monat zuvor das Endspiel im Wimbledon gegen Lindsay Davenport verloren hatte, verkündete Steffi Graf ihren Rücktritt. Nur vierundvierzig Tage nach Boris Becker. Die einzigartige Ära war vorbei. Eine siebzehn Jahre während Ära, in der Graf 1017 Spiele gewann, mit 377 Wochen so lang wie noch keine Spielerin vor ihr als Erste die Weltrangliste anführte und mit 21,8 Millionen Mark das höchste Preisgeld in der Geschichte des Damentennis gewonnen hatte. Sie kümmerte sich nach dem Karriereende um den Ausbau der eigenen Modekollektion, engagierte sich für ihre Stiftung »Children for Tomorrow« und holte vieles im Leben nach, was ihr zuvor aufgrund der Karriere nicht möglich gewesen war. »Zeit ist jetzt mein größtes Privileg«, sagte sie mit Blick auf die Zukunft. Ihren Wunsch nach einem Leben als Frau Jedermann verhinderte Steffi Graf selbst schon allein durch ihre Beziehung zu Tennis-Star André Agassi. Zumindest was den Sport betrifft, wird Graf in den Erinnerungen alles andere als Frau Jedermann sein. Sie wird noch lange als die mit Abstand beste deutsche Tennisspielerin der Geschichte in den Annalen geführt werden.

mit der Hand Gottes

1986 | Die Begegnung mit der Hand Gottes

Die Einheimischen nennen das Aztekenstadion in Mexico City gerne auch die »Kathedrale«. Das passt irgendwie, denn dieses monströse Bauwerk, in dem 100 000 Menschen Platz finden, war im Laufe der Jahrzehnte schon oft Wirkungsstätte großer »Fußballgötter« gewesen. Legendäre Spiele fanden hier statt, allen voran das sagenhafte 4:3 Italiens gegen Deutschland im WM-Halbfinale 1970. Sechszehn Jahre später war die Weltelite des Fußballs erneut zu Gast in der »Kathedrale«, wo am 22. Juni 1986 das Viertelfinalspiel England gegen Argentinien stattfand. Doch es redete im Vorfeld kaum jemand über die Partie an sich. Gesprächsthema war seit Tagen nur noch ein kleiner Wirbelwind namens Diego Armando Maradona, der mit sagenhafter Spielkultur und großer Torgefährlichkeit seine Mannschaft bislang fast im Alleingang von Sieg zu Sieg geführt hatte. Die Spielbeobachter aller Nationen überschlugen sich regelrecht mit Lobeshymnen auf den Kapitän der Südamerikaner. In der ersten Halbzeit dieses Viertelfinales kam der 1,68 Meter große Maradona allerdings noch wenig zum Zug. Einundfünfzig Minuten hielten die Engländer gut mit, hatten sogar mehrmals die Möglichkeit in Führung zu gehen. Dann aber schnappte sich Diego Maradona den Ball an der Mittellinie. Mit einem noch nie da gewesenen Sololauf bahnte er sich den Weg durch alle Abwehrreihen hindurch, an allen ausgestreckten Beinen und auch an Torhüter Peter Shilton vorbei. Wieder einmal im Alleingang brachte Maradona sein Team mit 1:0 in Führung. Mit einem Treffer, wie ihn die Fußballwelt noch nicht gesehen hatte. Maradona führte den Ball bei seinem sagenhaften Dribbling so dicht am Fuß, als würde ein Magnet ihn magisch anziehen. Diese knapp zwölf Sekunden lange One-Man-Show des Argentiniers war Fußballkunst in Vollendung. Die »Fußballjünger« in der Azteken-Kathedrale lagen ihrem neuen Fußballgott zu Füßen. Zumindest vier Minuten lang. Dann flog der Ball erneut in den Strafraum der Engländer. Offensichtlich kein großes Problem für Keeper Shilton, der sich gemeinsam mit dem wesentlich kleineren Maradona der Flanke entgegen streckte. Noch bevor Shilton zugreifen konnte, schnellte plötzlich Maradonas Hand nach oben und lupfte den Ball über den Torhüter hinweg direkt ins Tor. Jeder im Stadion hatte das unerlaubte Handspiel gesehen – nur der tunesische Schiedsrichter Ali Bennaceur nicht. Er ließ den Treffer gelten und ermöglichte somit den späteren 2:1-Sieg der Argentinier.

Unten auf dem Rasen presste der vermeintliche Götterbote seine Handflächen zusammen und blickte gen Himmel. Ein kurzes Stoßgebet, zwei selbst auferlegte Ave Maria, und schon schien die Angelegenheit für ihn erledigt zu sein. Kein sportlich faires Geständnis beim Schiedsrichter, keine Entschuldigung bei den völlig entsetzten Engländern. Maradona hatte die Spielregeln kurzerhand geändert, als »Fußballgott« stand ihm dies auch zu – schien er zu glauben. Als ihn die Pressevertreter anschließend fragten, wie er sich dieses Tor erklären könne, antwortet Maradona lächelnd: »Das war die Hand Gottes.« Außer sich vor Wut sprachen die Engländer anschließend von einem glatten Betrug. Es half ihnen wenig. Sie waren ausgeschieden, und Argentinien erreichte später das Finale gegen Deutschland. Hier sorgte vor allem Lothar Matthäus dafür, dass Diego Maradona weitestgehend abgemeldet blieb. Dafür allerdings kamen José Luis Brown, Jorge Valdano und Jorge Burruchaga zum Zuge und bezwangen das bundesdeutsche Team mit 3:2. Die Anschlustore von Karl-Heinz Rummenigge und Rudi Völler kamen zu spät. Zum zweiten Mal nach 1978 wurde Argentinien damit zum Weltmeister gekrönt. Vor allem dank Diego Maradona. Der hatte das Turnier seines Lebens gespielt. Fünf Tore hat er dabei erzielt – das wichtigste mit der Hand. Dennoch: Maradona war fortan der Inbegriff für Fußballzauber pur, die Messlatte für alles, was mit Fußballkunst zu tun hatte. Seit Pelé hatte niemand mehr den Erdball derart verzückt mit seinen Auftritten wie dieser stämmige Südamerikaner.

»Es war die Hand Gottes und der Kopf Maradonas.«

MARADONAS ERKLÄRUNG ZU SEINEM MIT DER HAND ERZIELTEN TREFFER

»Ich danke Gott, dass Maradona ein Argentinier ist«, jubelte Nationaltrainer Dr. Carlos Bilardo nach dem Turniersieg überglücklich. Man wählte ihn folgerichtig zunächst zum besten Spieler der Weltmeisterschaft, später auch zum«Fußballer des Jahres« in Südamerika und sogar zum »Weltsportler des Jahres« 1986. Der Sechsundzwanzigjährige wurde vergöttert in einer Weise, die fast beängstigende Formen annahm. Er wurde zuweilen hochgejubelt wie einer, der nicht von dieser Welt war. Nicht ahnend, dass Maradona unter dieser Last tatsächlich bald den Boden unter den Füßen verlieren würde. Er hielt sich für einen von Gott Gesandten, der gekommen war, den Fußball zu revolutionieren. In Wirklichkeit jedoch war der am 30. Oktober 1960 in Villa Fiorito geborene Erdling als menschliche Persönlichkeit viel zu schwach, um eine solche Bürde auf sich zu nehmen. Er zahlte am Ende einen hohen Preis für seine Popularität.

Diego Armando Maradona war unbestritten ein begnadeter Fußballspieler, schon in frühen Kindertagen. Auf ihn traf das Karrierebild vom armen Straßenfußballer zu, der sich zum Multimillionär nach oben kämpfte. Er jonglierte mit dem Ball wie kein anderes Kind weit und breit, weshalb ihn Talentspäher der Argentinos Juniors aus Buenos Aires bald in die Mannschaft der »Las Cebollitas« holte, der »kleinen Zwiebeln«. Da war die Welt des jungen Maradona noch in Ordnung, der unbekümmert seinem Lieblingshobby nachging. Das tat er so überzeugend, dass ihn die Profimannschaft der Argentinos Juniors 1976 im Alter von gerade mal fünfzehn Jahren in ihre Reihen holte. Keine vier Monate später flatterte dem Teenager auch schon die erste Einladung zu einem Länderspiel ins Haus. Der legendäre Nationaltrainer Luis Cesar Menotti hatte Maradona in der Liga spielen sehen

»Ich danke Gott, dass Maradona ein Argentinier ist.«
ARGENTINIENS NATIONALTRAINER DR. CARLOS BILARDO

und sofort dessen außergewöhnliches Ballgefühl registriert. Am 27. Februar 1977 ließ er den Sechzehnjährigen als jüngsten argentinischen Nationalspieler aller Zeiten erstmals auflaufen, als man Ungarn mit 5:1 vom Platz fegte. Weitere zwei Jahre später hatte Maradona seine erste Million auf dem Konto. Ein scheinbar kometenhafter Aufstieg – für den labilen Maradona hingegen entpuppte sich diese rasante Entwicklung als Grundstock für eine menschliche Tragödie.

Die ersten Anzeichen für den einsetzenden Größenwahn Maradonas wurden bereits 1978 deutlich. Sein Entdecker und Förderer Menotti musterte seinen Zögling für die Weltmeisterschaft 1978 im eigenen Land kurzerhand aus, als der Achtzehnjährige für seinen Einsatz in der Nationalmannschaft einen ausgiebigen Privilegienkatalog vorlegte. 1981 wechselte er ins Team der Boca Juniors, wo er gleich in der ersten Saison die Meisterschaft gewann. Das steigerte nicht nur seinen Marktwert, sondern auch sein zuweilen ungesundes Selbstbewusstsein. Maradonas Kurzauftritt bei der Weltmeisterschaft 1982, wo er in der Finalrunde nach einem Revanchefoul vom Platz flog, genügte, um dem FC Barcelona ein Angebot mit einer Ablösesumme von geschätzten zwanzig Millionen Mark zu entlocken. Er wurde in Spanien zwar auf Anhieb Pokalsieger – doch eine anschließende langwierige Verletzungspause warf Maradona erstmals aus der

Bahn. Es frustrierte ihn, dass plötzlich nicht mehr er im Mittelpunkt des Geschehens stand, sondern andere. In seinem Schmerz produzierte die Fußballdiva, auch unter dem Einfluss von Drogen, einen Skandal nach dem anderen, bis der FC Barcelona 1984 seinen Weltstar an den SSC Neapel verkaufte. Dort bejubelte er zwischen 1987 und 1990 zwei Meisterschaften, einen Pokalsieg und den Gewinn des UEFA-Pokals 1989. Doch bereits während der Weltmeisterschaft 1990 in Italien gab es erste Pfiffe gegen den einstigen Liebling der Massen. Die Zahl seiner Eskapaden hatte die genialer Tore und Spielzüge längst übertroffen und damit die Geduld der Tifosi reichlich überstrapaziert. Nach der Finalniederlage gegen Deutschland versank die verletzte Fußballerseele immer tiefer im Drogensumpf, bis ihm 1991 bei einer Routineprobe endgültig der lange vermutete Konsum von Kokain nachgewiesen wurde. Maradona flüchtete nach Argentinien, wo ihn zusätzliche Klagen wegen Zuhälterei und Drogenhandels erreichten. Er wurde von der FIFA weltweit gesperrt. Nach einer Entziehungskur kehrte er 1992 zwar auf die Fußballbühne zurück. Doch alle künftigen Engagements – insgesamt kündigte Maradona acht Comebacks an – scheiterten immer wieder an der ausgeprägten Extravaganz des Argentiniers. Als er 1994 zur Weltmeisterschaft in den USA nochmals den Sprung in das Nationalteam schaffte, hatte mancher noch Hoffnung, dass dem mittlerweile etwas pummeligen Star doch noch einmal eine versöhnliche Rückkehr gelingen würde. Als er jedoch schon nach dem zweiten Spiel mit der Dopingsubstanz Ephedrin im Blut erwischt wurde, verstummten auch die letzten Optimisten endgültig.

Was folgte, waren nur noch bemitleidenswerte Schlagzeilen: gescheiterte Comebacks, reihenweise Entziehungskuren, Vaterschaftsklagen, Schwächeanfälle, gescheiterte Trainer- und Managerkarrieren, Fettleibigkeit. Diese menschliche Tragödie ist womöglich auch das Sinnbild eines oftmals gnadenlosen Sportbusiness, dessen künstlich produzierte Helden man so lange im Glanze strahlen lässt, wie sie für Profite taugen. Zeigen sie Schwäche, fallen sie einfach durch das Sieb und bleiben ihrem eigenen Schicksal überlassen. Diego Armando Maradona, einer der besten Fußballer aller Zeiten, kam damit nicht zurecht.

1986

Tibet
Himalaya
Lhotse
16. Oktober 1986

»Mich zieht es immer dorthin, wo noch niemand
war, wo einem keiner mehr folgt, einen keiner
mehr versteht.«

REINHOLD MESSNER

Ein Mann kommt
hoch hinaus

1986 | Ein Mann kommt hoch hinaus

Reinhold Messner stand einfach nur schweigend da, der eisige Wind in 8516 Metern Höhe machte das Sprechen ohnehin fast unmöglich. Sein Blick schien ins Leere zu schweifen – tatsächlich aber lag vor ihm der gewaltige Himalaya-Gebirgszug, eingehüllt in dicke Schneewolken. In seinen Haaren und an seinem Bart hingen kleine Eisklumpen, sein Gesicht war von den Strapazen, die er hinter sich hatte, gezeichnet. Messner hatte soeben den Gipfel des viertgrößten Berges der Erde erklommen: den Lhotse. So richtig bewusst war ihm dies am Nachmittag des 16. Oktober 1986 zunächst jedoch nicht. Erst ganz langsam begann er zu realisieren, was er geleistet hatte. Seine Gedanken fuhren Achterbahn, viele Erinnerungen an die letzten sechzehn Jahren liefen wie im Film vor seinem geistigen Auge ab. Nur einen kurzen Moment fühlte er sich richtig gelöst und genoss dieses befreiende Gefühl, als erster Mensch alle vierzehn Achttausender-Gipfel der Welt bezwungen zu haben. Dann bereitete er sich wieder auf den Abstieg vor, der höchste Konzentration erforderte. Jeder kleinste Fehler nur könnte ein fatales Ende auslösen. Messner erreichte das Tal unverletzt, doch er war fortan ein anderer Mensch.

Reinhold Messner hatte etwas vollbracht, was niemand vor ihm jemals erreicht hatte. Er hatte alle Berggipfel der Erde erklommen, die höher als 8000 Meter waren. Das zu realisieren, war sein Lebensinhalt seit sechzehn Jahren. Seit 1970, als er gemeinsam mit seinem Bruder Günther zum ersten Mal aufgebrochen war, um den 8125 Meter hohen Nanga Parbat im Himalaya zu erstürmen. Fortan war er besessen von der Idee, die höchsten Berge zu bezwingen. Zunächst war es der pure sportliche Ehrgeiz, der Reiz, seine eigene Leistungsfähigkeit bis ans Limit zu führen. Als beim Abstieg vom Nanga Parbat sein Bruder Günther ums Leben kam und Messner selbst nur knapp dem Tod entronn, waren es auch Rachegelüste an den monströsen Gebirgszügen, die ihn immer wieder zu neuen Expeditionen trieben. Es

war wie ein Krieg gegen einen übermächtigen und kaum einzuschätzenden Gegner, der immer neue Waffen aufbot. Kälte, Lawinen, Schneestürme, Steilhänge, Steinschläge. Doch Reinhold Messners Wille war stärker als die Naturgewalten. Er besiegte sie alle – alle vierzehn Riesen. Als er den letzten bezwungen hatte, verspürte er eine gewisse Genugtuung, er hatte sein Ziel erreicht, sein Lebenswerk beendet. Doch im gleichen Moment fühlte er plötzlich diese Leere in sich. Sechzehn Jahre lang wusste er, was zu tun war. Plante er Gipfeltour um Gipfeltour. Wurde er nach Misserfolgen vom Ehrgeiz weiter getrieben. Und nun war es vollbracht. Was konnte nun noch folgen? Messner hatte zwischenzeitlich das Gefühl, dass ihm die Welt nun zu klein werden würde. Doch schon bald gewöhnte er sich an ein Leben ohne Steigeisen und Flüssignahrung. Bald hatte er kein Problem mehr damit, den Thermoschlafsack gegen eine feste Matratze einzutauschen. Er schrieb seine Erinnerungen auf und tingelte mit einer Diashow durch die Welt. Um den Menschen von einer Welt zu berichten, die nur wenige jemals mit eigenen Augen gesehen haben.

Seine Faszination für Höhen hatte der am 17. September 1944 in Brixen in Südtirol geborene Reinhold Messner schon ausgelebt, bevor er im italienischen Padua Hoch- und Tiefbau studierte. Mit seinem Lehrdiplom in der Tasche begann er, Mathematik zu unterrichten. Doch bald schon füllte ihn die theoretische Berechnung von Raum und Zeit nicht mehr aus. Nach der Besteigung des Nanga Parbat am 27. Juni 1970 beschloss Messner nach langen Monaten des Zweifelns, seine Leidenschaft für das Bergsteigen zum Beruf zu machen. Er kündigte 1971 seinen Lehrerjob und bereitete sogleich eine neue Expedition zum Nanga Parbat vor. Diesmal wollte er den gefährlichen Berg allein bezwingen. Ohne Sauerstoffgerät erreichte er den Gipfel und hatte dort alle

> »Das ständige Alleinsein in dieser unwirklichen Welt war schlimmer als jede körperliche Strapaze.«
>
> REINHOLD MESSNER

Zweifel über den Sinn seines Vorhabens zurückgelassen. Als nächster »Gegner« stand anschließend das 8163 Meter hohe Manaslu-Massiv auf dem Plan. Am 25. April 1972 stand er auf dessen höchstem Punkt. Nach der erfolgreichen Anconcagua-Expedition in den Anden im Jahr 1974 machte sich Messner 1975 wieder zum Himalayagebirge auf, um den 8068 Meter hohen

Hidden Peak zu besteigen. Als er dort am 10. August auf dem Gipfel ankam, hatte Messner einen neuen Rekord aufgestellt. Er war der erste Mensch, der drei Achttausender bezwungen hatte. Doch das genügte ihm längst noch nicht. Er wollte noch höher hinaus, »dorthin, wo noch niemand war, wo einem keiner mehr folgt, einen keiner mehr versteht«. Auf dem Mount Everest, so wusste auch Messner, ist dies garantiert der Fall. Und so machte er sich gemeinsam mit Peter Haberler im Frühjahr 1978 auf den Weg dorthin. Sie erreichten nach einem äußerst schwierigen Aufstieg am 8. Mai 1978 den Gipfel. Messner und Haberler waren zwar nicht die ersten Menschen auf dem Mount Everest – sie waren aber die ersten, die den höchsten Berg der Erde ohne Sauerstoffgerät bezwangen.

Mit jeder weiteren Besteigung wuchs bei Reinhold Messner das Verlangen, etwas zu erreichen, was noch

---

»Die wahre Kunst des Bergsteigens liegt darin zu überleben.«
REINHOLD MESSNER

---

niemand zuvor erreicht hatte. Nachdem er am 12. Juli 1979 mit dem K 2 seinen fünften Achttausender erklimmen konnte, machte er sich im August 1980 erneut auf den Weg zum Mount Everest, um diesen diesmal allein und von der Nordseite zu besteigen. Man nannte diesen Anstieg auch »Mordwand«, weil bislang noch niemand die mächtigen Steilhänge überwinden konnte und zahlreiche Bergsteiger hier bereits ihr Leben gelassen hatten. Messner schaffte das schier Unmögliche. Wieder einmal hatte er alle Hindernisse überwunden und wieder einmal als erster Mensch überhaupt. Reinhold Messner fand in seinen Erfolgen zwar die Genugtuung, die er suchte, doch er zahlte im Lauf der Jahre auch einen hohen Preis dafür. Der Südtiroler entwickelte sich zum ausgeprägten Individualisten, was vor allem daher rührte, dass er bei seinen Expeditionen oft wochenlang völlig allein war. Er konnte mit niemandem ein Wort sprechen und stand dadurch oftmals am Rande des Wahnsinns. »Das ständige Alleinsein in dieser unwirklichen Welt war schlimmer als jede körperliche Strapaze«, erklärte Messner einmal. Dennoch zog es ihn immer wieder zurück in diese Höhe, um »hinein zu tauchen in das Nichts an diesen Bergen«, das ihn derart faszinierte. Zwischen dem 28. Mai 1981 und dem 16. Oktober 1986 nahm Messner schließlich die fehlenden neun Achttausender in Angriff. Einen nach dem anderen, manche sogar in Abständen von gerade mal ein oder zwei Monaten. Zuerst den Sisha

Pangma (8046 Meter), dann den Kangchenzönga (8586 Meter) im Mai 1982, den Gasherbrum II (8035 Meter) im Juli 1982, im August 1982 den Broad Peak (8047 Meter). Den 8201 Meter hohen Cho Oyu »besiegte« Messner am 5. Mai 1983, den Annapurna (8091 Meter) am 24. April 1985, nur vier Wochen später den Dhaulagiri (8167 Meter). Im Herbst 1986 packte Messner schließlich den Rucksack, um zunächst am 26. September den 8463 Meter hoch gelegenen Gipfel des Makalu zu erreichen und am 16. Oktober den letzten Giganten, den Lhotse, zu erklimmen. Bei all diesen Aufstiegen hatte Reinhold Messner keinen einzigen Bohrhaken in die Felsen geschlagen. Allein diese Tatsache ließ seine Leistungen in noch größerem Glanz erstrahlen. Um so verständlicher wird somit auch seine Erklärung, »die wahre Kunst des Bergsteigens liegt darin zu überleben«. Der Tod war bei den höchst riskanten Expeditionen sein ständiger Begleiter.

Reinhold Messner verfasste zahlreiche Bücher über seine Erlebnisse während der Besteigungen. Doch ein Leben so ganz ohne Extreme konnte er sich nicht mehr vorstellen. Gemeinsam mit dem Deutschen Arved Fuchs durchquerte er von Oktober 1989 bis zum 13. Februar 1990 als erster Mensch zu Fuß die Antarktis und legte dabei 2740 Kilometer auf Schneeschuhen zurück. Für weitere Schlagzeilen sorgte der Südtiroler 1997, als er ankündigte, in seinem neuen Buch ein »gestochen scharfes Foto« des etwa 2,20 Meter großen Yeti zu zeigen, dem er bei einer Expedition in Pakistan begegnet sei. Messner hatte seit Jahren davon berichtet, ungewöhnlich große Fußabdrücke im Hochgebirge gefunden zu haben. Er heizte damit die Spekulationen um bislang unentdeckte Lebewesen in großen Höhen weiter an. Am Ende stellte sich das vermeintliche Fabelwesen jedoch als Kragenbär heraus.

1987

Deutschland
Mainz
Hauptfriedhof
10. April 1987

»Sie starb vor Schmerzen.«
THOMAS KOHLBACHER, FREUND UND TRAINER VON BIRGIT DRESSEL

Der schleichende Tod

Birgit Dressel starb an einer toxisch-allergischen Reaktion. Ausgelöst durch das verabreichte Schmerzmittel Metamizol, das in Verbindung mit anderen, bereits im Körper befindlichen Medikamenten zum tödlichen Mix verschmolz. Was die Ärzte zum Zeitpunkt der Injektion nämlich nicht wussten: Die Leichtathletin hatte sich vor ihrer Einlieferung in das Krankenhaus ein Mittel ge-

> »Der Fall Birgit Dressel kann sich jeden Tag wiederholen.«
> SPORTMEDIZINER 1987

1987 | Der schleichende Tod

Die Schmerzen wurden immer unerträglicher für Birgit Dressel. Tagelang hatte sie sich bereits gequält, konnte aufgrund des heftigen Stechens in der Lendenwirbelgegend schon gar nicht mehr richtig gehen. Als sich ihr Zustand zunehmend verschlechterte, wurde sie am frühen Nachmittag des 10. April 1987 in das Universitätskrankenhaus in Mainz eingeliefert. Die Sechsundzwanzigjährige schrie immer wieder laut auf vor Schmerz. Die behandelnden Ärzte wussten zunächst nicht, wo sie diesen lokalisieren sollten. Um die Leiden der sich krümmenden Patientin erst einmal zu mildern, verabreichte man ihr eine überhöhte Dosis des Mittels Metamizol. Zwei Ampullen, insgesamt fünf Gramm. Sehr zur Verwunderung der Mediziner verbesserte sich der Zustand Birgit Dressels jedoch in keinster Weise. Im Gegenteil: Die Schmerzen wurden schlimmer und schlimmer. Alle verfügbaren Spezialisten der Klinik fanden sich in den folgenden Stunden am Krankenbett Birgit Dressels ein. Sie alle waren ratlos, rätselten stundenlang über den Krankheitsherd. In ihrer Verzweiflung spritzten die Ärzte weitere Schmerzmittel. Doch die Schreie der Patientin wurden immer lauter, sie muss Höllenqualen gelitten haben. Am späten Abend verstummten die Schreie plötzlich. Birgit Dressel war tot. »Kreislaufversagen«, behaupteten die Ärzte. »Sie starb vor Schmerzen«, glaubte ihr Freund und Trainer Thomas Kohlbacher. Die Tatsache kam erst nach der Obduktion ans Tageslicht:

gen Hexenschuss spritzen lassen. Noch schockierender war allerdings die Tatsache, dass die Rechtsmediziner im Körper von Birgit Dressel Spuren von mehr als hundert verschiedenen Medikamenten fanden. Die Siebenkämpferin hatte alles Mögliche eingenommen: Mittel gegen Herzschwäche, Darmentzündungen, Knochenerweichung und sogar gegen Raucherbeine. Und unter anderem auch das Dopingmittel Megagrisevit, ein Anabolikum, dass für Sportler verboten war. Die Ärzte kamen zu der Erkenntnis, dass Birgit Dressel chronisch krank gewesen war. Die Medikamente hatten ihren Körper zerstört, einzelne innere Organe regelrecht zerfressen. Mit dem Tod der Spitzensportlerin brach in Deutschland ein Welle der Entrüstung aus. Das Thema Doping flammte wieder einmal auf – die Rolle von Trainern, Ärzten und der Pharmaindustrie im sportlichen Alltag wurde in diesem Zusammenhang vielschichtig diskutiert.

Der Fall Dressel war für viele Experten der Anlass, ihr Bemühen, Licht in die Grauzonen des Spitzensports zu bringen, auszuweiten. Parallel dazu versuchten die Angehörigen der Toten, die Verantwortlichen ausfindig zu machen. Für Vater Dressel, einst selbst aktiver Sportler und seinerzeit Funtionär im Bremer Leichtathletikverband, stand fest: »Meine Tochter ist ein Opfer der Pharmaindustrie.« Er verklagte die behandelnden Ärzte. Das Verfahren wurde jedoch eingestellt, da man keine eindeutigen Indizien gegen die Mediziner nachweisen konnte. Fest stand hingegen, dass die Einnahme der verschiedenen Präparate, teilweise über Jahre hinweg, das Immunsystem Birgit Dressels zunehmends geschwächt hatte. Der tödliche Allergie-Schock der Olympianeunten von 1984 im Siebenkampf beschäftigte sogar die Beamten im Bundesgesundheitsministerium in Bonn. Nur siebzehn Tage nach dem Tod Birgit Dressels ordnete die oberste Gesundheitsbehörde an, dass das Schmerzmittel Metamizol vom Markt zu nehmen ist. Eine eigens eingerichtete Sachverständigenkommission gab in diesem Zusammenhang bekannt, dass die zuständigen Ärzte im Mainzer Krankenhaus den Schockzustand der Sportlerin hätten erkennen müssen. Andere Experten hingegen sahen die Mainzer Mediziner als das schwächste Glied in der Kette der unglücklichen Verstrickungen, die zum Tod von Birgit Dressel führten.

Unter den Spitzensportlern in Deutschland ging die Angst um, dass sich der Fall Birgit Dressel täglich wiederholen könne. Viele von ihnen hatten bislang der Medikamentenliste ihrer Ärzte und Trainer blind vertraut. So wie Birgit Dressel. Wobei ihre eigene Rolle bei der Medikamenteneinnahme bis heute ungeklärt ist. Insider glaubten jedoch nicht daran, dass die intelligente, angehende Diplomsportlehrerin absichtlich zu Dopingmitteln gegriffen hatte. Viele Sportler beschäftigten sich vermehrt mit dem Thema Doping, informierten sich nun ausführlicher über die Wirkungen von diversen Substanzen auf den Körper. Die Beobachter der Szene, vor allem Medien und Mediziner, nutzten die öffentliche Diskussion, um das Thema Doping im Sport tiefer zu ergründen. Denn immerhin hatte es in den zurück liegenden Jahren auch schon Todesopfer gegeben. Im Jahr 1967 etwa kippte der englische Radprofi Tom Simpson vollgestopft mit Anabolika tot vom Rad. Ihm wurde die Hitze in den Pyrenäen in Verbindung mit den eingenommenen Präparaten zum Verhängnis. Seit den Olympischen Spielen

»Meine Tochter ist ein Opfer der Pharmaindustrie.«
BIRGIT DRESSELS VATER

1968 in Mexiko führte man regelmäßig Dopingkontrollen durch, seit 1976 testete man die Athleten speziell auf die Einnahme von Anabolika. Dies hatte zur Folge, dass immer wieder Sportler von den Wettkämpfen ausgeschlossen wurden. Doch selbst alle Drohungen und moderne Testmethoden konnten die Athleten nicht abschrecken, über die Jahre hinweg vermehrt zu Dopingsubstanzen zu greifen. Und da sich die verschiedenen Länder, Verbände und Institutionen bis zum Ende des Jahrhunderts auf keine einheitlichen Vorschriften über die Verwendung einzelner Präparate und deren Nachweis einigen konnten, wurde das Thema Doping im Lauf der Zeit immer undurchsichtiger.

Je publikumswirksamer sich eine Sportart in den letzten Jahrzehnten entwickelte, desto schneller wuchs auch die Zahl derer, die ihrer Leistungskraft durch Dopingmittel mehr Schwung verschaffen wollten. Zu kurz

ist die Halbwertzeit eines Spitzensportlers, es bleiben nur wenige Jahre, um sich ein finanzielles Polster für später zu schaffen. Und nur wer Erfolg in seiner Sportart hat, kann mit Hilfe lukrativer Werbeverträge sein Konto auffrischen. Mehr denn je gilt daher die Devise, auf den Punkt genau fit zu sein für den entscheidenden Wettkampf. Das Publikum verlangt ständig nach neuen Rekorden und Helden. Und sind es nicht die Sportler selbst, die sich entsprechende Präparate besorgen, dann erledigen das oftmals geschäftstüchtige Manager und Trainer. Die Folgen waren oft fatal. Immer mehr Spitzensportler starben, weil ihre Körper der Kombination aus diversen Manipulationen und erhöhten sportlichen Anforderungen nicht mehr Stand halten konnten. Die Todesursache mit der Bezeichnung »Sekunden-Tod« machte bald die Runde. Ihm zum Opfer fielen etwa Heiko

»Um des sportlichen Erfolges willen nehmen wir viel auf uns. Das Risiko, unser Leben zu verlieren, gehört nicht dazu.«
INGRID THYSSEN UND GABY BUSSMANN, AKTIVEN-SPRECHERINNEN DES DLV, IN EINEM OFFENEN BRIEF AM 28. APRIL 1987

Fischer 1989, Uwe Beyer im April 1993, der Fußballer Bruno Pezzey im Dezember 1994, Stephane Morin, Ralf Reichenbach, Florence Griffith-Joyner und Axel Jüptner im Jahr 1998. Nicht immer konnte der direkte Missbrauch von Dopingmitteln nachgewiesen werden. Doch allein die vermehrte Einnahme von Fremdeiweißpräparaten in Verbindung mit sportlichen Höchstleistungen kann unter gewissen Voraussetzungen tödlich wirken.

Der Tod der Birgit Dressel hat leider wenig dazu beigetragen, dass der Doping- und Medikamentenmissbrauch im Spitzensport eine Kehrtwendung erfahren haben. Sie steht lediglich als Opfer in der Liste jener Toten, die in dem Zusammenhang ihr Leben gelassen haben. Es bleibt zu befürchten, dass auch in den nächsten Jahrzehnten noch viele weitere Namen in der Liste hinzu kommen werden.

1988

Südkorea
Seoul
Flughafen
27. September 1988

Der aufgespritzte
Wundersprinter

1988 | Der aufgespritzte Wundersprinter

»Was für ein Vieh«, flüsterten sich die Helfer hinter den Startblöcken des Olympiastadions in Seoul am 24. September 1988 staunend zu. Nur wenige Meter vor ihnen bereitete sich der Kanadier Benjamin Sidney »Ben« Johnson auf den Finallauf über 100 Meter vor. Wer dieses Kraftpaket aus nächster Nähe sah, konnte kaum glauben, dass er mit diesen enormen Oberschenkeln und dieser Körpermasse überhaupt einen Fuß vor den anderen setzen könne, geschweige denn Weltrekorde laufen mit Fabelzeiten von 9,83 Sekunden. Dies war ihm im Jahr zuvor bei den Weltmeisterschaften 1987 in Rom gelungen, wo er den bisherigen Sprinterkönig Carl Lewis wie einen Statisten hatte aussehen lassen. Lewis stand auch in Seoul wieder mit am Start, gemeinsam mit sechs weiteren Kandidaten, die nach der olympischen Goldmedaille schielten. Doch die, allesamt gestandene Läuferpersönlichkeiten, fungierten ohnehin nur als Platzhalter für die restlichen Laufbahnen. Tagelang beherrschte nur ein Mann die Medienlandschaft: Ben Johnson. Dieser 1,80 Meter große Koloss, dessen Körper den Anschein gab, als würde er beim kleinsten zusätzlichen Muskelwuchs zu platzen drohen, war das Gesprächsthema schlechthin. Während ihn die einen als den schnellsten Menschen der Welt feierten, ließen andere schnell Zweifel aufkommen an der ungewöhnlichen Statur des Läu-

> »Der Sport ist unmoralisch geworden.«
>
> CARL LEWIS 1987 IN ANSPIELUNG AUF
> EINEN DOPINGVERDACHT GEGEN JOHNSON

fers. Das Wort Doping nahm dabei noch niemand in den Mund, doch Verdächtigungen machten die Runde. Da stand dieser Muskelberg also, auf Bahn 6 mit der Startnummer 159. Sein größter Konkurrent Carl Lewis kniete auf Bahn 3 und sann hoch konzentriert auf Rache für die WM-Schmach aus dem Vorjahr. Als der Startschuss krachte, katapultierte sich Johnson mit einem wuchtigen Schub in die Bahn und ließ von Beginn an die restlichen Läufer hinter sich. Nach der Hälfte der Strecke hatte er bereits mehr als einen Meter Vorsprung auf Lewis, der statt der Ziellinie lediglich Johnsons blanken Stiernacken zu sehen bekam. Als der Kanadier, der auf Jamaika geboren wurde, als erster das Zielband erreichte, streckte er seinen rechten Zeigefinger triumphierend in die Höhe. Auf der Anzeigentafel leuchtete Johnsons unglaubliche Zeit: 9,79 Sekunden. Damit hatte er sich

ein Jahr nach seinem Weltrekordlauf von Rom selbst übertroffen. Johnson, der Superstar. Stolz präsentierte er seine Goldmedaille in die Kameras. Doch seine Freude darüber währte nur drei Tage lang. Dann wurde eine Dopingprobe positiv getestet. Die Ereignisse überschlugen sich anschließend. Johnson flog fluchtartig nach Toronto zurück, und die Spiele hatten ihren Skandal.

»Mir kam Johnson schon seit langem suspekt vor«, erklärte Carl Lewis zu den Ereignissen, die das olympische Spektakel in seinen Grundwerten erschütterten. Lewis wurde zwar nachträglich die Goldmedaille überreicht und sein 9,92-Sekunden-Lauf als neuer Weltrekord anerkannt, doch rechte Freude mochte dennoch nicht aufkommen, da ihm Johnson zuvor eindeutig die Show gestohlen hatte. Bereits nach dem sensationellen Lauf von Rom 1987 hatte Lewis immer wieder zweideutige Äußerungen von sich gegeben, die seinen Konkurrenten in ein zweifelhaftes Licht stellten. »Der Sport ist unmoralisch geworden«, hatte der Amerikaner damals gespottet, und jeder wusste, was er damit meinte: Doping. Das seit Jahren angespannte Verhältnis der beiden Athleten wurde dadurch nicht gerade besser. Johnson stand lange im großen Schatten von Lewis, der es glänzend verstand, sich öffentlich in Szene zu setzen. Der Kanadier hingegen fiel trotz guter Leistungen nie richtig auf, was sich allein schon durch seinen Stotter-Komplex erklärte. Er redete nicht viel mit Medien und konzentrierte sich immer nur auf seinen Lauf. Nachdem er bei den Olympischen Spielen 1984 in Los Angeles »nur« die Bronzemedaille hinter dem strahlenden Sieger Lewis gewonnen hatte, lief er bereits 1985 bei einem Sportfest in Zürich erstmals schneller als sein verhasster Gegner. Er wollte Lewis vom Thron stoßen, das war das vorrangige Ziel von Johnson. Dafür schien er auch bereit zu sein, seinen Körper mit Anabolikum zu unterstützen. Erst ein bisschen, dann mehr und schließlich immer mehr. Die Wirkung war schnell sichtbar: 1986 feierte er erneut einen Weltcupsieg und setzte in Moskau mit 9,95 Sekunden einen neuen Flachlandweltrekord. In Kanada wählte man ihn daraufhin zum Sportler des Jahres, noch vor der Eishockeylegende Wayne Gretzky. Als Johnson 1987 bei den Weltmeisterschaften in Rom schließlich seinen Fabelrekord über 9,83 Sekunden aufstellte, glaubte er sich endlich am Ziel. Er hatte Lewis gedemütigt, wurde von allen endlich geliebt und mit Ruhm und Reichtum überschüttet. Als er dann bei den Spielen in Seoul erneut Weltrekord lief und Lewis wieder nur das Nachsehen hatte, ging für Ben Johnson ein langer Traum in Erfüllung. Was nach dem Dopingbefund folgte, war dann allerdings eher ein Albtraum. Man fand die verbotene Substanz Stanozolol in seinem Blut und jagte ihn zum Teufel. Rekorde, Titel, Werbeverträge und das hohe Ansehen: Alles war über Nacht zerstört. Der Sechsundzwanzigjährige durchlebte innerhalb weniger Stunden den Aufstieg zum absoluten Superstar und den anschließenden tiefen Fall zum größten Sündenbock, den die Leichtathletik je gesehen hatte.

Was sich nach der Pressekonferenz der Dopingkommission des IOC am 27. September 1988 abspielte, glich zuweilen einem billigen Kriminalstück. Johnsons Manager Larry Heidebrecht ging gleich in die Gegenoffensive. »Sabotage« war seiner Meinung nach im Spiel. »Ich bin Opfer einer Verschwörung«, jammerte Johnson selbst und beteuerte, niemals verbotene Anabolika eingenommen zu haben. Dies brachte schließlich Trainer Charlie Francis und Johnsons Arzt in Verdacht, ihrem Schütz-

---

»Meine Bestrafung ist erneut eine Demonstration der weißen Übermacht gegen die schwarze Minderheit.«

BEN JOHNSON 1993

---

ling die Substanzen ohne dessen Wissen verabreicht zu haben. Alle Beteiligten verstrickten sich vor dem eigens einberufenen Untersuchungsausschuss schließlich derart in widersprüchliche Äußerungen, dass Coach Francis 1989 als Erster ein Geständnis ablegte. Er gab zu, Johnson bereits 1981 zur Einnahme leistungssteigernder, aber verbotener Substanzen überredet zu haben. Nachdem Ben Johnson mit seiner Familie 1975 von Jamaika nach Toronto, Kanada, ausgewandert war, traf der damals Fünfzehnjährige 1976 erstmals mit dem Leichtathletiktrainer Charlie Francis zusammen. Der nahm den völlig verschlossenen und spindeldürren Teenager unter seine Fittiche. »Der war dünn wie ein Staffelstab und wog gerade mal 49 Kilogramm«, beschrieb Francis den körperlichen Zustand des jungen Johnson. Und so päppelte er ihn zunächst mit Krafttraining, später mit Anabolika auf. Als der Läufer mit immer besseren Resultaten dicht an der Schwelle zur Weltspitze stand, handelte Francis. »Wenn Du international mithalten willst, dann musst Du was nehmen«, will er damals argumentiert haben. Doch mit keiner Silbe, so beteuerte Francis, habe er Johnson jemals gezwungen, verbotene Substanzen einzunehmen. »Der wusste ganz genau, worauf er sich eingelassen hatte«, bestätigte auch Johnsons Arzt. Und bei all diesen Schuldzuweisungen konnte der Übeltäter selbst nicht mehr leugnen. »Ja, ich habe gelogen, ich habe Anabolika eingenommen«, gestand Johnson

schließlich dem Untersuchungsausschuss. Dieser setzte daraufhin eine zweijährige Wettkampfsperre an, und der internationale Leichtathletikverband IAAF erkannte ihm alle Rekorde ab. Ben Johnson stand wieder ganz am Anfang.

Trotz seines Outings ebbten die Diskussionen um den Dopingfall Johnson nicht ab. Er war sicher nicht der Einzige, doch er war der Prominenteste. An seinem Beispiel rollte man die Machenschaften hinter den Kulissen des Leistungssports gnadenlos auf. Nicht wenige behaupteten plötzlich, Johnson sei mehr Opfer als Täter. Es seien vielmehr die abgebrühten Manager und erfolgshungrigen Trainer der Branche, die am Grundübel Doping die Schuld tragen. Sie würden schwache Persönlichkeiten wie Johnson, der schon als Kind wegen seiner Stotterei als Außenseiter galt, gnadenlos benutzen, um ihre eigene Geldgier und Geltungssucht zu befriedigen. Und auf der Suche nach Anerkennung ließen sich verschüchterte Typen wie Johnson schließlich auch bereitwillig lenken – glaubten zahlreiche Experten. Andere wiederum sahen in Johnson einen eiskalten Lügner, dem es nur um Ruhm und Geld ging. Die Vertreter dieses Standpunkts sahen sich in ihrer Meinung bestätigt, als Ben Johnson nach seiner Sperre im Winter 1993 erneut des Dopingmissbrauchs überführt wurde. Diesmal zeigte der Verband keine Gnade mehr, man sperrte ihn auf Lebenszeit. Johnson zeigte dafür keinerlei Verständnis und bezeichnete das Vorgehen als »erneute Demonstration der weißen Übermacht gegen die schwarze Minderheit«. Alle Anträge auf Begnadigung blieben über Jahre hinweg erfolglos.

Der ehemalige Weltklassesprinter war sportlich endgültig am Ende. Vereinzelt brachte er sich etwa als persönlicher Trainer des ebenfalls des Dopings überführten Fußballstars Diego Maradona ins Gespräch. Im November 1998 heuerte er als Trainer bei einem Sportclub in Tel Aviv an, bevor er anschließend weitere Anträge auf Aufhebung seiner lebenslangen Sperre stellte. Erfolglos allerdings. So steht er weiterhin als Paradebeispiel für ein trauriges Kapitel Sportgeschichte.

1988

Südkorea
Seoul
Olympia Stadium
25. September 1988

»Ich gefalle gern und möchte mich von anderen unterscheiden.«
FLORENCE GRIFFITH-JOYNER

Das schnellste
Showgirl der Welt

1988 | Das schnellste Showgirl der Welt

Das 100-Meter-Rennen der Damen im September 1988 während der Olympischen Spiele in Seoul hatte eine ganz eigene Magie. Es war nicht einfach nur ein sportlicher Wettkampf. Es hatte etwas von einer dramatischen Bühnenshow. Und die Hauptrolle dabei spielte Florence Griffith-Joyner, die schnellste Frau der Welt. Für die Amerikanerin war die Kunststoffbahn des Olympiastadions tatsächlich eine Art Bühne. Dementsprechend zelebrierte sie ihren Auftritt – sie liebte es eben, alle Blicke auf sich zu ziehen wie schon gut acht Wochen zuvor bei den nationalen Olympia-Ausscheidungen der USA in Indianapolis. Sie hatte sich eigens für diesen Wettkampf einen ziemlich extravaganten Rennanzug geschneidert, bei dem das eine Bein ganz nackt war, das andere bis zum Knöchel bedeckt. Ihre gut zehn Zentimeter langen Fingernägel hatte sie kunterbunt angemalt. Am Ende des Rennens an diesem 16. Juli 1988 konnten die Zuschauer allerdings nicht nur über die Sportkleidung der Griffith-Joyner staunen, sondern auch über einen neuen Weltrekord des schnellen Showgirls. 10,60 Sekunden stoppte man für Griffith-Joyner, allerdings wurde dieser Rekord aufgrund zu starken Rückenwinds nicht anerkannt. Das machte der Sprinterin wenig aus, sie rannte im nächsten Lauf eben noch schneller. Sagenhafte 10,49 Sekunden benötigte sie im Zwischenlauf für 100 Meter. Ein Fabelrekord, der bis heute Bestand hat. Diesen zumindest annähernd zu bestätigen zwei Monate später bei den Olympischen Spielen in Seoul, war das erklärte Ziel von Florence Griffith-Joyner. Sie war zweifelsfrei der Star des olympischen 100-Meter-Laufs. In diesem Bewusstsein betrat sie die Aschenbahn. Wie eine Königin, die gekommen war, um Hof zu halten. Diesmal allerdings im offiziellen roten Rennanzug des US-Teams mit der Startnummer 569. Man hatte ihr mit Disqualifikation gedroht, falls sie wieder eine ihrer schillernden Eigenkreationen anziehen würde. Ihre Fingernägel waren auf »nur« noch fünf Zentimeter gestutzt,

im Haar schillerten kleine rote Bändchen. Jede einzelne Bewegung war graziös, selbst als sie bereits am Startblock kniete, sprach ihre Körperhaltung Bände. Nachdem das Rennen gestartet war, lächelte Florence Griffith-Joyner im Gegensatz zu ihren Konkurrentinnen fast entspannt. So lief sie allen Gegnerinnen leichtfüßig auf und davon, erst Heike Drechsler, damals noch für die DDR am Start, im Halbfinale – anschließend auch Evelyn Ashford, die ehemalige Weltrekordläuferin. Mit 10,54 Sekunden hatte sie an die guten Leistungen aus der Qualifikation angeschlossen und überlegen die Goldmedaille über 100 Meter gewonnen. Theatralisch kniete sie anschließend auf der Aschenbahn nieder, küsste den Boden und faltete die Hände zum Gebet. Bei einer Ehrenrunde mit der US-Flagge in der Hand ließ sie sich ausgiebig vom Publikum feiern. Das war die Show à la Florence Griffith-Joyner. Und sie war noch längst nicht zu Ende.

Die Fortsetzung folgte im anschließenden 200-Meter-Lauf, der Disziplin, bei der Griffith-Joyner während der Spiele 1984 in ihrer Heimatstadt Los Angeles die Silbermedaille geholt hatte. Diesmal stand sie ganz oben auf dem Siegertreppchen. Und hatte ganz nebenbei noch einen neuen Weltrekord mit 21,34 Sekunden aufgestellt – vier Zehntelsekunden unter der bisherigen Bestzeit. Als Florence Griffith-Joyner auch mit der 4x100-Meter-

> »Wenn man Zeiten wie ein Mann laufen will, dann muss man auch wie ein Mann trainieren.«
>
> FLORENCE GRIFFITH-JOYNER

Staffel die Goldmedaille holte und mit der 4x400-Meter-Staffel Platz zwei belegte, war der Triumph perfekt. »Flo-Jo« mutierte zum weiblichen Superstar dieser Spiele. Was sie schon allein deshalb richtig auskosten konnte, weil das gesamte US-Team bei diesen Olympischen Spielen durch fast alle Sportarten hinweg so schlecht abschnitt wie schon lange nicht mehr. Vielleicht genoss Griffith-Joyner ihren Auftritt auch nur deshalb so ausgiebig, weil sie schon wusste, dass es ihr letzter großer Triumph sein würde. Nach einem regelrechten Staffellauf von einer Ehrung zur nächsten, bei dem sie unter anderem auch zur »Weltsportlerin 1988« bestimmt wurde, gab die schnellste Athletin der Welt am 25. Februar 1989 überraschend ihren Rücktritt bekannt. Sofort kamen wilde Dopinggerüchte um die kräftige Ausnahmesportlerin auf. Da man im Jahr nach den Spielen mit verstärkten Kontrollen in dieser Hinsicht rechnete, warfen ihr vereinzelte Kritiker vor, sie würde vorsichtshalber vorher abtreten. Aufgrund ihrer extremen Leistungsexplosion in den vorangegangenen Jahren wurden die Mutmaßungen über einen Dopingmissbrauch immer lauter. In Wahrheit jedoch konnte der Sprinterin niemals ein Vergehen nachgewiesen werden. Sie wurde allein im Olympiajahr 1988 elfmal getestet – elfmal ohne postiven Befund.

Die Spekulationen über die Einnahme von anabolen Steroiden kamen im Fall von Florence Griffith-Joyner erstmals nach ihrem internationalen Durchbruch während der Olympischen Spiele 1984 auf. Die studierte Psychologin, die seit 1979 von Trainer Bob Kersee an der University of California in Los Angeles betreut wurde und bei der Weltmeisterschaft 1983 in Helsinki mit einem vierten Platz über 200 Meter für erste Schlagzeilen gesorgt hatte, fühlte sich nach dem Gewinn der Silbermedaille über 200 Meter zu wenig gewürdigt. Die Aufmerksamkeit der Öffentlichkeit galt vielmehr der Doppel-Olympiasiegerin Valerie Brisco-Hooks. Griffith-Joyner, schon damals geltungssüchtig, verlor daraufhin die Lust am Sport und widmete sich fast zwei Jahre lang vermehrt anderen Lebensinhalten. Sie nahm einige Kilogramm zu und wurde zuweilen gar als »Pummelchen« verspottet. Trainer Bob Kersee nahm sie wieder härter ran und trimmte die Sprinterin zu neuer, ungeahnter Stärke. Ihr Körper bildete auffällig schnell viele Muskeln. Vor allem ihre Oberschenkel strotzten regelrecht vor Kraft. »Wenn man Zeiten wie ein Mann laufen will, dann muss man auch wie ein Mann trainieren«, begründete Florence Griffith-Joyner diese Entwicklung. Beobachter aus der Branche hingegen, unter anderem auch der männliche Gegenpart Carl Lewis, bezichtigten die Sprinterin zum Teil auch offen des Dopingverdachts. Doch beweisen konnte es niemand. Und so lief das siebte von elf Kindern einer Ghettofamilie aus Los Angeles einen Sieg nach dem anderen heraus. Und brachte mit ihrem Auftreten »einen Hauch von Hollywood in die Arenen«, wie ihre einstige Konkurrentin Evelyn Ashford einmal sagte.

Nach dem Karriereende als Spitzensportlerin widmete sich Griffith-Joyner vermehrt ihren Leidenschaften. Zum einen begann sie damit, ihre eigene Sportkollektion zu entwerfen und entsprechend zu vermarkten. Dafür präsentierte sie sich hin und wieder auch selbst als Model. Und auch das von ihr kreierte Fingelnageldesign brachte sie in verschiedensten Formen auf den Markt. Inspiriert durch die Geburt der Tochter Mary Ruth Joyner im November 1990, schrieb sie Kinderbücher. Ganz nebenbei fungierte sie auch als Co-Kommentatorin für das Fernsehen bei großen Sportereignissen und als persönliche Beraterin von Präsident Bill Clinton in Fragen des Sports. Im Kreise ihrer Familie, zu der auch ihre Schwägerin Jackie Joyner-Kersee und deren Ehemann Bob Kersee gehörten, verbrachte sie ihre Freizeit am liebsten. Beflügelt von Jackie Joyner-Kersee, die noch heute den Weltrekord im Siebenkampf der Frauen mit 7291 Punkten hält und die bei der Weltmeisterschaft 1991 ihren Titel erfolgreich verteidigen konnte, verspürte auch Florence Griffith-Joyner zunehmend wieder Lust auf Wettkämpfe. Sie kündigte mehrere Comebacks an, unter anderem für die Spiele 1992 im Marathonlauf. Wegen eines Knorpelschadens im Knie musste sie jedoch darauf verzichten. Die ehemalige Weltklassesportlerin war nach wie vor in guter körperlicher Verfassung. Um so schockierender war die Nachricht, dass Florence Griffith-Joyner 1996 während eines Fluges einen Schlag-

---

»Wir waren fasziniert von ihrer Schnelligkeit, überwältigt von ihrem Talent und in Bann gezogen von ihrer enormen Ausstrahlung.«

US-PRÄSIDENT BILL CLINTON ZUM
TOD VON FLORENCE GRIFFITH-JOYNER

---

anfall erlitten hatte, im Alter von siebenunddreißig Jahren. Nach einem kurzen Check in einem Krankenhaus in St. Louis wurde die Afro-Amerikanerin schon am nächsten Tag wieder entlassen. Ohne Befund. Was zu diesem Zeitpunkt niemand ahnte: Florence Griffith-Joyner hatte nur noch ein Jahr zu leben. Am 21. Septmeber 1998 fand ihr Ehemann Al Joyner, 1984 Olympiasieger im Dreisprung, die lebensfrohe Sportlerin tot im Bett. Sie hatte im Schlaf einen epileptischen Anfall erlitten, hervorgerufen durch ein Gerinsel im Hirn, was zum Herzversagen führte. Sofort wurden wieder die alten Gerüchte um den angeblichen Missbrauch von Anabolika und Testosteronen laut, was den Tod verursacht haben könnte. Wie sonst sollte man sich erklären, dass eine 38-jährige, scheinbar gesunde Frau so plötzlich stirbt. Krankenschwestern eines kalifornischen Hospitals wollten später bezeugen können, dass »Flo-Jo« jahrelang mit diversen Mitteln behandelt wurde. Spekulationen über Spekulationen taten sich auf. Fakt ist und bleibt: Niemals ist Florence Griffith-Joyner jemals auch nur ansatzweise des unerlaubten Dopingmissbrauchs überführt worden. Und so stehen ihre außergewöhnlichen Erfolge auch heute noch für eine der besten und spektakulärsten Athletinnen diese Jahrhunderts, die so viele Menschen mit ihren Auftritten und ihren Rekorden in Staunen versetzte.

1989

England
Sheffield
Hillsborough Stadion
15. April 1989

»Fußball hat absolut keine Bedeutung mehr, wenn so etwas
passiert.«

KENNY DALGLISH, 1989 TRAINER DES FC LIVERPOOL

Der Tod in Hillsborough

1989 | Der Tod in Hillsborough

Am Nachmittag des 15. April 1989 ging es für die beiden Fußballteams von FC Liverpool und Notthingham Forrest um den Einzug in das englische Pokalfinale. Den Sieger erwartete das legendäre Wembley-Stadion in London, wo alljährlich traditionell das Endspiel ausgetragen wird. Auf der Insel gehört das Pokalfinale, anders als etwa in Deutschland, zum absoluten Höhepunkt einer Fußballsaison. Der Pokalsieg hat dort sogar einen fast größeren Stellenwert als die Meisterschaft selbst. Für jeden englischen Fußballer ist das Erreichen des Endspiels daher ein Traum – ebenso wie für die Anhänger der Klubs. Um ihre Mannschaften in diesem Halbfinale lautstark zu unterstützen, strömten die Fans in Scharen zum Hillsborough Stadion von Sheffield. Kurz vor dem Anpfiff waren die Tribünen bereits überfüllt. Dennoch drängten sich vor den Stadiontoren noch zig tausend weitere Besucher, die mit Eintrittskarten in der Hand Einlass forderten. Die Polizei- und Ordnungskräfte waren restlos überfordert mit der Situation, zumal die ausgeschlossenen Fans mit jeder weiteren Minute aggressiver wurden. Sie wollten den Anstoß nicht verpassen, und so drängte sich die gröhlende Masse Meter um Meter an die verschlossenen Tore heran. Aus Angst vor möglichen Eskalationen einzelner Hooligans ließ der leitende Sicherheitsinspektor David Duckenfield die Tore schließlich öffnen. Eine tödliche Fehlentscheidung. Mit einem nicht mehr zu kontrollierenden Druck schob sich die Menschentraube durch einen Tunnel Richtung Leppings-Lane-Tribüne, die jedoch schon längst keine Stehplatz-Kapazitäten mehr hatte. Das Spiel war bereits in Gange, die Fans im Tunnel drängten, angeregt durch den Jubel, immer stärker auf die Tribüne zu. Sie ahnten nicht, dass sie mit jedem weiteren Schritt nach vorn die Zuschauer in den ersten Reihen immer fester gegen die Stahlgitter am Spielfeldrand quetschten. Diese hatten keine Chance, die gut drei Meter hohen Barrieren zu überwinden. Als die Ordnungskräfte auf der anderen Seite der Gitter das Chaos realisierten, war es bereits zu spät. Niemand von ihnen besaß einen Schlüssel für die rettenden Notausgangstüren. Sie mussten hilflos mit ansehen, wie Menschen qualvoll erstickten, wie ihre Schädel an den Stahlrohren regelrecht zerschmettert wurden. Manche wurden zu Boden gedrückt und von der nachrückenden Masse zu Tode getrampelt. Ein Bild des Grauens. Nach sieben Spielminuten wurde die Partie abgebrochen, die Mannschaften rannten ängstlich in die Kabinen. Sie waren zunächst der Meinung, randalierende Hooligans wollten den Platz stürmen.

Doch es waren friedliche Fans, die um ihr nacktes Leben kämpften.

Viel zu spät reagierten die Verantwortlichen auf das Chaos. Keine Durchsagen warnten die drängende Meute, keine Hilfskräfte beorderten sie zurück. Als man die Notausgänge endlich öffnete, waren bereits sechsundneunzig Menschen einen grausamen Tod gestorben. Mehrere hundert wurden zum Teil schwer verletzt. Sie allesamt waren zumeist Anhänger des FC Liverpool. Auch bei der Bergung der Opfer kamen die großen Sicherheitsmängel in dem alten Stadion und bei der Organisation der Veranstaltung zum Vorschein. Krankenwagen und Ärzteteams bekamen nur schwerlich Zugang zum Stadion und mussten sich den Weg zum Spielfeld mühsam bahnen. Medizinische Hilfsmittel waren kaum vorhanden, manche Opfer wurden auf Reklametafeln abtrans-

> »Fußballtragödien gehören zum britischen Schicksal wie Erdbeben zu Amerika und der Hunger zu Indien.«
> *SUNDAY TELEGRAPH* AM 16. APRIL 1989

portiert. Der Schock saß tief. Spontan fanden sich in den folgenden Tagen zehntausende Fans des FC Liverpool am Stadion an der Anfield Road ein, um dort auf dem Spielfeld Blumen und Trikots zu Ehren der Verstorbenen niederzulegen. Das Entsetzen über die unendliche Grausamkeit dieser Katastrophe wich bald der Wut über die fahrlässige Handlung der Sicherheitskräfte. Von höchster staatlicher Seite wurde eine Untersuchungskommission eingerichtet, die die Ursachen dieser Tragödie ergründen sollte. Sie kam zu dem Schluss, dass die Polizei keine Schuld traf. Es war nach deren Meinung ein Unfall, der zufällig geschehen war. Daran glaubten die Angehörigen der Opfer jedoch nicht und schlossen sich spontan zur »Family Support Group« zusammen, um die ihrer Meinung nach verantwortlichen Polizeioffiziere David Duckenfield und Bernard Murray vor Gericht zu bringen. Bestärkt wurden sie in ihrem Bestreben von Richter Lord Peter Taylor, der 1990 den so genannten Taylor-Bericht vorlegte. In diesem beschuldigte er die Polizei, völlig versagt zu haben. Schlimmer noch: Er unterstellte den betroffenen Beamten sogar, vorsätzlich gelogen zu haben bei den Untersuchungen der Kommission. Dennoch kamen alle Beschuldigten ohne Strafe davon. Die enttäuschten Angehörigen erwirkten 1991 eine neue Untersuchung, bei der ebenfalls ein Unfall als Ergebnis festgestellt wurde. Zuletzt kam es 1997 zu einem weiteren Verfahren, dass allerdings mangels Beweislast eingestellt wurde. Erst Jahre später wurde nachgewiesen, dass die Polizei belastendes Material wie Videobänder und Zeugenaussagen verschwinden lassen hatte. Einzelne Familien zogen daraufhin mit privaten Klagen vor Gericht, um David Duckenfield und Bernard Murray des Totschlags zu überführen. Bislang ohne Erfolg.

An die Toten von Hillsborough erinnert heute ein Ehrenmal mit allen Namen der Opfer, eine Dauerflamme brennt daneben. Sie ist in gewisser Weise auch den neunundreißig Toten, die am 29. Mai 1985 in Brüssel ums Leben kamen, gewidmet. Unter ihnen waren auch friedliche englische Fans. Fans des FC Liverpool. Getötet von englischen Hooligans. Im Brüsseler Heysel-Stadion sollte das Finale im Europacup der Landesmeister zwischen dem FC Liverpool und Juventus Turin stattfinden. Dabei standen aufgrund eines nicht organisierten Kartenverkaufs die Fangruppen der Italiener und der Engländer fahrlässigerweise nebeneinander. Angetrunkene Liverpool-Anhänger fühlten sich von den Turiner Fans provoziert, woraufhin sie begannen, im Stehplatzblock zu randalieren. Noch vor dem Anpfiff eskalierten die Ausschreitungen. Die Engländer rissen einen Zaun aus einfachem Drahtgeflecht nieder und prügelten willkürlich mit Messern, Flaschen und Eisenstangen, die sie zuvor

»Wir waren wie Tiere im Zoo gefangen. Wir wurden gegen die Drahtgitter-Barriere gedrückt. Ich kam davon. Ich weiß nicht, wie.«

EIN SIEBZEHNJÄHRIGER ÜBERLEBENDER FUSSBALL-FAN
UNMITTELBAR NACH DER KATASTROPHE

recht leicht aus den veralteten Verankerungen reißen konnten, auf die italienischen Fans ein. Sofort brach eine Massenpanik aus, wobei zwanzig Menschen zu Tode getrampelt wurden, weitere neunzehn erlagen ihren durch Hooligans zugefügten Verletzungen. Mehr als 400 Menschen mussten sich anschließend in ärztliche Behandlung begeben. Ebenso wie bei der Katastrophe in Sheffield waren die belgischen Hilfskräfte überfordert. Sie mussten zusehen, wie wehrlose Menschen erstochen, erschlagen oder erstickt wurden. Denjenigen, die fliehen wollten, versperrten mangelhafte Fluchtwege den Ausgang. Trotz allem: Das Spiel wurde mit eineinhalb Stunden Verspätung angepfiffen mit der Begründung, man wolle weitere Ausschreitungen verhindern. Am Ende siegte Juventus Turin mit 1:0 durch einen Foulelfmeter. Es war der traurigste Sieg in der Fußballgeschichte.

Nur wenige Tage vor der Randale im Heysel-Stadion kamen bei einem Tribünenbrand im Fußballstadion von Bradford neunundfünfzig Menschen ums Leben, sechzig wurden verletzt. Und bei einem Gedränge in einem mexikanischen Fußballstadion mussten am 27. Mai 1985 zehn Zuschauer ihr Leben lassen, fünfzig weitere fanden sich schwer verletzt im Krankenhaus wieder. Die Serie an Unfällen und Katastrophen in Fußballstadien riss in

»Fragen werden nun laut, ob es in solchen Stadien überhaupt einen Wiederanpfiff geben soll: Englands Fußballstadien liegen fast alle unmittelbar an den Straßen jener kleinen Backstein-Reihenhäuser, in denen jene Menschen zu Hause sind, die von britischen Soziologen noch heute als ›working class‹ beschrieben werden. Viele dieser Stadien wurden gebaut, als der Fußball erfunden wurde – im letzten Jahrhundert. Die Häuserreihen sind noch immer die selben. Die Stadien hat man mehrfach saniert und modernisiert. Aber die Infrastruktur ist die selbe geblieben.«

DIE WELT VOM 17. APRIL 1989

den achtziger Jahren nicht ab. Immer wieder randalierten Hooligans, zumeist aus England, in Stadien und Innenstädten. In veralteten Arenen kamen Menschen zu Tode, weil große Sicherheitsmängel zur Falle wurden. Sowohl einzelne Regierungen als auch die nationalen Fußballverbände selbst zogen daraus ihre Konsequenzen. In England etwa veranlasste die Regierung im Anschluss an die Katastrophe von Sheffield die sofortige Überprüfung aller Stadien auf deren Sicherheitsvorkehrungen. Dies hatte zur Folge, dass ein Großteil der Arenen umgebaut werden musste. Stahlzäune wurden abmontiert, Stehplätze in Sitzplätze umgewandelt und der Verkauf von Eintrittskarten fortan elektronisch überwacht. Somit war eine Überfüllung der Stadien nicht mehr möglich. Der europäische Fußballverband UEFA schloss aufgrund der Randale englischer Hooligans in Brüssel britische Mannschaften für mehrere Jahre von Europapokalspielen aus. Außerdem wurde die Zuschauerzahl bei internationalen Spielen reduziert, die Stadien dürfen nicht mehr bis auf den letzten Platz gefüllt sein. Und die Fangruppen der einzelnen Mannschaften werden seither streng getrennt in verschiedene Sektoren der Stadien gesetzt.

1986

Mexiko
Mexico City
Aztekenstadion
22. Juni 1986

»Es war sein Tor und hatte nichts mit der Mannschaft zu tun.
Es war Diegos persönliches Abenteuer, und zwar ein total
spektakuläres.«

JORGE VALDANO, MITGLIED DER ARGENTINISCHEN MANNSCHAFT,
ÜBER DAS TOR VON DIEGO MARADONA

Die Begegnung

Kanada
Edmonton
15. Oktober 1989

»Geh nicht dahin, wo der Puck ist, sondern dorthin,
wo er hinkommen wird.«
RATSCHLAG VON WALTER GRETZKY AN SEINEN SOHN WAYNE

»The Great One«
und die Rekorde

1989 | »The Great One« und die Rekorde

Der verlorene Sohn kehrte am 15. Oktober 1989 ins kanadische Edmonton zurück. Zehn Jahre lang hatte Wayne Gretzky dort zwischen 1978 und 1988 im Team der Oilers Eishockey gespielt und seinen Status als Superstar erworben. Dann zog es ihn nach Kalifornien, zu den Los Angeles Kings. Als er damals ging, herrschte Endzeitstimmung bei den Edmonton Oilers. Sogar als Landesverräter wurde Gretzky beschimpft, zumal er eigentlich noch einen Vertrag bis zum Jahr 1999 zu erfüllen hatte. Doch mittlerweile waren alle Wunden längst vernarbt, 17500 Fans in der Eisarena bereiteten ihrem einstigen Helden einen phänomenalen Empfang, als er mit seiner neuen Mannschaft die Spielfläche betrat. Es war nicht allein die Anwesenheit Gretzkys, die diese Partie zwischen den Oilers und den Kings zu einer besonderen Begegnung werden ließ. Auf der Tribüne saß ein Mann namens Gordie Howe, der zu diesem Zeitpunkt in den Statistiken der National Hockey League (NHL) mit 1850 Punkten als bester Scorer geführt wurde. In 1767 Spielen über sechsundzwanzig Jahre hinweg erzielte Howe 801 Tore und gab insgesamt 1049 Torvorlagen. Dieser Rekord stand nun auf der Kippe und konnte im Spiel zwischen den Los Angeles Kings und den Edmonton Oilers fallen. Durch Wayne Gretzky, der Howe von Kindesbeinen an als sein größtes Idol bezeichnete. Gretzky benötigte noch einen Punkt, um Howes Rekord einzustellen. Das gelang dem Spieler mit der Rückennummer »99« gleich im ersten Drittel mit einer seiner gefürchteten, zentimetergenauen Vorlagen. Noch ein weiterer Punkt, und der Kanadier wäre alleiniger Rekordhalter. Jeder Puck-Kontakt Gretzkys sorgte für Unruhe unter den Zuschauern. Doch Gretzky ließ die Fans zunächst weiter zappeln. Mittlerweile war bereits das dritte Drittel voll im Gange, und einige befürchteten schon, dass es womöglich nichts werden könnte mit der historischen Feierstunde. Doch dann, dreiundfünfzig Sekunden vor dem Ende des dritten Spielabschnitts, flog Wayne Gretzky der Puck vor den Schläger. Er holte zum Schlag aus und katapultierte die Hartgummischeibe mit einem guten Schuss an Goalie Bill Ranford vorbei ins Netz. Der Torschütze wurde von seinen Spielerkollegen anschließend fast erdrückt. Als sie ihn wieder aus ihren Fängen ließen, gratulierten auch die einzelnen Spieler der Oilers zum neuen Rekord von 1851 Scorerpunkten. Das Publikum bejubelte den Superstar minutenlang mit Standing Ovations. Selbst Gordie Howe sah man ausgelassen auf der Tribüne johlen. Das Spiel wurde kurz unterbrochen, und noch an Ort und Stelle ehrte man Gretzky als neuen Rekordscorer. Von seinem ehemaligen Verein erhielt er ein 1851-Karat-Goldarmband mit Diamanten bestückt. Was Howe in sechsundzwanzig Jahren gelang, schaffte Gretzky in nicht einmal elf Spielzeiten. Er benötigte zudem mit 780 Spielen fast tausend weniger als Howe, um 641 Tore zu schießen und 1210 Vorlagen zu geben. Allein dadurch wurde die Ausnahmestellung Wayne Gretzkys im Eishockeysport deutlich. Er war der beste Spieler aller Zeiten.

Bei aller Dankbarkeit gegenüber seinem alten Arbeitgeber aus Edmonton vergaß Gretzky an diesem 15. Oktober 1989 allerdings seine Pflichten nicht. In der Nachspielzeit erzielte er noch den entscheidenden Treffer zum 5:4-Sieg der Los Angeles Kings. Doch trotz der Niederlage, die er den Kanadiern zugefügt hatte, feierte man Gretzky in Edmonton anschließend wie einen der Ihren. Das Vereinslogo auf seinem Trikot spielte längst keine Rolle mehr. Gretzky war so etwas wie der über alle Klubgrenzen hinweg anerkannte Eishockey-Gott. Es fehlte eigentlich nur, dass der am 26. Januar 1961 im kanadischen Brantford geborene Kufenstar schon bei der Geburt Schlittschuhe an den Füßen gehabt hätte. Denn ansonsten war sein Leben bereits von Kindestagen an fest mit dem Eishockeysport verbunden gewesen. Gretzkys Vater Walter legte dem Filius im eigenen Garten

> »Gretzky an Edmonton zu verkaufen, war die dümmste Sache, die ich jemals in meinem Leben getan habe.«
> NELSON SKALBANIA, BESITZER DER INDIANAPOLIS RACERS

eine Eislaufbahn an, damit der seiner Leidenschaft noch intensiver nachgehen konnte. Als er begann, in Schülerteams Eishockey zu spielen, staunten viele Experten nicht schlecht, wie wendig und schnell dieser junge Gretzky über die Eisfläche sauste. Er führte den Puck am Schläger wie ein Profi und spielte die Gegner seiner Altersklasse in Grund und Boden. In einer eishockeyverrückten Nation wie Kanada spricht sich so was schnell herum. Als Gretzky im Alter von sieben Jahren in der Ontario-Schülerliga in achtundsechzig Spielen sagenhafte 378 Tore schoss, war er in seiner Heimat plötzlich ein echter Medienstar. Alle Zeitungen im Land berichteten über das Wunderkind auf Kufen, das 1975 im Alter von erst vierzehn Jahren zu den Toronto Seneca Nationals wechselte. Dort gab er bald sein Debüt in der Ontario Hockey League (OHA) und wurde 1977 von den Sault Marie Greyhounds engagiert. Der Sechzehnjährige wurde gleich in der ersten Saison zum besten Nachwuchsspieler gekürt, als er in der Scorerliste mit 182 Punkten den zweiten Rang belegte. Nach Unstimmigkeiten mit dem neuen Coach der Greyhounds wechselte Gretzky im Alter von siebzehn Jahren im Mai 1978 in die World Hockey League (WHL) zu den Indianapolis Racers, wo er seinen ersten Profivertrag unterschrieb. Nur sechs Monate später boten die Edmonton Oilers eine 850 000-Dollar-Ablösesumme für den treffsicheren Rookie. Und damit begann eine zehnjährige Erfolgsstory, die die Oilers und Gretzky fortan verband.

Im Team der Edmonton Oilers komplettierte Gretzky sein außergewöhnliches Spieltalent. Er hatte die Gabe, einen Spielverlauf schon im Voraus zu lesen – schlitterte

»Ich spiele Eishockey, seit ich drei Jahre alt bin. Dieses Spiel ist mein Leben, und es wird mich womöglich umbringen, wenn ich es nicht mehr spielen kann. Aber es ist der richtige Schritt, jetzt aufzuhören.«

WAYNE GRETZKY IN SEINER RÜCKTRITTSERKLÄRUNG 1999

oftmals genau dorthin, wo er das Ziel des Pucks vermutete. Für sein Spiel nutzte Gretzky stets die gesamte Eisfläche aus, besonders der Raum hinter dem Tor war sein Terrain. Mit für die Gegner überraschenden Aktionen ermöglichte er seinen Teamkollegen nicht selten den freien Schuss auf das Tor und entpuppte sich allein deshalb schnell als einer der besten Scorer der Liga. Seine effektive Spielweise führte die Oilers in jedem Jahr in die Playoffs. In der Saison 1982/83 erreichte das Team erstmals die Finalserie gegen die New York Islanders, gegen die man allerdings mit 0:4 unterging. Im Folgejahr machten sie es besser, als man sich in den Finals mit 4:1 Siegen gegen die New York Islanders revanchieren konnte. Erstmals in der Vereinsgeschichte hatten die Oilers damit den begehrten Stanley Cup gewonnen. Diesen Erfolg konnten sie in der Saison 1984/85 wiederholen, als sie im Finale die Philadelphia Flyers bezwangen.

Nach einer schwächeren Saison 1986 gelang es in den Jahren 1987 und 1988 erneut, den Stanley Cup nach Edmonton zu holen. Und immer war Gretzky daran mit teils sensationellen Scorerbilanzen beteiligt. Schon damals galt »The Great One« als der beste Spieler der Welt. Dann folgte der Schock: Wayne Gretzky kündigte am Ende der Saison 1988 an, zu den Los Angeles Kings zu wechseln. Er tat dies weniger aus karrierebedingten Gründen, sondern vielmehr seiner Frau Janet zuliebe, die in Hollywood ihre Film- und Fernsehlaufbahn weiter verfolgen wollte.

Als Einzelspieler konnte Wayne Gretzky auch in Los Angeles seine Vormachtstellung behaupten. Sportlich hingegen lag die beste Zeit bereits hinter ihm. Obwohl er regelmäßig als bester Spieler der Liga ausgezeichnet wurde und auch in der Scorerliste meistens ganz oben platziert stand, blieb der ganz große Erfolg mit den Kings aus. Das Team erreichte zwar 1993 die Finals gegen die Montreal Canadians, unterlag dort aber klar mit 1:4. Und auch 1994 war es lediglich der Spieler Wayne Gretzky, der für positive Schlagzeilen sorgte. Am 20. März knackte er erneut einen Rekord seines Idols Gordie Howe, als er das 802. Tor seiner Karriere erzielte. Nachdem sportlich nichts mehr lief in Los Angeles, wechselte Gretzky 1996 nach einem Kurzgastspiel bei den St. Louis Blues zu den legendären New York Rangers. Hier fand der 35-Jährige bald wieder zu alter Stärke zurück und nistete sich wie in alten Tage wieder ganz oben in den Scorerlisten ein. Es reichte zwar auch in New York nicht mehr zum Gewinn des Stanley Cup. Doch Gretzky tat im »Big Apple« noch einiges für die persönliche Erfolgsbilanz. Am 29. März 1999 schaffte er auch den letzten noch bestehenden Rekord von Gordie Howe, als er mit seinem 1072. Tor die alte Bestmarke seines Idols übertraf. Insgesamt dreiundsechzig Rekorde verbuchte Gretzky während seiner einundzwanzigjährigen Profikarriere. Am 18. April 1999 glitt der beste Eishockeyspieler aller Zeiten schließlich zum letzten Mal über die Eisfläche. Der Ausgleich zum 1:1 seiner Rangers gegen die Pittsburgh Penguins war der letzte von insgesamt 3239 Scorerpunkten, die »The Great One« in 1695 Spielen erzielte. Am Ende verloren die Rangers im Madison Square Garden doch noch mit 1:2. Doch das war nur Beiwerk an diesem Tag. Viel mehr wog die Tatsache, dass das Eishockey sein größtes Idol verloren hatte. Den besten Spieler, den dieser Sport je gesehen hatte, der viermal den Stanley Cup gewann, dreimal Canada-Cup-Sieger (1984, 1987 und 1991) wurde und als bester Scorer und Torschütze aller Zeiten in der NHL-Historie geführt wird.

1990

Italien
Rom
Olympiastadion
8. Juli 1990, 22.07 Uhr

»Auf Jahre hinaus wird unsere Nationalmannschaft unschlagbar
sein.«
FRANZ BECKENBAUER UNMITTELBAR NACH DEM FINALE VON ROM 1990

Der »Kaiser« –
Teamchef und Lichtgestalt

1990 | Der »Kaiser« – Teamchef und Lichtgestalt

Die Trauer der italienischen Fans über das Halbfinal-Aus gegen den Titelverteidiger aus Argentinien bei der Weltmeisterschaft 1990 im eigenen Land saß ziemlich tief. Doch sie wurden wenigstens teilweise versöhnt, als die deutsche Mannschaft nach einem spannenden Elfmeter-Krimi gegen England ins Endspiel einzog. Denn die Mannschaft von Teamchef Franz Beckenbauer hatte schließlich fast italienischen Charakter. Waren doch viele deutsche Stars wie Rudi Völler, Lothar Matthäus, Andreas Brehme, Thomas Berthold, Jürgen Kohler und Jürgen Klinsmann bei italienischen Klubs in der Serie A angestellt. Auf eben diesen ruhten nun alle Hoffnungen der Italiener, den ungeliebten Argentiniern, die eher mit viel Glück als durch spielerischen Glanz bis ins Endspiel vorgedrungen waren, eine Lektion zu erteilen. Die deutsche Nationalelf hatte allerdings auch ihre ganz eigenen Motive, Argentinien zu besiegen, als sie am 8. Juli 1990 im Olympiastadion von Rom einlief. Es galt sich für das verlorene Endspiel vier Jahre zuvor in Mexiko zu revanchieren, wo die Südamerikaner mit ihrem Superstar Maradona mit 3:2 gewonnen hatten.

»Das wird unser leichtestes Spiel während dieser Weltmeisterschaft«, verkündete Teamchef Franz Beckenbauer selbstbewusst vor dem Finale. Eine gewagte These des »Kaisers«. Sie war allerdings nicht ganz unbegründet. Seine Mannschaft hatte die zuweilen sehr anspruchsvollen Aufgaben in den Gruppenspielen und Zwischenfinals bravourös gemeistert. Dabei präsentierte sich das Team als Einheit und zeigte sehenswerten Fußball. Zudem traten die Argentinier im Finale noch nicht mal mit der besten Mannschaft an. Gleich vier Stammspieler fehlten den Südamerikanern wegen Gelbsperren. Beckenbauer hingegen hatte alle Mann an Bord. Und die waren heiß auf das Duell gegen Maradona & Co. So gestaltete sich die Partie von Beginn an als Spiel auf ein Tor. Deutschland stürmte, Argentinien verteidigte. Fast drückend war die Überlegenheit der Beckenbauer-Truppe, allerdings fehlte im Abschluss stets das gewisse Quentchen Glück. Zeitweise erschienen die Akteure allerdings auch etwas übermotiviert zu sein, wodurch so manche gute Tormöglichkeit leichtfertig vergeben wurde. Zur Halbzeit stand es somit 0:0. Für die zweite Hälfte gab der Teamchef mehr Offensive als Taktik aus mit der Folge, dass sich Klaus Augenthaler verstärkt in den Angriff einschaltete. Er hatte dann auch die große Chance zum 1:0 auf dem Fuß, bevor ihn der argentinische Keeper Goycochea im Strafraum zu Fall brachte. Ein klarer Elfmeter, doch der Pfiff des mexikanischen

Schiedsrichters Codesal blieb aus. Anders in der sechsundachtzigsten Minute. Rudi Völler stürzte im argentinischen Strafraum, wobei eine Fremdeinwirkung durch dessen Gegenspieler Sensini nicht unbedingt klar zu erkennen war. Doch Codesal zeigte zum Elfmeterpunkt.

Ein Fall für Lothar Matthäus. Normalerweise. Der Kapitän hatte bereits im Viertelfinale den entscheidenden Elfmeter gegen die Tschechoslowaken verwandelt und gehörte auch beim Elferkrimi im Halbfinale gegen England zu den treffsichersten Schützen. Doch Matthäus winkte überraschend ab. Die Sohle seines rechten Fußballstiefels war gebrochen und hatte einen Stollen gelockert. Matthäus wusste: Dieses Handicap hätte ihm nicht die Sicherheit gegeben, die bei einem so wichtigen Schuss nötig ist. So drückte er entschlossen Andreas Brehme den Ball in die Hand und schickte ihn zum Elfmeterpunkt. Dort stand er Auge in Auge mit dem argentinischen Ersatztorwart Sergio Goycochea, der während des Turniers bereits vier Strafstöße gehalten hatte. Brehme legte sich den Ball zurecht, ein kurzer Anlauf, ein harter und präziser Flachschuss in die linke Ecke – haarscharf neben den Pfosten. Goycochea ahnte die Ecke zwar, doch er kam nicht mehr an den Ball heran. Diesmal nicht. Brehme sprang vor Freude in die Luft, und als er wieder landete, fielen seine Kollegen über

> »Ich bin ein Mensch ohne feste Berufsbezeichnung. Denn Fußball habe ich nie als Arbeit angesehen. Von Arbeit habe ich eine andere Auffassung.«
>
> FRANZ BECKENBAUER

ihn her wie ein Rudel Wölfe über die Beute. Was folgte, waren die längsten vier Minuten, die jene elf Spieler der deutschen Mannschaft jemals auf einem Fußballfeld erlebten. Franz Beckenbauer zupfte an der Seitenlinie nervös an seiner Jacke, dann endlich pfiff Schiedsrichter Codesal ab. Deutschland war zum dritten Mal nach 1954 und 1974 Fußballweltmeister.

Die Fernsehkameras fingen Bilder der jubelnden Spieler ein, die sich ausgelassen in die Arme fielen und ihr Glück noch gar nicht fassen konnten. Mit dem Pokal in der Hand drehten sie eine Ehrenrunde nach der anderen. Während dessen lief der Vater des Triumphes allein über den Rasen des Olympiastadions in Rom. Er hatte die Hände tief in seinen Hosentaschen vergraben und schlurfte völlig in Gedanken versunken über das Grün. Franz Beckenbauer mögen viele Gedanken durch Kopf gejagt sein in diesem Moment. Sicher auch Wehmut.

Denn sechzehn Jahre zuvor hatte er die goldene Statue für das weltbeste Team schon einmal gestemmt, damals als Kapitän der Nationalelf beim WM-Sieg in München. Da dachte er, dass er diesen Pokal wohl nie wieder zu greifen bekäme. An diesem 8. Juli jedoch fungierte Franz Beckenbauer als Teamchef der Nationalmannschaft. Er war damit nach dem Brasilianer Mario Zagalo erst der zweite, dem es sowohl als Spieler als auch als Trainer gelang, Weltmeister zu werden. Wehmut sicher auch deshalb, weil er wusste, dass dies sein letzter Tag als Teamchef sein würde. Sechs Jahre hatte er als Trainer dem »Aushängeschild des deutschen Fußballs« seinen Stempel aufgedrückt. Immerhin führte er die Nationalmannschaft in dieser Zeit zweimal in das Endspiel einer

> »Den ›Libero‹ in seiner klassischen Form hat eigentlich Franz Beckenbauer selbst durch seine Begabungen und Eigenheiten ›erfunden‹. Er steht über der Situation. Er macht das Schwere besonders einfach und das Einfache besonders gut.«
>
> HELMUT SCHÖN ÜBER DEN SPIELER BECKENBAUER

Weltmeisterschaft und erreichte bei der Europameisterschaft 1988 das Halbfinale. Nicht alle sechsundsechzig Spiele unter seiner Regie als Teamchef – mit vierunddreißig Siegen, neunzehn Unentschieden und dreizehn Niederlagen – waren schöne Spiele. Doch im Laufe der Jahre übertrug er sein Verständnis vom Fußball und ermutigte seine Schützlinge, das Spiel wieder mit Leidenschaft zu zelebrieren. Der verdiente Lohn war der Weltmeistertitel 1990. Ein weiterer Meilenstein in der langen Karriere des Franz Beckenbauer.

Auf dem Weg von Giesing bei München – wo Beckenbauer am 11. September 1945 geboren wurde und sich zwischen 1954 und 1958 die ersten fußballerischen Sporen beim SC München 06 verdiente – bis in die höchsten Sphären der Fußballwelt hinterließ die Lichtgestalt überall seine Spuren. Als er im Alter von neunzehn Jahren mit dem FC Bayern München in der Regionalliga kickte, war an eine Weltkarriere noch nicht zu denken. Als er jedoch gleich nach der ersten Saison im Jahr 1965 mit den Bayern in die Bundesliga aufstieg und nur wenige Wochen später bereits die erste Nominierung für die Nationalelf im Briefkasten fand, begann sich das Bild als Ausnahmespieler allmählich zu entwickeln. Spätestens nach der Weltmeisterschaft 1966 in England gehörte Franz Beckenbauer zur Weltelite im Fußball. Als Libero der Bayern gewann er zwischen 1969 und 1974 vier Deutsche Meisterschaften, ebenso oft den

DFB-Pokal zwischen 1966 und 1971. Er wurde 1967 Europapokalsieger der Pokalsieger und zwischen 1974 und 1976 dreimal in Folge Europapokalsieger der Landesmeister. Mit dem Nationalteam feierte Beckenbauer gleichfalls große Erfolge, wozu die Vizeweltmeisterschaft 1966 gehört, Platz drei bei der Weltmeisterschaft 1970, die Europameisterschaft 1972 und natürlich als Krönung der Weltmeistertitel 1974 im eigenen Land. In einhundertdrei Länderspielen, von denen Beckenbauer fünfzigmal als Kapitän auflief, erzielte er vierzehn Tore. Erst zum Ende seiner Karriere zog es ihn nach dreizehn Jahren weg von »seinen« Bayern. Beckenbauer spielte von 1977 bis 1980 in der amerikanischen Liga bei Cosmos New York gemeinsam mit dem großen Pelé in einem Team. Nach drei Meisterschaften in vier Jahren kehrte der Fünfunddreißigjährige 1980 noch einmal für zwei Jahre in die Bundesliga zurück. Mit dem Hamburger SV holte er sich 1982 seine fünfte Meisterschaft und schraubte sein Bundesligakonto auf 424 Spiele mit vierundvierzig Toren. Nach einem weiteren Kurzgastspiel bei Cosmos New York beendete Beckenbauer 1983 endgültig seine aktive Karriere.

Er zog ins beschauliche Kitzbühel und begann an seinem Golfhandicap zu arbeiten. Doch die Rolle als Sportrentner lag Franz Beckenbauer nicht. Nach dem mageren Vorrunden-Aus bei der Europameisterschaft 1984 in Frankreich trat der »Kaiser« schließlich die Nachfolge des glücklosen Jupp Derwall als Chef der Nationalelf an. Als Teamchef, genauer gesagt. Denn eine Trainerlizenz besaß Beckenbauer nie. Er führte die Mannschaft zurück in alte Höhen. Nur sechzig Tage nach dem WM-Sieg 1990 heuerte er zunächst als Trainer, später als Sportdirektor bei Olympique Marseille an. Die kurze Liaison endete bereits 1991 wieder. Zurück in München, wurde der »heimgekehrte Sohn« im November 1991 zum Vizepräsidenten des FC Bayern gewählt und sprang in dieser Funktion in der Rückrunde 1994 sogar noch einmal als Kurzzeittrainer ein. Mit der Deutschen Meisterschaft beendete er auch dieses Kapitel endgültig. Um diesem eigenen Wunsch Nachdruck zu verleihen, ließ er sich 1994 zum Präsidenten seines Heimatvereins wählen. Eine Verbindung, die Sinn macht. Deutschlands erfolgreichster Verein und der wohl beste deutsche Spieler aller Zeiten in einer Symbiose. Ein weiterer Erfolg gelang Franz Beckenbauer, als er durch die ganze Welt zog und Stimmen sammelte, um die Fußball-Weltmeisterschaft 2006 nach Deutschland zu holen.

1991

Frankreich
Paris
Champs Elysées
28. Juli 1991

»Ich glaube, ich könnte die Tour gewinnen. Aber viel wichtiger ist der
Erfolg des Teams.«

MIGUEL INDURAIN 1991 VOR DEM START DER TOUR DE FRANCE

Der »Überirdische«,
der Radsport-Gott

sche Kraftpaket bei den steilen Aufstiegen zum Tourmalet aus dem Sattel gehen. Im Sitzen überholte er im Hochgebirge zunächst den großen Favoriten LeMond, dann auch noch Bugno. Im Zieleinlauf ließ er Claudio Chiapucci den Vortritt, wohl wissend, dass ihm der Italiener kaum mehr den großen Triumph streitig machen konnte. Mit sieben Minuten Vorsprung auf LeMond hatte sich

---

»Wie der fährt, das ist überirdisch.«

GIANNI BUGNO ÜBER MIGUEL INDURAIN

Miguel Indurain zum ersten Mal in seiner Karriere das Gelbe Trikot gesichert. Er gab es bis zur Schlussetappe in Paris nicht mehr ab und hatte am Ende in der Gesamtwertung 3:36 Minuten Vorsprung auf den zweiten Gianni Bugno. Ein neuer Star am Radsporthimmel begann zu strahlen. Dass der Baske, der als vierter Spanier die Tour de France gewinnen konnte, nicht nur ein kurzlebiger Komet sein würde, der schon bald wieder verglüht, stellte Indurain in den folgenden Jahren mit weiteren vier Siegen eindrucksvoll unter Beweis.

Miguel Indurain war alles andere als ein Überflieger im Radsport, obwohl der 1,89 Meter große Sohn einer baskischen Bauernfamilie alle organischen Voraussetzungen dafür mitbrachte. Er verfügte über ein außergewöhnlich großes Herz- und Lungenvolumen und einen optimalen Ruhepuls. Doch anders als etwa Jan Ullrich, der ähnlich gelagerte Körperwerte aufweisen kann und bereits bei seinem Tourdebüt auf den zweiten Rang fuhr, musste sich Indurain seine Sporen erst hart verdienen. Nachdem er im Kindes- und Jugendalter reihenweise Rennen gewann und als Amateur 1983 spanischer Meister wurde, unterzeichnete der damals Zwanzigjährige Ende 1984 seinen ersten Profivertrag im Reynolds-Team. Sein Entdecker und Trainer José Echavarri baute Indurain zunächst ganz behutsam auf. Er ließ ihn vorwiegend bei heimischen und kleineren Rennen im Ausland an den Start gehen, um dem sehr scheuen Schützling mit Teilerfolgen ein größeres Selbstbewusstsein anzutrainieren. Das holte sich Indurain in den ersten beiden Jahren durch mehrere Etappensiege unter anderem bei der Tour de l'Avenir und der Murcia-Rundfahrt. Bei der Tour de France hingegen gab er sowohl 1985 als auch 1986 vorzeitig auf. Im Jahr darauf erreichte der Spanier erstmals Paris – als Siebenundneunzigster in der Gesamtwertung. Des Trainers Taktik schien aufzugehen, denn zunehmend gewann der junge Indurain an Sicherheit in den Rennen und auch abseits der Rennstrecken. Im Jahr 1988 siegte

1991 | Der »Überirdische«, der Radsport-Gott

Der 13. Juli 1991 war ein guter Tag für das Banesto-Team. Einer aus ihren Reihen hatte soeben die achte Etappe der 78. Tour de France gewonnen. Das Zeitfahren über die vierundsiebzig Kilometer lange Distanz von Argentan nach Alençon. Die relativ kurze Strecke wirkte auf die Fahrer fast wie eine Ruhepause im Vergleich zu den sonst üblichen Etappenlängen zwischen 125 und 286 Kilometern. Beim Abendessen klopften die Banesto-Mitglieder ihrem Tageshelden Miguel anerkennend auf die Schulter, der den zweifachen Toursieger und Titelverteidiger Greg LeMond beim Einzelzeitfahren auf den zweiten Platz verwiesen hatte. Das reichte dem Amerikaner allerdings trotzdem, um sich das Gelbe Trikot zu erobern. Es hatte de Anschein, als würde LeMond nach 1989 und 1990 den Hattrick beim schwersten Radrennen der Welt schaffen können. Allerdings nur drei Tage lang – dann war Greg LeMond das begehrte Trikot wieder los. Zur dreizehnten Etappe von Jaca nach Val Louron startete der Franzose Leblanc in Gelb. Über 232 Kilometer lieferten sich Claudio Chiapucci, Gianni Bugno, Greg LeMond und Miguel Indurain einen erbitterten Kampf im Gebirge. Indurain konnte dabei mühelos Anschluss an die Spitze halten, als selbst Banesto-Kapitän Pedro Delgado seinen Führungsanspruch kurzerhand aufgab und sich spontan in den Dienst des siebenundzwanzigjährigen Spaniers stellte. Der äußerst lässig wirkende Fahrstil Indurains irritierte sowohl die Gegner als auch das Publikum. Nicht ein einziges Mal musste das baski-

er nicht nur bei der Katalanien-Rundfahrt, sondern verbesserte sich auch bei der »Großen Schleife«, der Tour de France, um fünfzig Plätze auf Rang 47. Als er 1989 überraschend die neunte Etappe in den Pyrenäen gewann und beim Bergzeitfahren den dritten Platz belegte, wurde seine Stärke im Gebirge erstmals deutlich sichtbar. Mit Rang 17 in der Tour-de-France-Wertung und den zusätzlichen Siegen bei Paris – Nizza und beim Criterium International im Rücken, empfahl sich Miguel Indurain zunehmend für größere Aufgaben. Er wechselte 1990 in das Banesto-Team, wo er dem Kapitän Pedro Delgado als Wasserträger zugeteilt wurde. Er erfüllte seine Aufgabe uneigennützig und kam somit nur zu einem Etappensieg. Delgado wurde am Ende Vierter, Indurain kam mit dem zehnten Rang erstmals ganz nach vorne. Ein Schlüsselbeinbruch infolge eines Sturzes stoppte zunächst die weiteren Ambitionen des aufstrebenden Spaniers. Pünktlich zum Saisonstart 1991 meldete er sich allerdings wieder zurück.

Es war das Jahr der Entscheidung für Miguel Indurain. Er stand am Scheideweg seiner Karriere, war mit siebenundzwanzig Jahren bereits im besten Rennfahrer-Alter. Die Experten waren sich einig, dass der Spanier aufgrund seiner Stärke am Berg und als Zeitfahrspezialist das Zeug hatte, die Tour zu gewinnen. Doch aufgrund seiner Position im Banesto-Team als unauffälliger Helfer von Pedro Delgado hatte man ihn vielfach bereits als »Mitläufer« abgestempelt. Der schweigsame Indurain schien zu wenig Biss zu haben, um seine fahrerischen Fähigkeiten, wenn nötig auch mal am Kapitän vorbei, in Siege umzumünzen. So wie Greg LeMond einige Jahre zuvor gegen seinen Teamkapitän Bernard Hinault im Rennstall La Vie Claire den Aufstand probte und daraufhin 1986 erstmals die Tour gewann. Dazu war Indurain zu loyal, es war ihm fremd, sich selbst in den Vordergrund zu schieben. Und womöglich wäre er weiter in

---

»Ich möchte mit dem Radsport so viel Geld verdienen, dass ich mein ganzes Leben lang nicht mehr arbeiten muss.«

MIGUEL INDURAIN

---

der zweiten Garde geblieben, wenn nicht Pedro Delgado selbst seinen treuen Wasserträger unterstützt hätte und ihn zum Siegen drängte. Mit seinem ersten Tour-de-France-Sieg schien der Knoten tatsächlich geplatzt. Indurain fand plötzlich Gefallen daran, sich auf dem Siegertreppchen von hübschen jungen Frauen das Trikot des Gesamtführenden überstreifen zu lassen. Im Jahr 1992

siegte er als erster Spanier beim Giro d'Italia und verteidigte zudem seinen Titel bei der Tour de France. Die gleiche sportliche Siegeskonstellation erreichte er 1993. Im Alter von mittlerweile dreißig Jahren machten sich ab 1994 die ersten Abnutzungserscheinungen bei dem stillen Basken bemerkbar. Beim Giro d'Italia konnte er nicht mehr mithalten und musste Jewgeni Berzin den Sieg überlassen. Einzig bei seinem obersten Saisonziel, der Tour de France, konnte Indurain noch vollends überzeugen. Zum vierten Mal in Folge. Zum versöhnlichen Abschluss brachte er das Jahr doch noch, als er sich am 2. September 1994 mit 53,040 Kilometern den Stundenweltrekord sicherte. Was so mancher Radsportexperte bereits vermutet hatte, traf in der Saison 1995 ein: Miguel Indurain hatte sein letztes erfolgreiches Jahr. Noch einmal dominierte er das wichtigste Radsportereignis der Welt über 3635 Kilometer und zwanzig Etappen, bevor er am 23. Juli zum fünften Mal als Sieger über die Champs Elysées in Paris fuhr. Er reihte sich damit in den Reigen der Radsportlegenden Jacques Anquetil, Eddy Merckx und Bernard Hinault ein. Die Weltmeisterschaft im Zeitfahren wenige Monate später komplettierte die beeindruckende Titelsammlung des Basken.

Als das Banesto-Team aufgrund finanzieller Kürzungen des Sponsors mit einem abgeschwächten Kader in die Saison 1996 startete, war die Operation des sechsten Toursieges von Indurain schon frühzeitig in Frage gestellt worden. Ohne seine unermüdlichen Helfer aus den vorangegangenen Jahren war der »Überirdische« plötzlich hart auf dem Boden der Tatsachen gelandet. Zumal das Team Telekom personell hochwertig aufgestockt hatte und aufgrund einer geschlossenen Mannschaftsleistung seinen Kapitän Bjarne Riis an die Spitze des Feldes führte. Selbst im Hochgebirge, dem Terrain Indurains, ließ Riis dem Spanier keine Chance mehr. Der König der Tour war entthront. Nach dem enttäuschenden elften Platz bei seinem Paraderennen wusste Indurain, dass seine Zeit abgelaufen war. Mit dem Olympiasieg im Zeitfahren bei den Spielen in Atlanta 1996 schuf er sich einen würdigen Abschied von der großen Radsportbühne. Insgesamt neunundneunzig Siege als Profi verbuchte Miguel Indurain in seiner Karrierebilanz, wobei er sich vor allem mit den fünf Seriensiegen bei der Tour de France zwischen 1991 und 1995 unsterblich gemacht hat. Sein Ziel, mit dem Radsport so viel Geld zu verdienen, dass er für den Rest seines Lebens nicht mehr arbeiten müsse, hat er allemal erreicht. Und so genießt der Radrentner heute sein Dasein in dem kleinen Ort Olaz im Baskenland, nur unweit von seinem Elternhaus.

1991

Japan
Tokio
Nationalstadion
31. August 1991

»Es war ein guter Sprung, aber nicht
Beamonisch.«

MIKE POWELL NACH SEINEM WELT-
REKORDSPRUNG VON 8,95 METERN

Sprung ins
nächste Jahrtausend

nicht überzeugen konnte. Und so schenkten nicht mehr viele dem fünften Versuch Powells große Beachtung. Vielmehr sah man Carl Lewis bereits die ersten Glückwünsche für seine beeindruckende Sprungserie entgegen nehmen. Derweil lief Powell mit einem gewaltigen Anlauf über die Bahn, sprang mit einem mächtigen Satz ab und landete ein gutes Stück hinter der 8,80-Meter-Marke im Sand. Dass dies ein ungewöhnlicher Sprung war, hatte selbst Lewis gleich erkannt. Insgeheim hoffte er womöglich, dass die Fahne der Kampfrichter in die Höhe schnellen würde. Doch sie blieb unten, der Sprung war gültig und der Rückenwind betrug gerade mal 0,3 Meter pro Sekunde. Und dann leuchtete das Ergebnis auf der Anzeigetafel auf: 8,95 Meter. Das waren fünf Zentimeter mehr, als Bob Beamon vor fast

> »Mike hatte nur einen guten Sprung zum richtigen Zeitpunkt. Ich bin gleich viermal über acht Meter gekommen. Aber er ist Weltmeister, so ist das im Sport.«
>
> CARL LEWIS

dreiundzwanzig Jahren mit seinem 8,90-Fabelrekord erzielt hatte. Nun plötzlich kam doch wieder Leben in das Nationalstadion von Tokio. Lewis hatte noch zwei weitere Versuche und hätte Powells unerwarteten Weltrekord noch toppen können. Sichtlich geschockt stand Lewis an der Bahn, und der Wille, den so sicher geglaubten Weltmeistertitel doch noch zu erringen, war ihm ins Gesicht geschrieben. Schließlich wurden 8,87 und 8,84 Meter für ihn gemessen, zwei phantastische Weiten. Doch es reichte nicht. Mike Powell hatte den Sprung in nächste Jahrtausend gelandet und war zum ersten Mal in seiner Karriere Weltmeister.

Wie so viele andere Leichtathleten auch stand Mike Powell lange Zeit im Schatten des übermächtigen Carl Lewis. Als sie bei den Olympischen Spielen 1988 in Seoul erstmals bei einem großen Wettkampf gegeneinander antraten, wurde die Leistungsspanne ziemlich deutlich. Lewis gewann mit 8,72 Metern Gold, Powell sprang gute 8,40 Meter weit und belegte damit Rang zwei. Im Laufe der Jahre steigerte sich der aus Philadelphia stammende Powell zwar weiter und führte mit 8,66 Metern 1990 sogar die Bestenliste des Jahres an. Dennoch gelang ihm gegen Carl Lewis kein Stich. Fünfzehnmal kam es zum direkten Duell mit seinem größten Widersacher, fünfzehnmal zog Powell dabei den Kürzeren. Der Abstand verringerte sich allerdings im Laufe der Jahre merklich. Bei den amerikanischen Meisterschaften

1991 | Sprung ins nächste Jahrtausend

Es war eindeutig der Tag des Carl Lewis. Wie fast immer eigentlich. Denn bis zum 31. August 1991 hatte der Amerikaner 65 Weitsprungsiege in Folge erzielt. Alle Beobachter gingen davon aus, dass sich »Carl der Große« auch bei den Leichtathletik-Weltmeisterschaften 1991 in Tokio nicht die Butter vom Brot nehmen ließe. Schon gar nicht, nachdem ihm im entscheidenden Finale die beste Sprungserie aller Zeiten gelang. Lewis steigerte sich von 8,68 Meter in ersten Versuch auf 8,83 im dritten. Im vierten Sprung landete er sogar bei 8,91 Metern, was einen neuen Weltrekord bedeutet hätte. Doch die Wettkampfrichter hoben die Fahne, der Sprung war ungültig. Zu stark war der Rückenwind mit 2,9 Meter pro Sekunde. Dennoch: Allein die 8,83 Meter sollten eigentlich reichen, der WM-Sieg war Lewis mit dieser herausragenden Weite so gut wie sicher. Zumal sein Konkurrent Mike Powell an diesem Tag in den ersten Durchgängen gar

1991 siegte Lewis mit nur einem Zentimeter Vorsprung auf Mike Powell mit einer Weite von 8,64 Metern. Bei den Weltmeisterschaften im gleichen Jahr kam es schließlich zum großen Überraschungscoup des Underdogs. Sein Duell mit Carl Lewis gilt für viele Experten noch heute als der spannendste Weitsprungwettbewerb in der Historie der Leichtathletik. Immer wieder hatte sich Powell vor dem Wettkampf selbst aufgeputscht. »Ich besiege Carl«, murmelte er vor sich hin und versetzte sich somit in einen emotionalen Siegesrausch. Selbst Trainer Randy Huntington war erstaunt über den ungewöhnlich großen Willen, den sein Schützling in Tokio an den Tag legte. Diesmal wollte er es einfach wissen, hatte er es doch satt, ständig nur als der ewige Zweite zu gelten. Bei seinem Weltrekordsprung schien es so, als würde sich der gesamte Frust der letzten Jahre entladen. Es muss viel Frust gewesen sein, denn 8,95 Meter sprang noch nie ein Mensch vor ihm. »Ich habe immer gewusst und daran geglaubt, dass ich ein Mann für einen Neun-Meter-Sprung bin. Und den werde ich auch schaffen«, legte Powell nach seinem Triumph die Messlatte gleich noch ein weiteres Stückchen höher.

Dieser eine Wahnsinnssprung bescherte Mike Powell fortan ein ziemlich komfortables Leben. Sponsorenangebote flatterten körbeweise ins Haus, und die Antrittsgelder bei internationalen Meetings verdoppelten sich annähernd. Die Zeiten, in denen der ehemalige Student der Soziologie an den Universitäten in Irvine und Los Angeles als Verkäufer, Barmixer oder Busfahrer jobben musste, um seinen Lebensunterhalt zu verdienen, gehörten damit endgültig der Vergangenheit an. Er war nun Stammgast in Talkshows und auf Parties und erhielt eine Ehrung nach der anderen. Zwar lieferte Powell auch später noch einige gute Resultate ab, doch der 8,95-Meter-Sprung in Tokio war nun fast so etwas wie ein Synonym für seinen Namen. Nur knapp ein Jahr nach

»Der Gedanke, Lewis zu besiegen, hat mich jahrelang angespornt.«

MIKE POWELL

der Sensation kam es bei den Olympischen Spielen 1992 in Barcelona erneut zum Duell mit Carl Lewis. Der Wettkampf wurde als die große Revanche von Lewis hochgeschaukelt, zum »Kampf der Giganten«. Doch dazu kam es diesmal nicht. Es war ein eher mäßiger Vergleich der Akteure, bei dem beide deutlich unter ihren Möglichkeiten blieben. Nachdem Lewis einen 8,67-Meter-Sprung

vorlegte, wartete man vergeblich auf die kämpferische Antwort des Mike Powell. Er kam jedoch über 8,64 Meter nicht hinaus. Alle Gebete verhalfen auch Carl Lewis zu keinem besseren Ergebnis an diesem 6. August 1992 als dem aus dem ersten Versuch. Zwar war Lewis die Revanche geglückt, und er hatte zum dritten Mal in Folge den olympischen Weitsprungwettbewerb gewonnen, doch

»Carl ist der größte Weitspringer aller Zeiten.«

MIKE POWELL

ohne den allseits erwarteten Glanz. Powell blieb wie schon 1988 erneut »nur« die Silbermedaille. Wieder zurück in der Rolle des ewigen Zweiten, haderte Powell damit, seine Karriere zu beenden. Doch dann gab er sich einen Ruck – und konnte so der Welt beweisen, was noch in ihm steckte.

1993 blieb er bis zum August bei fünfundzwanzig Wettbewerben in Folge unbesiegt. Und bei den Weltmeisterschaften in Stuttgart konnte er seinen Titel fast ungehindert verteidigen, da Carl Lewis nicht daran teilnahm. So schlüpfte er diesmal in die Rolle des übermächtigen Springers und gewann mit dreiundvierzig Zentimetern Vorsprung auf den Russen Tarassenko die Goldmedaille. Dafür reichte ihm sogar ein 8,59-Meter-Satz in die Sandgrube. Im folgenden Jahr tat er noch Einiges für die Geldbörse, als er den hochdotierten »Golden-Four«-Wettbewerb gewann. Und das, obwohl er in jener Saison viel Verletzungspech hatte und als Jahresbestleistung lediglich 8,51 Meter verbuchte. Sein großer Traum von einem Neun-Meter-Sprung blieb dem sympathischen Athleten allerdings verwehrt.

1992

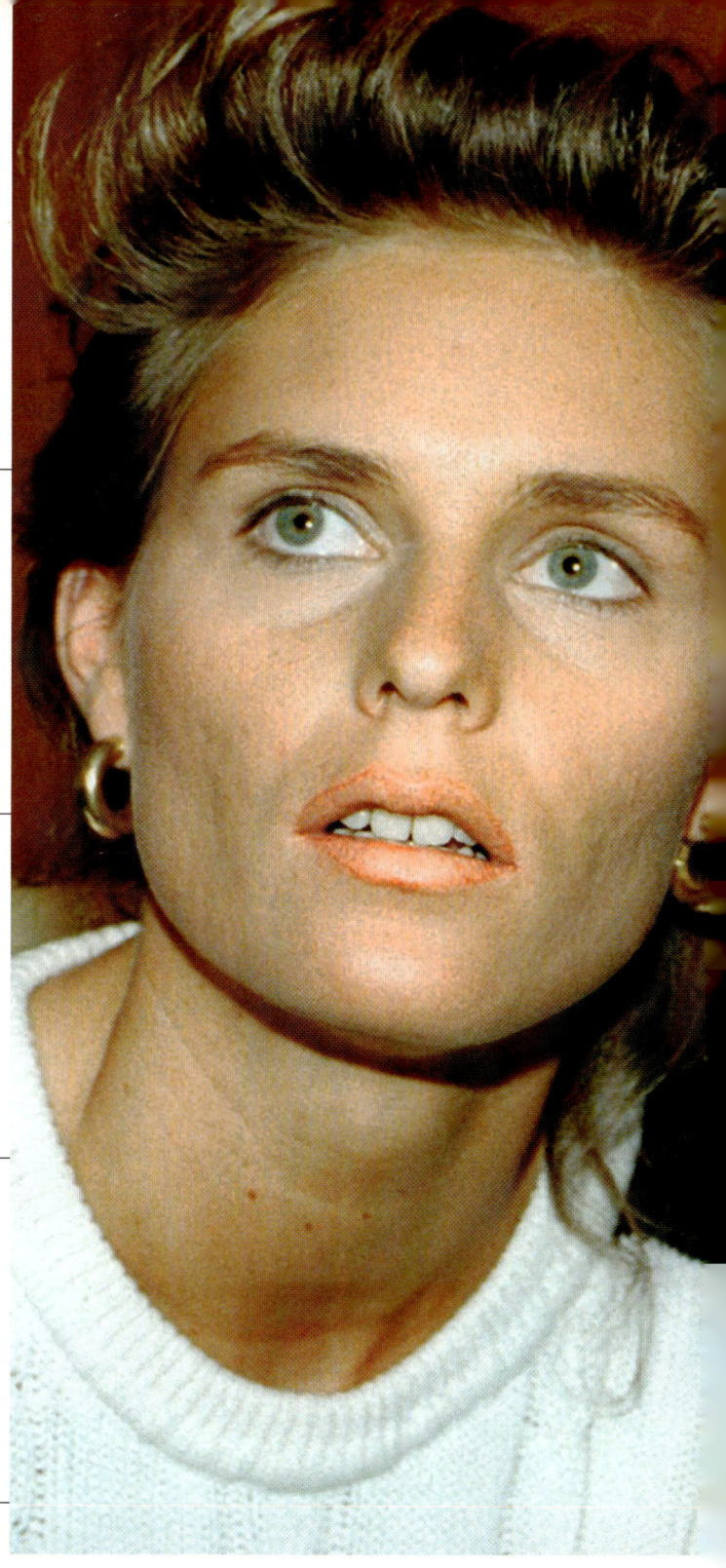

Deutschland
Darmstadt
15. Februar 1992

»Im Zweifel für die Angeklagten.«

SCHIEDSSPRUCH DER INTERNATIONAL
AMATEUR ATHLETIC FEDERATION (IAAF)

Der »Fall Krabbe«

1992 | Der »Fall Krabbe«

Die Nachricht vom Verband in Darmstadt schlug am 15. Februar 1992 ein wie eine Bombe: Drei Leichtathletinnen aus der ehemaligen DDR des Dopings überführt. »Das haben wir schon lange gewusst«, tönten die einen. Eine Verschwörung und Racheakte des Westens gegen den Osten wollten andere darin gesehen haben. Noch nicht mal zwei Jahre waren die beiden Teile Deutschlands wiedervereint, da krachte es bereits erstmals mächtig im Gebälk des gesamtdeutschen Leichtathletikverbandes. Allerdings gestaltete sich der Verlauf des Aufklärungsprozesses bald zur Provinz-Posse. Während eines Trainingslagers in Südafrika wurden Urinproben der Sprinterinnen Katrin Krabbe, Grit Breuer und Silke Möller entnommen. Bei der Untersuchung im Labor wurde festgestellt, dass es sich bei allen drei Proben um ein und den selben Urin handelte. Die drei Athletinnen wurden daraufhin vom Deutschen Leichtathletikverband (DLV) beschuldigt, diese Proben absichtlich manipuliert zu haben. Sie wurden mit sofortiger Wirkung suspendiert und hatten mit einer Sperre von bis zu vier Jahren zu rechnen. Die Beschuldigten wehrten sich entschlos-

> »Menschlich und juristisch ist der Freispruch einwandfrei. Doch bleiben Probleme. Es hat Verfahrensfehler gegeben, folglich bleibt ein bitterer Nachgeschmack, denn es steht doch fest, dass manipuliert worden ist.«
>
> WALTHER TRÖGER (PRÄSIDENT DES NATIONALEN OLYMPISCHEN KOMITEES FÜR DEUTSCHLAND)

sen gegen alle Vorwürfe und gingen mit rechtlichen Schritten gegen den DLV vor. Mit Erfolg: Am 5. April musste der DLV die Suspendierungen zurücknehmen. Das Schiedsgericht des Internationalen Leichtathletik-Weltverbandes (IAAF) schloss sich diesem Schritt am 28. Juni 1992 in London an. Zu löchrig waren die Beweise

gegen das Trio. Vor allem die Rolle des Trainers Thomas Springstein in der Dopingaffäre blieb weiter fraglich. Nach monatelangem Hin und Her schien der Skandal beigelegt zu sein. Breuer und Krabbe verzichteten dennoch aus »psychischen Gründen« auf einen Start bei den Olympischen Spielen 1992 in Barcelona. Die Ruhe währte nicht lange: Nur vier Wochen nach dem Freispruch folgte der nächste Kracher. Im Juli wurden Katrin Krabbe, Grit Breuer sowie Manuela Derr erneut positiv getestet. In ihrem Blut fand sich diesmal das Präparat Clenbuterol, ein Medikament zur Asthmabekämpfung. Erneut wurden die Athletinnen sofort suspendiert. Und erneut musste der Rechtsausschuss des DLV ein Urteil fällen. Es fiel anders aus, als viele erwarteten. Das Trio wurde vom Verdacht des Dopings freigesprochen. Grit Breuer und Katrin Krabbe belegte man aller-

> »Man sollte überlegen, gewisse Dopingsubstanzen kontrolliert frei zu geben.«
>
> MEINUNG EINZELNER IOC-FUNKTIONÄRE

dings wegen Medikamenten-Missbrauchs mit einer Sperre von einem Jahr. Die IAAF erhöhte in ihrem Schuldspruch vom 22. August 1993 diese Sperre auf zwei Jahre. Für Krabbe – die dreifache Weltmeisterin über 100 Meter, 200 Meter und mit der 4x100-Meter-Staffel aus dem Jahr 1991 – war die äußerst erfolgreiche Karriere damit beendet. Grit Breuer hingegen kehrte nochmals auf die Sportbühne zurück.

Mehr als eineinhalb Jahre lang beherrschte das Thema Doping die Schlagzeilen der deutschen Gazetten. Haben sie nun unerlaubte Mittel genommen oder nicht? Doch in Wirklichkeit ging es dabei nicht nur um das eventuelle Vergehen einzelner Sportlerinnen und Sportler. Es war zugleich die Aufarbeitung der eigenen sportlichen Vergangenheit der DDR. In Zeiten kommunistischer Regentschaft der SED war die DDR eine der bestimmenden Nationen in der Leichtathletik. Deutlich wurde das zuletzt bei den Leichtathletik-Europameisterschaften 1990 im jugoslawischen Split. Dort waren die beiden Verbände aus Ost und West ein letztes Mal getrennt an den Start gegangen. Das Team der DDR war am Ende das erfolgreichste und heimste zwölf Goldmedaillen, zwölf Silbermedaillen und zehn Bronzemedaillen ein. In der Länderwertung folgten Großbritannien und die UdSSR auf den Plätzen. Die bundesdeutsche Mannschaft kam auf lediglich drei goldene Medaillen und je zwei Silber- und Bronzemedaillen. Dadurch wurde die Leistungsspanne zwischen Ost und West wieder einmal mehr als deutlich. Nachdem das Regime in der DDR zusammengebrochen war, und sich die Grenzen geöffnet hatten, arbeitete man flugs an der Vereinigung der beiden Sportverbände. Dabei und nach Auswertung der Stasikarteien kam im Laufe der Jahre immer wieder das zum Vorschein, was in westlichen Nationen schon lange vermutet worden war: In der DDR wurde in vielen Sportarten immer wieder systematisch gedopt. Die Stimmung unter den Sportlern selbst war nicht nur aufgrund der neuen Erkenntnisse gereizt. Beide Seiten fürchteten zum einen die neue Konkurrenz. Und speziell die Athleten und Vereine in den neuen Bundesländern wollten sich nicht einfach vom Westen »vereinnahmen« lassen. Nicht wenige Sportler blieben demonstrativ ihrem Heimatverein treu, anstatt in die finanziell lukrativeren Westen zu wechseln. Auf der anderen Seite der neuen Republik munkelte man hingegen, die Athleten hätten Angst vor den westlichen Trainingsmethoden, da sie fürchteten, dort nicht in gewohnter Weise, d. h. mit leistungsunterstützenden Mitteln, betreut zu werden. Von einer Vereinigung konnte noch längst keine Rede sein, zu verschieden waren die Welten, die hier aufeinander prallten.

Katrin Krabbe, Grit Breuer und später auch Manuela Derr waren letztlich auch Leidtragende einer Situation, die alle Beteiligten anfangs mächtig überforderte. Das

»Typisch Deutschland. Ich vermute einen Machtkampf zwischen Ost und West.«

ERIKA STRASSER, ÖSTERREICHISCHE VERTRETERIN IM EUROPÄISCHEN LEICHTATHLETIK-VERBAND

unsägliche Wechselspiel von Suspendierung, Aufhebung der Suspendierung, Sperre und noch längerer Sperre machte dies mehr als deutlich. Mittlerweile, mehr als zehn Jahre nach der Wiedervereinigung, sind die Emotionen längst abgekühlt. Zwar tauchen noch immer vereinzelte Meldungen über Dopingsünden aus alten DDR-Tagen auf. Doch wirklich aufregen kann das niemanden mehr, weiß man sich schließlich in bester internationaler Gesellschaft. Kaum eine Profi-Sportart bleibt von Negativmeldungen über positive Dopingbefunde verschont. Dass neue Höchstleistungen und Rekorde ohne Hilfe von leistungssteigernden Präparaten nur noch selten erzielt werden können, das schließen selbst hochrangige Funktionäre und Offizielle der internationalen Verbänden und des IOC nicht mehr ganz aus. Der Kampf gegen Doping-Missbrauch wird hinge-

gen immer schwieriger, überführte Athleten rufen immer häufiger ordentliche Gerichte an, um Suspendierungen aufzuheben und ihr Startrecht zu erzwingen. Die Unterschiedlichkeit der Gerichtsbarkeiten in den einzelnen nationalen wie internationalen Fachverbände und des IOC lähmen eine entschlossene und weltweite Bekämpfung der zunehmenden Bereitschaft der Aktiven, zu unerlaubten Mitteln zu greifen. Der Ruf nach einem übergeordneten internationalen Sportgericht wird immer lauter, aber nicht alle Fachverbände haben ein gleich starkes Interesse. Hierzulande hat sich die Meinung

»Urteil: Aufhebung

a) der vom DLV-Präsidium mit Beschluss vom 15. Februar 1992 getroffenen Feststellung eines Dopingvergehens,

b) des mit Beschluss vom 15. Februar ausgesprochenen Entzugs der Startberechtigung,

c) der vom DLV-Präsidium, Rechts- und Wettkampfrat sowie Anti-Doping-Beauftragten ausgesprochenen Suspendierung.«

VERKÜNDET VON GÜNTER EMIG (MAINZ), RECHTSAUSSCHUSS DES DEUTSCHEN LEICHTATHLETIK-VERBANDES, AM 5. APRIL 1995

über den sportlichen Alltag in der ehemaligen DDR mittlerweile sogar gewandelt. Man hat sich daran gemacht, die Vorzüge des einstigen Systems zu erkunden. Verbände und Aktive aus dem Westen wissen längst, dass DDR-Sportler nicht nur mit Hilfe von Doping die Weltspitze erklommen haben. Vielmehr verfügte die Deutsche Demokratische Republik über ein ausgesprochen sportliches Erziehungssystem zum Beispiel in Kinder- und Jugendsportschulen, das Talenten die gezielte Förderung in speziellen Internaten ermöglichte. Diese Art der Sportförderung findet mittlerweile auch im westlichen Teil des vereinigten Deutschlands viele Fürsprecher. Erst recht, nachdem die Erfolge deutscher Sportler bei internationalen Wettbewerben immer mäßiger ausfallen.

1992

Spanien
Barcelona
Palau d'Esports
8. August 1992

»Es war ein traumhafter Sommerausflug nach Barcelona.«
MICHAEL JORDAN

Lehrstunde
eines Dreamteams

der 1991 nach einem positiven HIV-Befund bereits seinen Rückzug vollzogen hatte und sich eigens für die Olympischen Spiele reaktivieren ließ. Auch Larry Bird, der weiße Altstar der Boston Celtics. Und natürlich Charles Barkley, Scottie Pippen, Patrick Ewing, David Robinson, Karl Malone, John Stockton, Chris Mullin

»Das Abendmahl in Originalbesetzung hätte im Fernsehen keinen Chance gegen das Dream-Team.«

KOMMENTATOR IM US-FERNSEHSENDER NBC 1992

und Clyde Drexler. Allesamt schwerreiche Dollarmillionäre und zigfache Titelträger. Zur Abwechslung wollten sie einmal dieses einzigartige Feeling der Spiele spüren, den olympischen Geist atmen. Und so zog das Ensemble, wie alle anderen Athleten auch, in das eher spärlich eingerichtete olympische Dorf ein. Allerdings nicht für lange: Die restlichen Bewohner rückten den Superstars bald derart auf die Pelle und nervten mit Autogrammwünschen, dass diese schon nach wenigen Tagen in das pompöse Ambassador-Hotel umzogen, wo jeder Spieler seine eigene Suite bewohnte. Standesgemäß, wie es die Herren im Alltag gewohnt waren.

Acht Spiele absolvierte das »Dreamteam« während dieser Olympischen Spiele, acht einmalige sportliche Galaauftritte. Deren Gegner gingen gar nicht erst mit der Ambition auf das Spielfeld, die NBA-Stars besiegen zu wollen. Vielmehr nutzten sie die Nähe zu den Spielern, um sich Autogramme und gemeinsame Fotos zu besorgen. So etwas hatte es bei Olympischen Spielen bislang noch nicht gegeben. Bis zu den Spielen 1992 war es für Profis nicht möglich, an den Wettkämpfen teilzunehmen. Die waren stets Amateuren vorbehalten. Nun aber, da sich das jahrelange Bestreben von IOC-Präsident Juan Antonio Samaranch nach Liberalisierung der Teilnehmerregeln durchgesetzt hatte, war es den Besten einer jeden Sportart möglich, auch olympisches Gold zu gewinnen. Zwar gab es in den restlichen Basketball-Teams auch zahlreiche Profis, doch der Klassenunterschied zwischen der amerikanischen und den europäischen Ligen war derart gravierend, dass die Spiele für die NBA-Cracks zu reinen Showveranstaltungen gerieten. Während die Gegner mit größter Motivation antraten, reichte den Amerikanern ein gemäßigtes Trainingspensum. Allein dieses beeindruckte jedoch schon reichlich und bewirkte, dass auf dem Schwarzmarkt bis zu 1500 Mark für eine Eintrittskarte bezahlt wurden. Lässig warf sich das Dreamteam die Bälle zu – mal hinter dem

1992 | Lehrstunde eines Dreamteams

Es war wie der legendäre Vergleich David gegen Goliath. Mehr noch. Es war schon eher wie Baby David gegen Goliath, was sich da im olympischen Basketball-Turnier 1992 in Barcelona abspielte. Wie eine lebendig gewordene Hall of Fame des Baketballs lief das amerikanische Team auf. Die Besten der Besten der US-Liga NBA reisten nach Europa, um sich die förmlich fest gebuchte Goldmedaille bei Olympischen Spielen abzuholen. Das Internationale Olympische Komitee (IOC) hätte ihnen die Medaillen auch gleich bei der Ankunft am Flughafen umhängen können, so klar war, dass sie hier haushoch gewinnen würden. Dann jedoch wäre dieses Turnier um eine ihrer größten Sensationen beraubt worden. Die Namen auf der Teamliste klangen wie Musik in den Ohren jedes einigermaßen fachkundigen Zuschauers: Michael Jordan fand sich darauf wieder, die große Legende des Basketball. Oder Earvin »Magic« Johnson,

Rücken, mal mit einem Schulterwurf. Welcher Trick ihnen gerade in den Sinn kam, wurde ausgespielt. Sie segelten den Pässen entgegen, fingen sie in der Luft und versenkten sie noch im Fallen im Korb. Die Spielweise erinnerte fast an eine Zirkusnummer: artistisch und äußerst unterhaltsam zugleich. Und so fertigten die US-Boys einen Gegner nach dem andern mit je einer dreistelligen Punktezahl ab. Das deutsche Team, das ein Jahr später erstmals Europameister wurde, musste eine 68:111-Klatsche hinnehmen und erreichte am Ende mit Platz sieben seine bisher beste olympische Platzierung. Noch schlimmer traf es die Mannschaft aus Angola, die sogar mit 48:116 unterging. Einzig und allein die Kroaten, der Endspielgegner des Dreamteams, konnten auch nur annähernd Parolie bieten. Am Ende des Finales am 8. August 1992 stand es 117:85 für die US-Boys. Die Mission Gold war erfüllt. Für zwei Spieler aus der Übertruppe war es bereits die zweite Goldmedaille: Michael »Air« Jordan und Chris Mullin hatten schon 1984 als Amateure an den Spielen in Los Angeles teilgenommen und gesiegt. Auch wenn kein anderes Team auch nur den Hauch einer Chance hatte und viele Kritiker diesen extremen Leistungsunterschied bemängelten, war der Auftritt des Dreamteams eine sportliche Lehrstunde und zugleich eine gelungene Werbeaktion in Sachen Basketball.

Die Olympischen Spiele in Barcelona stehen für jene, die den Wandel in eine neue Zeit einläuteten. Schon bei der Eröffnungsfeier, deren Ausrichtung allein 45 Millionen Dollar verschlang, wurde deutlich, dass das Spektakel als Wirtschaftsfaktor mittlerweile einen sehr hohen Stellenwert hatte. Der Wahn, alles noch größer und pompöser gestalten zu wollen, war fortan ein geläufiges Begleitbild der Spiele. Die zunehmende Integration der Medien, die mittlerweile hohe Millionenbeträge für den

»Die Goldmedaille für unser Team ist die sicherste, die jemals in der langen Geschichte der Olympischen Spiele vergeben wurde.«

CHARLES BARKLEY, MITGLIED DES US-DREAMTEAMS,
VOR BEGINN DER SPIELE

Kauf der Senderechte in die Kassen des IOC spülten, sorgte für reichlich Showeffekte während der Übertragungszeiten. Nicht wenige kritisierten daher, dass beim Großereignis Olympische Spiele der Sport und die Sportler selbst vermehrt in den Hintergrund gedrängt würden. Wie auch immer: Solange die Sportler mit ihren großartigen Leistungen für die größten Schlagzeilen sorgen, scheint die olympische Idee noch gewahrt. Und davon gab es in Barcelona reichlich zu bestaunen.

So knackte etwa die 4x400-Meter-Staffel der USA den vierundzwanzig Jahre alten Weltrekord und lief in 2:55,74 Minuten eine neue Bestzeit. Und das Stehaufmännchen der Leichtathletik, der Brite Linford Christie, lief in 9,93 Sekunden zur Goldmedaille über 100 Meter. Mit zweiunddreißig Jahren! Der Amerikaner Kevin Young trat eindrucksvoll das Erbe von Edwin Moses als König der 400-Meter-Hürden an. Mit seiner Zeit von 46,78 Sekunden unterbot er nicht nur den seit 1983 bestehenden Weltrekord von Moses um vierundzwanzig Hundertstelsekunden, sondern war zugleich der erste Mensch überhaupt, der diese Distanz unter siebenundvierzig Sekunden bewältigte. Insgesamt kämpften 9850 Sportler aus 172 Ländern in 257 Wettbewerben um die begehrten Medaillen. Erstmals als olympische Sportart vertreten waren Badminton und Baseball. Im Medaillenspiegel hatte die damals noch so genannte Gemeinschaft unabhängiger Staaten (GUS), ein Staatenbund der ehemaligen Sowjetunion, mit 112 Medaillen die Nase vorn. Auf Rang zwei folgten die USA mit 108 Medaillen, die erste gesamtdeutsche Mannschaft nach der Wiedervereinigung kam bei den Olympischen Sommerspielen mit zweiundachtzig Medaillen auf Platz drei.

1993

Deutschland
Düsseldorf
Philipshalle
20. März 1993

»Lieber Henry Maske, nun sind Sie Weltmeister geworden. Weltmeister sein
ist eine große Verpflichtung. Und ich persönlich freue mich wahnsinnig
darüber, dass Sie es geworden sind. Denn niemandem hätte ich es mehr
gewünscht als Ihnen, diesen großen Titel zu besitzen.«

MAX SCHMELINGS GLÜCKWÜNSCHE PER TONBAND

Der Gentleman im Ring

1993 | Der Gentleman im Ring

Am 20. März 1993 veränderte sich das Image einer ganzen Sportart im wahrsten Sinne des Wortes über Nacht. Als der Halbschwergewichts-Profi Henry Maske gegen 22.30 Uhr den Ring in der Düsseldorfer Philipshalle betrat, da gehörte Boxen in Deutschland noch zu den Randsportarten. Boxveranstaltungen waren in Verruch geraten, sie galten als Treffpunkt der Halb- und Unterwelt, zwielichtiger Gestalten und halbseidener Geschäftemacher. Diese öffentliche Meinung war sicherlich stark überzeichnet und traf schon gar nicht allgemein auf die Vereinsebene zu. Dann aber trat dieser elegant wirkende Faustkämpfer aus Frankfurt an der Oder gegen Charles Williams aus den USA an, den Weltmeister im Halbschwergewicht nach Version des Verbandes IBF. Neunzehn Profikämpfe hatte Maske seit seinem Debüt am 9. Mai 1990 schon bestritten und alle gewonnen. Der zwanzigste war sein bislang schwerster. Maske startete gewohnt zurückhaltend, tastete den Gegner zunächst einmal auf dessen Kampfverhalten hin ab. Doch er wusste auch, dass er agieren musste, um die Punktrichter nach zwölf Runden davon überzeugt zu haben, dass er der würdigere Weltmeister sei. Mit konzentrierter Deckungsarbeit und gezielten Geraden landete Maske Treffer um Treffer. Kurz nach Mitternacht war der spannende Kampf beendet. Minuten des bangen Wartens folgten, bis die Punktrichter ihre Wertungszettel abgegeben und der Ringrichter diese ausgewertet hatte. Dann nahm der Unparteiische beide Boxer bei der Hand und lauschte dem Ergebnis: 115:111, 116:111, 118:110 – ein einstimmiger Punktsieg. Mit einem Ruck stemmte der Ringrichter den Arm von Henry Maske in die Höhe, er war der neue Weltmeister. Strahlend nahm er den wuchtigen Siegergürtel in Empfang, den man ihm um den Bauch band. Maske war damit der fünfte deutsche Profiboxer, der

> »Henry Maske versucht im Ring, seine geistige Überlegenheit in Aktionen umzusetzen.«
>
> MANFRED WOLKE, TRAINER VON HENRY MASKE

jemals eine Weltmeisterschaft gewinnen konnte. Und er wurde schon bald zum beliebtesten des letzten Jahrzehnts. Der erste wirkliche Nachfahre des großen Max Schmeling, der an dessen Popularität heranreichen konnte.

Der Sieg über Williams machte Maske schnell zum Medienereignis. Unterstützt durch seinen Haussender,

flimmerte der Neunundzwanzigjährige bald überall über den Bildschirm. Und dank seines unkomplizierten Wesens und seiner positiven Außendarstellung zierte Maskes Konterfei auch vermehrt die Titel großer Gazetten. Er brachte alles mit, was einen Sportstar auszeichnet: Charisma, Erfolg und einen tadellos durchtrainierten Körper, was vor allem die Frauenherzen höher schlagen ließ. Seine intelligente und ruhige Ausstrahlung ließ selbst die letzten Boxgegner irgendwann aufhorchen und die Erkenntnis wachsen, dass dieser Typ anders war als der gemeine Durchschnittsboxer. Er hatte so gar nichts vom Schmuddelimage des Boxsports. Im Gegenteil: Maske artikulierte sich gepflegt und beleidigte seine Gegner nicht mit schnöden Parolen. Stattdessen verstand er es, den Inhalt und den Reiz seiner

> »Henry Maske ist ein würdiger Weltmeister, der vor allem für den Boxsport eine dringend benötigte Bereicherung und Werbung ist.«
>
> MAX SCHMELING 1993

Sportart zu vermitteln. Der frische Weltmeister erstaunte so manchen Laien mit der Erkenntnis, dass Boxsport mehr sei, als sich gegenseitig zu vermöbeln. Er erklärte gekonnt die Taktiken und Strategien des Boxsports. Als ihm dann noch sein Management den cleveren Beinamen »Gentleman« aufdrückte, hatte Maske das Volk auf seiner Seite. Er holte den Boxsport aus den tiefen Abgründen der öffentlichen Bedeutungslosigkeit zurück in das Rampenlicht.

Henry Maske war schon deshalb anders, weil er aus einer »anderen Welt« kam, aufgewachsen im strengen Regime der DDR und seiner systematischen Sportförderung. Für den am 6. Januar 1964 in Treuenbrietzen geborenen Maske kristallisierte sich schon im Alter von sieben Jahren der Boxsport als geeignet heraus. Beim BSG Motor Ludwigsfelde erlernte der Junior ab 1973 sein Handwerk von der Pike auf. Der Sport war für ihn weder ein Mittel, um sich aus sozialen Niederungen empor zu boxen, noch eine Art Selbstverteidigungs-Variante, um auf der Straße anderen die Nase blutig schlagen zu können. Es war von der ersten Minute an purer Sport, verbunden mit hartem Training und taktischen Finessen. Mit seinem Wechsel zum ASK Vorwärts Frankfurt/Oder im Jahr 1977 stellten sich die ersten Wettkampfsiege ein. Er gewann die Jugendspartakiade und bis 1981 dreimal die Nachwuchsmeisterschaft der DDR. Im Alter von achtzehn Jahren war Maske dem

Jugendalter entwachsen und trat fortan bei den Senioren im Mittelgewicht an. Sein neuer Trainer Manfred Wolke führte ihn Schritt für Schritt in die Weltspitze. 1983 und 1985 wurde er DDR-Meister und errang die Bronzemedaille bei der Europameisterschaft 1983. Zwei Jahre später stand er bei der Europameisterschaft ebenso auf dem Siegertreppchen wie im Weltcup – als erster Boxer der DDR überhaupt. Am Limit im Amateurbereich angelangt, verteidigte Maske seinen EM-Titel 1987 erfolgreich, bevor er bei den Olympischen Spielen 1988 in Seoul die Goldmedaille und im Jahr darauf sowohl die Europameisterschaft als auch die Weltmeisterschaft gewann. Mehr gab es nicht zu gewinnen im Lager der Amateure.

Mit dem politischen Umbruch in Deutschland nach dem Fall der Mauer öffneten sich auch für den Sportler Henry Maske neue Türen. Bei der Kölner Sauerland-Boxpromotion unterzeichnete er einen Fünfjahresvertrag, der ihm rund 100 000 Mark Festgehalt pro Jahr garantierte. Damit musste sich Maske allerdings nur in den ersten beiden Jahren begnügen. Sein steiler Aufstieg im Halbschwergewicht machte ihn bald zum Börsenmillionär. Als sich Maske in den ersten Profikämpfen an die im Vergleich zu den Amateuren längere Kampfdauer gewöhnt hatte, stellte ihm das Management zunehmend schwierigere Gegner in den Ring. Nach neunzehn Aufbaukämpfen fühlte sich der boxende »Gentleman« reif für den Griff nach der WM-Krone. Er war kein Pun-

»Ich bin Boxer und kein Schauspieler.«

cher, der seine Kämpfe durch Knockouts der Gegner gewann. Vielmehr behielt Maske seine Kampftaktik aus der Amateurzeit bei, die sich mehr auf die Verteidigung und gezielte Treffer konzentrierte als auf aggressiven Angriff. Von einigen Kritikern und Boxfans wurde er daher auch als »Weicheiboxer« verspottet, dessen Kämpfe langweilig und schnöde erschienen. Doch Maske wollte sich auch gar nicht als die Frankfurt-an-der-Oder-Antwort auf Mike Tyson verstanden wissen. Er stand zu seinem Stil, den er selbst als »harte Arbeit« bezeichnete und der sich zudem als äußerst effektiv erwies. So auch im WM-Kampf gegen Charles Williams am 20. März 1993. Und auch in zwölf weiteren Weltmeisterschaftsduellen bis zum 23. November 1996. Gut drei Jahre lang begeisterte Maske mit seinen Auftritten die Massen in den Hallen und an den Fernsehschirmen, die Begeiste-

rung erinnerte an die Glanzjahre von Max Schmeling oder Gustav Scholz. Die größten Hallen der Republik waren bald zu klein, die Einschaltquote bei den Kämpfen des »Gentleman« sprengten mit bis zu 17,5 Millionen Zuschauern an den Bildschirmen alle Rekorde. Die Prominenz aus allen Sparten drängelte sich plötzlich am Ring, Boxen war salonfähig geworden. Nur einmal musste Maske um seinen guten Ruf fürchten, als er am 27. Mai 1995 gegen den Berliner Graziano Rocchigiani sehr umstritten nach Punkten siegte, nachdem ihn der »Bad Boy« des deutschen Boxsports an den Rand einer K.o.-Niederlage gebracht hatte. Im Rückkampf am 14. Oktober 1995 war die Sache dann wesentlich eindeutiger, als Maske ganz klar nach Punkten gewinnen konnte.

Nach dem harten Rocchigiani-Fight ließ der fast zweiunddreißigjährige Maske erstmals durchklingen, dass ihm die körperlichen Belastungen im Vorfeld eines Kampfes mehr und mehr zu schaffen machten. Die ersten Spekulationen um einen bevorstehenden Rücktritt wurden immer lauter. Im Jahr 1996 verteidigte er seinen WM-Gürtel zwei weitere Male gegen Duran Williams und John Scully, bevor er für den 23. November seinen letzten Kampf gegen den Amerikaner Virgil Hill, selbst Weltmeister im Halbschwergewicht nach WBA-Version, ankündigte. Es sollte der krönende Abschluss einer erfolgreichen Ära werden – Maske wollte als ungeschlagener Champion abtreten. Doch es kam anders: In der Münchner Olympiahalle lieferte der sonst so routinierte Rechtsausleger einen seiner schlechtesten Kämpfe ab. Er fand kein Mittel gegen den schnellen Amerikaner und kassierte zahlreiche Wirkungstreffer. Ausgerechnet im letzten seiner einunddreißig Profikämpfe musste der »Gentleman« seine erste Niederlage hinnehmen. Bei seinen bewegenden Abschiedsworten im Ring ließ Maske seinen Tränen freien Lauf. Er hatte realisiert, dass fünfundzwanzig Jahre aktiver Boxsport zu Ende gegangen waren. Insgesamt hatte er dabei 212 Kämpfe bestritten, wovon er 193 gewinnen konnte. Eine stolze Bilanz. Im Anschluss an seine erfolgreiche Karriere versuchte sich Maske zunächst als TV-Kommentator, später auch als Manager junger Sportler. Nach Maskes Rücktritt hielt lediglich sein Stallpartner Axel Schulz die Begeisterung des Publikums für den Boxsport kurzzeitig am Leben. Da der »weiche Riese« allerdings sportlich wenig Erfolge vorweisen konnte, ebbte der Boom wieder ab. Auch andere Boxgrößen wie Dariusz Michalczewski, Sven Ottke oder die Brüder Klitschko konnten diese Entwicklung nicht stoppen.

1993

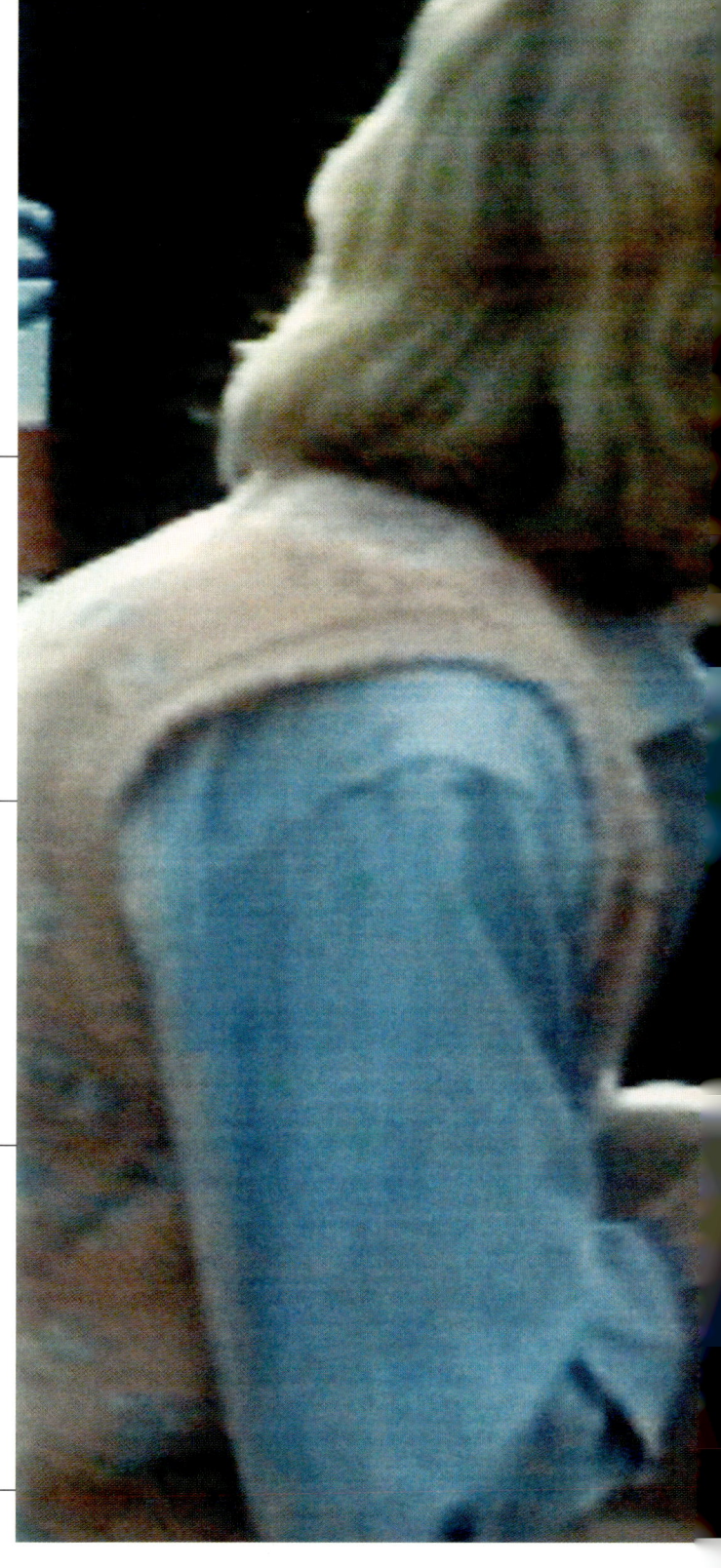

Deutschland
Hamburg
Rothenbaum
30. April 1993, 18.50 Uhr

»Ich konnte es nicht ertragen, dass diese
Seles Steffi Graf als Nummer eins verdrängt
hat. Ich musste Steffi helfen.«

DER ATTENTÄTER NACH SEINEM ANGRIFF AUF
MONICA SELES

Das Attentat
auf dem Centre Court

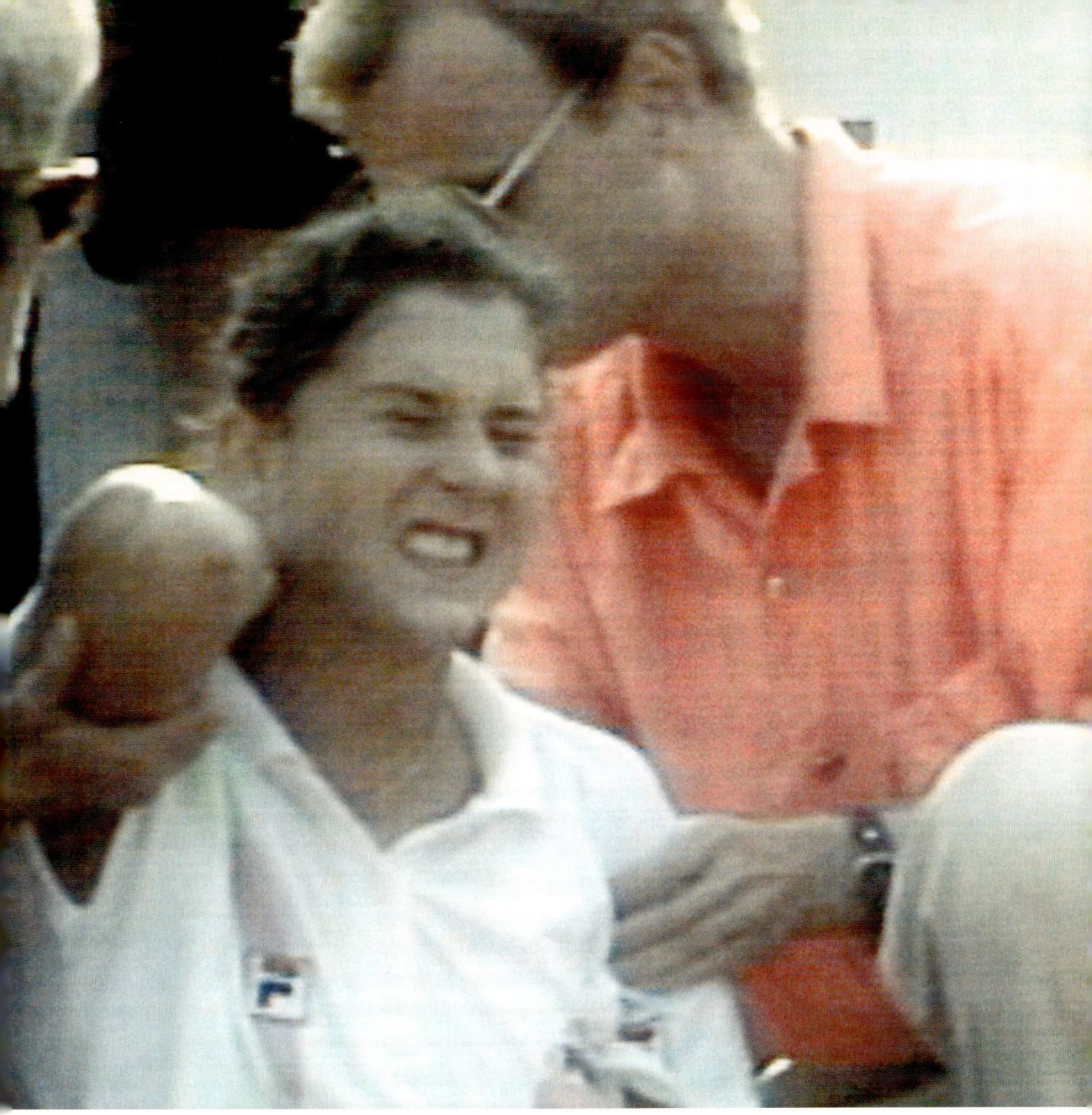

1993 | Das Attentat auf dem Centre Court

Von einer großen sportlichen Überraschung war man beim Viertelfinale des Damenturniers am Hamburger Rothenbaum nicht ausgegangen. Für die Weltranglisten-Erste Monica Seles sollte es nur eine Zwischenstation auf dem Weg ins Endspiel sein, für ihre Gegnerin Magdalena Maleewa aus Bulgarien war allein das Erreichen der Zwischenrunde schon ein großer Erfolg. An diesem 30. April 1993 ging es eigentlich nur darum, wie schnell Monica Seles ihr Gegenüber diesmal vom Platz fegen würde. Die gebürtige Jugoslawin war erfolgreich in die Saison gestartet, nachdem sie im Januar zum dritten Mal in Folge die Australian Open gewonnen hatte. Nach einem weiteren Turniersieg in Chicago wollte sich Seles beim Hamburger Sandplatzturnier für die bevorstehenden French Open einspielen, um einen neuen Anlauf auf den Grand Slam zu nehmen. Im Vorjahr hätte es fast geklappt, als sie drei Grand-Slam-Turniere gewonnen hatte und ihr nur in Wimbledon Steffi Graf mit ihrem deutlichen 6:2- und 6:1-Sieg alle Hoffnungen jäh zerstörte. Ansonsten jedoch war es zumeist Seles, die das weibliche Tennisgeschehen in diesen Tagen nach Belieben dominierte und Graf längst als Nummer eins der Welt abgelöst hatte. Man erhoffte sich auch in Hamburg das Traumfinale Seles gegen Graf. Doch dafür fehlten Seles noch zwei Siege. Im Spiel gegen Magdalena Maleewa verlief alles nach Plan. Seles führte 1:0 im ersten Satz, als sie sich um 18.50 Uhr in der kurzen Pause vor dem Seitenwechsel mit dem Rücken zum Publikum auf ihrem Stuhl niederließ. Mit einem Handtuch wischte sie sich den Schweiß von der Stirn und nahm einen Schluck aus der Wasserflasche. Plötzlich hallte ein lauter Schrei durch das Stadion. Seles sprang ruckartig auf, lief zum Netz und fasste sich mit dem rechten Arm zwischen die Schulterblätter. Neben dem Schiedsrichterstuhl gab es ein wildes Gerangel, aus allen Ecken rannten Polizisten und Ordner herbei. Monica Seles brach auf dem Platz zusammen, zwei Helfer brachten sie zurück auf den Stuhl. Die entsetzten Zuschauer, die zumeist gar nicht wussten, was passiert war, sahen, wie Polizisten eiligst einen Mann aus dem Stadion abführten. Es war Günter Parche, ein arbeitsloser Dreher aus dem Thüringer Raum. Er hatte sich bis hinter den Spielerbereich vorgekämpft, wartete, bis sich Monica Seles setzte, und stach ihr dann blitzschnell mit einem Schlachtermesser in den Rücken. Die Verletzung selbst erwies sich glücklicherweise als weniger folgenschwer, als es zunächst den Anschein hatte – fataler waren die psychischen Folgen für den Tennis-Profi. Später bei der Vernehmung gab der Täter

als Motiv an: »Ich bin ein großer Fan von Steffi Graf, ich liebe sie. Ich kann es nicht ertragen, dass diese Seles sie als Nummer eins verdrängt hat. Ich musste Steffi helfen.«

Der Psychopath Parche hatte mit seinem hinterhältigen Attentat nicht nur die Tennisspielerin Monica Seles körperlich und psychisch verletzt. Seine Attacke war zugleich auch ein Stich mitten ins Herz der weltweiten Sportszene. Die Bilder aus Hamburg verbreiteten sich in Windeseile um den Globus. Prominente Sportler lebten plötzlich in großer Angst vor Nachahmern und heuerten Bodyguards an. Veranstalter von Sportevents holten sich fortan den Rat von Sicherheitsexperten ein und wurden von Managern vertraglich gezwungen, zusätzliche Securitykräfte anzustellen. Eine regelrechte Sicherheitshysterie erschütterte den sportlichen Alltag. Dass hochrangige Politiker einem erhöhten Sicherheitsrisiko ausgesetzt sind und bisweilen Attentaten zum Opfer fallen, war bekannt. Auch ein Musiker wie der Ex-Beatle John Lennon musste bereits sein Leben lassen, weil ein verwirrter Fan ihn im Wahn erschoss. Doch der Sport war bislang größtenteils verschont geblieben von derartigen Zwischenfällen. Bis zum 30. April 1993. Dieser Tag veränderte das Sportgeschehen. Und das Leben der Monica Seles.

Die gebürtige Serbin hatte mit zwanzig Jahren bereits fast alles, was sich eine junge Frau in diesem Alter nur wünschen kann. Sie war die beste Tennisspielerin

---

»Der Attentäter hat sein Ziel erreicht.«

MONICA SELES

---

der Welt, entsprechend vermögend und reiste um den Globus. Wenn sie erst so richtig in Fahrt gekommen war, dann konnte sie stundenlang drauf los schwatzen, ohne Luft zu holen. Zu erzählen hatte sie schließlich auch einiges. Aufgewachsen war Seles in der serbischen Stadt Novi Sad, wo sie bereits als Kind Gefallen daran fand, stundenlang Bälle gegen eine Hauswand zu schmettern. Als es zum ersten Racket reichte, verfolgte sie das Tennisspiel bald intensiver. Mit neun Jahren feierte sie den ersten Turniererfolg bei den nationalen Meisterschaften ihrer Altersklasse, wurde im Jahr darauf auch Europameisterin und 1985 schließlich sogar Weltmeisterin. Das brachte der Zwölfjährigen prompt die Auszeichnung als »Jugoslawiens Sportlerin des Jahres« ein und machte folglich auch mächtige Tennisgurus wie Nick Bollettieri auf sie aufmerksam. Der Entdecker von Tennisgrößen wie André Agassi bot auch dem »kleinen

Sumpffrosch« an, sie behutsam für das Profibusiness aufzubauen. Sie zog daraufhin 1986 mit ihren Eltern nach Florida. Nach knapp drei Jahren ließ Bollettieri die 15-Jährige erstmals bei einem Profiturnier antreten. Nach der Debütsaison wurde Seles bereits auf Position 86 der Weltrangliste geführt. Im Jahr 1989 gelang ihr

»Es tut mir leid, aber ich kann nicht mehr in Deutschland spielen.«

MONICA SELES

der endgültige Durchbruch. Die Sechzehnjährige besiegte bei einem Turnier in Houston im Finale die Legende Chris Evert und wurde damit die jüngste Grand-Prix-Siegerin aller Zeiten. Bei ihren ersten Grand-Prix-Auftritten in Paris und Wimbledon im gleichen Jahr ließ sie bei ihren Duellen mit der späteren Dauerrivalin Steffi Graf bereits durchblicken, was von ihr zu erwarten war. Noch behielt Graf zwar die Oberhand, doch die Wachablösung war bereits angedeutet worden. Monica Seles katapultierte sich im zweiten Profijahr auf Rang 6 – mit steigender Tendenz. Spätestens im Jahr 1990 wusste auch Steffi Graf, was die Stunde geschlagen hatte. Die schnelle Serbin fertigte mit ihrer beidhändig geschlagenen Rückhand die deutsche Spitzenspielerin in Berlin erstmals mit 6:4 und 6:3 ab und kurz darauf auch im Finale der French Open. Am Ende des Jahres gewann sie auch noch das Masters in New York und saß der Brühlerin in der Weltrangliste mittlerweile direkt im Nacken. Mit dem ersten von drei Australian-Open-Siegen in Folge stürmte Seles im Januar 1991 endgültig an Graf vorbei und war fortan die neue Nummer eins im Damentennis.

Graf musste ebenso wie alle anderen Spielerinnen hilflos mit ansehen, wie dieses Energiebündel, das bei jedem Schlag laut stöhnte, die Szene dominierte. Sie gewann 1992 elf Turniere – unter anderem die Australian Open, die French Open, die US Open und das Masters. Einzig der Start bei den Olympischen Spielen in Barcelona blieb ihr verwehrt, womit sich der serbische Verband für die Nichtteilnahme am Federations Cup, der Teamweltmeisterschaft, revanchierte. Die Streitigkeiten mit dem Heimatverband waren ein Grund mehr für Monica Seles, die amerikanische Staatsbügerschaft zu beantragen. Nach zwei Jahren als Nummer eins hatte sie noch immer große Ziele. Vor allem den Grand Slam hatte sie fest im Visier. Mit dem Australian-Open-Erfolg 1993 war der erste Grundstein bereits gelegt. Dann stach

Günter Parche zu. Und von einer Sekunde auf die andere war im Leben der Monica Seles nichts mehr so wie zuvor. Eine 1,3 Zentimeter tiefe Stichwunde veränderte alles. Aus der einst so fröhlichen jungen Frau wurde ein verbitterter Mensch. Monatelang litt sie unter traumatischen Zuständen, brauchte psychologische Betreuung. Jeder Tag mehr, an dem sie nicht auf dem Tennisplatz stehen konnte, stürzte Seles in eine immer tiefere Krise. Sie war ganz oben gewesen – und ihne eigenes Zutun tief gefallen. Depressionen, Angstausbrüche und Albträume brachten Monica Seles an den Rand der Suizidgefahr. »Der Attentäter hat sein Ziel erreicht«, sagte sie in einem der wenigen Interviews in jenen Tagen und schickte gleich in Richtung Steffi Graf noch einen Vorwurf hinterher: »Sie hat nicht einmal angerufen, nicht mal eine Postkarte geschrieben, nichts.« Sicher hatte es Graf diesem Wahnsinnigen zu »verdanken«, dass ihre Karriere nach dem Attentat wieder erfolgreicher verlief. Doch darauf hätte sie sicher gerne verzichtet, um die Tat ungeschehen zu machen. Graf litt unter den ständigen quälenden Fragen nach Monica Seles. Entnervt konterte sie: »Ich weiß selbst, dass Monica dem Tennis sehr fehlt und ich nur deshalb wieder mehr Turniere gewinne. Aber soll ich etwa jetzt meine Karriere aus Mitleid beenden?«

Monica Seeles kehrte mehr als zwei Jahre nach dem Attentat auf den Tennisplatz zurück. Nach achtundzwanzig Monaten Zwangspause und Höllenqualen hatte sich die mittlerweile Zweiundzwanzigjährige wieder aufgerappelt. Mit ein paar Kilogramm mehr bestritt Seles am 29. Juli 1995 einen Schaukampf gegen Martina Navratilova und zeigte schon dort wieder Tennis der Extraklasse. Sie stieg anschließend wieder in den Turnierzirkus ein und wurde neben Steffi Graf vorübergehend als zweite Nummer eins der Weltrangliste geführt. Bei den Australian Open 1996 siegte sie zum vierten Mal. Anschließend platzierte sie sich zwar regelmäßig unter den Top 10, doch weitere Grand-Slam-Erfolge gelangen ihr bis zum Jahr 2000 nicht mehr. Obwohl seit dem Attentat hinter jedem Spielerstuhl Sicherheitsmänner wachen, nahm Monica Seles seit dem 30. April 1993 an keinem deutschen Turnier mehr teil.

1994

San Marino
Imola
Tamburello-Kurve
1. Mai 1994

»Die Angst ist Selbstschutz, sie verhindert, dass man zu weit
geht, wenn man sich am Limit bewegt. Ich habe genug Angst.«
AYRTON SENNA

Der Tod von
»Mr. Pole Position«

1994 | Der Tod von »Mr. Pole Position«

Es war ein im gesamten Formel-1-Zirkus viel bewunderter Coup von Frank Williams, dass er sich den absoluten Star der Szene für seinen Rennstall angeln konnte. Andererseits war es für Ayrton Senna der einzig logische Schritt, sich für Williams-Renault als neuen Arbeitgeber zu entscheiden, da deren Bolide in der Saison 1993 den Weltmeistertitel mit Alain Prost als Pilot errungen hatte. Nach dessen Ausstieg war der Weg für Senna frei geworden. Der beste Fahrer im besten Wagen – für alle Experten war klar, dass der nächste Weltmeister nur Ayrton Senna heißen konnte. So startete der Brasilianer mit großen Vorschusslorbeeren in die Saison 1994. In den ersten beiden Rennen erreichte Senna jeweils die begehrte Pole Position – beide Male versagte jedoch unterwegs die Technik frühzeitig und zwang Senna zur Aufgabe. Die Enttäuschung bei Fahrer und Rennstall war sehr groß, da man vor dem dritten Rennen in Imola noch keinen Punkt auf dem Konto hatte. Der Druck auf die hoch gelobte Zweckgemeinschaft Williams/Senna wuchs somit vor dem Grand Prix von San Marino spürbar. Fieberhaft tüftelten die Mechaniker an der Feinabstimmung des »Wunderautos«, und Senna drehte Testrunde um Testrunde bei zusätzlich organisierten Trainingseinheiten.

> »Der Tod von Roland Ratzenberger macht mich nachdenklich. Ich werde mich künftig verstärkt für mehr Sicherheit im Rennsport einsetzen.«
>
> AYRTON SENNA AM TAG VOR SEINEM TOD

Im Qualifikationslauf auf der Hochgeschwindigkeitsstrecke in Imola waren die ersten Erfolge bereits sichtbar. Die Technik arbeitete zuverlässig, und Senna hatte seinen Boliden scheinbar fest im Griff. Als Trainingsschnellster sicherte sich der Brasilianer wieder die Pole Position – die 65. seiner Karriere im 161. Rennen. Überschattet wurde das Abschlusstraining von einem tödlichen Unfall: Der Österreicher Roland Ratzenberger verunglückte mit seinem Symtek und prallte frontal gegen eine Betonmauer. Er starb sofort an den Folgen der schweren Verletzungen. Ayrton Senna zeigte sich geschockt von der Tragödie und war noch am Abend des Unglücks einer der Ersten, der verbesserte Sicherheitsstandards in der Formel 1 forderte. Sie kamen, aber sie kamen zu spät für Ayrton Senna. Nach einem gelungenen Start in das Rennen am 1. Mai 1994 lieferte sich der Brasilianer in den ersten beiden Runden einen Zweikampf mit seinen

Rivalen Michael Schumacher und Gerhard Berger. In Runde drei raste Senna mit gut 300 km/h auf die berüchtigte Tamburello-Kurve zu – doch statt die scharfe Linkskurve zu nehmen, schoss der Williams-Bolide plötzlich kerzengerade und ungebremst über die Fahrbahn hinaus. In Sekundenschnelle zerschellte der Wagen seitlich an einer Betonmauer und wurde durch die Wucht des Aufpralls einige Meter weit zurück geschleudert. Senna lag leblos in seinem völlig zerschmetterten Wrack – die Fernsehkameras fingen die schrecklichen Bilder ein. Sofort bemühten sich zahlreiche Helfer um den Schwerstverletzten. Bei dessen Anblick wussten sie sofort, dass jede Hilfe zu spät kommen würde. Der Schädel des Champions war völlig zertrümmert. Künstlich hielt man den Herzschlag aufrecht und brachte Senna ins Krankenhaus nach Bologna. Dort starb der Vierunddreißigjährige am Abend, nachdem man die Beatmungsgeräte abschaltete. Die Nachricht vom tragischen Tod Ayrton Sennas erschütterte die Formel 1 in ihren Grundfesten.

Die Fragen nach den Ursachen des Unfalls beschäftigten anschließend die Motorsportwelt ebenso intensiv wie die Ereignisse unmittelbar danach. Nur fünfunddreißig Minuten nach der Katastrophe wurde das Rennen neu gestartet. Während Senna mit dem Tod rang, raste das restliche Fahrerfeld um den Parcours, als sei nichts geschehen. Am Ende siegte der Deutsche Michael Schumacher in seinem Benetton-Ford und fuhr mit erhobener Siegerfaust über die Ziellinie. Der zweitplatzierte Italiener Nicola Larini ließ sich bei einer Ehrenrunde in seinem Ferrari vom heimischen Publikum für seinen Überraschungserfolg feiern. Jubelstimmung in Imola – während Senna einige Kilometer entfernt im Sterben lag. Das Entsetzen bei Beobachtern in aller Welt war groß. Die Fahrer entschuldigten sich später, sie hätten zum Zeitpunkt des Rennens nicht gewusst, wie es um ihren Kollegen stand. Erst kurz vor der Siegerehrung ging die Nachricht durch die Boxengassen. Grund zur Freude hatte danach niemand mehr im Formel-1-Business. Das tiefschwarze Wochenende in Imola forderte zwei Todesopfer sowie fünfzehn verletzte Zuschauer, die nach einer Startkarambolage von umherfliegenden Wrackteilen getroffen wurden. In dem ganzen Trubel wurde der Trainingsunfall von Rubens Barrichello fast vergessen, der sich mit seinem Wagen mehrfach überschlagen hatte und dabei wie durch ein Wunder »nur« einen Nasenbeinbruch erlitt. Der Rennsport raste nach den Vorfällen in seine bislang schwerste Krise. Über Sinn und vielmehr über den Unsinn der Formel 1 wurde wieder einmal diskutiert. Doch der momentane Schockzustand, der einzelne Fahrer wie Gerhard Berger sogar zu kurzzeitigen Rücktrittsgedanken verleitete, löste sich schon bald wieder. The Show must go on.

Man hatte verdrängt, dass Motorsport mit tödlichen Gefahren verbunden ist. Die letzten Toten in der Formel 1 hatte man zuletzt 1982 zu beklagen, als Gilles Villeneuve und Ricardo Paletti im Rennen starben. Die restlichen zwanzig Todesfälle seit 1954 schrieb man der zuweilen mangelnden technischen Ausstattung und Sicherheit der Wagen zu. Doch nun, im Jahr 1994, da durfte diese Begründung eigentlich nicht mehr zählen. Der Rennsportverband FIA setzte daher eine Untersuchungskommisson ein, die die Umstände des Todes des dreifachen Weltmeisters Ayrton Senna klären sollte. Ganze eineinhalb Jahre dauerte das Verfahren, erst im Dezember 1995 legte man den 600 Seiten starken Bericht vor. Dieser stellte fest, dass der Brasilianer nicht den Hauch einer Chance hatte, als sein Wagen aus der Tamburello-Kurve

»Ayrton Senna ist der beste Fahrer von allen.«

NIKI LAUDA 1994

flog. Die Lenkung war gebrochen, wodurch er hilflos mit ansehen musste, wie der Bolide geradewegs auf die Betonwand zuraste. Der Grund für den Schaden lag jedoch keineswegs bei der Technik, es war menschliches Versagen. Mechaniker hatten in die Lenksäule ein regelwidriges Ersatzteil eingebaut, welches um 4,2 Millimeter dünner war als das im Reglement vorgeschriebene Teil. Aufgrund der großen Fliehkräfte brach das Teil und setzte damit die Lenkung außer Kraft. Ein Pfennigartikel kostete Ayrton Senna das Leben. In einem anschließenden langwierigen Prozess wurden zwei Mechaniker und Teamchef Williams von der Familie Sennas verklagt. Das brachte Senna zwar auch nicht ins Leben zurück, doch allein der massive Medienrummel um die Spätfolgen des Unfalls bewirkte einen Umdenkungsprozess in der Formel 1. Die schon seit Jahren geforderten Sicherheitsmaßnahmen für die Fahrer in den Boliden wurden eingeführt, einzelne Rennstrecken entschärft. Auch die Tamburello-Kurve in Imola wurde durch eine Bremsschikane sicherer gestaltet. Betonmauern an den Strecken gibt es nicht mehr, sie sind nun durch dicke Reifenstapel ersetzt. Allein diese Maßnahme rettete etlichen Piloten womöglich das Leben. Als Michael Schumacher 1999 in Silverstone mit seinem unlenkbaren Wagen von der Piste abkam, federten aufgestapelte ausgediente Reifen seinen Aufprall ab. Er überlebte und zog sich »lediglich« Knochenbrüche im Fuß zu.

Ayrton Senna war schon zu Lebzeiten ein Mythos. In seinem Heimatland Brasilien wurde er regelrecht vergöttert. Bereits in Kinderjahren zeichnete sich sein großes Talent für den Motorsport ab. Gleich das erste Kartrennen, an dem er mit dreizehn Jahren in Interlagos teilnahm, konnte Senna gewinnen. Fortan gab es kein zurück mehr. Er wurde regelmäßig brasilianischer Kartmeister und gewann 1977 erstmals auch die südamerikanische Serie. Als Einundzwanzigjähriger zog Ayrton, der am 21. März 1960 in São Paulo geboren wurde, nach England und sammelte dort erste Erfahrungen im Automobilsport. Über die Formel-Ford-1600 und die Formel-Ford-2000 kam er 1982 zur Formel 3, wo er im Folgejahr mit zwölf Siegen in neunzehn Rennen die Meisterschaft gewann. Anschließend wedelten gleich vier Formel-1-Rennställe mit lukrativen Verträgen. Er gab renommierten Ställen wie Williams, McLaren und auch Brabham einen Korb und unterschrieb stattdessen bei Toleman – dem späteren Benetton-Stall. Sein Debütjahr 1984 beendete er mit dreizehn WM-Punkten auf Rang neun. Anschließend wechselte Senna zu Lotus und gewann in Estoril den ersten von insgesamt 161 Grand Prix während seiner gesamten Karriere. Den vierten Rang aus dem Jahr 1985 konnte er auch 1986 verteidigen, 1987 fuhr er bereits auf Position drei vor. Da der Brasilianer nun endlich auch einmal um den Titel mitfahren wollte, wechselte er 1988 das Team und startete fortan für McLaren-Honda. Dort wurde Senna auf Anhieb überraschend Weltmeister vor seinem Teamkollegen Alain Prost. In der folgenden Saison eskalierte der Konkurrenzkampf der beiden Piloten. Senna schoss Prost beim Rennen in Suzuka vorsätzlich von der Piste, wurde disqualifiziert und der Franzose Weltmeister. Prost wechselte anschließend zu Ferrari. 1990 kam es erneut zum Zweikampf, diesmal aber behielt Senna die Oberhand. Ebenso wie 1991, wo er seinen dritten WM-Erfolg feierte. Nach einer schwachen Saison 1992 und der Vizeweltmeisterschaft 1993 wechselte der schnelle Brasilianer schließlich zu Williams. Nur drei Rennen fuhr er für seinen neuen Rennstall, dann beendete der tragische Unfall sein Leben. Nicht nur wegen seiner drei Weltmeisterschaftssiege, einundvierzig Grand-Prix-Erfolge und seinen fünfundsechzig Pole Positions bleibt Ayrton Senna als einer der besten Formel-1-Piloten aller Zeiten in Erinnerung.

1994

Norwegen
Lillehammer
Kvitfjell
19. Februar 1994

»Die Piste war schön, schwere Kurven, ein paar Sprünge, keine
Stelle, wo man sich groß überwinden musste.«
KATJA SEIZINGER NACH IHREM ABFAHRTSSIEG 1994

Talwärts auf den Gipfel

1994 | Talwärts auf den Gipfel

Geschwindigkeit ist keine Hexerei. Sagt der Volksmund. Geschwindigkeit ist, so der Praktiker, der zurückgelegte Weg geteilt durch die benötigte Zeit. 2641 Meter hatte Katja Seizinger am 19. Februar 1994 auf der Abfahrtsstrecke von Kvitfjell bei Lillehammer hinter sich gebracht. In einer Minute, 35 Sekunden und 93 Hundertsteln. Fast Tempo 100 also auf den schmalen Brettern, die die im nordrhein-westfälischen Datteln geborene und deshalb von ihren bajuwarischen Teamkolleginnen als »Südschwedin« titulierte Blondine beherrschte wie kaum eine andere. Rasen als erste Sportlerpflicht, und Katja Seizinger, die vier Tage zuvor beim olympischen Super-G nach fünfhundert Metern ausgeschieden war, tat es auf der Überholspur. Perfekt, am Limit und doch genau auf dem Eichstrich zwischen kühl berechnetem Risiko und Absturz. »Ich hatte Super-Latten und habe einfach draufgeknebelt«, erklärte die 21-Jährige im Ziel ihr auch von der Konkurrenz bestauntes Rennen, das ihr am Ende immense 66 Hundertstel Vorsprung vor Picabo Street (USA) bescherte. Satte 18 Meter Differenz sind das, ein Klassenunterschied im Temporausch der Abfahrtsläufer. Picabo Street ließ ehrfurchtsvoll im Getümmel wissen: »So wie Katja, so würde ich auch gerne fahren können.«

Mit Startnummer drei hatte sich Seizinger talwärts zum Sturm auf den Gipfel begeben – bis zur Nummer 37, der Slowenin Spela Pretnar, wartete sie, ehe sie die Ahnung, endlich den Platz ganz oben erobert zu haben, zur Gewissheit werden ließ. Sie marschierte zum norwegischen Fernsehen und erklärte in der Sprache des Landes: »Jeg heter Katja, og jeg elsker Lillehammer.« Dass sie Katja heisst und die Olympiastadt liebt, die ein bis dato nie erlebtes Winter-Happening unter den fünf Ringen zelebrierte, das war vor den 20 000 in Kvitfjell ein verbaler Spontanausbruch, wie ihn die deutschen Medien an ihrer Vorzeigesportlerin sonst vermissten. Die mit ruhigem Temperament ausgestattete »kopfge-

steuerte« und »vernunftgeleitete« Athletin, die das, was ihr Coach Alois Glaner »Pulverturm« nannte, auf den Pisten auslebte, war aufs Klischee »freudlos und unnahbar« festgelegt worden. Der Zuruf eines Fotografen beim Abfahrtslauf in Kvitfjell, der Seizingers Abwarten trotz überragender Bestzeit angesichts der laufenden Konkurrenz nicht nachvollziehen wollte, klebte noch jahrelang als Indiz für angebliche Arroganz an ihr: »Lach doch endlich mal, du blöde Kuh!« Die sie besser kannten, wussten es auch besser. »Die Katja«, so teilte Picabo Street, Tochter eines Hippie-Paares und Ausbund übersprudelnder Lebensfreude, in Lillehammer mit, »war in dieser Woche so locker drauf, wie ich sie noch nie erlebt habe.« Katja Seizinger reagierte mal bissig, mal achselzuckend, mal ironisch. »Ich bin nun mal ein mathematisch-logischer Typ, fasse nicht so schnell Vertrauen.« Und ein Alberto Tomba, der sich im Zielraum auf die Knie fallen lässt und den Schnee küsst, der sei sie eben nicht. Als sie in Lillehammer gefragt wurde, was sie nach ihrer Goldmedaille fühle, nachdem sie zuvor in der Abfahrt bei den Spielen in Albertville 1992 und bei den Weltmeisterschaften 1993 in Morioka jeweils Vierte geworden sei, da konnte sie sich den Seitenhieb auf die Jour-

---

> »Im entscheidenden Moment kann ich mich konzentrieren. In der Weltspitze sind zwar alle stark. Aber das macht den Unterschied aus. Das Geheimnis weiß ich nicht. Woher ich diese Stärke habe, kann ich nicht erklären. Ich weiß aber, dass ich mich auf mich verlassen kann.«
>
> KATJA SEIZINGER

---

nalisten nicht verkneifen: »Das kann ich doch morgen bei euch lesen. Nach dem Ausscheiden im Super-G soll ich ja auch geheult haben. Und was diesmal ist, wird euch ja sicherlich auch einfallen.«

Was war, das wusste die von Cheftrainer Rainer Mutschler als »Skigenie« abgelobte Pisten-Athletin natürlich selbst sehr genau. »Das ist sicher einer der größten Momente meines Lebens. Es ist der Traum eines jeden Sportlers, Olympia zu gewinnen.« Zumal die Siegesumstände ganz außergewöhnliche waren. Wäre sie abergläubisch gewesen, hätte Katja Seizinger gar nicht erst antreten brauchen. Auf dem Flug von Frankfurt nach Oslo war ihr Koffer mit der Rennausrüstung verloren gegangen, die Lufthansa hatte das verlorene Gepäck nicht wiedergefunden. So startete Seizinger wie schon beim Super-G im von Teamkollegin Ulrike Stanggassinger geliehenen Skianzug. Und schaffte mit ihm den goldenen

Coup am weißen Kvitfjell-Berg. Die Enttäuschung aus dem Super-G-Wettbewerb hatte sie mit auf den Berg genommen. Nein, sogar eher Optimismus. »Ich habe gedacht: Nach jedem Schlechten kommt was Gutes.« Erwartungsdruck von außen? Fehlanzeige. »Das Wichtigste sind meine eigenen Ziele, ist der Druck, dem ich mich selbst aussetze. Ich höre nicht darauf, was andere Leute sagen.« Und obwohl sie selbst »kleine Unsicherheiten« in ihrer allseits gelobten Schussfahrt entdeckte, hatte sie die schnell vorbeifliegenden Bilder genossen. »Die Piste war schön, schwere Kurven, ein paar Sprünge, keine Stelle, wo man sich groß überwinden musste.« 6,4 Millionen TV-Zuschauer im Schnitt erlebten daheim das Gold-Rennen von Katja Seizinger. Eine gute Quote hatte die Ausnahmesportlerin auch anderweitig: Rund 300 000 Mark Bares brachte der Olympiasieg ein. Vom Skipool des Verbandes, der Sporthilfe, ihrer Bekleidungsfirma, dem Ski-Hersteller. Für die Tochter eines vermögenden Stahlfabrikanten, der sich zugleich als Manager um die wirtschaftliche Seite des »Nebenberufes« Katjas kümmerte (ansonsten war sie Studentin der Betriebswirtschaft an der Fernuniversität Hagen), nicht mehr als ein schöner Nebeneffekt: »Ich fahre nicht wegen Geld, sondern weil es Spaß macht.«

Für sie die Basis allen Erfolges. Mit dem alpinen Skisport war Katja Seizinger erstmals Ende der siebziger Jahre in Berührung gekommen. Im badischen Eberbach, wohin die Eltern umgezogen waren, fiel sie dem örtlichen Klub, der Skizunft Katzenbuckel, auf. Ostern 1980 bestritt sie ihr erstes Rennen im Schwarzwald, wurde auf unpräparierten Ski Vierte und Letzte. Das Talent war dennoch unübersehbar, der Wechsel ins Ski-Internat Hohenschwangau folgerichtig. Seitdem ging es mit Vollgas Schlag auf Schlag: 1988 dreifache Deutsche Jugendmeisterin, 1989 erstes Weltcup-Rennen, 1990 Junioren-

»Ich mache mir nix aus Schönmalerei. Wenn mir was nicht passt, sage ich das. Ich scheue keine Konfrontation. Alles runterschlucken, ist nichts für mich.«

KATJA SEIZINGER

Weltmeisterin, 1991 WM-Fünfte in der Abfahrt, 1992 Olympia-Bronze im Super-G, 1993 Weltmeisterin (Super-G) und Weltcup-Gesamt-Zweite. Danach kam Lillehammer – und noch lange kein Schlusspunkt für Katja Seizinger. Nur die wichtigsten Erfolge seien aufgezählt. 1995 stachelte sie der erneute Weltcup-Gesamtrang zwei nach einem Herzschlag-Finale gegen Vreni Schneider,

das die Schweizerin schließlich mit sechs Punkten im Vorteil sah, so an, dass Seizinger im Jahr darauf die große Kristallkugel mit dem Riesenvorsprung von 413 Punkten auf Landsfrau Martina Ertl gewann. 1997 wurde mit zweimal WM-Silber und Weltcup-Position zwei ein Silber-, 1998 mit zwei Olympia-Goldenen in Nagano (Abfahrt, Kombination) und dem zweiten Weltcup-Gesamtsieg ein Gold-Jahr für Katja Seizinger. Sie stapelte Superlativ auf Superlativ, war die erste Deutsche zwanzig Jahre nach Rosi Mittermaier, die den Weltcup gewann, die erste Alpine überhaupt, die einen olympischen Abfahrtstitel erfolgreich verteidigte, gewann insgesamt 37 Weltcup-Rennen – und wurde am Ende durch eine Verletzung gestoppt.

»Ich freue mich eigentlich auf die Zeit, wenn ich auf einem Platz sitze, morgens ins Geschäft fahre, abends zurück und 300 Tage im eigenen Bett schlafe. Ich bin jetzt ein Jahrzehnt unterwegs, das hinterlässt seine Spuren.«

KATJA SEIZINGER 1998

Bei den ersten Trainingseinheiten für den kommenden Winter zog sich die »Steffi Graf des alpinen Skisports« *(Der Spiegel)*, sogar nach Ansicht kritischster Journalisten längst locker und umgänglich geworden, im Sommer 1998 eine schwere Knieverletzung zu, nach der sie zunächst die nächste Saison mit der WM in Vail absagen musste. Vorübergehend sah es aus, als würde die Betriebswirtin, die im Herbst 1999 ihren langjährigen Freund Kai-Uwe Weber heiratete, in den Skizirkus zurückkehren, aber dann erklärte sie im April 1999 überraschend den Rücktritt. »Es sind ja nicht nur die eineinhalb Minuten, die man den Hang hinunterfährt. Die ganze Vorbereitung, sich wieder ranzukämpfen – ich war lange genug dabei, das hat gereicht«, sagte sie. Für die Trainer war der Abschied ein mittelschwerer Schock. »Wenn Katja geht, dann wäre das so, als würde ein Michael Jordan aufhören oder ein Franz Beckenbauer«, hatte Chefcoach Wolfgang Maier schon in Nagano orakelt. Und hinzugefügt: »Katja zeichnet halt besonders aus, dass sie es immer rausreißt, wenn es mal nicht geht.« Eine Eigenschaft, die sie durchaus weiter kultivieren will, nur eben »ganz weit weg vom Sport«. Erstmal wird sie »Stift« in der Firma des Vaters, dann dort Verantwortung übernehmen. »Wie ich es im Sport gelernt habe.«

1996

England
London
Wembley-Stadion
30. Juni 1996

»Ein Tor, das mich mit Sicherheit mein ganzes Leben verfolgen wird, und ich bin stolz darauf. Dieser Treffer in der Verlängerung war letztlich der Startschuss meiner internationalen Karriere.«

OLIVER BIERHOFF, SCHÜTZE DES ENTSCHEIDENDEN TORES
BEI DER FUSSBALL-EUROPAMEISTERSCHAFT 1996

Das Golden Goal

1996 | Das Golden Goal

Was hat dieser Mann sich nicht alles anhören müssen in seiner fußballerischen Karriere! »Ungeeignet für die Bundesliga«, attestierte man ihm beim Hamburger Sportverein und ließ ihn ziehen. »Zu wenig Biss im Strafraum«, sagte man ihm bei der Borussia in Mönchengladbach nach und verkaufte ihn kurzerhand für 175 000 Mark an Casino Salzburg. Ein Versagertypus war er in den Augen vieler Experten. Selbst als Oliver Bierhoff am 12. Februar 1996 seinen Einstand in der Nationalmannschaft gab, wurde er vielfach noch milde belächelt. Er spielte im italienischen Provinznest Udinese in der Serie A Fußball, doch viele wussten noch nicht mal, wo der Ort überhaupt geografisch anzusiedeln ist. Nein, so ein Gestrandeter kann einfach keiner sein für die internationale Bühne. Was hatte Bundestrainer Berti Vogts überhaupt geritten, diesen Nobody ins Team zu holen? Berti musste völlig von Sinnen gewesen sein, als er Bierhoff dann auch noch im Endspiel der Europameisterschaft am 30. Juni 1996 in der neunundsechzigsten Minute gegen Mehmet Scholl einwechselte. Und das, obwohl man im Londoner Wembleystadion ohnehin schon mit 0:1 gegen Tschechien zurück lag. Da hätte man doch einen erfah-

> »Ich sehe diese Szene noch immer wie im Film – fast in Zeitlupe. Nach dem Treffer waren wir für wenige Sekunden fast wie gelähmt.«
>
> OLIVER BIERHOFF

renen Mann bringen müssen, einen mit … »Tor für Deutschland«. Nur vier Minuten stand Oliver Bierhoff auf dem Platz, hatte gerade mal Zeit, um an seinen Arbeitsplatz im Strafraum zu kommen, da wuchtete er einen Kopfball unhaltbar am tschechischen Torwart vorbei ins Netz. Bertis Team war plötzlich wieder im Rennen. Dank dieses »unerfahrenen Nobodys«. Na, das hatte

man eigentlich gleich gewusst, dass dieser Bierhoff ein wirklich guter Stürmer war. Der spielt ja immerhin in der ersten italienischen Liga, daher weiß er schließlich aus Erfahrung, wie man sich im Strafraum durchbeißt. Ja, das ist ein Mann für die wichtigen Treffer. Warum hatte Berti den eigentlich nicht schon früher ins Team geholt? Oliver Bierhoff hatte die Nationalmannschaft mit seinem Treffer in die Verlängerung gebracht. Erstmals bei einer Europameisterschaft konnte in den zusätzlichen dreißig Spielminuten die Partie durch die neu eingeführte »Golden-Goal«-Regel entschieden werden. Das nächste Tor sollte also entscheiden. Ist nach zweimal fünfzehn Minuten kein Tor gefallen, muss das Elfmeterschießen einen Sieger ermitteln. Was für ein Nervenkrieg. Doch allzu lange mussten die Zuschauer gar nicht fiebern. Nur fünf Minuten waren gespielt, da kam wieder dieser Bierhoff an den Ball und schoss aus der Drehung heraus beherzt auf das tschechische Tor. Ein Gegenspieler fälschte den Schuss noch ab, so dass Torwart Kouba den Ball nicht mehr richtig zu fassen bekam. Er landete im Netz. Ehe man so richtig wahrnehmen konnte, was eigentlich passiert war, war das Spiel aus und Deutschland Europameister. Eben auch, weil ein lange unterschätzter Spieler namens Oliver Bierhoff die zwei entscheidenden Endspieltreffer erzielt hatte.

Das erste Golden Goal der europäischen Fußballhistorie hat Oliver Bierhoff über die Grenzen Deutschlands hinaus bekannt gemacht. Sein Name ist seitdem stets eng verbunden mit dieser Regelung des europäischen Fußballdachverbandes UEFA, die die Fußballnationen bis heute spaltet. Wurde nach Ansicht vieler aktiver Profiakteure ohnehin schon zuviel rumgewerkelt am Fußballspiel in den letzten Jahrzehnten, so schlug diese vom Eishockey als »Sudden Death« bekannte Regel dem Faß den Boden aus. Ex-Bundestrainer Berti Vogts, der dem Golden Goal schließlich den einzigen Titel seiner DFB-Oberlehrerkarriere zu verdanken hatte, verdammte die Regel sogar als »unfair, da sie weder einem einzelnen Spieler noch der gesamten Mannschaft die Möglichkeit bietet, einen Fehler zu korrigieren«. Als »Teufelswerk blinder Funktionäre« bezeichneten einzelne Spieler das Golden Goal, eine Regel, die am grünen Tisch entwickelt worden sei, ohne sich vorher einmal in die Lage der Akteure auf dem Platz versetzt zu haben. Der alles entscheidende Treffer – er kann einen einzelnen Spieler innerhalb von Sekunden zum großen Star erhöhen. Und einen anderen, den glücklosen Verteidiger etwa, zum Deppen der Nation degradieren. Selbst der erste Golden-Goalie Oliver Bierhoff könnte mittlerweile auf diese Regel gerne wieder verzichten, da er »eine normale

Verlängerung besser findet«. Wie schön hat er doch nach seinem Endspieltreffer gejubelt, sich das Trikot vom Leib gerissen und sich von seinen Kollegen beglückwünschen lassen. Im Nachhinein jedoch hat er den Blick auch einmal auf den Gegner und die Zuschauer gerichtet und dabei festgestellt, dass »das Golden

> »Es ist schade, wenn man in der Verlängerung nicht mehr die Möglichkeit hat, das Ergebnis zu ändern.«
>
> OLIVER BIERHOFF

Goal das Ende eines Spiels ziemlich abrupt gestaltet«. Damit könnte die UEFA jedoch gut leben, wenn es doch bloß nicht mehr so viele Elfmeterschießen gäbe. Insgesamt sechzehnmal wurde bereits bei Welt- und Europameisterschaften bis 1998 mittels Elfmeterschießen über Sieg und Niederlage entschieden. Dieses »Glücksspiel« als Entscheidungsinstrument für Finals taugte den Herren im europäischen Fußballverband nicht mehr. »Ein Elfmeterschießen produziert so viel Tragik«, nimmt auch der langjährige DFB-Präsident Egidius Braun die Entscheidung seiner Kollegen von der UEFA in Schutz, die meinen, mit dem Golden Goal eine sportlich gerechtere Lösung geschaffen zu haben.

Ob dem so ist, darüber werden die Fußballgelehrten, Fans und Spieler auch weiterhin heiß diskutieren. Bis heute gibt es noch keine Einigung. So werden einige Wettbewerbe durch das Golden Goal entschieden, andere weiterhin durch das Elfmeterschießen. Tatsache ist aber, dass das Golden Goal sicherlich dazu beitragen würde, dass man legendäre Spiele wie etwa das 4:3 der Italiener im Halbfinale der Weltmeisterschaft 1970 gegen Deutschland nicht mehr sehen würde. Damals gingen die beiden Teams beim Stand von 1:1 in die Verlängerung. Gerd Müller schoss kurz darauf den 2:1-Führungstreffer. Nach der heutigen Regel hätte Deutschland damit das Finale erreicht. Stattdessen aber sahen die Zuschauer fünfundzwanzig weitere Minuten ein an Dramatik und Hochklassigkeit kaum mehr zu überbietendes Fußballspektakel, in dessen Verlauf vier weitere Tore fielen. Oder der Fußballkrimi zwischen Frankreich und Deutschland bei der Weltmeisterschaft 1982, als beide Teams ebenfalls mit einem 1:1 nach neunzig Minuten in die Verlängerung gingen, und dort vier weitere Treffer fielen. Vorbei, derartige Jahrhundertspiele würden mit der Golden-Goal-Variante Schnee von gestern sein. Der kleinste Fehler entscheidet mittlerweile das Spiel, Fallrückzieher der Marke Klaus Fischer in letzter Minute,

die den rettenden Ausgleich vor dem Elfmeterschießen bringen, werden damit in Zukunft nur noch Geschichte bleiben. Und so wird niemand erfahren, ob den Italienern im Endspiel der Europameisterschaft im Jahr 2000 nicht doch noch der Ausgleich oder gar der Siegtreffer gegen die Franzosen gelungen wäre. Nach dem 2:1 von David Trezeguet in der 103. Spielminute pfiff der Schiedsrichter das Spiel ab. Der amtierende Weltmeister Frankreich war damit auch die beste Mannschaft Europas.

Die Golden-Goal-Regelung findet seit 1996 auch in den Endspielen der europäischen Pokalwettbewerbe Anwendung, die auf neutralem Boden stattfinden. Doch dort kam es seitdem noch in keiner Partie zum »plötzlichen Spieltod«, da die Entscheidung entweder in der regulären Spielzeit oder im Elfmeterschießen gefallen war. Einzige Ausnahme: Im Spiel um den Supercup 2000 zwischen UEFA-Cup-Sieger Galatasaray Istanbul und Champions-League-Sieger Real Madrid besorgte der Brasilianer Jardel in Diensten der Türken mit seinem Golden Goal in der 13. Spielminute der Verlängerung den 2:1 Siegtreffer. Und bei der Europameisterschaft im Hallenfußball sicherte sich im März 2001 Spanien ebenfalls durch ein Golden Goal gegen die Mannschaft der Ukraine den Titel. Die deutschen Teams Schalke 04 und

> »Ich finde das Golden Goal unfair, da es weder einem einzelnen Spieler noch der gesamten Mannschaft die Möglichkeit bietet, einen Fehler zu korrigieren.«
>
> BERTI VOGTS

Borussia Dortmund hingegen, die 1997 den UEFA-Cup und die Champions League gewannen, blieben von der Golden-Goal-Entscheidung verschont. Die Dortmunder besiegten Juventus Turin im Münchner Olympiastadion mit 3:1. Die Schalker mussten im Elfmeterschießen gegen Inter Mailand antreten und gewannen am Ende klar mit 4:1. Es war der größte Erfolg in der Vereinsgeschichte des FC Schalke 04. Und im Gegensatz zu den Verantwortlichen der UEFA waren viele Fußballfans froh, dass der nicht durch ein Golden Goal erreicht wurde, sondern nach einem spannenden Elfmeterschießen.

1996

USA
Atlanta (Georgia)
Olympic Stadium
19. Juli 1996

»Erst wenn die Rasse oder Hautfarbe eines Menschen endgültig keine
Rolle mehr spielt bei Siegen oder Niederlagen, kann man vom freien Sport
sprechen.«

MUHAMMAD ALI

Muhammad Alis größter Sieg

schen 1960 und 1980 so viele faszinierende Kämpfe bestritten hatte, lächelte hilflos in die Kameras. Der Mann, der vor allem in den sechziger und siebziger Jahren mit seinem ungezügelten Mundwerk und seinen provokanten Aktionen ebenso für Schlagzeilen gesorgt hatte wie mit seinen Kämpfen, konnte nur noch mit Mimik seine Botschaften aussenden. Doch diese kamen an. Seht her, schien er sagen zu wollen, ich bestreite meinen schwersten Kampf. Und ich gebe auch diesmal nicht auf.

Muhammad Ali war der erste Boxer, dem gleich zweimal die Rückkehr auf den Weltmeisterthron gelungen war. Er war sowohl von 1964 bis 1967 als auch von 1974 bis 1978 und 1978 bis 1980 Schwergewichtsweltmeister. Während dieser Zeit und auch zuvor als Amateur hatte Ali verbissen gegen Rassendiskriminierungen in seinem Land gekämpft. Aus Protest gegen die diskriminierende

> »Ohne Zweifel die kitschigsten und am meisten vom Kommerz bestimmten Olympischen Spiele.«
>
> *MIAMI HERALD* ÜBER ATLANTA 1996

Behandlung der Afro-Amerikaner in seinem Land und die fehlende Anerkennung sportlicher Leistungen von Schwarzen warf Ali seine 1960 gewonnene Goldmedaille demonstrativ in den Ohio River. Dies war der Beginn eines jahrelangen Konflikts mit Behörden, Sportverbänden und auch dem Gesetzgeber. Doch Ali ließ sich nie von seiner Linie abbringen. Er trat den »Black Muslims« bei, einer politischen Organisation für Schwarze und kämpfte an der Seite von Bürgerrechtlern wie Malcolm X und Martin Luther King für die gesellschaftliche Gleichstellung von Afro-Amerikanern. Auch nach dem Karriereende setzte er sein Engagement fort und wurde nicht müde, die Missstände in seinem Land anzuprangern. Er trat dafür sogar singend und tanzend in dem Black-Power-Musical *Buck White* auf. Mit seinem unermüdlichen Einsatz für die Überwindung von Rassenhass stand Muhammad Ali somit als Symbolfigur für die Olympischen Spiele in Atlanta. Denn gerade der US-Bundesstaat Georgia galt einst als eine der Hochburgen der Sklaverei und der Rassendiskriminierung. Nun, da Sportler aus allen 197 Mitgliedsstaaten des Internationalen Olympischen Komitees in Atlanta zu Gast waren, Menschen mit unterschiedlicher Hautfarbe und Rasse, die ein friedliches Sportfest feiern wollten, da war Muhammad Ali die perfekte Galionsfigur. Das IOC beschloss daher, Ali für sein Engagement in ganz besonderer Weise zu ehren: Man verlieh ihm symbolisch zum zweiten Mal die

1996 | Muhammad Alis größter Sieg

Mit zitternder Hand hielt Muhammad Ali die brennende Fackel fest umklammert. Nur mühsam gelang es ihm, diese in die Höhe zu halten. Sechsunddreißig Jahre nach seinem eigenen Olympiasieg stand der ehemalige Weltklasseboxer am 19. Juli 1996 erneut im Rampenlicht der Weltöffentlichkeit. Diesmal jedoch blickte die ganze Welt gebannt auf den Held einstiger Tage. Ali entfachte das Olympische Feuer. Gezeichnet von der Parkinson-Krankheit, kann er die Fackel in seiner Hand nicht ruhighalten. Man musste fast befürchten, dass ihm das Symbol der freiheitlichen Spiele entgleiten würde. Doch der Ex-Weltmeister nahm alle Kräfte zusammen und entzündete schließlich das Feuer. Überschwänglicher Jubel brauste im Stadion auf. Vielen Millionen Zuschauern weltweit trieben die Nahaufnahmen des verschmitzt lächelnden Alis, der am ganzen Körper zitterte, eine Gänsehaut über den Rücken. Der große Ali, der zwi-

olympische Goldmedaille, nachdem das Original nie aus dem Ohio River geborgen worden ist.

Die angereisten 10788 Athleten hingegen mussten sich im Kampf um die 1879 zu vergebenden Medaillen zunächst dem sportlichen Wettbewerb stellen. Was sich oftmals als nicht ganz einfach herausstellte. Die Organisation dieser Spiele erwies sich zuweilen als äußerst fehlerhaft. Zwar wurde nach außen die Fassade eines perfekten, zwei Milliarden Mark teuren Spektakels präsentiert, für das eigens annähernd 43 000 freiwillige Helfer angeheuert wurden. Doch für die Sportler selbst wurde der Olympia-Alltag oftmals zur Tortur. Chaotische Transportbedingungen, mangelnde Unterbringung und Versorgung hinterließen bei manchem einen faden Beigeschmack. Im Vordergrund stand vielmehr der totale Kommerz, warum Kritiker die Spiele vielfach spöttisch als »Kommerziade« bezeichneten. Über allem schwebte der übermächtige Geist der Coca Cola Company, die ihren Stammsitz in Atlanta hat und demnach als einer der Hauptsponsoren fungierte. Überschattet wurden die Spiele, wie bereits 1972 in München, von einem hinterhältigen Terrorakt. Am 27. Juli explodierte in den frühen Morgenstunden im mit noch immer 40 000 Besuchern dicht besiedelten Centennial Park im Zentrum der Stadt eine Rohrbombe. Sie tötete zwei Menschen und verletzte mehr als hundert teils schwer. Das rund 300 Millionen Dollar teure Sicherheitssystem hatte versagt. Was am Ende blieb, waren Spiele der krassen Gegensätze. Ein Wettrennen Kommerz gegen Sport. Sieger waren am Ende beide – zumindest wenn es nach der Mediaanalyse geht. Insgesamt 19,6 Milliarden Menschen in 214 Ländern haben bei den mehr als 25 000 Übertragungsstunden zugeschaltet. Das bedeutete eine Zuschauersteigerung von immerhin achtzehn Prozent gegenüber Barcelona 1992. Auch wenn klar ist, dass Olympische Spiele ohne Vermarktung nicht mehr denkbar sind, so

»Ich glaube nicht, dass wir Olympische Spiele weiterhin ausschließlich privat organisieren sollten.«

VERSTECKTE KRITIK VON IOC-PRÄSIDENT
JUAN ANTONIO SAMARANCH

wurde die vordergründige Kommerzialisierung der Spiele von Atlanta von Beteiligten und Beobachtern in dieser Form negativ bewertet.

Doch trotz aller Kommerzattacken während der Spiele, von denen selbst die Tageszeitung *USA Today* behauptete, sie hätten den »Charme eines Sommer-

schlussverkaufs«, sind auch einige herausragende sportliche Leistungen in Erinnerung geblieben. Etwa der 8,50-Meter-Sprung des Carl Lewis, mit dem er am 29. Juli seine neunte und letzte Goldmedaille gewann. Anschließend kniete er an der Grube nieder und füllte sich eine Handvoll Sand in eine kleine Tüte. Als Andenken

»Die Olympischen Spiele haben den Charme eines Sommerschlussverkaufs.«

USA TODAY ÜBER DIE SPIELE 1996 IN ATLANTA

an »meine wichtigste Goldmedaille«. Im August 1997 beendete Lewis im Alter von 36 Jahren seine große Karriere. Oder der 9,84-Lauf des Donovan Bailey aus Kanada über 100 Meter, der damit einen neuen Weltrekord aufstellen konnte. Für eine der größten Überraschungen aus Sicht der deutschen Athleten sorgte der einundzwanzigjährige Frank Busemann im Zehnkampf. Dass der Sieger in diesem Wettbewerb Dan O´Brien heißen würde, hatte man vermutet. Aber dass am Ende auf dem Siegerpodest neben ihm dieser junge Bankangestellte stehen würde, um sich die Silbermedaille umhängen zu lassen, war eine Sensation. Bei seinem erst fünften Zehnkampf überhaupt erreichte Busemann stolze 8706 Punkte, 116 weniger als Sieger O´Brien. Deutschland hatte wie aus heiterem Himmel einen neuen Sportstar, der anschließend jedoch, auch aufgrund zahlreicher Verletzungen, jahrelang der Form seines Lebens hinterher lief, die er in Atlanta 1996 erreicht hatte.

1997

Frankreich
Andorra Arcalis
15. Juli 1997, 17.31 Uhr

»Ullrich der Erste ist neuer König der Tour. Ein Phänomen am
Gipfel der Tour. Jan Ullrich hat auf dem Anstieg nach Andorra
Arcalis im Finale ein Festival gefeiert.«

LE PARISIEN AM 16. JULI 1997

Der Kronprinz der Tour

Quälend lange 252 Kilometer kreuz und quer durch die Pyrenäen führte die zehnte Etappe der Tour de France am 15. Juli 1997. Hinauf auf den Portet d´Aspet, weiter auf den Col de Port, nach einer Talfahrt wieder bergauf zum Gipfel des Col d´Ordino. Fahrer und Rennleiter sprachen aufgrund des großen Schwierigkeitsgrades immer wieder von der »Königsetappe«. Beim Blick in die Gesichter der Akteure wusste man auch, warum. Vor allem beim letzten Anstieg nach Andorra-Arcalis in eine Höhe von 2270 Metern fingen die Fernsehkameras reihenweise schmerzverzerrte Mienen ein. Mit aufgeblasenen Backen und schweißnassen Gesichtern mühte sich der Tross Meter um Meter die Serpentinen hinauf. Die mächtigen Steigungen trennten bald die Spreu vom Weizen. Solche Momente am Berg sind es, die schon so manchen Toursieg entschieden haben. Erwartungsgemäß vorne dabei waren auch Richard Virenque und Marco Pantani. Und Jan Ullrich, der Kronprinz des Telekom-Teams. Der Dreiundzwanzigjährige zeigte kaum Schwächen, er strampelte sogar im Sitzen die steilsten Passagen hinauf, wo andere längst stehend in die Pedale traten. Jede Attacke von Virenque und Pantani wehrte er locker ab. Ganz nebenbei kümmerte er sich auch noch um seinen fast schon abgeschlagenen Kapitän Bjarne Riis. Ihn über den Pass zu bringen, war Ullrichs Auftrag. Doch der Däne keuchte wie ein müdes Schlachtross, er

»Jan Ullrich, der neue Gigant«

L'EQUIPE AM 16. JULI 1997

hatte längst nicht mehr die Kraft, die ihn im Vorjahr noch spielend über die höchsten Berge gebracht hatte. Elf Kilometer vor der Zielankunft handelte Teamchef Godefroot schließlich. Er fuhr mit dem Telekom-Begleitwagen neben Jan Ullrich her, öffnete das Fenster und rief ihm mit einer hektischen Handbewegung zu: »Fahr los, schau Dich nicht mehr nach Bjarne um!« Neun Worte, die das Leben von Jan Ullrich entscheidend verändern sollten. Vor Kraft strotzend, stieg der gebürtige Rostocker, der zu diesem Zeitpunkt mit dreizehn Sekunden Rückstand auf den Franzosen Vasseur auf Rang zwei in der Gesamtwertung lag, noch schneller in die Pedale. Weder dreißig Grad Celsius noch Steigungen von annähernd zwanzig Prozent konnten ihn stoppen. Seine Konkurrenten Virenque und Pantani ließ er wie Statisten einfach stehen, mit einem sagenhaften Endspurt fuhr Jan Ullrich mit drei Minuten Vorsprung als Erster im Ziel ein. Der Telekom-Fahrer hatte sich damit die Führung im

Gesamtklassement gesichert und bekam als Zeichen dafür das legendäre Gelbe Trikot übergestreift. Neunzehn Jahre war es her, dass mit Klaus-Peter Thaler zuletzt ein Deutscher in Gelb bei der »Tour der Leiden« gefahren war. Doch anders als Thaler seinerzeit gab es Ullrich bis zum Ziel in Paris nicht wieder ab. Er deklassierte auf dem Weg dorthin seine Mitstreiter sogar noch, als er den deutlichsten Zeitfahrsieg der Tourgeschichte herausfuhr. Obwohl drei Minuten nach Virenque gestartet, überholte Ullrich den Franzosen dabei lässig. Auf den Champs Elysées angekommen, verbuchte der Deutsche einen Vorsprung von 9:09 Minuten vor Virenque. Mit dem klarsten Toursieg seit dreizehn Jahren stand mit Jan Ullrich der erste deutsche Radrennfahrer in der vierundneunzigjährigen Geschichte des schwersten Radrennens der Welt auf dem Siegerpodest.

Eigentlich war für die Tour de France 1997 beim deutschen Telekom-Rennstall alles auf die Titelverteidigung ihres Kapitäns Bjarne Riis ausgelegt. Der zweiunddreißigjährige Däne hatte im Vorjahr mit seinem Sieg das lange Zeit belächelte Team des belgischen Ex-Profis Walter Godefroot in die erste Liga des Radsports katapultiert. Riis konnte den Siegerpokal zwar nicht wieder gewinnen, doch dafür hatte das restliche Team alle Hoffnungen bei weitem übertroffen. Jan Ullrich hatte sich neben dem Gelben Trikot auch das des besten Nachwuchsfahrers gesichert, Erik Zabel eroberte zum zweiten Mal in Folge das Grüne Trikot für den besten Sprinter, und das gesamte Team belegte Rang eins in der Mannschaftswertung. Drei Etappensiege von Zabel und zwei weitere von Ullrich komplettierten den totalen Telekom-Triumph während dieser 84. Tour de France. Über 3942 Kilometer und einundzwanzig Etappen funktionierte die Truppe als geschlossene Einheit. Jeder wusste um seine Aufgabe und zog sie konsequent durch. So wie Udo Bölts etwa, der selbstlose Antreiber, der den schwächelnden

»Das war ein unglaubliches Gefühl, ich hatte noch Angst bis zum letzten Meter, dass etwas schief gehen könnte.«

JAN ULLRICH NACH DEM TOURSIEG 1997

Jan Ullrich während der Elsaß-Etappe im Eifer des Gefechts anfeuerte: »Los, quäl dich, du Sau!« Oder all die anderen Rolf Aldags, Jens Heppners und Christian Henns, die Ullrich in ihrem Windschatten fahren ließen, um ihm dadurch Kräfte zu sparen. Ohne die treuen Wasserträger im Team wäre dieser große Erfolg von Jan Ullrich gar nicht möglich geworden. Das verstanden auch mehr und mehr Zuschauer in der Heimat der deutschen Equipe. Mit seinem Sieg beim schwersten Radrennen der Welt hatte Ullrich in Deutschland einen regelrechten Boom in seiner Sportart ausgelöst. Fortan berichteten die Medien ausführlich über den Radsport, der lange Jahre nur zweitrangig gewesen war. Und Ullrich gehörte nun zu den Großen des deutschen Sports, reihte sich ein in

»Los, quäl dich, du Sau!«

UDO BÖLTS ZU JAN ULLRICH WÄHREND DER ELSASS-ETAPPE 1997

die Liste mit Fritz Walter, Max Schmeling, Franz Beckenbauer, Boris Becker oder Michael Schumacher.

Dass Jan Ullrich einer sein kann, der einmal zu den ganz Großen des Radsports gehören würde, wussten zumindest die Experten nicht erst seit seinem Toursieg 1997. Peter Becker etwa, der das »Juwel« als persönlicher Trainer schon seit 1986 betreute. Seit jenen Tagen nämlich, als der damals dreizehnjährige Jan Ullrich von seiner Geburtsstadt Rostock in die Kinder- und Jugendsportschule nach Berlin zog. Nachdem der schüchterne Junge noch im gleichen Jahr überlegen Schülermeister mit dem Bahnvierer wurde und sich bald darauf auch die Jugendmeisterschaft der DDR auf der Straße holte, wusste Becker, dass hier ein Jahrhunderttalent heranreifte. Es war vor allem die Vielseitigkeit, mit der der junge Ullrich für Aufsehen sorgte. Er war sowohl auf Flachstrecken als auch in den Bergen stets vorne dabei. Schwächen waren kaum auszumachen. Nach der Wiedervereinigung entschloss sich Peter Becker daher, seinen Schützling mit nach Hamburg zu nehmen. Ullrich wurde 1991 prompt Deutscher Meister im Punktefahren und belegte auch in der Bundesliga regelmäßig gute Platzierungen. Zwei Jahre später gewann der Wahl-Hamburger völlig überraschend die Straßenweltmeisterschaft der Amateure. Die Experten staunten schon damals über den ungewöhnlich lockeren Fahrstil Ullrichs. Des Rätsels Lösung ist anatomisch begründet: Jan Ullrich bringt mit seiner Körpergröße von 1,83 Metern und der Länge seiner Arme und Beine ideale Hebelverhältnisse für einen Radfahrer mit. Zudem verfügt er über ein außergewöhnlich großes Lungenvolumen von sechs Litern, und sein Ruhepuls zeigt sechsunddreißig Schläge pro Minute an. Es passt einfach alles zusammen. Das registrierten schließlich auch die fachkundigen Beobachter aus den Profirennställen, die regelmäßig im Amateurlager nach neuen Talenten wilderten. Der ehemalige belgische Profi Walter Godefroot,

der von seinem Sponsor Deutsche Telekom beauftragt wurde, ein schlagkräftiges Team aufzubauen, hatte Ullrich als Ersten an der Angel. Er holte sich den begehrten Allrounder 1995 in die Mannschaft, um ihn behutsam aufzubauen. Blockiert durch diverse Erkrankungen kam der Zweiundzwanzigjährige in seinem ersten Profijahr kaum zum Zuge. Um so mehr dagegen in der zweiten Saison. Nach einigen guten Resultaten im Frühjahr nominierte Godefroot den Rotschopf für die Tour de France, als Helfer für den neuen Kapitän Bjarne Riis. Eine ehrenvolle Aufgabe für den Tourdebütanten. Ullrich erfüllte diesen Auftrag eindrucksvoll und führte Riis zum Gesamtsieg. Damit brachte er auch sich selbst ins Rampenlicht, vor allem, als er das Zeitfahren in Bordeaux gewann.

Bjarne Riis hatte zwar die Tour 1996 gewonnen – doch mehr noch als der zweiunddreißigjährige Däne stand dessen zweiundzwanzigjähriger Helfer plötzlich in den Schlagzeilen. Ehemalige Toursieger wie Bernard Hinault, Eddy Merckx oder Miguel Indurain sahen in dem Deutschen ihren Nachfolger, der über Jahre hinweg das Geschehen während der Tour de France bestimmen könne. Ihr großer Sachverstand sollte sich schon im folgenden Jahr bewahrheiten. Nach dem Leistungseinbruch von Bjarne Riis konnte Jan Ullrich 1997 erstmals vollends zeigen, was an Leidensfähigkeit und Können in ihm

»Jan Ullrich hat das Zeug, mindestens noch viermal die Tour zu gewinnen.«

BERNARD HINAULT

steckt. Mit seinem souveränen Gelb-Ritt von Andorra bis nach Paris brachte er die gesamte Radsportwelt ins Schwärmen. Zum Saisonstart 1998 trat der Toursieger mit etlichen Kilogramm Übergewicht an. Doch rechtzeitig zur Tour de France hatte er sein Idealgewicht wieder erreicht und belegte wie schon 1996 den zweiten Platz hinter Marco Pantani. Im Jahr darauf musste Ullrich nach einem Sturz bei der Deutschlandtour auf einen Start bei der Frankreichrundfahrt verzichten, sicherte sich aber mit der Weltmeisterschaft im Zeitfahren doch noch einen einigermaßen versöhnlichen Saisonabschluss. Bei der Tour de France 2000 (ebenso wie 2001) musste der Deutsche Titelverteidiger Lance Armstrong den Vortritt auf dem Siegertreppchen lassen. Im olympischen Straßenrennen im australischen Sydney hingegen ließ der deutsche Ausnahmefahrer keinem seiner Konkurrenten eine Chance und sicherte sich die erhoffte Goldmedaille.

1998

USA
Salt Lake City
Delta Center
14. Juni 1998

»Alle haben mich immer behandelt, als sei ich Gott.«
MICHAEL JORDAN

»His Airness«
setzt zur Landung an

1998 | »His Airness« setzt zur Landung an

Überraschend gut konnte die Basketball-Truppe der Utah Jazz im sechsten Endspiel um die NBA-Meisterschaft am 14. Juni 1998 gegen das Starteam der Chicago Bulls mithalten. Bis vierzig Sekunden vor dem offiziellen Spielende führten die Underdogs sogar mit drei Punkten Vorsprung gegenüber dem Titelverteidiger. Dann aber schnappte sich Michael Jordan den Ball und dribbelte sich bis unter den Korb des Gegners vor. In seiner unvergleichlichen Art hob er mit einem kräftigen Satz vom Boden ab, als sei er von einer Turbine angetrieben. Unbedrängt, weil keiner der Verteidiger so hoch springen konnte wie der Superstar der Bulls, hob Jordan den Ball schließlich lässig ins Netz. Nur siebenundzwanzig Sekunden vor dem Ende stand es nun 85:86, Utah Jazz hatte nur noch einen Punkt Vorsprung. Mit einer taktischen Auszeit versuchte Utah den Gegner einzuschüchtern. Doch die Chicago Bulls jener Tage in ihrer inneren Ruhe zu beeinträchtigen, war völlig unmöglich. Zweimal in Folge, 1996 und 1997, hatten sie bereits die Meisterschaft gewonnen und präsentierten sich als eingespieltes Team, das zudem mit Michael Jordan den vermeintlich besten Basketballspieler aller Zeiten in seinen Reihen hatte. Mit dem Wiederanpfiff der Partie stürmte Utah in Ballbesitz auf den Korb der Bulls zu. Die Uhr der Zeitanzeige rannte unerbittlich gegen Null. Da ergriff Michael Jordan plötzlich die Gegenoffensive. Es gelang ihm tatsächlich, sich den Ball zu greifen – mit ein paar mächtigen Schritten näherte er sich dem gegnerischen Korb, sprang ab und schmetterte den Ball wuchtig durch den Stahlring hindurch. Die Bulls führten mit 87:86 und konnten dieses Ergebnis bis zum Schlusspfiff halten. Zum dritten Mal nacheinander hatte Chicago damit den Meistertitel der NBA gewonnen. Es war bereits die zweite Tripple-Serie der Bulls nach den Erfolgen in den Jahren zwischen 1991 und 1993. Zu verdanken hatte man das vor allem einem Spieler: Michael »His Airness« Jordan. Mit seiner unvergleichlichen Sprungkraft und den ungewöhnlich langen Flugphasen hatte »Air Jordan«

viele Spiele oftmals fast im Alleingang entschieden. Sein natürliches Charisma machte es erst möglich, die Mitspieler in seiner Spielfreude mitzureißen. Stand Jordan einmal nicht mit auf dem Platz, war die Mannschaft oft nur die Hälfte wert. Als er 1993 erstmals seinen Rücktritt bekannt gab und mehr als eineinhalb Jahre nicht für die Bulls spielte, ging es prompt sportlich bergab. Erst als »Air« 1995 wieder zurück kehrte, kam der alte Glanz der Truppe wieder zum Vorschein. Es folgten drei weitere Meisterschaften nacheinander.

An den Tag des sechsten Titelgewinns der Bulls mit Jordan, den 14. Juni 1998, erinnern sich die Chicago-Fans heute noch mit einem lachenden und einem weinenden Auge. Es war ein sportlicher Festtag, der obgligatorische Jubelzug durch die Straßen Chicagos lockte wieder Tausende Anhänger des Teams an. Doch es war auch, was zu diesem Zeitpunkt noch kaum jemand wusste, das Datum des definitiv letzten Spiels des »Basketball-Gottes« Michael Jordan. Zwar kündigte er den zweiten und endgültigen Rücktritt erst am 13. Januar 1999 offiziell an. Doch die Gerüchte darüber hatten sich schon länger gehalten. Nach vierzehn Jahren als Profi bei den Bulls mit sechs Meisterschaftsringen und unzähligen Auszeichnungen und Titeln hatte er endgültig genug. »Ich muss mir nichts mehr beweisen, ich habe bereits alles gewonnen«, erklärte er zum Abschied. Und trat anschließend ab von der großen Showbühne, um künftig ein Leben mehr abseits des starken öffentlichen Interesses zu genießen.

Michael Jordan erblickte am 17. Februar 1963 im New Yorker Stadtteil Brooklyn das Licht der Welt – als Sohn eines Soldaten der US Air Force. Als er in der ländlichen Kleinstadt Wilmington in North Carolina aufwuchs, deutete vieles, wenn überhaupt, eher auf eine Karriere als Football- oder Baseballspieler hin. Für den Basketballsport war Jordan zu klein gewachsen. Erst nachdem er in der Pubertät mächtig in die Höhe schoss, fand er

---

»Das ist Gott als Michael Jordan verkleidet.«

LARRY BIRD ÜBER MICHAEL JORDAN

---

plötzlich auch Gefallen am Korbwurf. Wie in den USA üblich, wurde Michael Jordan während seiner High-School-Zeit von qualifizierten Trainern in seinem Spiel weiter gefördert. Dies kam ihm zugute, als er 1981 an der Universität von North Carolina sein Studium begann, und im dortigen College-Basketballteam Tar Heels gleich von Beginn an zu den Besten zählte. Im entscheidenden Meisterschaftsspiel der amerikanischen Studentenmeisterschaft (NCAA) gegen Georgetown am 29. März 1982 war es Jordan, der in den letzten Sekunden den entscheidenden Punkt zum 63:62-Endstand erzielte. Dieser spektakuläre Wurf machte ihn über die Grenzen seines Heimatstaates hinaus bekannt. Nachdem man den 1,98-Meter-Mann in den folgenden Jahren regelmäßig zum besten College-Spieler gewählt hatte, war es nur eine Frage der Zeit, bis die Vereine der NBA ein Auge auf das Ausnahmetalent werfen würden. Doch Jordan konzentrierte sich zunächst weiter auf sein Studium und mischte ganz nebenbei das College-Basketball weiter auf. Als ständiges Mitglied im All-American-First-Team qualifizierte sich der einundzwanzigjährige Michael Jordan auch für das US-Olympiateam, das bei den Spielen 1984 in Los Angeles die amerikanischen Farben repräsentierte. Wenig überraschend gewann die Basketballtruppe mit Michael Jordan die Goldmedaille. Damit war der Weg in das Profilager endgültig geebnet.

Michael Jordan pickte sich das Angebot der Chicago Bulls heraus, einem Verein, der 1985 alles andere als ein Spitzenklub war. Das sollte sich mit der Verpflichtung des sprunggewaltigen Sportlers schnell ändern. Gleich in der ersten Saison erreichte er einen Durchschnitt von 28,2 Punkten pro Spiel und heimste sich somit den Titel des besten Ligadebütanten ein. Eine Verletzung zu Beginn der zweiten Saison stoppte zunächst den grandio

---

»Michael Jordan ist der Michelangelo des Basketballs.«

PHIL JACKSON, JORDANS TRAINER BEI DEN CHICAGO BULLS

---

sen Start Jordans in das Profibusiness. Doch sein Team schaffte auch ohne ihn den Sprung in die Playoffs, wo der genesene Jordan gegen Boston prompt einen neuen Rekord von dreiundsechzig Punkten aufstellte. Fortan gestaltete sich für Jordan jede weitere Saison glanzvoller als die vorhergehende. 1987 knackte er erneut einen NBA-Rekord, indem er dreiundzwanzig Punkte in Folge für sein Team warf. Pro Spiel erzielte Jordan durchschnittlich 37,1 Punkte und war damit der beste Scorer der NBA. Diesen Titel abonnierte er für sich bis 1993. Die logische Konsequenz aus den starken Leistungen folgte 1988, als der Basketballer mit der mittlerweile legendären Rückennummer »23« erstmals auch als wertvollster Spieler der Saison ausgezeichnet wurde. Mit der Verpflichtung weiterer Topspieler wie Scottie Pippen wuchsen die Chicago Bulls allmählich zu einer Macht in der NBA heran. Sowohl 1989 als auch 1990 erreichte

das Team das Finale, musste sich dort allerdings jeweils den Detroit Pistols geschlagen geben. Da halfen selbst Jordans neuerliche persönliche Rekordmarken mit neunundsechzig Punkten pro Spiel und einem Punktedurchschnitt von 33,6 Zählern nicht viel. Im Jahr 1991 war das Team endlich reif für den ersten Titel. Im Finale schlug man die Los Angeles Lakers mit deren Superstar Magic Johnson mit 4:1. Und Michael Jordan wurde sowohl für die abgelaufene Saison als auch in den Finals zum wertvollsten Spieler gewählt. Insgesamt viermal erhielt »Air«, der unter dem Bulls-Trikot stets auch das der ehemaligen North Carolina-Mannschaft trug, diese Auszeichnung während seiner Karriere. Die Chicago Bulls verteidigten ihren Meistertitel dreimal in Folge, Johnson gewann zudem 1992 in Barcelona mit dem Dreamteam die zweite Goldmedaille, wurde 1993 der erste Spieler, der dreimal in Folge zum wertvollsten Akteur einer Finalserie gewählt wurde, und erzielte im gleichen Jahr seinen 20 000. Punkt. Er war am absoluten Höhepunkt angelangt und wurde langsam des Basketballspiels müde. Nachdem Jordans Vater am 3. August 1993 nach einem Raubüberfall tot aufgefunden wurde, kam zur sportlichen Leere die psychische hinzu. Am 6. Oktober 1993 verkündete er seinen sofortigen Rücktritt.

Die Sportwelt war geschockt. Jordan hatte mit dreißig Jahren sein sportliches Limit sicher noch nicht ausgereizt. Doch er brauchte erst eine Pause, um zu merken, wie sehr sein Leben mit dem Basketball verbunden war. Nach einem etwas mehr als einjährige, wenig erfolgreichen Ausflug zum Baseball kehrte der beste Spieler, den die NBA jemals gesehen hatte, am 18. März 1995 zurück. Mit einem Jahresgehalt von rund dreißig Millionen Dollar. Lukrative Werbeverträge spülten weitere Millionen auf die Konten und machten aus Jordan den bestverdienenden Sportler der Welt. Im ersten Comebackjahr noch mit einer eher mäßigen Bilanz, führte Jordan sein Team 1996 mit dem Saisonrekord von zweiundsiebzig Siegen erneut zur Meisterschaft. Jordan selbst wurde einhellig als bester Spieler der Saison, der Finals und auch des All-Star-Teams gewählt. Zwei weitere Male konnten die Bulls anschließend die Meisterschaft 1997 und 1998 verteidigen. In der letzten Saison erzielte Jordan den 29 000. Punkt seiner Karriere – gleich viele hatten vor ihm nur Kareem Abdul-Jabbar und Wilt Chamberlain erreicht. Wieder einmal hatte Jordan Rekorde gebrochen. Und wieder einmal verspürte er plötzlich, dass es Zeit war abzutreten. Er eröffnete einen Golfclub in North Carolina und widmete sich fortan vermehrt seinem Hobby. Und der Familie – seiner Frau Juanita und den drei Kindern.

Aus der Traum von der europäischen Krone

1999

Spanien
Barcelona
Nou-Camp-Stadion
26. Mai 1999

»Das war die grausamste Niederlage meines Lebens.«
FRANZ BECKENBAUER, PRÄSIDENT DES FC BAYERN MÜNCHEN

1999 | Aus der Traum von der europäischen Krone

Die überwiegend spanischen Fußballfans im mit 90 000 Zuschauern ausverkauften Nou-Camp-Stadion in Barcelona hätten am 26. Mai 1999 natürlich gerne ihren FC Barcelona im Endspiel der Champions League gesehen. Doch die Katalanen kamen in der Vorrunde in der Gruppe D über zwei 3:3-Unentschieden gegen den späteren Finalteilnehmer Manchester United nicht hinaus und mussten gegen dessen Endspielgegner Bayern München sogar zwei Niederlagen hinnehmen. Erstmals seit 1987 hatte der deutsche Rekordmeister wieder ein Endspiel um die höchste europäische Krone im Vereinsfußball erreicht. Dabei hatten es die Bayern lediglich der neuen und viel diskutierten Teilnahmeregelung der UEFA zu verdanken, nach der sich auch der Vizemeister eines Landes über ein Qualifikationsspiel in die Champions League spielen kann, dass sie überhaupt die Chance dazu hatten. Denn der Aufsteiger 1. FC Kaiserslautern schnappte den Münchnern sensationell die Meisterschaft vor der Nase weg und war damit direkt qualifiziert. Die Bayern hingegen mussten sich mit einem 4:0-Sieg und einem 1:1-Unentschieden gegen den FK Obilic Belgrad ihre Teilnahmeberechtigung erst erkämpfen. Als Gruppensieger der Vorrunde schaltete man im Viertelfinale den Ligarivalen 1. FC Kaiserslautern und im Halbfinale Dynamo Kiew aus, bevor man im Endspiel schließlich auf Manchester United traf. Eine prickelnde

Begegnung. Bereits in der Vorrunde spielten die Teams in der gleichen Gruppe zweimal gegeneinander und trennten sich dabei jeweils unentschieden. Die Experten waren sich einig, dass beide Mannschaften zu diesem Zeitpunkt tatsächlich die besten Teams Europas waren. Und man konnte kaum gravierende Unterschiede in der Spielkultur ausmachen. Alle Voraussetzungen für ein würdiges Finale waren also gegeben. Einen großen Favoriten gab es nicht, man erwartete, dass die Tagesform dieses Spiel entscheiden würde. Und die schien von Beginn an bei den Bayern aus München die bessere zu sein an jenem Abend. Gerade mal sechs Minuten nach dem Anpfiff um 20.45 Uhr durch den international erfahrenen und für seine Resolutheit bekannten Pierluigi Collina aus Italien legte sich Mario Basler knapp vor der Strafraumgrenze den Ball für einen Freistoß zurecht. Ein kurzer Anlauf, ein gezielter Schuss – und der Ball flog unhaltbar am Manchester-Torwart Peter Schmeichel vorbei ins Netz. Ein Traumeinstand für die Bayern. Sie nahmen das Ergebnis mit in die Halbzeitpause und retteten den knappen Vorsprung gegen die hilflos wirkenden Engländer auch bis zur neunzigsten Minute. Mit taktischen Auswechslungen hatte Trainer Ottmar Hitzfeld versucht, zusätzlich Zeit zu schinden. Er holte in der achtzigsten Minute auch Libero Lothar Matthäus vom Platz. Womöglich ein folgenschwerer Fehler. Die bis dahin intakte Abwehr wurde plötzlich unsicherer. Vergeblich warteten die Bayern auf den Abpfiff des Schiedsrichters. Die offizielle Spielzeit war bereits abgelaufen, da gab Pierluigi Collina noch einen Eckstoß für Manchester. David Beckham trat ihn gezielt nach innen, Teddy Sheringham verlängerte: Tor! Plötzlich stand es 1:1, was Verlängerung bedeutete. Doch statt Abpfiff gab Collina in der zweiundneunzigsten Spielminute erneut eine Ecke für die Engländer. Wieder trat Beckham an, hob den Ball hoch vor das Tor von Bayern-Keeper Oliver

»Du sitzt da. Der Trainer kommt. Sagt was. Aber du bist wie weggetreten. Es ist nur noch Leere in dir. Grenzenlose Leere.«
MEHMET SCHOLL

Kahn. Teddy Sheringham verlängerte den Ball auf Ole Solskjaer, der keine Mühe hatte, ungehindert zum 2:1 einzuköpfen. In nur eineinhalb Minuten war das Spiel komplett gekippt. Der anschließende Konter der Bayern kam zu spät – der Schlusspfiff zerstörte endgültig alle bereits sicher geglaubten Titelträume – wie paralysiert und sichtlich geschockt kauerten die Bayern-Spieler anschließend auf dem Boden – Fassungslosigkeit machte sich auch bei Trainern und Betreuern breit.

Für einen Spieler war diese bittere Niederlage besonders schmerzhaft: Lothar Matthäus. Der deutsche Rekordnationalspieler stand bereits zwölf Jahre zuvor

»Seit ich Fußball sehe, habe ich so etwas Grausames noch nie erlebt. Das war das Fürchterlichste und wird noch ewig in den Köpfen der Spieler bleiben.«

GÜNTER NETZER

im Aufgebot des Bayern-Teams, dass sich am 27. Mai in Wien im Finale des Landesmeistercups mit 1:2 dem FC Porto geschlagen geben musste. Nun war auch dessen letzte Hoffnung auf den fehlenden Titel in seiner imposanten Sammlung in Sekundenschnelle zerplatzt. Im Jahr darauf beendete Lothar Matthäus nach einem kurzen Gastspiel bei den New Jersey MetroStars seine lange Karriere. Für den FC Bayern war die Tragödie von Barcelona bereits das dritte Meistercupfinale, das sie verloren. Denn neben der Niederlage gegen Porto 1987 scheiterte man auch 1982 mit 0:1 an Aston Villa. Dennoch bleibt der FC Bayern München der erfolgreichste deutsche Klub in diesem Vereinswettbewerb. Sechsmal erreichten sie das Finale, dreimal konnten sie dieses auch gewinnen. Der letzte Triumph reicht allerdings bis in die glorreichen siebziger Jahre zurück. Zwischen 1974 und 1976 holte man den Cup dreimal in Folge nach Deutschland. Ansonsten gelang nur noch dem Hamburger Sportverein 1983 und Borussia Dortmund 1997 ein Sieg in diesem lukrativen Wettbewerb. Der erfolgreichste Verein auf europäischer Ebene ist unangefochten Real Madrid. Zehnmal standen die Spanier bislang im Finale und gingen dabei siebenmal als Sieger vom Platz. Dahinter folgen der AC Mailand mit fünf Siegen in sieben Finals sowie der FC Liverpool und Ajax Amsterdam mit jeweils vier Siegen. Als Spieler mit den meisten Toren führt noch immer Alfredo di Stefano, der ehemalige Star von Real Madrid, mit 50 Treffern in 58 Spielen zwischen 1955 und 1964 die Bestenliste an. Wer sonst außer Gerd Müller könnte in dieser Kategorie bis heute der beste deutsche Akteur sein: In 37 Spielen traf er vierunddreißigmal.

Als Europacup der Landesmeister begann der Siegeszug des attraktivsten europäischen Pokalwettbewerbes mit der Saison 1955/56. Wie so viele neue Ideen im Sportgeschehen des letzten Jahrhunderts musste auch die Idee des ehemaligen Journalisten Gabriel Hanot etliche

Hürden nehmen, bevor es am 4. September 1955 tatsächlich zum ersten Spiel zwischen Sporting Lissabon und Partizan Belgrad kommen konnte. Vor allem der Weltverband FIFA und die einzelnen nationalen Verbände blockierten zunächst das Vorhaben. Für die Vereine selbst hingegen erschien das natürliche Bestreben nach sportlichen Wettkämpfen zwischen den Besten der Besten als nächster logischer Schritt, nachdem sich im Nachkriegseuropa der Fußballalltag allmählich wieder normalisiert hatte. Anfangs waren es lediglich acht Vereine, die am Landesmeister-Cup teilnahmen. Deutschland entsandte mit Rot-Weiß Essen und dem 1. FC Saarbrücken als Saarlandmeister gleich zwei Vertreter in die Debütsaison 1955/56. Doch in den ersten Jahren des Bestehens gab es nur eine Mannschaft, die das Geschehen dominierte: Real Madrid. Lange sah es sogar so aus, als würden die Spanier mit ihrer Übermacht den Wettbewerb zum Lang-

»Die besten zwei Minuten in der Geschichte des Sports.«

DAILY MIRROR

weiler-Cup verkommen lassen. Von Beginn an siegte Madrid fünfmal in Folge und bezwang dabei auch den ersten deutschen Finalteilnehmer Eintracht Frankfurt 1959/60 mit 7:3 mehr als deutlich. Anschließend waren es vor allem die südeuropäischen Vereine Benfica Lissabon, AC Mailand und Inter Mailand, die den Titel unter sich ausmachten. Erstmals gelang es 1967 Celtic Glasgow, die lange Siegesserie der Südeuropäer zu brechen. Es folgte die große Zeit namhafter Klubs wie Bayern München, FC Liverpool, Ajax Amsterdam oder Nottingham Forrest. Mit der weiter zunehmenden wirtschaftlichen Vermarktung des Fußballsports bekam auch der Landesmeister-Cup mit der Zeit immer wieder ein neues Gesicht. Seit der Spielzeit 1992/93 nennt man den Wettbewerb einheitlich Champions League, eine handvoll erlesener Sponsoren und horrende Gebühren für TV-Rechte spülen seither zweistellige Millionenbeträge in die Kassen der Vereine. Von einem reinen Wettbewerb der Landesmeister kann auch längst keine Rede mehr sein. Mittlerweile haben je nach Nation selbst die zweit- und drittplatzierten Klubs – und sogar die viertplatzierten – der führenden europäischen Ligen noch die Chance, sich für die Champions League zu qualifizieren. Nicht zuletzt auch deshalb wird der Wettbewerb vielfach spöttisch als Geldvermehrungs-Cup bezeichnet.

2000

Australien
Sydney
Stadium Australia
15. September 2000

»Ich dachte an mein Volk, meine verschleppten Großeltern und
an die Schönheit dieses fantastischen Landes.«
CATHY FREEMAN NACH DER ENTZÜNDUNG DER FLAMME

Der Stolz der Aborigines

hielt. Wasser, Feuer und Sonne – die Symbole der Olympischen Spiele 2000 in Sydney standen für das Ursprüngliche, und die Aborigine Cathy Freeman stellvertretend für die rund 400 000 noch lebenden Ureinwohner dieses Landes. Dieser beindruckende Akt war mehr wert als

> »Eine Stimme in meinem Kopf hat mir gesagt: Tu was du kannst, tu was du kannst. Ich habe nur auf diese Stimme gehört.«

CATHY FREEMAN NACH IHREM GOLDMEDAILLENGEWINN
ÜBER 400 METER

tausend Worte. Es war die Verneigung einer Nation vor ihren Wurzeln. Und in gewisser Weise auch vor den Aborigines, obwohl einige politische Gegner dies gerne ausgeklammert hätten. Fakt bleibt: Friedvoller hätte ein olympisches Sportfest nicht beginnen können. Zumal nachdem auch die beiden Mannschaften von Nord- und Südkorea Hand in Hand ins Stadion einmarschierten, obwohl sich ihre Nationen – politisch gesehen – im Kriegszustand befanden. Das sportliche Verständnis hatte damit schon vor dem offiziellen Beginn der Spiele etwas erreicht, wozu die Politik oftmals nicht im Stande ist.

Man spürte es an allen Ecken der Stadt: Sydney hatte richtig Lust, diese Spiele zu organisieren. Der einstige Bewerbungskonkurrent der deutschen Hauptstadt Berlin meisterte die Herausforderung, die größten Olympischen Spiele aller Zeiten zu organisieren, phänomenal gut. Alle 199 Mitgliedsstaaten des Internationalen Olympischen Komitees hatten Sportler nach Australien entsandt, um an den dreihundert Wettbewerben in dreiunddreißig Sportarten teilzunehmen. Ein Superlativ jagte den nächsten. Cathy Freemans Auftritt während der Eröffnungszeremonie blieb nicht der einzige, der Spuren hinterließ. Auch ihr Start im 400-Meter-Rennen am 25. September war ein denkwürdiger Moment. 112 524 Zuschauer hatten das Stadium Australia restlos gefüllt an diesem Tag. Noch nie zuvor hatten so viele Menschen ein Leichtathletikevent in einer Arena verfolgt. Freeman war der Liebling aller Australier – darin waren sich die Ureinwohner und die achtzehn Millionen anderen Bürger des Landes ausnahmsweise einmal einig. Bei den Olympischen Spielen 1996 in Atlanta hatte sie bereits die Silbermedaille gewonnen, »für ihr Volk, die Aborigines«, wie sie damals bemerkte. In ihrer Disziplin wurde die Siebenundzwanzigjährige zudem 1997 und 1999 Weltmeisterin und Grand-Prix-Siegerin 1996. In einem

2000 | Der Stolz der Aborigines

Als Cathy Freeman am 15. September die Fackel mit der olympischen Flamme als letzte Repräsentantin ihres Landes übernahm, da huschte ihr ein unsicheres Lächeln über das Gesicht. Dieser Moment vor 110 000 Zuschauern im Stadium Australia in Sydney und Milliarden weltweit an den Fernsehgeräten war mehr als nur ein Teil der Eröffnungszeremonie der XXVII. Olympischen Spiele. Es war zugleich ein symbolischer Akt der Anerkennung für ein ganzes Volk: der Aborigines. Cathy Freeman war eine von ihnen. Ein Abkömmling der Ureinwohner Australiens, denen erst 1967 von der weißen Übermacht im Land die Bürgerrechte zugestanden wurden. Sie galten als primitive und unzivilisierte Lebewesen, die wie die Schwarzen in den amerikanischen Südstaaten auch als Sklaven gehalten wurden. Auch Mitglieder aus Freemans Familie traf dieses Schicksal. Immer wieder hatte sie das öffentliche Interesse an ihrer Person dazu genutzt, um die Welt auf die Situation ihres Volkes aufmerksam zu machen. Am Abend des 15. September sprach sie allerdings kein einziges Wort – sie stand in einem futuristischen Rennanzug inmitten eines Wasserbassins und entfachte mit der Fackel das olympische Feuer. Ein Feuerkreis im Wasser entzündete sich um Freeman herum, und plötzlich begann sich das brennende Stahlplateau zu heben. Aus der symbolischen stählernen Sonne fielen Wasserfontänen herab, in deren Mitte Cathy Freeman stand und die olympische Fackel in die Höhe

futuristischen Ganzkörperanzug und rot-gelb-schwarzen Schuhen ging sie an den Start. Angetrieben von den Rufen der Zuschauer im Stadion zog sie auf der Zielgeraden an ihren Konkurrentinnen Lorraine Graham aus Jamaika und Katherine Merry aus Großbritannien vorbei und siegte mit einer Zeit von 49,11 Sekunden. Das Stadion glich anschließend einem Tollhaus, die Siegerin wurde frenetisch bejubelt. Freeman kniete währenddessen nieder und schien für einen Moment völlig geistesabwesend zu sein. Vielleicht dachte sie an ihre Großmutter, die als Kind von der Familie getrennt wurde. Von weißen Siedlern. Oder an die Drohungen radikaler Aborigines, die sie erhalten hatte, weil sie in Melbourne und nicht mehr in ihrer Heimatgemeinde Mackay im Hinterland von Queensland lebte. Unter dem ständigen Druck und der Erwartungshaltung als doppelte Vorzeigefrau in einem Kampf zweier Völkergruppen hatte sie schon lange gelitten. Nun, in einem Moment, da sie die erste von den Aborigines abstammende Olympiasiegerin geworden war, und zugleich die hundertste Athletin Australiens, die in der Leichtathletik eine Goldmedaille gewinnen konnte, stand sie erneut im Interessenskonflikt. Sie löste ihn auf ihre Weise: Bei der anschließenden Ehrenrunde trug sie zwei Fahnen in der Hand – die australische und die der Aborigines.

Als ein weiterer Volksheld der Australier entpuppte sich der siebzehnjährige Ian »Thorpedo« Thorpe. Der Wunderschwimmer mit Schuhgröße 51 konnte gleich drei Goldmedaillen über 400 Meter Freistil und in den Kraulstaffeln sowie Silber über 200 Meter ergattern. Überhaupt schien das moderne Aquatic Schwimmcenter die Akteure reichlich zu beflügeln. Gleich 13 Weltrekorde

»Zwischen den Olympiastädten Melbourne und Sydney liegen 1200 Straßenkilometer, doch in der Entwicklung des olympischen Sports während eines knappen halben Jahrhunderts eine noch weit größere Distanz, labyrinthisch wie der Weg einer gedanklichen Rückschau von der Verklärung der Traumzeit zu den Ratlosigkeiten der Gegenwart.«

WILLI PH. KNECHT

wurden in der Halle aufgestellt. Hauptakteure dabei waren schon traditionell die Amerikaner mit allein vierzehn Goldmedaillen. Aus deutscher Sicht überraschten bei den Leichtathletikwettbewerben vor allem der 800-Meter-Sieger Nils Schumann und die fünfunddreißigjährige Heike Drechsler, die acht Jahre nach ihrem ersten Olympiagold mit einem 6,99-Meter-Satz die zweite Gol-

dene holte. Dabei ließ sie selbst die favorisierte Marion Jones hinter sich. Mindestens ebenso erstaunlich war der Doppelsieg der achtunddreißigjährigen Kanutin Birgit Fischer, die sich nun mit insgesamt sieben Gold- und drei Silbermedaillen erfolgreichste deutsche Olympiateilnehmerin nennen darf. Radsportstar Jan Ullrich erfüllte sich mit seiner Goldmedaille im Rennen über

»Dies waren die besten Olympischen Spiele aller Zeiten.«

JUAN ANTONIO SAMARANCH

239,4 Kilometer ebenso einen Jugendtraum wie der Tennisprofi Thomas Haas, der sich im Finale allerdings dem Russen Jevgeni Kafelnikov geschlagen geben musste und somit »nur« Silber gewann. Als Erfolgreichste dieser Spiele nahmen die US-Athleten insgesamt siebenundneunzig Medaillen mit in ihre Heimat, gefolgt von Russland mit achtundachtzig und China mit neunundfünfzig. Die deutsche Mannschaft gewann vierzehn Gold-, siebzehn Silber- und sechsundzwanzig Bronzemedaillen und rangierte damit auf Rang fünf der Nationenwertung.

2000

Japan
Suzuka
8. Oktober 2000

»Michael Schumacher ist einer der talentiertesten Fahrer, die
die Formel 1 jemals hervorgebracht hat.«

NIKI LAUDA ÜBER DEN WELTMEISTER

Deutsch-italienischer
Siegeszug

Es war keine Liebe auf den ersten Blick, doch als es dann 1995 zwischen Michael Schumacher und Ferrari endgültig gefunkt hatte, da lebten beide Seiten ihre Leidenschaft in vollen Zügen aus. Wie in jeder guten »Zweckehe« schmiedete man reichlich Pläne. Zuerst erzeugte man ein gemeinsames »Baby«, einen nagelneuen Formel-1-Boliden. Und noch bevor der überhaupt richtig den Kinderschuhen entwachsen war, sollte er all die Benettons und McLaren-Mercedes hinter sich lassen. In spätestens drei Jahren, so der Plan des deutsch-italienischen Paares Schumacher – Ferrari, sollte der gemeinsame Spross das höchste Klassenziel bereits ereicht haben. Doch der Ferrari-Renner entpuppte sich bald als Spätzünder, viele Kritiker wollten ihn gar als Fehlgeburt abstempeln. Am 8. Oktober 2000 erfüllte sich der sehnlichste Wunsch der Schöpfer dann doch noch: Erstmals seit 1979 wurde wieder ein Ferrari Weltmeister in der Formel 1. Und Michael Schumacher, quasi der Vater des Erfolgs, saß dabei am Steuer. Zum dritten Mal nach 1994 und 1995 stand der Deutsche damit am Ende der Saison ganz oben auf dem Siegerpodest und vollzog so den seltenen Akt, mit zwei verschiedenen Rennställen Weltmeister in der Königsklasse des Automobilsports geworden zu sein. Endgültig hatte sich Schumacher damit in den erlauchten Kreis der ganz großen Rennpiloten wie Juan Manuel Fangio, Jim Clark, Niki Lauda, Alain Prost oder Ayrton Senna eingereiht.

Sein ungewöhnliches Talent für den Motorsport hatte Michael Schumacher schon als Fünfjähriger auf der Kartbahn seines Vaters in Kerpen durchblicken lassen. Er wurde 1984 Deutscher Juniorenmeister, 1987 Vizeweltmeister und Europameister. Nach zwei erfolgreichen Jahren in der Formel 3, die er 1990 mit dem Gesamtsieg abschloss, sammelte der damals einundzwanzigjährige Kerpener als Mercedes-Testfahrer für die Sportwagen-

---

»Schumacher ist ein dummer kleiner Junge.«

AYRTON SENNA 1992 NACH EINER
STARTKOLLISION MIT DEM DEUTSCHEN

---

klasse erstmals Erfahrungen im großen Renngeschäft. Sein umtriebiger Manager Willi Weber verschaffte seinem hoffnungsvollen Schützling kurzfristig einen Platz im Cockpit eines Formel-1-Boliden des Ford-Teams von Eddie Jordan, in dem er beim Grand Prix in Spa im August 1991 sein Debüt in der Königsklasse des Renn-

sports gab. Kurz darauf bot ihm Benetton-Ford an, die restlichen Rennen als Nummer zwei im Team neben dem legendären Nelson Piquet zu absolvieren. Der aufstrebende Pilot ergriff die Chance und steuerte gleich bei zwei Grand Prix überraschend auf den fünften Platz. Mit vier Punkten in der Gesamtwertung schloss Schumacher die Saison auf Position 12 ab. Da er bei diversen Rennen sogar Piquet hinter sich lassen konnte, bot Benetton dem deutschen »Wunderfahrer« sofort einen neuen Vertrag an. So startete er 1992 in seine erste komplette Formel-1-Saison. Und das äußerst selbstbewusst. Der Dreiundzwanzigjährige gönnte sich keine Schonzeit und fuhr äußerst aggressiv im Kampf um die vordersten Plätze mit. Dabei verursachte er so manche Kollision und musste sich vom dreifachen Weltmeister Ayrton Senna als »dummen Jungen« bezeichnen lassen. Schumacher ließ den Brasilianer daraufhin recht forsch wissen, dass niemand ihn in die Schranken zu weisen habe. Schumacher wusste, dass er sich im »Haifischbecken Formel 1« schnell durchsetzen musste, um nicht unterzugehen. Und so setzte der »Grünschnabel« sofort einige beachtenswerte Duftmarken, die die Konkurrenz aufhorchen ließen. Im belgischen Spa raste Schumacher im August 1992 zu seinem ersten Grand-Prix-Sieg und machte sich auch mit dem dritten Platz auf dem Hockenheimring schnell neue Freunde im eigenen Land. Hier setzte er den Virus frei, der bald schon das »Schumi-Fieber« im ganzen Land auslöste. Mit Rang drei am Ende der ersten Vollsaison hatte sich der Deutsche auf Anhieb in die Spitzengruppe der Formel 1 katapultiert. Sogar Ayrton Senna wusste fortan, »dass ich nun mit Schumacher einen weiteren starken Konkurrenten im Kampf um die Weltmeisterschaft habe«.

In einem zuverlässigeren Wagen hätte er womöglich schon in der Saison 1993 um den Titel mitfahren können. Doch der Benetton-Bolide ließ die kühnsten Träume nach einem deutschen Formel-1-Weltmeister schnell wieder zerplatzen. In neun von sechzehn Saisonrennen blieb Schumachers Arbeitsgerät mit Defekten auf der Rennstrecke liegen. Bei den restlichen neun Rennen jedoch, bei denen die Technik hielt, stand er nach jeder Zielankunft auf dem Siegerpodest und konnte in Portugal sogar seinen zweiten Grand-Prix-Erfolg feiern. Rang vier in der Weltmeisterschaftswertung war der Lohn der Mühe. Trotz der zahlreichen Pannen mit dem Benetton entschloss sich der gelernte Kraftfahrzeug-Mechaniker, seinen Vertrag bei dem italienischen Rennstall zu verlängern. Nach den Verbesserungsvorschlägen Schumachers kreierte Benetton einen Wagen, der in der Lage sein sollte, um den begehrten Weltmeisterschaftstitel 1994 mitzufahren. Dass die Rechnung aufzugehen schien, zeigte sich bereits nach den ersten beiden Rennen der Saison. Schumacher siegte sowohl in Brasilien als auch beim Großen Preis von Aida und stürzte seinen größten Widersacher Ayrton Senna und dessen neuen Rennstall Williams-Renault damit in eine Identitätskrise. Der Grand Prix von San Marino im italienischen Imola sollte daher für Senna die Kehrtwende bringen. Stattdessen raste der Brasilianer in den Tod – und Michael Schumacher mit erhobener Siegesfaust über die Ziellinie. Nicht nur diese unüberlegte Reaktion, sondern auch zwei weitere Skandale um die Missachtung der schwarzen Flagge und eine Manipulation am Fahrzeug ließen Schumachers Saubermann-Image plötzlich kippen. Die Presse verspottete ihn als »Schummel-Schumi«, die Fahrerkollegen kritisierten ihn wegen seines aggressiven und zuweilen auch unfairen Verhaltens auf den Pisten. Nach fünf überlegenen Siegen in den ersten sechs Rennen wurde Schumacher wegen seiner Fehlhandlungen für zwei Rennen gesperrt. Dies ermöglichte dem Williams-Piloten Damon Hill, vor dem letzten Rennen im australischen Adelaide mit nur einem Punkt Rückstand an den führenden Deutschen heran zu kommen. Schumacher musste im letzten Rennen vor Hill ins Ziel kommen, um als erster deutscher Formel-1-Weltmeister in die Sportannalen eingehen zu können. Doch Schumacher krachte mit seinem Wagen in der 36. Runde gegen eine Mauer, der nachfolgende Damon Hill fuhr auf und ramponierte dabei seinen Boliden derart, dass er das Rennen nicht fortsetzen konnte. Auch Schumacher schied aus, dennoch konnte er seine knappe Führung von nur einem Punkt verteidigen und wurde somit Weltmeister, mit 25 Jahren und zehn Monaten der zweitjüngste in der Formel-1-Geschichte nach dem Brasilianer Emerson Fittipaldi, der sich 1972 den Titel im Alter von fünfundzwanzig Jahren und acht Monaten geholt hatte. Schumachers acht Grand-Prix-Siege während der 94-er-Saison reichten ihm zum großen Triumph – die zwei Disqualifikationen und strafbedingten Startverbote taten dem keinen Abbruch.

In der Folgesaison bestätigte Schumacher seine Vormachtstellung als Rennpilot. Und das, obwohl sein Wagen nicht immer rund lief. Acht Siege reichten, um den Titelerfolg aus dem Vorjahr schon nach dem drittletzten Rennen der Saison im japanischen Aida zu wiederholen. Ein neunter folgte in Suzuka. Der Deutsche war damit der sechste Fahrer in der Formel-1-Geschichte, der zweimal in Folge Champion wurde. Und mit sechsundzwanzig Jahren auch der jüngste Doppelweltmeister. In Deutschland hatte die »Schumi«-Epidemie ihren Höhe-

punkt erreicht. Schumacher stellte sich in der Saison 1996 einer neuen Herausforderung, indem er zum Ferrari-Rennstall wechselte. Die Italiener waren fest entschlossen, ihre sportliche Durststrecke nach siebzehn Jahren endlich zu beenden, und ließen ihrem neuen Starfahrer daher alle Freiheiten. Schumacher engagierte die besten Köpfe aus dem Benetton-Team, mit denen er in den Jahren zuvor äußerst erfolgreich kooperiert hatte. Die Devise lautete: Im ersten Jahr Punkte sammeln, im zweiten um den Titel mitfahren, im dritten die Weltmeisterschaft holen. Gleich in der ersten Saison feierte Schumacher im roten Renner drei Saisonsiege und belegte Rang drei in der WM-Wertung. Entgegen den Erwartungen rechneten viele Experten bereits 1997 mit dem dritten Titel Schumachers, zumal er fünf Saisonsiege feierte. Doch als noch stärker entpuppte sich überraschend Williamspilot Jacques Villeneuve, der im letzten Rennen von einem Unfall mit Schumacher profitierte und den Titel holte. Dann brach die große Zeit der McLaren-Mercedes an, die mit einem neuen Wagen und Fahrer Mika Häkkinen plötzlich das Geschehen dominierten. Bei Ferrari benötigte man ein Jahr, bis man technisch aufschließen konnte. Als der Titel 1999 möglich gewesen wäre, wurde Schumacher in Silverstone Opfer einer defekten Bremsleitung an seinem Wagen und raste mit hohem Tempo in einen Reifenstapel. Er brach sich das rechte Bein und konnte erst gegen Ende der Saison wieder in das Renngeschehen eingreifen. Im

»Ist das nicht komisch? Tag für Tag müht sich die Formel 1 um Schnelligkeit. Und wenn es dann schnell geht, sind sie alle enttäuscht. Weltmeister nach nur 13 von 17 Rennen, soll es das schon gewesen sein? Eigentlich müßte das Schumachersche Tempo ja als Qualitätskriterium gelten, als Hinweis für die Dominanz des Siegers. Aber man wird sich schon bald nicht mehr an den Weg zum Titel 2001 erinnern, während die Jahre von 1997 bis 2000 als aufregende Ereignisse im Gedächtnis haften bleiben: stets Kämpfe auf Biegen und Brechen, nervenzehrende Duelle rad an Rad bis zum letzten Rennen.«

FRANKFURTER ALLGEMEINE ZEITUNG VOM 20. AUGUST 2001

fünften Jahr der Zusammenarbeit mit Ferrari konnte Schumacher seinen Traum vom dritten Weltmeisterschaftstitel endlich verwirklichen. Und im sechsten wird er ihn wiederholen – bereits nach 13 von 17 Rennen hat er den WM-Titel 2001 für sich und sein Team in der Tasche.

Register